Horácio
Sátiras, Epodos e Epístolas

EDIÇÃO BILÍNGUE

ORGANIZAÇÃO, TRADUÇÃO E NOTAS
Guilherme Gontijo Flores

HORÁCIO

Sátiras, Epodos
e Epístolas

autêntica C|L|Á|S|I|C|A

Copyright da tradução © 2025 Guilherme Gontijo Flores
Copyright desta edição © 2025 Autêntica Editora

Todos os direitos reservados pela Autêntica Editora Ltda. Nenhuma parte desta publicação poderá ser reproduzida, seja por meios mecânicos, eletrônicos, seja via cópia xerográfica, sem a autorização prévia da Editora.

AUTOR
Quinto Horácio Flaco
(65 - 8 a.C.)

EDITORAS RESPONSÁVEIS
Rejane Dias
Cecília Martins

COORDENADOR DA COLEÇÃO CLÁSSICA
Márcio Meirelles Gouvêa Júnior

REVISÃO
Carolina Lins

CAPA
Alberto Bittencourt
(sobre imagem de Calíope/Adobe Stock)

DIAGRAMAÇÃO
Guilherme Fagundes

Dados Internacionais de Catalogação na Publicação (CIP)
(Câmara Brasileira do Livro, SP, Brasil)

Horácio, 65 a.C. - 8 a.C.
  Sátiras, Epodos e Epístolas / Horácio ; tradução, organização e notas Guilherme Gontijo Flores. -- 1. ed. -- Belo Horizonte : Autêntica, 2025. -- (Clássica)

  Edição bilíngue: português/latim
  Bibliografia
  ISBN 978-65-5928-531-0

  1. Literatura clássica - História e crítica 2. Literatura latina 3. Poesia latina I. Título. II. Série.

25-251965   CDD-870

Índices para catálogo sistemático:
1. Literatura latina 870

Eliete Marques da Silva - Bibliotecária - CRB-8/9380

Belo Horizonte
Rua Carlos Turner, 420
Silveira . 31140-520
Belo Horizonte . MG
Tel.: (55 31) 3465 4500

São Paulo
Av. Paulista, 2.073, Conjunto Nacional
Horsa I . Salas 404-406 . Bela Vista
01311-940 . São Paulo . SP
Tel.: (55 11) 3034 4468

www.grupoautentica.com.br
SAC: atendimentoleitor@grupoautentica.com.br

Abreviações

BRINK	BRINK, 1963; BRINK, 1982.
BROWN	BROWN, 1993.
FAIRCLOUGH	FAIRCLOUGH, 1955.
FEDELI	FEDELI & CARENA, 1997.
FRAENKEL	FRAENKEL, 1957.
GARROD	Q. HORATI FLACCI OPERA, 1901.
GOWERS	GOWERS, 2012.
MANKIN	MANKIN, 1995.
MAYER	MAYER, 1994.
MUECKE	MUECKE, 1997.
K-H	KIESSLING & HEINZE, 1968 (*Odes* e *Epodos*); KIESSLING & HEINZE, 1970 (*Sátiras* e *Epístolas*).
N-H	NISBET & HUBBARD, 1970 (*Odes*, livro 1); NISBET & HUBBARD, 1978 (*Odes*, livro 2).
ROMANO	ROMANO, 1991.
RUDD	RUDD, 1989 (*Epístolas*); RUDD, 2004 (*Epodos*); RUDD, 2010 (*Sátiras*).
SHACKLETON BAILEY	HORATIUS OPERA, 2001.
THOMAS	THOMAS, 2011.
VILLENEUVE	VILLENEUVE, 1932 (*Sátiras*); VILLENEUVE, 1946 (*Epodos*); VILLENEUVE, 1955 (*Epístolas*).
WATSON	WATSON, 2003.

9 À guisa de apresentação
Guilherme Gontijo Flores

13 *Sermones* / Sátiras (Conversas)
139 *Epodi (Iambî)* Epodos (Iambos)
185 *Epistulae I* / Epístolas (Cartas) I
255 *Epistulae II* / Epístolas (Cartas) II
283 *Ars poetica. Ad Pisones Epistula* / Arte poética.
Epístola aos Pisões

309 Notas

543 Apêndice – Os Metros

547 Referências

À guisa de apresentação

Guilherme Gontijo Flores

Depois de publicar a *Arte poética*, em 2020, e as *Odes*, em 2024, este volume vem concluir a Obra Completa do poeta romano Quinto Horácio Flaco (65-8 a.C.) por esta editora. Sendo o terceiro livro da empreitada, não resta muito o que acrescentar aqui que já não tenha sido dito nos dois volumes anteriores e no meu estudo *Uma poesia de mosaicos nas* Odes *de Horácio*, também publicado pela Autêntica em formato *online*, em 2024; por isso, apenas remeto a essas obras o leitor e a leitora que tiverem mais interesse: lá poderão encontrar a maneira como venho lendo Horácio, a importância da vocalidade na interpretação e tradução de suas obras, bem como uma reflexão modesta sobre algumas potencialidades dos Estudos Clássicos no mundo contemporâneo.

Este volume segue o mesmo padrão das traduções anteriores. Busquei produzir notas introdutórias a cada obra geral, aqui em ordem quase cronológica de produção (*Sátiras* 1 e 2, *Epodos* e *Epístolas* 1 e 2), seguidas de notas específicas para cada poema, que fossem suficientes para auxiliar não apenas leitoras e leitores iniciantes como também pessoas já imersas na poesia romana, com sua poética que não deixa de apresentar inúmeras dificuldades. O texto traduzido segue limpo, a fim de que as notas venham ao fim do livro, para quem quiser se debruçar sobre elas, sem arruinar a fluidez de uma leitura poética de cada poema. Por fim, trago uma bibliografia razoável e uma lista de metros que explicam como funcionam os ritmos dessa poesia, com uma proposta de recriação em português.

Um último ponto me parece fundamental agora, para esclarecer por completo o projeto de uma tradução integral da obra horaciana. Giuliano Bonfante (1994, p. 159) atentava para o fato de que Horácio conseguiu ir do estilo mais popular e coloquial das *Sátiras* (passando pelo baixo e obsceno dos *Epodos*) até chegar à linguagem mais nobre e refinada que se poderia imaginar à época, nas *Odes*. Ao tentar recriar essa incrível amplitude, não pude me restringir a efeitos de pura emulação do latim nos dias de hoje, porque a variedade permitida na época de Horácio pareceria hoje, talvez, discreta demais para um gosto de leitura formado em grande parte pelas vanguardas do século XX. Antes, num gesto poético de anacronismo deliberado, optei por dar a maior amplitude que eu mesmo conseguia para a linguagem poética brasileira do século XXI; em outras palavras, busquei gerar o *efeito* desse todo hiperversátil a partir da sensibilidade poética do presente. Isso implicou, sim, muita variedade lexical, sintática e estilística, sem sombra de dúvida; mas me levou também a modular os efeitos de escrita: nos *Epodos*, a pontuação praticamente desaparece, enquanto as aspas ausentes deixam a leitura correr na vertigem de quem fala a cada momento; já nas *Sátiras*, a coloquialidade prosaica me exigiu uma hiperpontuação que quebrasse o ritmo interno do verso, para assim inserir as respirações conversacionais que modulam a obra; e esse foi um gesto que se manteve nas *Epístolas*, que considero um desdobramento inovador das *Sátiras*. Nos três casos, em oposição àquele anseio de sublime que marca as *Odes*, o uso formal do "tu" (tão literário em grande parte do Brasil) cedeu lugar ao mais coloquial "você": é apenas a parte mais visível de uma escolha que não tem equivalente no latim, que não tem variação pronominal da mesma ordem que o português brasileiro contemporâneo.

Desejo e liberdade na tradução de poesia formam uma equação de paradoxos que só pode ser medida pela felicidade, se é que a felicidade aceita qualquer métrica em sua desmesura. Desejo é coisa cega por excelência: não aponta ao que determina a vontade e por certo não cabe num querer, nem se pode resumir ao que surge na consciência como direcionamento das ações. No entanto nos move, talvez mais que tudo. Uma possível etimologia a partir de "*desiderium*" aponta para a busca de um astro sumido no céu (*de + sideris*), como um anseio pelo que estava ali e já não pode mais se achar; nesse sentido, o desejo é mesmo um desastre, porque precisa encontrar o que não se apresenta nem se entrega. Por outro lado, a liberdade, para além de um sonho de autodeterminação plena, é um conceito das relações humanas: "*liber*" não é quem pode tudo que quer, mas aquele que pode, quase antes de tudo, dizer alguns *nãos*. Nisso, em Roma, um nascido livre se diferencia de um liberto: este tem menos acesso ao não. Para além disso, o que define a liberdade geral? Penso, como Slavoj Zizek, que a liberdade não pode ser definida ou confirmada no momento dos atos, considerando uma escolha como puro movimento do livre-arbítrio, porque tudo é também condicionado por vários fatores que acabam, no limite, por abolir a noção de volição retirada do mundo. Mais preciso seria afirmar a liberdade como ato retroativo daquele que se considera livre, isto é, como assunção da responsabilidade (capacidade de dar resposta) aos próprios atos do passado, reconhecimento de continuidade e afirmação não só do que já se fez, mas do que se faz ao assumir o feito.

Se a tradução poética envolve a desastrada cegueira do desejo (e poderia alguém dar-se ao dispêndio de traduzir poesia sem uma tal ἄτη?) e a necessária afirmação de uma liberdade de escolhas a cada passo, uma escolha que só se afirma retroativamente, como assunção do resultado (e aqui não seria um pouco o paradoxo da composição como dom das Musas, da partilha do humano treinado e do insondável divino?), mais importante que a definição exata do desejo e das liberdades em jogo será a felicidade do que medra, sendo a felicidade, aqui, pensada também em suas acepções de fertilidade a partir de "*felix-felicitas*" em latim.

Assim, busquei reformular, aqui, mais uma vez, como mero preâmbulo, o que configura o risco de traduzir e de propor novos projetos tradutórios e também críticos: procurando o astro sumido no texto, algo que se encontra só poderá ser plenamente afirmado depois, como surpresa ao tradutor-poeta que assume a tradução como sua; sendo ela essa liberdade reencontrada num desejo cego, sua chance no mundo é fertilizar, desdobrar-se em outros desejos, em desejos dos outros, que ali cegamente também reconhecem sua liberdade.

O resto da variedade e complexidade da poesia de Horácio, espero, será sentido na leitura e na escuta, se estas traduções surtirem algum efeito. Enquanto isso, poderei descansar dos quase 15 anos de empenho neste feito, como Horácio, aguardando vocês como "um porco da grei de Epicuro".

Curitiba, 6 de novembro de 2024.

Ouça uma gravação dos ritmos das Sátiras e dos Epodos, e a *Arte Poética* horaciana

SERMONES

SÁTIRAS
(CONVERSAS)

1.1

Qui fit, Maecenas, ut nemo, quam sibi sortem
seu ratio dederit seu fors obiecerit, illa
contentus uiuat, laudet diuersa sequentis?
"O fortunati mercatores!" grauis annis
miles ait, multo iam fractus membra labore.   5
Contra mercator nauem iactantibus Austris:
"Militia est potior. Quid enim? Concurritur: horae
momento cita mors uenit aut uictoria laeta."
Agricolam laudat iuris legumque peritus,
sub galli cantum consultor ubi ostia pulsat.   10
Ille, datis uadibus qui rure extractus in urbem est,
solos felicis uiuentis clamat in urbe.
Cetera de genere hoc adeo sunt multa, loquacem
delassare ualent Fabium.
          Ne te morer, audi
quo rem deducam. Si quis deus "En ego" dicat   15
"iam faciam quod uultis. Eris tu, qui modo miles,
mercator; tu, consultus modo, rusticus. Hinc uos,
uos hinc mutatis discedite partibus. Eia!
Quid statis?" Nolint; atqui licet esse beatis.
Quid causae est, merito quin illis Iuppiter ambas   20
iratus buccas inflet neque se fore posthac
tam facilem dicat uotis ut praebeat aurem?
          Praeterea, ne sic ut qui iocularia ridens
percurram – quamquam ridentem dicere uerum
quid uetat? Vt pueris olim dant crustula blandi   25
doctores, elementa uelint ut discere prima –,
sed tamen amoto quaeramus seria ludo:
ille grauem duro terram qui uertit aratro,
perfidus hic caupo, miles nautaeque, per omne
audaces mare qui currunt, hac mente laborem   30
sese ferre, senes ut in otia tuta recedant,
aiunt, cum sibi sint congesta cibaria; sicut
paruula (nam exemplo est) magni formica laboris
ore trahit quodcumque potest atque addit aceruo
quem struit, haud ignara ac non incauta futuri.   35
Quae, simul inuersum contristat Aquarius annum,
non usquam prorepit et illis utitur ante
quaesitis sapiens; cum te neque feruidus aestus

1.1

Como pode, Mecenas, ninguém aceitar sua sorte,
seja ela ganha na força, seja no acaso, mas nunca
vive contente e só louva quem vida leva diversa?
"Quem me dera ser mercador!", nos diz o cansado
velho soldado com membros pesados de tanto trabalho.   5
E o mercador responde, se o Austro revira seu barco:
"Muito melhor a milícia! Por quê? São dois os desfechos:
ou nos chega cedo a morte ou vem a vitória".
Ao lavrador inteiro louva o jurisconsulto,
quando ao canto do galo o cliente lhe bate na porta.   10
Mas aquele que segue seguro do campo à cidade
clama que alegre seria só quem vive em cidades.
Gêneros tais há demais pra cansar até o falante
Fábio na sua listagem.
                                    Poupo o teu tempo: me escute
aonde quero chegar. Se acaso um deus lhes dissesse: 15
"Eis-me aqui pra cumprir o que querem! Você, ex-soldado,
sai mercador e o jurisconsulto vai pra fazenda:
troquem daqui e dali seus papéis. E ficam parados?".
Eles não querem, e bem poderiam ter mais alegria.
Mas por qual motivo Jove não infla de fúria   20
suas bochechas só pra dizer-lhes que nunca pretende
ser tão fácil de novo e dar ouvidos às preces?
                                    Digo mais, pra não passar sorrindo na pressa
pelas gracinhas: porém se falo a verdade sorrindo,
quem vetaria? – como sutis professores que ofertam   25
muita bolacha às crianças quando aprendem as letras –
Mas deixando esse jogo de lado, falemos a sério:
quem com duro arado revira a terra pesada,
nosso infiel bodegueiro, soldados, marujos que audazes
cruzam todos os mares e dizem sofrer o bastante   30
pensam que assim a velhice terão num ócio tranquilo
quando apinharem mais provisões, seguindo o exemplo
dado pela formiga pequena na dura labuta,
quando leva na boca tudo o que possa pro monte
que ela constrói atenta, sem se esquecer do futuro.   35
E ela, assim que Aquário entristece o ano que vira,
nunca rasteja pra fora, mas usa os bens que bem antes
sábia guardara – em teu caso nem o verão escaldante,

demoueat lucro neque hiems, ignis, mare, ferrum,
nil obstet tibi, dum ne sit te ditior alter. 40
      Quid iuuat immensum te argenti pondus et auri
furtim defossa timidum deponere terra?
Quod, si comminuas, uilem redigatur ad assem?
At ni id fit, quid habet pulchri constructus aceruus?
Milia frumenti tua triuerit area centum, 45
non tuus hoc capiet uenter plus ac meus: ut, si
reticulum panis uenalis inter onusto
forte uehas umero, nihilo plus accipias quam
qui nil portarit.
      Vel dic quid referat intra
naturae finis uiuentis iugera centum an 50
mille aret? "At suaue est ex magno tollere aceruo."
Dum ex paruo nobis tantundem haurire relinquas,
cur tua plus laudes cumeris granaria nostris?
Vt tibi si sit opus liquidi non amplius urna
uel cyatho et dicas "Magno de flumine mallem 55
quam ex hoc fonticulo tantundem sumere." Eo fit
plenior ut si quos delectet copia iusto,
cum ripa simul auulsos ferat Aufidus acer.
At qui tantuli eget quanto est opus, is neque limo
turbatam haurit aquam neque uitam amittit in undis. 60
      At bona pars hominum decepta cupidine falso
"Nil satis est" inquit "quia tanti quantum habeas sis."
Quid facias illi? Iubeas miserum esse, libenter
quatenus id facit: ut quidam memoratur Athenis
sordidus ac diues, populi contemnere uoces 65
sic solitus: "Populus me sibilat; at mihi plaudo
ipse domi, simul ac nummos contemplor in arca."
      Tantalus a labris sitiens fugientia captat
flumina – quid rides? Mutato nomine de te
fabula narratur: congestis undique saccis 70
indormis inhians et tamquam parcere sacris
cogeris aut pictis tamquam gaudere tabellis.
Nescis quo ualeat nummus, quem praebeat usum?
Panis ematur, holus, uini sextarius; adde
quis humana sibi doleat natura negatis. 75
An uigilare metu exanimem noctesque diesque
formidare malos fures, incendia, seruos,
ne te compilent fugientes, hoc iuuat? horum
semper ego optarim pauperrimus esse bonorum.

nem o inverno te afasta do lucro: fogos e mares,
nada te para, se acaso alguém mais rico aparece.   40
        Qual a graça dessas pilhas imensas de prata
e ouro, se o medo te força a esconder num buraco de terra?
Se esboroarem, voltam a ser um vintém miserável?
Qual seria então a beleza de todo esse monte?
Vai que teu campo debulha cem mil grãos numa lavra: 45
isso não cabe na tua ou na minha barriga e seria
como levar um saco de pães à venda no fardo
do ombro sem ganhar um centavo a mais do que os outros
tantos que nada levaram.
                    Me diga qual diferença
tem quem vive nos lindes segundo a natura, se roça   50
jeiras cem ou mil? "É doce ter montes imensos".
Se sorvemos o mesmo tantinho da pilha pequena,
tire os teus celeiros de cima dos nossos cestinhos!
Pois é como se precisasse de apenas um copo
d'água e dissesse assim: "Prefiro sorver um tantinho   55
deste imenso rio em vez da minúscula fonte".
Esses que só se deleitam no excesso da justa medida,
o Áufido acerbo os arrasta arrancados com margens e tudo.
Quem carece do pouco que falta não beberia
água na lama nem perderia a vida nas ondas.   60
        Muita gente se engana por falsas ânsias e exclama:
"Nada satisfaz! Você não passa das posses".
Que fazer com um desses? Mande ser miserável
como ele gosta e assim parece o homem de Atenas,
pobre rico que só desprezava as falas do povo   65
deste jeito: "A plebe me vaia e mais me ovaciono
lá em casa quando contemplo as moedas do cofre".
        Tântalo sente sede e busca rios que fogem
longe dos lábios – qual a graça? Mudamos o nome,
eis que o assunto é você, que dorme apinhado de sacos,   70
boquiaberto sem tocá-los (parecem-te sacros)
ou regozija com eles como se quadros pintados.
Mas não sabe quanto e como vale a moeda?
Compram-se plantas, pão, uma dose de vinho – acrescente
tudo o que dói se negado para a natura dos homens.   75
Ou passar por noites e dias em claro em pavores,
quase morto de medo de incêndios, ladrões ou escravos
que poderiam roubar e fugir – tem graça? Diante
desses bens, prefiro sempre a pobreza humilhante.

At si condoluit temptatum frigore corpus   80
aut alius casus lecto te affixit, habes qui
assideat, fomenta paret, medicum roget ut te
suscitet ac reddat gnatis carisque propinquis?
Non uxor saluum te uult, non filius; omnes
uicini oderunt, noti, pueri atque puellae.   85
Miraris, cum tu argento post omnia ponas,
si nemo praestet, quem non merearis, amorem?
An si cognatos, nullo natura labore
quos tibi dat, retinere uelis seruareque amicos,
infelix operam perdas, ut si quis asellum   90
in Campo doceat parentem currere frenis?
    Denique sit finis quaerendi, quoque habeas plus,
pauperiem metuas minus, et finire laborem
incipias parto quod auebas, ne facias quod
Vmmidius quidam. Non longa est fabula: diues   95
ut metiretur nummos, ita sordidus ut se
non umquam seruo melius uestiret adusque
supremum tempus, ne se penuria uictus
opprimeret, metuebat. At hunc liberta securi
diuisit medium, fortissima Tyndaridarum.   100
    "Quid mi igitur suades? Vt uiuam Naeuius aut sic
ut Nomentanus?" Pergis pugnantia secum
frontibus aduersis componere: non ego, auarum
cum ueto te fieri, uappam iubeo ac nebulonem;
est inter Tanain quiddam socerumque Viselli,   105
est modus in rebus, sunt certi denique fines
quos ultra citraque nequit consistere rectum.
    Illuc, unde abii, redeo: nemo est ut auarus
se probet ac potius laudet diuersa sequentis,
quodque aliena capella gerat distentius uber   110
tabescat, neque se maiori pauperiorum
turbae comparet, hunc atque hunc superare laboret.
Sic festinanti semper locupletior obstat,
ut, cum carceribus missos rapit ungula currus,
instat equis auriga suos uincentibus, illum   115
praeteritum temnens extremos inter euntem.
Inde fit, ut raro, qui se uixisse beatum
dicat et exacto contentus tempore uita
cedat, uti conuiua satur, reperire queamus.
    Iam satis est. Ne me Crispini scrinia lippi   120
compilasse putes, uerbum non amplius addam.

Se teu corpo dói inteiro tomado de frio,   80
se um azar qualquer te prende na cama, você tem
quem te acompanhe, passe loções e médicos chame,
que te anime e leve às crianças e aos entes queridos?
Nem a mulher nem o filho te querem saudável, mas todos
teus conhecidos te odeiam: vizinhos, meninos, meninas.   85
Se você põe dinheiro acima de tudo, te espanta
que ninguém te pague o amor que você não merece?
Se você quer manter amigos aqueles parentes
que a natura te oferta agora sem grandes labutas,
vai tentar estéril como alguém que treinasse   90
para as corridas no Campo de Marte um jumento com rédeas?
     Ponha então um fim no lamento! Quando você mais
tem, que menos tema a pobreza e finde na lida;
já que chegou ao que tanto queria, não aja nem seja
feito aquele Umídio. O caso é curtinho: o ricaço   95
só media as moedas, mas andava mais sujo
que um escravo qualquer na rua e chegou ao extremo
dia desta vida temendo sofrer oprimido
pela penúria. Uma liberta trouxe um machado,
mais audaz que as Tindáridas, para parti-lo no meio.   100
     "Diga o que quer de mim! Que eu viva que nem Nomentano?
Feito Névio?" Você persiste batendo a cabeça
contra a cabeça dos outros. Se peço que largue a cobiça,
não desejo que esbanje pródigo nem estragado:
há meio-termo entre Tánais e o sogro do velho Visélio,   105
há medida pra tudo e há um limite preciso,
certo é não passar aquém e além da divisa.
     Volto ao ponto do início: como ninguém por cobiça
vive o que quer, mas louva quem vida leva diversa,
quando a cabrita alheia estende a teta mais larga,   110
ele definha e não se compara nunca aos mais pobres
da maioria, mas quer superar a este ou àquele.
Sempre aparece um rico em frente ao senhor que se apressa.
Como quando os cavalos largam e levam o carro,
para alcançar os corcéis do primeiro o auriga os incita   115
sem pensar naquele que fica atrás na corrida.
Como é raro alguém dizer que teve alegria
plena e vida contente ao viver o quinhão que termina,
feito um conviva que parte satisfeito da festa.
     Já saturou. Pra ninguém dizer que varri papeladas   120
do remelento Crispino, não digo mais uma palavra.

1.2

Ambubaiarum collegia, pharmacopolae,
mendici, mimae, balatrones, hoc genus omne
maestum ac sollicitum est cantoris morte Tigelli.
Quippe benignus erat. Contra hic, ne prodigus esse
dicatur metuens, inopi dare nolit amico   5
frigus quo duramque famem propellere possit.
Hunc si perconteris, aui cur atque parentis
praeclaram ingrata stringat malus ingluuie rem,
omnia conductis coemens obsonia nummis,
sordidus atque animi quod parui nolit haberi,   10
respondet. Laudatur ab his, culpatur ab illis.
Fufidius uappae famam timet ac nebulonis
diues agris, diues positis in fenore nummis.
Quinas hic capiti mercedes exsecat atque
quanto perditior quisque est, tanto acrius urget.   15
Nomina sectatur modo sumpta ueste uirili
sub patribus duris tironum. "Maxime" quis non
"Iuppiter" exclamat simul atque audiuit? "At in se
pro quaestu sumptum facit hic?" Vix credere possis,
quam sibi non sit amicus, ita ut pater ille, Terenti   20
fabula quem miserum gnato uixisse fugato
inducit, non se peius cruciauerit atque hic.
          Siquis nunc quaerat "Quo res haec pertinet?" Illuc:
dum uitant stulti uitia, in contraria currunt.
Malthinus tunicis demissis ambulat; est qui   25
inguen ad obscaenum subductis usque facetus.
Pastillos Rufillus olet, Gargonius hircum.
Nil medium est. Sunt qui nolint tetigisse nisi illas
quarum subsuta talos tegat instita ueste;
contra alius nullam nisi olenti in fornice stantem.   30
Quidam notus homo cum exiret fornice, "Macte
uirtute esto!" inquit sententia dia Catonis
"Nam simul ac uenas inflauit taetra libido,
huc iuuenes aequum est descendere, non alienas
permolere uxores." "Nolim laudarier" inquit   35
"sic me" mirator cunni Cupiennius albi.
          Audire est operae pretium, procedere recte
qui moechis non uultis, ut omni parte laborent
utque illis multo corrupta dolore uoluptas

1.2

Ambubaias confederadas, farmacopolas,
dançarinas, mendigos, palhaços, todos os tipos
choram tristes pelo fim do cantante Tigélio
que era tão generoso! E outro temendo que o chamem
de esbanjador renega o dinheiro que o amigo falido   5
pede para afastar o frio e o rasgo da fome.
Se perguntam praquele que esbanja a esplêndida herança
vinda do pai e do avô na voragem ingrata da gula,
quando iguarias diversas compra em moeda emprestada,
diz não querer que pensem que é pobre de espírito ou sujo: 10
tão louvado por uns e tão atacado por outros.
Teme Fufídio a fama de pródigo ou de estragado,
rico em terras, rico em moedas que em juros investe
ele arrebata cinco por cento de suas finanças
(quanto mais perdida é sua presa, mais ele azeda),   15
busca promissórias dos filhos de pais rigorosos
logo que assumem a veste viril. E todos exclamam
"Júpiter Máximo!", assim que o escutam chegando, "Mas ele
gasta consigo no nível dos ganhos?" Como é difícil
crer que ele é mal amigo de si – o pai que Terêncio   20
mostra na peça e passa a viver miserável por ver seu
filho exilado não leva uma cruz maior do que a dele.
    Mas se perguntam: "O que que isso tem a ver?". O seguinte:
tolos evitam os vícios, mas caem na via contrária.
Eis que Maltino vaga de túnica solta e um outro   25
usa sempre justa na altura do saco elegante.
Rúfilo fede a pastilha e Gargônio cheira a cabrito:
meio-termo não há. Alguns só pensam em moças
que usem peças compridas com fímbrias por seus calcanhares
e outros querem aquelas de pé nos bordéis fedorentos.   30
Vendo um homem famoso sair do bordel, "Abençoem
tanta virtude!", lhe disse Catão na sentença divina,
"Pois que quando o terrível tesão inchar suas veias
justo mesmo é que os jovens desçam pra esses lugares
sem moer as mulheres alheias!" "Não quero essa glória",   35
disse Cupiênio, o admirador de bocetas branquinhas.
    Vale a pena escutar – se desejam fracasso completo
contra devassos do tipo – como eles tanto trabalham,
como seu prazer corrompido é repleto de dores,

atque haec rara cadat dura inter saepe pericla. 40
Hic se praecipitem tecto dedit, ille flagellis
ad mortem caesus; fugiens hic decidit acrem
praedonum in turbam; dedit hic pro corpore nummos;
hunc perminxerunt calones; quin etiam illud
accidit, ut cuidam testis caudamque salacem 45
demeterent ferro. "Iure!" omnes. Galba negabat.
      Tutior at quanto merx est in classe secunda,
libertinarum dico, Sallustius in quas
non minus insanit quam qui moechatur. At hic si
qua res, qua ratio suaderet, quaque modeste 50
munifico esse licet, uellet bonus atque benignus
esse, daret quantum satis esset nec sibi damno
dedecorique foret. Verum hoc se amplectitur uno,
hoc amat et laudat: "Matronam nullam ego tango."
Vt quondam Marsaeus, amator Originis ille, 55
qui patrium mimae donat fundumque Laremque,
"Nil fuerit mi" inquit "cum uxoribus umquam alienis."
Verum est cum mimis, est cum meretricibus, unde
fama malum grauius quam res trahit. An tibi abunde
personam satis est, non illud, quidquid ubique 60
officit, euitare? Bonam deperdere famam,
rem patris oblimare malum est ubicumque. Quid inter-
est in matrona, ancilla peccesne togata?
      Villius in Fausta, Sullae gener, hoc miser uno
nomine deceptus, poenas dedit usque superque 65
quam satis est, pugnis caesus ferroque petitus,
exclusus fore, cum Longarenus foret intus.
Huic si muttonis uerbis mala tanta uidenti
diceret haec animus: "Quid uis tibi? Numquid ego a te
magno prognatum deposco consule cunnum 70
uelatumque stola, mea cum conferbuit ira?"
Quid responderet? "Magno patre nata puella est."
At quanto meliora monet pugnantiaque istis
diues opis Natura suae, tu si modo recte
dispensare uelis ac non fugienda petendis 75
immiscere! Tuo uitio rerumne labores,
nil referre putas? Quare, ne paeniteat te,
desine matronas sectarier, unde laboris
plus haurire mali est quam ex re decerpere fructus.
Nec magis huic inter niueos uiridisque lapillos 80

gozo raro enquanto caem em duros perigos.   40
Um pulou do telhado, o outro teve uma morte
pela tortura cruenta, este virou uma presa
para um bando ladrão, aquele pagou pela vida,
outro acabou enrabado por burros de carga e aquele
viu seus bagos e pau desbragado findos no fio   45
forte da lâmina. "Justo!", disseram. Galba negava.
      Mais seguro é comprar o produto que vem de segunda,
falo daquelas libertas que outrora Salústio adorava,
louco igual quem vive devasso. Porém, se quisesse
ter uma vida calma com bens e contas modestas,   50
sendo mais liberal, e quisesse ser bem generoso,
pagaria um preço satisfatório sem dano,
sem desonra. Mas ele agora abraça essa vida
ama e louva essa vida: "Não tocarei as casadas!",
feito Marseu no passado, o amante de Orígines, quando   55
deu seu patrimônio inteiro pra tal dançarina,
disse: "Nunca tive na cama mulheres alheias!".
Teve só dançarina, teve também prostituta:
muito pior do que grana, acabam com tua conduta.
Satisfeito em fugir da persona e não do que causa   60
tanto mal pra você? Perder o renome correto
e enlamear os bens paternos é péssimo. Que inter-
essa se peca com moça casada ou escrava togada?
      Vílio, o genro de Sula, enganado por causa de Fausta
(só no nome!), penou até ficar satisfeito   65
– mais do que isso! –, pois ferido por socos e ferros
era expulso sempre que um tal Longareno voltava.
Vamos supor que visse os males e ouvisse as palavras
vindas da própria piroca: "Qual é a tua? Me diga
se por acaso exijo boceta nascida de cônsul,   70
toda ornada de estola quando a fúria me ferve?".
Que resposta daria? "Grande é o pai da garota."
Como é melhor e diverso o conselho da velha Natura,
toda farta em recursos, se você por acaso
quer viver direito sem misturar os motivos   75
para fugas e buscas! Sofrer por teu vício ou por outros
dá no mesmo? Pro teu lucro – pare com isso,
deixe as casadas de lado, pois dali sofrimento
vem mais fácil que a farta colheita do fruto maduro.
Se ela se enlaça em níveas pérolas ou esmeraldas,   80

(sit licet, hoc, Cerinthe, tuum) tenerum est femur aut crus
rectius, atque etiam melius persaepe togatae.
Adde huc quod mercem sine fucis gestat, aperte
quod uenale habet ostendit nec, siquid honesti est,
iactat habetque palam, quaerit quo turpia celet.   85
Regibus hic mos est: ubi equos mercantur, opertos
inspiciunt, ne, si facies, ut saepe, decora
molli fulta pede est, emptorem inducat hiantem
quod pulchrae clunes, breue quod caput, ardua ceruix.
Hoc illi recte. Ne corporis optima Lyncei   90
contemplere oculis, Hypsaea caecior illa,
quae mala sunt, spectes. "O crus! O bracchia!' Verum
depugis, nasuta, breui latere ac pede longo est.
Matronae praeter faciem nil cernere possis,
cetera, ni Catia est, demissa ueste tegentis.   95
Si interdicta petes, uallo circumdata (nam te
hoc facit insanum), multae tibi tum officient res;
custodes, lectica, ciniflones, parasitae,
ad talos stola demissa et circum addita palla,
plurima, quae inuideant pure apparere tibi rem.   100
altera, nil obstat: Cois tibi paene uidere est
ut nudam, ne crure malo, ne sit pede turpi;
metiri possis oculo latus.
                          An tibi mauis
insidias fieri pretiumque auellier ante
quam mercem ostendi? "Leporem uenator ut alta   105
in niue sectetur, positum sic tangere nolit."
cantat et apponit "Meus est amor huic similis; nam
transuolat in medio posita et fugientia captat."
Hiscine uersiculis speras tibi posse dolores
atque aestus curasque grauis e pectore pelli?   110
         Nonne, cupidinibus statuat Natura modum quem,
quid latura, sibi quid sit dolitura negatum,
quaerere plus prodest et inane abscindere soldo?
Num, tibi cum faucis urit sitis, aurea quaeris
pocula? Num esuriens fastidis omnia praeter   115
pauonem rhombumque? Tument tibi cum inguina, num, si
ancilla aut uerna est praesto puer, impetus in quem
continuo fiat, malis tentigine rumpi?
Non ego: namque parabilem amo Venerem facilemque.
Illam "Post paulo!", "Sed pluris!", "Si exierit uir!"   120

nada garante, Corinto, que as coxas sejam suaves
nem que ela pise direito: tem vez que é melhor a togada.
Digo mais: é melhor o produto sem pompas, que às claras
mostra tudo o que vende, e não revela só dotes,
toda metida enquanto tenta esconder os defeitos.   85
Isso é coisa de reis que compram cavalos e cobrem
tudo para que a cara ornada no fim não ofusque
patas molengas e ganhe seu comprador de bobeira:
linda traseira, curta cabeça, fino pescoço!
Fazem direito. Não precisa de olhos de Lince   90
para o melhor enquanto é mais cego que Hipseia encarando
partes piores: "Que coxas, que braços!", se for na verdade
desbundada, nariguda, pezuda e troncuda.
Nas mulheres casadas vemos apenas a cara,
tudo está coberto, a não ser que seja uma Cátia.   95
Se você deseja alguém proibida e cercada
(e isso mesmo te incita), muitos serão os problemas:
guardas, liteiras, parasitas, cabeleireiros,
pálios por cima e estolas soltas no seus calcanhares,
tanta coisa no meio que impede apenas de vê-la!   100
Nada impede na outra: em vestes de Cós aparece
quase nua pra vermos defeitos nos pés e nas coxas,
dá pra medir a cintura no olhar.
                                        Você preferia
ter de pagar por trapaças e ser pilhado sem mesmo
ver o produto da venda? "Os caçadores perseguem   105
lebres na neve, mas se as virem prostradas desprezam",
canta o poeta e ajunta, "Meu amor é assim pois
voa por cima do fácil e busca somente o que foge."
Mas com esses versinhos você espera de fato
dar um fim na aflição, no ardor e nas dores do peito?   110
        Se a Natura define um limite ao desejo cupido,
qual ela atura e qual a tortura se fosse negado?
Eis as perguntas que importam – separe o vazio do cheio.
Diga se acaso louco de sede você pediria
taças douradas? Se morto de fome somente queria   115
rodovalho e pavão? E quando o caralho se eleva,
se uma escrava ou moleque da casa aparece passível
para um ataque, me diga: você vai morrer de desejo?
Eu não vou, pois amo a Vênus simples e fácil.
"Logo!", "Preciso de grana!" e "Quando que o marido trabalha!",   120

Gallis, hanc Philodemus ait sibi quae neque magno
stet pretio neque cunctetur cum est iussa uenire.
Candida rectaque sit, munda hactenus, ut neque longa
nec magis alba uelit quam dat Natura uideri.
Haec ubi supposuit dextro corpus mihi laeuum,   125
Ilia et Egeria est; do nomen quodlibet illi,
nec uereor ne dum futuo uir rure recurrat,
ianua frangatur, latret canis, undique magno
pulsa domus strepitu resonet, uepallida lecto
desiliat mulier, miseram se conscia clamet,   130
cruribus haec metuat, doti deprensa, egomet mi.
Discincta tunica fugiendum est et pede nudo,
ne nummi pereant aut puga aut denique fama.
Deprendi miserum est: Fabio uel iudice vincam.

diz Filodemo que essa vai para os galos: prefere
outras de preço módico, prontas pra vir num instante.
Seja clara e direita e limpa quando não busca
ser mais alta ou branca do que concede a Natura.
Se uma dessas roça a esquerda na minha direita,   125
é uma Egéria ou Ília – dou o nome que quero!
Nem receio no meio da foda que chegue o marido
vindo do campo e quebre a porta e ladre o cachorro,
quando a casa inteira retumba e pálida ao leito
pule a mulher e grite a cúmplice, todos com medo: 130
ela por pernas, a moça por dote e eu por mim mesmo.
Vou assim fugir com a túnica solta e descalço
para manter as moedas, o rabo e também o renome.
Que tristeza ser preso: Fábio confirma meu caso.

1.3

Omnibus hoc uitium est cantoribus, inter amicos
ut numquam inducant animum cantare rogati,
iniussi numquam desistant. Sardus habebat
ille Tigellius hoc. Caesar, qui cogere posset,
si peteret per amicitiam patris atque suam, non   5
quicquam proficeret; si collibuisset, ab ovo
usque ad mala citaret "Io Bacche!" modo summa
uoce, modo hac resonat quae chordis quattuor ima.
Nil aequale homini fuit illi: saepe uelut qui
currebat fugiens hostem, persaepe uelut qui   10
Iunonis sacra ferret; habebat saepe ducentos,
saepe decem seruos; modo reges atque tetrarchas,
omnia magna loquens, modo "Sit mihi mensa tripes et
concha salis puri et toga quae defendere frigus
quamuis crassa queat." Deciens centena dedisses   15
huic parco, paucis contento, quinque diebus
nil erat in loculis. Noctes uigilabat ad ipsum
mane, diem totum stertebat; nil fuit umquam
sic impar sibi.   Nunc aliquis dicat mihi "Quid tu?
Nullane habes uitia?" Immo alia et fortasse – minora.   20
Maenius absentem Nouium cum carperet, "Heus tu"
quidam ait, "ignoras te an ut ignotum dare nobis
uerba putas?" "Egomet mi ignosco" Maenius inquit.
Stultus et improbus hic amor est dignusque notari.
          Cum tua peruideas oculis mala lippus inunctis, 25
cur in amicorum uitiis tam cernis acutum
quam aut aquila aut serpens Epidaurius? At tibi contra
euenit inquirant uitia ut tua rursus et illi.
          Iracundior est paulo, minus aptus acutis
naribus horum hominum; rideri possit eo quod   30
rusticius tonso toga defluit et male laxus
in pede calceus haeret: at est bonus, ut melior uir
non alius quisquam, at tibi amicus, at ingenium ingens
inculto latet hoc sub corpore. Denique te ipsum
concute, num qua tibi uitiorum inseuerit olim   35
Natura aut etiam consuetudo mala; namque
neglectis urenda filix innascitur agris.
          Illuc praeuertamur, amatorem quod amicae

1.3

Todo cantor revela um vício: que entre os amigos
nunca mostra vontade para cantar se pedirem;
sem pedidos, nunca para. O sardenho Tigélio
tinha esse tique: César podia ordenar que cantasse,
mas se pedisse pela amizade do pai ou a própria,   5
não teria sucesso; porém se lhe desse na telha
desde o petisco até a sobremesa dizia "ió, Baco!",
ora agudíssimo, ora no grave dos seus tetracordes.
Não se viu coerência no cara: sempre que nem quem
foge dos seus inimigos, mais que sempre que nem quem   10
leva oferendas a Juno, trazia sempre duzentos,
sempre dez escravos, por vezes falava elevado
sobre tetrarcas e reis, por vezes "Peço uma mesa,
puro sal na concha e uma toga, mesmo grosseira,
que me proteja do frio." E você se pagasse milhares   15
para o modesto e com pouco contente, sumia
tudo em cinco dias. Virava noites em claro,
dias inteiros roncava. Nunca se viu um sujeito
mais diferente de si.
              Alguém vai dizer "E você, não
tem um vício?" Tenho, claro, quem sabe menores.   20
Quando Mênio por trás censurava Nóvio, disseram:
"Mas você não se enxerga? Ou quer falar para todos
como se não te enxergássemos?" – "Eu me dou vista grossa",
disse. É burro e bruto esse amor e merece censura.
          Se no autoexame você remenda a remela dos olhos,   25
diga por que nos vícios do amigo é tão afiado
quanto uma águia ou serpente epidáuria? Pois acontece
que eles também perguntam qual seria o teu vício.
          É nervosinho o rapaz e inapto ao nariz afiado
destes tempos e homens: vai ser motivo de riso,   30
bronco no corte dos cachos, a toga é troncha e é frouxa
sua sandália no pé, mas é bom e nunca veremos
homem melhor, mas é teu amigo, que engenho de gênio
jaz debaixo de tanto descuido! Em resumo: se mexa
se por acaso a Natura plantou em você esses vícios,   35
ou se foi por mau costume: todos sabemos
que é preciso queimar samambaia que cresce baldia.
          Vamos tratar primeiro de como o amante se cega

turpia decipiunt caecum, uitia aut etiam ipsa haec
delectant, ueluti Balbinum polypus Hagnae.   40
Vellem in amicitia sic erraremus, et isti
errori nomen uirtus posuisset honestum.
Ac pater ut gnati, sic nos debemus amici
siquod sit uitium non fastidire: strabonem
appellat paetum pater et pullum, male paruos   45
si cui filius est, ut abortiuus fuit olim
Sisyphus; hunc uarum distortis cruribus, illum
balbutit scaurum prauis fultum male talis.
Parcius hic uiuit: frugi dicatur. Ineptus
et iactantior hic paulo est: concinnus amicis   50
postulat ut uideatur. At est truculentior atque
plus aequo liber; simplex fortisque habeatur.
Caldior est: acris inter numeretur. Opinor,
haec res et iungit iunctos et seruat amicos.
At nos uirtutes ipsas inuertimus atque   55
sincerum furimus uas incrustare. Probus quis
nobiscum uiuit, multum demissus homo: illi
tardo cognomen, pingui damus. Hic fugit omnis
insidias nullique malo latus obdit apertum,
cum genus hoc inter uitae uersemur ubi acris   60
inuidia atque uigent ubi crimina: pro bene sano
ac non incauto fictum astutumque uocamus.
Simplicior quis et est qualem me saepe libenter
obtulerim tibi, Maecenas, ut forte legentem
aut tacitum impellat quouis sermone molestus: 65
"Communi sensu plane caret" inquimus. Eheu,
quam temere in nosmet legem sancimus iniquam!
Nam uitiis nemo sine nascitur; optimus ille est,
qui minimis urgetur. Amicus dulcis, ut aequum est,
cum mea compenset uitiis bona, pluribus hisce,   70
si modo plura mihi bona sunt, inclinet, amari
si uolet: hac lege in trutina ponetur eadem.
Qui ne tuberibus propriis offendat amicum
postulat, ignoscet uerrucis illius: aequum est
peccatis ueniam poscentem reddere rursus.   75
  Denique, quatenus excidi penitus uitium irae,
cetera item nequeunt stultis haerentia, cur non
ponderibus modulisque suis ratio utitur ac res
ut quaeque est, ita suppliciis delicta coercet?

vendo os torpes vícios da amada e até se deleita
diante deles feito Balbino com o pólipo de Hagna.   40
Quero que erremos dessa maneira em nossa amizade,
que a virtude conceda um nome honesto a tal erro.
Feito um pai ao filho assim ao amigo devemos
dar um desconto constante dos vícios: no caso dum Peto
logo o chama Estrabão, chama de Pulo o menino   45
muito miúdo, igual outrora aquele abortivo
Sísifo: se é cambaio chama-se Varo, se acaso
mal se apoia em seus calcanhares será um Escauro.
Se é muquirana demais, que seja frugal. Se parece
muito besta e metido, quer parecer aos amigos   50
mais elegante. Se é truculento e mais abusado
do que devia, será simplesmente forte e sincero.
Muito esquentado? Conta-se entre os ácidos. Acho
que essa prática une e unidos conserva os amigos.
Mas na verdade invertemos sempre as próprias virtudes,   55
doidos borramos a jarra limpa. Se é justo aquele
que hoje vive conosco, todo correto, daremos
logo o nome de lerdo e molenga. Se foge de todo
mal dos ataques e escapa de cada arapuca na estrada,
vendo que a vida que agora levamos revela-se cheia   60
de ácida inveja e de crimes vigentes, em vez de prudente
ou então precavido, de falso e esperto o chamamos.
Quando alguém é sincero (como eu mesmo tentava
ser com você, Mecenas) e acaso interrompe as leituras
ou silêncio de alguém com aquela conversa fiada,   65
"Nesse falta bom senso de todo", diremos. Tristeza!
Temerários nós sancionamos a lei da injustiça
pois ninguém nasceu sem vício: o melhor é somente
quem sofrer dos menores. Doce amigo que justo
pesa e repesa meus vícios e acertos e acerta   70
que estes sejam maiores (se forem maiores!), se anseia
ser amado e terá a mesma lei na balança.
Quem não quer que o amigo fuja de suas perebas
deve poupar as verrugas que encontra. Por certo que é justo
só pedir perdão dos pecados quem muito perdoa.   75
        Logo, como não dá pra extirpar o vício da ira
e outros males que assolam os tolos, o que impediria
nossa razão de usar seu próprio peso e medida
para forçar a pena devida de cada delito?

Siquis eum seruum, patinam qui tollere iussus   80
semesos piscis tepidumque ligurrierit ius,
in cruce suffigat, Labeone insanior inter
sanos dicatur. Quanto hoc furiosius atque
maius peccatum est: paulum deliquit amicus,
quod nisi concedas, habeare insuauis: acerbus   85
odisti et fugis ut Rusonem debitor aeris,
qui nisi, cum tristes misero uenere Kalendae,
mercedem aut nummos unde unde extricat, amaras
porrecto iugulo historias, captiuus ut, audit.
Comminxit lectum potus mensaue catillum   90
Euandri manibus tritum deiecit; ob hanc rem,
aut positum ante mea quia pullum in parte catini
sustulit esuriens, minus hoc iucundus amicus
sit mihi? Quid faciam, si furtum fecerit aut si
prodiderit commissa fide sponsumue negarit?   95
Quis paria esse fere placuit peccata, laborant
cum uentum ad uerum est: sensus moresque repugnant
atque ipsa utilitas, iusti prope mater et aequi.
        Cum prorepserunt primis animalia terris,
mutum et turpe pecus, glandem atque cubilia propter   100
unguibus et pugnis, dein fustibus atque ita porro
pugnabant armis, quae post fabricauerat usus,
donec uerba quibus uoces sensusque notarent,
nominaque inuenere; dehinc absistere bello,
oppida coeperunt munire et ponere leges,   105
ne quis fur esset neu latro neu quis adulter.
(nam fuit ante Helenam cunnus taeterrima belli
causa, sed ignotis perierunt mortibus illi
quos Venerem incertam rapientis more ferarum
uiribus editior caedebat, ut in grege taurus).   110
Iura inuenta metu iniusti fateare necesse est,
tempora si fastosque uelis euoluere mundi.
Nec Natura potest iusto secernere iniquum
diuidit ut bona diuersis, fugienda petendis,
nec uincet ratio hoc, tantundem ut peccet idemque,   115
qui teneros caulis alieni fregerit horti
et qui nocturnus sacra diuum legerit. Adsit
regula, peccatis quae poenas inroget aequas,
ne scutica dignum horribili sectere flagello.
Nam ut ferula caedas meritum maiora subire   120

Vamos supor que um servo no encargo dos pratos se desse   80
todo o deleite da sopa morna e dos restos de peixe,
se o senhor o prendesse na cruz, os sãos falariam
que é mais insano do que Labeão. E muito mais louco
que esse pecado é quando o amigo comete um deslize
que seria infeliz de não relevar, mas azedo   85
eis que você o repele que nem quem deve dinheiro
para Rusão assim que chegam as tristes calendas,
quando não sabe donde, donde tirar as moedas,
sente a faca ao pescoço e escuta amargas *Histórias.*
Se ele mijou no sofá de manguaça e quebrou a vasilha   90
feita e polida por mãos de Evandro, por esse motivo,
só por ter afanado um frango da minha bacia
quando morria de fome, seria agora um amigo
menos querido? O que farei então se me furta,
se ele quebra a confiança ou nega a velha promessa?   95
Quem defende que dá no mesmo todo pecado
pena quando chega a verdade: é contra o bom senso,
contra todo o costume e a prática, mãe da justiça.
        Quando alguns animais se arrastaram na terra primeva,
gado mudo e torpe, por lar e bolotas usavam   100
de unhas e punhos, depois até de cajados e ao cabo
foram à luta com armas que o uso afinal fabricara;
quando acharam palavras e nomes para marcarem
cada som e sentido, logo findaram a guerra,
foram munir cidadelas, criar as leis e estatutos   105
para ninguém se tornar ladrão, sedutor e assassino
(houve bem antes de Helena uma xota terrível na origem
triste da guerra, porém pereceram na morte sem nome,
todos seguiam Vênus incerta ao modo das feras,
quando o forte mata feito um touro em rebanho).   110
Caso queiram rever os feitos e fastos do mundo,
vamos, confessem que o jus nasceu por medo do injusto!
Nem a Natura vai discernir o justo do errado
como divide o bem do nocivo, o atroz do atrativo,
nem a razão mostrará que seja um mesmo pecado   115
se este corta um fresco repolho na horta dos outros
e outro furta à noite os templos divinos. Façamos
regra que busque penas justas a cada pecado:
quem merece um chicote não deve cair no flagelo.
Dar palmatória a quem merece maiores açoites   120

uerbera, non uereor, cum dicas esse pares res
furta latrociniis et magnis parua mineris
falce recisurum simili te, si tibi regnum
permittant homines.

        Si diues, qui sapiens est,
et sutor bonus et solus formosus et est rex,   125
cur optas quod habes? "Non nosti, quid pater" inquit
"Chrysippus dicat. Sapiens crepidas sibi numquam
nec soleas fecit; sutor tamen est sapiens." Qui?
"Vt, quamuis tacet, Hermogenes cantor tamen atque
optimus est modulator; ut Alfenus uafer, omni   130
abiecto instrumento artis clausaque taberna,
tonsor erat, sapiens operis sic optimus omnis
est opifex solus, sic rex." Vellunt tibi barbam
lasciui pueri; quos tu nisi fuste coerces,
urgeris turba circum te stante miserque   135
rumperis et latras, magnorum maxime regum.

      Ne longum faciam: dum tu quadrante lauatum
rex ibis neque te quisquam stipator ineptum
praeter Crispinum sectabitur, et mihi dulces
ignoscent, si quid peccaro stultus, amici   140
inque uicem illorum patiar delicta libenter
priuatusque magis uiuam te rege beatus.

não me assusta, quando você insiste que sejam
roubo e homicídio iguais e ameaça idêntica foice
contra o crime pequeno ou imenso, se um dia lhe derem
força de reino.
        Se o sábio sempre é rico e apenas
ele é bom sapateiro, bonito e forte regente,   125
diga, por que almeja o que tem? "Você não entende
pai Crisipo: mesmo que o sábio nunca fabrique
sola e sandália, o sábio é também sapateiro." Mas como?
"Tal como Hermógenes mesmo calado ainda é um grande
compositor e cantor e o astuto Alfeno depois que   130
larga de lado a melhor ferramenta e fecha a lojinha
é um barbeiro, assim o sábio somente é o grande
fabro da grei, assim ele é rei." Tuas barbas aparam
jovens lascivos; mas se você não tocar com cajado,
logo o bando te cerca e você, pregado, coitado,   135
tenta romper e latir, ó máximo rei dos regentes!
        Para não me alongar: enquanto você se dirige,
rei, para um banho barato e ninguém sequer te procura
fora o besta Crispino, vejo como meus doces
caros amigos perdoam cada tolice em que peco   140
e eu aturo os delitos que fazem: na vida privada
mais que você, meu rei, eu sei que terei alegria.

1.4

Eupolis atque Cratinus Aristophanesque poetae
atque alii, quorum comoedia prisca uirorum est,
siquis erat dignus describi, quod malus ac fur,
quod moechus foret aut sicarius aut alioqui
famosus, multa cum libertate notabant.   5
Hinc omnis pendet Lucilius, hosce secutus,
mutatis tantum pedibus numerisque; facetus,
emunctae naris, durus componere uersus.
nam fuit hoc uitiosus: in hora saepe ducentos,
ut magnum, uersus dictabat stans pede in uno.   10
Cum flueret lutulentus, erat quod tollere uelles,
garrulus atque piger scribendi ferre laborem,
scribendi recte: nam ut multum, nil moror. Ecce,
Crispinus nummo me prouocat "Accipe, si uis,
accipiam tabulas. Detur nobis locus, hora,   15
custodes. Videamus uter plus scribere possit."
Di bene fecerunt inopis me quodque pusilli
finxerunt animi, raro et perpauca loquentis;
at tu conclusas hircinis follibus auras
usque laborantis, dum ferrum molliat ignis,   20
ut mauis, imitare.
                                Beatus Fannius ultro
delatis capsis et imagine, cum mea nemo
scripta legat, uulgo recitare timentis ob hanc rem,
quod sunt quos genus hoc minime iuuat, utpote pluris
culpari dignos. Quemuis media elige turba: 25
aut ob auaritiam aut misera ambitione laborat;
hic nuptarum insanit amoribus, hic puerorum;
hunc capit argenti splendor; stupet Albius aere;
hic mutat merces surgente a sole ad eum quo
uespertina tepet regio, quin per mala praeceps   30
fertur uti puluis collectus turbine, ne quid
summa deperdat metuens aut ampliet ut rem.
Omnes hi metuunt uersus, odere poetas.
"Faenum habet in cornu, longe fuge. Dummodo risum
excutiat sibi non, non cuiquam parcet amico;   35
et quodcumque semel chartis illeuerit, omnis
gestiet a furno redeuntis scire lacuque
et pueros et anus."

1.4

Êupolis, Crátino e Aristófanes, esses poetas
juntos de outros autores daquela Velha Comédia,
quando alguém merecia chamar-se ladrão ou patife,
quando fosse devasso, assassino ou mesmo famoso
noutro vício, vinham marcá-lo em total liberdade.   5
Deles depende de todo Lucílio, a eles seguia,
pois mudava apenas pés e metros, esperto,
tinha um nariz metido, duro na lida do verso.
Era mesmo seu vício: numa horinha duzentos
versos ditava orgulhoso num só pé apoiado;   10
nesse rio barrento tanto era tão dispensável;
falastrão, preguiçoso na dura labuta da escrita,
digo da boa escrita: da quantidade me calo.
Veio Crispino apostar um trocado: "Peço que pegue
tua tábua e eu a minha, com tempo e espaço   15
junto a juízes veremos quem escreve mais coisa!".
Bem fizeram os deuses quando moldaram-me parco,
fraco de espírito, já que raro falo e sucinto;
mas você aos ares presos em fole de bode
quando sopra um fogo amaciando a ferragem,   20
sim, você imita.
                       Fânio é que tem alegria,
traz seu bustos e livros sem convites, enquanto
sei que ninguém me lê por temer recitar para o povo,
já que gênero em quase nada agrada, se poucos
vão escapar à censura. Escolha alguém desse bando: 25
sofre decerto de triste cobiça ou então de avareza.
Um fissurou em mulheres casadas, outro em rapazes,
este quer brilho de prata e Álbio se assombra com bronze;
um carrega os bens do sol nascente pras terras
mornas da tarde, de ponta-cabeça se lança nos males   30
feito o pó recém-colhido dum redemoinho,
pois receia perder ou deixar de juntar as riquezas:
essa gente teme os versos, odeia poetas.
"Fuja! que esse touro bravo traz feno nos chifres,
nem a amigos, nem a si ele poupa em nome do riso;   35
tudo que borra em textos seus insiste que todos
saibam no ato, mesmo os moleques e velhas que acaso
voltam da fonte ou do forno."

　　　　　　Agedum pauca accipe contra.
Primum ego me illorum, dederim quibus esse poetis
excerpam numero. Neque enim concludere uersum　　　　　　40
dixeris esse satis neque, siqui scribat, uti nos,
sermoni propiora, putes hunc esse poetam.
Ingenium cui sit, cui mens diuinior atque os
magna sonaturum, des nominis huius honorem.
Idcirco quidam comoedia necne poema　　　　　　　　　　45
esset, quaesiuere, quod acer spiritus ac uis
nec uerbis nec rebus inest, nisi quod pede certo
differt sermoni, sermo merus. "At pater ardens
saeuit, quod meretrice nepos insanus amica
filius uxorem grandi cum dote recuset,　　　　　　　　　　50
ebrius et, magnum quod dedecus, ambulet ante
noctem cum facibus." Numquid Pomponius istis
audiret leuiora, pater si uiueret? Ergo
non satis est puris uersum perscribere uerbis,
quem si dissoluas, quiuis stomachetur eodem　　　　　　　55
quo personatus pacto pater. His, ego quae nunc,
olim quae scripsit Lucilius, eripias si
tempora certa modosque, et quod prius ordine uerbum est
posterius facias, praeponens ultima primis,
non, ut si soluas "Postquam Discordia taetra　　　　　　　60
belli ferratos postis portasque refregit",
inuenias etiam disiecti membra poetae.
　　　　　　Hactenus haec: alias, iustum sit necne poema,
nunc illud tantum quaeram, meritone tibi sit
suspectum genus hoc scribendi. Sulcius acer　　　　　　　65
ambulat et Caprius, rauci male cumque libellis,
magnus uterque timor latronibus; at bene si quis
et uiuat puris manibus, contemnat utrumque.
Vt sis tu similis Caeli Birrique latronum,
non ego sim Capri neque Sulci; cur metuas me?　　　　　70
Nulla taberna meos habeat neque pila libellos,
quis manus insudet uulgi Hermogenisque Tigelli.
Nec recito cuiquam nisi amicis, idque coactus,
non ubiuis coramue quibuslibet. In medio qui
scripta foro recitent sunt multi quique lauantes:　　　　75
suaue locus uoci resonat conclusus. Inanis
hoc iuuat, haud illud quaerentis, num sine sensu,
tempore num faciant alieno.

Escute a resposta sucinta.
Primeiramente retiro meu nome do número desses
que antes chamei de poetas: metrificar meramente   40
não satisfaz o verso, nem vamos contar por poeta
quem, como eu, escreve o que cabe nalguma conversa.
Mas se tiver talento, uma mente divina e palavras
altissonantes, podem lhe dar a honra e o renome.
É por isso que alguns questionam se acaso a comédia   45
é ou não é poesia, pois nem força nem verve
tem em tema ou termos e mal difere no metro
duma conversa – é mera conversa. "Mas pais se derretem
fulos de raiva se o filho playboy amando uma puta
nega aquele imenso dote que oferta uma esposa,   50
quando vaga bêbado e sem vergonha nenhuma
leva tochas dia afora." E Pompônio ouviria
um sermão mais leve se o pai fosse vivo? Portanto
não satisfaz o verso escrito em palavras pedestres
se, uma vez rompido, um pai qualquer furioso   55
mais parece persona de palco. Disto que escrevo
como outrora escrevia Lucílio, se acaso arrancarem
tempo e metro, se acaso inverterem algumas palavras
ou trocarem a ordem da última pela primeira,
não é como quebrar um: "Depois que a tetra Discórdia   60
rompe postes e portas presos pela batalha",
onde veremos desmembrado ainda o poeta.
            Pronto, falei! Depois veremos se é mesmo poesia,
só pergunto por ora: o gênero acaso merece
tanta suspeita por causa da escrita? O ácido Súlcio   65
vaga junto a Cáprio, roucos de tantos libelos,
são o maior terror de todo ladrão, no entanto
quem tem limpas mãos e vive puro os despreza.
Seja você ladrão igual a Célio ou Bírrio,
não serei um Cáprio ou Súlcio: por que o receio?   70
Eu não quero meu libelo em pilastra ou barraca,
suados na mão de Tigélio Hermóneges ou do povinho;
só recito aos amigos, e só se por fim me pressionam,
não a qualquer pessoa em qualquer momento. Conheço
muitos que sempre recitam no meio do Foro e nos banhos: 75
soa suave a voz no espaço recluso e os inúteis
amam aquilo, nunca se indagam se falta bom gosto,
se é um momento oportuno.

"Laedere gaudes"
inquit "et hoc studio prauus facis." Vnde petitum
hoc in me iacis? est auctor quis denique eorum, 80
uixi cum quibus? absentem qui rodit, amicum
qui non defendit alio culpante, solutos
qui captat risus hominum famamque dicacis,
fingere qui non uisa potest, commissa tacere
qui nequit, hic niger est, hunc tu, Romane, caueto. 85
Saepe tribus lectis uideas cenare quaternos
e quibus unus amet quauis aspergere cunctos
praeter eum qui praebet aquam; post hunc quoque potus,
condita cum uerax aperit praecordia Liber.
Hic tibi comis et urbanus liberque uidetur 90
infesto nigris:
ego, si risi quod ineptus
pastillos Rufillus olet, Gargonius hircum,
liuidus et mordax uideor tibi? mentio si qua
de Capitolini furtis iniecta Petilli
te coram fuerit, defendas ut tuus est mos: 95
"Me Capitolinus conuictore usus amicoque
a puero est causaque mea permulta rogatus
fecit, et incolumis laetor quod uiuit in urbe;
sed tamen admiror, quo pacto iudicium illud
fugerit." Hic nigrae sucus lolliginis, haec est 100
aerugo mera: quod uitium procul afore chartis,
atque animo, prius ut, si quid promittere de me
possum aliud uere, promitto.
Liberius si
dixero quid, si forte iocosius, hoc mihi iuris
cum uenia dabis. Insueuit pater optimus hoc me, 105
ut fugerem exemplis uitiorum quaeque notando.
Cum me hortaretur, parce frugaliter atque
uiuerem uti contentus eo quod mi ipse parasset,
"Nonne uides, Albi ut male uiuat filius utque
Baius inops? Magnum documentum, ne patriam rem 110
perdere quis uelit." A turpi meretricis amore
cum deterreret: "Scetani dissimilis sis."
Ne sequerer moechas, concessa cum Venere uti
possem: "Deprensi non bella est fama Treboni"
aiebat. "Sapiens, uitatu quidque petitu 115
sit melius, causas reddet tibi: mi satis est si

"Você adora as ofensas",
diz aquele, "injusto, só isso te importa." Mas donde
veio essa ideia? Alguém do meu convívio confirma   80
tanta fofoca? Quem descasca os amigos ausentes,
quem não defende quando alguém por acaso os ataca,
quem aceita as gargalhadas e infâmias alheias,
quem inventa o que nunca viu, não guarda segredos
esse é negro: tome cuidado com ele, romano!   85
Sempre vemos doze jantarem num mesmo triclínio,
deles um adora molhar a todos os outros,
fora quem oferta a água, porém na manguaça
verdadeiro Líber lhe abre os segredos do peito,
e ele parece leve e livre a você que detesta   90
toda mente negra.
             Se ri dizendo que besta
Rúfilo fede a pastilha e Gargônio cheira a cabrito,
acha que sou maligno e mordaz? Se em tua presença
este fofoca sobre Petílio Capitolino
com seus furtos, você costuma sair na defesa: 95
"Capitolino tem sido meu amigo e parceiro
desde menino, já por minha causa fizera
muito e me alegro que esteja agora em Roma seguro,
mas não sei o que fez pra ter escapado daquele
julgamento". Ah, eis a tinta negra da lula   100
eis o puro azinhavre; que vício se afaste dos livros,
deste peito, tal como antes: se vale a promessa,
isso prometo por mim.
             Se falo livre em excesso
ou se faço gracejo, peço que só me conceda
teu perdão por direito. Meu grande pai me ensinava   105
como fugir dos vícios marcando os exemplos que tinha.
Quando assim me exortava a viver frugalmente com pouco
sempre contente com tudo do que ele botava na mesa:
"Olha lá, mas como vai mal o filho do Álbio,
como o Baio é pobre! Profunda lição para quem mal   110
pensa em torrar as heranças!" Quis me assustar dos amores
torpes das putas "Nem me venha imitar o Cetano!"
Para deixar as devassas casadas, buscando uma Vênus
lícita: "Mas que feio o Trebônio pego no ato!".
E ele dizia: "Um sábio pode dar os motivos   115
para buscar ou fugir das coisas: estou satisfeito

traditum ab antiquis morem seruare tuamque,
dum custodis eges, uitam famamque tueri
incolumem possum; simul ac durauerit aetas
membra animumque tuum, nabis sine cortice." Sic me   120
formabat puerum dictis et, siue iubebat
ut facerem quid, "Habes auctorem, quo facias hoc" –
unum ex iudicibus selectis obiciebat;
siue uetabat, "An hoc inhonestum et inutile factu
necne sit, addubites, flagret rumore malo cum   125
hic atque ille?" Auidos uicinum funus ut aegros
exanimat mortisque metu sibi parcere cogit,
sic teneros animos aliena opprobria saepe
absterrent uitiis.
       Ex hoc ego sanus ab illis
perniciem quaecumque ferunt, mediocribus et quis   130
ignoscas uitiis teneor. Fortassis et istinc
largiter abstulerit longa aetas, liber amicus,
consilium proprium; neque enim, cum lectulus aut me
porticus excepit, desum mihi. "Rectius hoc est;
hoc faciens uiuam melius; sic dulcis amicis   135
occurram; hoc quidam non belle: numquid ego illi
imprudens olim faciam simile?" Haec ego mecum
compressis agito labris; ubi quid datur oti,
illudo chartis. Hoc est mediocribus illis
ex uitiis unum; cui si concedere nolis,   140
multa poetarum ueniat manus, auxilio quae
sit mihi (nam multo plures sumus), ac ueluti te
Iudaei cogemus in hanc concedere turbam.

só de ensinar você a seguir os costumes antigos;
pois enquanto carece de ter um tutor eu conservo
vida e fama: quando a idade formar a firmeza
para mente e membros, você vai nadar sem a boia." 120
Desde menino formou-me com ditos; se acaso indicasse
ordem qualquer, me dizia "Ali se encontra um exemplo",
logo apontava um juiz dos mais seletos de Roma;
quando vetasse, "Então duvida que isso nos seja
desonesto e inútil, mesmo vendo as infâmias 125
deste e daquele?" E como o cruel funeral do vizinho
pode espantar os glutões doentes por medo da morte,
sei que também a vergonha alheia apavora os volúveis
contra os vícios.
              Assim saudável, longe dos males,
desses que trazem desastres, tenho vícios decerto 130
médios, menores, mais perdoáveis: talvez a velhice
possa levá-los pra longe, talvez um amigo mais livre
ou o senso que tenho; pois nem quando me acolhe
pórtico ou leito me deixo sozinho: "Que isto é correto,
nisto vivo melhor e com isto doce aos amigos 135
vou parecer. Alguém agiu errado! E um dia
tolo eu faria a mesma bobagem?". Nisso comigo
sempre converso calado e se tenho um tempo de ócio
brinco nestes textos. Eis um dos vícios menores
que eu mencionei, porém se você não quiser aceitá-lo, 140
venha então em meu socorro um tropel de poetas
(pois nós somos aqui maioria) e ao cabo que nem uns
tantos judeus faremos que aceite entrar para o bando.

1.5

Egressum magna me accepit Aricia Roma
hospitio modico; rhetor comes Heliodorus,
Graecorum longe doctissimus. Inde Forum Appi
differtum nautis cauponibus atque malignis.
Hoc iter ignaui diuisimus, altius ac nos   5
praecinctis unum: minus est grauis Appia tardis.
Hic ego propter aquam, quod erat deterrima, uentri
indico bellum, cenantis haud animo aequo
exspectans comites.
      Iam nox inducere terris
umbras et caelo diffundere signa parabat.   10
Tum pueri nautis, pueris conuicia nautae
ingerere: "Huc appelle." 'Trecentos inseris, ohe,
iam satis est!" Dum aes exigitur, dum mula ligatur,
tota abit hora. Mali culices ranaeque palustres
auertunt somnos, absentem cantat amicam   15
multa prolutus uappa nauta atque uiator
certatim. Tandem fessus dormire uiator
incipit, ac missae pastum retinacula mulae
nauta piger saxo religat stertitque supinus.
Iamque dies aderat, nil cum procedere lintrem   20
sentimus; donec cerebrosus prosilit gnus
ac mulae nautaeque caput lumbosque saligno
fuste dolat. Quarta uix demum exponimur hora.
      Ora manusque tua lauimus, Feronia, lympha.
Milia tum pransi tria repimus atque subimus   25
impositum saxis late candentibus Anxur.
Huc uenturus erat Maecenas optimus atque
Cocceius, missi magnis de rebus uterque
legati, auersos soliti componere amicos.
Hic oculis ego nigra meis collyria lippus   30
illinere. Interea Maecenas aduenit atque
Cocceius Capitoque simul Fonteius, ad unguem
factus homo, Antoni non ut magis alter amicus.
Fundos Aufidio Lusco praetore libenter
linquimus, insani ridentes praemia scribae,   35
praetextam et latum clauum prunaeque uatillum.
In Mamurrarum lassi deinde urbe manemus,
Murena praebente domum, Capitone culinam.

1.5

Ao partir da grande Roma, Arícia acolheu-me
num hotel modesto junto ao retor Heliodoro,
que é de longe o mais culto da Grécia, e fomos ao Foro
de Ápio cheio de marinheiros e vis bodegueiros.
Preguiçosos, cortamos em dois o caminho que os ágeis   5
fazem direto: a Via Ápia é leve pros lentos.
Mas, por causa das águas, troço terrível, declaro
guerra à barriga e sem paciência espero os parceiros
virem da janta.
    Vinha a noite cair sobre a terra
salpicando todo o céu com sombras e estrelas,   10
quando zombam jovens dos nautas, nautas dos jovens
juntos: "Tragam pra cá." "Fazem trezentos, esperem:
já saturou." E enquanto pagamos e amarram a mula
vai-se uma hora. Rãs do brejo e cruéis pernilongos
tiram o sono, um barqueiro cheio de vinho estragado   15
põe-se a cantar à amante distante e seu viajante
pega o refrão. Quando se cansa o tal viajante
dorme por fim e o marujo molenga leva sua mula
para o pasto, prende na pedra e ronca encostado.
Já nascia o dia e ninguém ouvia se andava   20
nosso barqueiro até que salta um nervoso e acerta
forte o cajado em mula e marujo na testa e no lombo.
Já passava das dez e nisso foi que chegamos.
    Mãos e rosto lavamos em tuas águas, Ferônia.
Bem comidos pegamos três milhas de trilha no rumo   25
do Ânxur pousado sobre pedras que brilham de longe.
Por ali viria Coceio e fino Mecenas,
ambos ali mandados para tratarem de assuntos
sérios, pois que sabiam unir amigos em rixas.
Tive uma conjuntivite e passei um negro colírio   30
sobre os olhos. Nisso Mecenas chega e se achegam
junto Coceio e também Capitão Fonteio, um sujeito
feito pra unha, perfeito, o melhor amigo de Antônio.
Da pretura de Aufídio Lusco, de Fundos partimos
sem hesitar, só rindo das pompas do escriba maluco,   35
rindo da pá de brasa e da larga faixa da toga.
Lassos paramos naquela cidade dos velhos Mamurras,
quando Murena nos cede o lar, Capitão a cozinha.

Postera lux oritur multo gratissima; namque
Plotius et Varius Sinuessae Vergiliusque   40
occurrunt, animae qualis neque candidiores
terra tulit neque quis me sit deuinctior alter.
O qui complexus et gaudia quanta fuerunt!
Nil ego contulerim iucundo sanus amico.
      Proxima Campano ponti quae uillula, tectum   45
praebuit et parochi, quae debent, ligna salemque.
Hinc muli Capuae clitellas tempore ponunt.
Lusum it Maecenas, dormitum ego Vergiliusque;
namque pila lippis inimicum et ludere crudis.
hinc nos Coccei recipit plenissima uilla,   50
quae super est Caudi cauponas.
                  Nunc mihi paucis
Sarmenti scurrae pugnam Messique Cicirri,
Musa, uelim memores, et quo patre natus uterque
contulerit litis. Messi clarum genus Osci;
Sarmenti domina exstat. Ab his maioribus orti   55
ad pugnam uenere. prior Sarmentus "Equi te
esse feri similem dico." Ridemus, et ipse
Messius "Accipio," caput et mouet. "O tua cornu
ni foret exsecto frons" inquit, "quid faceres, cum
sic mutilus minitaris?" At illi foeda cicatrix   60
saetosam laeui frontem turpauerat oris.
Campanum in morbum, in faciem permulta iocatus,
pastorem saltaret uti Cyclopa rogabat:
nil illi larua aut tragicis opus esse cothurnis.
Multa Cicirrus ad haec: donasset iamne catenam   65
ex uoto Laribus, quaerebat; scriba quod esset,
nilo deterius dominae ius esse. Rogabat
denique, cur umquam fugisset, cui satis una
farris libra foret, gracili sic tamque pusillo.
Prorsus iucunde cenam producimus illam.   70
      Tendimus hinc recta Beneuentum, ubi sedulus hospes
paene macros arsit dum turdos uersat in igni.
Nam uaga per ueterem dilapso flamma culinam
Volcano summum properabat lambere tectum.
Conuiuas auidos cenam seruosque timentis   75
tum rapere atque omnis restinguere uelle uideres.
      Incipit ex illo montis Apulia notos
ostentare mihi, quos torret Atabulus et quos

Mas que delícia de amanhecer nós temos ao vermos
que em Sinuessa chegam Plócio, Vário e Virgílio,   40
essas almas mais alvas que existem no mundo,
dons que me prendem dum jeito que nada na terra me prende.
Ah, mas quantos abraços, quanta alegria por tudo!
Se eu não perder o senso, nada é melhor que um amigo.
          Uma vilinha perto da ponte Campânia cedeu-nos   45
teto e nos deram sal e lenha, como de praxe.
Nossas mulas em tempo deixam em Cápua as albardas.
Quando Mecenas joga, eu e Virgílio dormimos,
pois a bola é inimiga de conjuntivite e refluxo.
Logo Coceu nos acolhe na vila com toda fartura,   50
muito maior que as bodegas de Cáudio.
                              Peço que agora
toda a luta de Méssio Cicirro e do bobo Sarmento
tu me relembres, ó Musa, e contes o nome paterno
desses guerreiros. Méssio é osco de estirpe famosa,
vive a dona do grande Sarmento, dessas origens   55
partem pra luta. Primeiro Sarmento: "Você tem a cara
dum cavalo selvagem". Sorrimos e Méssio responde:
"Com certeza" e mexe a cabeça. "Se ainda tivesse
chifre no meio da testa! Mas como você se defende
mesmo assim mutilado?" Pois cicatriz tenebrosa   60
tinha marcado a parte esquerda da cara cerdosa.
E ao fazer piada daquela doença campana
pede que dance que nem os ciclopes pastores,
nem carecia de máscara trágica nem de coturno.
Muito Cicirro teria a dizer: ofertou as correntes   65
como ex-voto aos deuses Lares? Mesmo que escriba,
sua dona o detém por direito; e assim lhe pedia
pra que contasse a causa da fuga, se um quilo de trigo
já daria pra satisfazer seu corpo magrelo.
Nessa lida alongamos alegres o luxo da janta.   70
          Vamos a Benevento e o anfitrião cuidadoso
quase se queima ao virar uns tordos magros no forno;
pois Vulcano soltou uma chama no meio daquela
velha cozinha e por pouco não lambe até o telhado.
Nisso se viam convivas com fome e servos medrosos,   75
todos catando a ceia e tentando apagar um incêndio.
          É dali que vejo apontarem os meus conhecidos
montes da Apúlia que Atábulo torra e que nunca dariam

numquam erepsemus, nisi nos uicina Triuici
uilla recepisset lacrimoso non sine fumo,   80
udos cum foliis ramos urente camino.
Hic ego mendacem stultissimus usque puellam
ad mediam noctem exspecto; somnus tamen aufert
intentum Veneri. Tum immundo somnia uisu
nocturnam uestem maculant uentremque supinum.   85
       Quattuor hinc rapimur uiginti et milia raedis,
mansuri oppidulo quod uersu dicere non est,
signis perfacile est: uenit uilissima rerum
hic, aqua; sed panis longe pulcherrimus, ultra
callidus ut soleat umeris portare uiator.   90
Nam Canusi lapidosus (aquae non ditior urna),
qui locus a forti Diomede est conditus olim.
Flentibus hinc Varius discedit maestus amicis.
       Inde Rubos fessi peruenimus, utpote longum
carpentes iter et factum corruptius imbri.   95
Postera tempestas melior, uia peior adusque
Bari moenia piscosi. Dein Gnatia Lymphis
iratis exstructa dedit risusque iocosque,
dum flamma sine tura liquescere limine sacro
persuadere cupit. Credat Iudaeus Apella,   100
non ego; namque deos didici securum agere aeuum,
nec si quid miri faciat natura, deos id
tristis ex alto caeli demittere tecto.
Brundisium longae finis chartaeque uiaeque est.

para escalar se não nos recebe aquela vilinha
junto a Trevico com a mais lacrimosa fumaça   80
pelos galhos verdes e folhas que ardem no forno.
Tolo que sou, espero até o meio da noite
por uma moça enganosa, ao fim o sono me leva
todo venéreo: então me deito e sonhos de imagens
sujas me mancham inteiro, pijama e barriga.   85
      Vamos depois por vinte e quatro milhas de carro,
numa aldeota pousamos, o nome não cabe no verso,
mas darei umas dicas: compra a mais simples das coisas,
água, e o pão de lá é de longe o melhor: viajantes
mais espertos carregam nos ombros pra sua viagem,   90
pois em Canúsio, fundada pelo feroz Diomedes,
ponto mais pobre de água que um jarro, o pão é uma pedra.
Vário tristonho aqui se separa de amigos chorosos.
      Vamos então a Rubos, cansados, depois de pegarmos
longa estrada muito estragada por causa da chuva.   95
Dia seguinte: o tempo é melhor e pior o caminho
rumo aos muros pesqueiros de Bário. E Gnácia, elevada
pela fúria das ninfas, nos deu sorrisos e jogos,
quando tentava provar-nos como na entrada do templo
queimam incensos sem fogo. O judeu Apela acredita;   100
eu não, pois aprendi que os deuses vivem tranquilos,
e se a Natura produz um milagre, não foram os deuses
tristes que assim mandaram do excelso teto celeste.
Brindes foi o fim deste longo texto e caminho.

1.6

Non quia, Maecenas, Lydorum quidquid Etruscos
incoluit finis, nemo generosior est te,
nec quod auus tibi maternus fuit atque paternus
olim qui magnis legionibus imperitarent,
ut plerique solent, naso suspendis adunco   5
ignotos, ut me libertino patre natum.
   Cum referre negas quali sit quisque parente
natus, dum ingenuus, persuades hoc tibi uere,
ante potestatem Tulli atque ignobile regnum
multos saepe uiros nullis maioribus ortos   10
et uixisse probos amplis et honoribus auctos;
contra Laeuinum, Valeri genus, unde Superbus
Tarquinius regno pulsus fugit, unius assis
non umquam pretio pluris licuisse, notante
iudice quo nosti, populo, qui stultus honores   15
saepe dat indignis et famae seruit ineptus,
qui stupet in titulis et imaginibus. Quid oportet
nos facere a uulgo longe longeque remotos?
   Namque esto: populus Laeuino mallet honorem
quam Decio mandare nouo censorque moueret   20
Appius, ingenuo si non essem patre natus –
uel merito, quoniam in propria non pelle quiessem.
Sed fulgente trahit constrictos Gloria curru
non minus ignotos generosis. Quo tibi, Tilli,
sumere depositum clauum fierique tribuno?   25
Inuidia accreuit, priuato quae minor esset.
Nam ut quisque insanus nigris medium impediit crus
pellibus et latum demisit pectore clauum,
audit continuo "Quis homo hic est? Quo patre natus?",
ut siqui aegrotet quo morbo Barrus haberi   30
et cupiat formosus, eat quacumque, puellis
iniciat curam quaerendi singula, quali
sit facie, sura, quali pede, dente, capillo,
sic qui promittit ciuis, urbem sibi curae,
imperium fore et Italiam, delubra deorum,   35
quo patre sit natus, num ignota matre inhonestus,
omnis mortalis curare et quaerere cogit.
"Tune, Syri Damae aut Dionysi filius, audes
deicere de saxo ciuis aut tradere Cadmo?"

1.6

Mesmo, Mecenas, com tantos lídios em terras etruscas
sei que ninguém teria toda a tua nobreza,
pois se teve arcaico avô paterno ou materno
comandando outrora as tropas mais grandiosas,
mesmo assim você não ergue o nariz aquilino   5
para obscuros como eu, de liberto pai descendente.
    Quando diz de alguém que pouco importa a família
donde descenda, desde que livre, você nos confirma
que antes daquele reino e governo ignóbil de Túlio
muitos homens sem qualquer estirpe de peso   10
tinham vidas honestas com cargos e honras imensas;
mas Levino, filho da raça Valéria que outrora
debelara do reino Tarquínio Soberbo em exílio,
nunca valeu um centavo e foi marcado de negro
por um juiz conhecido – o povo, escravo da fama   15
que por vezes cede cargos a quem não merece,
besta diante de bustos e títulos. Mas que faremos
nesse caso, se estamos longe, longe do vulgo?
    Bom, convenhamos que o povo prefere eleger a Levino
mais que a Décio, um homem novo, e da lista me risca   20
Ápio censor se não sou de livre pai descendente –
com razão, pois não me quieto na pele que tenho!
Mas em carro luzente a Glória arrasta constritos
nobres e anônimos. Diga, Tílio, de que te valia
ter de voltar ao teu laticlavo e virar um tribuno?   25
Só cresceu a inveja, menor na vida privada.
Pois assim que um doido enlaça em toda a canela
couros negros e pende no peito seu laticlavo,
ouve "Quem é ele?" ou "É de que pai descendente?";
como se alguém sofresse a doença de Barro, quisesse   30
ser chamado de lindo e, por toda parte em que andasse,
desse um prurido em meninas pra vê-lo em minúcias,
rosto, batata de perna, pé, dentição e cabelo;
como quem promete às pessoas que pensa com zelo
só na cidade, no império, na Itália e nos templos dos deuses,   35
faz com que todo mortal com zelo pense e pergunte:
é de que pai descendente? A mãe anônima infama?
"Mas você, um filho de Dama, Dioniso ou de Siro,
ousa lançar cidadãos da rocha ou dá-los a Cadmo?"

"At Nouius collega gradu post me sedet uno;   40
namque est ille pater quod erat meus." Hoc tibi Paulus
et Messalla uideris? At hic, si plaustra ducenta
concurrantque Foro tria funera, magna sonabit
cornua quod uincatque tubas; saltem tenet hoc nos.
      Nunc ad me redeo libertino patre natum,   45
quem rodunt omnes libertino patre natum,
nunc, quia sim tibi, Maecenas, conuictor, at olim,
quod mihi pareret legio Romana tribuno.
Dissimile hoc illi est, quia non, ut forsit honorem
iure mihi inuideat quiuis, ita te quoque amicum,   50
praesertim cautum dignos adsumere, praua
ambitione procul. Felicem dicere non hoc
me possim, casu quod te sortitus amicum;
nulla etenim mihi te fors obtulit. Optimus olim
Vergilius, post hunc Varius dixere quid essem.   55
Vt ueni coram, singultim pauca locutus
(infans namque pudor prohibebat plura profari),
non ego me claro natum patre, non ego circum
me Satureiano uectari rura caballo,
sed quod eram narro. Respondes, ut tuus est mos,   60
pauca. Abeo; et reuocas nono post mense iubesque
esse in amicorum numero. Magnum hoc ego duco,
quod placui tibi, qui turpi secernis honestum
non patre praeclaro sed uita et pectore puro.
      Atqui si uitiis mediocribus ac mea paucis   65
mendosa est natura, alioqui recta, uelut si
egregio inspersos reprendas corpore naeuos;
si neque auaritiam neque sordis nec mala lustra
obiciet uere quisquam mihi, purus et insons
(ut me collaudem) si et uiuo carus amicis: 70
causa fuit pater his. Qui macro pauper agello
noluit in Flaui ludum me mittere, magni
quo pueri magnis e centurionibus orti,
laeuo suspensi loculos tabulamque lacerto,
ibant octonos referentes idibus aeris,   75
sed puerum est ausus Romam portare docendum
artis quas doceat quiuis eques atque senator
semet prognatos. Vestem seruosque sequentis,
in magno ut populo, siqui uidisset, auita
ex re praeberi sumptus mihi crederet illos.   80

"Meu colega Nóvio na fila de trás já se assenta,   40
pois é hoje o que foi meu pai no passado." Mas isso
faz de você um Paulo ou Messala? Duzentos esquifes
levam ao Foro três funerais e no grito ele vence
toda tuba e trombeta. Nisso atentamos por certo.
        Mas retorno a mim, de liberto pai descendente,   45
sempre humilhado por ser de liberto pai descendente,
hoje porque me tornei teu amigo, Mecenas, mas antes
por ter sido tribuno duma tropa romana.
E é diferente: pois se podem por jus invejar um
cargo que tive, não podem por tua amizade,   50
inda mais se você acolhe a quem o merece,
sem perversa ambição. Nem vou dizer que o acaso
foi quem me deu do nada a alegria de ser teu amigo;
não foi a sorte quem te apresentou: o grande Virgílio
disse um dia e Vário depois falou quem eu era.   55
Quando vim ao encontro, soltei em poucas palavras
(pois um pudor infantil me impediu de expressar as ideias)
que eu não sou dum ínclito pai descendente, nem ando
sobre um corcel satureio em terras de extensa fazenda –
narro o que sou. E você responde como de praxe: 60
pouco. Parto e após nove meses me chama e ordena que eu tome
parte no grupo de amigos. Acho uma honra tamanha
ter agradado a você, que separa o torpe do certo,
não por teu pai preclaro, mas pela pureza do peito.
        Pois se tenho por certo vícios modestos e poucos   65
nesta natura falha e de resto correta, que podem
bem ralhar que nem verrugas num corpo bonito,
se ninguém de verdade me ofende de avaro, mesquinho,
nem de safado, mas sempre vivo puro e inocente,
como me louvo, numa vida querida a meus caros amigos,   70
foi meu pai a causa: pobre num campo modesto,
nunca quis me mandar pra escola de Flávio, onde
grandes filhos de grandes centuriões estudavam,
com tabuinhas e bolsas compressas debaixo do braço,
já nos Idos traziam oito escudos consigo;   75
mas ousou mandar seu menino ao ensino de Roma
para aprender as artes que equestres e bons senadores
passam aos filhos. Quem então visse as roupas e escravos
que eu detinha nesse imenso povo, diria
serem todos gastos duma arcaica riqueza.   80

Ipse mihi custos incorruptissimus omnis
circum doctores aderat. Quid multa? Pudicum,
qui primus uirtutis honos, seruauit ab omni
non solum facto, uerum opprobrio quoque turpi.
Nec timuit sibi ne uitio quis uerteret olim,   85
si praeco paruas aut, ut fuit ipse, coactor
mercedes sequerer; neque ego essem questus: at hoc nunc
laus illi debetur et a me gratia maior.
     Nil me paeniteat sanum patris huius; eoque
non, ut magna dolo factum negat esse suo pars,   90
quod non ingenuos habeat clarosque parentIs,
sic me defendam. Longe mea discrepat istis
et uox et ratio. Nam si Natura iuberet
a certis annis aeuum remeare peractum
atque alios legere ad fastum quoscumque parentis,   95
optaret sibi quisque, meis contentus honestos
fascibus et sellis nollem mihi sumere, demens
iudicio uulgi, sanus fortasse tuo, quod
nollem onus haud umquam solitus portare molestum.
Nam mihi continuo maior quaerenda foret res   100
atque salutandi plures, ducendus et unus
et comes alter, uti ne aut rus solusue peregre
exirem, plures calones atque caballi
pascendi, ducenda petorrita. Nunc mihi curto
ire licet mulo uel si libet usque Tarentum,   105
mantica cui lumbos onere ulceret atque eques armos.
Obiciet nemo sordis mihi, quas tibi, Tilli,
cum Tiburte uia praetorem quinque sequuntur
te pueri, lasanum portantes oenophorumque.
Hoc ego commodius quam tu, praeclare senator,   110
milibus atque aliis uiuo.
     Quacumque libido est,
incedo solus; percontor quanti holus ac far;
fallacem Circum uespertinumque pererro
saepe Forum; adsisto diuinis; inde domum me
ad porri et ciceris refero laganique catinum.   115
Cena ministratur pueris tribus et lapis albus
pocula cum cyatho duo sustinet; astat echinus
uilis, cum patera guttus, Campana supellex.
Deinde eo dormitum, non sollicitus, mihi quod cras
surgendum sit mane, obeundus Marsya, qui se   120

SÁTIRAS (CONVERSAS) | 55

Esse meu guardião incorruptibilíssimo sempre
vinha ver os meus professores. Deixo as delongas:
pôde manter-me intacto, a grande virtude, e poupou-me
não somente dos erros, mas também das censuras,
nem temia que o taxassem por vício se um dia   85
eu seguisse um emprego menor de ser pregoeiro
ou cobrador que nem ele – e eu não chiaria, mas hoje
devo por tudo os maiores louvores e agradecimentos.
        Nunca me abala, enquanto eu for são, o nome paterno;
pois se grande parte nega todas as culpas   90
por não ter na estirpe pais famosos e livres,
não me defendo assim. E deles muito se afasta
minha mente e minha voz: se a Natura mandasse
retornarmos todo o tempo de vida passado
para então escolhermos outros pais livremente   95
como quisermos, eu com o meu ficaria contente,
sem procurar cadeiras e fasces; mesmo que o povo
me chamasse de doido, e você veria sentido
se eu não quero um fardo maldito além do meu porte.
Pois terei de aumentar meus parcos bens num instante,   100
dar bom dia a muitos, levar alguns no meu grupo
só pra não sair sozinho no rumo do campo
ou em viagem, mandar pastar mais burros de carga,
mais cavalos, levar carroças. Agora, se quero,
posso seguir num jumento todo o caminho a Tarento   105
(sofre o lombo no alforje e a cernelha por seu cavaleiro):
nem me chamam, Tílio, como a você, de mesquinho,
quando cinco moleques te seguem na estrada de Tíbur,
como pretor, e levam enóforos entre penicos.
Nisso vivo melhor que senhor, senador celebrado,   110
nisso e em muito mais.
        Pois onde aponta o desejo
saio sozinho, peço o preço de grãos e legumes,
muitas vezes vago no Circo enganoso e no Foro
quando a noite chega, vejo adivinhos e em casa
como um prato de alho-poró, grão-de-bico e bolinho;   115
três moleques servem a janta e branca uma pedra
guarda duas taças e um cíato, junto ao saleiro
muito simples, um cântaro e pires de origem campana;
logo durmo, sem sofrer que no dia seguinte
devo acordar cedinho e passar por Mársias, que afirma   120

uoltum ferre negat Nouiorum posse minoris.
Ad quartam iaceo; post hanc uagor aut ego lecto
aut scripto quod me tacitum iuuet unguor oliuo,
non quo fraudatis immundus Natta lucernis.
Ast ubi me fessum sol acrior ire lauatum   125
admonuit, fugio Campum lusumque trigonem.
Pransus non auide, quantum interpellet inani
uentre diem durare, domesticus otior. Haec est
uita solutorum misera ambitione grauique;
his me consolor uicturum suauius ac si   130
quaestor auus pater atque meus patruusque fuisset.

não tolerar a cara daquele caçula de Nóvio.
Durmo até as dez, depois passeio, e se leio
ou se escrevo em silêncio o que adoro, me unto com óleos
(não daqueles que o porco Nata rouba às lucernas);
quando o sol mais acre sugere que eu siga cansado   125
para o banho, deixo as bolas do Campo de Marte;
como sem pressa, o tanto que baste na lida do dia
sem barriga vazia, e no ócio doméstico estico:
eis uma vida livre da triste e grave cobiça.
Nisso tenho consolo e espero que viva mais doce   130
que se tivesse pai, avôs ou tios questores.

1.7

Proscripti Regis Rupili pus atque uenenum
hybrida quo pacto sit Persius ultus, opinor
omnibus et lippis notum et tonsoribus esse.
Persius hic permagna negotia diues habebat
Clazomenis, et iam litis cum Rege molestas,   5
durus homo atque odio qui posset uincere Regem,
confidens, tumidus, adeo sermonis amari
Sisennas, Barros ut equis praecurreret albis.
    Ad Regem redeo. Postquam nihil inter utrumque
conuenit (hoc etenim sunt omnes iure molesti   10
quo fortes quibus aduersum bellum incidit; inter
Hectora Priamiden animosum atque inter Achillem
ira fuit capitalis, ut ultima diuideret mors,
non aliam ob causam nisi quod uirtus in utroque
summa fuit: duo si discordia uexet inertis   15
aut si disparibus bellum incidat, ut Diomedi
cum Lycio Glauco, discedat pigrior ultro
muneribus missis.), Bruto praetore tenente
ditem Asiam, Rupili et Persi par pugnat, uti non
compositum melius cum Bitho Bacchius. In ius   20
acres procurrunt, magnum spectaculum uterque.
Persius exponit causam. Ridetur ab omni
conuentu, <ut> laudat Brutum laudatque cohortem,
solem Asiae Brutum appellat stellasque salubris
appellat comites excepto Rege: Canem illum,   25
inuisum agricolis sidus, uenisse, ruebat
flumen ut hibernum, fertur quo rara securis.
Tum Praenestinus salso multoque fluenti
expressa arbusto regerit conuicia, durus
uindemiator et inuictus, cui saepe uiator   30
cessisset magna compellans uoce cuculum.
    At Graecus, postquam est Italo perfusus aceto,
Persius exclamat "Per magnos, Brute, deos te
oro, qui reges consueris tollere, cur non
hunc Regem iugulas? Operum hoc, mihi crede, tuorum est."   35

1.7

Como o exilado Rei Rupílio – fel e veneno –
foi um dia vingado pelo híbrido Pérsio, imagino
que qualquer remelento ou cabeleireiro já saiba.
Esse rico Pérsio, que tinha grandes negócios
em Clazômenas, pôs o Rei num longo litígio,   5
e era durão, capaz de vencer o Rei por ódio,
todo metido e tão amargo nas suas conversas
que com alvos corcéis passara Sisenas e Barros.
    Volto ao Rei: depois que os dois por fim desistiram
dum acerto (pois qualquer litigante insistente   10
mais parece um valente pego na guerra, tal como
entre Heitor Priamida e aquele colérico Aquiles
houve uma raiva feroz que apenas a morte separa,
sendo a causa nada mais que a suma virtude
de ambos; mas se a Discórdia acossa uns covardes   15
ou se pega dois desiguais, que nem Diomedes
contra o lício Glauco, o mais mole logo se afasta,
cede presentes), sob a pretura de Bruto na rica
Ásia, logo combatem iguais Rupílio e Pérsio,
muito mais parelhos que Bito e Báquio: avançam   20
ácidos para a justiça e dão espetáculo imenso.
Pérsio expõe a causa e ouvimos risos por toda
parte, louva a Bruto, louva a corte montada,
chama Bruto de sol da Ásia, de estrelas salubres
chama a todos, exceto Rei, o Cão desgraçado,   25
astro que chega funesto aos agrícolas, rio invernoso
precipitado que impede um uso qualquer do machado.
E o prenestino, ouvindo o sal amargo que escorre,
rege um jogo baixo que nem vinhedo e parece
duro, invencível vinicultor a quem viajantes   30
sempre cedem depois de gritarem "cuco" com força.
    Mas o grego Pérsio, imerso em vinagre da Itália,
logo exclama: "Pelos deuses, Bruto, te peço:
se costumava reis expulsar, que tal degolarmos
nosso Rei de agora? A obra merece o teu nome!".   35

1.8

Olim truncus eram ficulnus, inutile lignum,
cum faber, incertus scamnum faceretne Priapum,
maluit esse deum. Deus inde ego, furum auiumque
maxima formido; nam fures dextra coercet
obscenoque ruber porrectus ab inguine palus;   5
ast importunas uolucres in uertice harundo
terret fixa uetatque nouis considere in hortis.
Huc prius angustis eiecta cadauera cellis
conseruus uili portanda locabat in arca;
hoc miserae plebi stabat commune sepulcrum,   10
Pantolabo scurrae Nomentanoque nepoti.
Mille pedes in fronte, trecentos cippus in agrum
hic dabat; heredes monumentum ne sequeretur.
nunc licet Esquiliis habitare salubribus atque
aggere in aprico spatiari, qui modo tristes   15
albis informem spectabant ossibus agrum;
cum mihi non tantum furesque feraeque suetae
hunc uexare locum curae sunt atque labori
quantum carminibus quae uersant atque uenenis
humanos animos. Has nullo perdere possum   20
nec prohibere modo, simul ac uaga Luna decorum
protulit os, quin ossa legant herbasque nocentis.
Vidi egomet nigra succinctam uadere palla
Canidiam, pedibus nudis passoque capillo,
cum Sagana maiore ululantem: pallor utrasque   25
fecerat horrendas adspectu. Scalpere terram
unguibus et pullam diuellere mordicus agnam
coeperunt; cruor in fossam confusus, ut inde
Manibus elicerent animas responsa daturas.
Lanea et effigies erat altera cerea: maior   30
lanea, quae poenis compesceret inferiorem;
cerea suppliciter stabat, seruilibus ut quae
iam peritura modis. Hecaten uocat altera, saeuam
altera Tisiphonen; serpentes atque uideres
infernas errare canes, Lunamque rubentem,   35
ne foret his testis, post magna latere sepulcra.
Mentior at si quid, merdis caput inquiner albis
coruorum atque in me ueniat mictum atque cacatum
Iulius et fragilis Pediatia furque Voranus.

1.8

Eu já fui um pau de figo, cepo sem uso,
quando o artista, indeciso em fazer um banco ou Priapo
quis fazer o deus, e deus eu sou, o máximo medo
de ave e ladrão, pois ladrões espanto com a destra
e da virilha obscena se ergue uma verga vermelha;   5
contra importunos pássaros trago uma cana na testa
para assustar e impedir que pousem nos Hortos recentes.
Era aqui que um escravo trazia os cadáveres na arca
mais barata para lançá-los em tumba apertada;
isto servia de cova comum para a mísera plebe,   10
para o bufão Pantólabo, para o playboy Nomentano.
Tem mil pés de frente no cipo e trezentos de fundo
desde que tal monumento nunca passasse aos herdeiros.
Hoje dá pra morar no Esquilino saudável, andando
no ensolarado aterro em que outrora triste se via   15
este chão disforme cheio de brancas ossadas;
no meu caso não são os ladrões e as feras de sempre
que me preocupam e ocupam se infestam o nosso terreno,
mas aquelas mulheres que versam com canto e veneno
almas humanas: nunca consigo dar cabo das pestes   20
nem na noite em que a vaga Lua revela seu rosto
posso impedir que colham ossos e ervas nocivas.
Juro que vi cintada de vestes negras Canídia,
com seus pés descalços, sua grenha revolta,
junto à velha Sagana ululando; pálidas ambas   25
tinham aspecto horrendo. Vinham com unhas cavando
toda a terra, esgarçando nos dentes negra cordeira,
logo espalham o sangue na fossa para que evoque
Manes dos mortos, todas as almas que cedam respostas.
Tinha um boneco de lã, e um outro de cera, mas era   30
muito maior o de lã que ameaça punir o pequeno;
eis suplicante o de cera, parecia esperar uma morte
clara de escravo. Uma delas evoca a Hécate, a outra
chama a cruel Tisífone; dava pra ver as serpentes,
junto às cadelas do Inferno vagando e a Lua corada,   35
pra não ver a cena, escondida por trás dos sepulcros.
Se eu menti, que me venham na testa corvos lançando
branca merda, podem me encher de mijo e de bosta
Júlio, Vorano, o ladrão, e também Pediácia, o frangote.

Singula quid memorem, quo pacto alterna loquentes   40
umbrae cum Sagana resonarint triste et acutum
utque lupi barbam uariae cum dente colubrae
abdiderint furtim terris et imagine cerea
largior arserit ignis et ut non testis inultus
horruerim uoces Furiarum et facta duarum?   45
Nam, displosa sonat quantum uesica pepedi
diffissa nate ficus. At illae currere in urbem.
Canidiae dentis, altum Saganae caliendrum
excidere atque herbas atque incantata lacertis
uincula cum magno risuque iocoque uideres.   50

Como narrar a minúcia em textículo, como alternando   40
sombras soavam um eco triste e agudo a Sagana,
como à barba de lobo e ao dente de cobra manchada
furtivamente ocultavam na terra e o fogo queimava
alto em boneco de cera e como não sem vingança
me arrepiei com as vozes e feitos das Fúrias que eu via?   45
Pois barulhento que nem bexiga que estoura, num peido
me abre o figo na bunda e elas correm pra Roma.
Dava pra ver Canídia perdendo os dentes, Sagana
sem a peruca, tombando ervas e mágicos laços
pelos braços, entre gargalhadas e jogos.   50

1.9

Ibam forte uia Sacra, sicut meus est mos,
nescio quid meditans nugarum, totus in illis:
accurrit quidam notus mihi nomine tantum
arreptaque manu "Quid agis, dulcissime rerum?"
"Suauiter, ut nunc est" inquam, "et cupio omnia quae uis."   5
Cum assectaretur, "Numquid uis?" occupo. At ille
"Noris nos" inquit; "docti sumus." Hic ego "Pluris
hoc" inquam "mihi eris."
                    Misere discedere quaerens
ire modo ocius, interdum consistere, in aurem
dicere nescio quid puero, cum sudor ad imos   10
manaret talos. "O te, Bolane, cerebri
felicem!" aiebam tacitus, cum quidlibet ille
garriret, uicos, urbem laudaret. Vt illi
nil respondebam, "Misere cupis" inquit "abire,
iamdudum uideo, sed nil agis; usque tenebo.   15
Persequar hinc quo nunc iter est tibi." "Nil opus est te
circumagi. Quendam uolo uisere non tibi notum;
trans Tiberim longe cubat is prope Caesaris hortos."
"Nil habeo quod agam et non sum piger: usque sequar te."
Demitto auriculas, ut iniquae mentis asellus,   20
cum grauius dorso subiit onus.
                  Incipit ille:
"Si bene me noui, non Viscum pluris amicum,
non Varium facies. Nam quis me scribere pluris
aut citius possit uersus? Quis membra mouere
mollius? Inuideat quod et Hermogenes, ego canto."   25
Interpellandi locus hic erat: "Est tibi mater,
cognati, quis te saluo est opus?" "Haud mihi quisquam;
omnis composui." "Felices! Nunc ego resto.
Confice; namque instat fatum mihi triste, Sabella
quod puero cecinit mota diuina anus urna: 30
'Hunc neque dira uenena nec hosticus auferet ensis
nec laterum dolor aut tussis nec tarda podagra:
garrulus hunc quando consumet cumque; loquaces,
si sapiat, uitet, simul atque adoleuerit aetas'."
       Ventum erat ad Vestae, quarta iam parte diei   35
praeterita, et casu tum respondere uadato
debebat, quod ni fecisset, perdere litem.

1.9

Eu cruzava a Via Sacra, como de praxe,
só pensando em quaisquer bagatelas, nelas imerso,
quando aparece um figura que eu mal conhecia de nome,
pega na mão e "Como vai, meu doce parceiro?"
"Suave que só", respondo, "e quero que tenha o que queira."   5
 Como ele insiste, irrompo "Diga o que quer." E retorque
"Já nos conhece, somos cultos." Nisso retruco
"Muito te estimo por tudo."
               Coitado, procuro uma fuga,
logo aperto o passo, paro por vezes, sussurro
coisas no ouvido do escravo, sinto o suor escorrendo   10
pela canela, me digo calado "Grande Bolano,
sorte é ter o teu cérebro!", e ele tagarelando
sobre tudo, louva as ruas e Roma; mas como
nada falo, diz "Coitado, procura uma fuga,
logo vi; mas não consegue, então continuo,   15
vou com você até o destino." "Não se preocupe,
deixe: quem vou ver não é dos teus conhecidos,
mora longe, pra lá do Tibre, nos hortos de César."
"Hoje estou à toa, não tenho preguiça, te sigo."
Baixo minhas orelhas que nem um jumento irritado   20
quando aumenta o peso no lombo.
                 Mas ele começa:
"Se me conheço bem, logo serei teu amigo
mais do que Visco ou Vário. Pois quem versos escreve
mais veloz do que eu? E quem remexe seus membros
mais molenga? Se canto, Hermógenes morre de inveja."   25
Eis uma chance de quebra. "Tem por acaso um parente,
mãe ou alguém que dependa do teu bem-estar?" "Enterrei-os
todos." "Felizes deles! E eu fiquei nesta vida.
Finde o serviço! Chega o dia fatal que a sabélia
velha mexendo na urna cantou quando eu era menino: 30
'Nem terríveis venenos, nem espada inimiga,
tosse, pleurisia ou gota podem levá-lo:
um tagarela o irá consumir; e se sabe, que evite
todo e qualquer falastrão assim que passarem os anos'."
       Nisso passa das dez, chegamos ao templo da Vesta,   35
quando por sorte aparece uma intimação que o convoca:
se ele não responder no ato, perde o litígio.

"Si me amas" inquit, "paulum hic ades." "Interam si
aut ualeo stare aut noui ciuilia iura,
et propero quo scis." "Dubius sum, quid faciam" inquit, 40
"tene relinquam an rem." "Me, sodes." "Non faciam" ille,
et praecedere coepit. Ego, ut contendere durum
cum uictore, sequor. "Maecenas quomodo tecum?"
hinc repetit: "Paucorum hominum et mentis bene sanae;
nemo dexterius fortuna est usus. Haberes 45
magnum adiutorem, posset qui ferre secundas,
hunc hominem uelles si tradere. Dispeream, ni
summosses omnis." "Non isto uiuimus illic
quo tu rere modo. Domus hac nec purior ulla est
nec magis his aliena malis. Nil mi officit" inquam, 50
"ditior hic aut est quia doctior; est locus uni
cuique suus." "Magnum narras, uix credibile." "Atqui
sic habet." "Accendis, quare cupiam magis illi
proximus esse." "Velis tantummodo, quae tua uirtus,
expugnabis; et est qui uinci possit, eoque 55
difficilis aditus primos habet." "Haud mihi deero:
muneribus seruos corrumpam; non, hodie si
exclusus fuero, desistam; tempora quaeram;
occurram in triuiis; deducam. Nil sine magno
uita labore dedit mortalibus."

                Haec dum agit, ecce 60
Fuscus Aristius occurrit, mihi carus et illum
qui pulchre nosset. Consistimus. "Vnde uenis?" et
"Quo tendis?" rogat et respondet. Vellere coepi
et pressare manu lentissima bracchia, nutans,
distorquens oculos, ut me eriperet. Male salsus 65
ridens dissimulare, meum iecur urere bilis.
"Certe nescio quid secreto uelle loqui te
aiebas mecum." "Memini bene, sed meliore
tempore dicam. Hodie tricesima sabbata: uin tu
curtis Iudaeis oppedere?" "Nulla mihi" inquam 70
"religio est." "At mi. Sum paulo infirmior, unus
multorum: ignosces, alias loquar." Huncine solem
tam nigrum surrexe mihi? Fugit improbus ac me
sub cultro linquit. Casu uenit obuius illi
aduersarius et "Quo tu, turpissime?" magna 75
inclamat uoce, et "Licet antestari?" Ego uero
oppono auriculam. Rapit in ius: clamor utrimque,
undique concursus. Sic me seruauit Apollo.

"Por amor, me ajude um pouquinho", me diz. "Que eu pereça,
se conheço direito civil: estou fraco das pernas,
e inda tenho aquela pressa." "Agora estou hesitante   40
entre você e o litígio." " Tranquilo, me deixe." "Não posso",
diz e avança. Sem força no embate dum duro guerreiro
vou seguindo. "Como está com você o Mecenas?",
ele retoma, "Tem poucos amigos e mente saudável;
como sabe usar da sorte! Você com certeza   45
pode ter uma ajuda com papel secundário,
caso apresente este homem direto pro grupo. Que eu morra
se você não suplanta o resto!" "Não convivemos
como você imagina. Não vejo casa mais pura,
livre dessas intrigas e pouco me importa", lhe digo,   50
"se há alguém mais rico ou culto: todos recebem
seu lugar." "Que lindo – e pouco crível." "Mas saiba
que é assim." "Acendeu meu desejo de enfim conhecê-lo
mais de perto." "Basta querer e, com tanta virtude,
vai conquistar, pois ele é vencível, por isso parece   55
tão esquivo ao primeiro encontro." "Nessa eu acerto:
com presentes vou corromper os escravos; e se hoje
for expulso, não desisto, tento no tempo,
surjo na esquina, acompanho pra casa: nada na vida
vem sem esforço aos mortais."

                     E enquanto prossegue, aparece   60
meu querido Arístio Fusco que já conhecia
bem o sujeito. Paramos. "Vem daonde?" e "Aonde
vai?", pergunta e responde. Tento de pronto apertá-lo
pelas mangas, pelo braço, com gestos e olhares
peço apenas resgate. Porém o malvado sorrindo   65
finge não entender: meu fígado ferve de bile.
"Sei que você queria falar uma coisa comigo,
mais privado." "Lembro bem, mas depois eu te conto
noutro momento: pois hoje será o trigésimo Sabbath,
quer peidar nos judeus circuncisos?" "Não tenho nenhuma   70
religião." "Porém eu tenho: sou um dos tantos
homens fracos, perdoe, falamos depois." Poderia
dia tão negro nascer para mim? Mas foge o cretino,
deixa-me ao fio da faca. Mas por acaso nos chega
seu litigante e "Onde vai, seu feio?", conclama a   75
plenos pulmões, "E posso chamar pra dar testemunho?"
Mostro as orelhas. Nisso o leva à corte e em clamores
todos os cercam. Assim me salvei por graça de Apolo.

1.10

[Lucili, quam sis mendosus, teste Catone,
defensore tuo, peruincam, qui male factos
emendare parat uersus; hoc lenius ille,
quo melior uir est, longe subtilior illo,
qui multum puer et loris et funibus udis   [5]
†exoratus†, ut esset opem qui ferre poetis
antiquis posset contra fastidia nostra,
grammaticorum equitum doctissimus. Vt redeam illuc:]
     Nempe incomposito dixi pede currere uersus
Lucili. Quis tam Lucili fautor inepte est,
ut non hoc fateatur? At idem, quod sale multo
urbem defricuit, charta laudatur eadem.
Nec tamen hoc tribuens dederim quoque cetera; nam sic   5
et Laberi mimos ut pulchra poemata mirer.
Ergo non satis est risu diducere rictum
auditoris (et est quaedam tamen hic quoque uirtus):
est breuitate opus, ut currat sententia neu se
impediat uerbis lassas onerantibus auris;   10
et sermone opus est modo tristi, saepe iocoso,
defendente uicem modo rhetoris atque poetae,
interdum urbani, parcentis uiribus atque
extenuantis eas consulto. Ridiculum acri
fortius et melius magnas plerumque secat res.   15
Illi scripta quibus comoedia prisca uiris est
hoc stabant, hoc sunt imitandi; quos neque pulcher
Hermogenes umquam legit neque simius iste
nil praeter Caluum et doctus cantare Catullum.
     "At magnum fecit, quod uerbis Graeca Latinis   20
miscuit." O seri studiorum, quine putetis
difficile et mirum Rhodio quod Pitholeonti
contigit? "At sermo lingua concinnus utraque
suauior, ut Chio nota si commixta Falerni est."
Cum uersus facias, te ipsum percontor, an et cum   25
dura tibi peragenda rei sit causa Petilli?
Scilicet oblitos patriaeque patrisque Latini,
cum Pedius causas exsudet Poplicola atque
Coruinus, patriis intermiscere petita
uerba foris malis, Canusini more bilinguis.   30
Atque ego cum Graecos facerem, natus mare citra,

1.10

[Sim, Lucílio, como você se mostrou corrigível
provo com teu defensor Catão, que agora corrige
todos os teus malfeitos versos; e ele é suave,
homem melhor e de longe mais refinado que aquele
jovem que só se amansou por açoites e úmidas cordas   [5]
para depois poder prestar auxílio aos poetas
velhos contra o desprezo que hoje por eles nutrimos;
foi o mais culto de todos equestres. Mas volto ao assunto:]
    Certo, eu disse que correm com pés descompostos os versos
de Lucílio. Pois que fã seria tão besta
de negar o fato? Porém no mesmíssimo texto
louvo como esfregava com muito sal a cidade.
Mas eu só concedo um pouco, e nada no resto,   5
pois teria de achar poesia em Labério e seus mimos.
Não satisfaz portanto arrancar um riso da boca
deste auditório, embora eu veja nisso virtude:
mas convém ser breve, para que corra a ideia,
sem pesar nos ouvidos fartos de verborragia;   10
mas convém conversa por vezes triste ou jocosa,
pronta pra ter o papel também de orador ou poeta,
de homem mais refinado, que sabe o momento preciso
para poupar ou gastar a força. O ridículo vence
o ácido em força e também é melhor na linha do corte.   15
Todos aqueles autores famosos da Velha Comédia
servem ainda pra imitação, mas sabemos que deles
lindo Hermógenes nunca leu, nem aquele macaco
culto em cantar apenas os versos de Calvo e Catulo.
    "Mas que feito imenso fez misturando palavra   20
grega e latina!" Ai, atrasados, pensam de fato
que é difícil ser igual a Pitóleon de Rodes?
"Mas a conversa fica mais bela no encontro de línguas,
mais suave, que nem um Falerno com vinho de Quios."
Só se você verseja, eu pergunto, ou serve pra quando   25
vem defender aquela causa pior de Petílio?
Pois então esquecido do pai Latino e da pátria,
quando Pédio, Corvino e Publícola suam na corte
para vencer as causas, você ainda mistura
termos pátrios e estranhos, como em Canúsio bilíngue?   30
Quanto a mim, nascido aquém-mar, enquanto escrevia

uersiculos, uetuit me tali uoce Quirinus
post mediam noctem uisus, cum somnia uera:
"In siluam non ligna feras insanius ac si
magnas Graecorum malis implere cateruas." 35
      Turgidus Alpinus iugulat dum Memnona dumque
diffindit Rheni luteum caput, haec ego ludo,
quae neque in aede sonent certantia iudice Tarpa
nec redeant iterum atque iterum spectanda theatris.
Arguta meretrice potes Dauoque Chremeta 40
eludente senem comis garrire libellos
unus uiuorum, Fundani; Pollio regum
facta canit pede ter percusso; forte epos acer
ut nemo Varius ducit; molle atque facetum
Vergilio adnuerunt gaudentes rure Camenae: 45
hoc erat, experto frustra Varrone Atacino
atque quibusdam aliis, melius quod scribere possem,
inuentore minor; neque ego illi detrahere ausim
haerentem capiti cum multa laude coronam.
      At dixi fluere hunc lutulentum, saepe ferentem 50
plura quidem tollenda relinquendis. Age quaeso,
tu nihil in magno doctus reprehendis Homero?
Nil comis tragici mutat Lucilius Acci?
Non ridet uersus Enni grauitate minores,
cum de se loquitur non ut maiore reprensis? 55
Quid uetat et nosmet Lucili scripta legentis
quaerere, num illius, num rerum dura negarit
uersiculos natura magis factos et euntis
mollius ac siquis pedibus quid claudere senis,
hoc tantum, contentus amet scripsisse ducentos 60
ante cibum uersus, totidem cenatus, Etrusci
quale fuit Cassi rapido feruentius amni
ingenium, capsis quem fama est esse librisque
ambustum propriis? Fuerit Lucilius, inquam,
comis et urbanus, fuerit limatior idem 65
quam rudis et Graecis intacti carminis auctor
quamque poetarum seniorum turba; sed ille,
si foret hoc nostrum fato delapsus in aeuum,
detereret sibi multa, recideret omne quod ultra
perfectum traheretur, et in uersu faciendo 70
saepe caput scaberet uiuos et roderet unguis.
      Saepe stilum uertas, iterum quae digna legi sint

meus versinhos gregos, veio vetar-me Quirino,
quando o sonho é real e meia-noite se passa:
"Não seria mais louco levar a lenha à floresta
do que querer se alistar nas grandes tropas dos gregos."   35
          Sim, enquanto o pomposo alpino a Mêmnon degola
ou barreia a nascente do Reno; aqui me divirto,
sem competir no templo pela sentença de Tarpa,
nem retornar que nem espetáculo novo aos teatros.
Só você concebe um libelo em que putas astutas   40
junto a Davo enganam aquele decrépito Cremes,
dentre os vivos só você, Fundânio; com triplo
pé Polião nos canta os reis; na afiada epopeia
nada iguala Vário; as Camenas alegres no campo
deram para Virgílio o charme maior da leveza.   45
Neste gênero, que antes tentou Varrão Atacino
e outros mais em vão, eu posso ter um sucesso,
sempre menor que seu inventor; nem ouso arrancar-lhe
sua coroa em torno das têmporas toda louvável.
          Bom, eu disse que flui barrento e sempre carrega   50
tanto tão dispensável. Mas fale, que agora te peço:
culto, você não censura nada nos mares de Homero?
Nada o fino Lucílio altera no trágico Ácio?
Nunca ri dos versos menos severos de um Ênio,
muito embora não se julgue maior que os zombados?   55
Que nos impede, ao ler o que tanto escrevera Lucílio,
de perguntarmos se acaso a dura natura do homem
ou dos temas nega que um bom versinho prossiga
mais suave, ou se alguém, em seis passadas medindo-se,
todo contente por isso, quer forjar uns duzentos   60
versos antes do almoço e outros depois de almoçado?
Mais ardente que um rio intenso corria o talento
desse etrusco Cássio, que entre as caixas dos próprios
livros teve sua pira. Então eu digo: Lucílio
foi refinado, elegante, sim, e foi mais polido,   65
mais que um rude autor do canto intocado por gregos,
mais que um bando de arcaicos poetas; mas ele,
se por destino vivesse em nosso tempo presente,
creio que então limparia coisas demais, cortaria
tudo que passa além do perfeito e na lida do verso   70
mais coçaria a cabeça, roendo a carne das unhas.
          Poupe o estilo e apague, se quer merecer uma chance

scripturus, neque te ut miretur turba labores,
contentus paucis lectoribus. An tua demens
uilibus in ludis dictari carmina malis?   75
Non ego; nam satis est equitem mihi plaudere, ut audax
contemptis aliis explosa Arbuscula dixit.
Men moueat cimex Pantilius aut cruciet quod
uellicet absentem Demetrius aut quod ineptus
Fannius Hermogenis laedat conuiua Tigelli?   80
Plotius et Varius, Maecenas Vergiliusque,
Valgius et probet haec Octauius optimus atque
Fuscus et haec utinam Viscorum laudet uterque
ambitione relegata! Te dicere possum,
Pollio, te, Messalla, tuo cum fratre, simulque   85
uos, Bibuli et Serui, simul his te, candide Furni,
compluris alios, doctos ego quos et amicos
prudens praetereo, quibus haec, sint qualiacumque,
arridere uelim, doliturus si placeant spe
deterius nostra. Demetri, teque, Tigelli,   90
discipularum inter iubeo plorare cathedras.

      I, puer, atque meo citus haec subscribe libello.

de releitura e não procure os agrados do povo,
fique contente com os teus poucos leitores. Acaso
doido deseja teu canto ditado em pública escola? 75
Eu não quero, estou satisfeito com palmas equestres,
como disse Arbúscula audaz ao desprezo de muitos.
Acha que sofro o piolho Pantílio e que muito me irrita
ver Demétrio atacar pelas costas, ou que esse besta
Fânio, que janta em Tigélio Hermógenes, tanto me ofenda? 80
Quero apenas que Plócio, Vário, Mecenas, Virgílio,
Válgio e o grande Otávio junto com Fusco me aprovem;
quem me dera ouvir um dia os louvores dos Viscos,
sem ambição! E sei também que posso dar nomes,
para vocês, Polião, Messala e irmão, e reúno 85
Bíbulo e Sérvio, vocês e você, meu límpido Fúrnio,
junto a muitos outros, amigos e cultos, que esqueço
por prudência; e espero que este arremedo os agrade,
isso peço e sofro se não cumpre a promessa
dum agrado. E quanto a vocês, Demétrio e Tigélio, 90
podem chorar por sobre as cadeiras das tuas alunas!
   Leve, moleque, e ajunte estes versos ao fim do libelo.

2.1

"Sunt quibus in satura uidear nimis acer et ultra
legem tendere opus. Sine neruis altera quidquid
composui pars esse putat similisque meorum
mille die uersus deduci posse. Trebati,
quid faciam? Praescribe."
             "Quiescas."
                    "Ne faciam, inquis,   5
omnino uersus?"
        "Aio."
          "Peream male si non
optimum erat. Verum nequeo dormire."
                "Ter uncti
transnanto Tiberim somno quibus est opus alto
inriguumque mero sub noctem corpus habento.
Aut si tantus amor scribendi te rapit, aude   10
Caesaris inuicti res dicere, multa laborum
praemia laturus."
        "Cupidum, pater optime, uires
deficiunt. Neque enim quiuis horrentia pilis
agmina nec fracta pereuntis cuspide Gallos
aut labentis equo describit uulnera Parthi."   15
"Attamen et iustum poteras et scribere fortem,
Scipiadam ut sapiens Lucilius."
             "Haud mihi dero,
cum res ipsa feret. Nisi dextro tempore Flacci
uerba per attentam non ibunt Caesaris aurem,
cui male si palpere, recalcitrat undique tutus."   20
    "Quanto rectius hoc quam tristi laedere uersu
Pantolabum scurram Nomentanumque nepotem,
cum sibi quisque timet, quamquam est intactus, et odit!"
    "Quid faciam? Saltat Milonius, ut semel icto
accessit feruor capiti numerusque lucernis;   25
Castor gaudet equis, ouo prognatus eodem
pugnis; quot capitum uiuunt, totidem studiorum
milia: me pedibus delectat claudere uerba
Lucili ritu, nostrum melioris utroque.
Ille uelut fidis arcana sodalibus olim   30
credebat libris neque, si male cesserat, usquam
decurrens alio neque, si bene; quo fit ut omnis

2.1

"Para alguns pareço mostrar-me na sátira azedo,
ou forçá-la além da lei. Um outro grupo argumenta
que eu componho tudo sem nervo e afirma que versos
como os meus fariam mil num dia. Trebácio,
diga o que faço?"
                "Descanse."
                            "Você sugere que eu faça   5
verso nenhum?"
                "Pois é."
                      "Que eu morra, se assim não seria
muito melhor! Mas não consigo dormir."
                            "Que atravesse
vezes três o Tibre a nado na falta de sono
denso e à noite irrigue o corpo no mosto ilibado.
Ou, se um tamanho o amor à escrita agora te assola,   10
narre os feitos do invicto César, que pela labuta
muitos prêmios virão."
                "Ah, grande pai, quem me dera:
falta força, pois nem todos descrevem a horrenda
marcha em meio a dardos, nem o gaulês moribundo
junto à lança quebrada e o parta montado e ferido."   15
"Mas poderia escrever sobre o homem justo e valente
como o sábio Lucílio cantou Cipião"
                        "Com certeza!
Quando surgir o ensejo: só no momento preciso
versos dum Flaco alcançam o ouvido atento de César;
se por acaso o maltrato, escoiceia por todos os lados."   20
        "Mais correto e melhor que ofender num verso molesto
sobre o bufão Pantólabo, sobre o playboy Nomentano,
quando todos te temem e mesmo intocados te odeiam."
        "Diga o que faço? Milônio dança no instante em que a fúria
toma toda a mente capta, e as lucernas duplicam;   25
Cástor ama os corcéis, e aquele seu gêmeo de ovo
ama a luta; pra mil cabeças mil interesses
nascem: eu adoro encerrar as palavras no metro
no ritual daquele que vence-nos ambos – Lucílio.
Como quem conta segredos para os fiéis companheiros,   30
ele fiava nos livros, nem nas horas difíceis
foi procurar alguém, nem nas boas, e assim acontece:

uotiua pateat ueluti descripta tabella
uita senis. Sequor hunc, Lucanus an Apulus anceps;
nam Venusinus arat finem sub utrumque colonus,   35
missus ad hoc pulsis, uetus est ut fama, Sabellis,
quo ne per uacuum Romano incurreret hostis,
siue quod Apula gens seu quod Lucania bellum
incuteret uiolenta. Sed hic stilus haud petet ultro
quemquam animantem et me ueluti custodiet ensis   40
uagina tectus: quem cur destringere coner
tutus ab infestis latronibus? O pater et rex
Iuppiter, ut pereat positum robigine telum
nec quisquam noceat cupido mihi pacis! At ille,
qui me commorit (melius non tangere, clamo)   45
flebit et insignis tota cantabitur urbe.
Ceruius iratus leges minitatur et urnam,
Canidia Albuci quibus est inimica uenenum,
grande malum Turius, siquid se iudice certes.
Vt quo quisque ualet suspectos terreat utque   50
imperet hoc Natura potens, sic collige mecum:
dente lupus, cornu taurus petit. Vnde nisi intus
monstratum? Scaeuae uiuacem crede nepoti
matrem: nil faciet sceleris pia dextera (mirum,
ut neque calce lupus quemquam neque dente petit bos!),   55
sed mala tollet anum uitiato melle cicuta.
Ne longum faciam: seu me tranquilla senectus
exspectat seu Mors atris circumuolat alis,
diues, inops, Romae, seu fors ita iusserit, exsul,
quisquis erit uitae scribam color."
                                  "O puer, ut sis   60
uitalis metuo et maiorum nequis amicus
frigore te feriat."
                  "Quid? Cum est Lucilius ausus
primus in hunc operis componere carmina morem
detrahere et pellem, nitidus qua quisque per ora
cederet, introrsum turpis, num Laelius aut qui   65
duxit ab oppressa meritum Carthagine nomen
ingenio offensi aut laeso doluere Metello
famosisue Lupo cooperto uersibus? Atqui
primores populi arripuit populumque tributim,
scilicet uni aequus Virtuti atque eius amicis.   70
Quin ubi se a uulgo et scaena in secreta remorant

tal como o texto dum ex-voto, revela-se toda a
vida do velho. E o sigo, não sei se da Apúlia ou Lucânia,
pois o colono venúsio lavra nas duas fronteiras,   35
conta um velho rumor que, depois de expulsar os sabélios,
pra que ninguém atacasse Roma em campos abertos,
pois violento o povo apúlio, ou povo lucano,
gera a guerra; mas meu estilo nunca procura
como ferir e só me protege feito uma espada   40
dentro duma bainha: e por que tentaria tirá-la
quando estou a salvo de assaltos? Júpiter, peço,
pai e rei, que o dardo pereça largado em ferrugem,
que ninguém me acerte – desejo paz! No entanto
quem por acaso me incita ("Não me toquem!", eu grito),   45
vai chorar, famoso e cantado por toda a cidade.
Cérvio, quando irado, ameaça com leis e com urna;
com o veneno de Albúcio Canídia ameaça inimigos,
Túrio, chamado como juiz, ameaça desgraças.
Cada pessoa amedronta como pode, apelando   50
ao que a Natura lhe deu; peço que pense comigo:
lobo ataca com dentes, touro com chifres, e não é
seu instinto que ensina? Conceda uma mãe imorrível
para Ceva playboy e a destra não peca (milagre!
como um boi não ataca no dente, nem lobo no coice),   55
mel e cicuta, porém, poderão dar cabo da velha.
Eu não vou me alongar: que venha a velhice tranquila
pra me esperar ou paire a morte de asas escuras,
seja rico ou pobre, em Roma ou então exilado:
seja qual for a cor da vida, escrevo."
                                     "Criança,   60
temo que viva pouco e que um amigo ricaço
lance-te em frio fatal."
                            "Mas quando ousara Lucílio
ser o primeiro a compor seus cantos nas regras da obra
e a arrancar a pele de todos os que então se cobriam
quando por dentro eram torpes, me diga se Lélio   65
ou se aquele que tem seu nome no fim Cartago,
se eles então se ofenderam por força de tanto talento,
vendo Metelo e Lupo enterrados por versos infames?
Ele atacou lideranças do povo e o povo por tribos,
mas foi justo com a Virtude e amigos que tinha.   70
Ao partirem do palco e do vulgo pra vida privada

uirtus Scipiadae et mitis sapientia Laeli,
nugari cum illo et discincti ludere, donec
decoqueretur holus, soliti. Quidquid sum ego, quamuis
infra Lucili censum ingeniumque, tamen me   75
cum magnis uixisse inuita fatebitur usque
Inuidia et fragili quaerens illidere dentem
offendet solido – nisi quid tu, docte Trebati,
dissentis."
      "Equidem nihil hinc diffindere possum;
sed tamen ut monitus caueas, ne forte negoti   80
incutiat tibi quid sanctarum inscitia legum:
Si mala condiderit in quem quis carmina, ius est
iudiciumque."
        "Esto, si quis mala; sed bona si quis
iudice condiderit laudatus Caesare? Si quis
opprobriis dignum latrauerit, integer ipse?"   85
   "Soluentur risu tabulae, tu missus abibis."

de Cipião a virtude e a doce sabença de Lélio,
costumavam brincar e jogar relaxados com ele,
pondo legumes no fogo. Embora eu fique por baixo
desse Lucílio em dinheiro e talento, muito que seja,   75
sei que a Inveja irritada confessa que tive uma vida
entre os grandes e, enquanto tende o dente na parte
frágil, morde o duro. Você, meu culto Trebácio,
pode talvez discordar."
           "Em nada sinto dissenso;
e entretanto aconselho: cuidado que a ignorância   80
sobre nossas sacras leis não traga problemas.
Quem encantos maus versar a alguém sofrerá por
jus e juízes."
        "Só quem versa mal. E quem versa
cantos louvados pelo juízo de César? Quem versa
íntegro e ladra apenas pra quem merece os ataques?"   85
    "Autos dissolvem-se em riso e você sairá inocente."

2.2

Quae uirtus et quanta, boni, sit uiuere paruo
(nec meus hic sermo est, sed quae praecepit Ofellus
rusticus, abnormis sapiens crassaque Minerua),
discite, non inter lances mensasque nitentis,
cum stupet insanis acies fulgoribus et cum   5
acclinis falsis animus meliora recusat,
uerum hic impransi mecum disquirite. "Cur hoc?"
Dicam, si potero.
          Male uerum examinat omnis
corruptus iudex. Leporem sectatus equoue
lassus ab indomito uel, si Romana fatigat   10
militia assuetum graecari, seu pila uelox
molliter austerum studio fallente laborem
seu te discus agit, pete cedentem aera disco:
cum labor extuderit fastidia, siccus, inanis
sperne cibum uilem; nisi Hymettia mella Falerno   15
ne biberis diluta. Foris est promus et atrum
defendens piscis hiemat mare: cum sale panis
latrantem stomachum bene leniet. Vnde putas aut
qui partum? Non in caro nidore uoluptas
summa, sed in te ipso est. tu pulmentaria quaere   20
sudando: pinguem uitiis albumque neque ostrea
nec scarus aut poterit peregrina iuuare lagois.
        Vix tamen eripiam posito pauone uelis quin
hoc potius quam gallina tergere palatum,
corruptus uanis rerum, quia ueneat auro   25
rara auis et picta pandat spectacula cauda,
tamquam ad rem attineat quidquam. Num uesceris ista,
quam laudas, pluma? Cocto num adest honor idem?
Carne tamen quamuis distat nil, hanc magis illam?
Imparibus formis deceptum te patet. Esto: 30
unde datum sentis lupus hic Tiberinus an alto
captus hiet, pontisne inter iactatus an amnis
ostia sub Tusci? Laudas, insane, trilibrem
mullum in singula quem minuas pulmenta necesse est.
Ducit te species, uideo; quo pertinet ergo   35
proceros odisse lupos? Quia scilicet illis
maiorem Natura modum dedit, his breue pondus.
Ieiunus raro stomachus uulgaria temnit.

2.2

      Quanta virtude, meus bons, existe na vida modesta
(não é só conversa minha, é preceito de Ofelo,
rústico sábio, atípico em culto da crassa Minerva),
ouçam, mas não em meio a pratos e mesas brilhantes,
quando a vista se ofusca com doidos brilhos e quando   5
nosso espírito nega o melhor e pro falso se volta;
venham comigo sem rango ao debate. "Como que pode?"
Digo o que posso.
               Todo juiz corrompido avalia
mal a verdade. Depois de caçar a lebre, ou exausto
por um cavalo indomado, ou quando a milícia romana   10
cansa quem paga de grego e a rápida bola,
esse empenho que engana de leve as duras labutas,
junto ao disco te chamam (lance o disco nos ares);
quando a labuta abater a chatice, seco e faminto,
quero ver desprezar a comida barata, negar a bebida,   15
fora o Falerno com mel do Himeto. Saia o mordomo,
mares medonhos protejam os peixes: o sal de um pãozinho
logo acalma a barriga que late. Diga você se
sabe a causa do caso. O mais alto prazer não está nos
caros aromas, mas só em você. Mereça os temperos   20
pelo suor. Um homem pálido e gordo de vícios
não se deleita com ostra, bodião e faisão importado.
      Mas se puserem pavão no prato, duvido que eu possa
erradicar o desejo do teu paladar com galinha,
tão corrompido por tais vaidades, a preço de ouro   25
a ave rara faz de espetáculo o rabo pintado,
como se fosse importante no caso. E acaso se come
pena de tantos louvores? É lindo depois de cozido?
Pela carne dá no mesmo, mas essa supera?
Vejo você iludido por tais aparências. Que seja: 30
como você percebe que um peixe-lobo foi pego
no alto mar ou no Tibre, seja num ponto entre pontes
ou na boca do rio etrusco? Louco, elogia
salmonete de um quilo, pra ser em porções destrinchado.
Vejo que vai pela cara. E por qual motivo detesta   35
peixes-lobos imensos? Claro, a Natura concede
nestes um metro maior, naqueles um peso miúdo.
Só despreza ao comum a barriga que raro tem fome.

"Porrectum magno magnum spectare catino
uellem" ait Harpyiis gula digna rapacibus. At uos,   40
praesentes Austri, coquite horum obsonia! Quamquam
putet aper rhombusque recens, mala copia quando
aegrum sollicitat stomachum, cum rapula plenus
atque acidas mauult inulas. Necdum omnis abacta
pauperies epulis regum; nam uilibus ouis   45
nigrisque est oleis hodie locus. Haud ita pridem
Galloni praeconis erat acipensere mensa
infamis. Quid? Tunc rhombos minus aequor alebat?
Tutus erat rhombus tutoque ciconia nido,
donec uos auctor docuit praetorius. Ergo   50
siquis nunc mergos suauis edixerit assos,
parebit praui docilis Romana iuuentus.
          Sordidus a tenui uictu distabit Ofello
iudice. Nam frustra uitium uitaueris illud,
si te alio prauum detorseris. Au<f>idienus,   55
cui "Canis" ex uero dictum cognomen adhaeret,
quinquennis oleas est et siluestria corna
ac nisi mutatum parcit defundere uinum et,
cuius odorem olei nequeas perferre, licebit
ille repotia, natalis aliosue dierum   60
festos albatus celebret, cornu ipse bilibri
caulibus instillat, ueteris non parcus aceti.
Quali igitur uictu sapiens utetur et horum
utrum imitabitur? Hac urget lupus, hac canis, aiunt.
mundus erit qua non offendat sordibus atque   65
in neutram partem cultus miser. Hic neque seruis,
Albuci senis exemplo, dum munia didit,
saeuus erit nec sic ut simplex Naeuius unctam
conuiuis praebebit aquam; uitium hoc quoque magnum.
          Accipe nunc, uictus tenuis quae quantaque secum   70
afferat. Imprimis ualeas bene. Nam uariae res
ut noceant homini credas, memor illius escae,
quae simplex olim tibi sederit. At simul assis
miscueris elixa, simul conchylia turdis,
dulcia se in bilem uertent stomachoque tumultum   75
lenta feret pituita. Vides ut pallidus omnis
cena desurgat dubia? Quin corpus onustum
hesternis uitiis animum quoque praegrauat una
atque affigit humo diuinae particulam aurae.

"Um dos grandes em grande prato estirado – eu queria
ver!", nos diz a gula da Harpia voraz. E vocês, favoráveis   40
Austros, cozinhem todos aqueles petiscos! Embora
frescos fedam porco e linguado: fartura em excesso
fere a barriga doente, que quando cheia prefere
nabos e picles de ênulas. Mas não foi excluída
toda a pobreza da mesa dos reis, pois negra azeitona   45
e ovos singelos têm um lugar. Há pouco uma posta
de esturjão difamara o tal pregoeiro Galônio.
Diga-me: então não tinha peixe-lobo nos mares?
Salvo estavam peixe-lobo e cegonhas no ninho,
quando a sanção dum pretor deu mote a vocês. E por isso,   50
se um declarar mergulhões assados por fina iguaria,
jovens romanos (que fácil aprendem o péssimo) o seguem.

        Sórdido não se iguala a sutil, na sentença de Ofelo,
pois em vão você tentaria evitar o tal vício,
se outro te torna perverso e péssimo. Aufidieno,   55
que merece levar o nome de "Cão" por alcunha,
come azeitonas quinquenais e pilritos silvestres,
só destampa o vinho depois que vira vinagre,
tem azeites de cheiro intragável e quando
vai celebrar as núpcias, aniversários e dias   60
fastos vestido de branco, nove litros num chifre
farto destila em repolhos, sem poupar do azedume.
Qual das dietas um sábio pratica e qual dessas duas
deve imitar? Vai entre lobo e cão, como dizem.
Que ele seja fino, sem sordidez que o ofenda,   65
longe de extremos mais miseráveis. Junto aos escravos,
não será cruel que nem o decrépito Albúcio
dando as ordens, nem como Névio largado que oferta
água imunda aos seus convidados, um vício dos grandes.

        Vamos, escute quanta vantagem leva a dieta   70
mais sutil. Saúde, em primeiro lugar. Pois é óbvio
como a mistura faça mal, se lembrar da comida
simples que já se assentou em você. Se acaso mistura
com assado o cozido, com sabiá um marisco,
doces se vertem em bile, a barriga sofre uma guerra   75
pelo catarro lento. Repare que todos retornam
pálidos dum jantar confuso. O corpo pesado
pelos vícios de ontem agrava o espírito e logo
prende no chão uma parte do nosso alento divino.

Alter ubi dicto citius curata sopori   80
membra dedit, uegetus praescripta ad munia surgit.
Hic tamen ad melius poterit transcurrere quondam,
siue diem festum rediens aduexerit annus
seu recreare uolet tenuatum corpus ubique
accedent anni <et> tractari mollius aetas   85
imbecilla uolet: tibi quidnam accedet ad istam
quam puer et ualidus praesumis mollitiem, seu
dura ualetudo inciderit seu tarda senectus?
Rancidum aprum antiqui laudabant, non quia nasus
illis nullus erat, sed, credo, hac mente, quod hospes   90
tardius adueniens uitiatum commodius quam
integrum edax dominus consumeret. Hos utinam inter
heroas natum tellus me prima tulisset!
         Das aliquid famae, quae carmine gratior aurem
occupet humanam? Grandes rhombi patinaeque   95
grande ferunt una cum damno dedecus. Adde
iratum patruum, uicinos, te tibi iniquum
et frustra mortis cupidum, cum deerit egenti
as, laquei pretium. "Iure" inquit "Trausius istis
iurgatur uerbis: Ego uectigalia magna   100
diuitiasque habeo tribus amplas regibus." Ergo,
quod superat non est melius quo insumere possis?
Cur eget indignus quisquam te diuite? Quare
templa ruunt antiqua deum? Cur, improbe, carae
non aliquid patriae tanto emetiris aceruo?   105
Vni nimirum recte tibi semper erunt res,
o magnus posthac inimicis risus! Vterne
ad casus dubios fidet sibi certius? Hic qui
pluribus assuerit mentem corpusque superbum,
an qui contentus paruo metuensque futuri   110
in pace, ut sapiens aptarit idonea bello?
         Quo magis his credas, puer hunc ego paruus Ofellum
integris opibus noui non latius usum
quam nunc accisis. Videas metato in agello
cum pecore et gnatis fortem mercede colonum,   115
"Non ego" narrantem "temere edi luce profesta
quidquam praeter holus fumosae cum pede pernae.
Ac mihi seu longum post tempus uenerat hospes
siue operum uacuo gratus conuiua per imbrem
uicinus, bene erat non piscibus urbe petitis,   120

Mas quem lança os membros ao sono, antes que falem,   80
já desperta esperto e pronto aos deveres do dia.
Mas por motivo melhor ele pode mudar os seus planos,
seja nalgum feriado que o ano traz em seu ciclo,
seja pra renovar o corpo afinado, e ao passar dos
anos ele precisa tratar sua frágil idade   85
suavemente: e você, que agora jovem e forte
leva essa vida molenga, o que então acrescentaria
caso a doença cruel ou a tarda velhice chegasse?
Nossos antigos louvavam um porco rançoso, mas não por
falta de algum nariz. Creio, pensavam que seu convidado   90
tarde teria mais gosto na carne passada que o dono
todo guloso teria na fresca. Mas quem me dera
ter nascido em meio aos heróis, da terra primeira!
          Mas você valoriza a fama, mais doce que verso,
que enche os ouvidos humanos? Peixes-lobos imensos,   95
pratos imensos trazem desgraças e gastos; nem falo
sobre tio raivoso, vizinhos, autoinjustiça,
vão desejo de morte, se um dia faltar um centavo
para comprar a corda. "Justo", diz, "é que Tráusio
seja açoitado por tais palavras! Mas grande salário   100
tenho e riquezas maiores que três monarcas." Por isso
não tem outro motivo que gaste melhor o supérfluo?
Como o inocente pena, diante da tua riqueza?
Como decaem os templos dos deuses? Seu sem-vergonha,
como nada do acervo serve à pátria querida?   105
Claro que para você as coisas seguem perfeitas,
mas servirá de riso aos teus inimigos. Quem deles
frente a casos confusos terá confiança? Aquele
que acostumou seu corpo e mente com toda fartura,
ou aquele contente com pouco, que teme o futuro   110
feito um sábio e em paz se prepara ao risco da guerra?
          Pra que acredite, conto que quando vi esse Ofelo,
quando garoto, ele usava de todos os bens que detinha
como do pouco que hoje lhe resta. No campo tomado,
veja que junto a gado e filhos o forte colono   115
narra: "Em dias comuns eu nunca comia ao acaso
nada além de alguns vegetais ou pernil defumado.
Se depois de um longo período vinha visita,
ou um querido vizinho em dia ocioso de chuva,
era bem servido, sem peixes que vêm da cidade,   120

sed pullo atque haedo; tum pensilis uua secundas
et nux ornabat mensas cum duplice ficu.
Post hoc ludus erat captu potare magistro
ac uenerata Ceres, ita culmo surgeret alto,
explicuit uino contractae seria frontis.   125
Saeuiat atque nouos moueat Fortuna tumultus:
quantum hinc imminuet? Quanto aut ego parcius aut uos,
o pueri, nituistis, ut huc nouus incola uenit?
Nam propriae telluris erum Natura nec illum
nec me nec quemquam statuit. Nos expulit ille,   130
illum aut nequities aut uafri inscitia iuris,
postremum expellet certe uiuacior heres.
Nunc ager Vmbreni sub nomine, nuper Ofelli
dictus, erit nulli proprius, sed cedet in usum
nunc mihi, nunc alii. Quocirca uiuite fortes   135
fortiaque aduersis opponite pectora rebus."

mas com frango e bode; com uvas-passas e nozes
eu enfeitava a mesa junto com figos cortados.
Vinha depois o jogo, bebermos sem árbitro ou mestre,
vinha Ceres, honrada pra dar em hastes imensas,
junto ao vinho alisar as rugas da cara fechada.   125
Pode a Fortuna louca lançar-nos novos tumultos:
quanto pode tirar? Quão parcos fomos nós todos,
meus garotos, desde que o novo senhor se achegara?
Pois a Natura não fez de mim, nem dele ou de outro
dono da própria terra: se nos expulsou no passado,   130
vai ser expulso por sua imperícia nas leis e minúcias,
pelo descuido e descaso, ou no fim por herdeiro longevo.
Se hoje o campo tem nome de Umbreno, fora de Ofelo,
nunca será de ninguém, mas passa por uso a diversos,
antes meu, amanhã alheio. Força na vida,   135
para enfrentar com peito forte a pior desventura!".

2.3

"Sic raro scribis ut toto non quater anno
membranam poscas, scriptorum quaeque retexens,
iratus tibi, quod uini somnique benignus
nil dignum sermone canas. Quid fiet? At ipsis
Saturnalibus huc fugisti sobrius. Ergo   5
dic aliquid dignum promissis: incipe. Nil est.
Culpantur frustra calami immeritusque laborat
iratis natus paries dis atque poetis.
Atqui uultus erat multa et praeclara minantis,
si uacuum tepido cepisset uillula tecto.   10
Quorsum pertinuit stipare Platona Menandro,
Eupolin, Archilochum, comites educere tantos?
Inuidiam placare paras uirtute relicta?
Contemnere miser. Vitanda est improba Siren
Desidia, aut quidquid uita meliore parasti   15
ponendum aequo animo."
                             "Di te, Damasippe, deaeque
uerum ob consilium donent – tonsore! Sed unde
tam bene me nosti?"
                         "Postquam omnis res mea Ianum
ad Medium fracta est, aliena negotia curo,
excussus propriis. Olim nam quaerere amabam,   20
quo uafer ille pedes lauisset Sisyphus aere,
quid scalptum infabre, quid fusum durius esset;
callidus huic signo ponebam milia centum;
hortos egregiasque domos mercarier unus
cum lucro noram; unde frequentia Mercuriali   25
imposuere mihi cognomen compita."
                                 "Noui
et miror morbi purgatum te illius.
                         "Atqui
emouit ueterem mire nouus, ut solet, in cor
traiecto lateris miseri capitisue dolore,
ut lethargicus hic cum fit pugil et medicum urget."   30
"Dum ne quid simile huic, esto ut libet."
                                     "O bone, ne te
frustrere: insanis et tu stultique prope omnes,
si quid Stertinius ueri crepat, unde ego mira
descripsi docilis praecepta haec, tempore quo me

2.3

"Pouco você escreve, nem quatro vezes por ano
pede mais pergaminho; e desfaz a trama dos textos,
sempre em fúria consigo, farto de vinhos e sono,
sem cantar o que valha a conversa. Como? No dia
das Saturnais escapa sóbrio pra cá. Nesse caso,   5
diga-nos algo que valha a promessa: comece. Que nada!
Falso acusa a pena e roga que sofra a parede,
pobre inocente nascida na fúria de poetas e deuses.
Pela cara jurava tanto feitos famosos,
se te aceitasse ocioso a palhoça num tépido teto.   10
De que valeu então comprimir Platão e Menandro,
ou levar com você Arquíloco, Êupolis e outros?
Quer aplacar a inveja deixando de lado a virtude?
Sofra o desprezo, coitado! Evite a maldita Sereia,
tua preguiça, ou largue o que veio no auge da vida   15
sem reclamar."
        "Pedirei, Damasipo, que os deuses e deusas
pelo belo conselho te cedam barbeiro. Mas diga
donde você me conhece?"
        "Depois de perder as finanças
junto ao templo de Jano, vigio os negócios alheios,
pois me expulsaram dos meus. No passado eu amava a procura   20
pelo bronze que banha os pés de Sísifo esperto,
cada escultura tosca, cada fusão imperita,
hábil eu avaliava centenas, milhares de estátuas;
cada palácio e jardim egrégio só eu conseguia
pôr à venda com lucro, por isso todas esquinas   25
cheias me deram o nome de Mercurial."
        "Reconheço:
muito me espanta te ver curado do mal."
        "O que espanta
é perceber que o novo expulsa o velho, tal como
nova dor de lombo ou cabeça passa pro peito,
ou que um inerte virou pugilista e pulou nos doutores."   30
"Sem fazer tais coisas, fique à vontade."
        "Meu caro,
não se engane, insano como todos os tolos,
se é verdade o que prega Estertínio, cujos preceitos
maravilhosos pude aprender a partir do momento

solatus iussit sapientem pascere barbam   35
atque a Fabricio non tristem ponte reuerti.
Nam male re gesta cum uellem mittere operto
me capite in flumen, dexter stetit et:
                                    'Cave faxis
te quicquam indignum. Pudor' inquit 'te malus angit,
insanos qui inter uereare insanus haberi.   40
Primum nam inquiram quid sit furere: hoc si erit in te
solo, nil uerbi, pereas quin fortiter, addam.
Quem mala stultitia et quemcumque inscitia ueri
caecum agit, insanum Chrysippi porticus et grex
autumat. Haec populos, haec magnos formula reges,   45
excepto sapiente, tenet.
                         Nunc accipe, quare
desipiant omnes aeque ac tu, qui tibi nomen
insano posuere. Velut siluis, ubi passim
palantis error certo de tramite pellit,
ille sinistrorsum, hic dextrorsum abit, unus utrique   50
error, sed uariis illudit partibus; hoc te
crede modo insanum, nihilo ut sapientior ille
qui te deridet caudam trahat.
                             Est genus unum
stultitiae nihilum metuenda timentis, ut ignis,
ut rupes fluuiosque in campo obstare queratur;   55
alterum, et huic uarum et nihilo sapientius, ignis
per medios fluuiosque ruentis. Clamet amica
mater, honesta soror, cum cognatis, pater, uxor:
Hic fossa est ingens, hic rupes maxima: serua!
Non magis audierit, quam Fufius ebrius olim,   60
cum Ilionam edormit, Catienis mille ducentis
Mater, te appello clamantibus.
                                Huic ego uulgus
errorem similem cunctum insanire docebo.
            Insanit ueteres statuas Damasippus emendo,
integer est mentis Damasippi creditor? Esto.   65
Accipe quod numquam reddas mihi, si tibi dicam.
tune insanus eris, si acceperis? An magis excors
reiecta praeda, quam praesens Mercurius fert?
Scribe decem a Nerio. Non est satis, adde Cicutae
nodosi tabulas; centum, mille adde catenas: 70
effugiet tamen haec sceleratus uincula Proteus.

quando me disse em consolo pra ter a barba dos sábios   35
e retornar da ponte Fabrícia sem novas tristezas.
Quando diante de tanto infortúnio eu queria jogar-me
de cabeça encoberta, à direita me disse:
                                              'Não faça
mais um ato indigno. Falsa vergonha te aflige,
se entre insanos teme que um dia te chamem de insano.   40
Eu te pergunto primeiro o que é a loucura. Se existe
só com você, não digo palavra que salve da morte.
Quem a triste tolice e a ignorância do certo
tornam cego, o pórtico e grei de Crisipo declaram
como insano. A fórmula abrange reis e mendigos,   45
todos, menos o sábio.
                                    Escute agora o motivo
por que todos deliram que nem você, se te deram
nome de insano. Que nem naquela floresta em que vemos
o erro afastar cada viandante da senda certeira,
um prossegue à esquerda, o outro à direita e ambos   50
erram iguais em partes diversas; você é insano,
pode crer, mas quem arrasta um rabo e te zomba
não será mais sábio.
                                Pois uma classe de tolos
teme sem motivo de medo e reclama que o fogo
como as pedras e rios a prendem nos campos abertos.   55
Outra, diversa e não mais sábia, dentro do fogo,
dentro dos rios prefere correr. Se a mãe amigável,
casta irmã, esposa, pai e parentes lhe gritam:
Veja que fossa imensa, que pedra enorme, cuidado!
não escuta mais do que outrora o bêbado Fúfio   60
quando dormiu como Ilíone e mil e duzentos Catienos
só gritavam *Mãe, eu te chamo!*
                                Agora te ensino
como todo o povo nos mesmos erros delira.
            Se Damasipo delira na compra de velhas estátuas,
seu cobrador teria mente sadia? Que seja.   65
Mas se digo, *Aceite a grana e nunca devolva,*
por aceitar, você é insano? Ou mostra-se tonto
quando recusa a presa que o bom Mercúrio apresenta?
Guarde dez promissórias de Nério, acrescente centenas,
não satisfaz, do malandro Cicuta, acrescente correntes   70
mil: Proteu criminoso escapa de todos os laços.

Cum rapies in ius malis ridentem alienis,
fiet aper, modo auis, modo saxum et, cum uolet, arbor.
Si male rem gerere insani est, contra bene sani,
putidius multo cerebrum est, mihi crede, Perelli   75
dictantis quod tu numquam rescribere possis.
       Audire atque togam iubeo componere, quisquis
ambitione mala aut argenti pallet amore,
quisquis luxuria tristiue superstitione
aut alio mentis morbo calet; huc propius me,   80
dum doceo insanire omnis, uos ordine adite.
       Danda est ellebori multo pars maxima auaris.
Nescio an Anticyram ratio illis destinet omnem.
Heredes Staberi summam incidere sepulcro,
ni sic fecissent, gladiatorum dare centum   85
damnati populo paria atque epulum arbitrio Arri,
frumenti quantum metit Africa. *Siue ego praue*
seu recte hoc uolui, ne sis patruus mihi. Credo,
hoc Staberi prudentem animum uidisse. Quid ergo
sensit, cum summam patrimoni insculpere saxo   90
heredes uoluit? Quoad uixit, credidit ingens
pauperiem uitium et cauit nihil acrius, ut, si
forte minus locuples uno quadrante perisset,
ipse uideretur sibi nequior. *Omnis enim res,*
uirtus, fama, decus, diuina humanaque pulchris   95
diuitiis parent; quas qui construxerit, ille
clarus erit, fortis, iustus sapiensque etiam, et rex
et quidquid uolet. Hoc ueluti uirtute paratum
sperauit magnae laudi fore.
                Dissimile isti
Graecus Aristippus, qui seruos proicere aurum   100
in media iussit Libya, quia tardius irent
propter onus segnes. Vter est insanior horum?
Nil agit exemplum litem quod lite resoluit.
       Si quis emat citharas, emptas comportet in unum,
nec studio citharae nec Musae deditus ulli,   105
si scalpra et formas non sutor, nautica uela
auersus mercaturis: delirus et amens
undique dicatur merito. Qui discrepat istis,
qui nummos aurumque recondit nescius uti
compositis metuensque uelut contingere sacrum?   110
Si quis ad ingentem frumenti semper aceruum

Quando o leva à justiça, rindo com dentes alheios
vira porco, pássaro, rocha, planta, o que queira;
se o insano cuida mal, e bem o sadio,
logo Perélio por certo tem um cérebro podre   75
quando insiste em cobrar de você um preço impagável.
      Que ouça e arrume a toga, assim ordeno a quem sente,
pálido, a triste ambição e sofre de amor ao dinheiro,
quem se abrasa de luxo e de superstição deprime
ou de alguma doença mental: se achegue mais perto,   80
pois ensino como todos em fila deliram.
      Vamos dar heléboro forte a todos avaros.
Sei que a razão reserva Antícira a todos os loucos.
Gravam herdeiros do grande Estabério a conta na tumba;
caso negassem a ordem, dariam por pena duzentos   85
gladiadores ao povo e festa no gosto de um Árrio:
todo o trigo da África. *Se eu me mostro malvado*
ou correto em querê-lo, tire daqui o meu tio.
Esse Estabério parece prudente. Mas qual era o plano
quando mandou que herdeiros gravassem seu patrimônio   90
numa lápide? Quando viveu, pensava que grande
vício seria a pobreza (azedíssimo nesse cuidado);
caso morresse menos rico um centavo que fosse,
já se veria o pior dos mortais. *Pois tudo no mundo,*
fama, virtude e honra, tudo de humano e divino   95
cede à beleza dos bens. Quem ergue um tal edifício,
logo é forte, célebre, justo, sábio e monarca,
tudo que queira. E assim aparado pela virtude,
ele esperava grandes louvores.
          Bem diferente
fora o grego Aristipo, mandando os escravos largarem   100
o ouro em plena Líbia, ao ver que lentos andavam
só por causa do peso. Quem seria o insano?
Não adianta o exemplo que troca lide por lide.
      Quem comprasse cítaras só por tê-las compradas,
sem sentir qualquer interesse por cítara ou Musa;   105
facas e formas, sem ser sapateiro; cordas e velas,
sem comércio marinho; seria chamado por todos
doido e demente, e bem merecido. Qual diferença
tem quem guarda moedas e ouro e não sabe dos usos
para os bens, mas teme tocá-los como sagrados?   110
Pois se alguém estirado num grande acervo de trigo

porrectus uigilet cum longo fuste neque illinc
audeat esuriens dominus contingere granum
ac potius foliis parcus uescatur amaris;
si positis intus Chii ueterisque Falerni   115
mille cadis – nihil est, tercentum milibus – acre
potet acetum; age si et stramentis incubet unde-
octoginta annos natus, cui stragula uestis,
blattarum ac tinearum epulae, putrescat in arca:
nimirum insanus paucis uideatur, eo quod   120
maxima pars hominum morbo iactatur eodem.
filius aut etiam haec libertus ut ebibat heres,
dis inimice senex, custodis? Ne tibi desit?
Quantulum enim summae curtabit quisque dierum
unguere si caules oleo meliore caputque   125
coeperis impexa foedum porrigine? Quare,
si quiduis satis est, peiuras, surripis, aufers
undique? Tun sanus?
                             Populum si caedere saxis
incipias seruosue tuos, quos aere pararis,
insanum te omnes pueri clamentque puellae: 130
cum laqueo uxorem interimis matremque ueneno,
incolumi capite es? Quid enim? Neque tu hoc facis Argis
nec ferro ut demens genetricem occidis Orestes
– an tu reris eum occisa insanisse parente
ac non ante malis dementem actum Furiis quam   135
in matris iugulo ferrum tepefecit acutum?
Quin, ex quo est habitus male tutae mentis Orestes
nil sane fecit quod tu reprehendere possis:
non Pyladen ferro uiolare aususue sororem
Electran; tantum maledicit utrique uocando   140
hanc Furiam, hunc aliud iussit quod splendida bilis.
             Pauper Opimius argenti positi intus et auri,
qui Veientanum festis potare diebus
Campana solitus trulla uappamque profestis,
quondam lethargo grandi est oppressus, ut heres   145
iam circum loculos et clauis laetus ouansque
curreret. Hunc medicus multum celer atque fidelis
excitat hoc pacto: mensam poni iubet atque
effundi saccos nummorum, accedere pluris
ad numerandum; hominem sic erigit, addit et illud: 150
Ni tua custodis, auidus iam haec auferet heres.

só vigiasse com clava na mão e nunca pensasse
(mesmo sendo o dono faminto de tudo) em tocá-lo,
mas preferisse comer apenas de folhas amargas;
se guardasse na adega jarras mil com um velho   115
vinho Quio ou Falerno – que nada, milhões! – e bebesse
do acre vinagre; se só dormisse sobre o estrame
quase chegando aos oitenta, enquanto roupas de cama
viram prato pra traça e caruncho e apodrecem nas arcas;
poucos então o achariam insano, se vemos agora   120
como tantos homens padecem da mesma doença.
Vem um filho ou liberto herdeiro beber do teu vinho
farto por medo da falta, seu velho inimigo dos deuses?
Que ínfimo gasto aumenta a conta nos dias que passam
caso melhore o óleo da tua salada e cabeça   125
toda imunda de caspa craquenta? Apenas me diga
como, assim satisfeito, perjura, rouba e afana
tudo que vê? É sadio?

      Mas jogue pedras no povo
ou nos teus escravos comprados a peso de bronze:
todos (meninos, meninas) logo te chamam de insano.   130
Quando esgana a esposa e abate a mãe com veneno,
tem a cabeça certa? Mas como? Se em Argos não pisa,
nem assassina quem te gerou, como Orestes demente?
Acha que só depois que matara a mãezinha surtava,
sem a demência do toque das Fúrias antes, no instante   135
quando esquentara o ferro afiado em pescoço materno?
Desde o momento em que Orestes perdeu a mente segura,
nada fez que você poderia ousar condená-lo:
não tentou violar a Pílades nem a Electra,
mas contentou-se em só maldizê-los: ela de Fúria,   140
e ele do nome que a bile brilhante mais lhe ordenava.

    Pobre Opímio, sempre repleto de ouros e pratas,
que costumava beber Veientano em dias festivos
numa concha campana e estragado em dia de lida,
quando um dia caiu na maior letargia, o herdeiro   145
logo ululou de alegria em torno de féretro e chaves.
Mas seu médico, um homem veloz e fiel, num segundo
pode trazê-lo de volta: manda que ponham a mesa,
joguem moedas às pencas e muitos por fim se aproximem
para contá-las. Logo que o homem levanta, acrescenta: 150
Se você não vigia, o ávido herdeiro te rouba.

— Men uiuo? — Vt uiuas igitur, uigila. hoc age. — Quid uis?
— Deficient inopem uenae te, ni cibus atque
ingens accedit stomacho fultura ruenti.
Tu cessas? Agedum, sume hoc tisanarium oryzae.   155
— Quanti emptae? — Paruo. — Quanti ergo? — Octussibus. — Eheu!
Quid refert, morbo an furtis pereamque rapinis?'
          Quisnam igitur sanus? Qui non stultus. Quid auarus?
Stultus et insanus. Quid? Si quis non sit auarus,
continuo sanus? Minime. Cur, stoice? Dicam.   160
Non est cardiacus (Craterum dixisse putato)
hic aeger. Recte est igitur surgetque? Negabit.
quod latus aut renes morbo temptentur acuto.
Non est periurus neque sordidus: immolet aequis
hic porcum Laribus. Verum ambitiosus et audax: 165
nauiget Anticyram.
          Quid enim differt, barathrone
dones quidquid habes an numquam utare paratis?
Seruius Oppidius Canusi duo praedia, diues
antiquo censu, gnatis diuisse duobus
fertur et hoc moriens pueris dixisse uocatis   170
ad lectum: Postquam te talos, Aule, nucesque
ferre sinu laxo, donare et ludere uidi,
te, Tiberi, numerare, cauis abscondere tristem,
extimui, ne uos ageret uesania discors,
tu Nomentanum, tu ne sequerere Cicutam.   175
quare per diuos oratus uterque Penatis
tu caue ne minuas, tu ne maius facias id
quod satis esse putat pater et Natura coercet.
praeterea ne uos titillet gloria, iure
iurando obstringam ambo: uter aedilis fueritue   180
uestrum praetor, is intestabilis et sacer esto.
          In cicere atque faba bona tu perdasque lupinis,
latus ut in Circo spatiere et aeneus ut stes,
nudus agris, nudus nummis, insane, paternis;
scilicet ut plausus quos fert Agrippa feras tu,   185
astuta ingenuum uulpes imitata leonem?
Nequis humasse uelit Aiacem, Atrida, uetas. Cur?
— Rex sum. — Nil ultra quaero plebeius. — Et aequam
rem imperito; ac si cui uideor non iustus, inulto
dicere quod sentit permitto. — Maxime regum,   190
di tibi dent capta classem deducere Troia!

– *Mesmo vivo?* – *Mesmo vivo, vigie!* – *Mas como?*
– *Vai faltar riqueza nas veias, se não se alimenta*
certo e não lança força nesse estômago instável.
Inda hesita? Tome mingau de arroz sem demora!   155
– *Quanto custa?* – *Pouco.* – *Mas quanto? Uns oito centavos.*
– *Ah, que difere, se morro doente ou de furto e rapina?*
            Quem então é sadio? Quem não é tolo. E o avaro?
Tolo e insano. Diga se então não for um avaro,
logo é sadio? Jamais. Por quê, meu estoico? Te digo.   160
Não será cardíaco (creio que Crátero o disse)
esse doente. Então vai bem e levanta? Renega,
pois no lombo ou nos rins já sofre de aguda doença.
Não é sórdido, nem perjuro: que oferte aos bondosos
Lares um porco. Mas é cobiçoso e abusado, em verdade.   165
Vai navegar pra Antícira.
                    Diga se faz diferença
dar teus bens ao báratro ou nunca usar o que compra?
Sérvio Opídio, um rico em Canúsio nos censos passados,
dera aos seus dois filhos as duas fazendas que tinha,
já moribundo teria então chamado os meninos   170
junto ao leito: *Quando te vi, meu Aulo, levando*
nozes e ossinhos nas pregas da roupa, brincando e esbanjando,
quando você, Tibério, os contava e escondia em buracos,
logo temi que em loucuras opostas vocês se perdiam,
que um iria seguir Nomentano e outro a Cicuta.   175
Hoje aos dois eu peço, em nome dos deuses Penates,
pra que você não amplie, nem você diminua
nada que ao pai é satisfatório e a Natura limita.
Mais, e para que a glória não dê comichão, eu demando
por juramento de ambos, se um se tornar por acaso   180
um pretor ou edil, que seja execrável e sacro.
            Mas você faliu em gravanço, fava e tremoço,
pra passear no Circo e virar estátua de bronze,
doido, despido dos campos, despido da herança paterna;
quer ganhar também os aplausos que vão para Agripa,   185
feito raposa esperta que imita o leão generoso.
Filho de Atreu, por que impede que Ájax tenha um enterro?
– *Sou o rei.* – *Por ser plebeu me calo.* – *Comando*
coisa justa, se alguém de injusto me julga, permito
que ele o diga e saia inulto. – *Rei dos regentes,*   190
peço que os deuses te entreguem Troia e a volta da frota.

Ergo consulere et mox respondere licebit?
– Consule. – Cur Aiax, heros ab Achille secundus,
putescit, totiens seruatis clarus Achiuis,
gaudeat ut populus Priami Priamusque inhumato,   195
per quem tot iuuenes patrio caruere sepulcro?
– Mille ouium insanus morti dedit, inclitum Vlixen
et Menelaum una mecum se occidere clamans.
– Tu cum pro uitula statuis dulcem Aulide gnatam
ante aras spargisque mola caput, improbe, salsa,   200
rectum animi seruas cursum? Insanus quid enim Aiax
fecit cum strauit ferro pecus? Abstinuit uim
uxore et gnato; mala multa precatus Atridis
non ille aut Teucrum aut ipsum uiolauit Vlixen.
– Verum ego, ut haerentis aduerso litore nauis   205
eriperem, prudens placaui sanguine diuos.
– Nempe tuo, furiose. – Meo, sed non furiosus.

   Qui species alias ueris cerebrique tumultu
permixtas capiet, commotus habebitur atque
stultitiane erret nihilum distabit an ira.   210
Aiax immeritos cum occidit desipit agnos:
tu, prudens scelus ob titulos admittis inanis,
stas animo et purum est uitio tibi, cum tumidum est, cor?
Si quis lectica nitidam gestare amet agnam,
huic uestem, ut gnatae, paret ancillas, paret aurum,   215
Rufam aut Posillam appellet fortique marito
destinet uxorem: interdicto huic omne adimat ius
praetor et ad sanos abeat tutela propinquos.
Quid? Si quis gnatam pro muta deuouet agna,
integer est animi? Ne dixeris. Ergo ubi praua   220
stultitia, hic summa est insania; qui sceleratus,
et furiosus erit; quem cepit uitrea fama,
hunc circumtonuit gaudens Bellona cruentis.
   Nunc, age, luxuriam et Nomentanum arripe mecum;
uincet enim stultos ratio insanire nepotes.   225
Hic, simul accepit patrimoni mille talenta,
edicit piscator uti, pomarius, auceps,
unguentarius ac Tusci turba impia Vici,
cum scurris fartor, cum Velabro omne macellum
mane domum ueniant; quid cum uenere frequentes,   230
uerba facit leno: *Quidquid mihi, quidquid et horum*
cuique domi est, id crede tuum et uel nunc pete uel cras.

Posso então perguntar e você sem demora responde?
– Ande, pergunte. – Por que Ájax, que vinha em seguida de Aquiles,
tão famoso em salvar os aquivos, hoje apodrece?
Para deleite do povo de Príamo e Príamo mesmo   195
ver inumado quem toma dos jovens o pátrio sepulcro?
– Doido matara mil ovelhas, enquanto bradava
que massacrava a mim, Menelau e ao ínclito Ulisses.
– Mas se em Áulis você ordenou, maldito, que a doce
filha fosse a vitela imolada com sal espargida,   200
leva o espírito em senda certa? Qual a loucura
de Ájax passando a espada no gado? Ao menos poupava
filho e esposa; lançou maldições demais aos Atridas,
mas jamais violou nem mesmo Teucro ou Ulisses.
– Eu, na verdade, tentando tirar a frota encalhada   205
nestas margens prudente aplaquei os deuses com sangue.
– Com o teu, demente! – O meu, mas nada demente.
    Quem com cérebro em vil sedição concebe inverdades
sempre confusas, será chamado lunático, já que
tanto faz se errou por cólera ou mera tolice.   210
Ájax é sandeu ao matar inocentes cordeiros,
mas você, criminoso em nome de título inútil,
tem espírito puro no peito inchado de vícios?
Caso alguém carregasse em liteiras lustrosa cordeira,
desse roupas, servas, ouro, feito a uma filha,   215
se ele a chamasse de Rufa ou Posila e a desse com dote
para um valente marido; o pretor tomaria os direitos
todos pra dar de volta a tutela aos parentes sadios.
Se outro imola a filha em vez de muda cordeira,
tem espírito são? Não diga. Pois onde há tolice   220
pérfida, eis a suma insânia; quem é criminoso,
é demente; quem a vítrea fama arrebata,
sente o trovão de Belona em deleite num riso sangrento.
    Venha comigo atacar o desbunde e também Nomentano,
pois a razão nos prova que tolos playboys ensandecem.   225
Um mal ganha mil talentos e lança um edito:
que qualquer pescador, fruteiro, passarinheiro,
vil perfumista, a Rua Etrusca e seu bando maldito,
salsicheiro, bufão e toda a feira em Velabro
venham pela manhã. E aí? Vieram na hora,   230
ouça o bom proxeneta: *Tudo que tenho, que temos,*
dentro de casa é teu e pode pedir num instante.

Accipe quid contra haec iuuenis responderit aequus:
In niue Lucana dormis ocreatus, ut aprum
cenem ego; tu piscis hiberno ex aequore uerris. 235
segnis ego, indignus qui tantum possideam; aufer,
sume tibi decies; tibi tantundem; tibi triplex,
unde uxor media currit de nocte uocata.
Filius Aesopi detractam ex aure Metellae,
scilicet ut decies solidum absorberet, aceto 240
diluit insignem bacam: qui sanior ac si
illud idem in rapidum flumen iaceretue cloacam?
Quinti progenies Arri, par nobile fratrum,
nequitia et nugis prauorum et amore gemellum,
luscinias soliti impenso prandere coemptas; 245
quorsum abeant? Sani ut creta, an carbone notati?
      Aedificare casas, plostello adiungere mures,
ludere par impar, equitare in harundine longa
si quem delectet barbatum, amentia uerset.
Si puerilius his ratio esse euincet amare, 250
nec quidquam differre, utrumne in puluere, trimus
quale prius, ludas opus, an meretricis amore
sollicitus plores, quaero faciasne quod olim
mutatus Polemon, ponas insignia morbi
(fasciolas, cubital, focalia), potus ut ille 255
dicitur ex collo furtim carpsisse coronas,
postquam est impransi correptus uoce magistri.
Porrigis irato puero cum poma, recusat:
Sume, catelle! Negat: si non des, optet. Amator
exclusus qui distat, agit ubi secum, eat an non 260
quo rediturus erat non arcessitus, et haeret
inuisis foribus? *Nec nunc, cum me uocet ultro,*
accedam? An potius mediter finire dolores?
Exclusit; reuocat. Redeam? Non, si obsecret. Ecce
seruos, non paulo sapientior: *O ere, quae res* 265
nec modum habet neque consilium, ratione modoque
tractari non uult. In amore haec sunt mala, bellum,
pax rursum: Haec siquis tempestatis prope ritu
mobilia et caeca fluitantia sorte laboret
reddere certa sibi, nihilo plus explicet ac si 270
insanire paret certa ratione modoque.'
Quid? Cum Picenis excerpens semina pomis
gaudes si cameram percusti forte, penes te es?

Eis que o jovem justíssimo logo em seguida responde:
Sob a neve lucana você adormece pra dar-me
bom javali no jantar, pesca nos mares do inverno.   235
Eu me espreguiço e meço mais que mereço; mas chega:
leve um milhão, e você o mesmo, e você triplicado,
tua esposa aqui vinha, chamada em calada da noite.
Sei que o filho de Esopo tirou de Metela uma perla,
para beber um milhão mais sólido em sua tragada   240
foi diluir em vinagre a peça. Seria sadio
se ele a jogasse em rápido rio ou no duto do esgoto?
Prole de Quinto Árrio, os dois irmãos de nobreza,
gêmeos em toda vileza, bobagem e amor ao perverso,
sempre queriam comer rouxinóis pelo olho da cara: 245
onde os envio? Com marca em carvão ou em giz dos sadios?
      Se fazer casinha, juntar um rato em charrete,
se brincar de par ou ímpar, montar cavalinho,
se isso deleita um homem barbado, a demência o domina.
Mostra a razão que é mais pueril sentir os amores,   250
pouco importa se brinca na areia, como fazia
quando tinha três aninhos, ou triste lamenta
por amor de puta; pergunto se muda de pronto,
feito Pólemon outrora; se deixa os sinais da doença
(faixas, manguitos, echarpes), que nem o bêbado, dizem,   255
tinha tirado furtivo as guirlandas em torno ao pescoço,
quando tomado pela a voz jejuante do mestre?
Se você oferece maçã ao irado menino,
Pegue, cãozinho!, renega – recuse, ele busca. E difere
quando o amante excluído discute sozinho se volta,   260
mesmo sem convite, ao lugar que deseja e se cola
junto à porta odiosa? *E agora, que ela me chama,*
não irei? Será melhor dar fim nos tormentos?
Já me excluiu, me chama: retorno? Nem que me implore.
Veja o servo, tão mais sábio. *Senhor, um assunto*   265
sem medida ou conserto nunca tem tratamento
por razão ou medida. No amor os males são guerra
ou depois a paz: se a essas coisas mutáveis,
fluidas e cegas ao modo do clima, se alguém se esforçasse
por torná-las estáveis, em nada iria arrumá-las   270
mais que se enlouquecesse com justa razão e medida.
Quando você recolhe semente em maçãs de Piceno,
rindo se acerta alguma no teto, tem siso de sobra?

Quid cum balba feris annoso uerba palato,
aedificante casas qui sanior?
                    Adde cruorem   275
stultitiae atque ignem gladio scrutare. Modo, inquam.
Hellade percussa Marius cum praecipitat se,
cerritus fuit. An commotae crimine mentis
absolues hominem et sceleris damnabis eundem,
ex more imponens non apta uocabula rebus?   280
      Libertinus erat, qui circum compita siccus
lautis mane senex manibus currebat et *Vnum,*
(*quid tam magnum?* addens), *unum me surpite morti!*
dis etenim facile est orabat, sanus utrisque
auribus atque oculis; mentem, nisi litigiosus,   285
exciperet dominus, cum uenderet. Hoc quoque uulgus
Chrysippus ponit fecunda in gente Meneni.
Iuppiter, ingentis qui das adimisque dolores,
mater ait pueri mensis iam quinque cubantis,
frigida si puerum quartana reliquerit, illo   290
mane die, quo tu indicis ieiunia, nudus
in Tiberi stabit. Casus medicusue leuarit
aegrum ex praecipiti: mater delira necabit
in gelida fixum ripa febrimque reducet;
quone malo mentem concussa? Timore deorum.'   295
      Haec mihi Stertinius, sapientum octauos, amico
arma dedit, posthac ne compellarer inultus.
Dixerit insanum qui me, totidem audiet atque
respicere ignoto discet pendentia tergo."
      "Stoice, post damnum sic uendas omnia pluris,   300
qua me stultitia, quoniam non est genus unum,
insanire putas? Ego nam uideor mihi sanus."
      "Quid, caput abscissum manibus cum portat Agaue
gnati infelicis, sibi tunc furiosa uidetur?"
      "Stultum me fateor, liceat concedere ueris,   305
atque etiam insanum. Tantum hoc edissere, quo me
aegrotare putes animi uitio?"
                 "Accipe: primum
aedificas, hoc est, longos imitaris, ab imo
ad summum totus moduli bipedalis; et idem
corpore maiorem rides Turbonis in armis   310
spiritum et incessum, qui ridiculus minus illo?
An, quodcumque facit Maecenas, te quoque uerum est,

Quando você balbucia e acerta no velho palato,
é mais são que fazendo casinha?
Acrescente a carnagem   275
nessa tolice, atice com ferro o fogo. Um exemplo:
Mário, depois que matara Hélade, precipitou-se,
tinha surtado. Na acusação de mente doente
vai perdoar um homem enquanto o condena por crime,
como tantos que impõem um nome indevido nas coisas?   280
      Teve uma vez um velho liberto que nas madrugadas
sóbrio e de mãos lavadas corria nas ruas dizendo:
Só me salve (e acrescenta *é pouco?*), *me salve da morte!*
Eis um feito fácil aos deuses. Nos olhos e orelhas
era sadio, quanto à mente um dono não vende   285
com garantia, a não ser que fosse litigioso.
Esses Crisipo inclui no fecundo clã de Menênio.
Júpiter, deus que dá e tira dores imensas,
diz a mãe do menino há cinco meses de cama,
se essa fria quartã deixar meu filho, à primeira   290
luz do dia indicado ao jejum, ele deve desnudo
vir às águas do Tibre. Se um médico ou sorte tirarem
tal doente do abismo, a mãe delirante o trucida
quando o puser fincado e febril nas margens geladas;
mas que mal lhe atingiu a mente? O medo dos deuses.'   295
      Eis as armas que o amigo Estertínio, o Oitavo dos Sábios,
pode me dar pra depois ninguém me ofender sem vingança.
Quem me chama de insano terá de escutar em seguida,
vendo e sabendo de tudo que traz escondido nas costas."
      "Meu estoico, torço por lucros depois dessas perdas;   300
mas me diga qual tolice, se os tipos são tantos,
move a minha loucura? Me acho bastante sadio."
      "Veja, quando Agave leva nas mãos a cabeça
triste do filho, então será que se acha demente?"
      "Sou um tolo confesso, posso ceder à verdade,   305
mesmo um insano. Apenas me explique que vício me causa
tanta doença?"
      "Escute: em primeiro lugar, você vive
sempre fazendo casinha, ou seja, imita os imensos,
mesmo sendo um mero baixote no porte, e ainda
ri de Turbão no passo e na pose das armas que leva   310
muito maiores que corpo: e você não merece a risada?
Tudo que faz Mecenas, você repete, sabendo

tanto dissimilem et tanto certare minorem?
Absentis ranae pullis uituli pede pressis
unus ubi effugit, matri denarrat, ut ingens   315
belua cognatos eliserit. Illa rogare,
quantane? Num tantum (sufflans se) magna fuisset?
'Maior dimidio.' 'Num tantum?' Cum magis atque
se magis inflaret, 'Non, si te ruperis,' inquit,
'par eris.' Haec a te non multum abludit imago.   320
Adde poemata nunc, hoc est, oleum adde camino,
quae si quis sanus fecit, sanus facis et tu.
Non dico horrendam rabiem."
                              "Iam desine!"
                                           "Cultum
maiorem censu."
                    "Teneas, Damasippe, tuis te!"
            "Mille puellarum, puerorum mille furores."   325
            "O maior tandem parcas, insane, minori."

ser diferente e muito menor em qualquer empreitada.
Tinha a rã saído, um vitelo esmagou seus filhotes,
e um escapou pra contar à mãe de que modo o enorme   315
monstro arrasou os irmãos. Mas ela, toda se inflando,
só perguntava se assim teria o tamanho do bicho.
'Falta o dobro.' 'É desse tanto?' Inflava-se mais e
mais, mas ele lhe disse: 'Nem estourando teria
tanto tamanho.' Você parece a mesma figura.   320
Mas acrescente os poemas, ou seja, azeite no fogo:
se um escreveu sadio, sadio você os escreve.
Nem menciono a raiva horrenda."
                          "Chega!"
                                      "O estilo
muito acima dos bens..."
                      "Ah, vá se catar, Damasipo!"
          "Mil paixões por meninas, mil paixões por meninos."   325
          "Grande, poupe ao menos este insano pequeno!"

2.4

"Vnde et quo Catius?"
                "Non est mihi tempus auenti
ponere signa nouis praeceptis, qualia uincent
Pythagoran Anytique reum doctumque Platona."
         "Peccatum fateor, cum te sic tempore laeuo
interpellarim; sed des ueniam bonus, oro.   5
Quod si interciderit tibi nunc aliquid, repetes mox,
siue est naturae hoc siue artis, mirus utraque."
        "Quin id erat curae, quo pacto cuncta tenerem
utpote res tenuis tenui sermone peractas."
        "Ede hominis nomen, simul et Romanus an hospes."   10
        "Ipsa memor praecepta canam, celabitur auctor.
Longa quibus facies ouis erit, illa memento,
ut suci melioris et ut magis alba rotundis,
ponere; namque marem cohibent callosa uitellum.
Cole suburbano qui siccis creuit in agris   15
dulcior; inriguo nihil est elutius horto.
Si uespertinus subito te oppresserit hospes,
ne gallina malum responset dura palato,
doctus eris uiuam musto mersare Falerno;
hoc teneram faciet. Pratensibus optima fungis   20
natura est; aliis male creditur. Ille salubris
aestates peraget, qui nigris prandia moris
finiet, ante grauem quae legerit arbore solem.
Aufidius forti miscebat mella Falerno,
mendose, quoniam uacuis committere uenis   25
nil nisi lene decet; leni praecordia mulso
prolueris melius. Si dura morabitur aluus,
mitulus et uiles pellent obstantia conchae
et lapathi breuis herba, sed albo non sine Coo.
Lubrica nascentes implent conchylia lunae;   30
sed non omne mare est generosae fertile testae:
murex Baianu melior, Lucrina peloris;
ostrea Circeis, Miseno oriuntur echini;
pectinibus patulis iactat se molle Tarentum.
Nec sibi cenarum quiuis temere arroget artem   35
non prius exacta tenui ratione saporum.
Nec satis est cara piscis auerrere mensa
ignarum quibus est ius aptius et quibus assis

2.4

"Cácio, como vai?"
                "Sem tempo, ansioso prossigo
para anotar uns novos preceitos, que hoje superam
Sócrates, junto a Pitágoras ou Platão erudito."
        "Minha culpa, confesso, se nesse momento importuno
te interrompi; e por isso, meu bom, te peço desculpas.   5
Se algo agora te escapa, logo você recupera,
seja por arte ou dom natural – em tudo espantoso."
        "Era bem o que mais me afligia: como guardá-los
se era um tema sutil em sutil viés de conversa."
        "Diga o nome do homem, se era estrangeiro ou romano." 10
        "Lembro e canto os próprios preceitos – o autor silencio.
Sobre o ovo alongado, lembre de sempre servi-lo:
tem sabor melhor, mais branco que aquele redondo;
e este, duro, costuma gerar um macho na gema.
Couve de campo seco é melhor que a mais suburbana: 15
nada é mais aguado do que uma horta irrigada.
Se uma visita súbito chega no início da noite,
nunca deixe dura galinha ferir paladares:
culto, é melhor mariná-la viva num mosto Falerno,
que ela fica macia. Queira só cogumelos   20
vindos do campo e não confie nos outros. E vive
todo o verão saudável, quem finda todos os lanches
com amoras colhidas antes que o sol as tocasse.
Sei que Aufídio mistura mel no forte Falerno:
erra! Quando as veias estão vazias, aceite   25
só alimentos suaves; suave mulso alivia
todo o nosso peito. Se o teu intestino constipa,
podem curar o mal mexilhões e moluscos baratos,
vinho branco de Cós e azedinha de talo miúdo.
Luas novas incham escorregadios crustáceos,   30
mas nem todo o mar é fértil das conchas melhores:
a ostra do Lago Lucrino, o múrice vindo de Baias;
dá sururu em Circeios, ouriço dá em Miseno;
rica Tarento se gaba das suas vieiras gigantes.
Que ninguém se arvore apressado a arte da ceia   35
antes de ter dominado a ciência sutil dos sabores.
Não satisfaz arrastar um peixe em caríssima mesa,
sem saber que molho lhe cabe e qual dos assados

languidus in cubitum iam se conuiua reponet.
Vmber et iligna nutritus glande rotundas   40
curuat aper lances carnem uitantis inertem;
nam Laurens malus est, uluis et harundine pinguis.
Vinea submittit capreas non semper edulis.
fecundae leporis sapiens sectabitur armos.
Piscibus atque auibus quae natura et foret aetas,   45
ante meum nulli patuit quaesita palatum.
Sunt quorum ingenium noua tantum crustula promit.
Nequaquam satis in re una consumere curam,
ut si quis solum hoc, mala ne sint uina, laboret,
quali perfundat piscis securus oliuo.   50
Massica si caelo suppones uina sereno,
nocturna si quid crassi est tenuabitur aura
et decedet odor neruis inimicus; at illa
integrum perdunt lino uitiata saporem.
Surrentina uafer qui miscet faece Falerna   55
uina, columbino limum bene colligit ouo,
quatenus ima petit uoluens aliena uitellus.
Tostis marcentem squillis recreabis et Afra
potorem coclea; nam lactuca innatat acri
post uinum stomacho; perna magis et magis hillis   60
flagitat immorsus refici; quin omnia malit
quaecumque immundis feruent allata popinis.
Est operae pretium duplicis pernoscere iuris
naturam. Simplex e dulci constat oliuo,
quod pingui miscere mero muriaque decebit   65
non alia quam qua Byzantia putuit orca.
Hoc ubi confusum sectis inferbuit herbis
Corycioque croco sparsum stetit, insuper addes
pressa Venafranae quod baca remisit oliuae.
Picenis cedunt pomis Tiburtia suco;   70
nam facie praestant. Venucula conuenit ollis;
rectius Albanam fumo duraueris uuam.
Hanc ego cum malis, ego faecem primus et allec,
primus et inuenior piper album cum sale nigro
incretum puris circumposuisse catillis.   75
Immane est uitium dare milia terna macello
angustoque uagos piscis urgere catino.
Magna mouet stomacho fastidia, seu puer unctis
tractauit calicem manibus, dum furta ligurrit,

faz o conviva cansado apoiar-se de novo nos braços.
Um javali da Úmbria nutrido com glande de roble   40
curva os pratos de quem evitava insípidas carnes;
pois de Laurento é ruim, na engorda de junça e caniço.
Não é comível cabrito-montês criado com uvas.
O homem sábio corta o pernil da lebre fecunda.
Quanto à melhor natureza e idade de aves e peixes,   45
antes do meu, nenhum paladar expôs o debate.
Sei de grandes talentos que inventam somente biscoitos.
Mas jamais satisfaz consumir-se em apenas um ponto,
desses que cuidam só pra que o vinho não seja mesquinho,
sem pensar no tipo de azeite que espargem no peixe.   50
Deixe o vinho Mássico sob um relento sem nuvens,
para que a brisa noturna torne sutil a aspereza,
ou atenue o odor inimigo dos nervos; mas quando
passa no linho, se estraga e perde os sabores perfeitos.
Homem esperto mistura com borras falernas o vinho   55
Sorrentino e colhe a lia com ovo de pomba
pois a gema afunda e carrega os restos consigo.
Com lagostim torrado e escargô africano se cura
um manguaceiro fraco; pois a alface flutua
dentro da pança azeda de vinho. Presunto e linguiça   60
podem talvez restaurá-la; melhores seriam comidas
vindas queimando dum imundo qualquer restaurante.
Vale a pena estudar a natura do molho composto:
consta primeiro do simples e doce azeite de oliva,
que misturar se deve com vinho espesso e salmoura,   65
bem daquela que fede em teu barril bizantino.
Pode então ferventar em meio a ervas picadas,
logo salpique açafrão corício; descanse e acrescente
tudo que baga compressa de oliva produz em Venafro.
Pomos de Tíbur perdem no gosto às maçãs de Piceno,   70
ganham na cara; a uva venúncula serve em conserva;
dura mais a albana se em passas for defumada.
Eu inventei de a servir com maçã, a borra de vinho
junto à pasta de aliche, inventei a branca pimenta
com sal negro grosso disposto em puras vasilhas.   75
É um vício terrível gastar três mil no peixeiro,
para prender uns peixes vagos na estreita panela.
Muito revira o estômago, quando um moleque apresenta
cálice sujo dos dedos lambidos que roubam petiscos

siue grauis ueteri creterrae limus adhaesit.   80
Vilibus in scopis, in mappis, in scobe quantus
consistit sumptus? Neglectis flagitium ingens.
Ten lapides uarios lutulenta radere palma
et Tyrias dare circum inlota toralia uestis,
oblitum, quanto curam sumptumque minorem   85
haec habeant, tanto reprehendi iustius illis,
quae nisi diuitibus nequeunt contingere mensis?"
        "Docte Cati, per amicitiam diuosque rogatus
ducere me auditum, perges quocumque, memento.
Nam quamuis memori referas mihi pectore cuncta,   90
non tamen interpres tantundem iuueris. Adde
uultum habitumque hominis, quem tu uidisse beatus
non magni pendis, quia contigit; at mihi cura
non mediocris inest, fontis ut adire remotos
atque haurire queam uitae praecepta beatae."   95

ou se um limo pesado pende na velha cratera.   80
Essas vassouras comuns, guardanapos e mera serragem
quanto custam? Tal negligência é grande desgraça.
Vai limpar o mosaico com essa piaçava barrenta,
pôr as sanefas imundas em tírias tapeçarias,
sem lembrar que tanto menor a demanda dos gastos,   85
tanto maior e mais merecida será a censura
que se faltar um prato típico em mesa de rico?"
     "Culto Cácio, pelos deuses, por nossa amizade,
seja onde for, me leve também: eu quero escutá-lo!
Pois, apesar de contar de cabeça todos os temas,   90
como intérprete não me agradava tanto. Acrescente
cara e roupa do mestre; você, tão rico de vê-lo,
não percebe o que perco; porque agora me envolve
grande desejo de andar até uma fonte distante
onde possa sorver a riqueza da vida em preceitos."   95

2.5

"Hoc quoque, Tiresia, praeter narrata petenti
responde, quibus amissas reparare queam res
artibus atque modis. Quid rides?"
                             "Iamne doloso
non satis est Ithacam reuehi patriosque Penatis
aspicere?"
              "O nulli quidquam mentite, uides ut   5
nudus inopsque domum redeam te uate, neque illic
aut apotheca procis intacta est aut pecus: atqui
et genus et uirtus nisi cum re uilior alga est."
          "Quando pauperiem missis ambagibus horres,
accipe qua ratione queas ditescere. Turdus   10
siue aliud priuum dabitur tibi, deuolet illuc
res ubi magna nitet domino sene; dulcia poma
et quoscumque feret cultus tibi fundus honores
ante Larem gustet uenerabilior Lare diues;
qui quamuis periurus erit, sine gente, cruentus   15
sanguine fraterno, fugitiuus, ne tamen illi
tu comes exterior, si postulet, ire recuses."
        "Vtne tegam spurco Damae latus? Haud ita Troiae
me gessi certans semper melioribus."
                              "Ergo
pauper eris."
              "Fortem hoc animum tolerare iubebo;   20
et quondam maiora tuli. Tu protinus unde
diuitias aerisque ruam dic, augur, aceruos."
         "Dixi equidem et dico: captes astutus ubique
testamenta senum, neu, si uafer unus et alter
insidiatorem praeroso fugerit hamo,   25
aut spem deponas aut artem illusus omittas.
Magna minorue Foro si res certabitur olim,
uiuet uter locuples sine gnatis, improbus, ultro
qui meliorem audax uocet in ius, illius esto
defensor: fama ciuem causaque priorem   30
sperne, domi si gnatus erit fecundaue coniux.
'Quinte' puta aut 'Publi' (gaudent praenomine molles
auriculae), 'tibi me uirtus tua fecit amicum.
Ius anceps noui, causas defendere possum;
eripiet quiuis oculos citius mihi quam te   35

2.5

"Mais uma coisa, Tirésias, além do que fora narrado,
diga: com quais artes e modos talvez eu consiga
ter meus bens de volta? Está rindo?"
                  "Então o doloso
não está satisfeito voltando a Ítaca e vendo
pátrios Penates?"
            "Você jamais mentiu para os outros,   5
vê que, como previu, eu volto pobre e despido,
nada do gado e da adega escapou dos vis pretendentes:
hoje a virtude e estirpe, sem bens, não valem uma alga."
     "Já que, sem firulas, você receia a pobreza,
ouça como alcançar a riqueza. Digamos que ganhe   10
um sabiá ou coisa do tipo, deixe que voe
onde brilha a riqueza de um velho: maçãs delicadas,
todas as glórias que a tua fazenda acaso ofereça,
que antes do Lar, acima dos Lares, um rico as deguste;
mesmo que seja perjuro, sem ascendência, imundo   15
pelo sangue fraterno e até foragido, se pede
tua presença, nunca recuse um passeio na praça."
     "Eu, proteger o porco Dama? Nem em Troia
fiz tal coisa, mas sempre enfrentei os melhores."
                       "Portanto
seja pobre."
         "Peço ao espírito força e paciência: 20
já passei por dias piores. Você, continue,
diga, arúspice, como arraso dinheiro e riqueza."
     "Disse e digo de novo: seja astuto, arrebate
mais testamentos senis, e se um ou outro te escapa
das arapucas e esperto recusa o anzol dessa pesca,   25
mesmo iludido, não perca a esperança e o teu artifício.
Quando julgarem um caso no Foro, grande ou pequeno,
e uma das partes for ricaça e sem filho, um cretino
que hoje intima à corte o homem melhor, procure
vir defendê-lo; e àquele que vence na fama e na causa   30
só despreze, se tem um filho ou fértil esposa.
Diga 'Quinto' ou 'Públio' (as moles orelhas adoram
nomes privados), 'por tanta virtude serei teu amigo;
bem conheço a lei ambígua, assumo a defesa;
vão me arrancar os olhos antes que um homem te zombe   35

contemptum cassa nuce pauperet. Haec mea cura est,
ne quid tu perdas neu sis iocus.' Ire domum atque
pelliculam curare iube; fi cognitor ipse;
persta atque obdura, *seu rubra Canicula findet*
infantis statuas seu pingui tentus omaso   40
Furius *hibernas cana niue conspuet Alpis.*
'Nonne uides' aliquis cubito stantem prope tangens
inquiet, 'ut patiens, ut amicis aptus, ut acer?'
Plures annabunt thynni et cetaria crescent.
Si cui praeterea ualidus male filius in re   45
praeclara sublatus aletur, ne manifestum
caelibis obsequium nudet te, leniter in spem
arrepe officiosus, ut et scribare secundus
heres et, si quis casus puerum egerit Orco,
in uacuum uenias; perraro haec alea fallit.   50
Qui testamentum tradet tibi cumque legendum,
abnuere et tabulas a te remouere memento,
sic tamen ut limis rapias quid prima secundo
cera uelit uersu; solus multisne coheres,
ueloci percurre oculo. Plerumque recoctus   55
scriba ex quinqueuiro coruum deludet hiantem
captatorque dabit risus Nasica Corano."
          "Num furis? An prudens ludis me obscura canendo?"
          "O Laertiade, quidquid dicam, aut erit aut non;
diuinare etenim magnus mihi donat Apollo."   60
          "Quid tamen ista uelit sibi fabula, si licet, ede."
          "Tempore quo iuuenis Parthis horrendus, ab alto
demissum genus Aenea, tellure marique
magnus erit, forti nubet procera Corano
filia Nasicae metuentis reddere soldum.   65
Tum gener hoc faciet: tabulas socero dabit atque
ut legat orabit. Multum Nasica negatas
accipiet tandem et tacitus leget inuenietque
nil sibi legatum praeter plorare suisque.
Illud ad haec iubeo: mulier si forte dolosa   70
libertusue senem delirum temperet, illis
accedas socius: laudes, lauderis ut absens.
Adiuuat hoc quoque, sed uincit longe prius ipsum
expugnare caput. Scribet mala carmina uecors?
Laudato. Scortator erit? Caue te roget; ultro   75
Penelopam facilis potiori trade."

ou te empobreça um tiquinho sequer; e cuido somente
pra não te ver perder ou virar piada'. E insista
que ele em casa cuide da pele; vire um amparo;
firme persista, *quer a canícula rubra destrua*
cada estátua muda, quer gordo com tripas bovinas   40
Fúrio *cuspa neve branca nos Alpes do inverno.*
'Vê como ele é firme, forte e fiel ao amigo?'
fala alguém apoiando o braço no homem ao lado.
Mais atuns ascendem o rio, crescem teus tanques.
Mas, se além disso, acolhe e alimenta um filho doente   45
com a riqueza preclara, não se revele na cola
do homem solteiro, apenas rasteje suave e atento
pela esperança de ser nomeado o herdeiro segundo,
pois, se algum acaso levar o menino pro Orco,
pegue seu posto. Um lance de dados quase não erra.   50
Quando alguém te pedir pra ler o seu testamento,
lembre de sempre negar, afastando as tábuas pra longe,
sem deixar de ver no relance a linha segunda
sobre a primeira cera, e corra com rápidos olhos
se é herdeiro sozinho ou partilha. Pois com frequência,   55
ex-quinquéviro, o escriba engana o bico do corvo
e um Corano rirá do caça-níqueis Nasica."
      "Nesse canto obscuro você me zomba? Enlouquece?"
      "Ah, Laertíade, sempre acontece ou não acontece
tudo que digo: Apolo me deu o dom da vidência."   60
      "Qual o sentido do caso narrado? Se pode, me diga."
      "Quando um dia o jovem terror dos partas, rebento
da alta estirpe de Eneias, por entre mares e terras
for o magno, já cederá a ínclita filha
para Corano o Nasica, que teme pagar o que deve.   65
Eis o que o genro fará: dará as tábuas ao sogro
para que leia; depois de muito negá-las, Nasica
vai aceitar e ler em silêncio até descobrir que
só será concedido a si e ao seus o lamento.
Outra dica te dou: se acaso uma dama dolosa   70
ou um liberto domina o velho senil, sem demora
seja sócio deles: louve e receba louvores;
isso ajuda, mas vence de longe tentar um ataque
na capital. O idiota escreve péssimos versos?
Louve. Mas é putanheiro? Não espere que peça: 75
ceda Penélope para o homem melhor."

"Putasne
perduci poterit tam frugi tamque pudica,
quam nequiere proci recto depellere cursu?"
       "Venit enim magnum donandi parca iuuentus
nec tantum Veneris quantum studiosa culinae.   80
Sic tibi Penelope frugi est; quae si semel uno
de sene gustarit tecum partita lucellum,
ut canis a corio numquam absterrebitur uncto.
Me sene quod dicam factum est: anus improba Thebis
ex testamento sic est elata: cadauer   85
unctum oleo largo nudis umeris tulit heres,
scilicet elabi si posset mortua; credo,
quod nimium institerat uiuenti. Cautus adito;
neu desis opera neue immoderatus abundes.
Difficilem et morosum offendet garrulus; ultra   90
'non', 'etiam' sileas; Dauus sis comicus atque
stes capite obstipo, multum similis metuenti.
Obsequio grassare; mone, si increbuit aura,
cautus uti uelet carum caput; extrahe turba
oppositis umeris; aurem substringe loquaci.   95
Importunus amat laudari? Donec 'Ohe iam!'
ad caelum manibus sublatis dixerit, urge,
crescentem tumidis infla sermonibus utrem.
Cum te seruitio longo curaque leuarit,
et certum uigilans 'Quartae sit partis Ulixes'   100
audieris 'heres': 'Ergo nunc Dama sodalis
nusquam est? Vnde mihi tam fortem tamque fidelem?'
sparge subinde et, si paulum potes illacrimare. Est
gaudia prodentem uultum celare. Sepulcrum
permissum arbitrio sine sordibus exstrue; funus   105
egregie factum laudet uicinia. Si quis
forte coheredum senior male tussiet, huic tu
dic, ex parte tua seu fundi siue domus sit
emptor, gaudentem nummo te addicere. Sed me
imperiosa trahit Proserpina: uiue ualeque."   110

"Você acha
que uma mulher tão firme e casta aceita o negócio?
Nem os tais pretendentes a tiram da via direita."
    "Eles vieram jovens, parcos de grandes presentes,
não pensavam tanto em Vênus, mas só na cozinha.   80
Só por isso Penélope é firme; porém se acontece
duma vez provar com você um lucrinho do velho,
feito cachorra não vai se afastar do couro sebento.
Conto meu caso de velho. Uma idosa cretina de Tebas
por testamento fora assim enterrada: o cadáver   85
foi levado todo untado nos ombros do herdeiro:
quis deslizar depois de morta, decerto, imagino
que a pressionou demais em vida. Chegue mansinho:
sem faltar com tua atenção, sem dar em excesso.
Um tagarela cansa ao moroso e difícil; exceto   90
'não' e 'sim', se cale. Seja Davo em comédias
com a cabeça inclinada, bem que nem um medroso.
Cresça a cada favor; avise o risco da brisa,
vele a sua cabeça querida; no apoio dos ombros
tire-o da rua; arregale os ouvidos pra tudo que fala.   95
Ama em excesso os louvores? Até dizer que já basta
com as mãos elevadas ao céu, prossiga e pressione:
infle aquele fole com tua conversa empolada.
Quando por fim te livrar do cuidado e da vida de escravo,
quando acordado você escutar 'Um quarto da soma   100
vai para Ulisses herdeiro', espalhe palavras do tipo
'Meu companheiro Dama se foi! Mas onde se encontra
outro valente e fiel?', se possível, caia no choro;
se uma expressão revela a alegria, oculte. Se a tumba
coube a você, não faça serviço sórdido; louve   105
todo vizinho à glória do enterro. Se algum coerdeiro
for mais velho e tossir pesado, faça contato:
se ele quiser comprar um lote da tua fazenda,
venda com gosto por uma pechincha. Prosérpina régia
manda agora que eu retorne: viva e saúde!"   110

2.6

Hoc erat in uotis: modus agri non ita magnus,
hortus ubi et tecto uicinus iugis aquae fons
et paulum siluae super his foret. Auctius atque
di melius fecere. Bene est. Nil amplius oro,
Maia nate, nisi ut propria haec mihi munera faxis.   5
Si neque maiorem feci ratione mala rem
nec sum facturus uitio culpaue minorem,
si ueneror stultus nihil horum "O si angulus ille
proximus accedat, qui nunc denormat agellum!
O si urnam argenti fors quae mihi monstret, ut illi,   10
thesauro inuento qui mercennarius agrum
illum ipsum mercatus arauit, diues amico
Hercule!", si quod adest gratum iuuat, hac prece te oro:
pingue pecus domino facias et cetera praeter
ingenium utque soles, custos mihi maximus adsis.   15
        Ergo ubi me in montes et in arcem ex urbe remoui,
quid prius illustrem saturis Musaque pedestri?
Nec mala me ambitio perdit nec plumbeus Auster
autumnusque grauis, Libitinae quaestus acerbae.
Matutine pater, seu 'Iane' libentius audis,   20
unde homines operum primos uitaeque labores
instituunt (sic dis placitum), tu carminis esto
principium. Romae sponsorem me rapis: "Eia!
Ne prior officio quisquam respondeat, urge."
Siue Aquilo radit terras seu bruma niualem   25
interiore diem gyro trahit, ire necesse est.
Postmodo quod mi obsit clare certumque locuto
luctandum in turba et facienda iniuria tardis.
"Quid tibi uis, insane, et quas res improbus urges
iratis pedibus? Tu pulses omne quod obstat,   30
ad Maecenatem memori si mente recurras?"
Hoc iuuat et melli est, non mentiar. At simul atras
uentum est Esquilias, aliena negotia centum
per caput et circa saliunt latus. "Ante secundam
Roscius orabat sibi adesses ad Puteal cras."   35
"De re communi scribae magna atque noua te
orabant hodie meminisses, Quinte, reuerti."
"Imprimat his, cura, Maecenas signa tabellis."
Dixeris "Experiar.", "Si uis, potes." Addit et instat.

2.6

Eis os votos: ter um lote de terra modesto,
com jardim colado à casa e água da fonte
entre os serros duma floresta. Os deuses me deram
mais e melhor. Que beleza! Nada mais te suplico,
filho de Maia, fora que sejam meus para sempre.   5
Se por más razões não fiz ampliar as riquezas
nem irei decrescê-las por causa de vícios e culpas;
se jamais venero feito um tolo, "Quem dera
ter o cantinho vizinho que hoje distorce o terreno!
Ah, quem dera o acaso me enchesse de prata, tal como   10
quem achou um tesouro e pode pagar pelo campo
que ele lavrava por paga, tornando-se rico amigo
de Hércules!"; se eu me alegro por tudo que tenho, te peço:
quero que engorde o gado e todos os bens deste dono,
menos a mente, e como de praxe, proteja-me sempre.   15
Quando parti da cidade ao meu recanto nos montes
quem celebrei nas sátiras desta Musa pedestre?
Triste ambição jamais me arruína, ou Austro de chumbo,
nem o outono opressivo, um lucro à cruel Libitina.
Pai Matutino, ou caso escute se chamo de Jano,   20
donde os homens têm os primeiros labores da vida,
pois assim decidiram os deuses: seja o princípio
deste canto. Em Roma você me impele a dar garantias:
"Eia!, ninguém responda os deveres primeiro, levante!".
Quer um Áquilo varra as terras e névoas arrastem   25
dias de neve num giro curto, vamos à luta.
Quando falei em claro e bom tom o que me impedia,
ter que lutar nas massas e injuriar os tardios,
"Qual é o plano, insano, qual ação nos pressiona,
nesse passo raivoso? Expulsa tudo que impeça,   30
quando retorna a Mecenas e apenas nele medita?".
Eis um deleite de mel, não minto. Assim que se chega
junto ao sombrio Esquilino, mil negócios alheios
dançam e cercam sobre a cabeça. "Antes das oito
Róscio quer que você amanhã o encontre no Poço."   35
"Quinto, os escribas querem que hoje você não esqueça
todos aqueles assuntos comuns, importantes e novos."
"Peça a Mecenas que assine o selo nessas tabuinhas."
Diga "Eu tento" e ele insiste "Querendo, consegue."

Septimus octauo propior iam fugerit annus 40
ex quo Maecenas me coepit habere suorum
in numero, dumtaxat ad hoc, quem tollere raeda
uellet iter faciens et cui concredere nugas
hoc genus, "Hora quota est?", "Thraex est Gallina Syro par?"
"Matutina parum cautos iam frigora mordent", 45
et quae rimosa bene deponuntur in aure.
Per totum hoc tempus subiectior in diem et horam
inuidiae noster. Ludos spectauerat una,
luserat in Campo: "Fortunae filius!" omnes.
Frigidus a Rostris manat per compita rumor: 50
quicumque obuius est, me consulit: "O bone, nam te
scire, deos quoniam propius contingis, oportet,
numquid de Dacis audisti?" "Nil equidem." "Vt tu
semper eris derisor!" "At omnes di exagitent me,
si quidquam!" "Quid? Militibus promissa Triquetra 55
praedia Caesar an est Itala tellure daturus?"
Iurantem me scire nihil mirantur ut unum
scilicet egregii mortalem altique silenti.
Deperit haec inter misero lux non sine uotis:
"O rus, quando ego te aspiciam? Quandoque licebit 60
nunc ueterum libris, nunc somno et inertibus horis
ducere sollicitae iucunda obliuia uitae?
O quando faba Pythagorae cognata simulque
uncta satis pingui ponentur holuscula lardo?"
O noctes cenaeque deum! Quibus ipse meique 65
ante Larem proprium uescor uernasque procacis
pasco libatis dapibus. Prout cuique libido est,
siccat inaequalis calices conuiua, solutus
legibus insanis, seu quis capit acria fortis
pocula seu modicis uuescit lentius. Ergo 70
sermo oritur, non de uillis domibusue alienis,
nec male necne Lepos saltet; sed quod magis ad nos
pertinet et nescire malum est agitamus: utrumne
diuitiis homines an sint uirtute beati;
quidue ad amicitias, usus rectumne, trahat nos; 75
et quae sit natura boni summumque quae eius.
Ceruius haec inter uicinus garrit anilis
ex re fabellas. Si quis nam laudat Arelli
sollicitas ignarus opes, sic incipit: "Olim
rusticus urbanum murem mus paupere fertur 80

Lá se vai o ano sétimo, quase o oitavo,   40
dês que Mecenas me conta no fino grupo de amigos
dele, como alguém que leva na sua bagagem
para a viagem e pode ouvir qualquer bagatela
como "Que horas são?", "Galinha, o trácio combate
Sírio?", "Essa manhã gelada morde os incautos",   45
tudo que caiba tranquilo numa orelha que vaza.
Nosso amigo nesse período de horas e dias
mais sofria da inveja. Se está presente nos jogos,
joga no Campo: todos dizem "Filho da Sorte".
Fria fofoca emana de rostros pelas esquinas: 50
Quem passar por mim pergunta: "Querido, me diga,
já que vive pertinho dos deuses, você saberia:
como vai o caso dos dácios?" "Nada." "O figura
faz piada!" "Que os deuses todos me ataquem,
se eu souber!" "E César pretende cumprir a promessa   55
dando terras da Itália ou da Ilha Triquetra aos soldados?"
Quando juro que nada sei, me admiram por ser o
único homem capaz de guardar profundo silêncio.
           Nisso perco o dia inteiro, infeliz em meus votos:
"Ah, meu campo, quando te vejo de novo? Mas quando,   60
entre livros antigos, sonecas e horas à toa,
vou sorver um doce oblívio da vida corrida?
Quando a fava parente do velho Pitágoras pode
vir à mesa em meio a legumes e gordo toicinho?".
Noites e festas dos deuses, quando junto aos amigos   65
como diante dos Lares e cedo ceias libadas
para os moleques malandros. E como quiserem, convivas
secam taças de modos diversos, livre de todas
leis insanas: um forte aceita copos acerbos,
outro sorve lento em meio aos modestos. Começa   70
logo a conversa, não sobre as casas e vilas alheias,
nem se é boa ou má a dança de Lepos, mas sobre
tudo que nos interessa, e não saber é um crime:
se é virtude ou bens a maior riqueza dos homens;
se o que nos leva à amizade é proveito ou bondade;   75
qual seria a natura do bem e seu ponto mais alto.
           Cérvio, vizinho, fofoca uma história, dessas das velhas;
sempre que alguém inocente celebra as funestas riquezas
dum Arélio, logo começa: "Era uma vez um
rato-do-campo que ao rato urbano acolhera na toca   80

accepisse cauo, ueterem uetus hospes amicum,
asper et attentus quaesitis, ut tamen artum
solueret hospitiis animum. Quid multa? Neque ille
sepositi ciceris nec longae inuidit auenae,
aridum et ore ferens acinum semesaque lardi   85
frusta dedit, cupiens uaria fastidia cena
uincere tangentis male singula dente superbo;
cum pater ipse domus palea porrectus in horna
esset ador loliumque, dapis meliora relinquens.
Tandem urbanus ad hunc 'Quid te iuuat' inquit, 'amice,   90
praerupti nemoris patientem uiuere dorso?
Vis tu homines urbemque feris praeponere siluis?
Carpe uiam, mihi crede, comes. Terrestria quando
mortalis animas uiuunt sortita neque ulla est
aut magno aut paruo leti fuga – quo, bone, circa,   95
dum licet, in rebus iucundis uiue beatus,
uiue memor, quam sis aeui breuis.' Haec ubi dicta
agrestem pepulere, domo leuis exsilit; inde
ambo propositum peragunt iter, urbis auentes
moenia nocturni subrepere. Iamque tenebat   100
nox medium caeli spatium, cum ponit uterque
in locuplete domo uestigia, rubro ubi cocco
tincta super lectos canderet uestis eburnos
multaque de magna superessent fercula cena,
quae procul exstructis inerant hesterna canistris.   105
Ergo ubi purpurea porrectum in ueste locauit
agrestem, ueluti succinctus cursitat hospes
continuatque dapes nec non uerniliter ipsis
fungitur officiis, praelibans omne quod affert.
Ille cubans gaudet mutata sorte bonisque   110
rebus agit laetum conuiuam, cum subito ingens
ualuarum strepitus lectis excussit utrumque.
Currere per totum pauidi conclaue, magisque
exanimes trepidare simul domus alta Molossis
personuit canibus. Tum rusticus: 'Haud mihi uita   115
est opus hac.' ait et 'Valeas. Me silua cauusque
tutus ab insidiis tenui solabitur eruo.'"

simples, amigos de velho e de velho faziam visitas;
áspero e parco no estoque, o rural porém dissolvia
sua mente na hospitalidade. Enfim, não negava
grão-de-bico largado, nem aveia alongada;
com a vinha seca na boca, ofertou um toicinho   85
já mastigado, tentando vencer variando o fastio
desse amigo que mal mexia o dente soberbo,
quando o pai da casa, deitado na palha recente
só comia espelta e joio, deixando o banquete.
Disse o urbano: 'Mas que alegria te resta, meu caro,   90
nessa vida sofrida em barrancas de bosque escarpado?
Não prefere a cidade e os homens às matas selvagens?
Colha o caminho e venha comigo. Os seres terrestres
têm por lote as almas mortais; nem resta-nos fuga,
grandes ou parcos, contra a morte; por isso procure,   95
quando é possível, toda a riqueza da vida em prazeres;
viva lembrando que o tempo é breve.' E essas palavras
pegam de jeito o campestre, que salta pra fora de casa;
juntos seguem a estrada, querendo esgueirar-se noturnos
pelos muros daquela cidade. A noite cobria   100
meio curso do céu, no instante em que os dois adentraram
num palácio riquíssimo, onde peças tingidas
por um brilho carmim reluziam em leitos ebúrneos
e amplos férculos fartos de ceia ostentosa nos pratos
inda jaziam com cestos repletos da noite passada.   105
Ele deitou o amigo rural em púrpuras finas,
logo vestiu-se no traje de um anfitrião e corria
para servir o banquete e feito um moleque da casa
tudo cumpria, enquanto prelibar os petiscos.
O outro deitado, gozando da nova sorte e das coisas   110
finas, bancava o alegre conviva; súbito imenso
baque das portas fez saltarem os dois de seus leitos.
Nisso correram em pânico à sala e pálidos ambos
quando o alto palácio tremia e soava aos latidos
feitos por cães molossos. O rato-do-campo lhe disse: 115
'Essa vida eu dispenso, adeus; a floresta e a toca
longe de ardis me consolam duma sutil ervilhaca'".

2.7

"Iamdudum ausculto et cupiens tibi dicere seruus
pauca reformido."
                    "Dauusne?"
                            "Ita, Dauus; amicum
mancipium domino et frugi quod sit satis, hoc est,
ut uitale putes."
                "Age libertate Decembri,
quando ita maiores uoluerunt, utere. Narra."   5
        "Pars hominum uitiis gaudet constanter et urget
propositum; pars multa natat, modo recta capessens,
interdum prauis obnoxia. Saepe notatus
cum tribus anellis, modo laeua Priscus inani,
uixit inaequalis, clauum ut mutaret in horas;   10
aedibus ex magnis subito se conderet unde
mundior exiret uix libertinus honeste;
iam moechus Romae, iam mallet doctus Athenis
uiuere, Vertumnis quotquot sunt natus iniquis.
Scurra Volanerius, postquam illi iusta cheragra   15
contudit articulos, qui pro se tolleret atque
mitteret in phimum talos, mercede diurna
conductum pauit; quanto constantior isdem
in uitiis, tanto leuius miser ac prior illo
qui iam contento, iam laxo fune laborat."   20
        "Non dices hodie quorsum haec tam putida tendant,
furcifer?"
            "Ad te, inquam."
                        "Quo pacto, pessime?"
                                        "Laudas
fortunam et mores antiquae plebis, et idem
si quis ad illa deus subito te agat, usque recuses,
aut quia non sentis quod clamas rectius esse   25
aut quia non firmus rectum defendis et haeres
nequiquam caeno cupiens euellere plantam.
Romae rus optas, absentem rusticus urbem
tollis ad astra leuis. Si nusquam es forte uocatus
ad cenam, laudas securum holus ac, uelut usquam   30
uinctus eas, ita te felicem dicis amasque
quod nusquam tibi sit potandum. Iusserit ad se
Maecenas serum sub lumina prima uenire

2.7

"Faz um tempo que escuto e quero falar umas coisas.
Sendo escravo, receio."

        "Davo?"

            "Sim, é o Davo,
servo honesto e amigo satisfatório que pensam
não precisar da vida."

        "Mas use do livre dezembro,
como quiseram nossos avós, então desembuche."   5

     "Parte dos homens tem coerência no gozo dos vícios,
busca o propósito; grande parte boia e por vezes
anda a torto e a direito. Sempre notavam que Prisco
tinha por vezes três anéis ou nenhum na canhota,
tão desigual e de hora em hora a trocar laticlavo;   10
dum imenso palácio súbito vinha chegando
numa pose em que nem um liberto andaria decente;
ora safado em Roma e ora erudito em Atenas,
eis seu gosto: teve os Vertumnos todos contrários.
Volanério, o bufão, depois que a justíssima gota   15
deu-lhe nos dedos, pagava um contrato diurno pra que outro
sempre em seu lugar juntasse os dados nas caixas
para jogá-los; quanto mais coerente nos vícios,
tanto mais suave será sua dor, chegando na frente
do outro que sofre corda por vezes folgada e apertada."   20

     "Vai me dizer aonde aponta esse papo de merda,
seu pilantra?"

        "A você…"

          "Explique, escroto."

             "…que louva
toda fortuna e costume da plebe arcaica, mas logo
nega tudo se um deus de repente te leva até ela,
ou porque não sente que fala a coisa mais certa,   25
ou porque não defende o certo com toda firmeza,
mais afunda o pé que tentava tirar desta lama.
Quando em Roma adora o campo e rústico eleva
nossa cidade aos astros, leviano! Se acaso a nenhures
for convidado pra ceia, louva os legumes tranquilos,   30
como se fosse na marra e se acha feliz e se adora,
já que nenhures te chamam aos drinques. Porém, se Mecenas
manda que venha tarde como conviva na hora

conuiuam: 'Nemon oleum fert ocius? Ecquis
audit?' cum magno blateras clamore fugisque.   35
Muluius et scurrae, tibi non referenda precati,
discedunt. 'Etenim fateor me' dixerit ille
'duci uentre leuem, nasum nidore supinor,
imbecillus, iners, si quid uis, adde, popino.
Tu cum sis quod ego et fortassis nequior, ultro   40
insectere uelut melior uerbisque decoris
obuoluas uitium?' Quid, si me stultior ipso
quingentis empto drachmis deprenderis? Aufer
me uultu terrere; manum stomachumque teneto,
dum quae Crispini docuit me ianitor edo.   45
     Te coniunx aliena capit, meretricula Dauum:
peccat uter nostrum cruce dignius? Acris ubi me
natura intendit, sub clara nuda lacerna
quaecumque excepit turgentis uerbera caudae
clunibus aut agitauit equum lasciua supinum,   50
dimittit neque famosum neque sollicitum ne
ditior aut formae melioris meiat eodem.
Tu cum proiectis insignibus, anulo equestri
Romanoque habitu, prodis ex iudice Dama,
turpis odoratum caput obscurante lacerna,   55
non es quod simulas? Metuens induceris atque
altercante libidinibus tremis ossa pauore.
Quid refert, uri uirgis ferroque necari
auctoratus eas, an turpi clausus in arca,
quo te demisit peccati conscia erilis,   60
contractum genibus tangas caput? Estne marito
matronae peccantis in ambo iusta potestas?
In corruptorem uel iustior; illa tamen se
non habitu mutatue loco peccatue pudice.
[Cum te formidet mulier neque credat amanti]   65
Ibis sub furcam prudens dominoque furenti
conmittes rem omnem et uitam et cum corpore famam?
Euasti: credo, metues doctusque cauebis:
quaeres, quando iterum paueas iterumque perire
possis, o totiens seruus! Quae belua ruptis,   70
cum semel effugit, reddit se praua catenis?
     'Non sum moechus' ais. Neque ego, hercule, fur, ubi uasa
praetereo sapiens argentea: tolle periclum,
iam uaga prosiliet frenis Natura remotis.

quando as lucernas se acendem, 'Alguém me corra com o óleo?
Ouçam aqui!', você já faz escarcéu e se afasta.   35
Múlvio e outros bufões se vão xingando palavras
que eu nem vou te contar. E diriam 'Claro, eu confesso
que esta barriga me leva, o nariz se inclina à cozinha,
sou um fraco, lerdo e, se preferir, um manguaça.
Sendo igual e pior, por que você me persegue   40
como se fosse melhor e com tantas lindas palavras
cobre o teu vício?'. E se descobrir que você é mais tolo
que eu, comprado por cinquenta dracmas? Desista
de me assustar com olhares; controle estômago e braços
quando te passo o que disse o porteiro do sábio Crispino.   45
        Se uma esposa alheia te prende, e a Davo a putinha:
quem de nós merece a cruz? Se azeda natura
vem me acender e nua debaixo da clara lucerna
uma qualquer recebe os golpes da túrgida jeba
ou num balanço de bunda quer me montar a cavalo,   50
ela depois me deixa sem a infâmia e sem as angústias
que outro senhor mais rico e mais lindo esporre na moça.
Já você, que ostenta insígnias, anéis dum equestre,
toga romana e posa, não de juiz, mas dum Dama,
torpe com sua lacerna cobrindo a cabeça cheirosa,   55
não seria o que tanto simula? Adentra medroso,
quando desejos e medos altercam e os ossos tremulam.
Tem diferença virar gladiador entregue à matança
entre fogo e chicote ou ser preso em baú deprimente
onde te pôs a cúmplice desses pecados da dona,   60
para então encostar à testa o joelho? O marido
da pecadora teria poder sobre ambas as partes?
Justo será se atacar sedutor; mas ela não muda
nada de roupa ou lugar e peca com puros pudores.
[Já que a mulher te receia e nunca confia no amante]   65
Vai você prudente pôr na forquilha a cabeça,
dando ao dono insano a vida, fama e fortuna?
Ah, fugiu, imagino que agora aprendeu e tem medo:
mas procura o momento de novos pavores e nova
chance de morte, escravo contínuo! Me diga que bicho,   70
quando escapa, retorna perverso às velhas correntes?
        'Não sou safado' retruca. Nem eu ladrão, quando sábio
(juro!) passo por vasos de prata: se larga o perigo,
sem as rédeas, a livre Natura salta adiante.

Tune mihi dominus, rerum imperiis hominumque   75
tot tantisque minor, quem ter uindicta quaterque
imposita haud umquam misera formidine priuet?
Adde super, dictis quod non leuius ualeat; nam
siue uicarius est qui seruo paret, uti mos
uester ait, seu conseruus, tibi quid sum ego? Nempe   80
tu, mihi qui imperitas, aliis seruis miser atque
duceris ut neruis alienis mobile lignum."
"Quisnam igitur liber?"
                  "Sapiens, sibi qui imperiosus,
quem neque pauperies neque mors neque uincula terrent,
responsare cupidinibus, contemnere honores   85
fortis et in se ipso totus, teres atque rotundus,
externi ne quid ualeat per leue morari,
in quem manca ruit semper Fortuna. Potesne
ex his ut proprium quid noscere? Quinque talenta
poscit te mulier, uexat foribusque repulsum   90
perfundit gelida, rursus uocat: eripe turpi
colla iugo, 'Liber, liber sum' dic, age. Non quis.
Vrget enim dominus mentem non lenis et acris
subiectat lasso stimulos uersatque negantem.
        Vel cum Pausiaca torpes, insane, tabella,   95
qui peccas minus atque ego, cum Fului Rutubaeque
aut Pacideiani contento poplite miror
proelia rubrica picta aut carbone, uelut si
re uera pugnent, feriant uitentque mouentes
arma uiri? Nequam et cessator Dauus, at ipse   100
subtilis ueterum iudex et callidus audis.
        Nil ego, si ducor libo fumante: tibi ingens
uirtus atque animus cenis responsat opimis?
Obsequium uentris mihi perniciosius est. Cur?
Tergo plector enim. Qui tu impunitior illa   105
quae paruo sumi nequeunt, obsonia captas?
Nempe inamarescunt epulae sine fine petitae
illusique pedes uitiosum ferre recusant
corpus. An hic peccat, sub noctem qui puer uuam
furtiua mutat strigili? Qui praedia uendit,   110
nil seruile, gulae parens, habet?
                  Adde, quod idem
non horam tecum esse potes, non otia recte
ponere teque ipsum uitas fugitiuus et erro,

Meu senhor é você, sujeito a tantas riquezas   75
e ordens humanas, que nem por quatro vezes sentindo
uma alforria pretória, se livra do medo maldito?
Mas acrescente um peso maior ao que digo: se vira
mero vigário quem obedece a um escravo, segundo
reza o costume, ou então coescravo, o que me revelo?   80
Pois você, que me ordena, obedece e mísero serve
feito uma marionete guiada por fios alheios."
"Quem é livre de fato?"
                         "O sábio, que manda em si mesmo,
que jamais receia a prisão, a pobreza ou a morte,
dono de força em recusa ao desejo, em desprezo   85
contra as honras, em tudo completo, esférico e liso:
nada externo vai se firmar em tal superfície,
contra quem a Fortuna é manca. E você poderia
ver em si qualidades assim? Se cinco talentos
uma mulher te cobra, te irrita, te expulsa de casa,   90
lança à geada e te chama de volta: tire o pescoço
dessa canga horrenda e diga 'livre, livre!' – não pode.
Um senhor azedo e implacável te ataca na mente,
bate espora no lombo cansado e vira a viseira.
          Quando você se espanta, doido com quadros de Páusias, 95
peca menos do que eu, que admiro Pacideiano
Rútuba e Fúlvio com os seus jarretes retesos
numa batalha pintada a carvão e almagre, que nem se
fossem lutar de verdade, ferindo e esquivando das armas?
Logo Davo é sempre imprestável e inútil, mas contam   100
como você é fino e sabido juiz de antiquários!
          Nada valho se sigo os vapores dum bolo e você tem
toda virtude e espírito quando recusa um banquete?
Todo favor que cedo à barriga é pior. O motivo?
Trago a paga nas costas. Mas e você? Como escapa   105
sempre impune se pega petiscos a preço abusivo?
Claro que um dia amarga toda a comida infindável,
sim, e o pé trocado se nega a levar esse corpo
cheio de vício. Então pecaria o moleque que à noite
troca almofaça por uvas, enquanto quem vende suas posses   110
na obediência da gula nunca é servil?
                         Acrescente
como você não suporta a si mesmo, não tira proveito
do ócio, igual escravo, fugido da própria presença,

iam uino quaerens, iam somno fallere curam:
frustra; nam comes atra premit sequiturque fugacem."   115
       "Vnde mihi lapidem?"
                "Quorsum est opus?"
                        "Vnde sagittas?"
"Aut insanit homo aut uersus facit."
                "Ocius hinc te
ni rapis, accedes opera agro nona Sabino."

quando tenta enganar a aflição com vinhos e sonos:
tudo em vão – a negra parceira te pega na fuga."   115
      "Onde encontro uma pedra?"
                    "Pra quê?"
                            "Quem sabe uma flecha?"
"Anda louco ou faz poesia."
            "Saia corrido,
ou te mando carpir um nono do campo sabino."

2.8

    "Vt Nasidieni iuuit te cena beati?
Nam mihi quaerenti conuiuam dictus here illic
de medio potare die."
                "Sic ut mihi numquam
in uita fuerit melius."
                "Dic, si graue non est,
quae prima iratum uentrem placauerit esca."   5
    "In primis Lucanus aper. Leni fuit Austro
captus, ut aiebat cenae pater. Acria circum,
rapula, lactucae, radices, qualia lassum
peruellunt stomachum, siser, allec, faecula Coa.
His ut sublatis puer alte cinctus acernam   10
gausape purpureo mensam pertersit et alter
sublegit quodcumque iaceret inutile quodque
posset cenantis offendere, ut Attica uirgo
cum sacris Cereris, procedit fuscus Hydaspes
Caecuba uina ferens, Alcon Chium, maris expers.   15
Hic erus: 'Albanum, Maecenas, siue Falernum
te magis appositis delectat, habemus utrumque.'"
    "Diuitias miseras! sed quis cenantibus una,
Fundani, pulcre fuerit tibi, nosse laboro."
    "Summus ego et prope me Viscus Thurinus et infra,   20
si memini, Varius, cum Seruilio Balatrone
Vibidius, quos Maecenas adduxerat umbras.
Nomentanus erat super ipsum, Porcius infra,
ridiculus totas semel absorbere placentas.
Nomentanus ad hoc, qui, si quid forte lateret,   25
indice monstraret digito; nam cetera turba,
nos, inquam, cenamus auis, conchylia, piscis
longe dissimilem noto celantia sucum —
ut uel continuo patuit, cum passeris atque
ingustata mihi porrexerit ilia rhombi.   30
Post hoc me docuit melimela rubere minorem
ad lunam delecta. Quid hoc intersit, ab ipso
audieris melius. Tum Vibidius Balatroni:
'Nos nisi damnose bibimus, moriemur inulti,'
et calices poscit maiores. Vertere pallor   35
tum parochi faciem nil sic metuentis ut acris
potores, uel quod maledicunt liberius uel

2.8

"Como foi o jantar do rico Nasidieno?
Ontem, quando fui te chamar ao banquete, disseram
que bebia desde o meio-dia."
                                "Mas nunca
tive tanta alegria na vida."
                              "Se pode, me diga
qual petisco aplacou a tua pança raivosa."   5
        "Pra começar, javali lucano, preso num Austro
leve, segundo o pai do banquete, e ácidos pratos,
com rabanete, nabo e alface, o ardor da barriga
fraca, cherívia e sarro de vinho de Cós com aliche.
Foi-se o prato e um moleque de pernas à mostra   10
veio limpar com pano púrpura a mesa de zelha,
outro colhia todos os restos inúteis a fim de
não chocar os convivas; que nem uma ática virgem
porta oferendas de Ceres, Hidaspes moreno nos trouxe
vinho Cécubo e Álcon trouxe puríssimo Quio.   15
Disse o senhor: 'Mecenas, se vinho Albano ou Falerno
for o que mais te deleita, peça: temos de tudo'."
        "Mas que maldita riqueza! E quem jantava do lado,
meu Fundânio, com tanta fartura? Estou ansioso."
        "Eu ficava na ponta; do lado, Visco de Túrio,   20
se eu me lembro, Vário, além também de Vibídio
e Servílio Bufão, penetras do grande Mecenas.
No alto ficou Nomentano e Pórcio por baixo
sempre causava risos tragando pastéis inteirinhos.
Mas Nomentano estava ali pra apontar com seu dedo   25
Tudo que não percebêssemos, pois o resto do bando
(nós, os novatos) comemos aves, ostras e peixes
que escondiam sabores de fato bem diferentes,
como logo notamos assim que passou para todos
tripas de solha e linguado que eu nunca tinha comido.   30
Logo depois me ensinou que doce maçã ruboriza
quando colhida na lua minguante. Mas qual a diferença?
Ele explica melhor. E a Bufão dizia Vibídio:
'Vamos bebê-lo à falência ou morrer sem justa vingança!',
quando pedia taça maior. O palor arrebata   35
todo o rosto do anfitrião, que teme somente
ácidos bêbados, porque falam mais do que devem,

feruida quod subtile exsurdant uina palatum.
Inuertunt Allifanis uinaria tota
Vibidius Balatroque; secutis omnibus imi 40
conuiuae lecti nihilum nocuere lagoenis.
 Affertur squillas inter murena natantis
in patina porrecta. Sub hoc erus 'Haec grauida' inquit
'capta est, deterior post partum carne futura.
His mixtum ius est: oleo quod prima Venafri 45
pressit cella; garo de sucis piscis Hiberi;
uino quinquenni, uerum citra mare nato,
dum coquitur (cocto Chium sic conuenit ut non
hoc magis ullum aliud); pipere albo, non sine aceto
quod Methymnaeam uitio mutauerit uuam. 50
Erucas uiridis, inulas ego primus amaras
monstraui incoquere, illotos Curtillus echinos,
ut melius muria quod testa marina remittit.'
 Interea suspensa grauis aulaea ruinas
in patinam fecere, trahentia pulueris atri 55
quantum non Aquilo Campanis excitat agris.
Nos maius ueriti, postquam nihil esse pericli
sensimus, erigimur. Rufus posito capite, ut si
filius immaturus obisset, flere. Quis esset
finis, ni sapiens sic Nomentanus amicum 60
tolleret? 'Heu, Fortuna, quis est crudelior in nos
te deus? Vt semper gaudes inludere rebus
humanis!' Varius mappa compescere risum
uix poterat. Balatro suspendens omnia naso
'Haec est condicio uiuendi' aiebat 'eoque 65
responsura tuo numquam est par fama labori.
Tene, ut ego accipiar laute, torquerier omni
sollicitudine districtum, ne panis adustus,
ne male conditum ius apponatur, ut omnes
praecincti recte pueri comptique ministrent? 70
Adde hos praeterea casus, aulaea ruant si,
ut modo, si patinam pede lapsus frangat agaso.
Sed conuiuatoris, uti ducis, ingenium res
aduersae nudare solent, celare secundae.'
 Nasidienus ad haec 'Tibi di quaecumque preceris 75
commoda dent! Ita uir bonus es conuiuaque comis,'
et soleas poscit. Tum in lecto quoque uideres
stridere secreta diuisos aure susurros.

ou então porque o vinho ensurdece os seus paladares.
Juntos, Vibídio e Bufão entornam jarras inteiras
sobre copos de Alifas e logo todos imitam; 40
só os convivas de baixo preferem poupar a moringa.
   Nos trouxeram um prato com camarões que cercavam
uma moreia. O senhor dizia-nos: 'Ela foi pega
prenha, porque após o parto a carne piora.
Temos molho misto: azeite da prensa primeira 45
lá de Venafro, peixes hibéricos numa conserva,
vinho quinquênio colhido nesta margem dos mares,
tudo em fervura (pois depois de fervido prefiro
vinho de Quios), pimenta-branca e um belo vinagre
que num bom fermentado altera a uva metimna. 50
Fui o primeiro a propor cozinhar a ênula amarga
junto com rúcula verde; e Curtilo o ouriço sujo,
por achar melhor a salmoura das conchas marinhas'.
   Nisso os pesados toldos todos caíram nos pratos,
numa perda total levantaram poeira mais negra 55
do que o vento Aquilão varrendo as messes campanas.
Quanto medo sentimos, porém depois de notarmos
como estava sem risco, voltamos. Rufo chorava
tão cabisbaixo que nem quem perde um filho criança.
Se Nomentano sábio não presta uma ajuda, me diga, 60
qual seria seu fim? 'Ó Fortuna, que deus é mais duro
contra nós? Você adora iludir os humanos
todos!' Vário mal podia conter a risada
com guardanapo na boca. Bufão meteu o nariz na
nossa conversa: 'Mas é condição da vida, por isso 65
nunca a fama se iguala aos duros trabalhos que temos.
Pense: pra me entreter com luxo, você se preocupa
numa aflição lancinante para que o pão não chamusque,
nem confundam os molhos errados, para que todos
esses moleques garçons se vistam com alta finesse? 70
Sem falar no imprevisto: se acaso caem os toldos,
como agorinha? Se um servo tropeça e estraga o teu prato?
Mas o talento oculto de quem nos recebe se mostra,
como num general, só em momentos difíceis'.
   Nasidieno responde: 'Quero que os deuses te cedam 75
tudo que tanto merece, meu bom companheiro e conviva!',
pede as sandálias. Então você veria nos leitos
como sussurros sutis segredam de ouvido em ouvido."

Nullos his mallem ludos spectasse; sed illa
redde, age, quae deinceps risisti."
                              "Vibidius dum   80
quaerit de pueris, num sit quoque fracta lagoena,
quod sibi poscenti non dantur pocula, dumque
ridetur fictis rerum Balatrone secundo,
Nasidiene, redis mutatae frontis, ut arte
emendaturus fortunam. Deinde secuti   85
mazonomo pueri magno discerpta ferentes
membra gruis sparsi sale multo, non sine farre,
pinguibus et ficis pastum iecur anseris albae
et leporum auulsos, ut multo suauius, armos,
quam si cum lumbis quis edit; tum pectore adusto   90
uidimus et merulas poni et sine clune palumbis,
suauis res, si non causas narraret earum et
naturas dominus; quem nos sic fugimus ulti
ut nihil omnino gustaremus, uelut illis
Canidia afflasset peior serpentibus Afris."   95

"Eu jamais trocaria esse jogo por nada no mundo;
mas me conte todas as causas de riso."

"Vibídio   80
já perguntava aos moleques se as tais moringas quebraram,
pois que não enchiam as taças, e ríamos todos
com aquelas piadas que o nosso Bufão inventava;
Nasidieno, você voltou com a cara mudada,
como quem conserta o acaso com artes! E atrás lá   85
vinham garçons trazendo cortados de grou em bandejas
longas, bem cobertos com muito sal e farinha,
fígado fino de gansa branca engordada com figos
e um pernil de lebre, que assim tem gosto mais leve
que se comido junto ao lombo; e víamos melros   90
com seu peito tostado, pombos sem carne da alcatra,
leves sabores, se o nosso senhor não quisesse contar-nos
toda a causa e natura das coisas. Fugimos vingados
sem provarmos nada mais, que nem se Canídia
lá soprasse um veneno pior que de cobra africana."   95

EPODI
(IAMBI)

EPODOS
(IAMBOS)

1

Ibis Liburnis inter alta nauium,
    amice, propugnacula,
paratus omne Caesaris periculum
    subire, Maecenas, tuo.
Quid nos, quibus te uita si superstite   5
    iucunda, si contra, grauis?
Vtrumne iussi persequemur otium,
    non dulce ni tecum simul,
an hunc laborem, mente laturi decet
    qua ferre non mollis uiros?   10
Feremus et te uel per Alpium iuga
    inhospitalem et Caucasus
uel occidentis usque ad ultimum sinum
    forti sequemur pectore.
Roges, tuum labore quid iuuem meo   15
    imbellis ac firmus parum:
comes minore sum futurus in metu,
    qui maior absentis habet,
ut adsidens implumibus pullis auis
    serpentium allapsus timet   20
magis relictis, non, ut adsit, auxili
    latura plus praesentibus.
Libenter hoc et omne militabitur
    bellum in tuae spem gratiae,
non ut iuuencis illigata pluribus   25
    aratra nitantur mea
pecusue Calabris ante sidus feruidum
    Lucana mutet pascuis,
neque ut superni uilla candens Tusculi
    Circaea tangat moenia.   30
Satis superque me benignitas tua
    ditauit; haud parauero
quod aut auarus ut Chremes terra premam,
    discinctus aut perdam nepos.

1

Irá você querido às tais liburnas ver
    as fortificações navais
Mecenas preparado pra passar qualquer
    perigo que teu César traz.
E o que farei se ao ver você viver serei   5
    feliz e sofro se partir?
Será que sigo o ócio que você mandou
    (indócil ócio sem você)
ou devo mesmo tolerar um tal labor
    que os moles não toleram mais?   10
Tolero até o cimo alpino te seguir
    até o horrendo Cáucaso
até a derradeira praia ocidental
    pra dar coragem e coração.
Você pergunta como ajudarei ali   15
    assim infirme e imbélico?
Se te acompanho bem menor é meu pavor
    maior na tua ausência
igual galinha quando à prole implume assim
    atenta e teme a víbora   20
por quem desgarra mesmo se ela é incapaz
    de tolerar ataques tais.
Alegre já me alisto pra qualquer quartel
    querendo apenas te agradar
não para ver brilhar novilhos vários   25
    naquele arado que comprei
ou bois lucanos que antes do astro férvido
    se mudem pra Calábria
nem vila cara na elevada Túsculo
    que toque os muros do Circeu.   30
Riqueza já bastante e até demais me deu
    a tua bondade e não serei
avaro Cremes a esconder valor no chão
    nem um playboy esbanjador.

2

Beatus ille qui procul negotiis,
    ut prisca gens mortalium,
paterna rura bobus exercet suis
    solutus omni faenore,
neque excitatur classico miles truci   5
    neque horret iratum mare,
forumque uitat et superba ciuium
    potentiorum limina.
Ergo aut adulta uitium propagine
    altas maritat populos   10
aut in reducta ualle mugientium
    prospectat errantis greges
inutilisque falce ramos amputans
    feliciores inserit
aut pressa puris mella condit amphoris   15
    aut tondet infirmas ouis;
uel cum decorum mitibus pomis caput
    Autumnus agris extulit,
ut gaudet insitiua decerpens pira
    certantem et uuam purpurae,   20
qua muneretur te, Priape, et te, pater
    Siluane, tutor finium!
Libet iacere modo sub antiqua ilice,
    modo in tenaci gramine;
labuntur altis interim ripis aquae,   25
    queruntur in siluis aues,
fontesque lymphis obstrepunt manantibus,
    somnos quod inuitet leuis.
At cum tonantis annus hibernus Iouis
    imbris niuisque comparat,   30
aut trudit acris hinc et hinc multa cane
    apros in obstantis plagas
aut amite leui rara tendit retia
    turdis edacibus dolos,
pauidumque leporem et aduenam laqueo gruem   35
    iucunda captat praemia.
Quis non malarum quas amor curas habet
    haec inter obliuiscitur?
Quod si pudica mulier in partem iuuet

2

É rico quem sem ter sequer negócios
    igual aos povos ancestrais
trabalha todo o chão paterno com seus bois
    sem juros como seus grilhões
que não se assusta com trombetas marciais   5
    nem teme o mar colérico
que evita o Fórum e a soberba dos umbrais
    dos grandes homens de poder
pois ora pega um broto da videira e assim
    o casa aos altos álamos   10
ou ora encara em vale mais recôndito
    seu gado vago a remugir
enquanto amputa um ramo inútil pra depois
    plantar um fértil no lugar
ou guarda o mel prensado em puras ânforas   15
    e tosa ovelhas ínfimas.
E quando o outono expõe no campo sua tez
    trazendo o fruto mais sutil
adora recolher a pera que enxertou
    e a uva igual ao púrpura   20
pra então vos dar presentes ó Priapo e pai
    Silvano grande guardião
e deita sob a sombra da azinheira anciã
    ou sobre a grama mais tenaz
enquanto nas barrancas águas vão subir   25
    vão lamentar os pássaros
e o rebentar das fontes nos mananciais
    trarão um sono límpido.
Mas quando o inverno do tonante Júpiter
    traz chuva neve e vendaval   30
acossa aqui e ali ferinos javalis
    às armadilhas com seus cães
e tece nas forquilhas redes sutilíssimas
    como arapuca aos sabiás
em laço enlaça lebre arisca e errante grou   35
    que pega como prêmio.
Assim àquelas duras aflições de amor
    quem não iria deslembrar?
Porém se vem mulher que tem pudor e quer

        domum atque dulcis liberos,   40
Sabina qualis aut perusta solibus
        pernicis uxor Apuli,
sacrum uetustis exstruat lignis focum
        lassi sub aduentum uiri
claudensque textis cratibus laetum pecus   45
        distenta siccet ubera
et horna dulci uina promens dolio
        dapes inemptas apparet.
Non me Lucrina iuuerint conchylia
        magisue rhombus aut scari,   50
si quos Eois intonata fluctibus
        hiems ad hoc uertat mare,
non Afra auis descendat in uentrem meum,
        non attagen Ionicus
iucundior quam lecta de pinguissimis   55
        oliua ramis arborum
aut herba lapathi prata amantis et graui
        maluae salubres corpori
uel agna festis caesa Terminalibus
        uel haedus ereptus lupo.   60
Has inter epulas ut iuuat pastas ouis
        uidere properantis domum,
uidere fessos uomerem inuersum boues
        collo trahentis languido
positosque uernas, ditis examen domus,   65
        circum renidentis Lares!
Haec ubi locutus faenerator Alfius,
        iam iam futurus rusticus,
omnem redegit Idibus pecuniam,
        quaerit Kalendis ponere.   70

cuidar dos filhos e do lar 40
igual sabina igual esposa de ápulo
  experto esperta exposta ao sol
se lança lenha seca ao fogo em sagração
  pro seu marido lasso vir
e cerca sua malhada alegre no curral 45
  e seca as tetas túmidas
enquanto tira o vinho doce dos tonéis
  prepara festas sem gastar
sem procurar as ostras da Lucrina nem
  linguado ou bodião-azul 50
que acaso alguma tempestade oriental
  trouxera para o nosso mar
então não quero ter cocá no estômago
  nem francolim da Jônia
pois nada aqui supera a oliva que colhi 55
  nos fartos galhos da árvore
ou a azedinha rústica ou a malva já
  que ao mais enfermo faz curar
ou a novilha que imolei por Término
  e o bode salvo ao lobo atroz. 60
Eu gozo ao ver que ovelhas fartas num festim
  retornam logo para o lar
ao ver que os bois exaustos baixam a cerviz
  puxando o arado inverso ao chão
e o rico enxame escravo pronto para agir 65
  em torno ao sorridente Lar.
Assim falando o agiota Álfio
  já quase quase agricultor
recolhe todo o seu dinheiro ao fim do mês
  e empresta para o próximo. 70

3

Parentis olim si quis impia manu
    senile guttur fregerit,
edit cicutis alium nocentius.
    O dura messorum ilia!
Quid hoc ueneni saeuit in praecordiis?   5
    Num uiperinus his cruor
incoctus herbis me fefellit, an malas
    Canidia tractauit dapes?
Vt Argonautas praeter omnis candidum
    Medea mirata est ducem,   10
ignota tauris illigaturum iuga
    perunxit hoc Iasonem;
hoc delibutis ulta donis paelicem
    serpente fugit alite.
Nec tantus umquam siderum insedit uapor   15
    siticulosae Apuliae,
nec munus umeris efficacis Herculis
    inarsit aestuosius.
At si quid umquam tale concupiueris,
    iocose Maecenas, precor   20
manum puella sauio opponat tuo
    extrema et in sponda cubet.

3

Se alguém acaso ousar erguer a ímpia mão
    e estrangular o velho pai
que coma um alho mais nocivo que cicuta!
    Ah tripa atroz do agricultor!
Que vil veneno ataca às minhas vísceras?   5
    Um sangue de serpente ardeu
com ervas só pra me enganar? Canídia
    destemperou o meu festim?
Ao ver os Argonautas logo se encantou
    Medeia pelo capitão   10
com alho ungiu Jasão quando ia conjugar
    nos touros jugo inédito
com alho deu presentes falsos à rival
    fugindo em asas de um dragão.
Jamais um tal calor dos astros se abateu   15
    por sobre a seca Apúlia
nem mesmo o manto dado aos ombros de Hércules
    queimara sob um tal ardor.
Se você quer um tal horror eu vou rogar
    meu bom Mecenas fanfarrão   20
que a tua menina expulse os beijos com a mão
    e durma alheia em teu colchão.

4

Lupis et agnis quanta sortito obtigit,
    tecum mihi discordia est,
Hibericis peruste funibus latus
    et crura dura compede.
Licet superbus ambules pecunia,   5
    Fortuna non mutat genus.
Videsne, Sacram metiente te Viam
    cum bis trium ulnarum toga,
ut ora uertat huc et huc euntium
    liberrima indignatio?   10
"Sectus flagellis hic triumuiralibus
    praeconis ad fastidium
arat Falerni mille fundi iugera
    et Appiam mannis terit
sedilibusque magnus in primis eques   15
    Othone contempto sedet!
Quid attinet tot ora nauium graui
    rostrata duci pondere
contra latrones atque servilem manum
    hoc, hoc tribuno militum?"   20

4

Tal como lobos e cordeiros não se dão
    sou só discórdia por você
que sente o lombo arder na corda ibérica
    e as coxas duras nos grilhões.
Soberbo e rico pode se ostentar porém   5
    fortuna não te dá raiz.
Já viu? Você percorre a Via Sacra e traz
    três metros dessa toga atroz
e assim se afasta quem passar aqui e ali
    com rejeição libérrima?   10
"Quem foi marcado por flagelos triunvirais
    e gera náusea nos pregões
cultiva ao longo de Falerno alqueires mil
    cavalga pôneis na Ápia
e como rico equestre no primeiro rol   15
    despreza toda a lei de Otão!
De que valeu guiar as mais pesadas naus
    de proas entre os esporões
contra os ladrões e contra as hordas serviçais
    se ele é tribuno militar?"   20

5

"At o deorum quidquid in caelo regit
    terras et humanum genus,
quid iste fert tumultus? Aut quid omnium
    uultus in unum me truces?
Per liberos te, si uocata partubus   5
    Lucina ueris affuit,
per hoc inane purpurae decus precor,
    per improbaturum haec Iouem,
quid ut nouerca me intueris aut uti
    petita ferro belua?"   10
Vt haec trementi questus ore constitit
    insignibus raptis puer,
impube corpus, quale posset impia
    mollire Thracum pectora,
Canidia, breuibus illigata uiperis   15
    crinis et incomptum caput,
iubet sepulcris caprificos erutas,
    iubet cupressos funebris
et uncta turpis oua ranae sanguine
    plumamque nocturnae strigis   20
herbasque quas Iolcos atque Hiberia
    mittit uenenorum ferax,
et ossa ab ore rapta ieiunae canis
    flammis aduri Colchicis.
At expedita Sagana per totam domum   25
    spargens Auernalis aquas
horret capillis ut marinus asperis
    echinus aut Laurens aper.
Abacta nulla Veia conscientia
    ligonibus duris humum   30
exhauriebat ingemens laboribus,
    quo posset infossus puer
longo die bis terque mutatae dapis
    inemori spectaculo,
cum promineret ore, quantum exstant aqua   35
    suspensa mento corpora,
exsuca uti medulla et aridum iecur
    amoris esset poculum,
interminato cum semel fixae cibo

5

"Mas pelos deuses todos deste vasto céu
    que regem homens sobre o chão
o que entender de tal discórdia e desse olhar
    que todos lançam contra mim?
Por tua prole se é que um dia já chamou   5
    Lucina para partejar
por esta inútil vestimenta púrpura
    por Jove avesso a tal horror
por que você me encara igual madrasta atroz
    ou feito fera ao se ferir?"   10
Assim falava o frágil lábio do rapaz
    privado de seus próprios bens
o corpo impúbere capaz de amolecer
    um ímpio peito trácio.
Canídia então descabelada a entrelaçar   15
    seus cachos entre víboras
demanda figos de uma cova fúnebre
    e quer ciprestes sepulcrais
mais ovos sujos pelo sangue de uma rã
    e penas de notívaga   20
coruja e ervas iólquidas e ibéricas
    de terras veneníferas
e a fuça da cadela mais famélica
    pra arder no fogo cólquido.
Então atenta vem Sagana pra espalhar   25
    no lar as águas avernais
e a cabeleira se arrepia igual pindá
    ou um laurense javali.
E logo veio Veia sem qualquer pudor
    pegando à mão um enxadão   30
e escava o chão enquanto geme ao trabalhar
    pra que na cova o tal rapaz
que ao dia só veria duas refeições
    morresse no espetáculo
(sepulto até o pescoço o queixo apareceu   35
    tal qual boiasse ao rés do chão)
e então fariam com medula e fígado
    um vil feitiço para amor
assim que livres de comida as órbitas

intabuissent pupulae. 40
Non defuisse masculae libidinis
    Ariminensem Foliam
et otiosa credidit Neapolis
    et omne uicinum oppidum,
quae sidera excantata uoce Thessala 45
    lunamque caelo deripit.
Hic irresectum saeua dente liuido
    Canidia rodens pollicem
quid dixit aut quid tacuit? "O rebus meis
    non infidelis arbitra, 50
Nox, et Diana, quae silentium regis,
    arcana cum fiunt sacra,
nunc, nunc adeste, nunc in hostilis domos
    iram atque numen uertite!
Formidulosis cum latent siluis ferae 55
    dulci sopore languidae,
senem, quod omnes rideant, adulterum
    latrent Suburanae canes
nardo perunctum, quale non perfectius
    meae laborarint manus. 60
Quid accidit? Cur dira barbarae minus
    uenena Medeae ualent,
quibus superbam fugit ulta paelicem,
    magni Creontis filiam,
cum palla, tabo munus imbutum, nouam 65
    incendio nuptam abstulit?
Atqui nec herba nec latens in asperis
    radix fefellit me locis.
Indormit unctis omnium cubilibus
    obliuione paelicum. 70
A! a! solutus ambulat ueneficae
    scientioris carmine.
Non usitatis, Vare, potionibus,
    o multa fleturum caput,
ad me recurres, nec uocata mens tua 75
    Marsis redibit uocibus:
maius parabo, maius infundam tibi
    fastidienti poculum
priusque caelum sidet inferius mari
        tellure porrecta super 80

por fim chegassem a murchar.   40
E não faltava ali safada e máscula
    a ariminense Fólia
(segundo disse a ociosa Neápolis
    e as cidadelas do lugar)
que num encanto téssalo às constelações   45
    desfez do céu a luz lunar.
E ali Canídia cruel com dente pútrido
    roendo a unha do dedão
o que falou o que calou? "Ah mais fiéis
    parceiras desta minha ação   50
Diana e Noite donas do silêncio
    durante arcanos rituais
agora agora vinde e contra um lar hostil
    voltai o nume em fúria!
Enquanto as feras pela selva tétrica   55
    num doce sono já se vão
Subura ladra para um velho adúltero
    que a todos é ridículo
tão besuntado pelo nardo que perfiz
    perfeito em minhas mãos.   60
Que foi que aconteceu? Fracassam as poções
    que a vil Medeia bárbara
vingou na filha de Creonte sua rival
    soberba pra então fugir
assim que o manto enfeitiçado incendiou   65
    a noiva em seu casório?
Nem erva nem raiz oculta em áspera
    floresta pode me escapar
no leito em que ele dorme agora besuntei
    esquecimento das rivais.   70
Ah! ah! Mas anda livre graças ao cantar
    de bruxa mais profissional.
Ah! Varo você ainda irá se arrepender
    pois um feitiço inédito
trará você pra mim e as velhas afeições   75
    virão sem vozes mársias:
eu faço mais preparo agora a filtro mais
    potente para te amansar
será mais fácil ver o céu descer no mar
    e recobrir-se pelo chão   80

quam non amore sic meo flagres uti
    bitumen atris ignibus."
Sub haec puer iam non, ut ante, mollibus
    lenire uerbis impias,
sed dubius unde rumperet silentium,   85
    misit Thyesteas preces:
"Venena miscent fas nefasque, non ualent
    conuertere humanam uicem.
Diris agam uos; dira detestatio
    nulla expiatur uictima.   90
Quin, ubi perire iussus exspirauero,
    nocturnus occurram Furor
petamque uultus umbra curuis unguibus,
    quae uis deorum est Manium,
et inquietis adsidens praecordiis   95
    pauore somnos auferam.
Vos turba uicatim hinc et hinc saxis petens
    contundet obscenas anus,
post insepulta membra different lupi
    et Esquilinae alites,   100
neque hoc parentes, heu, mihi superstites,
    effugerit spectaculum."

do que você fugir de arder em meu amor
    tal como piche em fogo breu."
Com isso o jovem já não tenta amolecer
    na fala às velhas ímpias
e sem saber romper o seu silêncio   85
    igual Tiestes conjurou.
"Feitiços podem confundir o bem e o mal
    mas não o troco dos mortais.
Eu lanço maldições e meu maldito horror
    não finda em sacrifícios.   90
Assim que em morte condenada eu perecer
    serei noturna Fúria
com garra curva atacarei na tez vocês
    qual fosse o Mane mais fatal
depois pousando em seus insanos corações   95
    darei ao sono meu terror
em cada canto o povo deve apedrejar
    às velhas vis sacrílegas
e no Esquilino as insepultas servirão
    de pasto a lobo e pássaro   100
assim meus pais que vão sobreviver a mim
    verão seu espetáculo."

6

Quid inmerentis hospites uexas canis
    ignauus aduersum lupos?
Quin huc inanis, si potes, uertis minas
    et me remorsurum petis?
Nam qualis aut Molossus aut fuluos Lacon,   5
    amica uis pastoribus,
agam per altas aure sublata niues,
    quaecumque praecedet fera:
tu, cum timenda uoce complesti nemus,
    proiectum odoraris cibum.   10
Caue, caue: namque in malos asperrimus
    parata tollo cornua,
qualis Lycambae spretus infido gener
    aut acer hostis Bupalo.
An, si quis atro dente me petiverit,   15
    inultus ut flebo puer?

6

Por que você ataca os inocentes cão
    que contra lobos nunca vai?
Então que tal me ameaçar em vão e assim
    sentir que volto pra morder?
Igual molosso e igual um cão lacônio   5
    que é força amiga dum pastor
eu vou por altas neves com orelha em pé
    atrás da fera que passou
você porém já enche a mata de temor
    mas cheira e come só ração.   10
Cuidado! Contra todos que me fazem mal
    preparo o chifre mais hostil
que nem o genro de Licambes desleal
    e o detrator de Búpalo.
Será que quando um dente preto me morder   15
    eu choro inulto igual rapaz?

7

Quo, quo scelesti ruitis? Aut cur dexteris
    aptantur enses conditi?
Parumne campis atque Neptuno super
    fusum est Latini sanguinis,
non ut superbas inuidae Carthaginis   5
    Romanus arces ureret
intactus aut Britannus ut descenderet
    Sacra catenatus uia,
sed ut secundum uota Parthorum sua
    urbs haec periret dextera?   10
Neque hic lupis mos nec fuit leonibus
    numquam nisi in dispar feris.
Furorne caecos an rapit uis acrior
    an culpa? Responsum date.
Tacent et albus ora pallor inficit   15
    mentesque perculsae stupent.
Sic est: acerba fata Romanos agunt
    scelusque fraternae necis,
ut inmerentis fluxit in terram Remi
    sacer nepotibus cruor.   20

7

Aonde aonde correm todos, seus cruéis?
    Já volta a espada a cada mão?
Acaso sobre os campos e Netuno não
    se encharca o sangue itálico?
Romanos já não torram torre altíssima   5
    da vil Cartago ínvida
e ainda intacto o bretão não cruzará
    a Via Sacra em seus grilhões
porém seguindo as preces partas Roma já
    perece pelas próprias mãos?   10
Nem mesmo lobos fazem isso nem leões
    que atacam outros gêneros.
Foi louca fúria cega que acertou vocês
    foi culpa ou força? Falem-me!
Calaram-se: lhes cobre à face a palidez   15
    e a mente tonta se estacou.
Eu sei: terríveis Fados ferem todos nós
    e infesto fratricídio
dês que inocente Remo derramou no chão
    seu sangue sacro aos pósteros.   20

8

Rogare longo putidam te saeculo,
    uiris quid eneruet meas,
cum sit tibi dens ater et rugis uetus
    frontem senectus exaret
hietque turpis inter aridas natis   5
    podex uelut crudae bouis.
Sed incitat me pectus et mammae putres
    equina quales ubera
uenterque mollis et femur tumentibus
    exile suris additum.   10
Esto beata, funus atque imagines
    ducant triumphales tuom
nec sit marita, quae rotundioribus
    onusta bacis ambulet.
Quid, quod libelli Stoici inter Sericos   15
    iacere puluillos amant,
inlitterati num minus nerui rigent
    minusve languet fascinum?
Quod ut superbo prouoces ab inguine,
    ore adlaborandum est tibi.   20

8

Você pergunta podre em mais de um século
   o que é que enerva o meu vigor
se o próprio dente é preto uma arcaiquíssima
   velhice lavra a tua tez
e em bunda magra se arreganha horrendo cu   5
   igual na vaca esquálida?
Pra me excitar eu tenho os peitos pútridos
   – as tetas de éguas são iguais –
teu ventre frouxo e tua coxa fina até
   o tornozelo túmido.   10
Afortunada seja! e imagens triunfais
   farão cortejo fúnebre
nem vão matronas nos passeios superar
   as tuas roliças pérolas!
E o tal livrinho estoico que ama se deitar   15
   nas sedas de um coxim chinês
acaso enverga um nervo analfabético
   ou me desenlanguesce o pau?
Se à mais soberba benga você quer erguer
   a boca tem que trabalhar.   20

9

Quando repositum Caecubum ad festas dapes
    uictore laetus Caesare
tecum sub alta (sic Ioui gratum) domo,
    beate Maecenas, bibam
sonante mixtum tibiis carmen lyra,   5
    hac Dorium, illis barbarum?
Vt nuper, actus cum freto Neptunius
    dux fugit ustis nauibus,
minatus Vrbi uincla, quae detraxerat
    seruis amicus perfidis.   10
Romanus, eheu (posteri negabitis),
    emancipatus feminae
fert uallum et arma miles et spadonibus
    seruire rugosis potest
interque signa turpe militaria   15
    sol adspicit conopium.
Ad hunc frementis uerterunt bis mille equos
    Galli canentes Caesarem
hostiliumque nauium portu latent
    puppes sinistrorsum citae.   20
Io Triumphe, tu moraris aureos
    currus et intactas boues?
Io Triumphe, nec Iugurthino parem
    bello reportasti ducem
neque Africanum, quo super Carthaginem   25
    uirtus Sepulcrum condidit.
Terra marique uictus hostis punico
    lugubre mutauit sagum.
Aut ille centum nobilem Cretam urbibus,
    uentis iturus non suis,   30
exercitatas aut petit Syrtis Noto
    aut fertur incerto mari.
Capaciores affer huc, puer, scyphos
    et Chia uina aut Lesbia
uel quod fluentem nauseam coerceat,   35
    metire nobis Caecubum:
curam metumque Caesaris rerum iuuat
    dulci Lyaeo soluere.

9

Quando é que um cécubo seleto aos festivais
    (assim deseja Júpiter)
a César vencedor em teu augusto lar
    Mecenas rico eu beberei
enquanto entrelaçada à tíbia bárbara   5
    a lira soa dórica?
Bebemos quando a frota do Netúnio
    fugiu com chamas sobre as naus
depois que ameaçara Roma com grilhões
    de amigos servos pérfidos.   10
Ah! um romano (os pósteros renegarão!)
    escravizado por mulher
portando estacas e armas hoje o militar
    já serve a eunucos mais senis
e o sol entre estandartes dos exércitos   15
    enxerga o mosquiteiro vil.
Mas gálatas voltaram seus dois mil corcéis
    e a César prestam seu louvor
e de inimiga barca a popa célere
    num porto à esquerda se escondeu.   20
Triunfo! Você prende carros áureos
    e bois que o jugo não tocou?
Triunfo! Em Guerra Jugurtina nem você
    criou um comandante igual
nem Cipião que da Virtude recebeu   25
    um mausoléu cartaginês.
Vencido em terra e mar o imigo já trocou
    por triste saio o púrpura
procura a nobre Creta e por cidades cem
    sem mesmo um vento pra ajudar   30
ou busca as Sirtes que hoje o Noto excita além
    ou é levado em dúbio mar.
Menino traga agora taças mais robustas
    com vinho Quio ou Lésbio
ou cure logo toda nossa náusea   35
    crescente com mais Cécubo.
E o que senti por César: medo e aflição
    em doce Lieu dissolverei.

10

Mala soluta nauis exit alite
    ferens olentem Meuium.
Vt horridis utrumque uerberes latus,
    Auster, memento fluctibus;
niger rudentis Eurus inuerso mari   5
    fractosque remos differat;
insurgat Aquilo, quantus altis montibus
    frangit trementis ilices;
nec sidus atra nocte amicum appareat,
    qua tristis Orion cadit;   10
quietiore nec feratur aequore
    quam Graia uictorum manus,
cum Pallas usto uertit iram ab Ilio
    in impiam Aiacis ratem.
O quantus instat nauitis sudor tuis   15
    tibique pallor luteus
et illa non uirilis eiulatio
    preces et auersum ad Iouem,
Ionius udo cum remugiens sinus
    Noto carinam ruperit!   20
Opima quod si praeda curuo litore
    porrecta mergos iuueris,
libidinosus immolabitur caper
    et agna Tempestatibus.

10

Um mau auspício rege a nau que sai daqui
    levando Mévio fétido
mas Austro não se esqueça então de atormentar
    seu flanco em ondas hórridas
e que Euro negro espalhe por converso mar   5
    os remos do naufrágio
e cresça o Aquilão em monte altíssimo
    quebrando azinhos trêmulos
nem surja em atra noite algum amigo astral
    depois que Oríon já se pôs   10
não siga nem consiga as águas plácidas
    que nem o grego vencedor
depois que Palas trouxe as iras de Ílion
    por sobre a ímpia nau de Ajax.
Teus marinheiros sentem o suor descer   15
    e a tua roxa palidez
e as preces em gemidos nada másculos
    a tão contrário Júpiter
enquanto num mugido o Golfo Jônio
    esmaga a quilha em vendavais!   20
Se como presa gorda em curvo litoral
    você fartar os mergulhões
um bode mais safado e ovelha imolarei
    por dom a deusas Temporais.

11

Petti, nihil me, sicut antea iuuat
    scribere uersiculos amore percussum graui,
amore, qui me praeter omnis expetit
    mollibus in pueris aut in puellis urere.
Hic tertius December ex quo destiti   5
    Inachia furere siluis honorem decutit.
Heu me, per urbem (nam pudet tanti mali)
    fabula quanta fui! Conuiuiorum et paenitet
in quis amantem languor et silentium
    arguit et latere petitus imo spiritus.   10
"Contrane lucrum nil ualere candidum
    pauperis ingenium?" quaerebar applorans tibi,
simul calentis inuerecundus deus
    feruidiore mero arcana promorat loco.
"Quod si meis inaestuet praecordiis   15
    libera bilis, adhuc ingrata uentis diuidam
fomenta uulnus nil malum leuantia;
    desinet imparibus certare summotus pudor."
Vbi haec seuerus te palam laudaueram,
    iussus abire domum ferebar incerto pede   20
ad non amicos, heu, mihi postis et, heu,
    limina dura, quibus lumbos et infregi latus.
Nunc gloriantis quamlibet mulierculam
    uincere mollitie amor Lycisci me tenet,
unde expedire non amicorum queant   25
    libera concilia nec contumeliae graues,
sed alius ardor aut puellae candidae
    aut teretis pueri longam renodantis comam.

11

Ah Pétio já não sinto mais prazer algum
    para versinhos compor se acaso sofro um duro amor
amor que mais que a todos vem me perseguir
    para fazer-me queimar por moço ou moça sedutor.
Pois lá se foram três dezembros que eu larguei   5
    toda paixão que causou Ináquia e o bosque perde a cor.
Desgraça! Que vergonha sinto desse mal!
    Roma falava de mim! E sofro só de recordar
banquetes em que meu silêncio e meu langor
    entre suspiros cruéis me delataram meu amor.   10
Mas contra o lucro nada vale o esplêndido
    dom de um pobrinho qualquer? Assim chorava por você
enquanto ardia e o mais despudorado deus
    cheio de vinho e fervor contava tudo que guardei.
"Porém se dentro deste peito chamuscar   15
    livre uma bile que assim eu possa dar aos vendavais
o vão remédio que não cura a chaga e o mal –
    finda a vergonha e jamais competirei com vis rivais!"
Enquanto austero alcei os meus propósitos
    eis que você me mandou pra casa e tropecei os pés   20
até os ai! portais em nada amigos e ai!
    duros umbrais entre os quais meu flanco e lombo lacerei.
Agora o amor do vão Licisco que se diz
    pronto a vencer a qualquer mulher na sedução – me tem!
Daqui não me liberta a dica mais sutil   25
    vinda de amigo ou sequer a mais pesada humilhação.
Somente um outro ardor por moça esplêndida
    ou por um fino rapaz que ainda enlace o cabelão.

12

Quid tibi uis, mulier nigris dignissima barris?
    Munera quid mihi quidue tabellas
mittis nec firmo iuueni neque naris obesae?
    Namque sagacius unus odoror
polypus an gravis hirsutis cubet hircus in alis   5
    quam canis acer ubi lateat sus.
Qui sudor uietis et quam malus undique membris
    crescit odor, cum pene soluto
indomitam properat rabiem sedare! Neque illi
    iam manet umida creta colorque   10
stercore fucatus crocodili iamque subando
    tenta cubilia tectaque rumpit.
Vel mea cum saeuis agitat fastidia uerbis:
    'Inachia langues minus ac me;
Inachiam ter nocte potes, mihi semper ad unum   15
    mollis opus. Pereat male quae te
Lesbia quaerenti taurum monstrauit inertem,
    cum mihi Cous adesset Amyntas,
cuius in indomito constantior inguine neruus
    quam noua collibus arbor inhaeret.   20
Muricibus Tyriis iteratae uellera lanae
    cui properabantur? Tibi nempe,
ne foret aequalis inter conuiua magis quem
    diligeret mulier sua quam te.
O ego non felix, quam tu fugis ut pauet acris   25
    agna lupos capreaeque leones!'

12

Fale o que quer ó mulher que merece um negro elefante!
  Quer me mandar cartinha e presente?
Não sou jovem nem firme nem tenho um nariz insensível
  pois consigo cheirar com fineza
siba suada e bodum oculto em sovaco peludo   5
  venço até cão que fareja um suíno.
Quanto suor no seu corpo murcho enquanto perverso
  cresce o fedor se acaso ela encontra
cabisbaixo caralho e se atiça um desejo indomável
  borra o cal da cara e as cores   10
finas de esterco crocodilino e subindo no cio
  rasga o dossel e o lençol de seu leito
ou então flagela meu tédio com feras palavras.
  'Por Ináquia você não se abala
com Ináquia dá três por noite e só uma comigo   15
  todo mole. Morra a maldita
lésbia que trouxe a tua inércia se um touro eu pedia
  quando Amintas de Cós me queria
com seu nervo no ventre indomável muito mais duro
  do que o pau de uma árvore nova.   20
E por quem eu mandei molhar no múrice tírio
  tanta lã? Por você com certeza
pra que em teus banquetes de amigos nunca surgisse
  mais ninguém assim desejado.
Sofro infeliz se você me escapa feito cabrita   25
  foge aos leões e uma ovelha dos lobos.'

13

Horrida tempestas caelum contraxit et imbres
    niuesque deducunt Iouem; nunc mare, nunc siluae
Threicio Aquilone sonant. Rapiamus, amici,
    occasionem de die, dumque uirent genua
et decet, obducta soluatur fronte senectus.   5
    Tu uina Torquato moue consule pressa meo.
Cetera mitte loqui: deus haec fortasse benigna
    reducet in sedem uice. Nunc et Achaemenio
perfundi nardo iuuat et fide Cyllenaea
    leuare diris pectora sollicitudinibus,   10
nobilis ut cecinit grandi Centaurus alumno:
    'Inuicte, mortalis dea nate puer Thetide,
te manet Assaraci tellus, quam frigida parui
    findunt Scamandri flumina lubricus et Simois,
unde tibi reditum certo subtemine Parcae   15
    rupere, nec mater domum caerula te reuehet.
Illic omne malum uino cantuque leuato,
    deformis aegrimoniae dulcibus alloquiis.'

13

Uma horrenda borrasca cerra o céu e nevascas
    e chuvas descem Júpiter hoje florestas e mar
rugem no rasgo do trácio Aquilão. Amigos agarrem
    a chance deste dia aqui quando convém e o vigor
viça nas pernas e a cinza velhice desnubla na face.   5
    Um vinho do ano em que eu nasci quando Torquato regeu
anda pega e cala as palavras – um deus poderia
    trazer o riso ao seu lugar. Hoje desejo me untar
todo de nardo aquemênio e no som da lira cilênia
    aliviar os corações tristes de tanto sofrer   10
tal como outrora cantara o centauro ao discípulo imenso.
    'Você que Tétis concebeu filho invencível mortal
já te espera o chão de Assáraco e frescos refluem
    o Simoente lúbrico junto ao Escamandro menor
dessa terra as Parcas num fio imutável romperam   15
    o teu retorno e nem a mãe cérula vai te salvar.
Vai por lá e alivia os males com versos e vinhos
    os dois consolos mais sutis para a grotesca aflição.'

14

Mollis inertia cur tantam diffuderit imis
    obliuionem sensibus,
pocula Lethaeos ut si ducentia somnos
    arente fauce traxerim,
candide Maecenas, occidis saepe rogando.   5
    Deus, deus nam me uetat
inceptos olim, promissum carmen, iambos
    ad umbilicum adducere.
Non aliter Samio dicunt arsisse Bathyllo
    Anacreonta Teium,   10
qui persaepe caua testudine fleuit amorem
    non elaboratum ad pedem.
Vreris ipse miser; quodsi non pulcrior ignis
    accendit obsessam Ilion,
gaude sorte tua; me libertina nec uno   15
    contenta Phryne macerat.

14

Mas por que essa mole inércia infundiu nos sentidos
    o esquecimento assolador
como se para amansar a aridez da garganta eu tomasse
    cem taças num torpor leteu?
Claro Mecenas você me mata com tanta pergunta!   5
    Um deus um deus me proibiu
desenrolar a canção prometida até que se finde
    nos iambos que eu anunciei.
Pois não foi de outro jeito que Anacreonte de Teos
    por seu Batilo sâmio ardeu   10
quando amiúde chorava na cava testude os amores
    sem elaboração nos pés.
Sim você queima também porém se não houve um incêndio
    mais lindo sobre Ílion
goze da sorte que tem! Pois Frine por fim me macera   15
    liberta que não quer um só.

15

Nox erat et caelo fulgebat luna sereno
 inter minora sidera,
cum tu magnorum nume laesura deorum
 in uerba iurabas mea,
artius atque hedera procera astringitur ilex   5
 lentis adhaerens bracchis,
dum pecori lúpus et nautis infestus Orion
 turbaret hibernum mare
intonsosque agitare Apollinis aura capillos,
 fore hunc amorem mutuum,   10
o dolitura mea multum uirtute Neaera!
 nam si quid in Flacco uiri est,
non feret assiduas potiori te dare noctes
 et quaeret iratus parem,
nec semel offensi cedet constantia formae,   15
 si certus intrarit dolor.
Et tu, quicumque es felicior atque meo nunc
 superbus incedis malo,
sis pecore et multa diues tellure licebit
 tibique Pactolus fluat,   20
nec te Pythagorae fallant arcana renati
 formaque uincas Nirea,
heu heu, translatos alio maerebis amores:
 ast ego uicissim risero.

15

Alta noite e no céu sereno a lua luzia
    cercada de astros sem valor
quando você ofendia o nume dos deuses sagrados
    jurando tudo que eu ditei
numa pressão maior que a da hera enlaçada à azinheira   5
    você colava braço em mim.
Desde que o lobo odiasse ao gado e Oríon aos nautas
    no inverno conturbando o mar
desde que a brisa agitasse os cabelos intonsos de Apolo
    seria mútuo nosso amor!   10
Mas você sofrerá pela minha hombridade Neera!
    Se o Flaco flácido é viril
não deixará que dê toda noite sem trégua pra outro
    e irado buscará seu par
não cederá pra tua beleza agora odiosa   15
    se lhe invadir alguma dor.
Mas você quem quer que seja que assim me supera
    soberbo sobre o meu penar
pode até ser rico de gado rico de terras
    Pactolo pode até ser teu   20
nem te ilude Pitágoras reencarnado em arcanos
    você pode ofuscar Nireu
ah! você chorará os amores entregues a outro
    enquanto eu fico a gargalhar.

16

Altera iam teritur bellis ciuilibus aetas,
    suis et ipsa Roma uiribus ruit.
Quam neque finitimi ualuerunt perdere Marsi
    minacis aut Etrusca Porsenae manus,
aemula nec uirtus Capuae nec Spartacus acer   5
    nouisque rebus infidelis Allobrox,
nec fera caerulea domuit Germania pube
    parentibusque abominatus Hannibal,
impia perdemus deuoti sanguinis aetas
    ferisque rursus occupabitur solum;   10
barbarus, heu, cineres insistet uictor et urbem
    eques sonante uerberabit ungula
quaeque carent uentis et solibus ossa Quirini
    (nefas uidere!) dissipabit insolens.
Forte quid expediat communiter aut melior pars   15
    malis carere quaeritis laboribus.
Nulla sit hac potior sententia, Phocaeorum
    uelut profugit exsecrata ciuitas
agros atque Lares patrios habitandaque fana
    apris reliquit et rapacibus lupis,   20
ire pedes quocumque ferent, quocumque per undas
    Notus uocabit aut proteruos Africus.
Sic placet? An melius quis habet suadere? Secunda
    ratem occupare quid moramur alite?
Sed iuremus in haec: simul imis saxa renarint   25
    uadis levata, ne redire sit nefas,
neu conuersa domum pigeat dare lintea quando
    Padus Matina lauerit cacumina,
in mare seu celsus procurrerit Appenninus
    nouaque monstra iunxerit libidine   30
mirus amor, iuuet ut tigris subsidere ceruis,
    adulteretur et columba miluo,
credula nec rauos timeant armenta leones
    ametque salsa leuis hircus aequora.
Haec et quae poterunt reditus abscindere dulcis   35
    eamus omnis exsecrata ciuitas,
aut pars indocili melior grege. Mollis et exspes
    inominata perpremat cubilia:
uos quibus est uirtus, muliebrem tollite luctum,

16

Outra geração nas guerras civis se aniquila
    e Roma pelas próprias forças hoje rui
ela que nunca cedeu às mãos do mársio vizinho
    nem mesmo à tropa etrusca de Porsena atroz
nem à bravura de Cápua nem a Espártaco agudo   5
    e às inconstâncias desleais do alóbroge
nem se entregou aos olhos azuis da Germânia selvagem
    nem para Aníbal grande horror dos nossos pais.
Nós geração de sangue maldito nós a perdemos
    e o solo servirá de lar aos animais   10
bárbaros vencedores ah pisarão nestas cinzas
    e o cavaleiro sobre cascos saltará
e espalhará arrogante a ossada (imagem nefasta!)
    do deus Quirino resguardada a vento e sol.
Um de vocês ou então os melhores talvez se perguntem   15
    se tem saída ao fim de todo nosso mal.
Nada vai superar a antiga cidade dos fócios
    que em meio a muitas maldições abandonou
campos Lares pátrios e seus santuários cederam
    aos lobos predadores junto aos javalis   20
para seguir onde o pé apontar ou no meio das ondas
    ouvir o África e o Noto nos chamar.
Isso que querem? Ninguém dissuade? Por que demoramos
    para aceitar o augúrio e ocupar as naus?
Vamos fazer a promessa que só se as pedras nadarem   25
    no mar não mais será nefasto retornar
nem deixaremos de dar as velas ao lar no segundo
    que o Pó banhar o topo do Matino e assim
vermos o imenso Apenino correndo junto aos mares
    ou quando o amor admirável reunir   30
monstros de um novo desejo e o tigre cruzar com a cerva
    e a pomba preferir deitar com gavião
quando o gado perder o pavor por leões violentos
    e o leve bode enfim amar sargaço mar.
Pronto depois de romper a chance de um doce retorno   35
    em meio a muitas maldições iremos nós
toda a cidade ou quem sai do gado indócil. Que o mole
    desesperado deite em lar de agouro mau!
Homens vocês deverão largar esse luto de moça

Etrusca praeter et uolate litora.   40
Nos manet Oceanus circumuagus arua beata:
    petamus arua, diuites et insulas,
reddit ubi Cererem tellus inarata quotannis
    et imputata floret usque uinea,
germinat et numquam fallentis termes oliuae   45
    suamque pulla ficus ornat arborem,
mella caua manant ex ilice, montibus altis
    leuis crepante lympha desilit pede.
Illic iniussae ueniunt ad mulctra capellae
    refertque tenta grex amicus ubera,   50
nec uespertinus circumgemit ursus ouile
    neque intumescit alta uiperis humus.
Pluraque felices mirabimur: ut neque largis
    aquosus Eurus arua radat imbribus
pinguia nec siccis urantur semina glaebis,   55
    utrumque rege temperante caelitum.
Nulla nocent pecori contagia, nullius astri   61
    gregem aestuosa torret impotentia.   62
Non huc Argoo contendit remige pinus,   57
    neque impudica Colchis intulit pedem;
non huc Sidonii torserunt cornua nautae
    laboriosa nec cohors Ulixei.   60
Iuppiter illa piae secreuit litora genti,   63
    ut inquinauit aere tempus aureum.
Aere<a>, dehinc ferro durauit saecula, quorum   65
    piis secunda uate me datur fuga.

enquanto voam sobre etruscos litorais. 40
Circundante Oceano nos cede seus campos alegres
    peçamos campos e ilhas venturosas sim
onde anual a terra inculta concede-nos Ceres
    e a vinha sem a poda sabe florescer
onde o rebento da oliva nunca falha no broto 45
    e o figo escuro enfeita suas árvores
onde o mel emana da rocha e dos montes enormes
    as águas saltam leves estalando os pés.
Lá as cabritas vêm sozinhas pedir sua ordenha
    e o gado amigo oferta as tetas sem temor 50
ursos noturnos nunca circumberram o aprisco
    e o chão não vai se inchar com tantas víboras.
Nós alegres olhamos pasmos que o Euro chuvoso
    jamais assola a messe com seus temporais
nem as férteis sementes se queimam na seca das leivas 55
    enquanto o rei dos deuses tudo equilibrou.
Nunca a doença atinge o rebanho nunca uma estrela 61
    consome a grei com seu calor e mal-estar. 62
Nem o pinho dos remos de Argos passou nessa terra 57
    e a depravada colca nunca pôs os pés
nem os nautas sidônios acaso trouxeram as vergas
    nem mesmo a esquadra cuidadosa de Odisseu. 60
Júpiter quis separar tais margens à raça piedosa 63
    depois que a era de ouro em bronze descambou.
Mas do bronze acirrou os homens no tempo de ferro 65
    e como vate oferto aos pios salvação.

17

Iam iam efficaci do manus scientiae,
supplex et oro regna per Proserpinae,
per et Dianae non loquenda numina,
per atque libros carminum ualentium
refixa caelo deuocare sidera,   5
Canidia, parce uocibus tandem sacris
citumque retro solue, solue turbinem.
Mouit nepotem Telephus Nereium,
in quem superbus ordinarat agmina
Mysorum et in quem tela acuta torserat.   10
Luxere matres Iliae additum feris
alitibus atque canibus homicidam Hectorem,
postquam relictis moenibus rex procidit,
heu, peruicacis ad pedes Achillei.
Saetosa duris exuere pellibus   15
laboriosi remiges Ulixei
uolente Circa membra; tunc mens et sonus
relapsus atque notus in uoltus honor.
Sedi satis superque poenarum tibi,
amata nautis multum et institoribus: 20
fugit iuuentas et uerecundus color,
relinquor ossa pelle amicta lurida,
tuis capillus albus est odoribus.
Nullum a labore me reclinat otium;
urget diem nox et dies noctem neque est   25
leuare tenta spiritu praecordia.
ergo negatum uincor ut credam miser,
Sabella pectus et cremare carmina
caputque Marsa dissilire nenia.
Quid amplius uis? O mare et terra, ardeo,   30
quantum neque atro delibutus Hercules
Nessi cruore nec Sicana feruida
lurens in Aetna flamma: tu<a>, donec cinis
iniuriosis aridus uentis ferar,
cales uenenis officina Colchicis?   35
Quae finis aut quod me manet stipendium?
Effare: iussas cum fide poenas luam,
paratus expiare seu poposceris
centum iuuencos, siue mendaci lyra

17

Sim sim eu cedo ao teu saber profissional
imploro pelos reinos de Prosérpina
e o nume inominável de Diana atroz
e pelos livros de cantares mágicos
que lá do céu deslocarão constelações   5
Canídia tenha dó na tua sacra voz
inverta inverta o fio do fuso mais veloz!
Pois Télefo atingira o neto de Nereu
quando soberbo comandava o exército
dos mísios atacando dardos rábidos.   10
As mães de Troia lastimaram por Heitor
chacinador entregue a cães e pássaros
depois que das muralhas se afastara o rei
para prostrar-se aos pés de Aquiles contumaz.
Os companheiros de Odisseu labutador   15
com permissão de Circe libertaram-se
das duras cerdas que os cobriam – mente e voz
voltaram junto à honra para a tenra tez.
E por você paguei bastante até demais
mulher amada por marujo e camelô   20
a casta cor da juventude já perdi
restou a ossada sob a pele pálida
e graças aos teus cheiros já me agrisalhei
nem tenho um ócio que me poupe de sofrer
a noite apressa ao dia o dia à noite e não   25
encontro alívio para o ar dos meus pulmões.
Vencido e triste creio em tudo que neguei
que encantos de sabélios cremam corações
e sob as nênias mársias crânios quebram-se.
Mas o que mais você deseja? Ó terra e mar   30
eu queimo mais do que Hércules no sangue vil
de Nesso ou que a sicana chama férvida
virente no Etna e você quer me abrasar
sua oficina de venenos cólquidos
até que eu vire um pó que o vento leva além?   35
Que fim terei? Que prêmio em retribuição?
Me diga e pagarei com fé a dívida
se acaso me exigir eu vou sacrificar
novilhos cem se quer que a lira desleal

uoles sonare, tu pudica, tu proba 40
perambulabis astra sidus aureum.
Infamis Helenae Castor offensus uicem
fraterque magni Castoris uicti prece
adempta uati reddidere lumina:
et tu, potes nam, solue me dementia, 45
o nec paternis obsoleta sordibus
neque in sepulcris pauperum prudens anus
nouendialis dissipare pulueres.
Tibi hospitale pectus et purae manus
tuusque uenter Pactumeius et tuo 50
cruore rubros obstetrix pannos lauit,
utcumque fortis exsilis puerpera.
"Quid obseratis auribus fundis preces?
Non saxa nudis surdiora nauitis
Neptunus albo tundit hibernus salo. 55
Inultus ut tu riseris Cotytia
uulgata, sacrum liberi Cupidinis,
et Esquilini pontifex uenefici
impune ut urbem nomine impleris meo?
Quid proderit ditasse Paelignas anus 60
uelociusue miscuisse toxicum?
Sed tardiora fata te uotis manent.
Ingrata misero uita ducenda est in hoc,
nouis ut usque suppetas laboribus.
Optat quietem Pelopis infidi pater 65
egens benignae Tantalus semper dapis,
optat Prometheus obligatus aliti,
optat supremo conlocare Sisyphus
in monte saxum; sed uetant leges Iouis.
Voles modo altis desilire turribus, 70
modo ense pectus Norico recludere,
frustraque uincla gutturi nectes tuo
fastidiosa tristis aegrimonia.
Vectabor umeris tunc ego inimicis eques
meaeque terra cedet insolentiae. 75
an quae mouere cereas imagines,
ut ipse nosti curiosus, et polo
deripere lunam uocibus possim meis,
possim crematos excitare mortuos
desiderique temperare pocula, 80
plorem artis in te nil agentis exitus?"

ressoe então você é pura sim você   40
vai sobre os astros ó estrela áurea!
Furiosos pela infamação de Helena o bom
Castor e seu irmão cederam à oração
e deram para o vate a velha luz do olhar
me livre então você dos meus delírios   45
você que nunca cai nas manchas ancestrais
você que não é velha e nunca pensa em revirar
as cinzas miseráveis de quem mal queimou
teu peito é tão gentil tão pura a tua mão
teu ventre é Pactumeio e as parteiras só   50
lavaram panos sujos pelo teu cruor
enquanto forte vi você puérpera.
"Pra que implorar assim no ouvido que tampei?
Nem pedras são tão surdas aos marujos nus
enquanto o frio Netuno os bate no alvo mar.   55
Sem punição você quer rir das rituais
Cotícias e mistérios de devasso Amor?
Em Roma impunemente vai me difamar
qual sacerdote do Esquilino mágico?
Que ganho em enricar pelignas senis   60
e preparar o mais veloz dos tóxicos?
Teu fim será mais lento que essas súplicas
você terá a vida mais insípida
só pra servir de prazo para mais sofrer.
Agora Tântalo carece de um festim   65
o pai de Pélops infiel procura paz
e Prometeu também apenso ao pássaro
e Sísifo procura apenas colocar
a pedra no alto – veta a lei de Júpiter.
Você vai desejar saltar do alto ao chão   70
ou esconder no peito a espada nórica
vai enlaçar a corda no pescoço em vão
enquanto sofre as mais horrendas aflições.
Então cavalgarei na minha vítima
e a terra vai ceder a tanta audácia.   75
Eu já dei vida pra boneco em cera e lã
igual você já viu e com a minha voz
consigo deslizar a lua lá do céu
um morto eu ressuscito após a cremação
e dou poções de amor será que vou chorar   80
se com você as artes bem não vão sair?"

EPISTULAE I

EPÍSTOLAS (CARTAS) I

1.1

Prima dicte mihi, summa dicende Camena,
spectatum satis et donatum iam rude quaeris,
Maecenas, iterum antiquo me includere ludo?
Non eadem est aetas, non mens. Veianius armis
Herculis ad postem fixis latet abditus agro,   5
ne populum extrema rediens exoret harena.
Est mihi purgatam crebro qui personet aurem:
"Solue senescentem mature sanus equum, ne
peccet ad extremum ridendus et ilia ducat."
Nunc itaque et uersus et cetera ludicra pono: 10
quid uerum atque decens curo et rogo et omnis in hoc sum.
Condo et compono quae mox depromere possim.
Ac ne forte roges quo me duce, quo Lare tuter,
nullius addictus iurare in uerba magistri,
quo me cumque rapit tempestas, deferor hospes.   15
Nunc agilis fio et mersor ciuilibus undis
uirtutis uerae custos rigidusque satelles;
nunc in Aristippi furtim praecepta relabor
et mihi res, non me rebus, subiungere conor.
Vt nox longa quibus mentitur amica diesque   20
longa uidetur opus debentibus, ut piger annus
pupillis quos dura premit custodia matrum,
sic mihi tarda fluunt ingrataque tempora, quae spem
consiliumque morantur agendi nauiter id quod
aeque pauperibus prodest, lucupletibus aeque,   25
aeque neglectum pueris senibusque nocebit.
Restat ut his ego me ipse regam solerque elementis.
Non possis oculo quantum contendere Lynceus,
non tamen idcirco contemnas lippus inungui;
nec, quia desperes inuicti membra Glyconis,   30
nodosa corpus nolis prohibere cheragra.
Est quadam prodire tenus, si non datur ultra.
Feruet auaritia miseroque cupidine pectus?
Sunt uerba et uoces quibus hunc lenire dolorem
possis et magnam morbi deponere partem.   35
Laudis amore tumes? Sunt certa piacula quae te
ter pure lecto poterunt recreare libello.
Inuidus, iracundus, iners, uinosus, amator,
nemo adeo ferus est ut non mitescere possit,

1.1

Na primeira Camena cantado, cantável na extrema,
quer pedir a um gladiador na aposentadoria
para voltar aos velhos jogos passados, Mecenas?
Já não tenho a mesma mente e idade. Vejânio,
quando pra Hércules armas votou, escondeu-se no campo   5
pra não mais suplicar ao povo na beira da arena.
Uma voz insiste e ressoa em meu ouvido purgado:
"Seja são e largue em tempo o velho cavalo,
pra que risível não tropece e estrebuche de pança".
Hoje deixo de lado o verso e outros joguinhos;   10
por inteiro me entrego ao que é verdadeiro e correto:
cato e componho coisas que posso extrair sem demora.
Nem pergunte que Lar ou que líder aqui me protege,
pois não sou de jurar atrelado a palavras de mestre,
e onde me leva a tormenta, sempre estrangeiro me hospedo.   15
Hoje, imerso em ondas civis, mantenho-me ativo,
rígido guarda-costas da verdadeira virtude,
e hoje furtivo recaio em preceitos do grande Aristipo:
tento agora reger as coisas, sem ser o regido.
        Como é longa a noite em mentiras da amante e parece   20
lento o dia a quem trabalha, como o ano é moroso
para os pupilos que sofrem a dura custódia materna,
lerdo e chato, pra mim assim o tempo se escoa,
pois que esperanças e planos me atrasam de agir dedicado
a algo que sirva igualmente para pobres e ricos,   25
fira igualmente jovens e velhos, se for descuidado.
Resta nestes princípios então consolar-me e reger-me.
Na visão você não vai competir com Linceu, mas
não precisa afinal desprezar as tuas remelas;
nem, se não tem imbatíveis membros de Glícon,   30
deve aceitar a gota nodosa sobre seu corpo.
Se não pode ir além, avance ao menos um pouco.
        Ferve o peito pleno em cobiça infeliz e avareza?
Há feitiços e falas que sempre aliviam as dores
pra que possa purgar ao menos em parte a doença.   35
Incha de amor à glória? Há sacrifícios corretos
pra te expiar, se ler com pureza o livrinho três vezes.
Bêbado, preguiçoso, invejoso, iracundo, safado;
mas ninguém é tão feroz que não possa amansar-se,

si modo culturae patientem commodet aurem. 40
      Virtus est uitium fugere et sapientia prima
stultitia caruisse. Vides, quae maxima credis
esse mala, exiguum censum turpemque repulsam,
quanto deuites animi capitisque labore.
Impiger extremos curris mercator ad Indos, 45
per mare pauperiem fugiens, per saxa, per ignis:
ne cures ea quae stulte miraris et optas,
discere et audire et meliori credere non uis?
Quis circum pagos et circum compita pugnax
magna coronari contemnat Olympia, cui spes, 50
cui sit condicio dulcis sine puluere palmae?
Vilius argentum est auro, uirtutibus aurum.
      "O ciues, ciues, quaerenda pecunia primum est,
uirtus post nummos!" Haec Ianus summus ab imo
prodocet, haec recinunt iuuenes dictata senesque 55
[laeuo suspensi loculos tabulamque lacerto].
Est animus tibi, sunt mores, est lingua fidesque,
sed quadringentis sex septem milia desunt:
plebs eris. At pueri ludentes: "Rex eris" aiunt,
"si recte facies." Hic murus aeneus esto, 60
nil conscire sibi, nulla pallescere culpa.
Roscia, dic sodes, melior lex an puerorum est
nenia, quae regnum recte facientibus offert,
et maribus Curiis et decantata Camillis?
Isne tibi melius suadet qui rem facias, rem, 65
si possis, recte, si non, quocumque modo, rem,
ut propius spectes lacrimosa poemata Pupi,
an qui Fortunae te responsare subperbae
liberum et erectum praesens hortatur et aptat?
      Quodsi me populus Romanus forte roget cur 70
non ut porticibus sic iudiciis fruar isdem,
nec sequar aut fugiam quae diligit ipse uel odit,
olim quod uulpes aegroto cauta leoni
respondit referam: "Quia me uestigia terrent,
omnia te aduersum spectantia, nulla retrorsum." 75
Belua multorum est capitum. Nam quid sequar aut quem?
Pars hominum gestit conducere publica; sunt qui
frustis et pomis uiduas uenentur auaras
excipiantque senes, quos in uiuaria mittant;
multis occulto crescit res faenore. Verum 80

se acomodar o seu paciente ouvido ao cultivo. 40
     É virtude fugir dos vícios, maior sapiência
foi largar de tolice. Veja que aos males imensos
que você supunha (parca renda e repulsa),
logo você evita, arriscando alma e pescoço:
qual mercador incansável, você avança pros Indos, 45
entre mar e pedra e fogo, foge à pobreza
para evitar aflições infantis que escolhe e contempla,
nem deseja aprender e ouvir e crer nos melhores?
Quem batalhou por entre aldeias e esquinas acaso
nega a coroa olímpica, se tiver esperança, 50
se tiver a chance do prêmio sem pó, na moleza?
Prata é pior que o ouro, e ouro é pior que virtudes.
     "Meus cidadãos, cidadãos, primeiro vem o dinheiro,
vem depois a virtude", Jano em todas as partes
nos ensina, jovens e velhos recitam o adágio 55
[com tabuinhas e bolsas compressas debaixo do braço].
Tem você o gênio, tem bons modos, honra, oratória,
mas, se aos quarenta mil sestércios faltarem uns sete,
plebe será. E crianças dizem: "Régio monarca,
só na régua certa". E eis o muro de bronze: 60
nada de má consciência, nunca afligir-se de culpa.
Diga se é melhor a lei de Róscio ou cantigas
infantis que ofertam um reino a quem é correto,
tão cantadas pelos machos Camilos e Cúrios.
Quem melhor o impele a ter mais bens, a ganhar bens 65
corretamente; ou então, se estiver incorreto, inda mais bens,
para assistir de perto os pífios poemas de Púpio?
Quem agora o exorta e prepara para que logo
livre e forte afronte toda a soberba Fortuna?
     Pois, se o povo romano acaso vier perguntar-me 70
por que não fruo desses pórticos, nem de juízos,
nem persigo o que ele adora, ou fujo ao que odeia,
como a cauta raposa outrora ao leão resfriado
disse, respondo também: "É que essas pegadas me assustam:
todas vão pra você, mas nunca volta nenhuma". 75
Bicho de muitas cabeças. Quem e o quê é que sigo?
Uma parte dos homens busca o público erário,
outros com frutas e bolos caçam viúvas avaras,
buscam velhos e tocam todo mundo aos viveiros;
muita renda prospera com juros ocultos; por certo 80

esto aliis alios rebus studiisque teneri:
idem eadem possunt horam durare probantes?
"Nullus in orbe sinus Bais praelucet amoenis",
si dixit diues, lacus et mare sentit amorem
festinantis eri; cui si uitiosa libido   85
fecerit auspicium, cras ferramenta Teanum
tolletis, fabri. Lectus genialis in aula est?
Nil ait esse prius, melius nil caelibe uita:
si non est, iurat bene solis esse maritis.
Quo teneam uoultus mutantem Protea nodo?   90
Quid pauper? Ride: mutat cenacula, lectos,
balnea, tonsores, conducto nauigio aeque
nauseat ac locuples, quem ducit priua triremis.
        Si curatus inaequali tonsore capillos
occurri, rides; si forte subucula pexae   95
trita subest tunicae uel si toga dissidet impar,
rides: quid mea cum pugnat sententia secum,
quod petiit spernit, repetit quod nuper omisit,
aestuat et uitae disconuenit ordine toto,
diruit aedificat, mutat quadrata rotundis?   100
Insanire putas sollemnia me neque rides
nec medici credis nec curatoris egere
a praetore dati, rerum tutela mearum
cum sis et praue sectum stomacheris ob unguem
de te pendentis, te respicientis amici.   105
        Ad summam: sapiens uno minor est Ioue, diues,
liber, honoratus, pulcher, rex denique regum,
praecipue sanus – nisi cum pituita molesta est.

cada um bem tem seus próprios gostos e gastos;
mas será que os sustentam assim por mais de uma hora?
"Nada reluz no mundo mais que as praias de Baias",
diz um rico, e mar e lago sentem amores
desse senhor apressado; se um vicioso desejo   85
der-lhe algum auspício, artesãos levarão ferramentas
todas para Teano. Tem um tálamo no átrio?
Diz que nada é maior ou melhor que a vida solteira,
ou nos jura que o bem serviria só aos casados.
Com que laço enlaço um Proteu de rosto mutável?   90
Mas e o pobre? Pode rir: que muda de mesa,
cama, banho, barbeiro e mesmo no barco alugado
sempre enjoa feito um rico na própria trirreme.
      Se eu apareço arrumado em corte ruim de cabelo,
ri de mim; se acaso vê camisola puída   95
sob a túnica nova ou toga em total desalinho,
ri de mim; se o meu consenso briga consigo,
quando despreza o pedido, repede o que tinha negado,
queima e assim desconverge em todos os rumos da vida,
quando destrói, constrói e círculos muda em quadrados?   100
Julga normal a minha loucura, larga a risada,
já não pensa que eu preciso de médico ou guarda
dados pelo pretor, embora guarde em tutela
todos meus bens, porém se irrita com as unhas precárias
deste amigo apoiado em você, em você concentrado.   105
      Em resumo; um sábio cede a Jove somente:
rico, livre, honrado, lindo, rei dos regentes,
sempre são, exceto quando escorre o catarro.

1.2

      Troiani belli scriptorem, Maxime Lolli,
dum tu declamas Romae, Praeneste relegi;
qui quid sit pulchrum, quid turpe, quid utile, quid non,
planius ac melius Chrysippo et Crantore dicit.
Cur ita crediderim, nisi quid te detinet, audi.   5
      Fabula, qua Paridis propter narratur amorem
Graecia barbariae lento collisa duello,
stultorum regum et populorum continet aestus.
Antenor censet belli praecidere causam.
Quid Paris? Vt saluus regnet uiuatque beatus   10
cogi posse negat. Nestor componere litis
inter Peliden festinat et inter Atriden;
hunc amor, ira quidem communiter urit utrumque.
Quidquid delirant reges, plectuntur Achiui.
Seditione, dolis, scelere atque libidine et ira   15
      Iliacos intra muros peccatur et extra.
Rursus quid uirtus et quid sapientia possit,
utile proposuit nobis exemplar Ulixen,
qui domitor Troiae multorum prouidus urbis
et mores hominum inspexit latumque per aequor,   20
dum sibi, dum sociis reditum parat, aspera multa
pertulit, aduersis rerum immersabilis undis.
Sirenum uoces et Circae pocula nosti;
quae si cum sociis stultus cupidusque bibisset,
sub domina meretrice fuisset turpis et excors,   25
uixisset canis immundus uel amica luto sus.
Nos numerus sumus et fruges consumere nati,
sponsi Penelopae nebulones Alcinoique
in cute curanda plus aequo operata iuuentus,
cui pulchrum fuit in medios dormire dies et   30
ad strepitum citharae cessantem ducere somnum.
      Vt iugulent hominem, surgunt de nocte latrones:
ut te ipsum serues, non expergisceris? Atqui
si noles sanus, curres hydropicus; et ni
posces ante diem librum cum lumine, si non   35
intendes animum studiis et rebus honestis,
inuidia uel amore uigil torquebere. Nam cur
quae laedunt oculum festinas demere, si quid
est animum, differs curandi tempus in annum?

1.2

Máximo Lólio, enquanto você declama por Roma,
cá em Preneste reli o escritor da guerra troiana,
que nos mostra o que é belo, o sujo, o útil e inútil,
sempre bem mais claro e melhor que Crantor e Crisipo.
Se não for atrapalho, escute a causa da tese.   5
      Veja o mito que narra como os amores de Páris
deram no longo duelo da Grécia contra a Barbária:
traz em si os ardores de reis e povos dementes.
Julga Antenor poder cortar a causa da guerra.
Mas e Páris? Nega que possam forçá-lo a um reino   10
safo e vida tranquila. Nestor já corre e media
todos aqueles litígios entre Pelida e Atrida:
um ali só queima de amor, mas ambos de raiva.
Tudo que os reis deliram, vão os aqueus padecendo.
Em sedições, enganos, crimes, desejos e raivas,   15
peca-se muito dentro e fora dos muros de Ílion.
      Mas o que pode fazer a virtude e a sabedoria
ele nos mostrou com o útil exemplo de Ulisses,
que, domador de Troia, próvido viu os costumes
e urbes de muitos homens além de mares imensos,   20
quando pra si e pros sócios tramava o retorno, sofrendo
muitas durezas, inafundável nas ondas adversas.
Tu conheceste a voz das Sereias e as taças de Circe!
Mas se tolo e ávido com seus sócios bebesse,
já viveria tosco e imbecil com puta por dona,   25
feito um cão imundo ou porca amiga da lama.
Nós nascemos no grupo afeito a comermos dos frutos,
nós, pretendendo Penélope, nós, os folgados de Alcínoo,
jovens mais que demais ocupados em tratos da pele,
que acham sempre lindo dormir no meio do dia,   30
para então findar ao som da cítara o sono.
      Surgem de noite ladrões assim degolando algum homem:
não pretende você acordar pra viver? E no entanto,
se sadio não quer, correrá gotoso; a não ser que
peça os livros antes da luz do dia e depressa   35
lance o ânimo todo em estudos e coisas honestas,
vai insone torcer-se de inveja e amor. E por que só
corre em tirar o que pode ferir a vista, mas se algo
fere o peito, adia mais de um ano na cura?

Dimidium facti, qui coepit, habet: sapere aude: 40
incipe. Qui recte uiuendi prorogat horam,
rusticus exspectat dum defluat amnis; at ille
labitur et labetur in omne uolubilis aeuum.
    Quaeritur argentum puerisque beata creandis
uxor et incultae pacantur uomere siluae: 45
quod satis est cui contingit, nihil amplius optet.
Non domus et fundus, non aeris aceruus et auri
aegroto domini deduxit corpore febris,
non animo curas. Valeat possessor oportet,
si comportatis rebus bene cogitat uti.   50
Qui cupit aut metuit, iuuat illum sic domus et res
ut lippum pictae tabulae, fulmenta podagram,
auriculas citharae collecta sorde dolentis.
Sincerum est nisi uas, quodcumque infundis acescit.
    Sperne uoluptates: nocet empta dolore uoluptas.   55
Semper auarus eget: certum uoto pete finem.
Inuidus alterius macrescit rebus opimis;
inuidia Siculi non inuenere tyranni
maius tormentum. Qui non moderabitur irae,
infectum uolet esse dolor quod suaserit et mens,   60
dum poenas odio per uim festinat inulto.
Ira furor breuis est. Animum rege, qui nisi paret,
imperat; hunc frenis, hunc tu compesce catena.
    Fingit equum tenera docilem ceruice magister
ire uiam qua monstret eques; uenaticus, ex quo   65
tempore ceruinam pellem latrauit in aula,
militat in siluis catulus. Nunc abbibe puro
pectore uera, puer, nunc te melioribus offer.
Quo semel est imbuta recens seruabit odorem
testa diu. Quodsi cessas aut strenuus anteis,   70
nec tardum opperior nec praecedentibus insto.

Quem começa faz a metade do feito. Comece: 40
ouse saber. Quem adia o dia da vida correta,
bronco espera o rio acabar de correr; mas ele
flui, fluirá assim, volúvel e eterno pra sempre.
     Busca-se prata e esposa rica no parto de filhos,
matas virgens são também domadas na relha: 45
quem alcança o que basta, pode ficar satisfeito.
Nem latifúndios, nem casas, nem pilhas de ouro ou de bronze
podem tirar as febres do corpo doente do rico,
nem aflições do peito; desejo saúde a esse dono,
se pretende dar bom uso ao que tanto acumula.   50
Casas e posses ajudam o homem que teme ou cobiça,
feito quadros a algum remelento, gaze ao gotoso,
cítaras às orelhas doentes de tanta sujeira.
Sem um prato limpo, tudo que é posto se azeda.
     Largue os prazeres: prazer comprado com dores maltrata.   55
Tudo falta ao avaro: busca um fim ao desejo.
Todo invejoso emagrece vendo a fartura dos outros;
toda inveja é maior que as maiores torturas criadas
pelos tiranos sículos. Quem não modera na raiva,
quer desfeito tudo que a dor e a mente sugerem,   60
quando na força apressa penas ao ódio invingado.
Raiva é delírio rápido. Reja o seu ânimo, que este
manda em quem desanda, confine-o com freio e corrente.
     Mestres moldam cavalo manso e tenro segundo a
raia da estrada que o cavaleiro aponta; cãozinho,   65
quando late em seu quintal pra peles de cervo,
vai caçar nos bosques. Beba agora com puro
peito a verdade, menino – se entregue ao sumo do assunto.
Jarro novo recém-lacrado guarda por tempos
todo o perfume. Se você para ou enérgico avança,   70
não espero o atrasado nem encalço o apressado.

1.3

Iuli Flore, quibus terrarum militet oris
Claudius Augusti priuignus, scire laboro.
Thracane uos Hebrusque niuali compede uinctus
an freta uicinas inter currentia turris
an pingues Asiae campi collesque morantur?   5
        Quid studiosa cohors operum struit? Hoc quoque curo.
Quis sibi res gestas Augusti scribere sumit,
bella quis et paces longum diffundit in aeuum?
Quid Titius, Romana breui uenturus in ora,
Pindarici fontis qui non expalluit haustus,   10
fastidire lacus et riuos ausus apertos?
Vt ualet? Vt meminit nostri? Fidibusne Latinis
Thebanos aptare modos studet auspice Musa
an tragica desaeuit et ampullatur in arte?
Quid mihi Celsus agit, monitus multumque monendus   15
priuatas ut quaerat opes et tangere uitet
scripta Palatinus quaecumque recepit Apollo,
ne, si forte suas repetitum uenerit olim
grex auium plumas, moueat cornicula risum
furtiuis nudata coloribus?
                Ipse quid audes?   20
Quae circumuolitas agilis thyma? Non tibi paruum
ingenium, non incultum est et turpiter hirtum.
Seu linguam causis acuis seu ciuica iura
respondere paras seu condis amabile carmen,
prima feres hederae uictricis praemia. Quod si   25
frigida curarum fomenta relinquere posses,
quo te caelestis sapientia duceret, ires.
Hoc opus, hoc studium parui properemus et ampli,
si patriae uolumus, si nobis uiuere cari.
       Debes hoc etiam rescribere, si tibi curae est,   30
quantae conueniat Munatius; an male sarta
gratia nequiquam coit et rescinditur ac uos
seu calidus sanguis seu rerum inscitia uexat
indomita ceruice feros? Vbicumque locorum
uiuitis, indigni fraternum rumpere foedus,   35
pascitur in uestrum reditum uotiua iuuenca.

1.3

Júlio Floro, procuro saber em que parte do mundo
Cláudio, enteado de Augusto, serve como soldado.
Diga se a Trácia, ou o Hebro preso em grilhetas de neve,
ou os canais correntes entre torres vizinhas,
ou as gordas colinas e campos da Ásia o atrasam?   5
        Qual é a obra que a corte prepara, também me pergunto.
Quem assumiu escrever os grandes feitos de Augusto,
quem difunde guerra e paz num longo período?
Tício, que em breve deve passar pelas bocas romanas,
sem palidez podia beber da pindárica fonte,   10
já ousou desprezar os públicos tanques e rios?
Como está? Se lembra de mim? Nas cordas latinas
tenta aplicar os modos tebanos com bênção da Musa,
ou será que delira e se empola em trágicas artes?
Celso faz o quê? Avisado, merece uns avisos   15
para buscar a riqueza privada, sempre evitando
toque em escritos que Apolo acolheu no seu Palatino,
nem, se acaso um bando de aves vier reclamando
suas penas, deve a gralha mover um riso, pelada
dessas cores roubadas.
        Mas e você, o que ousa?   20
Cerca tomilhos num voo esperto? Tem um talento
nada pequeno, nada inculto, tosco ou grosseiro:
seja afiando a língua pra casos, seja fazendo
cíveis disputas, seja formando cantos amáveis,
deve levar os prêmios da hera vitoriosa.   25
Mas se puder deixar as frias compressas de anseios,
vai aonde o leva a sabedoria celeste.
Essa obra e empenho apressemos, pequenos e grandes,
se por fim queremos ser caros pra nós e pra pátria.
        Só me responda uma coisa: acaso você se preocupa   30
com Munácio como deve? Acaso a amizade
mal costurada fecha-se e rasga-se em vão, ou será que
sangue quente e falta de tato os afeta, ferozes
touros de porte indômito? Onde quer que se instalem,
sempre indignos de romper um laço fraterno,   35
pasta esperando seu retorno a novilha votiva.

1.4

Albi, nostrorum *Sermonum* candide iudex,
quid nunc te dicam facere in regione Pedana?
Scribere quod Cassi Parmensis opuscula uincat
an tacitum siluas inter reptare salubris
curantem quidquid dignum sapiente bonoque est?   5
        Non tu corpus eras sine pectore. Di tibi formam,
di tibi diuitias dederunt artemque fruendi.
Quid uoueat dulci nutricula maius alumno
qui sapere et fari possit quae sentiat et cui
gratia, fama, ualetudo contingat abunde   10
et mundus uictus non deficiente crumina?
        Inter spem curamque, timores inter et iras,
omnem crede diem tibi diluxisse supremum.
Grata superueniet quae non sperabitur hora.
Me pinguem et nitidum bene curata cute uises,   15
cum ridere uoles, Epicuri de grege porcum.

1.4

Álbio, cândido e justo juiz das minhas *Conversas*,
fico a pensar o que faz agora nas terras de Pedo.
Vai escrever e vencer as obrinhas de Cássio de Parma,
ou se arrastar calado entre bosques salubres
sempre pensando o que cabe melhor ao sábio e bondoso? 5
  Corpo sem peito você não era: deuses lhe deram
forma, deuses lhe deram riquezas e arte do gozo.
Diga o que pede a nutriz pela doce criança de peito,
fora saber e falar aquilo que pensa e que tenha
graça, fama, saúde que o toquem com toda fartura, 10
numa dieta modesta, sem que faltem moedas?
  Entre esperança e cuidado e entre temores e raivas,
pense que hoje o dia brilhou pra você, derradeiro:
mais amada a hora que chega sem ser esperada.
Venha me ver bem gordo e lustroso com pele cuidada 15
quando quiser zombar um porco da grei de Epicuro.

1.5

Si potes Archiacis conuiua recumbere lectis
nec modica cenare times holus omne patella,
supremo te sole domi, Torquate, manebo.
Vina bibes iterum Tauro diffusa palustris
inter Minturnas Sinuessanumque Petrinum.   5
Si melius quid habes, arcesse, uel imperium fer.
Iamdudum splendet focus et tibi munda supellex.
Mitte leuis spes et certamina diuitiarum
et Moschi causam. Cras nato Caesare festus
dat ueniam somnumque dies; impune licebit   10
aestiuam sermone benigno tendere noctem.
    Quo mihi fortunam, si non conceditur uti?
parcus ob heredis curam nimiumque seuerus
assidet insano. Potare et spargere flores
incipiam patiarque uel inconsultus haberi.   15
Quid non ebrietas dissignat? Operta recludit,
spes iubet esse ratas, ad proelia trudit inertem,
sollicitis animis onus eximit, addocet artis.
Fecundi calices quem non fecere disertum,
contracta quem non in paupertate solutum?   20
    Haec ego procurare et idoneus imperor et non
inuitus, ne turpe toral, ne sordida mappa
corruget naris, ne non et cantharus et lanx
ostendat tibi te, ne fidos inter amicos
sit qui dicta foras eliminet, ut coeat par   25
iungaturque pari: Butram tibi Septiciumque
et nisi cena prior potiorque puella Sabinum
detinet assumam. Locus est et pluribus umbris;
sed nimis arta premunt olidae conuiuia caprae.
Tu quotus esse uelis rescribe et rebus omissis   30
atria seruantem postico falle clientem.

1.5

Se você se deitar de conviva em triclínios de Arquias
sem receio em jantar só folhas num prato singelo,
junto ao pôr do sol, Torquato, em casa lhe espero.
Vai beber um vinho envasado no tempo de Tauro
entre os pauis de Minturno e Petrino de Sinuessa.   5
Tendo um trago melhor, pois traga, ou aceite o que impero.
Brilham braseiro e mobília polida há tempo na espera:
deixe de lado vãs esperanças, lutas por grana,
causas de Mosco: amanhã será aniversário de César,
dia que aceita licença e sono; podemos impunes   10
ter a noite morna estendida em boas conversas.
        De que vale a fortuna, se eu não posso gastá-la?
O homem frugal e severo demais pra deixar uma herança
chega perto do doido: vou espalhar estas flores,
vou tomar um bocado – podem chamar de impulsivo.   15
Diga que selo um pileque não quebra? Segredos revela,
manda firmar esperanças, leva à batalha o molenga,
tira o fardo do ânimo aflito e artes ensina.
Quem não fica eloquente ao fim de taças fecundas,
quem não sai soltinho da mais restrita pobreza?   20
        Disso eu me impero a cuidar, atento, sem contragosto,
para que nunca um pano sujo ou porca toalha
possa enrugar o nariz, nunca um cântaro ou prato
deixe de lhe refletir, nunca entre amigos fiáveis
nunca apareça quem solte a língua pra fora, mas sempre   25
par se conjugue a pares. Aceito que venham Setício,
Butra e Sabino, caso não tenha uma ceia e menina
mais saborosas. Tenho espaço pra muito penetra,
só que banquete lotado solta um ranço de cabra.
Diga-me quantos serão, mas deixe de tanto trabalho: 30
saia nos fundos e largue o cliente plantado na porta.

1.6

Nil admirari prope res est una, Numici,
solaque quae possit facere et seruare beatum.
Hunc solem et stellas et decedentia certis
tempora momentis sunt qui formidine nulla
imbuti spectent: quid censes munera terrae,   5
quid maris extremos Arabas ditantis et Indos,
ludicra quid, plausus et amici dona Quiritis,
quo spectanda modo, quo sensu credis et ore?
Qui timet his aduersa, fere miratur eodem
quo cupiens pacto; pauor est utrubique molestus,   10
improuisa simul species exterret utrumque.
Gaudeat an doleat, cupiat metuatne, quid ad rem,
si, quidquid uidit melius peiusue sua spe,
defixis oculis animoque et corpore torpet?
Insani sapiens nomen ferat, aequus iniqui,   15
ultra quam satis est uirtutem si petat ipsam.
    I nunc, argentum et marmor uetus aeraque et artis
suspice, cum gemmis Tyrios mirare colores;
gaude quod spectant oculi te mille loquentem;
nauus mane Forum et uespertinus pete tectum,   20
ne plus frumenti dotalibus emetat agris
Mutus et (indignum, qui sit peioribus ortus)
hic tibi sit potius quam tu mirabilis illi.
Quidquid sub terra est in apricum proferet aetas;
defodiet condetque nitentia. Cum bene notum   25
porticus Agrippae, uia te conspexerit Appi,
ire tamen restat Numa quo deuenit et Ancus.
    Si latus aut renes morbo temptantur acuto,
quaere fugam morbi. Vis recte uiuere, quis non?
Si uirtus hoc una potest dare, fortis omissis   30
hoc age deliciis. Virtutem uerba putas et
lucum ligna? Caue ne portus occupet alter,
ne Cibyratica, ne Bithyna negotia perdas;
mille talenta rotundentur, totidem altera porro et
tertia succedant et quae pars quadret aceruum.   35
Scilicet uxorem cum dote fidemque et amicos
et genus et formam regina Pecunia donat
ac bene nummatum decorat Suadela Venusque.
Mancipiis locuples eget aeris Cappadocum rex:

1.6

Não se espantar é quase a única coisa, Numício,
inda capaz de fazer e manter um homem contente.
Tem quem veja o sol e as estrelas, também a passagem
das estações com seus graus precisos, sem sentirem
medo algum: o que você pensa dos dons desta terra,   5
dons do mar que enriquece os longínquos árabes e indos,
ou dos joguinhos, aplausos, presentes do amigo Quirite,
como vai encarar, com que cara e qual sentimento?
Quem receia o avesso disso, espanta-se quase
como também o deseja; aos dois o medo molesta,   10
sempre que uma visão imprevista assombra e apavora.
Mas que importa se curte ou sofre, teme ou deseja,
quando tudo que vê é melhor ou pior do que espera,
corpo, mente e olhos fixos assim se entorpecem?
Sábio leva nome de insano, justo de injusto   15
quando procura a virtude além do satisfatório.

Ande, contemple prata, antigo mármore, bronze
e artes, se espante diante das joias e cores de Tiro;
curta, pois mil olhos o assistem enquanto discursa;
vá de manhã ao Foro e volte de tarde pra casa,   20
para que Mudo nos campos dotais jamais recolha
grãos (que coisa feia, que ele é de ínfima origem!),
nem espante mais a você que você o espanta.
Tudo que está enterrado, o tempo traz para cima,
cava e esconde o que brilha. Quando o pátio de Agripa   25
junto à Via Ápia o virem repleto de fama,
resta seguir aonde Numa e Anco desceram.

Quando lombo e rins aflige aguda doença,
fuja à doença: se quer uma vida correta (mas quem não?),
já que só a virtude traz isso, faça só isso,   30
largue de lado os deleites. Achou que virtude é um verbo e
luco é lenha? Cuidado pra que outro não entre no porto,
nem lhe faça perder em Bitínia e Cibira os negócios;
juntem-se mil talentos, outros tantos em tempo,
três milhares e ainda a parte que quadre o montante.   35
Pois por certo a rainha Grana concede beleza,
lealdade, raça, esposa com dote e amigos:
Vênus e Sedução decoram o endinheirado.
Falta bronze ao rei capadócio, rico em escravos:

ne fueris hic tu. Chlamydes Lucullus, ut aiunt,   40
si posset centum scaenae praebere rogatus,
"Qui possum tot? ait: "Tamen et quaeram et quot habebo
mittam". Post paulo scribit sibi milia quinque
esse domi chlamydum; partem uel tolleret omnis.
Exilis domus est ubi non et multa supersunt   45
et dominum fallunt et prosunt furibus. Ergo
si res sola potest facere et seruare beatum,
hoc primus repetas opus, hoc postremus omittas.
    Si fortunatum species et gratia praestat,
mercemur seruum qui dictet nomina, laeuum   50
qui fodicet latus et cogat trans pondera dextram
porrigere: "Hic multum in Fabia ualet, ille Velina;
cui libet hic fascis dabit eripietque curule
cui uolet importunus ebur." "Frater", "pater" adde;
ut cuique est aetas, ita quemque facetus adopta.   55
    Si bene qui cenat bene uiuit, lucet, eamus
quo ducit gula, piscemur, uenemur, ut olim
Gargilius, qui mane plagas, uenabula, seruos
differtum transire Forum Campumque iubebat,
unus ut e multis populo spectante referret   60
emptum mulus aprum. Crudi tumidique lauemur,
quid deceat, quid non, obliti, Caerite cera
digni, remigium uitiosum Ithacensis Vlixei,
cui potior patria fuit interdicta uoluptas.
    Si, Mimnermus uti censet, sine amore iocisque   65
nil est iucundum, uiuas in amore iocisque.
    Viue, uale. Si quid nouisti rectius istis,
candidus imperti; si nil, his utere mecum.

não me seja assim! E já se pediu a Luculo   40
se ele podia emprestar cem clâmides para o teatro,
"Isso tudo?", disse, "mas mando todas que tenho."
Pouco depois escreveu que tinha cinco milhares
dentro de casa: podiam pegar uma parte ou todinhas.
Pobre é a casa em que não se sobra coisa em excesso,   45
não escapa ao senhor, nem serve aos ladrões. Se riqueza
só é capaz de fazer e manter um homem contente,
seja o primeiro a pegá-la e o derradeiro a deixá-la.

      Se só graça e fama fazem um afortunado,
vamos comprar um escravo que conte os nomes, cutuque   50
pela esquerda e nas ruas nos faça dar a direita
mão: "Aquele manda na Fábia e o outro em Velina;
este entrega fasces e ebúrneos curules arranca
como quiser o humor". E bote um "Irmão" e "paizinho",
vá adequando, malandro educado: depende da idade.   55

      Se quem come bem bem vive, é dia, sigamos
onde a boca leva; pesquemos, cacemos tal como
fez Gargílio, que sempre setas, venábulos, servos
cedo mandava cruzar o povo no Foro e no Campo,
só pra passar na frente dos povos pasmos aquela   60
mula com seu javali… comprado! Indigestos, busquemos
banho esquecendo certo e errado, assim merecendo
cera de Cere, feito a chusma indecente de Ulisses,
que preferiu prazer proibido à frente da pátria.

      Como dizia Mimnermo, sem amor e deleite   65
nada teria graça: viva em amor e deleite!

      Viva e valeu! Se acaso aprender preceitos melhores,
passe pra cá, meu bom. Se não, persiga comigo.

1.7

Quinque dies tibi pollicitus me rure futurum
Sextilem totum mendax desideror. Atqui,
si me uiuere uis sanum recteque ualentem,
quam mihi das aegro, dabis aegrotare timenti,
Maecenas, ueniam, dum ficus prima calorque   5
dissignatorem decorat lictoribus atris,
dum pueris omnis pater et matercula pallet
officiosaque sedulitas et opella forensis
adducit febris et testamenta resignat.
Quod si bruma niues Albanis illinet agris,   10
ad mare descendet uates tuus et sibi parcet
contractusque leget. Te, dulcis amice, reuiset
cum Zephyris, si concedes, et hirundine prima.
Non quo more piris uesci Calaber iubet hospes
tu me fecisti locupletem. "Vescere sodes."   15
"Iam satis est." "At tu quantum uis tolle." "Benigne."
"Non inuisa feres pueris munuscula paruis."
"Tam teneor dono quam si dimittar onustus."
"Vt libet. Haec porcis hodie comedenda relinques."
Prodigus et stultus donat quae spernit et odit: 20
haec seges ingratos tulit et feret omnibus annis.
Vir bonus et sapiens dignis ait esse paratus,
nec tamen ignorat, quid distent aera lupinis:
dignum praestabo me etiam pro laude merentis.
Quod si me noles usquam discedere, reddes   25
forte latus, nigros angusta fronte capillos,
reddes dulce loqui, reddes ridere decorum et
inter uina fugam Cinarae maerere proteruae.
Forte per angustam tenuis uulpecula rimam
repserat in cumeram frumenti pastaque rursus   30
ire foras pleno tendebat corpore frustra.
Cui mustela procul "Si uis" ait "effugere istinc,
macra cauum repetes artum, quem macra subisti."
Hac ego si compellor imagine, cuncta resigno.
Nec somnum plebis laudo satur altilium nec   35
otia diuitiis Arabum liberrima muto;
saepe uerecundum laudasti rexque paterque
audisti coram, nec uerbo parcius absens:
inspice si possum donata reponere laetus.

1.7

Cinco dias jurei pra você que passava na roça,
mas, mentiroso, enrolo todo o Sextil. E se acaso
quer que eu viva sempre são e salvo e saudável,
meu Mecenas, então me dê a mesma licença
por doente ao temor da doença, quando calor e   5
figo novo enfeitam coveiros com negros litores,
quando pelos filhos se assustam pai e mãezinha
e o dedicado cuidado e as bagatelas forenses
trazem por fim as febres e testamentos desselam.
Mas se a bruma espalhar a neve nos campos albanos,   10
deve o vate seu descer ao mar e cuidar-se,
lendo encolhido. Doce amigo, vai visitá-lo
junto aos Zéfiros, com permissão, e a primeira andorinha.

      Tão diferente de um calabrês que oferece suas peras
veio você me dar riqueza. "Coma, querido."   15
"Tô satisfeito." "Leve quanto quiser." "Obrigado."
"Seus pequenos vão adorar um tal presentinho."
"Fico grato que nem se saísse daqui carregado."
"Fique à vontade. O resto vira comida dos porcos."
Quem é pródigo e besta doa o que odeia e detesta: 20
ingratidão sai dessa messe todos os anos.
O homem bom e sábio diz dar base pros justos,
nem desconhece como distingue bronze e tremoços:
mostro-me justo merecedor do patrono que tenho.
Pois, se você não deixa que saia de perto, devolva   25
meu poderoso pulmão e negros cabelos na testa,
me devolva a doce fala, devolva o deleite do riso
e entre vinhos o choro por cínica Cínara em fuga.

      Raposinha magrela passou no estreito da fresta
para pegar um cesto de grãos e, farta na volta,   30
quando tentava em vão esticar o corpo redondo,
veio a doninha de longe e falou: "Se busca escapada,
passe magra de novo na fenda em que magra chegara".
Sou compelido por essa imagem: entrego tudinho.
Nunca louvo de pança cheia o sono da plebe,   35
nunca troco o ócio livre em riquezas da Arábia;
tanto você me louvava o respeito e ouvia na lata
"rei" e "pai", e jamais rebaixei o valor pelas costas:
veja se alegre não reponho tantos presentes.

Haud male Telemachus, proles patientis Vlixei: 40
"Non est aptus equis Ithace locus, ut neque planis
porrectus spatiis nec multae prodigus herbae.
Atride, magis apta tibi tua dona relinquam."
Paruum parua decent: mihi iam non regia Roma,
sed uacuum Tibur placet aut imbelle Tarentum. 45
    Strenuus et fortis causisque Philippus agendis
clarus, ab officiis octauam circiter horam
dum redit atque Foro nimium distare Carinas
iam grandis natu queritur, conspexit, ut aiunt,
arrasum quendam uacua tonsoris in umbra 50
cultello proprios purgantem leniter unguis.
"Demetri" (puer hic non laeue iussa Philippi
accipiebat) "abi, quaere et refer, unde domo, quis,
cuius fortunae, quo sit patre quoue patrono."
It, redit et narrat, Vulteium nomine Menam, 55
praeconem, tenui censu, sine crimine, notum
et properare loco et cessare et quaerere et uti,
gaudentem paruisque sodalibus et Lare certo
et ludis et post decisa negotia Campo.
"Scitari libet ex ipso quodcumque refers. Dic 60
ad cenam ueniat." Non sane credere Mena,
mirari secum tacitus. Quid multa? "Benigne"
respondet. "Neget ille mihi?" "Negat improbus et te
neglegit aut horret." Vulteium mane Philippus
uilia uendentem tunicato scruta popello 65
occupat et saluere iubet prior. Ille Philippo
excusare laborem et mercennaria uincla
quod non mane domum uenisset, denique quod non
prouidisset eum. "Sic ignouisse putato
me tibi si cenas hodie mecum." "Vt libet." "Ergo 70
post nonam uenies. Nunc i, rem strenuus auge."
    Vt uentum ad cenam est, dicenda tacenda locutus
tandem dormitum dimittitur. Hic ubi saepe
occultum uisus decurrere piscis ad hamum,
mane cliens et iam certus conuiua, iubetur 75
rura suburbana indictis comes ire Latinis.
Impositus mannis aruum caelumque Sabinum
non cessat laudare. Videt ridetque Philippus,
et, sibi dum requiem, dum risus undique quaerit,
dum septem donat sestertia, mutua septem 80

Não diz mal Telêmaco, filho de Ulisses sofrido: 40
"Ítaca não é boa aos cavalos, não se distende
por espaços planos, nem é pródiga em pasto.
Ó Atrida, deixo os presentes, que aqui têm mais uso."
Cabe o ínfimo aos ínfimos: régia Roma não quero,
mas adoro Tíbur tranquila e imbele Tarento.   45
  Forte e guerrido em lidar com litígio, o famoso Felipe
lá pelas oito voltava do seu trabalho pra casa,
reclamava como estava avançado na idade
pra distância do Foro às Carinas, mas avistando
um rapaz penteado na sombra da barbearia   50
que tranquilo limpava as unhas com sua faquinha:
"Meu Demétrio" (o moleque sem demora obedece
mestre Felipe), "vá lá ver e conte-me donde
vem, quem é, qual cargo, quem é pai e patrono."
Foi, voltou, contou: Volteio Mena é o nome,   55
é pregoeiro de parca renda, sem crime, afamado
por labutar e parar e ganhar e gastar com acerto,
curte uns amigos humildes, a casa própria com Lares,
jogos e, após fechar os negócios, passeios no Campo.
"Dele eu quero ouvir se você me relata a verdade.   60
Chame que venha pra janta." Mena ficou boquiaberto,
deu de cismar calado. Em resumo: "Não, obrigado",
ele responde. "E ele me nega?" "Nega o safado:
tem pavor ou desprezo." Dia seguinte, Felipe
vê Volteio vendendo tranqueiras com túnica tosca,   65
chega junto e já cumprimenta primeiro; a Felipe
dá a desculpa do ter trabalho e grilhões do salário
por faltar à casa cedinho e agora falhar em
vê-lo e saudá-lo primeiro. "Pode ficar perdoado,
se hoje jantar comigo." "Você que sabe." "Fechado: 70
venha depois das nove. Tchau! E força na renda!"
  Quando chegou pra janta, falava por seus cotovelos
mas depois despachou pra dormir. Já parecendo
esse peixe que insiste em bicar um anzol escondido,
dia seguinte, como cliente e conviva na certa   75
foi chamado ao subúrbio durante os Jogos Latinos.
Sobre um pônei montando, o céu e o solo sabino
sem parar louvava. Via e sorria Felipe,
entre buscar de tudo um descanso ou risada das boas,
quando lhe entrega sete sestércios, sete promete   80

promittit, persuadet uti mercetur agellum.
Mercatur. Ne te longis ambagibus ultra
quam satis est morer: ex nitido fit rusticus atque
sulcos et uineta crepat mera, praeparat ulmos,
immoritur studiis et amore senescit habendi.   85
Verum ubi oues furto, morbo periere capellae,
spem mentita seges, bos est enectus arando:
offensus damnis media de nocte caballum
arripit iratusque Philippi tendit ad aedis.
Quem simul aspexit scabrum intonsumque Philippus,   90
"Durus", ait, "Vultei, nimis attentusque uideris
esse mihi." "Pol me miserum, patrone, uocares,
si uelles" inquit "uerum mihi ponere nomen.
Quod te per Genium dextramque deosque Penatis
obsecro et obtestor, uitae me redde priori."   95
          Qui semel aspexit, quantum dimissa petitis
praestent, mature redeat repetatque relicta.
Metiri se quemque suo modulo ac pede uerum est.

na outra mão e convence a comprar a pequena fazenda.
Compra. Não me demoro mais em longas delongas
mais do que satisfatório: o estiloso se torna matuto
só tagarela de rego e vinhedo, prepara com olmos,
quase se mata de empenho e envelhece no amor pela posse.   85
Quando perdeu por doença as cabras, por roubo as ovelhas,
messe logrou a esperança, o boi acabou-se no arado,
deprimido por danos, no meio da noite arrebata
seu cavalo e iroso ruma pro lar de Felipe.
E este, ao vê-lo chegando descabelado e escabroso,   90
diz: "Volteio, você me parece tenso e cansado".
"Meu patrono, por Pólux!, se assim quiser, me nomeie
por miserável que sou: verdadeiro seria esse nome.
Mas é pelo Gênio, destra e deuses Penates
que eu imploro e protesto: devolva-me à vida que tinha!"   95
          Quem percebeu o quanto o que abandonara supera
tudo que anseia, que volte na pressa e retome o largado.
Meça-se o passo na régua do pés, que será verdadeiro.

1.8

Celso gaudere et bene rem gerere Albinouano
Musa rogata refer, comiti scribaeque Neronis.
    Si quaeret quid agam, dic multa et pulchra minantem
uiuere nec recte nec suauiter; haud quia grando
contuderit uitis oleamue momorderit aestus,   5
nec quia longinquis armentum aegrotet in agris;
sed quia mente minus ualidus quam corpore toto
nil audire uelim, nil discere quod leuet aegrum;
fidis offendar medicis, irascar amicis,
cur me funesto properent arcere ueterno;   10
quae nocuere sequar, fugiam quae profore credam,
Romae Tibur amem uentosus, Tibure Romam.
    Post haec, ut ualeat, quo pacto rem gerat et se,
ut placeat iuueni percontare utque cohorti.
si dicet "Rrecte", primum gaudere, subinde   15
praeceptum auriculis hoc instillare memento:
"Vt tu fortunam, sic nos te, Celse, feremus."

1.8

Dê a Celso Albinovano alegria e sucesso,
Musa, eu peço pra esse parceiro e escriba de Nero.
    Caso pergunte o que faço, diga: se muitas e boas
eu prometia, não vivo suave e correto, e não é que
bata o granizo na vinha ou morda o verão na azeitona,   5
nem que o gado agora adoeça em pastos distantes;
mas que na mente padeço mais que no corpo completo,
nada escuto e nada aprendo que acalme o doente,
fico ofendido com médicos sérios, amigos me irritam
quando correm pra vir me tirar da moleza funesta,   10
tudo que aflige procuro, fujo ao que penso ser útil,
Roma eu amo em Tíbur, pra Tíbur corro de Roma.
    Quero depois saber se teve sucesso na vida,
conte-me se ele agrada mesmo ao jovem e à corte.
Se ele disser "Correto!", alegre-se então e em seguida   15
lembre de logo instilar nos ouvidos este preceito:
"Celso, abraçamos você tal como abraçou a fortuna".

1.9

Septimius, Claudi, nimirum intellegit unus
quanti me facias. Nam cum rogat et prece cogit,
scilicet, ut tibi se laudare et tradere coner,
dignum mente domoque legentis honesta Neronis,
munere cum fungi propioris censet amici: 5
quid possim videt ac novit me valdius ipso.
Multa quidem dixi cur excusatus abirem;
sed timui, mea ne finxisse minora putarer,
dissimulator opis propriae, mihi commodus uni.
sic ego, maioris fugiens opprobria culpae,   10
frontis ad urbanae descendi praemia. Quod si
depositum laudas ob amici iussa pudorem,
scribe tui gregis hunc et fortem crede bonumque.

1.9

Só Setímio, Cláudio, por certo agora percebe
como você me estima; pois quando me pede e suplica
(claro!) para que o louve e apresente como sujeito
digno da mente e casa de Nero, seleto no honesto,
quando pensa que cumpro as graças próprias do amigo,　　　　5
ele vê e conhece melhor que eu mesmo o que posso.
Muita coisa eu disse só pra sair com desculpa,
mas temi julgarem que forjo menor influência,
dissimulando poderes, cômodo só pra mim mesmo.
É assim que fugindo à vergonha de culpas maiores,　　　　10
cedo aos dons do semblante urbano. Mas se você me
louva o pudor deposto pelo pedido do amigo,
pode inscrevê-lo no bando e confie que é forte e bondoso.

1.10

Vrbis amatorem Fuscum saluere iubemus
ruris amatores. Hac in re scilicet una
multum dissimiles, at cetera paene gemelli
fraternis animis, quidquid negat alter, et alter,
annuimus pariter. Vetuli notique columbi   5
tu nidum seruas, ego laudo ruris amoeni
riuos et musco circumlita saxa nemusque.
Quid quaeris? Viuo et regno, simul ista reliqui,
quae uos ad caelum fertis rumore secundo,
utque sacerdotis fugitiuus liba recuso,   10
pane egeo iam mellitis potiore placentis.
Viuere naturae si conuenienter oportet
ponendaeque domo quaerenda est area primum,
nouistine locum potiorem rure beato?
Est ubi plus tepeant hiemes, ubi gratior aura   15
leniat et rabiem Canis et momenta Leonis,
cum semel accepit solem furibundus acutum?
Est ubi diuellat somnos minus inuida cura?
Deterius Libycis olet aut nitet herba lapillis?
Purior in uicis aqua tendit rumpere plumbum   20
quam quae per pronum trepidat cum murmure riuum?
Nempe inter uarias nutritur silua columnas
laudaturque domus, longos quae prospicit agros.
Naturam expelles furca, tamen usque recurret
et mala perrumpet furtim fastidia uictrix.   25
    Non qui Sidonio contendere callidus ostro
nescit Aquinatem potantia uellera fucum
certius accipiet damnum propiusue medullis
quam qui non poterit uero distinguere falsum.
Quem res plus nimio delectauere secundae,   30
mutatae quatient. Si quid mirabere, pones
inuitus. Fuge magna: licet sub paupere tecto
reges et regum uita praecurrere amicos.
    Ceruus equum pugna melior communibus herbis
pellebat, donec minor in certamine longo   35
implorauit opes hominis frenumque recepit;
sed postquam uictor uiolens discessit ab hoste,
non equitem dorso, non frenum depulit ore:
sic, qui pauperiem ueritus potiore metallis

1.10

Fusco, o amante do urbano, agora aqui cumprimento
eu, o amante do campo. Nesse ponto somente
somos tão desiguais, mas quase gêmeos no resto,
de alma fraterna, se um renega, o outro renega,
juntos também aceitamos. Pombos velhos amigos,   5
ninho você protege, e louvo nos campos amenos
rios e pedras bem cobertas de musgo e florestas.
Veja: eu vivo e reino assim que deixo de lado
tudo que ao céu vocês exaltam com brados e aplausos;
feito escravo fugido de algum sacerdote, recuso   10
libos sagrados e pão prefiro a bolos melados.
Se convém viver na harmonia que dá natureza,
pra começar procuramos lugar adequado pra casa:
tem por acaso algum melhor que o campo bendito?
Onde invernos são mais mornos e mais deleitosa   15
brisa alivia a raiva do Cão e Leão violento
quando louco sofre agudos dardos solares?
Onde o estresse invejoso menos distraia do sono?
Menos cheira ou brilha o capim que mosaicos da Líbia?
É mais pura a água que em ruas rebenta no chumbo   20
do que aquela que desce dançando em murmúrios do rio?
Com certeza a selva nutrida com várias colunas
leva louvores, e a casa que avista longas searas.
Podem com garfo expulsar Natureza, que esta retorna
para furtiva irromper vencedora sobre o desprezo.   25
    O homem sem esperteza em bater um ostro sidônio
contra a lã embebida em tinta dos fucos de Aquino
nunca na certa sofre um dano no próprio tutano
como aquele que não separou verdadeiro do falso.
Quem recebeu excessivo deleite da boa fortuna   30
pena a mudança. Se você espantar-se por algo,
não aceita perder. Fuja ao grande: com pobre
teto supere na vida os reis e régios amigos!
    Cervos venciam cavalos na luta, expulsavam do pasto,
quando por fim o vencido no longo combate implorava   35
tanto a ajuda humana, que assim recebeu uma rédea;
mas depois que saiu o feroz vencedor do inimigo,
não retirou cavaleiro do dorso e brida da boca:
foi assim que, temendo pobreza, perdeu liberdade

libertate caret, dominum uehit improbus atque 40
seruiet aeternum, quia paruo nesciet uti.
Cui non conueniet sua res, ut calceus olim,
si pede maior erit, subuertet, si minor, uret.
Laetus sorte tua uiues sapienter, Aristi,
nec me dimittes incastigatum, ubi plura 45
cogere quam satis est ac non cessare uidebor.
Imperat aut seruit collecta pecunia cuique,
tortum digna sequi potius quam ducere funem.
        Haec tibi dictabam post fanum putre Vacunae,
excepto quod non simul esses, cetera laetus. 50

muito melhor que metais; perverso carrega seu dono   40
e há de servir pra sempre, incapaz da vida com pouco.
Quem desconvém com o que tem será que nem um sapato:
quando maior que o pé, tropeça; e menor, arregaça.
Viva sábio, contente com suas cotas, Arístio,
nem me deixe ileso e sem castigo, se acaso   45
lhe pareço colher além da meta, incessante.
Grana juntada, depende: manda ou então obedece;
antes nunca guie, mas siga a corda torcida.
        Isso ditei detrás do sacrário acabado em Vacuna –
fora a sua ausência, estava contente de todo.   50

1.11

Quid tibi uisa Chios, Bullati, notaque Lesbos,
quid concinna Samos, quid Croesi regia Sardis,
Zmyrna quid et Colophon? Maiora minorane fama?
Cunctane prae Campo et Tiberino flumine sordent?
An uenit in uotum Attalicis ex urbibus una?   5
An Lebedum laudas odio maris atque uiarum?
Scis, Lebedus quid sit? Gabiis desertior atque
Fidenis uicus. Tamen illic uiuere uellem
oblitusque meorum, obliuiscendus et illis
Neptunum procul e terra spectare furentem   10
        Sed neque qui Capua Romam petit imbre lutoque
aspersus uolet in caupona uiuere nec, qui
frigus collegit, furnos et balnea laudat
ut fortunatam plene praestantia uitam,
nec, si te ualidus iactauerit Auster in alto,   15
idcirco nauem trans Aegaeum mare uendas.
Incolumi Rhodos et Mytilene pulchra facit quod
paenula solstitio, campestre niualibus auris,
per brumam Tiberis, Sextili mense caminus.
Dum licet ac uultum seruat Fortuna benignum,   20
Romae laudetur Samos et Chios et Rhodos absens.
        Tu, quamcumque deus tibi fortunauerit horam,
grata sume manu neu dulcia differ in annum,
ut, quocumque loco fueris, uixisse libenter
te dicas; nam si ratio et prudentia curas,   25
non locus effusi late maris arbiter, aufert,
caelum, non animum, mutant qui trans mare currunt.
Strenua nos exercet inertia; nauibus atque
quadrigis petimus bene uiuere. Quod petis hic est,
est Vlubris, animus si te non deficit aequus.   30

1.11

Diga: o que acha de Quios, Bulácio? Da célebre Lesbos?
Da charmosa Samos? Da régia Sárdis de Creso?
De Colofão? De Esmirna? Maiores, menores na fama?
Porcas parecem perto do Tibre e do Campo de Marte?
Ou alguma das urbes atálicas hoje lhe encanta?   5
Ou incensa Lêbedo, no ódio por mares e estradas?
Sabe Lêbedo? Vila mais deserta que Gábios
ou Fidenas. Se bem que ali eu bem viveria,
todo esquecido dos meus e logo esquecido por eles,
vendo em terra firme o louco Netuno de longe.   10
Quem viaja de Cápua a Roma, na chuva e no barro,
sujo não deseja viver nas tavernas, e nem quem
sofre duro de frio louva fornos e banhos
como as maiores ofertas de uma fortuna na vida,
nem, se o Austro intenso arroja você no oceano,   15
deve por isso vender no além-Egeu o navio.
Para o sadio, Mitilene linda e Rodes funcionam
feito casaco em verão, veste de atleta na neve,
Tibre na bruma do inverno e num Sextil a lareira.
Logo, enquanto a Fortuna firma olhar oportuno,   20
podem em Roma louvar a Samos e Quios e Rodes!
Quanto a você, se um deus favorece um instante,
pegue, agradeça e nunca adie num ano os deleites,
e onde quer que esteja, insista sempre que a vida
foi querida, pois se é só razão e prudência,   25
não um lugar no vasto mar, que afasta receios,
quem atravessa as ondas troca de céu, não de mente.
Nossa miséria é inércia aguerrida: em barcos e carros
só pedimos boa vida. Aqui teu pedido:
fica em Úlubras, basta a mente em pleno equilíbrio.   30

1.12

Fructibus Agrippae Siculis quos colligis, Icci,
si recte frueris, non est ut copia maior
ab Ioue donari possit tibi. Tolle querellas;
pauper enim non est, cui rerum suppetit usus.
Si uentri bene, si lateri est pedibusque tuis, nil   5
diuitiae poterunt regales addere maius.
Sin forte in medio positorum abstemius herbis
uiuis et urtica, sic uiues protinus, ut te
confestim liquidus Fortunae riuus inauret,
uel quia naturam mutare pecunia nescit,   10
uel quia cuncta putas una uirtute minora.
Miramur, si Democriti pecus edit agellos
cultaque, dum peregre est animus sine corpore uelox,
cum tu inter scabiem tantam et contagia lucri
nil paruum sapias et adhuc sublimia cures: 15
quae mare compescant causae, quid temperet annum,
stellae sponte sua iussaene uagentur et errent,
quid premat obscurum, lunae quid proferat orbem,
quid uelit et possit rerum concordia discors,
Empedocles an Stertinium deliret acumen?   20
Verum seu piscis seu porrum et caepe trucidas,
utere Pompeio Grospho et, si quid petet, ultro
defer; nil Grosphus nisi uerum orabit et aequum.
Vilis amicorum est annona, bonis ubi quid deest.
Ne tamen ignores quo sit Romana loco res,   25
Cantaber Agrippae, Claudi uirtute Neronis
Armenius cecidit; ius imperiumque Phraates
Caesaris accepit genibus minor; aurea fruges
Italiae pleno defudit Copia cornu.

1.12

Ício, se você aproveita do jeito correto
sicilianos frutos de Agripa, Júpiter nunca
pode lhe dar maior fartura. Deixe de queixa;
pobre jamais será quem tem de tudo a contento.
Se teu ventre, tronco e pés vão bem, as riquezas   5
régias nada podem trazer, em nada acrescentam.
Se você por acaso vive, sem tocar tuas posses,
só de plantas e urtiga, vai vivendo adiante,
logo o fluido rio da Fortuna o enche de ouro:
ou a grana não consegue mudar natureza,   10
ou você considera que tudo cede à virtude.
Nos espantamos se a grei de Demócrito come dos pastos,
messes, quando o espírito vaga veloz e sem corpo,
mas você no meio da sarna e contágio do lucro
não tem gosto parco e pensa nas coisas sublimes: 15
como o mar se controla, como estações se temperam,
astros andam e erram por ordem ou livres de todo,
quanto quer e pode a discorde concórdia das coisas,
ou se surta Empédocles ou o agudo Estertínio?
Quer você trucide peixe, poró ou cebola,   20
só receba Pompeio Grosfo e conceda de boa
tudo que pede; Grosfo anseia verdade e justiça.
Barateia o mercado de amigos, se os bons se escasseiam.
    Mas não vá se esquecer o caso do estado romano:
caem cântabros sob Agripa, caem armênios   25
sob o valor de Cláudio Nero, Fraates de joelhos
segue leis e comandos de César, áurea abundância
lança em plena cornucópia frutos na Itália.

1.13

Vt proficiscentem docui te saepe diuque,
Augusto reddes signata uolumina, Vinni,
si ualidus, si laetus erit, si denique poscet.
Ne studio nostri pecces odiumque libellis
sedulus importes opera uehemente minister.   5
Si te forte meae grauis uret sarcina chartae,
abicito potius quam quo perferre iuberis
clitellas ferus impingas Asinaeque paternum
cognomen uertas in risum et fabula fias.
Viribus uteris per cliuos, flumina, lamas.   10
Victor propositi simul ac perueneris illuc,
sic positum seruabis onus, ne forte sub ala
fasciculum portes librorum, ut rusticus agnum,
ut uinosa glomus furtiuae Pirria lanae,
ut cum pilleolo soleas conuiua tribulis.   15
Ne uolgo narres te sudauisse ferendo
carmina quae possint oculos aurisque morari
Caesaris; oratus multa prece nitere porro.
   Vade, uale; caue ne titubes mandataque frangas.

1.13

Quando você partiu, ensinei-lhe muito e amiúde,
Vínio, como entregar os volumes selados a Augusto,
se vai bem, se está contente, se ao fim os demanda.
Não me peque por zelo de mim, nem crie empenhado
o ódio aos livros, sendo atendente muito insistente.   5
Mas se o fardo pesado dos textos acaso lhe queima,
saia de perto, em vez de jogar aonde eu pedia
estes pacotes, não me faça com o nome paterno
de Ásina vire motivo de riso e fofoca de todos.
Use a força sobre pântanos, rios, barrancos.   10
Quando chegar, vencedor, àquela meta proposta,
guarde o ônus no posto, nem me tente ao acaso
ter o braço um fascículo, feito rústico com seu
anho, vinosa Pírria com bolas de lã afanada,
feito eleitor convidado ao banquete, com capa e chinela.   15
Nem me narre ao povo como você suou carregando
cantos que podem prender os olhos e ouvidos de César;
já abusei demais, mas peço ainda que siga adiante.
Vá e viva e evite cair e quebrar o despacho.

1.14

Vilice siluarum et mihi me reddentis agelli,
quem tu fastidis, habitatum quinque focis et
quinque bonos solitum Variam dimittere patres,
certemus, spinas animone ego fortius an tu
euellas agro, et melior sit Horatius an res.   5
Me quamuis Lamiae pietas et cura moratur
fratrem maerentis, rapto de fratre dolentis
insolabiliter, tamen istuc mens animusque
fert et auet spatiis obstantia rumpere claustra.
Rure ego uiuentem, tu dicis in urbe beatum: 10
cui placet alterius, sua nimirum est odio sors.
Stultus uterque locum inmeritum causatur inique:
in culpa est animus, qui se non effugit umquam.
Tu mediastinus tacita prece rura petebas;
nunc urbem et ludos et balnea uilicus optas: 15
me constare mihi scis et discedere tristem,
quandocumque trahunt inuisa negotia Romam.
Non eadem miramur; eo disconuenit inter
meque et te. Nam quae deserta et inhospita tesqua
credis, amoena uocat mecum qui sentit et odit   20
quae tu pulchra putas. Fornix tibi et uncta popina
incutiunt urbis desiderium, uideo, et quod
angulus iste feret piper et tus ocius uua
nec uicina subest uinum praebere taberna
quae possit tibi nec meretrix tibicina, cuius   25
ad strepitum salias terrae grauis. Et tamen urges
iampridem non tacta ligonibus arua bouemque
disiunctum curas et strictis frondibus exples;
addit opus pigro riuus, si decidit imber,
multa mole docendus aprico parcere prato.   30
Nunc, age, quid nostrum concentum diuidat audi.
Quem tenues decuere togae nitidique capilli,
quem scis inmunem Cinarae placuisse rapaci,
quem bibulum liquidi media de luce Falerni,
cena breuis iuuat et prope riuum somnus in herba.   35
Nec lusisse pudet, sed non incidere ludum.
Non istic obliquo oculo mea commoda quisquam
limat, non odio obscuro morsuque uenenat.
Rident uicini glaebas et saxa mouentem.

1.14

Ah, caseiro dos campos e matas que a mim me devolvem,
mas você desdenha por ser habitado por cinco famílias,
sempre mandando cinco bravos pais para Vária:
quero saber é quem dos dois arranca com força
esses espinhos do campo – se vence Horácio ou fazenda.　　5
　　Mesmo que hoje me prenda o carinho e luto por Lâmia
quando chora o irmão e sofre nessa inconsolável
perda do irmão, pra aí o ânimo e mente me levam,
só querendo romper as barreiras que travam a estrada.
Acho feliz quem vive no campo, e você na cidade:　　10
quem adora a sorte alheia tem ódio da própria,
somos bestas injustos sem causa acusando os lugares:
culpa é do ânimo, pois que nunca escapa a si mesmo.
　　Serviçal, calado você me pedia essa roça,
e hoje, caseiro, anseia a cidade, os jogos, os banhos:　　15
sabe que sou coerente comigo e saio tristonho
toda vez que chatos negócios me trazem pra Roma.
Nossos gostos divergem, nisso os dois diferimos.
E o que você supõe de inóspitos ermos desertos,
quem consente comigo chama de amenos e odeia　　20
o que você diz lindo. Os bordéis e cozinhas grudentas
é que lhe atiçam o afã da cidade, eu sei; se o cantinho
nos produz pimenta e incenso mais rápido que uva,
falta algum boteco por perto na oferta de vinho
pra lhe agradar com alguma puta flautista, com cuja　　25
zoada você rebola pesado na terra. No entanto,
eis que você labuta em searas sem toque de enxada,
sofre com boi sem canga e o enche de folhas colhidas;
sempre que chove, o rio lança um trampo ao descanso,
té aprender no açude a poupar o pasto insolado.　　30
　　Venha agora, escute o destom da nossa harmonia.
Quem combinava com togas tênues e claros cabelos,
quem agradava à rapace Cínara sem uns agrados,
quem ao meio-dia bebia do claro Falerno,
curte ceia curta e soneca na relva do rio.　　35
Não me envergonha zoar, mas não dar fim à zoeira.
É que aí ninguém olhando de lado me lima
tal conforto e envenena com ódio oculto e mordidas.
Quando carrego torrões e pedras, gargalha o vizinho.

Cum seruis urbana diaria rodere mauis. 40
Horum tu in numerum uoto ruis: inuidet usum
lignorum et pecoris tibi calo argutus et horti.
Optat ephippia bos, piger optat arare caballus:
quam scit uterque, libens censebo exerceat artem.

Mas você roeria a ração urbana de escravos;   40
corre pra entrar no número deles, enquanto lhe inveja
esse servo malandro por lenha e gado e quintal.
Boi deseja um xairel; e cavalo ocioso, um arado:
quero é que ambos atuem alegres nas artes que sabem.

1.15

Quae sit hiems Veliae, quod caelum, Vala, Salerni,
quorum hominum regio et qualis uia (nam mihi Baias
Musa superuacuas Antonius, et tamen illis
me facit inuisum, gelida cum perluor unda
per medium frigus; sane murteta relinqui   5
dictaque cessantem neruis elidere morbum
sulpura contemni uicus gemit, inuidus aegris
qui caput et stomachum supponere fontibus audent
Clusinis Gabiosque petunt et frigida rura.
Mutandus locus est et deuersoria nota   10
praeteragendus equus. "Quo tendis? Non mihi Cumas
est iter aut Baias" laeua stomachosus habena
dicet eques; sed equi frenato est auris in ore),
maior utrum populum frumenti copia pascat,
collectosne bibant imbris puteosne perennis   15
iugis aquae (nam uina nihil moror illius orae.
Rure meo possum quiduis perferre patique;
ad mare cum ueni, generosum et lene requiro,
quod curas abigat, quod cum spe diuite manet
in uenas animumque meum, quod uerba ministret,   20
quod me Lucanae iuuenem commendet amicae),
tractus uter pluris lepores, uter educet apros,
utra magis piscis et echinos aequora celent,
pinguis ut inde domum possim Phaeaxque reuerti,
scribere te nobis, tibi nos accredere par est.   25
     Maenius, ut rebus maternis atque paternis
fortiter absumptis urbanus coepit haberi,
scurra uagus, non qui certum praesepe teneret,
impransus non qui ciuem dignosceret hoste,
quaelibet in quemuis opprobria fingere saeuus,   30
pernicies et tempestas barathrumque macelli,
quidquid quaesierat uentri donabat auaro.
Hic ubi nequitiae fautoribus et timidis nil
aut paulum abstulerat, patinas cenabat omasi
uilis et agninae, tribus ursis quod satis esset;   35
scilicet ut uentres lamna candente nepotum
diceret urendos correctus Bestius. Idem,
quidquid erat nactus praedae maioris, ubi omne
uerterat in fumum et cinerem, "Non hercule miror"

1.15

Vala, que tal o inverno de Vélias, o céu de Salerno
e homens e estradas de lá (Antônio Musa me mostra
Baias toda imprestável e ainda malquisto me deixa
frente aos povos de lá, lavado nas ondas geladas
dessa friaca. Verdade: larguei os bosques de murta,   5
sim, desprezei os banhos de enxofre, famosos na cura
para doença dos nervos. Reclama a cidade, irritada
contra os doentes que ousam molhar estômago e testa em
fontes Clusinas e buscam os frescos campos de Gábios.
Devo trocar de lugar e por fim levar o cavalo   10
longe de hotéis conhecidos. "Pra onde? Não sigo pra Cumas,
nem pra Baias!" diz o equestre nervoso puxando a
rédea esquerda, enquanto o cavalo escuta na boca),
qual dos povos tem maior fartura de rango,
bebem água colhida da chuva ou cisternas perenes   15
artesianas (pois os vinhos dali eu dispenso.
Lá na minha terra aguento e tolero de tudo;
quando vou à praia, prefiro suave e encorpado,
desses que afastam afãs e influem rica esperança
pelas minhas veias e mente, ministram palavras,   20
desses que dão juventude junto às amantes lucanas),
qual tem mais coelhos, mais javalis apresenta,
qual dos mares mais esconde peixes e ouriços,
para dali eu voltar balofo feito um feácio:
pode contar-me tudo, que eu em tudo confio.   25
        Mênio, depois que bem consumiu por inteiro as heranças
vindas de pai e mãe, ficou com fama de esperto,
de bufão chicoso, sem manjedoura firmada,
desalmoçado que não distingue romano e inimigo,
mas capaz de cruel ofender quem desse na telha: 30
uma ruína, borrasca e báratro para o mercado,
pois que dava tudo que tinha ao ventre avarento.
Quando arrancava pouco ou nada de quem ajudava
ou temia tais safadezas, fartava-se em tripas
ou cordeiro barato, bastante pra um trio de ursos;   35
para dizer que as panças dos netos deviam ter marca
feita a ferro em brasa – e um novo Béstio. O talzinho,
quando pegava alguma presa maior, transformava
tudo em fumaça e cinzas: "Nunca me espanto se noto

aiebat "si qui comedunt bona, cum sit obeso   40
nil melius turdo, nil uulua pulchrius ampla."
    Nimirum hic ego sum. Nam tuta et paruola laudo
cum res deficiunt, satis inter uilia fortis;
uerum ubi quid melius contingit et unctius, idem
uos sapere et solos aio bene uiuere, quorum   45
conspicitur nitidis fundata pecunia uillis.

como alguém devora os bens, se nada é melhor que 40
tordo gordo, nem mais lindo que útero largo!".
   Sou na certa um desses. Louvo a paz do modesto
sempre que falta a verba, satisfeito com pouco;
quando chegam melhores farturas, eis como euzinho
digo que só vocês são sábios na vida, que mostram 45
como investiram dinheiro sólido em baitas fazendas.

1.16

Ne perconteris, fundus meus, optime Quincti,
aruo pascat erum an bacis opulentet oliuae,
pomisne et pratis an amicta uitibus ulmo,
scribetur tibi forma loquaciter et situs agri.
    Continui montes, ni dissocientur opaca   5
ualle, sed ut ueniens dextrum latus aspiciat sol,
laeuum discedens curru fugiente uaporet.
Temperiem laudes. Quid si rubicunda benigni
corna uepres et pruna ferant, si quercus et ilex
multa fruge pecus, multa dominum iuuet umbra?   10
Dicas adductum propius frondere Tarentum.
Fons etiam riuo dare nomen idoneus, ut nec
frigidior Thracam nec purior ambiat Hebrus,
infirmo capiti fluit utilis, utilis aluo.
Hae latebrae dulces, etiam, si credis, amoenae   15
incolumem tibi me praestant Septembribus horis.
    Tu recte uiuis, si curas esse quod audis.
Iactamus iampridem omnis te Roma beatum;
sed uereor, ne cui de te plus quam tibi credas,
neue putes alium sapiente bonoque beatum,   20
neu, si te populus sanum recteque ualentem
dictitet, occultam febrem sub tempus edendi
dissimules, donec manibus tremor incidat unctis.
Stultorum incurata pudor malus ulcera celat.
Si quis bella tibi terra pugnata marique   25
dicat et his uerbis uacuas permulceat auris,
"Tene magis saluum populus uelit an populum tu,
seruet in ambiguo qui consulit et tibi et urbi
Iuppiter", Augusti laudes adgnoscere possis:
cum pateris sapiens emendatusque uocari,   30
respondesne tuo, dic sodes, nomine? "Nempe
uir bonus et prudens dici delector ego ac tu."
Qui dedit hoc hodie cras si uolet auferet, ut, si
detulerit fascis indigno, detrahet idem.
"Pone, meum est" inquit; pono tristisque recedo.   35
Idem si clamet furem, neget esse pudicum,
contendat laqueo collum pressisse paternum,
mordear opprobriis falsis mutemque colores?
Falsus honor iuuat et mendax infamia terret

1.16

Nem me pergunte, Quíntio, sobre a minha fazenda,
se ela apascenta o senhor, se opulenta com boa azeitona,
com maçãs e searas e olmos laçados na vinha,
vou descrever com toda eloquência a cara do campo.
Serras contínuas, caso não fossem cortadas por este 5
vale umbroso, e o sol nascente bate à direita,
quando o carro em fuga se põe aquece na esquerda.
Clima dos bons pra você. E se moitas bondosas produzem
rubros cornisos e ameixas, carvalho e azinheira concedem
farto fruto pro gado e farta sombra pro dono? 10
Pode dizer que a frondosa Tarento veio pra perto de casa.
Tem a fonte certa pra dar um nome pro rio:
nem um Hebro andará mais puro e fresco na Trácia –
corre a sarar a cabeça doente, a sarar o intestino.
Esse doce recanto e muito ameno (acredite) 15
salva-me para você em pleno calor de setembro.
Certo você viverá se tenta ser o que falam.
Todos nós em Roma o contamos por afortunado;
só receio que aceite o alheio mais do que o próprio,
pense existir além do sábio um afortunado, 20
ou, se o povo acerta em chamá-lo de são e sadio,
vá você esconder na hora da janta uma oculta
febre, até que o tremor atinja as mãos gordurosas.
Falso pudor oculta a chaga incurada dos tolos.
Caso alguém relate você em guerra e batalha 25
sobre mar e terra, adulando os ouvidos atentos
"Se é o povo que mais o quer, ou você quer ao povo,
deixe sempre ambíguo o vigia seu de Roma:
Júpiter", possa nisso ver louvores a Augusto:
quando você se deixa chamar de sábio infalível, 30
meu parceiro, acaso responde em seu nome? "Na certa
eu e você curtimos a alcunha de bom e prudente."
Mas quem hoje o deu, amanhã, se quiser o recolhe;
tal como entregam e tomam os fasces do indigno.
"Largue! É meu", um diz; eu largo e triste me afasto. 35
Se me chamar de ladrão, negar que tenho vergonha,
se contender que espremi num laço o pescoço paterno,
vou me morder por falsa fala, mudando de cores?
Falsa glória agrada e infâmia falaz apavora

quem nisi mendosum et medicandum?

Vir bonus est quis? 40

"Qui consulta patrum, qui leges iuraque seruat,
quo multae magnaeque secantur iudice lites,
quo res sponsore et quo causae teste tenentur."
Sed uidet hunc omnis domus et uicinia tota
introrsum turpem, speciosum pelle decora. 45
"Nec furtum feci nec fugi" si mihi dicat
seruus, "Habes pretium, loris non ureris" aio.
"Non hominem occidi." "Non pasces in cruce coruos."
"Sum bonus et frugi." Renuit negitatque Sabellus.
Cautus enim metuit foueam lupus accipiterque 50
suspectos laqueos et opertum miluus hamum.
Oderunt peccare boni uirtutis amore:
tu nihil admittes in te formidine poenae;
sit spes fallendi, miscebis sacra profanis.
Nam de mille fabae modiis cum surripis unum, 55
damnum est, non facinus, mihi pacto lenius isto.
Vir bonus, omne forum quem spectat et omne tribunal,
quandocumque deos uel porco uel boue placat:
"Iane pater!" clare, clare cum dixit "Apollo!"
labra mouet metuens audiri: "Pulchra Lauerna, 60
da mihi fallere, da iusto sanctoque uideri,
noctem peccatis et fraudibus obice nubem."

Qui melior seruo, qui liberior sit auarus,
in triuiis fixum cum se demittit ob assem,
non uideo. Nam qui cupiet, metuet quoque; porro 65
qui metuens uiuet, liber mihi non erit umquam.
Perdidit arma, locum uirtutis deseruit, qui
semper in augenda festinat et obruitur re.
Vendere cum possis captiuum, occidere noli;
seruiet utiliter: sine pascat durus aretque, 70
nauiget ac mediis hiemet mercator in undis,
annonae prosit, portet frumenta penusque.

Vir bonus et sapiens audebit dicere: "Pentheu,
rector Thebarum, quid me perferre patique
indignum coges?" "Adimam bona." "Nempe pecus, rem, 75
lectos, argentum; tollas licet." "In manicis et
compedibus saeuo te sub custode tenebo."
"Ipse deus, simul atque uolam, me soluet." Opinor,
hoc sentit: "Moriar". Mors ultima linea rerum est.

quem dispensa emenda e remédio?

Homem bom, quem seria?   40
"Quem decretos, regras e leis do Senado preserva,
cujo juízo decide vários severos litígios,
cuja fiel garantia atesta ganho nas causas."
Mas a casa e todo vizinho vê o figura
sujo por dentro, mesmo que viva enfeitado na pele.   45
"Nunca roubei e nunca fugi!", o escravo me fala;
logo respondo: "A paga é não queimar na chibata".
"Nunca matei!" "Nem vira na cruz um pasto pros corvos."
"Sou honesto e bom!" O sabino renega e recusa.
Pois o lobo atento teme armadilhas, e a águia   50
laços suspeitos, e o ruivo o anzol encoberto.
Todos os bons odeiam pecar, por amor à virtude:
nada do crime se evita por mero medo da pena;
se há esperança de logro, confunde sacro e profano.
Se uma fava você afanar em milhares de alqueires,   55
meu prejuízo, e não seu crime, seria pequeno.
O homem bom, em qualquer tribunal ou Foro que o veja,
toda vez que com porco e boi aplaca o divino,
"Jano Pai!", exclama claro, e claro um "Apolo",
move os lábios com medo de ouvirem, "Bela Laverna,   60
dá-me o poder de enganar, a aparência de justo e de santo,
cobre de noite os pecados e vela de nuvens as fraudes!".

Como seria melhor, mais livre que escravo um avaro,
se ele estanca na esquina a pegar um vintém entalado?
Não entendo... Quem deseja, teme; e pra mim quem   65
vive sempre temendo, nunca terá liberdade.
Perde logo as armas, deserta o lugar da virtude
quem se apressa, se empenha e se perde fazendo dinheiro.
Se é possível vender o cativo, dispense matá-lo;
serve bem de escravo: se forte, lavra, apascenta,   70
qual mercador navega e inverna no meio das ondas,
ele ajuda na venda, carrega forragens e frutos.

O homem bom e sábio ousaria dizer: "Ó tebano
rei Penteu, que coisa indigna tu me compeles
a suportar e sofrer?" "Eu tomo-te os bens." "Os rebanhos   75
terras, divãs, pratarias? Pode levar." "Em algemas,
em grilhões te levo sob um cruel carcereiro."
"Quando eu quiser, um deus me liberta!" Dizia, suponho:
"Vou morrer". A morte é linha final para tudo.

1.17

       Quamuis, Scaeua, satis per te tibi consulis et scis,
quo tandem pacto deceat maioribus uti,
disce docendus adhuc quae censet amiculus, ut si
caecus iter monstrare uelit; tamen aspice, si quid
et nos quod cures proprium fecisse loquamur.   5
       Si te grata quies et primam somnus in horam
delectat, si te puluis strepitusque rotarum,
si laedit caupona, Ferentinum ire iubebo.
Nam neque diuitibus contingunt gaudia solis,
nec uixit male qui natus moriensque fefellit.   10
Si prodesse tuis pauloque benignius ipsum
te tractare uoles, accedes siccus ad unctum.
"Si pranderet holus patienter, regibus uti,
nollet Aristippus." "Si sciret regibus uti,
fastidiret holus qui me notat." Vtrius horum   15
uerba probes et facta doce, uel iunior audi
cur sit Aristippi potior sententia; namque
mordacem Cynicum sic eludebat, ut aiunt:
"Scurror ego ipse mihi, populo tu; rectius hoc et
splendidius multo est. Equus ut me portet, alat rex,   20
officium facio; tu poscis uilia, uerum
dante minor, quamuis fers te nullius egentem."
Omnis Aristippum decuit color et status et res,
temptantem maiora fere, praesentibus aequum:
contra, quem duplici panno patientia uelat,   25
mirabor, uitae uia si conuersa decebit.
Alter purpureum non expectabit amictum;
quidlibet indutus celeberrima per loca uadet
personamque feret, non inconcinnus utramque;
alter Mileti textam cane peius et angui   30
uitabit chlanidem, morietur frigore, si non
rettuleris pannum. Refer et sine uiuat ineptus.
       Res gerere et captos ostendere ciuibus hostis
attingit solium Iouis et caelestia temptat:
principibus placuisse uiris non ultima laus est.   35
"Non cuiuis homini contingit adire Corinthum."
Sedit qui timuit ne non succederet. "Esto;
quid qui peruenit, fecitne uiriliter?" Atqui
hic est aut nusquam quod quaerimus. Hic onus horret,

1.17

Ceva, mesmo satisfatório no que lhe interessa,
mesmo sabendo como lidar com homens maiores,
venha aprender o que pensa o seu amiguinho, que feito
cego pretende apontar o caminho; mas veja se acaso
tenho coisa a dizer de que possa você tomar posse.   5
Se um gostoso descanso e sono na hora primeira
mais lhe deleita, mas se o pó e barulho das rodas,
se um boteco lhe irrita, siga até Ferentino.
Pois o gozo não se reserva só para os ricos,
nem viverá tão mal quem nasce e morre obscuro.   10
Quer ser útil com outros e um pouco mais generoso
para consigo? Chegue seco à mesa regada.
"Se curtisse comer verduras, régios convívios
negaria Aristipo." "Soubesse os régios convívios,
desprezaria a verdura quem me censura." Me diga   15
qual você prefere em falas e feitos, ou jovem
ouça como Aristipo é melhor na sentença; uma vez que
reza a lenda que assim enganara um cínico chato:
"Sou bufão de mim, e você do povo; mais claro,
mais correto estou. Que cavalo me leve e rei me alimente: 20
eis o ofício que faço; e você esmola, submisso
sempre ao seu doador, posando de independente".
Toda cor e caso e renda serviam para Aristipo,
sempre buscava o maior, contente no tempo presente;
e esse que a própria paciência vestiu de trapos dobrados,   25
vou me espantar se um dia virar a via da vida!
Esse não pretende esperar por manto purpúreo,
veste o que der e vai passear nas ruas mais chiques,
cumpre qualquer papel e nunca perde a elegância;
o outro recusa a clânide feita em Mileto pior que   30
cão ou cobra, morre de frio se não lhe devolvem
logo os trapos. Devolva e deixe viver maltrapilho.
Grandes feitos e shows de inimigos cativos ao povo –
tocam o trono de Júpiter, a cimos celestes anseiam:
não é glória pouca agradar aos mais poderosos.   35
"Nem são todos que um dia podem chegar a Corinto."
Cansa sentado quem temia o fracasso. "Beleza,
mas e quem cumpriu a meta, fez como homem?"
Fica aqui ou nenhures tudo o que quero. Um receia

ut paruis animis et paruo corpore maius;   40
hic subit et perfert. Aut uirtus nomen inane est,
aut decus et pretium recte petit experiens uir.
      Coram rege suo de paupertate tacentes
plus poscente ferent (distat, sumasne pudenter
an rapias); atqui rerum caput hoc erat, hic fons.   45
"Indotata mihi soror est, paupercula mater,
et fundus nec uendibilis nec pascere firmus"
qui dicit, clamat: "Victum date!" Succinit alter
"Et mihi!" diuiduo findetur munere quadra.
Sed tacitus pasci si posset coruus, haberet   50
plus dapis et rixae multo minus inuidiaeque.
Brundisium comes aut Surrentum ductus amoenum
qui queritur salebras et acerbum frigus et imbres,
aut cistam effractam et subducta uiatica plorat,
nota refert meretricis acumina, saepe catellam   55
saepe periscelidem raptam sibi flentis, uti mox
nulla fides damnis uerisque doloribus adsit.
Nec semel irrisus triuiis attollere curat
fracto crure planum, licet illi plurima manet
lacrima, per sanctum iuratus dicat Osirim: 60
"Credite, non ludo: crudeles, tollite claudum!"
"Quaere peregrinum" uicinia rauca reclamat.

fardo maior que o parco corpo e espírito parco; 40
outro encara e carrega. Ou virtude é palavra vazia,
ou quem tenta acerta em cobrar recompensa e renome.
   Quem perante o patrono calara a pobreza recebe
mais que o pedinte (que diferença pegar com prudência
ou agarrar!); mas eis a cerne e fonte de tudo. 45
"Veja a minha irmã sem dote, a pobre mãezinha,
e esta fazenda que nem se vende nem nos sustenta":
quem diz isso, grita "Comida!". E outro acompanha:
"Quero também!". Dividem o dom do rango rachado.
Mas se o corvo soubesse comer calado, teria 50
mais fartura e muito menos rinhas e invejas.
Quem convidado segue a Brundísio e amena Surrento
chora os buracos na estrada, a amargura de chuva e friaca,
ou de caixas quebradas e furtos de malas lamenta;
lembra os velhos truques de puta que sempre correntes, 55
sempre tornozeleiras roubadas reclama, e aos poucos
finda qualquer confiança nos danos e dores de fato.
Quem já foi zoado na esquina pouco levanta
falsos de perna quebrada, mesmo que a lágrima escorra
farta na cara e jurem pelo santíssimo Osíris: 60
"Não estou brincando, cruéis! Carreguem um coxo!"
"Vá procurar um estranho!", respondem os roucos vizinhos.

1.18

Si bene te noui, metues, liberrime Lolli,
scurrantis speciem praebere, professus amicum.
Vt matrona meretrici dispar erit atque
discolor, infido scurrae distabit amicus.
Est huic diuersum uitio uitium prope maius,   5
asperitas agrestis et inconcinna grauisque,
quae se commendat tonsa cute, dentibus atris,
dum uult libertas dici mera ueraque uirtus.
Virtus est medium uitiorum et utrimque reductum.
Alter in obsequium plus aequo pronus et imi   10
derisor lecti sic nutum diuitis horret,
sic iterat uoces et uerba cadentia tollit,
ut puerum saeuo credas dictata magistro
reddere uel partis mimum tractare secundas.
Alter rixatur de lana saepe caprina et   15
propugnat nugis armatus: "Scilicet, ut non
sit mihi prima fides?" et "Vere quod placet ut non
acriter elatrem? Pretium aetas altera sordet."
Ambigitur quid enim? Castor sciat an Docilis plus,
Brundisium Minuci melius uia ducat an Appi.   20
Quem damnosa Venus, quem praeceps alea nudat,
gloria quem supra uires et uestit et unguit,
quem tenet argenti sitis importuna famesque,
quem paupertatis pudor et fuga, diues amicus,
saepe decem uitiis instructior, odit et horret,   25
aut, si non odit, regit ac ueluti pia mater
plus quam se sapere et uirtutibus esse priorem
uult et ait prope uera: "Meae (contendere noli)
stultitiam patiuntur opes: tibi paruula res est.
Arta decet sanum comitem toga; desine mecum   30
certare." Eutrapelus cuicumque nocere uolebat
uestimenta dabat pretiosa: "Beatus enim iam
cum pulchris tunicis sumet noua consilia et spes,
dormiet in lucem, scorto postponet honestum
officium, nummos alienos pascet, ad imum   35
Thrax erit aut holitoris aget mercede caballum."
Arcanum neque tu scrutaberis illius umquam,
commissumque teges et uino tortus et ira;
nec tua laudabis studia aut aliena reprendes,

1.18

Se eu o conheço bem, ô meu libérrimo Lólio,
sendo amigo professo, receia soar bufonesco.
Feito a senhora matrona sempre difere da puta em
têmpera e cor, difere o bufão infiel de um amigo.
Outro vício ao vício se opõe, talvez o supere,   5
uma rudeza bruta, deselegante, pesada
toda metida por pretos dentes, cabeça rapada,
busca posar liberdade sincera e vera virtude.
Fica a virtude no meio dos vícios, longe de extremos.
Um, propenso demais a favores, fazendo piadas   10
sobre o leito de baixo, teme um gesto do rico,
nisso repete as falas, colhe as palavras que caem,
feito um menino perante o ditado do mestre severo
ou um ator de mim que imita em papel secundário.
O outro vive brigando por causa do pelo de bode   15
e arma-se todo por meras bobagens. "Não poderia
dar maior confiança?" e "De fato, não poderia
tudo que penso ladrar? Nem outra vida me paga."
Veja o tema da rixa: Castor ou Dócile vence?
Vou melhor a Brundísio na Via Ápia ou Minúcia?   20
      Quem a custosa Vênus e os jogos de dados desnudam,
quem a vanglória veste e perfuma além das faturas,
quem aprisiona a sede e fama importuna por grana,
quem por fuga e pudor da pobreza o amigo ricaço,
mesmo equipado dez vezes por vícios, receia e odeia,   25
ou, se não odeia, o ensina e feito mãe piedosa
faz com que assim a si se supere em saber e virtude,
eis que fala quase verdades: "As minhas riquezas
(não dispute) permitem tolices: seu ganho é precário.
Toga estreita cabe ao cliente sabido: comigo   30
não se disputa". Eutrápelo, quando trama um ultraje,
dava roupas carérrimas. "Pois agora alegrinho
com as túnicas lindas aceita novas ideias,
dorme de dia, trampo honesto troca por sujo,
leva ao pasto a bolsa alheia, torna-se trácio   35
gladiador ou logo guia cavalo de feira."
      Não me vá jamais perscrutar o segredo de um rico,
nunca revele, mesmo se vinho e raiva o torturam;
nem elogie o próprio gosto e os alheios censure,

nec cum uenari uolet ille, poemata panges.   40
Gratia sic fratrum geminorum, Amphionis atque
Zethi, dissiluit, donec suspecta seuero
conticuit lyra. Fraternis cessisse putatur
moribus Amphion; tu cede potentis amici
lenibus imperiis, quotiensque educet in agros   45
Aeoliis onerata plagis iumenta canesque,
surge et inhumanae senium depone Camenae,
cenes ut pariter pulmenta laboribus empta.
Romanis sollemne uiris opus, utile famae
uitaeque et membris, praesertim cum ualeas et   50
uel cursu superare canem uel uiribus aprum
possis. Adde, uirilia quod speciosius arma
non est qui tractet; scis quo clamore coronae
proelia sustineas campestria; denique saeuam
militiam puer et Cantabrica bella tulisti   55
sub duce qui templis Parthorum signa refigit
nunc et, si quid abest, Italis adiudicat armis.
Ac ne te retrahas et inexcusabilis absis,
quamuis nil extra numerum fecisse modumque
curas, interdum nugaris rure paterno;   60
partitur lintris exercitus, Actia pugna
te duce per pueros hostili more refertur;
aduersarius est frater, lacus Hadria, donec
alterutrum uelox Victoria fronde coronet.
Consentire suis studiis qui crediderit te,   65
fautor utroque tuum laudabit pollice ludum.
        Protinus ut moneam, si quid monitoris eges tu,
quid, de quoque uiro, et cui dicas saepe uideto.
Percontatorem fugito; nam garrulus idem est,
nec retinent patulae commissa fideliter aures,   70
et semel emissum uolat irreuocabile uerbum.
Non ancilla tuum iecur ulceret ulla puerue
intra marmoreum uenerandi limen amici,
ne dominus pueri pulchri caraeue puellae
munere te paruo beet aut incommodus angat.   75
Qualem commendes, etiam atque etiam aspice, ne mox
incutiant aliena tibi peccata pudorem.
Fallimur et quondam non dignum tradimus: ergo
quem sua culpa premet, deceptus omitte tueri,
ut penitus notum, si temptent crimina, serues   80

nem componha poemas, se ele deseja uma caça.   40
Foi assim que o afeto dos gêmeos Zeto e Anfíon
se desfez, até que o mais severo calasse
essa lira irritante. Anfíon cedera, parece
para os costumes fraternos; ceda às ordens suaves
de um poderoso amigo sempre que segue nos campos   45
com seu gado cheio de redes eólias, cachorros
venha e largue a velhice de uma Camena inumana,
para assim jantar um quitute comprado em labuta.
Obra frequente pros homens romanos, boa pra fama e
vida e membros, principalmente sendo parrudo,   50
ou capaz de vencer um cão na corrida e nas forças
um javali. E mais: ninguém maneja melhor as
armas viris; você bem sabe ganhar os aplausos
pelos embates no Campo de Marte, como menino
foi à cruel milícia e Cantábrica Guerra, seguindo   55
quem retorna ao templo as insígnias tomadas dos partas
hoje e, se algo falta, atesta às itálicas armas.
Não se retraia numas ausências indesculpáveis,
mesmo que nada faça além do modo e medida
nas intenções, enquanto brinca na terra paterna: 60
tropas dividem a frota, imita a batalha do Ácio
com você general de meninos contra o inimigo;
o adversário é seu irmão, o Adriático um lago,
vem a veloz Vitória escolher quem leva a coroa.
Quem confiar que você concorda com o próprio interesses   65
vai louvar polegar positivo pelos seus jogos.
        Dou mais um conselho, se carecer de conselhos:
note sempre tudo que fala e pra quem falaria.
Fuja dos perguntadores, costumam ser tagarelas,
quem escancara as orelhas nunca retém os segredos: 70
logo que sai, já irrevogável voa a palavra.
Nunca venha afetar seu fígado escrava ou moleque
entre os umbrais marmóreos do seu venerável amigo,
nem o senhor do lindo moleque ou menina querida
por presente pouco cause alegria ou angústia.   75
Se apresentar um nome, pense e repense de novo,
pra que os pecados alheios não lhe causem vergonha.
Todo mundo se engana e apresenta por vezes um traste:
logo não proteja quem tem culpa evidente,
pra proteger aquele no íntimo bem conhecido   80

tuterisque tuo fidentem praesidio; qui
dente Theonino cum circumroditur, ecquid
ad te post paulo uentura pericula sentis?
Nam tua res agitur, paries cum proximus ardet,
et neglecta solent incendia sumere uiris.   85
     Dulcis inexpertis cultura potentis amici:
expertus metuet. Tu, dum tua nauis in alto est,
hoc age, ne mutata retrorsum te ferat aura.
Oderunt hilarem tristes tristemque iocosi,
sedatum celeres, agilem nauumque remissi;   90
potores [bibuli media de nocte Falerni
oderunt] porrecta negantem pocula, quamuis
nocturnos iures te formidare tepores.
Deme supercilio nubem; plerumque modestus
occupat obscuri speciem, taciturnus acerbi.   95
     Inter cuncta leges et percontabere doctos,
qua ratione queas traducere leniter aeuum,
num te semper inops agitet uexetque cupido,
num pauor et rerum mediocriter utilium spes;
uirtutem doctrina paret naturane donet;   100
quid minuat curas, quid te tibi reddat amicum;
quid pure tranquillet, honos an dulce lucellum,
an secretum iter et fallentis semita uitae.
     Me quotiens reficit gelidus Digentia riuus,
quem Mandela bibit, rugosus frigore pagus,   105
quid sentire putas? Quid credis, amice, precari?
"Sit mihi quod nunc est, etiam minus, et mihi uiuam
quod superest aeui, si quid superesse uolunt di;
sit bona librorum et prouisae frugis in annum
copia, neu fluitem dubiae spe pendulus horae."   110
     Sed satis est orare Iouem quae ponit et aufert;
det uitam, det opes. Aequum mi animum ipse parabo.

EPÍSTOLAS (CARTAS) I | 247

e resguardar quem mais confia nas suas ajudas;
se ele foi corroído no dente teônio, você não
sente que pouco depois passará pelos mesmos perigos?
Trata-se só de você, se a parede vizinha incendeia
quando o fogo largado costuma crescer labareda.   85
      Doce ao novato é cultivo de amigos mais poderosos,
mas o perito teme. Você, com a barca em mar alto,
cuide logo que a brisa não venha o levar na virada.
Tristes odeiam o alegre e animados odeiam o triste,
lerdo odeiam os rápidos, lerdos o esperto e ativo,   90
bêbados [pelo meio da noite tomando Falerno
sempre odeiam] quem nega um copo ofertado, apesar de
tanto você jurar que teme febres noturnas.
Tire a nuvem do cenho; amiúde o homem discreto
logo parece fechado, o calado tem cara do azedo.   95
      Leia todas as coisas e jogue os mais eruditos:
como seria possível passar a vida no manso,
quando sempre chega agitando um mendigo cupido?
Sempre algum pavor e esperança por ganho medíocre?
É o saber que gera virtude, ou só natureza?   100
Como amainar aflições? E como serei meu amigo?
Como ter calma tranquila, com cargos, ou doces lucrinhos,
ou no senda secreta da vida obscura e oculta?
      Toda vez me refaz o gélido rio Digência
onde bebe Mandela, aldeia enrugada de frio;   105
diga: o que acha que sinto, o que pensa que peço, querido?
"Quero o que tenho presente, menos até; assim vivo
todo o tempo que resta, se os deuses querem que reste;
quero boa fartura de livros e quero comida
pro ano inteiro, sem pendular na esperança do incerto."   110
      Já satura pedir a Jove o que traz ou afasta:
vida e riqueza. A mente serena eu mesmo preparo.

1.19

Prisco si credis, Maecenas docte, Cratino,
nulla placere diu nec uiuere carmina possunt,
quae scribuntur aquae potoribus. Vt male sanos
ascripsit Liber Satyris Faunisque poetas,
uina fere dulces oluerunt mane Camenae. 5
Laudibus arguitur uini uinosus Homerus:
Ennius ipse pater numquam nisi potus ad arma
prosiluit dicenda. "Forum putealque Libonis
mandabo siccis, adimam cantare seueris":
hoc simul edixi, non cessauere poetae 10
nocturno certare mero, putere diurno.
Quid? Si quis uultu toruo ferus et pede nudo
exiguaeque togae simulet textore Catonem,
uirtutemne repraesentet moresque Catonis?
Rupit Iarbitam Timagenis aemula lingua, 15
dum studet urbanus tenditque disertus haberi.
Decipit exemplar uitiis imitabile. Quod si
pallerem casu, biberent exsangue cuminum.
    O imitatores, seruum pecus, ut mihi saepe
bilem, saepe iocum uestri mouere tumultus! 20
Libera per uacuum posui uestigia princeps,
non aliena meo pressi pede. Qui sibi fidet,
dux reget examen. Parios ego primus iambos
ostendi Latio, numeros animosque secutus
Archilochi, non res et agentia uerba Lycamben. 25
Ac ne me foliis ideo breuioribus ornes
quod timui mutare modos et carminis artem,
temperat Archilochi musam pede mascula Sappho,
temperat Alcaeus, sed rebus et ordine dispar,
nec socerum quaerit quem uersibus oblinat atris, 30
nec sponsae laqueum famoso carmine nectit.
Hunc quoque, non alio dictum prius ore, Latinus
uulgaui fidicen. Iuuat immemorata ferentem
ingenuis oculisque legi manibusque teneri.
    Scire uelis, mea cur ingratus opuscula lector 35
laudet ametque domi, premat extra limen iniquus?
Non ego uentosae plebis suffragia uenor
impensis cenarum et tritae munere uestis;
non ego nobilium scriptorum auditor et ultor

1.19

Culto Mecenas, se acaso confia no arcaico Cratino,
não dão longo deleite, nem sobrevivem os cantos
quando escritos por bebedores de água. E assim que
Líber listou com Sátiro e Fauno os poetas insanos,
desde a manhã exalam vinho as doces Camenas.   5
Pelos louvores ao vinho, vinhoso revela-se Homero:
nem pai Ênio sem tomar partia pro canto
bélico. "O puteal de Libão e o Foro concedo
só aos sóbrios e tiro dos sérios todos cantares":
desde que dei esse edito, os poetas não demoraram   10
seu combate com dose noturna e diurna catinga.
Quê? Se alguém com pé descalço, cara cerrada e
corte curto da toga imita Catão, por acaso
vai mostrar de fato Catão na virtude e nos modos?
Por emular Timagenes na língua, explodira Jarbitas,   15
tanto que ele ansiava o renome de esperto e eloquente.
Um modelo imitável nos vícios engana. Se um dia
eu perder a cor, beberiam o exangue cominho.

Imitadores, gado servil que em tanto furdunço
sempre me atiça de novo a bile, sempre a risada!   20
Eu primeiro imprimi meu rastro na estrada vazia,
não pisei em passo alheio. O mais confiante
rege e guia o enxame. Trouxe os iambos de Paros
que introduzi no Lácio, seguindo no espírito e metro
mestre Arquíloco, sem assunto e ofensa a Licambes.   25
Mas não venha me dar a coroa de folhas menores,
por temer mudar os modos e arte do canto:
molda à Musa em compasso de Arquíloco a máscula Safo,
molda Alceu, porém com ordem e temas diversos,
não agride o sogro ou macula com versos sombrios,   30
nem enlaça a forca da noiva no canto infamante.
Esse, que nunca uma boca cantara, na lira latina
eu divulguei. Adoro mostrar um imemorável,
pego nas mãos e lido nos olhos dos livres.

Quer saber por que é que o leitor ingrato elogia   35
e me ama as obrinhas em casa, se injusto as ataca na rua?
Nunca saio à caça de aplausos da plebe volúvel
entre convite pra ceia e presente de roupas puídas;
nunca (sou defensor e ouvinte dos nobres autores)

grammaticas ambire tribus et pulpita dignor.   40
Hinc illae lacrimae. "Spissis indigna theatris
scripta pudet recitare et nugis addere pondus"
si dixi, "Rides" ait "et Iouis auribus ista
seruas: fidis enim manare poetica mella
te solum, tibi pulcher." Ad haec ego naribus uti   45
formido et, luctantis acuto ne secer ungui,
"Displicet iste locus" clamo et diludia posco.
Ludus enim genuit trepidum certamen et iram,
ira truces inimicitias et funebre bellum.

me dignei a seguir as tribos de alguns professores.   40
Eis as lágrimas. "Sinto vergonha quando recito
textos tolos fingindo peso em teatros lotados!",
se isso falo, um diz "Vai rindo! E os reserva aos ouvidos
santos de Jove, achando que só você é bonito
para emanar o mel da poesia!". Nisso receio   45
só virar o nariz e, evitando a unhada afiada,
grito "Me inclua fora dessa!" e peço por trégua.
A brincadeira descamba pra luta frenética e raiva,
raiva desanda em quizila ferina e fúnebre guerra.

1.20

Vortumnum Ianumque, liber, spectare uideris,
scilicet ut prostes Sosiorum pumice mundus.
Odisti clauis et grata sigilla pudico;
paucis ostendi gemis et communia laudas,
non ita nutritus. Fuge quo descendere gestis.   5
Non erit emisso reditus tibi. "Quid miser egi?
Quid uolui?" dices, ubi quid te laeserit et scis
in breue te cogi, cum plenus languet amator.
      Quod si non odio peccantis desipit augur,
carus eris Romae donec te deserat aetas.   10
Contrectatus ubi manibus sordescere uulgi
coeperis, aut tineas pasces taciturnus inertis
aut fugies Vticam aut uinctus mitteris Ilerdam.
Ridebit monitor non exauditus, ut ille
qui male parentem in rupes protrusit asellum   15
iratus: quis enim inuitum seruare laboret?
Hoc quoque te manet, ut pueros elementa docentem
occupet extremis in uicis balba senectus.
      Cum tibi sol tepidus pluris admouerit auris,
me libertino natum patre et in tenui re   20
maiores pennas nido extendisse loqueris,
ut quantum generi demas uirtutibus addas;
me primis urbis belli placuisse domique,
corporis exigui, praecanum, solibus aptum,
irasci celerem, tamen ut placabilis essem.   25
Forte meum si quis te percontabitur aeuum,
me quater undenos sciat impleuisse Decembris
collegam Lepidum quo duxit Lollius anno.

1.20

Livro, você parece cruzar por Jano e Vertumno,
posto aí à venda, polido nas pomes dos Sósios.
Sei que odeia chave e selo que os tímidos amam,
chora o anonimato e anseia o colo de todos,
tão desnutrido ainda. Evite a vil derrocada: 5
logo que parte, acaba o retorno. "O que fiz, desgraçado?
Ou o que quis?", dirá, tomando as primeiras lapadas:
sabe que vai pro canto assim que o amante se cansa.
   Se ódio por seus pecados não me adoida o agouro,
sei que será querido em Roma enquanto novinho;   10
mas depois, apalpado e imundo nos dedos do povo,
mudo, você servirá de petisco a traças inertes,
vai fugir pra Útica, ou vão lhe levar para Ilerda.
E há de sorrir o seu conselheiro, nunca escutado,
como quem empurrou do penhasco o burro empacado,   15
puto da vida – e quem pouparia a seu contragosto?
Eis o seu destino: ensinar o ABC pra crianças
entre becos e esquinas na gaguejante velhice.
   Mas assim que um sol ameno lhe der audiência,
pode dizer que de um pai liberto e renda modesta   20
eu espraiei as asas muito longe do ninho:
se algo faltar de virtude na estirpe, pronto acrescente
que entre os primeiros de Roma agradei na paz e na guerra,
todo baixinho, afeito ao sol, grisalho precoce,
rápido em ser irritado, também amansável facinho.   25
Mas se acaso alguém perguntar a idade que tenho,
diga que fiz os meus quarenta e quatro dezembros
no ano em que Lólio levava Lépido em seu consulado.

EPISTULAE II

EPÍSTOLAS (CARTAS) II

2.1

Cum tot sustineas et tanta negotia solus,
res Italas armis tuteris, moribus ornes,
legibus emendes, in publica commoda peccem,
si longo sermone morer tua tempora, Caesar.
Romulus et Liber pater et cum Castore Pollux,　　5
post ingentia facta deorum in templa recepti,
dum terras hominumque colunt genus, aspera bella
componunt, agros assignant, oppida condunt,
plorauere suis non respondere fauorem
speratum meritis. Diram qui contudit Hydram　　10
notaque fatali portenta labore subegit,
comperit inuidiam supremo fine domari.
Vrit enim fulgore suo qui praegrauat artis
infra se positas: exstinctus amabitur idem:
Praesenti tibi maturos largimur honores　　15
iurandasque tuum per numen ponimus aras,
nil oriturum alias, nil ortum tale fatentes.
Sed tuus hic populus sapiens et iustus in uno
te nostris ducibus, te Grais anteferendo,
cetera nequaquam simili ratione modoque　　20
aestimat et, nisi quae terris semota suisque
temporibus defuncta uidet, fastidit et odit,
sic fautor ueterum ut tabulas peccare uetantis
quas bis quinque uiri sanxerunt, foedera regum
uel Gabiis uel cum rigidis aequata Sabinis,　　25
pontificum libros, annosa uolumina uatum
dictitet Albano Musas in monte locutas.
Si, quia Graiorum sunt antiquissima quaeque
scripta uel optima, Romani pensantur eadem
scriptores trutina, non est quod multa loquamur:　　30
nil intra est olea, nil extra est in nuce duri;
uenimus ad summum fortunae: pingimus atque
psallimus et luctamur Achiuis doctius unctis.
Si meliora dies, ut uina, poemata reddit,
scire uelim chartis pretium quotus adroget annus.　　35
Scriptor abhinc annos centum qui decidit, inter
perfectos ueteresque referri debet an inter
uilis atque nouos? Uxcludat iurgia finis.
"Est uetus atque probus centum qui perficit annos."

2.1

Quando você suporta tantos negócios sozinho,
guarda em armas a terra itálica, orna em costumes,
tudo reforma com leis, eu contra o comum pecaria,
César, só de atrasar seu feitos em longa conversa.

Rômulo e Líber pai e Castor ao lado de Pólux,   5
quando acolhidos pelos feitos nos templos dos deuses,
desde que cuidem das terras e homens, ásperas guerras
travem, campos designem, construam mais cidadelas,
logo choraram ao ver que o favor esperado não dava
boa resposta aos méritos. Quem derrotou a terrível   10
Hidra e venceu no trabalho fatídico monstros famosos,
viu que só pelo fim derradeiro a inveja é domada.
Queima no próprio lume quem oprime os talentos
inferiores ao seu: apagado ganha os afetos.
Para você presente alargamos honras maduras,   15
nós construímos altares por seu nume jurados,
nada assim nasceu e não nascerá – confessamos.

Mas o povo seu é sábio e justo num ponto:
põe você acima de líderes nossos e gregos,
todo o resto em bem diversa lógica e modo   20
julga e tudo que vê despreza e detesta,
salvo quando cumpriu seu tempo partindo da terra;
tanto defende o antigo, que *Tábuas* vetando pecados
pela sanção dos decênviros, régios tratados
equalizados junto aos gábios ou rijos sabinos,   25
livros dos nossos pontífices, velhos volumes dos vates:
ele jura que em Monte Albano as Musas contaram.

Se no caso dos gregos os mais antigos escritos
são os melhores, pesa o romano seus escritores
pela mesma balança, nada de muitas palavras: 30
nada é duro por fora da noz e dentro da oliva:
nós chegamos no cimo de toda fortuna: pintamos,
salmeamos, lutamos melhor que os aqueus besuntados.

Pois se os dias melhoram feito vinho os poemas,
quero saber a data ao valor dos textos por ano.   35
Um escritor que morreu um século atrás deveria
vir com velhos perfeitos ou então deveria
vir com novos e vis? Que um limite deslinde os litígios.
"Velho e justo é quem atinge um século em anos."

Quid qui deperiit minor uno mense uel anno?   40
Inter quos referendus erit? Veteresne poetas
an quos et praesens et postera respuat aetas?
"Iste quidem ueteres inter ponetur honeste
qui uel mense breui uel toto est iunior anno."
Vtor permisso caudaeque pilos ut equinae   45
paulatim uello et demo unum, demo etiam unum,
dum cadat elusus ratione ruentis acerui
qui redit ad fastos et uirtutem aestimat annis
miraturque nihil nisi quod Libitina sacrauit.
      Ennius, et sapiens et fortis et alter Homerus,   50
ut critici dicunt, †leuiter† curare uidetur
quo promissa cadant et somnia Pythagorea.
Naeuius in manibus non est et mentibus haeret
paene recens? Adeo sanctum est uetus omne poema.
Ambigitur quotiens, uter utro sit prior, aufert   55
Pacuuius docti famam senis, Accius alti,
dicitur Afrani toga conuenisse Menandro,
Plautus ad exemplar Siculi properare Epicharmi,
uincere Caecilius grauitate, Terentius arte.
Hos ediscit et hos arto stipata theatro   60
spectat Roma potens; habet hos numeratque poetas
ad nostrum tempus Liui scriptoris ab aeuo.
      Interdum uulgus rectum uidet, est ubi peccat.
Si ueteres ita miratur laudatque poetas,
ut nihil anteferat, nihil illis comparet, errat: 65
si quaedam nimis antique, si pleraque dure
dicere credit eos, ignaue multa fatetur,
et sapit et mecum facit et Ioue iudicat aequo.
Non equidem insector delendaue carmina Liui
esse reor, memini quae plagosum mihi paruo   70
Orbilium dictare; sed emendata uideri
pulchraque et exactis minimum distantia miror.
Inter quae uerbum emicuit si forte decorum
si uersus paulo concinnior unus et alter,
iniuste totum ducit uenditque poema.   75
      Indignor quicquam reprendi, non quia crasse
compositum illepideue putetur, sed quia nuper,
nec ueniam antiquis, sed honorem et praemia posci.
Recte necne crocum floresque perambulet Attae
fabula si dubitem, clament periisse pudorem   80

Mas e quem tiver um mês a menos, e um ano?   40
Onde vamos listar? Em meio aos velhos poetas,
ou com quem o presente e porvir só deve desprezo?
"Podem, sim, honrar sem medo na lista dos velhos
quem faltar um mês, ou for mais jovem um ano."
Pego tal permissão e, feito os pelos no rabo   45
de um cavalo, um a um arranco e depilo,
vou, até que caia no logro da pilha, tombando
esse que volta aos Anais e julga a virtude por anos
ou que com nada se espanta até o consagrar Libitina.
      Ênio, o nosso sábio, forte e novíssimo Homero,   50
como dizem os críticos, parece cuidar †leviano†
sobre as promessas que vinham de seus pitagóricos sonhos.
Névio não está nas mãos e nas mentes se pende
quase recente? Santo assim é um velho poema.
Sempre que eles discutem sobre o melhor, o Pacúvio   55
leva a fama de arcaico culto, e Ácio de excelso,
dizem aí: a toga de Afrânio bem caberia em Menandro,
Plauto corre ao modelo do siciliano Epicarmo,
na seriedade vence Cecílio, Terêncio na arte.
Esses decora e a esses assiste em teatro lotado   60
Roma potente; a esses lista como poetas
desde os tempos de Lívio escritor até nossos dias.
      Ora o povo vê correto, e em tempos tropeça.
Quando tanto admiram e louvam os velhos poetas,
crendo nada os supera e nada se iguala — se enganam: 65
quando acreditam que eles às vezes se mostram arcaicos,
duros amiúde, e confessam que muito é insosso,
mostram gosto e ficam comigo e julgam com Jove.
Veja, eu não pretendo censura pros cantos de Lívio:
lembro como em minha infância Orbílio Castigo   70
sempre os ditava; mas chamá-los então de impecáveis,
lindos, no limiar de perfeitos — isso me espanta.
Pode ser que ali no meio reluza um achado,
pode vir um verso ou dois com certa fineza,
mas injusto se leva e vende todo o poema.   75
      Fico irritado se atacam, não pela crassa
composição ou deselegância, só pelo novo,
não me venham com vênia aos antigos, mas glórias e prêmios!
Quando questiono se a peça de Ata caminha correta
entre flor e açafrão, clamar um coro de idosos   80

cuncti paene patres, ea cum reprendere coner
quae grauis Aesopus, quae doctus Roscius egit:
uel quia nil rectum nisi quod placuit sibi ducunt,
uel quia turpe putant parere minoribus et quae
imberbes didicere senes perdenda fateri.   85
Iam Saliare Numae carmen qui laudat et illud
quod mecum ignorat solus uult scire uideri,
ingeniis non ille fauet plauditque sepultis,
nostra sed impugnat, nos nostraque liuidus odit.
        Quod si tam Graecis nouitas inuisa fuisset   90
quam nobis, quid nunc esset uetus? Aut quid haberet
quod legeret tereretque uiritim publicus usus?
        Vt primum positis nugari Graecia bellis
coepit et in uitium fortuna labier aequa,
nunc athletarum studiis, nunc arsit equorum,   95
marmoris aut eboris fabros aut aeris amauit,
suspendit picta uultum mentemque tabella,
nunc tibicinibus, nunc est gauisa tragoedis;
sub nutrice puella uelut si luderet infans,
quod cupide petiit, mature plena reliquit.   100
[Quid placet aut odio est, quod non mutabile credas?]
Hoc paces habuere bonae uentique secundi.
        Romae dulce diu fuit et sollemne reclusa
mane domo uigilare, clienti promere iura,
cautos nominibus rectis expendere nummos,   105
maiores audire, minori dicere per quae
crescere res posset, minui damnosa libido.
Mutauit mentem populus leuis et calet uno
scribendi studio; pueri patresque seueri
fronde comas uincti cenant et carmina dictant.   110
Ipse ego, qui nullos me adfirmo scribere uersus,
inuenior Parthis mendacior et prius orto
sole uigil calamum et chartas et scrinia posco.
Nauem agere ignarus nauis timet; habrotonum aegro
non audet nisi qui didicit dare; quod medicorum est   115
promittunt medici, tractant fabrilia fabri:
scribimus indocti doctique poemata passim.
        Hic error tamen et leuis haec insania quantas
uirtutes habeat, sic collige: uatis auarus
non temere est animus; uersus amat, hoc studet unum;   120
detrimenta, fugas seruorum, incendia ridet;

como morreu a respeito, quando esboço a censura
contra a cena do grave Esopo e de Róscio erudito:
seja porque acham que nada é correto se não os agrada,
seja porque consideram vergonha cederem aos jovens
pra destruir na velhice o que o moço imberbe aprendera.   85
Já quem louva o Canto Sálio de Numa e afeta
ser sozinho o que sabe (quando ignora comigo),
não defende e aplaude ali os talentos sepultos:
bate nos nossos, a nós e aos nossos, roxo, detesta.
      Pois se tal novidade sofresse o desprezo dos gregos   90
como o nosso, o que hoje seria antigo? O que iria
o uso comum folhear e ler segundo seus gostos.
      Logo que deu um cabo às guerras, a Grécia partiu pra
jogos e em campos de boa fortuna caiu entre vícios:
ora ardia por feitos de atletas ou de cavalos,   95
e aos artesãos de bronze ou marfim ou mármore amava,
foi pendurando os olhos e a mente sobre pinturas,
ora curtindo os bons tibicinos, ora as tragédias;
feito menina pequena que brinca nos pés da sua ama,
tudo pede ansiosa, e farta larga de lado.   100
[Dor ou delícia, o que você julgaria imutável?]
Nisso viveram a boa paz e os ventos propícios.
      Roma por tempos achava um hábito doce acordarmos
cedo abrindo a casa e leis prestando ao cliente,
sempre a gente correta pagando um justo dinheiro,   105
dando atenção ao maior, ao menor ensinando
como crescer os bens e minar a danosa libido.
Mas leviano o povo mudou de mente e abrasou-se
só no interesse da escrita: severos pais e pequenos
comem usando à cabeça coroas e cantos nos contam.   110
Eu também, que declaro que versos não elaboro,
saio pior mentiroso que os partas e, antes que nasça o
sol, insone peço cálamo, folhas e escrínio.
Teme barcos guiar o apedeuta de barcos, receia
dar ao doente abrótano quem desconhece; cumprem   115
médicos com medicina, só artesãos artesoam:
cultos e incultos, nós escrevemos poemas por tudo.
      Mas agora anote quantas virtudes teria
esse erro e leve loucura: um vate avarento
raro aparece: adora os versos, seu grande interesse.   120
Perdas de renda, fuga de escravos, incêndios? Gargalha.

non fraudem socio pueroue incogitat ullam
pupillo; uiuit siliquis et pane secundo;
militiae quamquam piger et malus, utilis urbi,
si das hoc, paruis quoque rebus magna iuuari.   125
Os tenerum pueri balbumque poeta figurat,
torquet ab obscenis iam nunc sermonibus aurem,
mox etiam pectus praeceptis format amicis,
asperitatis et inuidiae corrector et irae;
recte facta refert, orientia tempora notis   130
instruit exemplis, inopem solatur et aegrum.
Castis cum pueris ignara puella mariti
disceret unde preces, uatem ni Musa dedisset?
Poscit opem chorus et praesentia numina sentit,
caelestis implorat aquas docta prece blandus,   135
auertit morbos, metuenda pericula pellit,
impetrat et pacem et locupletem frugibus annum.
Carmine di superi placantur, carmine Manes.
        Agricolae prisci, fortes paruoque beati,
condita post frumenta leuantes tempore festo   140
corpus et ipsum animum spe finis dura ferentem
cum sociis operum et pueris et coniuge fida,
Tellurem porco, Siluanum lacte piabant,
floribus et uino Genium memorem breuis aeui.
Fescennina per hunc inuecta licentia morem   145
uersibus alternis opprobria rustica fudit.
Libertasque recurrentis accepta per annos
lusit amabiliter, donec iam saeuos apertam
in rabiem coepit uerti iocus et per honestas
ire domos impune minax. Doluere cruento   150
dente lacessiti; fuit intactis quoque cura
condicione super communi; quin etiam lex
poenaque lata, malo quae nollet carmine quemquam
describi. Vertere modum, formidine fustis
ad bene dicendum delectandumque redacti.   155
        Graecia capta ferum uictorem cepit et artis
intulit agresti Latio. Sic horridus ille
defluxit numerus Saturnius et graue uirus
munditiae pepulere; sed in longum tamen aeuum
manserunt hodieque manent uestigia ruris.   160
Serus enim Graecis admouit acumina chartis
et post Punica bella quietus quaerere coepit,

Nunca cogita nenhuma fraude ao sócio ou pupilo
jovem: vive apenas de pão dormido e lentilhas;
mesmo mole e lerdo no exército, serve à cidade,
se você aceitar que o pequeno ajuda no grande.   125
Eis que o poeta molda o cicio infantil da palavra,
ele afasta a orelha de uma conversa indecente,
logo forma o peito pelos preceitos amigos,
é um bom corretor de aspereza e raiva e inveja;
lembra os feitos corretos, aos tempos nascentes concede   130
muito célebre exemplo, consola o pobre e doente.
Onde, em meio a castos meninos, aprende a menina
inda solteira as preces, na falta de vates e Musas?
Clama ajuda o coro e sente os numes presentes,
águas celestes implora e ganha na prece aprendida,   135
lança pra longe doenças, temíveis perigos repele,
pede então por paz e um ano de fartas colheitas.
Deuses excelsos se aplacam por cantos, por cantos os Manes.
         Os lavradores primevos, parrudos, felizes com pouco,
quando depois da colheita buscavam num feriado   140
calma de corpo e alma que aguenta na espera de pausa,
com escravos, parceiros da lida e leal companheira,
logo ofertavam à Terra porco e leite a Silvano,
flor e vinho ao Gênio que lembra a brevíssima vida.
Nesse costume deles surgiu fescenina licença   145
com roceiras ofensas feitas em verso alternado.
E a liberdade aceita em todos os anos que voltam
nisso brincou amável, virando um jogo violento
que descambou em pura raiva, e nas casas honestas
o homem fazia ameaças impunes. Sofreram a chaga   150
desse dente sangrento; mesmo os poupados sentiram
pela causa comum; por fim a lei promulgou-se
com punição, proibindo que um canto malino escrevesse
vidas alheias. Mudaram de tom e temendo um cacete
logo tornaram o texto à boa fala e deleite.   155
         Grécia cativa por fim cativou o feroz vencedor e
artes trouxe ao Lácio agreste. Assim, o terrível
metro satúrnio secou na corrente, e ao duro veneno
veio vencer a elegância; porém, ao longo dos anos
ele durou e ainda perdura em vestígios do campo.   160
Tarde o romano voltou a astúcia às obras dos gregos:
só depois das Guerras Púnicas, calmo indagava

quid Sophocles et Thespis et Aeschylus utile ferrent.
Temptauit quoque rem, si digne uertere posset,
et placuit sibi, natura sublimis et acer;   165
nam spirat tragicum satis et feliciter audet,
sed turpem putat inscite metuitque lituram.
Creditur, ex medio quia res accersit, habere
sudoris minimum, sed habet comoedia tanto
plus oneris, quanto ueniae minus. Aspice, Plautus   170
quo pacto partis tutetur amantis ephebi,
ut patris attenti, lenonis ut insidiosi,
quantus sit Dossennus edacibus in parasitis,
quam non astricto percurrat pulpita socco.
Gestit enim nummum in loculos demittere, post hoc   175
securus cadat an recto stet fabula talo.

      Quem tulit ad scaenam uentoso Gloria curru,
exanimat lentus spectator, sedulus inflat;
sic leue, sic paruum est, animum quod laudis auarum
subruit aut reficit (ualeat res ludicra, si me   180
palma negata macrum, donata reducit opimum!).

      Saepe etiam audacem fugat hoc terretque poetam,
quod numero plures, uirtute et honore minores,
indocti stolidique et depugnare parati
si discordet eques, media inter carmina poscunt   185
aut ursum aut pugiles; his nam plebecula gaudet.
Verum equitis quoque iam migrauit ab aure uoluptas
omnis ad incertos oculos et gaudia uana.
Quattuor aut pluris aulaea premuntur in horas,
dum fugiunt equitum turmae peditumque cateruae;   190
mox trahitur manibus regum fortuna retortis,
esseda festinant, pilenta, petorrita, naues,
captiuum portatur ebur, captiua Corinthus.

      Si foret in terris, rideret Democritus, seu
diuersum confusa genus panthera camelo   195
siue elephans albus uulgi conuerteret ora;
spectaret populum ludis attentius ipsis,
ut sibi praebentem nimio spectacula plura;
scriptores autem narrare putaret asello
fabellam surdo. Nam quae peruincere uoces   200
eualuere sonum referunt quem nostra theatra?
Garganum mugire putes nemus aut mare Tuscum,
tanto cum strepitu ludi spectantur et artes

como seriam úteis Sófocles, Ésquilo e Téspis.
Nisso tentou se podia verter com decência um assunto,
bem que gostou, sublime e afiado por natureza;   165
satisfatório em espírito trágico, fértil se arrisca,
mas considera tosca e, bronco, teme a rasura.
Pensam que por derivar da vida banal, pediria
pouco suor a Comédia, mas pede um peso tamanho,
tanto que ganha menos desculpa. Repare no Plauto: 170
como atua no palco o papel de um efebo amoroso,
ou de um pai sovina, ou de um proxeneta malandro,
como faz um Dosseno com seus parasitas vorazes,
como percorre a cena com soco mal amarrado.
Quer apenas botar a moeda no bolso, e em seguida   175
pouco importa se fica de pé a peça composta.
  Quem a Glória traz ao tablado num carro de vento,
sofre com público mais distraído, se infla com atento;
coisa leve, coisa pequena derruba ou restaura
a alma avara em louvores (dou adeus ao teatro,   180
se uma palma negada me emagra, ou dada me engorda!).
  Muito afugenta e espanta mesmo um ousado poeta,
quando os fortes em número, fracos em honra e virtude,
todos incultos e estúpidos, prontos sempre pra briga,
se um equestre discorda, pedem no meio dos cantos   185
ursos ou bons pugilistas – delícia de todo o povinho.
Mas na verdade o prazer do equestre migrou das orelhas
para os olhos instáveis, para as delícias vazias.
Ficam por quatro horas ou mais no chão as cortinas,
quando correm as tropas equestres e bandos pedestres;   190
logo se arrasta a fortuna de reis com mãos contorcidas.
rápido chegam pilentos, petórritos, êssedas, barcas,
trazem cativo marfim de butim e cativa Corinto.
  Caso estivesse vivo na terra, Demócrito ria,
seja num híbrido bicho cruzando pantera e camelo,   195
ou elefante albino chamando a vista do vulgo;
ia assistir ao povo mais atento que aos jogos,
como se ali estivesse o seu espetáculo pleno;
quanto aos autores, ia pensar que contavam um caso
pra asno surdo. Pois que vozes já conseguiram   200
superar o zunzum que ressoa nos nossos teatros?
É um mugido do Mar Etrusco ou do bosque em Gargano;
pela tamanha zoeira que ouvimos nos jogos, nas artes

diuitiaeque peregrinae, quibus oblitus actor
cum stetit in scaena, concurrit dextera laeuae. 205
Dixit adhuc aliquid? Nil sane. Quid placet ergo?
Lana Tarentino uiolas imitata ueneno.
     Ac ne forte putes me, quae facere ipse recusem,
cum recte tractent alii, laudare maligne,
ille per extentum funem mihi posse uidetur 210
ire poeta, meum qui pectus inaniter angit,
irritat, mulcet, falsis terroribus implet,
ut magus, et modo me Thebis, modo ponit Athenis.
     Verum age, et his qui se lectori credere malunt
quam spectatoris fastidia ferre superbi 215
curam redde breuem, si munus Apolline dignum
uis complere libris et uatibus addere calcar,
ut studio maiore petant Helicona uirentem.
     Multa quidem nobis facimus mala saepe poetae
(ut uineta egomet caedam mea), cum tibi librum 220
sollicito damus aut fesso; cum laedimur, unum
si quis amicorum est ausus reprehendere uersum;
cum loca iam recitata reuoluimus irreuocati;
cum lamentamur non adparere labores
nostros et tenui deducta poemata filo; 225
cum speramus eo rem uenturam ut, simul atque
carmina rescieris nos fingere, commodus ultro
arcessas et egere uetes et scribere cogas.
     Sed tamen est operae pretium cognoscere qualis
aedituos habeat belli spectata domique 230
uirtus, indigno non committenda poetae.
Gratus Alexandro, regi magno, fuit ille
Choerilus, incultis qui uersibus et male natis
rettulit acceptos, regale nomisma, Philippos.
Sed ueluti tractata notam labemque remittunt 235
atramenta, fere scriptores carmine foedo
splendida facta linunt. Idem rex ille, poema
qui tam ridiculum tam care prodigus emit,
edicto uetuit, nequis se praeter Apellen
pingeret aut alius Lysippo duceret aera 240
fortis Alexandri uultum simulantia. Quod si
iudicium subtile uidendis artibus illud
ad libros et ad haec Musarum dona uocares,
Boeotum in crasso iurares aere natum.

ou na pompa estrangeira, o ator ali apagado
quando pisa em cena, bata a direita na esquerda: 205
Disse alguma coisa? Necas. E qual é a graça?
Um tarentino veneno na veste imitou violetas!
    Mas não pense que eu, que agora tanto recuso,
quando acertam no trato, teço louvores maldosos:
acho que pode andar funâmbulo em corda esticada   210
todo poeta que em truque ilusório aperta meu peito,
ou atiça, acalma e enche de falsos terrores,
feito um mago, e por vezes me lança em Tebas e Atenas.
    Vamos então a quem prefere se dar aos leitores
mais que ao velho desprezo soberbo dos espectadores.   215
Breve atenção, pra dar bom dom ao templo de Apolo,
todo repleto de livros, batendo a espora nos vates
para botarem empenho na busca do Hélicon verde.
    Muita maldade sempre fazemos conosco, os poetas
(corto a minha videira): quando lhe damos um livro,   220
vendo que está ansioso ou cansado; quando sofremos
pelo amigo que vem criticar um verso que seja;
quando já repetimos a récita sem nos pedirem;
quando choramos como ninguém repara nos nossos
longos trabalhos, no fio refinado dos tênues poemas;   225
quando esperamos que um dia você nos descubra
nesta forja de canto e gentil nos mande chamarem,
que nos tire da triste pobreza e obrigue à escrita.
    Vale a pena, porém, entender quem são os edítuos
guardas da grande Virtude provada na paz e na guerra,   230
que jamais se daria à mão de poetas indignos.
Teve favor do grande rei Alexandre, o coitado
Quérilo, que com mal paridos versos e incultos
sempre pagava o ganho em moedas de régios filipos.
Mas assim como a tinta no trato deixa uma marca e   235
mancha, amiúde escritores que fazem um canto medonho
borram esplêndidos feitos. O mesmo rei que comprara
esse poema ridículo pelo caríssimo preço
fez por edito um veto dizendo que apenas Apeles
poderia pintá-lo, e ninguém além de Lisipo   240
moldaria no bronze a forte tez de Alexandre.
Mas se aquele gosto sutil nas plásticas artes
quer você aplicar as dons das Musas e livros,
diz que o outro nasceu no crasso ar da Beócia.

At neque dedecorant tua de se iudicia atque 245
munera, quae multa dantis cum laude tulerunt
dilecti tibi Vergilius Variusque poetae
nec magis expressi uultus per aenea signa
quam per uatis opus mores animique uirorum
clarorum apparent. Nec sermones ego mallem 250
repentis per humum quam res componere gestas
terrarumque situs et flumina dicere et arces
montibus impositas et barbara regna tuisque
auspiciis totum confecta duella per orbem
claustraque custodem pacis cohibentia Ianum 255
et formidatam Parthis te principe Romam,
si quantum cuperem possem quoque. Sed neque paruum
carmen maiestas recipit tua nec meus audet
rem temptare pudor quam uires ferre recusent.
Sedulitas autem stulte, quem diligit, urget, 260
praecipue cum se numeris commendat et arte;
discit enim citius meminitque libentius illud
quod quis deridet quam quod probat et ueneratur.
Nil moror officium quod me grauat, ac neque ficto
in peius uultu proponi cereus usquam 265
nec praue factis decorari uersibus opto,
ne rubeam pingui donatus munere et una
cum scriptore meo capsa porrectus operta
deferar in uicum uendentem tus et odores
et piper et quidquid chartis amicitur ineptis. 270

Mas seus dons e gosto e critério jamais se rebaixam,   245
quando já os ganharam com tanto louvor ao patrono
esses seus poetas queridos Vário e Virgílio;
nem a tez se expressa melhor no bronze da estátua
do que nas obras de um vate aparecem costumes e mentes
de homens famosos. E não comporia *Conversas*   250
que rastejam no chão em vez de grandes façanhas,
cantos em nome de várias terras, rios, cidadelas
feitas nos cimos de montes, bárbaros reinos, batalhas
findas com seus auspícios em todas as partes do mundo,
barras fechando os portões da paz guardada por Jano   255
e esta Roma que assusta os partas no seu principado,
se eu conseguisse quanto desejo. Mas tal majestade
não aceita um canto pequeno, nem minha modéstia
ousa ensaiar feito além das forças que tenho.
Mas o zelo tolo perturba quem ele adora,   260
mais ainda quando se entrega com artes e metros;
pois mais rápido aprende e com mais gosto recorda
o homem que zomba do que quando aprova e venera.
Não me demoro no ofício que afeta, nunca desejo
meu retrato tosco de cera solto no mundo,   265
nem renome ganho com versos de rude feitura,
nem ficar vermelho diante do gordo presente
nem me esticar com meu escritor em caixa fechada
entre vielas que vendem incenso, perfume e pimenta,
toda a aquela tranqueira enrolada em folhas inúteis.   270

2.2

Flore, bono claroque fidelis amice Neroni,
si quis forte uelit puerum tibi uendere natum
Tibure uel Gabiis et tecum sic agat: "Hic et
candidus et talos a uertice pulcher ad imos
fiet eritque tuus nummorum milibus octo,   5
uerna ministeriis ad nutus aptus erilis,
litterulis Graecis imbutus, idoneus arti
cuilibet; argilla quiduis imitaberis uda.
Quin etiam canet, indoctum sed dulce bibenti.
Multa fidem promissa leuant, ubi plenius aequo   10
laudat uenalis qui uult extrudere merces:
res urget me nulla; meo sum pauper in aere.
Nemo hoc mangonum faceret tibi; non temere a me
quiuis ferret idem. Semel hic cessauit et, ut fit,
in scalis latuit metuens pendentis habenae.   15
Des nummos, excepta nihil te si fuga laedit:"
ille ferat pretium poenae securus, opinor.
Prudens emisti uitiosum, dicta tibi est lex:
insequeris tamen hunc et lite moraris iniqua?
Dixi me pigrum proficiscenti tibi, dixi   20
talibus officiis prope mancum, ne mea saeuus
iurgares ad te quod epistula nulla rediret.
Quid tum profeci, mecum facientia iura
si tamen attemptas? Quereris super hoc etiam quod
expectata tibi non mittam carmina mendax.   25
Luculli miles collecta uiatica multis
aerumnis, lassus dum noctu stertit, ad assem
perdiderat. Post hoc uehemens lupus, et sibi et hosti
iratus pariter, ieiunis dentibus acer,
praesidium regale loco deiecit, ut aiunt,   30
summe munito et multarum diuite rerum.
Clarus ob id factum donis ornatur honestis,
accipit et bis dena super sestertia nummum.
Forte sub hoc tempus castellum euertere praetor
nescio quod cupiens, hortari coepit eundem   35
uerbis quae timido quoque possent addere mentem:
"I, bone, quo uirtus tua te uocat, i pede fausto,
grandia laturus meritorum praemia. Quid stas?"
Post haec ille catus, quantumuis rusticus: "Ibit,

2.2

Floro, fiel amigo do grande e célebre Nero,
se por acaso alguém lhe quiser vender um escravo
desses nascidos em Tíbur ou Gábios, falando:
"Esse lindo e esplêndido todo, dos pés à cabeça,
pode ser só seu por oito mil moedinhas,   5
verna criado na casa, bom para todo serviço,
tem uma tinta em letrinhas gregas, entende das artes;
dá pra moldar à gosto, que nem argila molhada.
Quando canta gente beber é inculto, mas doce.
Muita promessa desfaz confiança, quando se louva   10
mais do que deve o produto que estamos rifando na lata:
nada me obriga e, ando pobre, mas não no vermelho.
Um vendedor de escravos não faz pechinchas assim, nem
dou barganhas assim. Um dia, escapou do trabalho,
foi se esconder na escada temendo a chibata guardada: 15
passe as moedas, só a fuga daria num dano!".
Esse, penso, põe um preço sem medo das penas.
Tinha ciência ao comprar um safado, e a lei era clara:
vai então persegui-lo em longo e injusto litígio?

      Quando você partia, falei que eu sou preguiçoso   20
que eu sou manco no ofício falei, pra evitar que viesse
bravo na briga, quando eu não respondesse uma carta.
Como vou proceder, se tenho o direito comigo,
mas você me contesta? Reclama, ainda por cima,
que eu, caloteiro, não lhe mandei as canções prometidas.   25

      Um militar de Luculo, cansado, roncava de noite,
nisso perdeu os vinténs que tinha em tanta labuta
antes juntado. E, feroz que nem lobo, consigo e com todos
numa fúria só, afiado nos dentes famintos,
desalojou guarnição real, segundo nos dizem,   30
num local protegido e rico em vasto tesouro.
Célebre graças ao feito, com brindes de honra se enfeita,
mais que vinte mil sestércios logo levava.
Pouco depois o pretor decidiu derrubar um castelo
(qual não sei) e nesse desejo danou de exortá-lo   35
com palavras que dão coragem mesmo aos covardes:
"Vá, meu bom, aonde a virtude levar, com fortuna
vá, levando os mais merecidos prêmios. Parado?"
Ele, malandro, matuto de todo, responde: "Ele vai sim!,

ibit eo quo uis qui zonam perdidit" inquit.   40
      Romae nutriri mihi contigit atque doceri
iratus Grais quantum nocuisset Achilles.
Adiecere bonae paulo plus artis Athenae,
scilicet ut uellem curuo dinoscere rectum
atque inter siluas Academi quaerere uerum.   45
Dura sed emouere loco me tempora grato
ciuilisque rudem belli tulit aestus in arma
Caesaris Augusti non responsura lacertis.
Vnde simul primum me dimisere Philippi,
decisis humilem pinnis inopemque paterni   50
et Laris et fundi paupertas impulit audax
ut uersus facerem; sed quod non desit habentem
quae poterunt umquam satis expurgare cicutae,
ni melius dormire putem quam scribere uersus?
      Singula de nobis anni praedantur euntes.   55
Eripuere iocos, Venerem, conuiuia, ludum,
tendunt extorquere poemata. Quid faciam uis?
      Denique non omnes eadem mirantur amantque:
carmine tu gaudes, hic delectatur iambis,
ille Bioneis sermonibus et sale nigro.   60
Tres mihi conuiuae prope dissentire uidentur,
poscentes uario multum diuersa palato.
Quis dem? Quid non dem? Renuis quod tu, iubet alter;
quod petis, id sane est inuisum acidumque duobus.
      Praeter cetera me Romaene poemata censes   65
scribere posse inter tot curas totque labores?
Hic sponsum uocat, hic auditum scripta relictis
omnibus officiis; cubat hic in colle Quirini,
hic extremo in Auentino, uisendus uterque;
interualla uides haud sane commoda. "Verum   ˙70
purae sunt plateae, nihil ut meditantibus obstet."
Festinat calidus mulis gerulisque redemptor,
torquet nunc lapidem, nunc ingens machina tignum,
tristia robustis luctantur funera plaustris,
hac rabiosa fugit canis, hac lutulenta ruit sus: 75
i nunc et uersus tecum meditare canoros!
      Scriptorum chorus omnis amat nemus et fugit urbem,
rite cliens Bacchi somno gaudentis et umbra:
tu me inter strepitus nocturnos atque diurnos
uis canere et contracta sequi uestigia uatum?   80

Vai aonde mandar – o tal que perdeu carteira!".   40
        Roma! que sorte aí crescer e ser ensinado
como a raiva de Aquiles causava o dano dos gregos.
Deu-me um modesto acréscimo em artes a célebre Atenas,
já que eu queria saber separar o torto do reto
entre os bosque da Academia buscar a verdade.   45
Duros tempos, porém, me tiraram daquele deleite,
quando o calor da guerra civil me lançara, calouro, às
armas, fracas perante os braços de César Augusto.
Na primeira dispensa que puder ter em Filipos,
com as asas cortadas, prostrado e privado dos Lares   50
e da herança paterna, a valente pobreza impeliu-me
para compor uns versos; mas hoje, que tenho de sobra,
quanta cicuta daria a purga satisfatória
para largar a mania que o sono é melhor do que os versos?
        Tudo aos poucos depredam de nós os anos que passam.   55
Já me arrancaram os jogos, Vênus, banquetes, brinquedos,
e hoje me tentam tomar os poemas. E o quê que eu faria?
        Mais: os homens amam e adoram coisas diversas.
cantos lhe dão deleite; mas outro estima os iambos,
esse prefere o negro sal e as *Conversas* de Bíon.   60
Três convidados aqui parecem ter discordância,
querem coisas diversas pro seu paladar variado.
Dou o quê? Não dou o quê? Você nega, ele exige;
seu pedido pros dois parece horrível e azedo.
        Inda por cima, você achou que consigo fazer meus   65
versos em Roma, cercado de tanta agonia e labuta?
Um me quer de fiador, e o outro de ouvinte pros textos,
claro, largando tudo; se um adoece em Quirino,
o outro, no longe Aventino, e aos dois eu presto visita
veja que bela distância, nada agradável! "Verdade: 70
pego as ruas vazias, e nada me impede as ideias."
Corre na pressa o esperto empreiteiro com mula e porteiro,
e uma máquina imensa pega pedras ou troncos,
tristes enterros lutam contra carros robustos,
foge cadela raivosa, foge porca barrenta: 75
vá então e tente as ideias em versos cantáveis!
        Coros de autores adoram a mata e saem da cidade,
santos clientes de Baco, alegres com sonos e sombras:
mas você com tanta zoada diurna e noturna
quer que eu cante e siga a senda estreita dos vates?   80

Ingeniu, sibi quod uacuas desumpsit Athenas
et studiis annos septem dedit insenuitque
libris et curis, statua taciturnius exit
plerumque et risu populum quatit: hic ego rerum
fluctibus in mediis et tempestatibus urbis   85
uerba lyrae motura sonum conectere digner?
         †Frater erat Romae† consulti rhetor, ut alter
alterius sermone meros audiret honores,
Gracchus ut hic illi, foret huic ut Mucius ille.
Qui minus argutos uexat furor iste poetas?   90
Carmina compono, hic elegos, "Mirabile uisu
caelatumque nouem Musis opus." Aspice primum
quanto cum fastu, quanto molimine circum-
spectemus uacuam Romanis uatibus aedem!
Mox etiam, si forte uacas, sequere et procul audi   95
quid ferat et quare sibi nectat uterque coronam.
Caedimur et totidem plagis consumimus hostem,
lento Samnites ad lumina prima duello.
Discedo Alcaeus puncto illius: ille meo quis?
Quis nisi Callimachus? Si plus apposcere uisus,   100
fit Mimnermus et optiuo cognomine crescit.
Multa fero ut placem genus irritabile uatum,
cum scribo et supplex populi suffragia capto;
idem finitis studiis et mente recepta,
opturem patulas impune legentibus auris.   105
         Ridentur mala qui componunt carmina; uerum
gaudent scribentes et se uenerantur et ultro,
si taceas, laudant quidquid scripsere beati.
At qui legitimum cupiet fecisse poema,
cum tabulis animum censoris sumet honesti;   110
audebit, quaecumque parum splendoris habebunt
et sine pondere erunt et honore indigna fruentur,
uerba mouere loco, quamuis inuita recedant
et uersentur adhuc inter penetralia Vestae.
Obscurata diu populo bonus eruet atque   115
proferet in lucem speciosa uocabula rerum,
quae priscis memorata Catonibus atque Cethegis
nunc situs informis premit et deserta uetustas;
asciscet noua, quae genitor produxerit usus.
Vehemens et liquidus puroque simillimus amni   120
fundet opes Latiumque beabit diuite lingua.

Um cabeça escolheu pra si a Atenas tranquila,
lá consagrou sete anos de estudos, envelhecendo
junto a livros e lidas; mais calado que estátua
sai de casa e faz o povo tremer de risadas:
e eu, em meio às ondas da vida e borrascas de Roma,   85
devo amarrar palavras que aticem os timbres da lira?
      †Tinha em Roma† um rétor, †irmão† de jurista,
pelas conversas só trocavam e ouviam louvores:
este era um Graco pra aquele, e aquele era um Múcio.
E uma loucura menor ataca o trinar dos poetas?   90
Cantos componho, e ele elegias: "Obra espantosa,
pelo cinzel das nove Musas!" Repare primeiro
quanta pompa temos, com quanta pose que circun-
vemos todo o templo aberto aos vates romanos!
Logo, logo, se der um tempinho, se achegue e escute   95
tudo que trazem e como todos se trançam coroas.
Tanto nós nos batemos, sempre espancando inimigos:
lento duelo samnita, até que acendam as luzes.
Ele me vota um Alceu no destaque: e dele o que digo?
Quem, senão um Calímaco? E caso mais me demande,   100
vira Mimnermo e cresce mais com o nome adotivo.
Muito aturo aplacando a raça irritável dos vates,
quando escrevo e súplice peço os votos do povo;
mas agora, que acabo os estudos, recobro os sentidos,
quero impune tampar o ouvido aberto as leituras.   105
      Quem compõe horrendos cantos, vira piada,
mas adoram a escrita e vivem se venerando;
caso você se cale, louvam os próprios escritos!
Quem, porém, quiser fazer um poema regrado,
pegue junto às tabuinhas a mente de honestos censores;   110
Deve ousar, diante de tudo que peca no lustre,
quando falta peso ou goza de honras injustas,
para trocar de lugar as palavras, até se recusam
quando se vertem e insistem entre os precintos da Vesta.
Termos há tempo obscuros ele gentil desenterra   115
para o povo e traz à luz vocábulos finos,
antes lembrados pelos antigos Catões e Cetegos,
que hoje sujeira disforme e deserta velhice oprimiram;
novos adota, que o uso, qual genitor, nos engendra.
Forte, líquido e lúcido, feito puríssimo rio,   120
verte bênção no Lácio pela riqueza da língua.

Luxuriantia compescet, nimis aspera sano
leuabit cultu, uirtute carentia tollet.
Ludentis speciem dabit et torquebitur, ut qui
nunc Satyrum, nunc agrestem Cyclopa mouetur.   125
       Praetulerim scriptor delirus inersque uideri,
dum mea delectent mala me uel denique fallant,
quam sapere et ringi. Fuit haud ignobilis Argis,
qui se credebat miros audire tragoedos
in uacuo laetus sessor plausorque theatro;   130
cetera qui uitae seruaret munia recto
more, bonus sane uicinus, amabilis hospes,
comis in uxorem, posset qui ignoscere seruis
et signo laeso non insanire lagoenae,
posset qui rupem et puteum uitare patentem.   135
Hic ubi cognatorum opibus curisque refectus
expulit elleboro morbum bilemque meraco
et redit ad sese: "Pol, me occidistis, amici,
non seruastis" ait, "cui sic extorta uoluptas
et demptus per uim mentis gratissimus error."   140
       Nimirum sapere est abiectis utile nugis,
et tempestiuum pueris concedere ludum,
ac non uerba sequi fidibus modulanda Latinis,
sed uerae numerosque modosque ediscere uitae.
       Quocirca mecum loquor haec tacitusque recordor: 145
Si tibi nulla sitim finiret copia lymphae,
narrares medicis: quod, quanto plura parasti,
tanto plura cupis, nulline faterier audes?
Si uulnus tibi monstrata radice uel herba
non fieret leuius, fugeres radice uel herba   150
proficiente nihil curarier; audieras, cui
rem di donarent, illi decedere prauam
stultitiam: et cum sis nihilo sapientior ex quo
plenior es, tamen uteris monitoribus isdem?
At si diuitiae prudentem reddere possent,   155
si cupidum timidumque minus te, nempe ruberes,
uiueret in terris te si quis auarior uno.
       Si proprium est quod quis libra mercatus et aere est,
quaedam, si credis consultis, mancipat usus.
Qui te pascit ager tuus est et uilicus Orbi,   160
cum segetes occat tibi mox frumenta daturas,
te dominum sentit. Das nummos, accipis uuam,

Poda o luxo do excesso, em cuidado sadio alivia
cada aspereza, tolhe o que manca em força e virtude.
Monta pose de jogo, porém se contorce na lida
qual dançarino que faz um Sátiro ou tosco Ciclope.   125
      Antes a fama de ser delirante, inerte e sem arte,
quando me agradam meus defeitos e mesmo me escapam,
do que saber e rosnar. Em Argos, um homem de classe
deu de pensar que escutava trágicos grandes atores,
todo alegre sentado e aplaudindo em teatro vazio;   130
e ele sabia manter os outros deveres da vida
sempre corretos: bom vizinho e hospitaleiro,
doce com sua esposa, capaz de perdão aos escravos,
sem surtar ao ver uma bilha de selo quebrado
desses que evitam qualquer precipício ou poços abertos.   135
Ele enfim sarou por ajuda e atenção dos parentes,
quando expulsou com puro heléboro a bile doente,
nisso voltou a si e disse: "Por Pólux, amigos,
nada salvaram, só me mataram tirando os prazeres,
me arrebatando à força o erro gostoso da mente!".   140
      Claro que útil é saber e largar ninharias,
dar aos meninos o dom de brincar no momento correto;
não palavras seguir, moduladas nas cordas latinas,
mas aprender os modos e metros da vida concreta.
      Nisso converso sozinho comigo e calado recordo…   145
Se nenhuma fartura de água matasse uma sede,
tudo diria ao médico; mas se o tanto que ganha,
tanto mais deseja, jamais confessa o segredo?
Se uma ferida, mesmo usando raízes e folhas,
não melhorasse, você largaria raízes e folhas,   150
já que de nada servem na cura; mas bem escutara
como os deuses, quando concedem bonança, debandam
vil tolice: se não saiu mais sábio em nadinha
quando ficou mais rico, segue os mesmos mentores?
Mas se as riquezas concedem tanta prudência e ciência,   155
se você tem menos medo e desejo, na certa
ia corar de ver um maior miserável no mundo.
      Se for posse o bem a peso e bronze comprado,
certas coisas (segundo os juristas) se ganham por uso.
Seu é o campo que traz sustento, e o caseiro de Órbio,   160
quando lavra a messe que logo dará seu frumento,
vê em você um senhor; que troca moedas em uvas,

pullos, oua, cadum temeti: nempe modo isto
paulatim mercaris agrum, fortasse trecentis
aut etiam supra nummorum milibus emptum.   165
Quid refert, uiuas numerato nuper an olim?
Emptor Aricini quondam Veientis et arui
emptum cenat holus, quamuis aliter putat, emptis
sub noctem gelidam lignis calefactat aenum;
sed uocat usque suum, qua populus assita certis   170
limitibus uicina refringit iurgia, tamquam
sit proprium quidquam puncto quod mobilis horae
nunc prece, nunc pretio, nunc ui, nunc morte suprema
permutet dominos et cedat in altera iura.
       Sic quia perpetuus nulli datur usus et heres   175
heredem alterius uelut unda superuenit undam,
quid uici prosunt aut horrea, quidue Calabris
saltibus adiecti Lucani, si metit Orcus
grandia cum paruis, non exorabilis auro?
       Gemmas, marmor, ebur, Tyrrhena sigilla, tabellas,   180
argentum, uestis Gaetulo murice tinctas
sunt qui non habeant, est qui non curat habere.
Cur alter fratrum cessare et ludere et ungui
praeferat Herodis palmetis pinguibus, alter
diues et importunus ad umbram lucis ab ortu   185
siluestrem flammis et ferro mitiget agrum,
scit Genius, natale comes qui temperat astrum,
naturae deus humanae, mortalis in unum
quodque caput, uultu mutabilis, albus et ater.
Vtar et ex modico, quantum res poscet aceruo   190
tollam, nec metuam quid de me iudicet heres,
quod non plura datis inuenerit; et tamen idem
scire uolam quantum simplex hilarisque nepoti
discrepet et quantum discordet parcus auaro.
Distat enim spargas tua prodigus an neque sumptum   195
inuitus facias neque plura parare labores,
ac potius, puer ut festis Quinquatribus olim,
exiguo gratoque fruaris tempore raptim.
†Pauperies immunda domus procul absit†; ego utrum
naue ferar magna an parua, ferar unus et idem.   200
Non agimur tumidis uelis Aquilone secundo;
non tamen aduersis aetatem ducimus Austris:
uiribus, ingenio, specie, uirtute, loco, re

frangos, ovos, tonéis de temeto: repare no jeito
como está comprando aos poucos um campo que um dia
antes comprara por mais de trezentas mil moedinhas.   165
Faz diferença viver da paga recente ou antiga?
Um comprador de searas outrora, em Veios e Arícia,
janta legume comprado, mesmo que pense o contrário,
e arde a caldeira nas noites de frio com lenha comprada;
chama de seu, porém, a tudo que a linha de choupos   170
como limite afasta de rinhas vizinhas; tal como
fosse posse tudo que a hora breve e mutável,
entre prece, preço, força ou morte suprema,
muda de donos e entrega direto aos direitos de um outro.

      Já que ninguém tem uso perpétuo de nada e herdeiros   175
seguem outros herdeiros, feito ondas em ondas,
de que valem quintas e tulhas, florestas lucanas
junto a bosques calábrios, se o Orco nos ceifa
coisas pequenas e grandes, inexorável por ouro?

      Joias, marfim, e mármore, bronzes etruscos, pinturas,   180
prata, roupas tingidas por múrices lá da Getúlia:
tem quem não os tenha, quem nem sonhe com tê-los!
Como, de dois irmãos, um deles prefere descanso,
bálsamos e brincadeiras às tais tamareiras de Herodes,
e outro, rico e incansável, a ferro e fogo domina   185
todo o campo silvestre, desde a aurora à tardinha:
só o Gênio sabe, parceiro que rege a nascença,
deus da espécie humana, mortal a cada pessoa,
sempre diverso, claro e escuro, de cara mutável.
Deste meu modesto armazém eu tiro somente   190
quanto preciso, e não receio as ideias do herdeiro,
pois não achar a mais do que dei; entretanto
quero saber discernir o playboy do simples e alegre,
quero também distinguir o homem frugal do avarento.
Faz diferença se torra dinheiro pródigo, ou topa   195
sem contragosto um gasto, nem acumula nos cofres,
feito aquele menino nas velhas festas Quinquátrias,
para curtir na pressa a alegria de um breve momento.
†Longe de mim a imunda pobreza no lar†; se navego
numa barca grande ou pequena, navego igualzinho.   200
Não me levo em velas de um Aquilão favorável,
não me bato também de frente aos Austros contrários:
seja por força, talento, virtude, posto e dinheiro,

extremi primorum, extremis usque priores.

       Non es auarus: abi. Quid? Cetera iam simul isto   205
cum uitio fugere? Caret tibi pectus inani
ambitione? Caret mortis formidine et ira?
Somnia, terrores magicos, miracula, sagas,
nocturnos lemures portentaque Thessala rides?
Natalis grate numeras? Ignoscis amicis?   210
Lenior et melior fis accedente senecta?
Quid te exempta iuuat spinis de pluribus una?
Viuere si recte nescis, decede peritis.
Lusisti satis, edisti satis atque bibisti;
tempus abire tibi est, ne potum largius aequo   215
rideat et pulset lasciua decentius aetas.

sou o primeiro dos últimos e último dentre os primeiros.

Bom que você não é avarento. E aí? Mas os outros 205
vícios somem com esse? O peito livrou-se por fim das
vãs ambições? Livrou-se da raiva e do medo da morte?
Sonhos, terrores mágicos, bruxas, fantasmas noturnos,
ou prodígios, portentos tessálios – tudo é piada?
Conta contente os aniversários? Perdoa os amigos? 210
Fica melhor e maior enquanto chega a velhice?
De que adianta tirar um só de tantos espinhos?
Se não sabe viver direito, deixe aos peritos.
Já satisfeito em brincar, satisfeito dos comes e bebes,
chega a hora de ir, enquanto não cai de manguaça 215
nos pontapés e piadas de jovens no ponto pra farra.

ARS POETICA.
AD PISONES EPISTULA

ARTE POÉTICA.
EPÍSTOLA AOS PISÕES

Humano capiti ceruicem pictor equinam
iungere si uelit et uarias inducere plumas
undique collatis membris, ut turpiter atrum
desinat in piscem mulier formosa superne,
spectatum admissi risum teneatis, amici?   5
Credite, Pisones, isti tabulae fore librum
persimilem, cuius, uelut aegri somnia, uanae
fingentur species, ut nec pes nec caput uni
reddatur formae. "Pictoribus atque poetis
quidlibet audendi semper fuit aequa potestas."   10
Scimus, et hanc ueniam petimusque damusque uicissim;
sed non ut placidis coeant immitia, non ut
serpentes auibus geminentur, tigribus agni.
     Inceptis grauibus plerumque et magna professis
purpureus, late qui splendeat, unus et alter   15
assuitur pannus, cum lucus et ara Dianae
et properantis aquae per amoenos ambitus agros,
aut flumen Rhenum aut pluuius describitur arcus;
sed nunc non erat his locus. et fortasse cupressum
scis simulare: quid hoc, si fractis enatat exspes   20
nauibus aere dato qui pingitur? Amphora coepit
institui: currente rota cur urceus exit?
Denique sit quoduis, simplex dumtaxat et unum.
     Maxima pars uatum, pater et iuuenes patre digni,
decipimur specie recti. Breuis esse laboro,   25
obscurus fio; sectantem leuia nerui
deficiunt animique; professus grandia turget;
serpit humi tutus nimium timidusque procellae;
qui uariare cupit rem prodigialiter unam,
delphinum siluis appingit, fluctibus aprum: 30
in uitium ducit culpae fuga, si caret arte.
     Aemilium circa Ludum faber imus et unguis
exprimet et mollis imitabitur aere capillos,
infelix operis summa, quia ponere totum
nesciet. Hunc ego me, si quid componere curem,   35
non magis esse uelim quam naso uiuere prauo,
spectandum nigris oculis nigroque capillo.
     Sumite materiam uestris, qui scribitis, aequam
uiribus et uersate diu quid ferre recusent,
quid ualeant umeri. Cui lecta potenter erit res,   40
nec facundia deseret hunc nec lucidus ordo.

Se à cabeça humana um pintor equino pescoço
costurasse ao acaso e aplicasse penas diversas
sobre membros colados de bichos vários, findando
preto peixe horrendo da bela mulher do começo,
vendo a mostra, vocês conteriam o riso, meus caros?   5
Mas acreditem, Pisões, que a esse quadro se iguala
todo livro que, qual sonhos de um homem doente,
forja-se em formas vãs, que nem pé nem cabeça combina
numa só figura. "Porém ao pintor e ao poeta
sempre se deu o pleno direito de ousar o que queiram."   10
Bem sabemos, pedimos e damos a mesma licença,
mas jamais para unir o feroz ao manso, nem mesmo
pra geminar serpente e pássaro, tigre e cordeiro.
      Num solene início que se anuncia sisudo,
para que brilhe forte de longe, logo se cosem   15
trapos purpúreos, quando um bosque e altar de Diana,
voltas de um curso d'água que desce por campos tranquilos,
ou o Reno ou então o arco-íris seria descrito:
mas agora não era o lugar. Você nos simula
bons ciprestes: pra quê, se nada náufrago o homem   20
desesperado que paga o afresco? Se um vaso começa
como modelo na roda, por que num pote termina?
Faça à vontade, desde que simples na sua unidade.
      Pai e filhos que honram o pai, a mor parte dos vates
somos logrados na forma correta. Tento ser breve,   25
fico obscuro; quem busca a leveza de nervos e força
logo carece; um promete o grandioso e finda empolado;
pelo chão rasteja o cauto que teme a borrasca;
quem deseja vários prodígios na mesma unidade,
pinta porcos no mar ou então no mato golfinhos.   30
Fuga de críticas leva ao vício, se falta-lhe a arte.
      Perto da escola Emília, qualquer escultor mequetrefe
unhas expressa e imita suaves cabelos no bronze,
mas em suma infeliz, porque não sabe dar forma
para o todo. E isso, quando preparo um trabalho,   35
não desejo pra mim, nem viver com nareba disforme,
mesmo que vejam meus olhos negros e negro cabelo.
      Quando escreverem, procurem sempre justa matéria
para as próprias forças, ponderem em quanto recusam,
quando sustentam os ombros. Se é controlado na escolha,   40
nunca lhe falta eloquência, nunca a lúcida ordem.

Ordinis haec uirtus erit et Venus, aut ego fallor,
ut iam nunc dicat iam nunc debentia dici,
pleraque differat et praesens in tempus omittat.
Hoc amet, hoc spernat promissi carminis auctor. 45
      In uerbis etiam tenuis cautusque serendis
dixeris egregie, notum si callida uerbum
reddiderit iunctura nouum. Si forte necesse est
indiciis monstrare recentibus abdita rerum.
fingere cinctutis non exaudita Cethegis, 50
continget dabiturque licentia sumpta pudenter:
et noua fictaque nuper habebunt uerba fidem si
Graeco fonte cadent parce detorta. Quid autem
Caecilio Plautoque dabit Romanus ademptum
Vergilio Varioque? Ego cur, acquirere pauca 55
si possum, inuideor, cum lingua Catonis et Enni
sermonem patrium ditauerit et noua rerum
nomina protulerit? Licuit semperque licebit
signatum praesente nota producere nomen.
      Vt siluae foliis priuos mutantur in annos, 60
prima cadunt: ita uerborum uetus interit aetas,
et iuuenum ritu florent modo nata uigentque.
Debemur morti nos nostraque; siue receptus
terra Neptunus classis Aquilonibus arcet,
regis opus, sterilisue palus prius aptaque remis 65
uicinas urbes alit et graue sentit aratrum,
seu cursum mutauit iniquum frugibus amnis
doctus iter melius: mortalia facta peribunt,
nedum sermonum stet honos et gratia uiuax.
Multa renascentur quae iam cecidere cadentque 70
quae nunc sunt in honore uocabula, si uolet usus,
quem penes arbitrium est et ius et norma loquendi.
      Res gestae regumque ducumque et tristia bella
quo scribi possent numero, monstrauit Homerus;
uersibus impariter iunctis querimonia primum, 75
post etiam inclusa est uoti sententia compos;
quis tamen exiguos elegos emiserit auctor,
grammatici certant et adhuc sub iudice lis est;
Archilochum proprio rabies armauit iambo;
hunc socci cepere pedem grandesque cothurni, 80
alternis aptum sermonibus et popularis
uincentem strepitus et natum rebus agendis;

Todo o vigor e a Vênus da ordem, ou muito me engano,
são que agora diga o que agora deve ser dito,
mas adie o resto e omita no dado momento,
que ame isso e odeie aquilo o autor que promete.   45
  Nas palavras, seja cauto e sutil no entrelace,
pois notável será, se ao termo mais conhecido
uma costura sagaz converte em novo. Se deve
demonstrar o segredo das coisas com termos recentes
ao forjar o inaudito para Cetegos cintudos,   50
toda licença é dada, desde que tenha prudência:
novas palavras recém-forjadas serão acolhidas
se da fonte grega derivam em queda discreta.
Como os romanos concedem a Plauto e Cecílio o que vetam
para Vário e Virgílio? E eu, que adquiro somente   55
pouco, vou sofrer mau-olhado, se a língua dos velhos
Ênio e Catão enriquece a conversa pátria e oferta
novos nomes às coisas? Sempre foi permitido
dar um nome cunhado na forma do selo presente.
  Como nos bosques que mudam de folhas todos os anos 60
caem as velhas, também fenecem antigas palavras,
mas as recém-nascidas, iguais a jovens, florescem.
Somos devidos à morte, nós e o nosso. E ainda
que Netuno por terra afaste Aquilões das armadas
(obra régia), ou charco estéril e bom pra remadas   65
nutra cidades vizinhas e sinta o peso do arado,
ou que o rio mude seu curso avesso às searas,
por aprender o caminho, perecem os feitos humanos:
nunca perduram a glória e graça viva da fala.
Muitos ainda renascem depois de caírem e caem   70
estes vocábulos que hoje têm glória, se o uso o decide,
já que detém a lei, a norma e arbítrio da língua.
  Feitos de reis e seus generais e tristes batalhas
com seu metro certo de escrita mostrou-nos Homero;
numa costura de versos diversos começa o lamento,   75
logo depois incluiu-se o discurso por voto cumprido,
quem porém seria o autor da curta elegia,
isso os gramáticos sempre discutem, *sub judice* ainda;
foi a raiva que armara Arquíloco dando-lhe o iambo,
e este pé os tamancos e grandes coturnos tomaram,   80
certo pra toda conversa alternada, pois que derrota
toda balbúrdia do povo, metro nascido pro drama;

Musa dedit fidibus diuos puerosque deorum
et pugilem uictorem et equum certamine primum
et iuuenum curas et libera uina referre: 85
descriptas seruare uices operumque colores
cur ego si nequeo ignoroque poeta salutor?
Cur nescire pudens praue quam discere malo?
     Versibus exponi tragicis res comica non uult;
indignatur item priuatis ac prope socco   90
dignis carminibus narrari cena Thyestae:
singula quaeque locum teneant sortita decentem.
Interdum tamen et uocem comoedia tollit
iratusque Chremes tumido delitigat ore
et tragicus plerumque dolet sermone pedestri   95
Telephus et Peleus, cum pauper et exsul uterque
proicit ampullas et sesquipedalia uerba,
si curat cor spectantis tetigisse querella.
     Non satis est pulchra esse poemata: dulcia sunto
et quocumque uolent animum auditoris agunto.   100
Vt ridentibus arrident, ita flentibus afflent
humani uultus. Si uis me flere, dolendum est
primum ipsi tibi, tum tua me infortunia laedent,
Telephe uel Peleu; male si mandata loqueris,
aut dormitabo aut ridebo. Tristia maestum   105
uultum uerba decent, iratum plena minarum,
ludentem lasciua, seuerum seria dictu.
Format enim Natura prius nos intus ad omnem
fortunarum habitum; iuuat aut impellit ad iram
aut ad humum maerore graui deducit et angit;   110
post effert animi motus interprete lingua.
Si dicentis erunt fortunis absona dicta,
Romani tollent equites peditesque cachinnum.
     Intererit multum diuusne loquatur an heros,
maturusne senex an adhuc florente iuuenta   115
feruidus, et matrona potens an sedula nutrix,
mercatorne uagus cultorne uirentis agelli,
Colchus an Assyrius, Thebis nutritus an Argis.

     Aut famam sequere aut sibi conuenientia finge,
scriptor. †Honoratum† si forte reponis Achillem,   120
inpiger, iracundus, inexorabilis, acer
iura neget sibi nata, nihil non adroget armis.

Musa deu às cordas os deuses e filhos de deuses,
deu vencedores na luta, o primeiro cavalo em chegada,
as aflições dos jovens e versos de vinhos libertos: 85
se conservar os modos prescritos e as cores das obras
eu não posso nem sei, como é que me chamam poeta?
Como em falso pudor prefiro ignorá-lo a sabê-lo?
          Tema cômico não se presta a trágicos versos;
é uma afronta também em cantos de foro privado   90
feitos para o tamanco narrar o jantar de Tiestes:
cada coisa sortida demanda um lugar adequado.
Sim, por vezes também a comédia levanta o discurso
quando bravo um Cremes ralha com falas infladas;
muitas vezes sofre em conversa pedestre Peleu ou   95
Télefo trágicos, quando pobre, ou na pena do exílio,
largam dito empolado e sesquipedal nas palavras,
quando o lamento pretende tocar no público o peito.
          Não satisfaz o poema bonito, mas doce requinte,
para também levar onde queira a mente do ouvinte.   100
Frente aos ridentes sorri, tal como chora aos chorosos
todo rosto humano. Se quer que eu chore, primeiro
sofra você, e assim os seus infortúnios me afetam,
ô Peleu e Télefo; mas se falar desleixado,
vou dormir ou então gargalhar. As tristes palavras   105
cabem no rosto abatido, ameaças no iroso,
no safado as lascivas, sérias no grave, se falam.
Pois Natureza primeiro nos forma por dentro pra todo
golpe do acaso; alegra ou então impele pra raiva,
ou derruba e comprime no chão em pesada tristeza;   110
só depois a língua intérprete expõe nosso alento.
Se um falante destoa da própria fortuna na fala,
vão os equestres, pedestres romanos soltar gargalhada.
          Muito interessa se acaso é herói ou divo que atua,
velho maduro ou ainda na flor da melhor juventude   115
todo fogoso, matrona mandona ou nutriz dedicada,
comerciante errante ou colono de verdes searas,
se é assírio ou colco, nutrido em Tebas ou Argos.

          Siga a fama firmada ou forje um papel coerente,
caro escritor. Que †honrado† seja em feitura um Aquiles,   120
infatigável, inexorável, iroso e amargo
negue as leis pra si e apenas aposte nas armas.

Sit Medea ferox inuictaque, flebilis Ino,
perfidus Ixion, Io uaga, tristis Orestes.
Si quid inexpertum scaenae conmittis et audes   125
personam formare nouam, seruetur ad imum,
qualis ab incepto processerit et sibi constet.
Difficile est proprie communia dicere, tuque
rectius Iliacum carmen diducis in actus
quam si proferres ignota indictaque primus.   130
     Publica materies priuati iuris erit, si
non circa uilem patulumque moraberis orbem,
nec uerbo uerbum curabis reddere fidus
interpres, nec desilies imitator in artum,
unde pedem proferre pudor uetet aut operis lex.   135
Nec sic incipies ut scriptor cyclicus olim:
"Fortunam Priami cantabo et nobile bellum."
Quid dignum tanto feret hic promissor hiatu?
Parturient montes, nascetur ridiculus mus.
Quanto rectius hic qui nil molitur inepte: 140
"Dic mihi, Musa, uirum, captae post tempora Troiae
qui mores hominum multorum uidit et urbes."
Non fumum ex fulgore, sed ex fumo dare lucem
cogitat, ut speciosa dehinc miracula promat,
Antiphaten Scyllamque et cum Cyclope Charybdim.   145
Nec reditum Diomedis ab interitu Meleagri
nec gemino bellum Troianum orditur ab ouo;
semper ad euentum festinat et in medias res
non secus ac notas auditorem rapit, et quae
desperat tractata nitescere posse relinquit,   150
atque ita mentitur, sic ueris falsa remiscet,
primo ne medium, medio ne discrepet imum.
     Tu quid ego et populus mecum desideret audi.
Si plausoris eges aulaea manentis et usque
sessuri donec cantor "Vos plaudite" dicat,   155
aetatis cuiusque notandi sunt tibi mores
mobilibusque decor naturis dandus et annis.
Reddere qui uoces iam scit puer et pede certo
signat humum, gestit paribus colludere, et iram
concipit ac ponit temere et mutatur in horas.   160
Imberbis iuuenis, tandem custode remoto,
gaudet equis canibusque et aprici gramine Campi,
cereus in uitium flecti, monitoribus asper,

Seja Medeia feroz e invencível, Ino chorosa,
pérfido Ixíon, Io errante, lúgubre Orestes.
Se na cena inserir o inaudito com toda coragem   125
para formar personagens, conserve até o desfecho
como vinha do início e que fiquem de pé, coerentes.
É difícil dizer como próprio o comum; mais correto
é você desfiar no teatro o ilíaco canto
do que ser o primeiro a mostrar o ignoto inaudito.   130
      Público assunto assim será de júri privado,
se você não tarda em via larga e batida,
nem procura trocar palavra a palavra que nem um
fiel intérprete ou quer imitar num círculo estreito,
onde o pudor e a lei da obra impedem seus passos.   135
Nem comece que nem o poeta cíclico outrora:
"Fado de Príamo quero cantar e a ínclita guerra".
Quem promete tanto cumpre o que fala no exórdio?
Montes podem parir: nascerá um ridículo rato.
Mais correto é aquele que nada constrói sem cuidado: 140
"Conte-me, Musa, do homem, que após a tomada de Troia
viu as cidades e muitos costumes de múltiplos homens".
Que não tira fumo das luzes, mas lume do fumo,
para daí mostrar o espetáculo pleno em prodígios,
seja Antífates, Cila e Caríbdis junto ao Ciclope.   145
Nem inicia em morrer de Meleagro ao voltar Diomedes,
nem de um ovo gêmeo começa a guerra de Troia,
mas vai sempre direto ao assunto e no meio das coisas,
como se já conhecidas, pega o ouvinte e aquilo
sem esperança de brilho no trato deixa de lado;   150
é assim que ele mente, mistura verdade no falso,
sem que do início destoe o meio e do meio o arremate.
      Ouça agora o que eu e o povo comigo buscamos.
Para manter plateia sentada até que levantem
toda a cortina e por fim o cantor nos peça os "Aplausos",   155
saiba que deve marcar os costumes de todas idades
dando à fugaz natureza dos anos o toque ajustado.
Se um menino já solta a voz e com pé adequado
bate no solo, busca brincar com seus pares e passa
raiva e larga a raiva ao léu, mutável nas horas.   160
Todo jovem sem barba, assim que se afasta da guarda,
gosta de cães, de cavalos, da grama no Campo de Marte,
cera a dobrar-se no vício, rude com seus conselheiros,

utilium tardus prouisor, prodigus aeris,
sublimis cupidusque et amata relinquere pernix.   165
Conuersis studiis aetas animusque uirilis
quaerit opes et amicitias, inseruit honori,
commisisse cauet quod mox mutare laboret.
Multa senem circumueniunt incommoda, uel quod
quaerit et inuentis miser abstinet ac timet uti   170
uel quod res omnis timide gelideque ministrat,
dilator, †spe longus†, iners pauidusque futuri,
Difficilis, querulus, laudator temporis acti
se puero, castigator censorque minorum.
Multa ferunt anni uenientes commoda secum,   175
multa recedentes adimunt. Ne forte seniles
mandentur iuueni partes pueroque uiriles,
semper in adiunctis aeuoque morabitur aptis.
        Aut agitur res in scaenis aut acta refertur.
Segnius irritant animos demissa per aurem   180
quam quae sunt oculis subiecta fidelibus et quae
ipse sibi tradit spectator. Non tamen intus
digna geri promes in scaenam, multaque tolles
ex oculis quae mox narret facundia praesens.
Ne pueros coram populo Medea trucidet   185
aut humana palam coquat exta nefarius Atreus
aut in auem Procne uertatur, Cadmus in anguem.
Quodcumque ostendis mihi sic, incredulus odi.
        Neue minor neu sit quinto productior actu
fabula, quae posci uult et spectanda reposci;   190
nec deus intersit, nisi dignus uindice nodus
inciderit; nec quarta loqui persona laboret.
        Actoris partis chorus officiumque uirile
defendat; neu quid medios intercinat actus
quod non proposito conducat et haereat apte.   195
Ille bonis faueatque et consilietur amice
et regat iratos et amet peccare timentis;
ille dapes laudet mensae breuis, ille salubrem
iustitiam legesque et apertis otia portis;
ille tegat commissa deosque precetur et oret,   200
ut redeat miseris, abeat Fortuna superbis.
        Tibia non, ut nunc orichalco uincta tubaeque
aemula, sed tenuis simplexque foramine pauco
aspirare et adesse choris erat utilis atque

tardo em prover o que possa ser útil, pródigo em gastos,
ávido, altivo, rápido para largar os amores.   165
O ânimo e idade viril alteram todo interesse,
busca bens e amizades, atento a *curriculum* e cargos,
foge a qualquer compromisso que peça trabalho no acerto.
Muitos incômodos cercam o velho, seja porque ele
busca e depois se abstém do que tem, ou teme seu uso,   170
seja porque ele cuida de tudo num medo de gelo,
postergador, †alongado da espera†, em pavor do futuro,
rabugento, difícil, louvando o tempo passado
quando fora criança, censor e cricri dos menores.
Muita comodidade trazem os anos que chegam,   175
muita levam os anos que partem. Nunca se entrega
um papel senil ao jovem, viril ao menino;
sempre se cose o melhor caráter da idade adequada.

   Ou se atua em cena ou os atos são relatados.
Toca mais fraco nos ânimos tudo que chega aos ouvidos   180
do que aquilo que serve aos olhos fiéis e que o próprio
público pega sozinho. No entanto não mostre no palco
cenas cabíveis num bom bastidor e tire dos olhos
tudo que a própria eloquência pouco depois apresenta.
Que Medeia nunca mate os filhos na cara do povo,   185
nem o perverso Atreu cozinhe entranhas humanas,
nem se transforme Procne em pássaro, Cadmo em cobra.
Se você me mostrar uma dessas, incrédulo odeio.

   Nunca encurte, nunca alongue os cinco atos da peça
que deseja ser clamada com nova montagem;   190
não intervenha um deus, a não ser que a trama demande
quem a libere, nem fale a quarta pessoa no palco.

   Cumpra o coro o papel de ator específico em cena,
nunca deve se pôr a cantar no meio dos atos
coisa que não condiz nem conduz ao cerne da peça.   195
Que ele auxilie os bons, aconselhe sempre amigável,
reja os raivosos e ame aqueles que temem os erros;
que ele louve os pratos da mesa breve, a justiça
mais salutar, as leis e o ócio de portas abertas;
que ele recubra segredos, que aos deuses peça e suplique   200
pra que a Fortuna retorne aos coitados e fuja aos soberbos.

   Antes a tíbia, rival da trombeta, não tinha oricalco,
mas singela e fina, de poucos furos dotada,
mais servia para afinar e entoarem o coro,

nondum spissa nimis complere sedilia flatu;   205
quo sane populus numerabilis, utpote paruus,
et frugi castusque uerecundusque coibat.
Postquam coepit agros extendere uictor et urbem
latior amplecti murus uinoque diurno
placari Genius festis impune diebus,   210
accessit numerisque modisque licentia maior.
Indoctus quid enim saperet liberque laborum
rusticus urbano confusus, turpis honesto?
Sic priscae motumque et luxuriam addidit arti
tibicen traxitque uagus per pulpita uestem;   215
sic etiam fidibus uoces creuere seueris
et tulit eloquium insolitum facundia praeceps
utiliumque sagax rerum et diuina futuri
sortilegis non discrepuit sententia Delphis.
       Carmine qui tragico uilem certauit ob hircum,   220
mox etiam agrestis Satyros nudauit et asper
incolumi grauitate iocum temptauit eo quod
illecebris erat et grata nouitate morandus
spectator functusque sacris et potus et exlex.
Verum ita risores, ita commendare dicaces   225
conueniet Satyros, ita uertere seria ludo,
ne quicumque deus, quicumque adhibebitur heros,
regali conspectus in auro nuper et ostro,
migret in obscuras humili sermone tabernas
aut, dum uitat humum, nubis et inania captet.   230
Effutire leuis indigna tragoedia uersus,
ut festis matrona moueri iussa diebus,
intererit Satyris paulum pudibunda proteruis.
Non ego inornata et dominantia nomina solum
uerbaque, Pisones, Satyrorum scriptor amabo;   235
nec sic enitar tragico differre colori
ut nihil intersit Dauusne loquatur et audax
Pythias emuncto lucrata Simone talentum,
an custos famulusque dei Silenus alumni.
       Ex noto fictum carmen sequar, ut sibi quiuis   240
speret idem, sudet multum frustraque laboret
ausus idem: tantum series iuncturaque pollet,
tantum de medio sumptis accedit honoris.
Siluis deducti caueant, me iudice, Fauni
ne uelut innati triuiis ac paene forenses   245

para encher com sopro os assentos esparsos ainda,   205
onde o povo, parco que era, contável nos dedos,
vinha todo juntar-se, casto, frugal, respeitoso.
Só depois que varão vencedor ampliou os seus campos,
dando muro mais amplo à cidade, com vinho diurno
para impune aplacar o Gênio nos dias festivos,   210
veio também a licença maior nos modos e metros.
Pois que gosto teria o tosco desocupado,
rústico junto ao urbano, vil ao nobre mesclado?
Foi assim que à velha arte gingado e lascívia
um tibicino importou arrastando as roupas no palco;   215
foi assim que cresceram as vozes nas cordas severas
e uma eloquência afobada criou a insólita fala,
logo a sentença sagaz na prática e forte adivinha
do futuro não destoava do oráculo em Delfos.
          Quem disputou por bode vil em trágico canto   220
logo também desnudou os Sátiros rudes e bruto
jogos tentou mantendo o tom sério: que assim o auditório
fosse ao fim seduzido por graça da tal novidade,
bêbado, longe das leis, depois de fazer sacrifícios.
Nisso deve convir louvar zombeteiros, mordazes   225
Sátiros, convertendo o sério em maior brincadeira;
seja lá qual for o deus, o herói invocado,
visto há pouco vestido em régia púrpura e ouro,
não migraria em conversa baixa a toscas tabernas,
nem evitando o chão acharia vazios e nuvens.   230
Pois a tragédia jamais tagarela em versos levinhos:
feito a matrona forçada a dançar em dias festivos,
segue um tanto pudica entre Sátiros sempre safados.
Não apenas nome próprio e palavra direta
como escritor de satíricos, caros Pisões, eu procuro;   235
não me esforço também por fugir de trágicas cores,
para apagar diferença entre Davo e aquela atrevida
Pítias, que lucra moeda tungando tudo de Símon,
ou Sileno, servo e tutor do aluno divino.
          Do conhecido forjado canto faço, e quem busca   240
vir me igualar, trabalha e ousa em muitos suores
sem se igualar; pois tal é o poder de costura e entrelace,
tal é o poder de glória que vem do falar mediano.
Julgo que os Faunos que vêm da floresta devem guardar-se
para não parecerem forenses nascidos na esquina   245

aut nimium teneris iuuenentur uersibus umquam
aut immunda crepent ignominiosaque dicta.
Offenduntur enim, quibus est equus et pater et res,
nec, si quid fricti ciceris probat et nucis emptor,
aequis accipiunt animis donantue corona.   250

      Syllaba longa breui subiecta uocatur iambus,
pes citus; unde etiam trimetris adcrescere iussum
nomen iambeis, cum senos redderet ictus
primus ad extremum similis sibi; †non ita pridem†
tardior ut paulo grauiorque ueniret ad auris,   255
spondeos stabilis in iura paterna recepit
commodus et patiens, non ut de sede secunda
cederet aut quarta socialiter. Hic et in Acci
nobilibus trimetris adparet rarus et Enni
in scaenam missos cum magno pondere uersus   260
aut operae celeris nimium curaque carentis
aut ignoratae premit artis crimine turpi.

      Non quiuis uidet immodulata poemata iudex
et data Romanis uenia est indigna poetis.
Idcircone uager scribamque licenter? An omnis   265
uisuros peccata putem mea, tutus et intra
spem ueniae cautus? Vitaui denique culpam,
non laudem merui. Vos exemplaria Graeca
nocturna uersate manu, uersate diurna.
At uestri proaui Plautinos et numeros et   270
laudauere sales, nimium patienter utrumque,
ne dicam stulte, mirati, si modo ego et uos
scimus inurbanum lepido seponere dicto
legitimumque sonum digitis callemus et aure.

      Ignotum tragicae genus inuenisse Camenae   275
dicitur et plaustris uexisse poemata Thespis
quae canerent agerentque peruncti faecibus ora.
Post hunc personae pallaeque repertor honestae
Aeschylus et modicis instrauit pulpita tignis
et docuit magnumque loqui nitique cothurno.   280
Successit uetus his comoedia, non sine multa
laude; sed in uitium libertas excidit et uim
dignam lege regi; lex est accepta chorusque
turpiter obticuit sublato iure nocendi.

      Nil intemptatum nostri liquere poetae,   285
nec minimum meruere decus uestigia Graeca

nem os que posam de jovens com versos suaves no excesso,
nem berrarem aquelas imundas palavras de infâmia;
pois ofendem quem tem cavalo, pai, patrimônio:
se o comprador de grãos-de-bico e nozes aprova,
outros não virão serenos lhe dar a coroa.   250

    Sílaba longa após a breve chama-se iambo,
pé veloz, daí que por fim lhe deram o nome
trímetro iâmbico, mesmo que seis batidas ressoem,
sempre igual a si, do começo ao fim; †sem demora†,
para chegar um pouco mais grave e lento aos ouvidos,   255
cômodo e calmo aceitou nas velhas regras paternas
firme espondeu, porém não lhe cede em tal parceria
as posições segunda e quarta. E raro aparece
junto aos nobres trímetros de Ácio, mas enche de falta
tantos desses graves versos cênicos de Ênio: 260
seja por culpa da pressa ou então por descuido completo,
seja por falta de arte, redunda em crime asqueroso.

    Poucos juízes reparam que é um poema incantável,
deram esse perdão indigno aos poetas romanos.
Vou então escrever à toa e sem lei? Ou acaso   265
devo pensar que todos verão meus erros, seguro
quanto à *data venia*? Ao fim, se escapei da censura,
glória não mereci. Vocês devem versar os modelos
gregos com mão noturna, devem versar com diurna.
Mas os seus avós louvaram os metros plautinos   270
junto às piadas, pasmos diante de tudo, indulgentes,
pra não dizer estúpidos, se eu e vocês já sabemos
bem separar um dito grosseiro da fala charmosa,
nós discernimos o som regrado com dedos e ouvidos.

    Dizem que Téspis o gênero novo inventou da Camena   275
trágica para então transportar em carroça os poemas
que os atores cantavam com cara borrada de vinho.
Logo depois, inventor da nobre máscara e pálio,
Ésquilo soube estender o palco em módicas vigas,
quando ensinava a fala grandiosa, firme em coturnos.   280
Veio depois a Comédia Velha repleta de loas,
mas a tal liberdade acabou em vício e violência
digna de lei que a regesse; a lei foi aceita e o coro
torpe então se calou do direito que tinha de ofensa.

    Nada ficou intentado na mão dos nossos poetas   285
nem ficou sem glória quem teve ousadia em deixar os

ausi deserere et celebrare domestica facta
uel qui praetextas uel qui docuere togatas.
Nec uirtute foret clarisue potentius armis
quam lingua Latium, si non offenderet unum 290
quemque poetarum limae labor et mora. Vos, o
Pompilius sanguis, carmen reprehendite quod non
multa dies et multa litura coercuit atque
praesectum deciens non castigauit ad unguem.

      Ingenium misera quia fortunatius arte 295
credit et excludit sanos Helicone poetas
Democritus, bona pars non unguis ponere curat,
non barbam, secreta petit loca, balnea uitat.
Nanciscetur enim pretium nomenque poeta
si tribus Anticyris caput insanabile numquam 300
tonsori Licino commiserit. O ego laeuus,
qui purgor bilem sub uerni temporis horam!
Non alius faceret meliora poemata; uerum
nil tanti est. Ergo fungar uice cotis, acutum
reddere quae ferrum ualet exsors ipsa secandi; 305
munus et officium nil scribens ipse docebo,
unde parentur opes, quid alat formetque poetam,
quid deceat, quid non, quo uirtus, quo ferat error.
      Scribendi recte sapere est et principium et fons.
Rem tibi Socraticae poterunt ostendere chartae 310
uerbaque prouisam rem non inuita sequentur.
qui didicit patriae quid debeat et quid amicis,
quo sit amore parens, quo frater amandus et hospes,
quod sit conscripti, quod iudicis officium, quae
partes in bellum missi ducis, ille profecto 315
reddere personae scit conuenientia cuique.
Respicere exemplar uitae morumque iubebo
doctum imitatorem et uiuas hinc ducere uoces.
Interdum speciosa locis morataque recte
fabula nullius Veneris, sine pondere et arte, 320
ualdius oblectat populum meliusque moratur
quam uersus inopes rerum nugaeque canorae.
      Grais ingenium, Grais dedit ore rotundo
Musa loqui, praeter laudem nullius auaris.
Romani pueri longis rationibus assem 325
discunt in partis centum diducere. "Dicat

ARTE POÉTICA. EPÍSTOLA AOS PISÕES | 299

rastros gregos para louvar a história da pátria,
seja encenando peças pretextas ou as togadas.
Não seria mais poderoso em virtude ou em armas
nosso Lácio do que em língua, se não ofendessem   290
tanto aos poetas o tempo e trabalho de lima. Vocês, ó
sangue Pompílio, censurem todo canto que nunca
toma muitos dias e muitas rasuras, enquanto
não se tiver corrigido dez vezes ao corte das unhas.

      Por confiar que talento é mais do que a mísera arte,   295
velho Demócrito expurga do Hélicon todo poeta
são – e boa parte dos seus descuida de barba
e unhas, procura viver em retiros e banhos evita,
pois assim angaria nome e valor de poeta,
se a cabeça insanável por três Antíciras guarda   300
longe de Lícino, o cabeleireiro. Ah, pobre de mim, que
só nos tempos primaveris me purgo da bile!
Sei que ninguém faria melhores poemas; mas nada
vale tanto. Por isso em mó de faca me faço
para afiar o ferro, mesmo sem força de corte.   305
Menos nada escrevendo, ensino o dever e o ofício:
donde vêm o recurso, o que nutre, o que forma um poeta,
como convém, desconvém, a que leva a virtude e o erro.
      Só o saber é fonte e princípio da escrita correta.
Textos socráticos podem servir pra dar um assunto,   310
sem esforço as palavras seguem o assunto previsto.
Quem aprendeu o que deve à pátria e o que deve aos amigos,
qual amor votar aos pais, aos irmãos e acolhidos,
qual o dever do bom senador, do juiz, e que falas
cabem ao grão general enviado à guerra, por certo   315
sabe adequar o que cabe pra toda e qualquer personagem.
Vou mandar que veja modelos de vida e costumes
o imitador versado e dali tire vívidas vozes.
Certas vezes a peça correta e plena de tópoi
bem burilados, privada de Vênus, sem peso e sem arte,   320
pode até divertir o povo e melhor seduzi-lo
do que um verso pobre de assunto e nonadas sonoras.
      Deu talento aos gregos a Musa e fala redonda
deu aos gregos, avaros apenas para louvores;
já os meninos romanos em longas contas aprendem   325
a dividir um asse em partes cem. "Me responda,

filius Albini: si de quincunce remota est
uncia, quid superat? Poteras dixisse." "Triens." "Eu!
Rem poteris seruare tuam. Redit uncia: quid fit?"
"Semis." An, haec animos aerugo et cura peculi   330
cum semel imbuerit, speremus carmina fingi
posse linenda cedro et leui seruanda cupresso?
      Aut prodesse uolunt aut delectare poetae
aut simul et iucunda et idonea dicere uitae.
Quidquid praecipies, esto breuis, ut cito dicta   335
percipiant animi dociles teneantque fideles.
Omne superuacuum pleno de pectore manat.
Ficta uoluptatis causa sint proxima ueris:
ne quodcumque uelit poscat sibi fabula credi,
neu pransae Lamiae uiuum puerum extrahat aluo.   340
Centuriae seniorum agitant expertia frugis,
celsi praetereunt austera poemata Ramnes.
Omne tulit punctum qui miscuit utile dulci
lectorem delectando pariterque monendo.
Hic meret aera liber Sosiis, hic et mare transit   345
et longum noto scriptori prorogat aeuum.
      Sunt delicta tamen, quibus ignouisse uelimus:
nam neque chorda sonum reddit quem uult manus et mens
[poscentique grauem persaepe remittit acutum]
nec semper feriet quodcumque minabitur arcus.   350
Verum ubi plura nitent in carmine, non ego paucis
offendar maculis, quas aut incuria fudit
aut humana parum cauit natura. Quid ergo est?
Vt scriptor si peccat idem librarius usque,
quamuis est monitus, uenia caret; ut citharoedus   355
ridetur chorda qui semper oberrat eadem:
sic mihi qui multum cessat fit Choerilus ille,
quem bis terue bonum cum risu miror; et idem
indignor quandoque bonus dormitat Homerus;
uerum operi longo fas est obrepere somnum.   360
      Vt pictura poesis: erit quae, si propius stes,
te capiat magis, et quaedam, si longius abstes;
haec amat obscurum, uolet haec sub luce uideri,
iudicis argutum quae non formidat acumen;
haec placuit semel, haec deciens repetita placebit.   365
      O maior iuuenum, quamuis et uoce paterna
fingeris ad rectum et per te sapis, hoc tibi dictum

filho de Albino: se uma onça for retirada
de outras cinco, o que resta?" "Um terço de asse." "Perfeito!
Sabe gerir os bens. Se acrescento uma onça, o que fica?"
"Meio asse." Quando ferrugem e amor ao pecúlio   330
mancha o espírito, nós esperamos que forje seus cantos
para untar em cedro e guardar no leve cipreste?
      Todo poeta procura dar proveito ou deleite,
ou dizer num só tempo o que é belo e útil na vida.
Seja qual for o preceito, seja breve, pois logo   335
o ânimo dócil apreende fiel e de cor o aprende.
Tudo que é chocho e supérfluo vaza do peito repleto.
Que o prazer do forjado esteja colado à verdade,
nem exija o mito toda crença possível,
não retirem vivo do ventre de Lâmia o menino   340
mal digerido. As centúrias dos velhos censuram o infértil,
e os orgulhosos ramnenses desprezam poemas austeros.
Leva todos os votos quem dosa o útil e o doce,
quando num só gesto deleita e aconselha os leitores.
Este livro dá grana aos Sósias, este atravessa   345
mares, preserva por longo prazo o escritor conhecido.
      Há delitos, porém, que por bem também perdoamos:
cordas não cedem o som que deseja a mão ou a mente,
[quando se pede um grave amiúde ecoa um agudo,]
o arco nem sempre fere tudo quanto ameaça.   350
Quando muitas coisas brilham no canto, não sinto
mal algum em parcas máculas pelo descuido
ou por desatenção humana. Qual o problema?
Como o copista que erra sempre no mesmo detalhe,
mesmo avisado, perde o perdão, e como escarnecem   355
do citaredo que sempre na mesma corda se engana;
penso que vira um Quérilo quem relaxa em excesso,
que com riso admiro nas duas, três vezes que acerta,
sempre me irrito se noto que o bom Homero cochila;
deuses concedem, nas obras longas, um sono furtivo.   360
      Feito pintura, a poesia: pois uma vista de perto
mais nos cativa, e outra é melhor se vista de longe;
esta adora o escuro, aquela nas luzes se mostra,
pois não teme o aguilhão agudo de quem a critica;
esta agradou na primeira, aquela dez vezes seguidas.   365
      Ah, irmão mais velho, embora forjado correto
pela voz paterna e a própria, lembre-se sempre

tolle memor, certis medium et tolerabile rebus
recte concedi. Consultus iuris et actor
causarum mediocris abest uirtute diserti   370
Messallae nec scit quantum Cascellius Aulus,
sed tamen in pretio est: mediocribus esse poetis
non homines, non di, non concessere columnae.
Vt gratas inter mensas symphonia discors
et crassum unguentum et Sardo cum melle papauer   375
offendunt, poterat duci quia cena sine istis,
sic animis natum inuentumque poema iuuandis,
si paulum summo decessit, uergit ad imum.
       Ludere qui nescit, campestribus abstinet armis
indoctusque pilae disciue trochiue quiescit,   380
ne spissae risum tollant impune coronae:
qui nescit uersus, tamen audet fingere. Quidni?
Liber et ingenuus, praesertim census equestrem
summam nummorum uitioque remotus ab omni.
       Tu nihil inuita dices faciesue Minerua;   385
id tibi iudicium est, ea mens. Si quid tamen olim
scripseris, in Maeci descendat iudicis auris
et patris et nostras nonumque prematur in annum
membranis intus positis: delere licebit,
quod non edideris, nescit uox missa reuerti.   390
       Siluestris homines sacer interpresque deorum
caedibus et uictu foedo deterruit Orpheus,
dictus ob hoc lenire tigris rabidosque leones;
dictus et Amphion, Thebanae conditor urbis,
saxa mouere sono testudinis et prece blanda   395
ducere quo uellet. Fuit haec sapientia quondam,
publica priuatis secernere, sacra profanis,
concubitu prohibere uago, dare iura maritis,
oppida moliri, leges incidere ligno.
Sic honor et nomen diuinis uatibus atque   400
carminibus uenit. Post hos insignis Homerus
Tyrtaeusque mares animos in Martia bella
uersibus exacuit; dictae per carmina sortes
et uitae monstrata uia est et gratia regum
Pieriis temptata modis ludusque repertus   405
et longorum operum finis, ne forte pudori
sit tibi Musa lyrae sollers et cantor Apollo.
       Natura fieret laudabile carmen an arte,

disto que digo: apenas certos assuntos permitem
ser mediano. O jurisconsulto e o advogado
mais medíocres nos casos, sem falas de um grande Messala,   370
sem aquele profundo saber de um Aulo Cascélio,
têm ainda valor; porém nem homens, nem deuses,
nem as colunas de livros toleram poeta medíocre.
Qual dissonante concerto no meio de mesas alegres,
feito perfume horrendo e papoula com mel da Sardenha   375
sempre irritam, porque o jantar passaria sem eles;
eis que o poema nascido e inventado pra ser agradável,
se decair um pouquinho do zênite, pende pro reles.
       Quem não sabe jogar se abstém das armas no Campo,
quem não domina bola ou disco ou troco se aquieta,   380
para que densos grupos não soltem risadas impunes.
Quem não sabe ousou forjar uns versos: procede?
Ele é livre, nobre e marcado equestre no censo
pela soma da grana, distante de todos os vícios.
       Nada se fala ou se faz sem ter aval de Minerva;   385
eis a ideia e o juízo pra pôr na cabeça. Contudo,
caso você escreva, que chegue aos ouvidos de Mécio,
aos do teu pai e aos nossos; por nove anos o encerre
com pergaminhos guardados, pois destruir é possível
quando não se publica: a voz lançada não volta.   390
       Sacerdote e intérprete aos deuses, Orfeu afastara
homens silvestres da imunda dieta e carnificina,
nisso se diz que amansou leões ferozes e tigres;
diz-se também que Anfíon, feitor da cidade de Tebas,
rochas movera ao som da testude e em prece suave   395
todas guiava. E era o saber do passado,
que discerne privado e público, sacro e profano,
que proíbe sexo à toa, legisla casórios,
que ergue também cidadelas, inscreve leis na madeira.
Foi assim que veio a honra e renome aos divinos   400
vates e cantos. Depois chegou o célebre Homero,
veio Tirteu incitar com versos às guerras de Marte
o ânimo mais viril, nos cantos disseram as sortes,
revelou-se a via da vida e a régia bondade
foi buscada em modos piérios, e achados os jogos   405
cênicos junto ao fim dos longos trabalhos: não tenha
mais pudor da Musa lirista e de Apolo canoro.
       Se é natureza que dá louvor ao canto ou se é arte,

quaesitum est. Ego nec studium sine diuite uena
nec rude quid prosit uideo ingenium: alterius sic 410
altera poscit opem res et coniurat amice.
Qui studet optatam cursu contingere metam,
multa tulit fecitque puer, sudauit et alsit,
abstinuit Venere et uino; qui Pythia cantat
tibicen, didicit prius extimuitque magistrum. 415
Nec satis est dixisse "Ego mira poemata pango.
Occupet extremum scabies; mihi turpe relinqui est
et quod non didici sane nescire fateri."
      Vt praeco, ad merces turbam qui cogit emendas,
assentatores iubet ad lucrum ire poeta 420
diues agris, diues positis in fenore nummis.
Si uero est, unctum qui recte ponere possit
et spondere leui pro paupere et eripere artis
litibus implicitum, mirabor, si sciet inter-
noscere mendacem uerumque beatus amicum. 425
Tu seu donaris seu quid donare uoles cui,
nolito ad uersus tibi factos ducere plenum
laetitiae: clamabit enim "Pulchre! Bene! Recte!",
pallescet super his, etiam stillabit amicis
ex oculis rorem, saliet, tundet pede terram. 430
Vt qui conducti plorant in funere dicunt
et faciunt prope plura dolentibus ex animo, sic
derisor uero plus laudatore mouetur.
Reges dicuntur multis urgere culillis
et torquere mero, quem perspexisse laborent, 435
an sit amicitia dignus: si carmina condes,
numquam te fallent animi sub uulpe latentes.
      Quintilio si quid recitares, "Corrige sodes
hoc" aiebat "et hoc." Melius te posse negares,
bis terque expertum frustra delere iubebat 440
et male tornatos incudi reddere uersus.
Si defendere delictum quam uertere malles,
nullum ultra uerbum aut operam insumebat inanem,
quin sine riuali teque et tua solus amares.
Vir bonus et prudens uersus reprehendet inertis, 445
culpabit duros, incomptis allinet atrum
transuerso calamo signum, ambitiosa recidet
ornamenta, parum claris lucem dare coget,
arguet ambigue dictum, mutanda notabit,

eis a questão. Eu penso que empenho sem riqueza na veia
ou talento bronco de nada serve; pois este   410
pede apoio àquele em conjuração amigável.
Quem se empenha por alcançar a meta almejada
muito sofria desde menino, suando e gelando,
sempre abstêmio de Vênus e vinho; se algum tibicino
canta nos Jogos Pítios, primeiro aprendeu com seu mestre.   415
Não satisfaz dizer: "Componho poemas incríveis;
quero que a sarna assanhe o último; e sinto vergonha
quando fico pra trás ou confesso o que nunca aprendera".
        Qual pregoeiro que junta um bando a comprar os produtos,
um poeta reúne bajuladores por lucro,   420
rico em terras, rico em moedas que em juros investe.
Se puder servir uma ceia correta e das fartas,
ser fiador de um pobre lisinho e tirar de litígios
lúgubres quem se afundou, irei me espantar se feliz difere
mesmo o falso amigo do amigo sincero.   425
Se você quiser receber ou ceder um presente,
não insista em trazer aos versos o homem repleto
pela alegria, pois grita: "Lindo! Fino! Correto!",
logo pálido está, destilando orvalho dos olhos
tão amigos, pula e bate os pés sobre a terra.   430
Como os que ganham por choro em exéquias falam e fazem
muito mais do que aqueles que sofrem de fato por dentro,
puxa-sacos se afetam mais que os bons louvadores.
Dizem que reis coagem cercando de muitas tacinhas
para extorquir com vinho quando investigam a fundo   435
quem merece amizade; você, se prepara algum canto,
nunca se engane por homens ocultos sob a raposa.
        Se você recitasse a Quintílio, dizia: "Corrija
isto e aquilo"; se acaso você negasse a melhora,
duas ou três tentativas depois, mandava apagá-los   440
ou voltar à bigorna os versos mal torneados.
Se você persistisse em delito em vez de acertá-lo,
não gastaria mais uma palavra no inútil esforço
para impedir que sem rival só amasse a si próprio.
O homem bom e prudente repreende versos sem arte,   445
risca os duros, passa linha negra nos mancos
com transverso cálamo, corta ornamentos pomposos,
busca dar mais luz aos menos claros, questiona
cada dito ambíguo, marca o que deve mudar-se,

fiet Aristarchus; nec dicet "Cur ego amicum 450
offendam in nugis?" Hae nugae seria ducent
in mala derisum semel exceptumque sinistre.
     Vt mala quem scabies aut morbus regius urget
aut fanaticus error et iracunda Diana,
uesanum tetigisse timent fugiuntque poetam 455
qui sapiunt; agitant pueri incautique sequuntur.
Hic, dum sublimis uersus ructatur et errat,
si ueluti merulis intentus decidit auceps
in puteum foueamue, licet "Succurrite" longum
clamet, "io ciues!", non sit qui tollere curet. 460
si curet quis opem ferre et demittere funem,
"Qui scis, an prudens huc se proiecerit atque
seruari nolit?" dicam, Siculique poetae
narrabo interitum. Deus immortalis haberi
dum cupit Empedocles, ardentem frigidus Aetnam 465
insiluit. Sit ius liceatque perire poetis;
inuitum qui seruat, idem facit occidenti.
Nec semel hoc fecit nec, si retractus erit, iam
fiet homo et ponet famosae mortis amorem.
Nec satis apparet cur uersus factitet, utrum 470
minxerit in patrios cineres an triste bidental
mouerit incestus: certe furit ac uelut ursus,
obiectos caueae ualuit si frangere clathros,
indoctum doctumque fugat recitator acerbus.
Quem uero arripuit, tenet occiditque legendo, 475
non missura cutem nisi plena cruoris hirudo.

vira Aristarco e não diz: "Por que ofender um amigo   450
por chorumelas?". Tais chorumelas levam a sérios
males quem foi uma vez zombado e desmerecido.
       Feito aquele que sofre de sarna ou de régia doença
ou de delírio fanático ou de irascível Diana,
quem é sensato receia e evita tocar o poeta   455
louco; crianças o atiçam e incautos o seguem.
Quando versos sublimes arrota nas suas errâncias,
feito um passarinheiro que atento aos melros um dia
cai num poço ou fosso, pode esganar-se, "Socorro,
concidadãos!": ninguém se preocupa em prestar uma ajuda.   460
Mas se alguém se preocupa em dar a mão ou a corda,
"Quem é que sabe se não desceu ali por vontade,
sem querer ser salvo?", diria: assim é que narro
como enterrou-se o poeta sículo. Empédocles quis ser
tido por deus imortal e frio pulou no fervente   465
Etna. Façam justiça! Que possam morrer os poetas;
ao salvar quem recusa, você parece assassino.
Esta não é a primeira vez, nem, se for retirado,
vira humano e deixa de amor pela morte famosa.
Nem sabemos a causa de tantos versos, quem sabe   470
se ele mijou nas cinzas paternas, pisou inda impuro
num bidental funesto; por certo pirou e igual urso
quando rompe a grade posta à frente da jaula
nosso recitador afugenta cultos e incultos.
Quem ele agarra, de fato prende e mata em leituras: 475
sanguessuga só larga a pele se farto de sangue.

NOTAS

Notas às *Sátiras*

Livro I

O primeiro livro de *Sermones* foi a primeira obra publicada por Horácio, em torno de 36-35 a.C., num período ainda turbulento da política romana: se, por um lado, os assassinos de Júlio César já haviam sido derrotados por Otaviano e Marco Antônio, e a paz de Brindes também fora selada com um casamento entre Antônio e a irmã de Otaviano; por outro, as marcas da guerra civil ainda estavam frescas na vida dos romanos, com muitos proscritos, exilados, outros com bens confiscados (como parece ter sido o caso de alguns poetas, como Tibulo, Virgílio, Propércio e talvez o próprio Horácio, apesar da anistia), além de uma iminência de novo rompimento do segundo triunvirato, que viria a desencadear nova guerra que só terminaria em 31 a.C., com a Batalha do Ácio. É nesse ambiente complexo de pequenas alegrias e muitas hesitações que Horácio escreve e publicas suas primeiras sátiras, que parecem muito preocupadas com a possibilidade do discurso invectivo e satírico num mundo em que a linguagem pode, literalmente, fazer um homem perder a vida.

Outro ponto importante é que Horácio, apesar de ter participado economicamente da vida da elite romana desde seus estudos, era filho de um ex-escravo (o pai liberto da sátira 1.4) e, muito pior que isso, tinha tomado partido dos republicanos, assumindo o cargo de tribuno militar do exército de Bruto na Batalha de Filipos em 42 a.C., que resultou na derrota dos republicanos e na proscrição dos soldados. Horácio, por sorte, teve anistia que lhe garantiu a vida e a cidadania romana. Foi nesse período de 5 a 6 anos, entre perigos monetários e físicos, que o poeta se aproximou do círculo literário de Mecenas e começou a produzir as sátiras deste livro. Sua posição socialmente frágil passa a ser então ponto fundamental para um pensamento sobre os limites da linguagem invectiva na poesia: é muito diverso ser um equestre nobre, como fora Lucílio, de ser um filho de liberto, recém-anistiado; assim, a biografia do poeta passa a se tornar parte fundamental dos poemas e da sua teorização sobre o gênero satírico e seus limites.

O desenho deste livro é razoavelmente claro à primeira vista: ele se inicia com uma série de três poemas diatríbicos contra os vícios da cobiça/descontentamento (1.3), luxúria (1.2) e descuido dos amigos (1.3); em seguida temos a primeira sátira explicitamente metaliterária, que discute as sátiras de Lucílio (1.4), que por sua vez abre espaço para a *persona* do poeta assumir seu papel numa narrativa de viagem a Brindes, numa celebração das amizades literárias (1.5) e depois discutir sua origem familiar, com a celebração específica de sua amizade por Mecenas (1.6); as três sátiras seguintes fazem então uma nova tríade de anedotas, sobre um litígio resolvido em chiste (1.7), uma etiologia cômica de uma estátua de Priapo (1.8) e um caso com o próprio poeta fugindo de um arrivista (1.9); por fim, o livro se encerra com uma nova discussão das sátiras de Lucílio, que gera novas afirmações metapoéticas. Assim poderíamos desenhar suas relações:

        1-3:   Diatribes
        4:     Metapoesia
        5:     Narrativa de viagem
        6:     Reflexão autobiográfica
        7-9:   Anedotas
        10:    Metapoesia

Dessa maneira, temos uma organização que já dispõe de duas séries unificadas seguidas de um poema metaliterário: 1-3 + 4 e 7-9 + 10; no entanto, é também possível vermos na sequência 4-6 uma tríade amarrada pela exposição metapoética, com exemplos da vida do poeta; assim, a discussão do gênero satírico, iniciada em 1.4 com a comparação entre o inventor Lucílio e o próprio pai de Horácio (como dois protótipos de sua própria sátira), se desenvolve nos exemplos de amizade e sátira amena de 1.5 e na conversa autobiográfica com Mecenas. Assim, em três tríades:

        1-3:   Diatribes
        4-6:   Metapoesia e autobiografia
        7-9:   Anedotas
        10:    Metapoesia

No entanto, o movimento do livro fica ainda mais complexo pelo jogo de recorrência entre 1.4 e 1.10, que cria uma ligeira assimetria original, que por sua vez é restabelecida pelas relações com Mecenas em 1.1 e 1.6, o que cria duas metades em pentádicas.

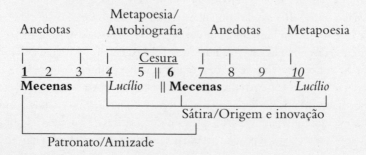

Em resumo, como em toda obra horaciana, temos um movimento de continuidade da leitura do livro (sua performance literária linear) contrabalançada por uma estrutura que equilibra simetrias diversas: neste caso, um jogo entre pentádica (1-5/6-10), tetrádica (1-4/7-10) e triádica (1-3/4-6/7-9), com ligeiros desvios (1.4 e 1.10). Assim, em contraponto à arquitetura que mostro aqui, a leitura linear desenvolve um modelo de sátira por exemplos (1-3), para depois modular seus sentidos com uma discussão teórica e dois exemplos autobiográficos (4-6) que ressignificam continuamente o que tinha vindo antes; depois, uma nova tríade complexifica o gênero com mais variedades possíveis para o novo modelo satírico horaciano (7-9) e, por fim, uma nova sátira metaliterária encerra o conjunto, criando um efeito musical de retomada e variação. E isso tudo sem levarmos em conta os inúmeros ecos entre sátiras: 1.9 retoma temas de sistema literário de 1.5 e 1.6; 1.8 pode ser lida como desdobramento das questões eróticas de 1.2; 1.7 amarra a questão das origens familiares de 1.6, etc.

1.1

Nesta primeira sátira, Horácio parece fundir dois temas caros à diatribe helenística, contra a μεμψιμοιρία (descontentamento) e a φιλαργυρία (avareza). Além disso, na crítica ao descontentamento e da cobiça, o poeta nos leva ao louvor da mediania e a imposição de uma vida com limites; essa ideia o leva a jogar com uma das etimologias de *"satura"*, a partir das palavras *"sat"*, *"satis"* (bastante, suficiente, satisfatório), o que por si só já anuncia uma espécie de novo programa poético para o gênero, que então se aproxima do σπουδογέλοιον (riso-sério). Se originalmente a sátira romana se funda com Lucílio sob o signo da desmedida dos ataques, Horácio a reforma estilística e tematicamente a partir da demanda por limites, com uma dicção que a aproxima da poesia didática. Simultaneamente, o excesso de exemplos variados, de vícios diversos reunidos pelo descontentamento, parece apontar para a etimologia da *satura* como um prato misturado, ou um tipo de embutido (como o chouriço).

v. 1: Caio Cílnio Mecenas (68-8 a.C.), membro riquíssimo da ordem equestre (a mais rica de Roma, conforme cada censo), foi braço direito de Augusto, sobretudo no campo cultural, onde ficou marcado como grande patrono de poetas como Virgílio, Horácio e Propércio, dentre outros. Em 40 a.C., foi uma figura-chave para realizar o tratado de Brindes, uma paz entre Antônio e Otaviano (futuro Augusto); em 36 a.C., ele assumiu cargos políticos de Otaviano, enquanto este seguia a campanha contra Sexto Pompeu (67-35 a.C.); e durante a batalha do Ácio, em 31 a.C., assumiu o cargo de vice-regente. Ao que tudo indica, Mecenas perdeu o favor de Augusto nos últimos anos de vida; mas, mesmo assim, sabemos que deixou toda sua herança para o *princeps*, ao morrer em 8 a.C. Por parte de mãe de Mecenas, os Cílnios foram antigos reis de Arrécio, uma das doze cidades etruscas; não fazia, portanto, parte da nobreza originária de Roma. Esta abertura tem o valor de dedicatória tanto do poema como do livro a Mecenas.

vv. 13-14: Muito provavelmente Quinto Fábio Máximo (segundo os escoliastas), partidário de Pompeu Magno e escritor copioso de tratados estoicos, que por esses dois motivos seria aqui ridicularizado.

v. 29: Curiosamente, o jurisconsulto aqui desaparece e cede lugar ao bodegueiro (tradicionalmente representado como figura desonesta). Isso se dá provavelmente porque os serviços do jurisconsulto não eram cobrados, o que o torna inadequado para esta parte do argumento.

vv. 32-35: As comparações com animais eram típicas na tradição diatríbica; e a relação entre avareza e a formiga aparece também em Plutarco, *Obras morais*, 525e.

vv. 36-37: O sol entra em Aquário no dia 16 de janeiro.

vv. 46-49: A imagem evocada é a de um grupo de escravos que se dirige ao mercado para venda, enquanto apenas um deles carrega todas as provisões.

v. 50: Os limites da natureza regulam o além e o aquém como vícios ou faltas. Convém então, na poética horaciana, a mediania fundamentada pela ideia de virtude segundo a natureza. No argumento, é de se pensar que quem tem cem jeiras já teria o bastante e produziria apenas excesso, se tivesse mais.

v. 58: O Áufido era um rio da região da Apúlia, onde nasceu o poeta, e deságua no Adriático. Por ser um rio caudaloso e violento, por vezes de fato destruía parte das margens.

vv. 64-65: Provável referência a Timão de Atenas, misantropo famoso de Atenas na época da Guerra do Peloponeso; porém, poderia ser referência a um velho avarento típico das comédias áticas, ou tal como Euclião, na *Aulularia* de Plauto.

v. 68: Tântalo ofendeu os deuses oferecendo um banquete de carne humana, por isso foi punido com fome e sede eternos. Essa é a razão por que representa o descontentamento, e posteriormente veremos que se relaciona também com a figura do avaro.

v. 95: "Umídio" é nome significativo que ecoa *"medius"* e ainda cria assonância com as moedas, *"nummos"*; talvez seja uma etimologia bilíngue a partir de οὐ (grego) + *medium* (latim), "sem-meio"; logo, para designar o rico partido ao meio por sua liberta.

v. 100: Tindáridas, no original, poderia ser lido como masculino, portanto, Castor e Pólux; no entanto a referência evoca muito mais Clitemnestra, que, com um machado, assassinou seu marido Agamêmnon. Com isso, é possível imaginar que o nome da liberta poderia muito bem ser Tíndaris, ao gosto da época.

vv. 101-102: Névio e Nomentano não são identificados, são nomes que evocam prodigalidade, mas provavelmente remetem às sátiras de Lucílio. Nomentano pode ser Cássio Nomentano, contemporâneo de Cícero, e aparece em outras passagens horacianas (1.8.11, 2.1.22, 2.3.175 e 2.3.224; não confundir com o Nomentano de 2.8); Névio aparece apenas em 2.2.68. É possível optarmos pela variante *Maenius*, em vez de *Naeuius*; nesse caso, teríamos um Mênio, que também aparece em Lucílio como exemplo de esbanjador.

v. 105: Porfirião nos diz que Tánais seria um eunuco (talvez um liberto de Mecenas ou de Lúcio Munácio Planco) e que o sogro de Visélio teria hérnia imensa (talvez indicando um falo muito grande), portanto criando dois opostos de gônadas no imaginário antigo. É possível que os antigos considerassem que a castração poderia servir no tratamento de hérnia (cf. Gowers).

vv. 114-116: Estes versos são muito similares à cena pessimista de Virgílio, *Geórgicas*, 3.512 e ss., em que o mundo caótico é descrito como um auriga que perde as rédeas.

v. 119: Essa imagem do conviva que sai satisfeito da festa alude Lucrécio, *Da natureza das coisas*, 3.935: *cur non ut plenus uitae conuiua recedis?* ("por que sai, conviva já satisfeito da vida?").

v. 121: Crispino foi outro estoico verboso, como Fábio dos vv. 13-14, e poeta descrito por Porfirião como um aretálogo (comentador sobre a virtude). Ele é representado como "remelento" numa sugestão de conjuntivite, que pode ser lido moralmente como um tipo de cegueira moral. Mas neste caso é provável que simplesmente indique que Crispino lia em excesso.

1.2

Como o primeiro poema, este também remete ao estilo da diatribe helenística, com uma construção à primeira vista frouxa. No entanto, assim como a anterior, que, depois de abrir com uma referência geral parte para a discussão da avareza, esta sátira logo passa a discutir as regras da sexualidade masculina romana nas suas relações com prostitutas, libertas e mulheres casadas. Entre os perigos da mulher casada e a difamação com prostitutas, Horácio parece preferir as libertas, sobretudo pela facilidade na vida sexual, que passa a ser uma espécie de meio-termo, uma áurea *mediania* em sua versão satírica. Uma parte da temática aqui apresentada remete aos *Meliambos* de Cércidas de Megalópolis (frag. 4) e à sátira 3 do livro 29, de Lucílio.

vv. 1-2: Este verso de abertura é insólito e já engraçado pela escolha inusitada de palavras em aramaico, latim e grego (apenas três palavras num hexâmetro inteiro!). Por isso, ao ver que todas eram dicionarizadas, optei pelo quase decalque. As ambubaias eram mulheres de um colégio romano encarregadas de tocar um tipo de flauta frígia nomeada a partir do aramaico "*abubba*"; segundo Gowers, elas poderiam ser confundidas com prostitutas, portanto anunciando o tema da sátira. Os farmacopolas vendiam tipos variados de drogas. Os mendigos são provavelmente sacerdotes mendicantes de Cíbele ou Ísis (dois cultos de origem oriental). As dançarinas são, mais precisamente, pantomimas.

v. 3: Hermógenes Tigélio de Sardes foi um cantor famoso admirado por Júlio César e Cleópatra e, posteriormente, também por Augusto. Ele foi atacado por Calvo num verso que nos chegou: *Sardi Tigelli putidum caput uenit* ("E a testa podre de Tigélio já chega").

v. 12: Não sabemos quem é Fufídio. O nome remete a uma família tradicional de publicanos de Arpino.

v. 14: O percentual típico de juros em Roma era de 1% ao mês; portanto, temos um agiota extorsivo.

vv. 16-17: A tomada da toga viril era a passagem para a vida adulta, aos 15 ou 16 anos, entrada no mundo das armas, etc.

vv. 18-19: Entendo aqui que se trata de uma nova pergunta feita imaginariamente pelo interlocutor do poeta. Shackleton Bailey edita a frase sem aspas nem interrogação. Nesse caso, a tradução ficaria assim: "Júpiter Máximo!", assim que o escutam chegando, "Mas ele / gasta consigo no nível dos ganhos. Como é difícil […]".

vv. 20-21: Trata-se da comédia *Heautontimorumenos* de Terêncio; o nome do pai é Menedemo, e o filho é Clínias.

NOTAS ÀS *SÁTIRAS* | 317

vv. 25-27: Não sabemos quem seriam Maltino (o nome remete à família dos Mânlios, mas pode a partir do grego μάλθα, "tábua de cera", insinuar afeminamento), Rúfilo (ou mais precisamente Rufilo, de todo desconhecido, cujo nome sugere que seja ruivo) e Gargônio (há um nome citado por Cícero, e pode sugerir "gargarejo").

v. 29: A descrição é a da veste típica das matronas romanas, que além disso usavam roupa branca.

v. 32: Catão, o Censor (234-149 a.C.), foi um símbolo da moral tradicional romana. Horácio conta apenas uma parte da anedota. Em sua continuação, Pseudo-Acrão relata como Catão, várias outras vezes na porta do bordel, e termina por exclamar (em tradução libérrima): "Eu te louvei por vir esporadicamente, não por morar aqui!".

vv. 35-36: O nome Cupiênio aparece em Cícero (*Cartas a Ático*, 16.16), mas é provável que seja apenas um nome típico por evocar "desejo" (*cupido*) e o nome do poeta Ênio (*Ennius*). As "bocetas branquinhas" (*cunni albi*) fazem referência não à cor da pele, mas à roupa branca das matronas romanas.

vv. 37-38: Paródia de Quinto Ênio (*c.* 239-169 a.C.), *Anais*, frag. 471-472: *Audire est operae pretium procedere recte / qui rem Romanam Latiumque augescere uoltis* ("Vale a pena escutar se desejam sucesso completo / para o estado romano e fartura às forças do Lácio.").

vv. 44-46: O marido romano tinha muita liberdade para exercer sua vingança caso pegasse a mulher em flagrante adultério. Não sabemos quem seria exatamente o Galba em questão, mas fazia parte dos Sulpícios Galbas, uma família da aristocracia romana; talvez o Sérvio Galba, cônsul em 144 a.C., que os escoliastas afirmam ter sido adúltero. Os "burros de carga" aqui representam os escravos mais baixos, *calones* no original.

vv. 48-49: É difícil determinar se Horácio faz referência aqui ao historiador Salústio ou a seu filho adotivo; o mais provável é que seja ao segundo, que chegou a se tornar conselheiro de Augusto após a morte de Mecenas em 8 a.C. Tudo indica que o Salústio mais jovem foi amante de Fausta (cf. notas aos vv. 64-67). Na edição, Shackleton Bailey põe essa fala entre aspas (supondo o interlocutor imaginário do peota), mas prefiro manter sem aspas, como a maioria dos editores.

v. 55: Não sabemos quem seria Marseu (talvez referência ao mito de Mársias?) ou a dançarina de mimos Orígines, mas o nome desta em latim,

318 | COLEÇÃO CLÁSSICA

Origo, de fato significa "origem". Segundos os escoliastas, ela teria tido fama na mesma época de Arbúscula e que Citéris (amante de Marco Antônio e do poeta elegíaco Galo).

vv. 62-63: A quebra rara (acontece ainda em 2.3.117-118, em *Epístolas*, 2.2.93-94 e na *Arte poética*, 424-425) da palavra entre versos acontece em latim (*inter-/est*), por isso a mantive, com certa ideia no poema "Interesse", de Décio Pignatari. A "escrava togada" é uma designação das prostitutas, sejam elas realmente escravas ou libertas com togas tingidas. Como se viu no v. 29, a roupa das matronas era diversa da toga.

vv. 64-67: Sexto Vílio Anal é aqui ironicamente chamado "genro de Sula" pela fama de seu caso com a filha do general, Fausta (seu nome indica luxo e alegria), nascida em 86 a.C. e esposa de Milão. Longareno seria outro amante de Fausta, porém nada sabemos sobre ele.

vv. 73-74: Essa descrição da natureza evoca o frag. 15 de Epicuro e um trecho de Cícero (*Dos fins*, 1.45).

v. 81: Cerinto (nome grego que remete a mel: "*cerintha*" é a flor-de-mel e "*cerinthus*" é a sandáraca) é o amado nas elegias de Sulpícia, mas aqui seria improvável tratar-se da mesma pessoa.

vv. 91-92: Lince foi um dos Argonautas, notável por sua visão precisa. Hipseia é desconhecida. A expressão "Que coxas, que braços!" remete a um epigrama de Filodemo de Gádara (*Antologia Palatina*, 5.132).

> Ὦ ποδός, ὦ κνήμης, ὦ τῶν (ἀπόλωλα δικαίως)
>   μηρῶν, ὦ γλουτῶν, ὦ κτενός, ὦ λαγόνων,
> ὤμοιν, ὦ μαστῶν, ὦ τοῦ ῥαδινοῖο τραχήλου,
>   ὦ χειρῶν, ὦ τῶν (μαίνομαι) ὀμματίων,
> ὦ κατατεχνοτάτου κινήματος, ὦ περιάλλων
>   γλωττισμῶν, ὦ τῶν (θῦ' ἐμὲ) φωναρίων.
> εἰ δ' Ὀπικὴ καὶ Φλῶρα καὶ οὐκ ἄδουσα τὰ Σαπφοῦς,
>   καὶ Περσεὺς Ἰνδῆς ἠράσατ' Ἀνδρομέδης.

> Que pés, que pernas que – ruína certa em mim –
>   coxas, pentelhos, bunda, que cintura,
> mas que ombros, que peitos, que pescoço fino,
>   que mãos, que (ai, loucura) lindo olhinho,
> que movimentos calculados, que supremos
>   beijos gostosos, que (ai de mim) vozinha!

É osca, e chama Flora e nunca canta Safo?
Perseu amava Andrômeda da Índia.

v. 95: Cátia seria da nobreza romana, mas nada sabemos sobre ela.

v. 101: O linho da ilha de Cós era usado para fazer tecidos finíssimos quase transparentes, muito usados por libertas e prostitutas, que assim ficavam praticamente nuas.

vv. 105-108: Horácio cita e traduz um epigrama de Calímaco de Cirene (*Antologia Palatina*, 12.102).

Ὡγρευτής, Ἐπίκυδες, ἐν οὔρεσι πάντα λαγωόν
  διφᾷ καὶ πάσης ἴχνια δορκαλίδος
στίβη καὶ νιφετῷ κεχαρημένος· ἢν δέ τις εἴπῃ
  'τῆ, τόδε βέβληται θηρίον', οὐκ ἔλαβεν.
χοὐμὸς ἔρως τοιόσδε· τὰ μὲν φεύγοντα διώκειν
  οἶδε, τὰ δ' ἐν μέσσῳ κείμενα παρπέταται.

Epicides, na serra o caçador procura
  todas as lebres, rastros das gazelas,
exposto a gelo e neve; mas se alguém disser
  "Olha, uma presa fácil!" – não a prende.
Assim é meu amor: persegue quem lhe foge,
  deixa escapar quem repousava à mão.

O tema já havia sido imitado por Lucrécio, 9.954.

v. 113: Distinguir o cheio do vazio (ou mais precisamente o vazio do sólido) é um dos temas da física epicurista a respeito dos átomos.

v. 121: Os galos eram sacerdotes eunucos consagrados à deusa frígia Cíbele (cf. Catulo 63). O poema de Filodemo infelizmente não chegou até nós. Poderia haver aqui um chiste com o nome de Cornélio Galo?

vv. 125-126: Ília foi a mãe de Rômulo e Remo, os fundadores de Roma. Egéria foi uma ninfa que teria se tornado amante e conselheira de Numa, mítico rei de Roma. O trecho ecoa um fragmento do poeta cínico Cércidas de Megalópolis, em seus *Meliambos*, frag. 2:

ά δ' ἐξ ἀγορᾶς Ἀφροδίτα
καὶ τὸ μη[δε]νὸς μέλειν, ὁπανίκα λῇς, ὄκα χρήζῃς,

οὐ φόβος, οὐ ταραχά. τα[ύ]ταν ὀβλῶι κατακλίνας
Τ[υν]δαρέοιο δόκει γαμβρ[ὸς τό]κ᾽ ἦμεν

e alguma Afrodite da feira
não preocupa jamais ninguém, se você agarra o que pede
sem aflição ou pavor: se por um vintém já se deita
logo você Tindareu terá por sogro.

vv. 131-132: Um escravo poderia ser punido tendo as pernas quebradas. A esposa pega em flagrante adultério poderia ter a perda de seu dote. O adúltero poderia até mesmo ser morto. Nestes versos, sigo a edição de Gowers.

v. 134: Sobre Fábio cf. nota a 1.1.13-14. Mesmo um estoico teria de reconhecer que, nesse caso, haveria muito sofrimento. Talvez aqui possamos ler que o próprio Fábio também teria sido um adúltero.

1.3

Terceira e última da série inicial de sátiras diatríbicas, este poema trata dos limites entre amigos a partir da discussão estoica sobre a igualdade de todos os erros (verti o termo *"peccatum"* por "pecado" na esperança de resgatarmos um uso menos metafísico do termo), ideia que será questionada pelo poeta. Para tanto, teremos exemplos de como a lei das relações humanas é mais complexa e demanda uma regra mais maleável. Por fim, a sátira zomba da figura do sábio estoico, com sua virtude pura, e se volta para a vida humana, repleta de erros, porém amenizada pelas amizades. Ao fim, o que temos é uma reflexão sobre os limites do impulso satírico geral dos indivíduos diante de seus próximos, como bem observa Catherine Schlegel (2005, p. 31).

vv. 3-8: Sobre Tigélio e sua relação com César, cf. nota a 1.2.3. Aqui se trata de Otaviano, que ainda era conhecido como César, sem ter recebido o título de Augusto. Ió Baco pode ser um canto ritual similar ao ἰώ Βάκχαι que vemos nas *Bacantes* de Eurípides; como ele canta um possível ditirambo, é possível que a lira esteja afinada numa escala frígia. O tetracorde (quatro cordas cobrindo o espaço de uma quarta) é a estrutura básica da música greco-romana.

vv. 11-17: Referência aos κανήφοροι, ou porta-cestos, que levavam em passos lentos e solenes os cestos aos rituais de Juno. Estes versos são posteriormente citados por Sêneca (*Epístolas*, 120.20).

vv. 21-24: Sobre Mênio, cf. nota a 1.1.102; Nóvio é desconhecido, mas seu nome pode apontar para *"nouus"*, "novo" em latim, ou seja, um novato.

No original há um jogo entre "*ignoro*" e "*ignosco*", que mudei para "enxergar" e "fazer vista grossa".

v. 27: As águias são famosas por sua visão; a serpente epidáuria era um animal consagrado ao templo de Esculápio em Epidauro. Na Antiguidade, as serpentes eram imaginadas como boas de visão, a partir de um trocadilho entre δράκων ("serpente") e δέρκομαι ("ver").

v. 40: Balbino e Hagna são dois nomes transparentes que não remetem a nenhuma figura histórica. *Balbinus* pode vir de *balbutire*, "gaguejar", "sussurrar"; enquanto *Hagna* viria do grego ἁγνός, "puro", um nome típico entre escravas e libertas da época.

vv. 41-48: Horácio joga com os sentidos cômicos dos sobrenomes romanos. Optei por mantê-los porque, em grande parte, os sentidos cômicos permanecem dicionarizados em português: Peto (*Paetus*) e Estrabão (*Strabo*) sugerem um estrábico, Varo (*Varus*) é alguém com pernas tortas; Escauro (*Scaurus*), embora não tenha mais sentido em português, aponta um defeito no calcanhar; e Pulo (*Pullus*) designaria o "frango". A passagem remete a Lucrécio, *Da natureza das coisas*, 4.1160-1169.

vv. 46-47: Sísifo é identificado por Pseudo-Acrão como um anão favorito (talvez um pigmeu) de Marco Antônio. Sua designação como "*abortiuus*" indica de fato alguma deformidade.

v. 64: Sobre Mecenas, cf. nota a 1.1.1.

vv. 71-72: Sigo os manuscritos, "*amari*", em vez da conjetura de Doering, "*amare*", incorporada por Shackleton Bailey. Sigo também a pontuação da maioria dos editores.

v. 77: A entrada dos "tolos" (*stulti*) neste verso dá início à guinada temática da crítica aos estoicos.

vv. 82-83: Trata-se mais provavelmente de Caio Atínio Labeão, um tribuno da plebe que tentou em vão condenar Metelo à morte por lançamento da Rocha Tarpeia em 131 a.C. Como Metelo foi atacado nas *Sátiras* de Lucílio, podemos estar diante de uma referência poética interna ao gênero satírico. Outra hipótese é Marco Antístio Labeão, um jurisconsulto que viria a se tornar inimigo de Augusto. Sigo *Labeone*, dos manuscritos, em vez de *Labieno*, conjetura de Bentley adotada por Shackleton Bailey.

vv. 86-89: Otávio Rusão (segundo Porfirião, esse seria seu nome) é descrito aqui como agiota e – péssimo – historiador, que força quem lhe deve a ouvir suas narrativas. Aqui Horácio parece fazer uma piada com a prática institucional romana da *recitatio*, a récita prévia de obras que estão sendo desenvolvidas.

v. 91: Evandro é o mítico rei arcádico visitado por Eneias no livro VIII da *Eneida*. Representa, então, a antiguidade do objeto.

v. 96: Essa ideia estoica aparece em Cícero, *Dos fins*, 4.19.55.

v. 98: A prática (*Utilitas*), representada como mãe da justiça, é uma ideia do utilitarismo epicurista.

vv. 99-124: Horácio refuta a tese estoica de que a lei provém diretamente da natureza; para isso, mostra como as leis decorrem de demandas sociais, num desenvolvimento histórico; nisso ele se aproxima das teses epicuristas expressas por Lucrécio, *Da natureza das coisas*, 5.780 e ss.

v. 103: Sigo *"uoces sensusque"*, dos manuscritos, em vez de *"sensus uocesque"*, conjetura de Housman incorporada por Shackleton Bailey.

v. 107: Horácio, como bem afirma Emily Gowers, resume o feminino a mero objeto, anatomia sexualizada, como uma espécie de produto. Nesse movimento, há um rebaixamento homérico em cena.

vv. 116-117: Possível referência a leis draconianas, que lemos em Plutarco, *Sólon*, 17.

vv. 120-121: Sigo a pontuação e a edição da maioria dos editores, *"non uereor"*, em vez dos parêntesis de Shackleton Bailey e da conjetura *"non moror, hoc"*.

vv. 124-142: Toda a passagem zomba do conceito de sábio ideal proposto pelos estoicos, a partir do sexto paradoxo (segundo Cícero) de que "só o sábio é rico". Em *Epístolas*, 1.1.106, esse tema é retomado.

v. 127: Crisipo (*c.* 279-206 a.C.) foi cabeça da escola estoica, considerado um segundo fundador depois de Zenão.

vv. 129-132: Sobre Hermógenes Tigélio, cf. nota a 1.2.3. Alfeno é provavelmente Públio Alfeno Varo, jurisconsulto louvado por Virgílio nas *Bucólicas*, 6.6-12 e 9.26-29, cônsul em 39 a.C. e apoiador de Otaviano; outra hipótese seria Públio Alfeno, um possível subordinado de Sexto Pompeu e, portanto, inimigo de Otaviano.

v. 139: Sobre o estoico Crispino, cf. nota a 1.1.121.

1.4

Esta é a primeira sátira explicitamente programática de Horácio. Nela encontramos uma série de discussões poéticas que passam pelas origens do gênero (aqui vinculado à Comédia Velha ateniense e à Comédia nova grega e romana), pela sua figura mais representativa, como uma espécie de fundador (Lucílio, que ao mesmo tempo é renegado como principal influência quanto à qualidade poética e às pretensões éticas), pelos dilemas éticos e políticos da escrita da sátira no fim da República (a mítica liberdade arcaica já não serve num mundo de riscos reais ao poeta, que ainda por cima não é bem-visto pela maioria do público). Além disso, Horácio ainda nos mostra uma espécie de gênese autobiográfica da sua carreira satírica com origem nos ensinamentos tradicionais de seu pai, que, como Aristófanes e Lucílio, apontava também diretamente os vícios alheios. Assim, a sátira horaciana, enquanto renega o estilo luciliano, reelabora os limites do gênero para um novo tempo ao mesmo tempo que inicia um movimento de biografia vinculada ao gênero literário.

vv. 1-5: A Comédia Velha ateniense tinha, de fato, a prática de atacar nominalmente figuras públicas contemporâneas, em contraposição à Comédia Nova, baseada em personagens típicos. Dessa prática do discurso coloquial associado ao ataque direto, segundo Horácio, viria a poética de Lucílio.

v. 6: Caio Lucílio (180-103 a.C.), cavaleiro da nobreza romana, é considerado por Horácio o fundador do gênero satírico (um gênero romano sem origem grega), por ter escrito 30 livros de sátiras e estabelecido o hexâmetro como seu metro mais adequado. Dele temos hoje um pouco mais de 1.100 fragmentos.

v. 14: Sobre Crispino, cf. nota a 1.1.121. Como bom estoico pobre, ele aposta o que tem, uns trocados.

vv. 21-22: Nada sabemos sobre Fânio (apenas que este sobrenome é o de alguns anticesaristas), mas a imagem sugere que ele levava uma caixa com seu próprio busto e textos para recitar e vender em qualquer lugar, mesmo que não fosse convidado. Ele reaparece em 1.10.80.

v. 23: Foi pouco tempo antes de Horácio que Asínio Polião inseriu na cultura romana a prática da leitura pública regular, bem como a primeira biblioteca pública de Roma; nela não havia bustos de autores vivos, exceto de Varrão.

v. 28: Pelo que podemos ver mais adiante (vv. 109-110), Álbio não deixa boas condições para o filho porque gasta demais. Certamente não se trata do poeta elegíaco Álbio Tibulo.

v. 34: Os romanos punham feno nos chifres dos touros violentos, para que fossem facilmente identificados. Segundo as *Doze Tábuas*, o dono de um touro deveria pagar por todo estrago que ele fizesse, ou entregá-lo ao que fosse injuriado.

vv. 45-46: Segundo Suetônio (*Vida de Terêncio*), Júlio César afirmava que as comédias de Terêncio não tinham força (*uis*). Horácio estende essa ideia para o conjunto da comédia.

vv. 47-48: A discussão sobre os limites da prosa e da poesia, do coloquial e do elevado, já aparecem em diversos lugares. Em Cícero (*Orador*, 67), por exemplo, vemos a consideração de que a prosa de Platão ou Demóstenes seria mais poesia que os versos dos poetas cômicos.

vv. 48-52: Horácio dá como argumento em favor da força poética da comédia a descrição de uma cena típica de ira paterna.

vv. 52-53: Desconhecemos Pompônio, mas ele representa aqui as figuras da vida real que se assemelham às tópicas da Comédia Nova grega e romana, a saber, o pai velho e avarento diante do filho apaixonado e desvairado. Du-Quesnay o identificava como possível proscrito romano durante as guerras civis, mas a hipótese é muito pouco fundamentada.

vv. 60-61: Estes versos ironicamente citados são de Ênio, em seus *Anais*, a respeito do portão de Jano, fechado apenas em períodos de paz romana. A mesma passagem foi imitada por Virgílio, *Eneida* VII, vv. 620-622. Horácio com frequência rejeita a poética romana arcaica, que considera, como a de Lucílio, muito pouco cuidada para os padrões contemporâneos.

v. 62: A imagem dos *disiecta membra* de um poeta pode evocar os mitos de Orfeu ou de Lino.

vv. 65-70: Desconhecemos quem sejam Cáprio e Súlcio: podem ser dela-tores ou sicofantas romanos (com o detalhe de que os acusadores deviam sempre ser particulares, pois não existiam promotores públicos), ou então satiristas contemporâneos de Horácio, famosos pela verve agressiva. Os nomes parecem significativos: *Sulcius* remete a "sulco", "ranhura", e *Caprius* a "bode"; como sicofantas (revelador de figos), também podem ecoar os dois tipos de figo antigo, o "*ficus sulca*" e o "*caprificus*". Célio e Bírrio são completamente desconhecidos.

vv. 71-72: Ao que tudo indica, livros podiam ficar à venda apoiados, ou fincados em pilastras, como uma espécie de vitrine, ou em pequenas barracas pela cidade. Tigélio Hermógenes é, provavelmente, o mesmo da 1.2.3 (cf. nota).

v. 86: O normal seriam três convivas por leito, nos três leitos do triclínio romano, mas esta parece ser uma festa cheia, com quatro em cada, totalizando doze convivas.

vv. 87-88: Difícil saber se esse bufão (*scurra*) molha os outros com a água perfumada de lavar as mãos (arcaicamente os pés) ou com a água morna que se misturava ao vinho. Ele aparentemente só poupa o anfitrião, seguindo a ética da hospedagem, porém só enquanto não fica bêbado.

v. 89: Líber é um dos nomes de Baco, como deus libertador, do grego Λυαῖος.

v. 92: Autocitação horaciana, de 1.2.27.

vv. 93-100: Petílio, segundo Porfirião, teria sido acusado de roubar a coroa de ouro do templo de Júpiter Capitolino, daí seu apelido irônico de Capitolino; no entanto, a acusação desse crime era proverbial e já aparecia em Plauto, *Trinumo*, 83, e *Menecmos*, 941.

v. 101: O azinhavre, ou ferrugem, "*aerugo*" em latim, traduz o termo grego ἰός, que pode estar na origem etimológica do ἴαμβος, o iambo poético.

vv. 109-115: Sobre Álbio, cf. nota ao v. 28. Baio é desconhecido, mas seu nome sugere o balneário de Baias, que aparece nas elegias de Propércio como local de encontros amorosos. Interessante notar que os nomes aqui seguem uma lista alfabética genérica, mais do que apontar para pessoas reais. Cetano vem em seguida ligado a Trebônio (este foi tribuno da plebe em 43 a.C. e teria escrito sátiras contra Marco Antônio).

v. 123: O pretor indicava anualmente um número seleto de juízes para casos criminais.

vv. 133-134: Entenda-se: quando passeio entre os pórticos da cidade ou quando me reclino num leito de leitura.

vv. 142-143: Muitos romanos acusavam proselitismo judaico entre as figuras que viviam em Roma, já muitas na época de Horácio.

1.5

Esta sátira, que cria um estilo herói-cômico para finalmente nos determos mais na figura do poeta, é provavelmente baseada na "Viagem à Sicília" de Lucílio (o que, por sua vez, põe em xeque muito do que se criticou ao velho satirista no poema anterior). Aqui vemos como Horácio se adianta para juntar-se à comitiva poética em torno de Mecenas, enquanto este e Fonteio Capitão seguem para Brindes, a fim de formar algum pacto entre dois amigos desentendidos. Assim, o poema nos convida a lê-lo em chave histórica, já que sabemos como Mecenas levou comitiva para Brindes algumas vezes ao longo de 38 e 37 a.C., em negociações com Marco Antônio, em nome de Otaviano. Porém, apesar dessa base política, a narrativa se concentra apenas em pequenos detalhes cômicos da viagem: a missão política desaparece entre trivialidades, que por sua vez apresentam o poeta no círculo da elite poética, política e econômica em torno de Otaviano e Mecenas, para também se deter sobre as noções de amizade. Ao fim e ao cabo, como bem observa Schelgel (2005, p. 67), esta peça é muito sobre Horácio narrador, mais até do que Horácio, o viajante; assim rimos *de* suas desventuras e rimos *com* seu humor.

v. 1: Arícia é uma cidade a pouco mais de 20 km de Roma.

v. 2: Há um Heliodoro metricista citado por Mário Vitorino (*Grammatici latini* V, p. 91), que pode ser também o autor de Ἰταλικὰ θαύματα (*Maravilhas da Itália*), citado por Estobeu (100.6).

v. 3: Ápio foi uma cidade fundada por Ápio Cláudio Ceco, a cerca de 40 km de Arícia. Ali havia um canal que conduzia até o templo de Ferônia.

v. 6: A Via Ápia saía de Roma e ia até Brindes (Brindísio). Por ser muitas vezes alagada por torrentes que desciam dos Apeninos, era comum mudar o caminho por meio de embarcações.

vv. 13-14: A mula será necessária para puxar a embarcação pelo canal, como veremos nos versos seguintes. Pela descrição de rãs e mosquitos, é possível supor que a narrativa se passe na primavera.

vv. 24-26: Perto de Terracina, junto ao canal já mencionado na nota ao v. 3, havia o templo de Ferônia, uma deusa itálica arcaica, posteriormente associada a Juno. Ânxur é o nome volsco de Terracina.

vv. 27-29: Lúcio Coceio Nerva foi jurisconsulto, cônsul em 39 a.C. Ele e Mecenas negociaram a paz de Brindes, entre Otaviano e Marco Antônio, em 40 a.C.

vv. 32-33: Caio Fonteio Capitão viria a ser cônsul em 33 a.C. e legado de Marco Antônio na Ásia. *Ad unguem factus* parece ser uma expressão tirada da escultura, para designar o trabalho feito com tanto esmero que passa até no teste da unha que tenta detectar asperezas.

v. 34: Fundos ficava a cerca de 20 km de Terracina. Nada sabemos de Aufídio Lusco (*luscus* significa "caolho"), mas ele parece ter sido um humilde escriba, como o próprio Horácio, que agora afetava uma posição maior do que a que tinha de fato (Horácio o chama de pretor ironicamente, nesse caso). A faixa púrpura de sua toga seria exagerada e a pá com brasas serviria para algum ritual com fogo, provavelmente para receber Mecenas.

vv. 37-38: A cidade dos Mamurras é Fórmias, a 20 km de Fundos. Um Mamurra bem conhecido foi braço direito de Júlio César e aparece em poemas invectivos de Catulo (21, 41, 43, 57, 94, 105, 114 e 115). Licínio Varo Murena, filho do Murena que defendeu Cícero, acabou sendo adotado por Terêncio Varrão e assim passou a ser cunhado de Mecenas (casado com Terência, filha de Terêncio). Pelo que podemos saber, Licínio teve uma vida política bastante conturbada e acabou condenado à morte quando era cônsul, em 23 a.C., após participar com Fânio Cepião de uma conspiração contra Augusto (cf. Veleio Patérculo 2.91 e Dião 54.3, onde a data aparece como 22 a.C. – uma discussão sobre datações é feita por N-H: 151-158).

v. 40: Sinuessa ficava a cerca de 26 km de Fórmias. Plócio Tuca e Lúcio Vário Rufo (poeta trágico e épico), membros do círculo de Mecenas, viriam a ser os dois editores póstumos da *Eneida* de Virgílio.

vv. 45-51: A ponte Campânia ficava no limite entre o Lácio e a Campânia, a cerca de 40 km de Sinuessa. O *parochus* era um encarregado de fornecer o necessário a viajantes, por isso, na falta de um termo técnico específico, verti como "como de praxe". Cápua ficava a 25 km da ponte Campânia, e Cáudio a 31 km de Cápua.

vv. 51-70: Na "Viagem à Sicília", Lucílio apresentava o combate verbal e físico de dois gladiadores, que aqui se torna uma troca de insultos entre dois bufões. Méssio tem um sobrenome que evoca galo em grego (κίκιρρος), talvez designando que se vestisse de galo em festas rituais. Sua origem osca pode apontar para obscenidade. Sarmento tinha sido escravo de Marco Favônio e foi doado, após a morte do dono, para Mecenas, que o libertou; no entanto, como afirma o poeta, a esposa de Favônio ainda era viva na época.

vv. 60-61: A doença campânia parece ter sido o crescimento de verrugas que, ao serem extraídas, deixavam grandes cicatrizes no rosto. Sigo a leitura dos manuscritos, *"oris"*, em vez da conjetura de Horkel, *"orbe"*, adotada por Shackleton Bailey.

v. 71: Benevento ficava a 16 km de Cáudio.

vv. 77-81: Os viajantes abandonam aqui a Via Ápia e seguem por Venúsia e Tarento rumo a Bário, na costa do mar Adriático; para tanto, precisam atravessar as montanhas da Apúlia, terra natal de Horácio. O Atábulo é o nome de um vento local da Apúlia, hoje conhecido como Altino. Trevico ficava a 37 km de Benevento.

vv. 86-93: A cidade não nomeada, pela distância, pode ser *Ausculum*, atual Ascoli, a 35 km de Trevico, mas também as menos conhecidas *Equus Tuticus* ou *Herdoniae*. O tema da falta de água na Apúlia aparece, por exemplo, em *Odes* 3.30. Canúsio era uma cidade junto ao rio Áufido, a cerca de 51 km de Ascoli, onde se falava latim, osco e grego; segundo o mito, Diomedes, depois da guerra de Troia, teria ganhado a Etólia e na Apúlia, com apoio de Dauno, teria fundado diversas cidades.

vv. 94-100: De Rubos a Canúsio eram 34 km, de Bário a Rubos outros 34 km, e de Gnácia a Bário mais 54 km. Plínio nos fala de uma pedra que queimava madeira sem uso de fogo (*História natural*, 2.111) na entrada de um templo.

v. 100: Não sabemos quem seria Apela, pode ser apenas a designação de um judeu qualquer que, aos olhos do poeta, representa também superstição.

vv. 101-103: Representação das teses epicuristas sobre a natureza. Difícil afirmar com certeza se se trata de uma paródia ou de retomada séria de Lucrécio (*Da natureza das coisas*, 5.82).

v. 104: Brindes ficava a cerca de 50 km de Gnácia.

1.6

Depois de apresentar seu pai como protótipo satírico em 1.4 e de se mostrar em viagem com amigos e Mecenas até Brindes em 1.5, Horácio aqui trata de sua origem: apesar de ser filho de um ex-escravo, o jovem teve educação típica da elite romana, o que fez com que chegasse ao círculo de Mecenas. Nessa sequência, o poema funciona como uma obra de defesa da figura satírica enquanto o mostra em sua fragilidade, ele próprio objeto do riso alheio, bem como sua vida frugal. Ao fazer isso, ele recusa as possíveis acusações de alpinismo social, parasitismo e oportunismo abusado, mostrando uma espécie de *self-made man* consciente e orgulhoso do investimento paterno; assim ele tenta nos mostrar um vínculo de amizade com Mecenas que superaria as relações do patronato típico romano.

vv. 1-2: Segundo os antigos, os povos etruscos teriam vindo da Lídia, guiados por Tirreno, filho de Átis. Sobre a ascendência etrusca de Mecenas, cf. nota a 1.1.1. Ao louvar essa origem elevada do patrono, Horácio também nos lembra que se trata de ádvenas arcaicos, ou seja, mesmo Mecenas também já teve antepassados que não eram cidadãos romanos.

v. 6: Este verso apresenta muitas variantes nos manuscritos, além de algumas conjeturas: em vez da edição de Shackleton Bailey (*ignoto aut, ut me, libertino patre natos*, "aos de obscuro e, como eu, de liberto pai descendentes"), sigo a de Gowers.

v. 8: Horácio afirma que Mecenas dá valor a todos, independentemente da origem, desde que seja *"ingenuus"*, uma palavra limítrofe, pois significa tanto o homem nascido livre quanto o comportamento de um nobre refinado.

vv. 9-11: Referência ao reinado mítico de Sérvio Túlio, sexto rei de Roma, que teria sido filho de uma escrava prisioneira de guerra de Cornículo, daí que seja descrito como "ignóbil" (não nobre).

vv. 12-15: Lúcio Valério Levino, descendente de Valério Publícola, segundo Porfirião, nunca passou da questura, o primeiro cargo na corrida política romana. Sobre Tarquínio Soberbo, cf. nota a 1.5.33-35.

vv. 17-18: Imagens (em forma de bustos ou máscaras) de ancestrais com inscrições e títulos eram sinais típicos da nobreza. O desinteresse pela vida política era uma marca da filosofia epicurista.

vv. 19-22: Públio Décio Mus, de família plebeia, realizou uma *deuotio* (autossacrifício ritual) durante a guerra latina (cf. Tito Lívio 8.9). Um "homem novo" era o indivíduo de determinada linhagem que ascendia pela primeira vez ao Senado – um caso muito famoso foi o de Cícero. Ápio Cláudio, censor em 50 a.C., expulsou do Senado todos os filhos de libertos, mas eles foram restaurados por Júlio César, em 45 a.C. (o que pode funcionar então como um cumprimento a Otaviano); nesse período, muitos homens novos conseguiram cargos públicos e até a ordem equestre. Horácio faz também uma alusão autoirônica à fábula do asno em pele de leão.

vv. 24-25: Segundo os escoliastas, Tílio foi afastado do Senado por Júlio César e, depois da morte do ditador, retomou seu cargo e assumiu também o de tribuno militar; ele reaparece no v. 107. O laticlavo, uma larga faixa púrpura na toga, era um adorno específico da ordem senatorial romana.

vv. 27-28: Os senadores romanos usavam um tipo de calçado com quatro voltas de faixas de couro na parte de baixo da perna.

v. 30: Talvez se trate de Lúcio Betúcio Barro, acusado em 114 de estuprar uma vestal (cf. Plutarco, *Questões romanas*, 83); pode ser que tenha sido crítica por Lucílio; no caso, ele fere a própria beleza apenas para receber o escrutínio das jovens.

vv. 38-39: Dama, Dioniso e Siro eram nomes típicos de escravos; outra possibilidade seria ler *Syri* como adjetivo "sírio", se considerarmos que os romanos davam pouco valor aos escravos sírios. Em seguida, temos uma referência à Rocha Tarpeia, ponto de onde eram lançados criminosos condenados à morte, e a Cadmo, um carrasco público, encarregado de estrangular os condenados na prisão; o que está em jogo é que apenas os magistrados mais elevados poderiam tomar a decisão de vida e morte.

vv. 40-41: Nos teatros romanos, os assentos eram reservados às ordens: junto à orquestra, ficavam o senadores, em seguida, as primeiras catorze fileiras eram reservadas aos equestres (os mais ricos do censo romano) e assim por diante. Sobre Nóvio, cf. nota a 1.3.21-24.

vv. 42-44: Paulo Emílio Lépido e Marco Valério Messala Corvino (orador, historiador e patrono de poetas, cônsul em 31 a.C.) foram dois ricos nobres romanos que tomaram parte nas forças de Otaviano. O barulho do arrivista no tríplice funeral é um claro contraste com as reticências de Horácio e de Mecenas em seu primeiro encontro, que será narrado mais adiante.

v. 48: Horácio foi tribuno militar no exército de Bruto; cada legião tinha seis tribunos.

vv. 54-55: Virgílio e Vário aparecem também como membros do grupo de Mecenas em 1.5.40.

v. 59: O corcel satureio viria de Satúrio, o distrito mais antigo de Tarento.

v. 72: Flávio seria um professor de Venúsia de quem nada sabemos hoje.

v. 75: Os jovens levam moedas para pagar suas aulas sempre no começo do mês, nos Idos.

v. 87: A revelação de que o pai de Horácio foi um cobrador, *coactor*, contradiz a imagem de pobreza do v. 70 e explica como um liberto conseguiu ter dinheiro para educar seu filho em Roma.

v. 97: A cadeira curul era um privilégio dos edis e censores romanos, enquanto os fasces pertenciam aos cônsules e pretores, como símbolo de seu poder.

vv. 99-104: A afirmação de Horácio pode ser levada a sério, se levarmos em consideração que, muitos anos depois, ele recusou o cargo de secretário de Otaviano, então Augusto, quando este era o homem mais poderoso de Roma.

v. 103: Novamente, verto *calones* por "burros de carga", por designar em geral escravos com trabalhos mais pesados.

v. 105: A distância de Roma a Tarento passa de 500 km. A imagem do jumento levando o poeta reforça a imagem do mestiço e do animal menos valorizado, por exemplo, do que o cavalo. A autodesignação como "cavaleiro" (*eques*) pode nos lembrar que, na prática, Horácio fazia parte dos equestres romanos.

v. 107: Sobre Tílio, cf. nota aos vv. 24-25.

vv. 110-131: Horácio se mostra aqui um epicurista afastado da vida política de seu tempo, como nos vv. 17-18.

vv. 113-114: Horácio passa pelos lugares mais movimentados da cidade: o Circo Máximo, aqui designado como enganoso provavelmente por causa dos astrólogos e videntes que costumavam ficar nos entornos do local. O foro era o centro da vida comercial de Roma.

v. 118: O bronze da Campânia era utilizado para fazer objetos de cozinha (cf. Plínio, *História natural*, 34.95).

vv. 120-121: Havia uma estátua do sátiro Mársias no Foro romano, perto do tribunal do pretor, vista como uma espécie de estátua da liberdade (talvez um símbolo da liberdade satírica?) ou símbolo plebeu, segundo Gowers; ela representava seu flagelo por Apolo, depois de perder um desafio musical contra o deus. Horácio faz então piada para explicar a expressão de sofrimento de Mársias sobre Nóvio, cf. nota a 1.3.21-24: aqui ele é descrito pelos escoliastas como um usurário.

v. 124: Nada sabemos sobre o miserável Nata.

v. 126: Horácio faz referência ao *trigo*, um jogo de bola para três pessoas em disposição triangular, mencionado por Lucílio.

v. 131: Questor era o cargo mais baixo, o primeiro na vida política romana, aquele que poderia ser o primeiro da família a abrir portas para os seus descendentes.

1.7

Esta sátira, a mais breve e controversa do *corpus*, dá início à série de três anedotas dos poemas 7, 8 e 9, narrando um possível acontecimento de 43 a.C., quando Marco Bruto era pretor em Clazômenas, na Ásia Menor, e Horácio era tribuno militar de seu exército. Nesse contexto, houve um litígio entre Rei Rupílio (seu nome em latim é *Rex*, que significa "rei") – da cidade Preneste e na época proscrito por Marco Antônio e Otaviano – e o mercador Pérsio, um mestiço de romano e grego que trabalhava em Clazômenas. Difícil avaliar como poderia ser lida essa anedota aparentemente banal (como interpreta Rudd, 2010, pp. 66-67) no grupo de Mecenas, se levarmos em consideração que Bruto se suicidou depois da derrota da batalha de Filipos, em 42 a.C., para as forças de Otaviano e Antônio, e que o poema está construído numa série de paródias da épica homérica e dos combates de gladiadores. Gowers (p. 250) sugere que a peça também possa ser lida alegoricamente como um combate entre a sátira fescenina de origem romana (Rupílio, com sua verve rústica) e a sátira helenizante de Lucílio (Pérsio, com seu chiste e seu caráter miscigenado). Ao mesmo tempo, as referências a tiranicídio certamente poderiam causar desconforto em Otaviano, já que ele seria possível ser considerado um filho adotivo do *rex* Júlio César.

vv. 1-2: Em 43 a.C. Marco Antônio e Otaviano deram início a uma onda violenta de proscrições e tomadas de bens de diversos cidadãos romanos de partidos adversários; parte deles foi Bruto e Rupílio, que sabemos ter sido parte do grupo de Átio Varo na África em 47 a.C. e posteriormente pretor; seu epíteto inicial de "exilado Rei" (*proscripti Regis*) poderia evocar à primeira vista o mítico Tarquínio Soberbo, ou mais contemporaneamente Júlio César, Cícero ou o próprio Bruto, por isso mantive a sequência das palavras com sua ambiguidade. De Pérsio nada sabemos, mas sua descrição como híbrido ("mestiço" de mãe asiática e pai romano, segundo Crúquio) era também usada em termos de política, nos casos de tribuno do povo Quinto Vário e do cônsul Caio Antônio (colega de Cícero); além disso, a palavra ecoa ὕβρις, a "desmedida", tipicamente associada aos tiranos.

v. 6: Clazômenas ficava na baía de Esmirna, na província da Ásia, atual Turquia; seu nome vem do verbo grego κλάζω (guinchar), que pode ecoar ironicamente nos atos verbais dos dois litigantes.

v. 8: Os cavalos brancos eram considerados mais velozes. Nada sabemos sobre quem seriam Sisena e Barro, muito menos no plural.

vv. 15-18: O encontro de Diomedes e Glauco se dá na *Ilíada* 6.119 e ss., onde vemos os dois trocarem suas armas, depois de descobrirem suas genealogias. Como as armas de Glauco eram de ouro e as de Diomedes de bronze, é possível entender aqui que Glauco aproveitou a ocasião pra desistir do combate. O nome de Bruto adiado para a metade do poema será ainda curioso, dado seu absoluto silêncio até o fim da narrativa.

v. 20: Bito e Báquio eram dois gladiadores famosos.

vv. 22-23: Villeneuve argumenta que os risos se dariam por causa do sotaque de Pérsio; Gowers argumenta que todos riem do próprio ato acusatório do sicofanta. Michael Brown sugere que se dê por causa da estética asiática, pomposa e exagerada, dos louvores e ataques de Pérsio.

vv. 25-26: Pérsio compara Rupílio a Sírio, estrela mais brilhante da constelação de Cão no período da canícula (auge do verão no hemisfério norte), por isso considerada destrutiva pelos antigos.

v. 28: Preneste foi uma cidade itálica marcada por grande independência do centro em Roma.

vv. 29-31: Ao gritar "cuco", o viajante estaria sugerindo que o vinicultor estaria atrasado para a podar a vinha (cf. Plínio, *História natural*, 18.249), pois o cuco já teria chegado, junto com a primavera.

vv. 33-35: Segundo as lendas romanas, um membro da família Lúcio Júnio Bruto teria expulsado o último dos reis arcaicos, Tarquínio Soberbo; de modo similar, Bruto foi um dos assassinos de Júlio César, em 44 a.C., sob a alegação de que este pretendia restaurar a monarquia em Roma. Diante disso, Pérsio faz uma piada com o nome de Rupílio, confundindo *Rex* e *rex*, nome e cargo de rei.

1.8

Esta segunda sátira anedótica narra em primeira pessoa como Priapo viu um ritual mágico da feiticeira Canídia acompanhada de Sagana e como conseguiu espantar as duas com um peido. Assim, ao mesmo tempo em que louva os Hortos de Mecenas, Horácio faz uma sátira narrativa de gosto etiológico, para explicar como a estátua de madeira de Priapo no local tinha um rachado na parte de trás, que parecia uma bunda. Talvez seja possível dizer que este poema também opera um movimento de "limpeza" política e cultural sob os auspícios de Otaviano e Mecenas, contra forças ocultistas de Canídia e talvez da guerra civil, como eu próprio argumento em minhas notas aos *Epodos*; curioso é notar que, em sua fuga, as bruxas rumam para a cidade, ou seja, levam os riscos da bruxaria para o espaço urbano, onde ele pode se desenvolver talvez sob a égide da guerra civil. Um ponto interessante a ser ressaltado é que Horácio pode ser identificado com Priapo (o poder de ameaça da sátira) e com Canídia (o discurso mágico e coercitivo); no entanto, o poeta também nega os dois movimentos, enquanto expulsa Canídia e apresenta um Priapo de linguagem fracassada; como remédio, resta o riso mais suave contra ambos, que são e não são Horácio.

vv. 1-7: No mundo greco-romano, era comum o uso de estátuas de Priapo, em geral de madeira, como espantalhos nos pomares e jardins. Como deus fálico da fertilidade, filho de Afrodite e Dioniso, os ritos e mitos do deus disforme eram geralmente cômicos (também ligados a uma função apotropaica do riso), como podemos ver na *Priapeia* latina e nos exemplares da poesia grega. Já na Grécia, o deus se fundira também com Hermes e Pã. Em suas estátuas, o deus era comumente representado com uma foice ou um cajado na mão direita e um falo imenso, muitas vezes pintado de vermelho.

v. 1: O figo, no mundo antigo como um todo, era sempre associado à fertilidade, mas também ao ânus, e tinha também valor apotropaico, como o gesto da figa. Como veremos no fim do poema, a etiologia anal é o centro da narrativa. Além disso, a madeira da árvore que dá esse fruto é ruim para lenha, e era barata e de fácil manuseio, o que explica seu uso para uma estátua simples.

vv. 8-16: No monte Esquilino, na parte de fora da Muralha Serviana, havia um cemitério para pobres e criminosos, mas não se trata de cova comum. Foi nesse local que Mecenas construiu seus *Horti*, "hortos" ou "jardins", que passaram a ser um ponto frequentado da cidade, por sua beleza. O aterro em questão acompanhava a Muralha por mais de um quilômetro e separava o Esquilino do Quirinal.

v. 11: Este verso é repetido em *Sátiras*, 2.1.22. Sobre Nomentano, cf. nota a 1.1.101-102. Pantobalo, segundo os escoliastas, seria o apelido de um certo parasita Málio Verna, a partir das palavras gregas πάντα λαβεῖν ("tomar tudo") para zombar de sua voracidade.

vv. 12-13: Horácio aqui parodia as inscrições de cemitérios, com suas fórmulas, tais como H.M.H.N.S. (*Hoc monumento heredes non sequetur*), que consagrava as tumbas como inalienáveis.

vv. 23-25: Canídia é uma figura recorrente na poesia de Horácio (explicitamente em *Sátiras*, 1.8, 2.1 e 2.8, *Epodos*, 3, 5 e 17; talvez também em *Epodos*, 8 e 12, e em *Odes*, 1.16), e aparece apenas em sua poesia, de modo que não podemos afirmar de modo algum que possa se tratar de uma personagem histórica. No entanto, o imaginário sobre as bruxas também é uma tópica recorrente na poesia, historiografia e mesmo na legislação romanas; o que indica sua importância cultural. Seu nome pode sugerir uma relação com Públio Canídio Crasso, cônsul em 40 a.C. e oponente firme de Otaviano, que foi por este condenado à morte depois da Batalha do Ácio, e sabemos que, em 36 a.C., Canídio conquistou a Hibéria (origem dos feitiços de Canídia) para o partido de Marco Antônio. Seu nome ainda pode indicar "canície" (*canities*) e "velhice". Também pode ter relação com "cães" (*canis*), já que, para os antigos, os cachorros podiam ser símbolo de descontrole sexual e falta de pudor (como atenta Watson, o fato de que "*canis*" tenha "a" breve e que "*Canidia*" tenha "a" longo não impede em nada a piada); com "gansos" (χήν ou χάν), aves por vezes vistas como de mau agouro e sexualidade intensa; ou até mesmo com "canícula" (*canicula*), período em que os antigos criam que o calor tomava a virilidade e fertilidade dos homens.

Nada comprova a existência real de Canídia, nem mesmo a afirmação de Porfirião, de que se trataria de uma certa Gratídia de Neápolis; embora, como já comentei, figuras como ela pudessem apontar para um mundo cultural romano.

Sagana, que desconhecemos, aparece também em *Epodos*, 5, como uma das parceiras de Canídia; seu nome sugere claramente "*saga*", "bruxa".

vv. 26-29: A passagem evoca o famoso trecho da νέκυια na *Odisseia* 11.36 e ss. Os Manes são os espíritos dos mortos, na cultura romana.

vv. 30-33: O boneco de cera poderia representar um amado de Canídia, se compararmos com *Epodos*, 5, que serviria para a "*defixio*" (ato de fincar agulhas por simpatia); já o de lã seria uma figura demoníaca, por isso seria embebido de sangue. Parte do imaginário remete a Teócrito, *Idílios*, 2, também imitado por Virgílio em *Bucólicas*, 8; mas também aparece num papiro mágico (PGM 4.296-466).

vv. 33-36: Hécate é uma deusa provinda da Anatólia e comumente ligada à feitiçaria, junto a Diana e à Lua, que então não teria motivos para ficar ruborizada e fugir da cena, a não ser por um exagero cômico do poeta; por outro lado, como me lembrou Gabriel Paredes Teixeira em conversa pessoal, aqui Horácio parece estar fazendo alusão a um lugar-comum que é a Lua vermelho-sangue e sua ligação com a bruxaria (cf. Ovídio, *Amores*, 1.8.12). Tisífone é uma das Fúrias, comumente representadas com serpentes nos cabelos.

v. 39: Júlio pode ser um liberto da *gens Iulia* de Otaviano; porém não podemos esquecer que o nome evoca diretamente Júlio César; por isso alguns editores propuseram Úlnio ou Júnio, ou mesmo Vílio. "Pediácia" evoca *pedicatio* (sexo anal). "Vorano" pode evocar voracidade; como os ladrões são ameaçados de sodomia por Priapo, seu nome pode sugerir um desejo de ser pego em flagrante.

v. 40: Horácio, no v. 44, faz um trocadilho com "*testis*" ("testemunha" e "testículo"), o que me levou ao trocadilho com "textículo".

vv. 42-43: Na prática do φυλακτήριον, cria-se que pelo de lobo e dentes de alguns animais poderiam servir como impedimento contra outros feitiços.

v. 49: Nas vestimentas de ritos mágicos constavam esses laços presos aos braços (cf. Virgílio, *Bucólicas*, 8.74).

1.9

Nesta última da tríade anedótica, o primeiro *sermo* (conversa) propriamente dito do livro dos *Sermones*, o poeta narra como teria sido assediado por um poeta arrivista interessado em entrar para o círculo de Mecenas; um inimigo fácil pelo mau gosto, preferência de quantidade sobre qualidade, falta de escrúpulos, etc. Nesta sátira, por meio de um procedimento autoirônico (o poeta não consegue se desvencilhar facilmente de seu interlocutor, tal como Priapo falha no poder de seu discursos em 1.8), Horácio mostra o complexo jogo de poderes na poesia romana, ao mesmo tempo que tenta demonstrar que o círculo de Mecenas é diverso do resto. No entanto, é difícil não ter a impressão de que o arrivista ecoa exatamente o que se falaria de Horácio, segundo ele mesmo nos diz na sátira 1.6; ou seja, o arrivista é potencialmente o próprio Horácio no passado.

NOTAS ÀS *SÁTIRAS* | 337

Assim, depois da possível "limpeza" política de 1.7 e cultural de 1.8, Horácio nos mostra o embate e a disputa literária. Restaria nos perguntarmos então por que somos levados a concordar com Horácio.

v. 1: A Via Sacra era a mais antiga rua de Roma. Partia do Santuário de Silênia, perto de onde hoje está o Coliseu, e ia até o Foro.

v. 3: É importante observar que o nome do interlocutor nunca aparece no poema, o que nos leva a pensar que, mais que uma sátira pessoal ao indivíduo, temos aqui um poema que critica uma figura típica da sociedade romana, ao modo de *Os caracteres*, de Teofrasto. E mais: Horácio em nenhum momento adjetiva seu interlocutor, que permanece inteiramente um construto do leitor a partir da narrativa dialogada horaciana.

vv. 11-12: Não sabemos quem seja Bolano; talvez um poeta satírico mais violento que Horácio.

v. 18: Os jardins, além do Tibre, tinham sido deixados por Júlio César para o povo romano (cf. Suetônio, *César* 83).

vv. 22-23: Víbio Visco, equestre amigo de Otaviano. Sobre Vário, cf. nota a 1.5.40.

vv. 23-25: O interlocutor parece nem conhecer a poesia de Horácio, já que se vangloria exatamente daquilo que o poeta já mostrou detestar nas primeiras sátiras – cf., por exemplo, 1.4.12 ou 1.4.72. Sobre Hermógenes Tigélio, cf. nota a 1.2.3: essa figura atravessa o primeiro livro satírico de Horácio.

vv. 29-30: Sabélia é referência étnica que engloba sabinos e samnitas, ao mesmo tempo que evoca o nome de Sibila, para a vidente que anuncia o fim do poeta Horácio.

v. 25: O templo da Vesta ficava na parte leste do Foro, talvez próximo da estátua de Mársias e de Apolo.

vv. 61-72: Arístio Fusco, poeta cômico e gramático, amigo de Horácio, também aparece nas *Odes* 1.22 e nas *Epístolas* 1.10. A referência ao sabá é provavelmente *nonsense*; mas Fusco aproveita para zombar do desinteresse religioso de Horácio, que agora o impede de se salvar. Seja como for, há muita discussão filológica sobre a passagem, para tentar determinar a data do acontecimento; sem consenso dos comentadores. O que parece mais interessante, a meu ver, é que Horácio aqui não é salvo pelo amigo, como ele mesmo supunha na terceira satira, ou seja, o poeta autoironicamente se desconstrói, enquanto se mostra fraco na violência satírica e desamparado pelos amigos.

vv. 76-77: Era costume arcaico romano que um presente, quando aceitasse servir de testemunha num caso, oferecesse sua orelha para o toque do litigante.

v. 78: Apolo é o deus da lei e da ordem, tanto é que no Foro havia uma estátua dele, mas ele aparece aqui como protetor dos poetas. No entanto, o verso também ecoa a expressão homérica τὸν δ' ἐξήρπαξεν Ἀπόλλων (*Ilíada* 20.443), que já havia sido parodiada por Lucílio no seu sexto livro. Na passagem homérica, Heitor é salvo de Aquiles por uma nuvem criada por Apolo; podemos então imaginar que Horácio, um guerreiro mais fraco (como ele mesmo sugere nos vv. 42-43), só pode escapar por intervenção divina. Ironicamente, sabemos que Heitor será depois derrotado; podemos pensar que, no fim, Horácio também não terá escapatória às palavras da velha sabélia?

1.10

A última sátira do primeiro livro funciona como uma espécie de adendo atrasado e apressado ao livro, imediatamente antes da publicação, que assim retoma uma série de questões apresentadas em 1.4, com a qual tece diálogo constante, com variações, retratações e ampliações diversas. Esse efeito sugere ao leitor que a sequência do livro é um sequência de conversas, o que é afinal o grande trunfo poético de Horácio: convencer-nos de que esses poemas escritos (a tópica da escrita é tão repetida ao longo do livro) não passam de conversas impensadas. Assim, em vez da palinódia esperada, o poeta na verdade confirma e aprofunda sua crítica de Lucílio, ao mesmo tempo que nos apresenta uma preocupação mais ampla sobre as escolas literárias de seu próprio tempo; o que o leva a fazer o que é talvez o poema mais invectivo do primeiro livro, ao atacar também outros poetas de seu tempo, em geral apenas um pouco mais velhos. Como bem observa Gowers (p. 306), "ao adoptar uma típica manobra de 'segunda geração' (especialmente calimaquiana), Horácio usa a própria imagética dos neotéricos, já familiar, para usurpar a posição deles como arrivistas e reescrever a história literária". Dessa forma, a questão sobre o limite do gênero e também de sua satisfação (o jogo com "*satis*" que pervade o livro como um todo) chega aqui a seu auge: ao mesmo tempo que precisa dar um limite ao livro, findá-lo, o poeta amplia e renega os limites mais estritos apresentados nas primeiras sátiras, ou, nas palavras de Catherine Schlegel (2005, p. 132), o poema final é "équivoco, deslimitado e inclui invectiva. Uma quebra da claridade teórica da sátira ocorre no próprio ato de alegar métodos e atingir perfeição poética; viver nos limites do estômago serve para má poesia".

NOTAS ÀS *SÁTIRAS* | 339

[vv. 1-8]: Estas primeiras linhas, que aparecem em alguns manuscritos, mas não em todos, nem nos mais confiáveis, são consideradas espúrias por praticamente todos os editores, comentadores e tradutores de Horácio, sobretudo porque, além de redundantes com o resto do poema, apresentam uma espécie de enigma que não é nada típica da poesia horaciana. A figura aqui mencionada é a de Públio Valério Catão, nascido em 100 a.C., um poeta e crítico dos fins da República, conhecido como "sereia latina" segundo Suetônio (*Vida dos gramáticos*, 11); já o equestre anônimo, se for pessoa diversa, permanece desconhecido, embora alguns o tenham identificado com Orbílio, o professor violento de Horácio em *Epístolas*, 2.1.70; ainda assim seria possível compreender os dois como a mesma pessoa em momentos diversos, por isso tentei manter a ambiguidade do texto.

[vv. 1-3]: Sigo a edição da maioria dos editores, em vez das conjeturas incorporadas por Shackleton Bailey.

v. 1: Esta abertura foi imitada por Pérsio, em suas sátira 3.1; mais um motivo para rejeitar os primeiros oito versos como espúrios.

v. 6: Décimo Labério (104-143 a.C.) foi um equestre romano a quem Júlio César forçou a atuar em seus próprios mimos (um gênero com breves cenas dramáticas da vida comum, em geral com desenvolvimento farsesco e cômico); no tempo de Horácio, ele já não era mais vivo.

vv. 17-19: Sobre Hermógenes, cf. nota a 1.2.3. O "macaco", segundo Porfirião, seria o mesmo Demétrio (cf. nota o v. 90), o que geraria amarração no todo do poema; mas outros, como Hendrickson, pensam que seja Bibáculo (cf. nota aos vv. 36-37). Calvo (82-47 a.C.) e Catulo (*c.* 84-*c.* 54 a.C.) foram os dois maiores expoentes da geração de poetas neotéricos dos anos 50 a.C., imediatamente anterior à de Horácio; convém atentar que Horácio, embora até pareça criticar os dois aqui, em geral presta inúmeros tributos à poética neotérica; por isso seria mais possível imaginar que a crítica está direcionada apenas ao "macaco", por ser incapaz de levar além o pouco de bom que já conhece; assim como Hermógenes mal conhece a Comédia Velha (cf. nota introdutória a 1.4 e aos vv. 1.4.1-5).

vv. 22-23: Nada se sabe acerca de Pitóleon de Rodes; mas seria possível confundi-lo com o grego Marco Otacílio Pitolau, um poeta que atacou literariamente Júlio César em alguns epigramas.

v. 24: O vinho Falerno, de origem italiana, era mais forte, enquanto o vinho de Quios, típico grego, era conhecido por ser mais suave.

vv. 25-26: Sobre Petílio, cf. nota a 1.4.93-100. A comparação horaciana torna-se evidente se compararmos as cartas e os discursos de Cícero: nas primeiras, ele usa diversas palavras gregas, enquanto nos segundos ele mantém com o maior esforço certo purismo linguístico. No entanto, a poética neotérica do círculo de Catulo realiza esse tipo de mistura entre grego e latim constantemente.

vv. 27-28: O pai Latino é a figura mítica de Latino, rei do Lácio num período anterior à fundação de Roma. Pédio é provavelmente o questor de 41 a.C., e não o filho de Quinto Pédio, cônsul em 43, porque este ainda seria muito jovem em 36 a.C. Corvino é muito provavelmente Messala ou seu irmão (cf. nota a 81-89); no entanto, o texto latino parece sugerir que sejam duas pessoas (*Poplicola atque Coruinus*); nesse caso, poderiam mesmo se tratar de uma alusão aos dois irmãos. Um dado parece importante: como Messala compôs poesia bucólica ao estilo de Teócrito e também elegias em grego, a argumentação horaciana é falha, talvez deliberadamente.

v. 30: Sobre Canúsio bilíngue, cf. nota a 1.5.86-93.

vv. 31-35: Quirino é o nome de Rômulo, fundador de Roma, depois de sua deificação. Esta passagem recria um trecho famoso da "Carta aos Telquines", de Calímaco de Cirene (frag. 1 Pfeiffer, vv. 21-39), o que apresenta a filiação horaciana dos ideais alexandrinos de poesia concisa e bem-trabalhada:

> καὶ γὰρ ὅτε πρώτιστον ἐμοῖς ἐπὶ δέλτον ἔθηκα
> γούνασιν, Ἀ[πό]λλων εἶπεν ὅ μοι Λύκιος·
> ἤ δέον α]ἰέν, ἀοιδέ, τὸ μὲν θύος ὅττι πάχιστον
> θρέψαι, τὴ]ν Μοῦσαν δ' ὠγαθὲ λεπταλέην·
> πρὸς δέ σσε καὶ τόδ' ἄνωγα, τὰ μὴ πατέουσιν ἅμαξαι
> τὰ στείβειν, ἑτέρων δ' ἴχνια μὴ καθ' ὁμά
> δίφρον ἐλ]ᾶν μηδ' οἷμον ἀνὰ πλατύν, ἀλλὰ κελεύθος
> ἀτρίπτο]υς, εἰ καὶ στεινοτέρην ἐλάσεις.'
> τῷ πιθόμη]ν· ἐνὶ τοῖς γὰρ ἀείδομεν οἳ λιγὺν ἦχον
> τέττιγος, θ]όρυβον δ' οὐκ ἐφίλησαν ὄνων.

> Pois na primeira vez que pus as tabuletas
>   no joelho, o Lício Apolo me falou:
> "Ah, meu aedo amado, engorde só o incenso,
>   mas à Musa mantenha sempre fina.
> E por isso lhe ordeno: onde não passa carro,
>   por lá prossiga, não conduza nunca
> em rastro alheio e estrada larga, por caminhos

intactos siga a senda mais estreita."
Hoje canto entre aqueles que amam claros cantos
de cigarra, e não berros de jumento.

vv. 36-37: Alusão à obra de Marco Fúrio Bibáculo de Cremona, que escreveu uma épica sobre a Guerra da Gália de Júlio César (contra os feitos de César) e talvez também uma *Aethiopis*, onde Mêmnon, rei etíope e filho de Titono e Aurora, era morto por Aquiles (embora essa cena possa ter aparecido num exemplo mítico da Guerra da Gália).

vv. 38-39: No Templo das Musas, era possível ler a poesia mais recente de Roma, no tempo de Horácio. Espúrio Mécio Tarpa foi um crítico oficial de teatro, conhecido de Cícero, encarregado de decidir quais peças seriam lidas ou interpretadas para o público.

vv. 40-49: Davo (escravo astuto, seu nome reaparece em 2.7) e Cremes (velho avaro) são dois personagens típicos de Terêncio, que então Fundânio imitaria em suas novas comédias. Essa figura é desconhecida, mas reaparece na sátira 2.8 como narrador. Caio Asínio Polião, patrono, historiador, soldado, partidário de Antônio e cônsul em 40 a.C., usava o trímeto iâmbico (também conhecido como senário iâmbico em Roma) para escrever tragédias; Lúcio Vário foi poeta trágico e épico, já mencionado algumas vezes nas sátiras horacianas; Virgílio até então tinha escrito apenas suas *Bucólicas*, talvez estivesse preparando as *Geórgicas*, daí a referência às Camenas (musas romanas) do campo; por fim, Públio Terêncio Varrão Atacino (ou Varrão de Átax), de quem pouco sabemos, fora que também havia escrito uma épica sobre as guerras de César na Gália, uma *Argonáutica*, elegias e também uma tradução dos *Fenômenos* de Arato; porém não temos nada de suas sátiras. Como atenta Gowers, Horácio pode estar nos mostrando uma tríade com o autor/inventor do gênero (Lucílio), um imitador intermediário e medíocre (Varrão) e um terceiro que renovará o gênero com humildade (o próprio Horácio).

vv. 53-54: Lúcio Ácio (170-*c.* 86 a.C.) foi um dos mais importantes trage-diógrafos romanos do período republicano; segundo Porfirião, ele era criticado por Lucílio em seu terceiro livro de *Sátiras*. Sobre Ênio, cf. nota a 1.2.37-38.

v. 59: As seis passadas (*pedibus senis*) são uma tradução de Horácio para evitar o termo grego: hexâmetro.

vv. 61-64: Pouco sabemos de Cássio Etrusco, mas não deve ser o mesmo que aparece em *Epístolas* como Cássio de Parma, um poeta elegíaco que teria participado do assassinato de Júlio César.

v. 66: O mesmo será repetido por Quintiliano em *Instituições oratórias*, 10.93, ao afirmar *"satura tota nostra est"* ("a sátira é toda nossa").

v. 72: O estilo romano era um instrumento de escrita, tinha uma ponta afiada para escrever e outra larga para espalhar novamente a cera que ficava em cima da tabuleta de madeira e assim permitir uma nova escrita. O nome, no entanto, também designa um punhal, por isso também poderia servir como arma.

vv. 76-77: Arbúscula (que significa "arvorezinha") foi uma atriz famosa no tempo de Cícero (*Cartas a Ático*, 4.5).

vv. 78-80: Aqui Horácio lista seus adversários de círculos literários alheios: não sabemos quem foi Pantílio, mas seu nome parece ecoar o grego παν τίλλειν ("pegar em tudo") ironicamente; Demétrio é provavelmente um professor de atrizes, de resto desconhecido; sobre Fânio, cf. nota a 1.4.21-22; sobre Hermógenes Tigélio, cf. nota a 1.2.3.

vv. 81-90: Em contraposição aos versos anteriores, aqui Horácio lista os principais nomes dos círculos literários reunidos em torno de Mecenas, Polião e Messala: sobre Plócio e Vário, cf. nota a 1.5.40; Caio Válgio Rufo foi um poeta elegíaco e viria a ser cônsul em 12 a.C.; Horácio dedicou a ele a ode 2.9; Otávio Musa foi poeta e historiador; sobre Arístio Fusco, cf. nota a 1.9.61-72; segundo os escoliastas, os Viscos seria os dois equestres senatoriais filhos de Víbio Visco, um amigo rico de Otaviano (futuro Augusto); sobre Polião, cf. nota a 1.10.40-49; sobre Messala, cf. nota a 1.6.42-44; seu irmão é Lúcio Gélio Publícola, cônsul em 36 a.C.; Caio Calpúrnio Bíbulo foi filho adotivo de Bruto; Sérvio foi provavelmente o filho de Sérvio Sulpício Rufo, um advogado amigo de Cícero; Fúrnio viria a ser cônsul em 17 a.C.

vv. 90-91: Depois de atacar Tigélio inúmeras vezes ao longo do livro, estes versos são sua última menção na obra horaciana, como um tiro de misericórdia.

v. 92: O último verso, dirigido a um jovem escravo que trabalha como secretário do poeta, é ao mesmo tempo encerramento do poema e do livro, além de funcionar como um arremate do tom de conversa do livro, já que sugere que o poeta estaria aqui ditando de improviso seus versos. No entanto, mesmo esse fechamento é aberto: estaria o jovem levando versos apressados antes de publicar a primeira edição, ou uma corrigenda à segunda? Ou mais, não estaria ele levando os versos num libelo para um litígio?

2.1

A sátira de abertura do segundo livro se apresenta como um diálogo (um "*sermo*", no sentido específico da conversa) entre o poeta e o jurista Caio Trebácio sem mediação narrativa. Nela, o poeta retoma temas apresentados em 1.4 e 1.10, mas dessa vez tem um olhar muito diverso das críticas a Lucílio feitas anteriormente. Aqui o fundador do gênero recebe muito mais louvores e serve como base para fundamentar a mesma poética horaciana da sátira pouco agressiva, mais voltada para a defesa: uma novidade em sua apresentação, que talvez possa se dar porque o poeta agora pertence ao partido vencedor e já se firmou como poeta romano desde o primeiro livro. Ao mesmo tempo, o poema serve como uma transição com a coleção anterior (Rudd, 1981, p. 124) e como espécie de *recusatio* a cantar os feitos de Otaviano (que aparece aqui pela primeira vez, provavelmente já após a vitória na Batalha do Ácio em 31 a.C.) e, como em toda *recusatio*, sua mera menção é já honrosa, ainda mais num poema de abertura.

vv. 4-9: Caio Trebácio Testa (*c.* 89 a.C.-*c.* 4 d.C.) nasceu em Veias, na Lucânia (portanto um quase conterrâneo de Horácio), amigo de Júlio César. Depois de Otaviano, foi um jurisconsulto famoso, e muitas de suas sentenças figuram nas *Pandectas*. Podemos ver, pelas cartas de Cícero a ele, que foi uma figura espirituosa: em *Cartas aos familiares* 7.22, e 7.10, de Cícero, lemos que Trebácio bebia muito e gostava de nadar.

v. 11: É muito provável que esta sátira tenha sido escrita depois da Batalha do Ácio, em 31 a.C., com a vitória de Otaviano (aqui nomeado César, como filho adotivo de Júlio César) sobre as forças de Marco Antônio e Cleópatra.

v. 12: Horácio trata Trebácio respeitosamente por "pai", dada a diferença de idade de cerca de 24 anos, já que o poeta nasceu em 65 a.C.

v. 15: Segundo Villeneuve, aqui Horácio atribui ao Otaviano as duas virtudes esperadas de um chefe de estado: coragem e justiça.

v. 16: Trata-se de Públio Cornélio Cipião Emiliano Africano (conhecido como Cipião Emiliano ou Cipião Africano Menor), cônsul em 147 e 134 a.C., filho de Cipião Africano, que ganhara tal epíteto depois de destruir Cartago, no norte da África e assim dar fim à Segunda Guerra Púnica, em 201 a.C.

v. 20: A comparação de Otaviano – a esse momento o homem mais poderoso de Roma – com um cavalo bravo é, no mínimo, inesperada e irreverente.

v. 22: Retomada, com mínima variação, do verso de 1.8.11.

vv. 24-25: Desconhecemos quem seja Milônio, mas Porfirião o descreve como um bufão da época. A multiplicação das lucernas como sinal de embriaguez parece ser tópica, já que aparece em outros autores como Petrônio, 64.2, e Juvenal, 6.304-305;

vv. 26-27: Estes versos retomam a tradição representativa dos Dióscuros, Cástor (ou Castor) e Pólux, tal como já aparecem na *Ilíada*, 3.237: Κάστορα ἱππόδαμον καὶ πὺξ ἀγαθὸν Πολυδεύκα ("Cástor doma-cavalos e em lutas bom Polideuces").

vv. 27-28: Provérbio que aparece pelo menos desde Terêncio, *Fórmion*, 454: *quot homines, tot sententiae; suus cuique mos* ("a cada homem uma opinião, segundo seu próprio costume").

vv. 34-39: Ao lembrar de sua origem apúlia e, por vizinhança, lucana, Horácio cria um motivo irônico para seu pendor pela sátira: ele provém de povos bélicos. A Venúsia foi uma colônia romana fundada em 291 a.C., depois da expulsão dos samnitas, povo do qual faziam parte os sabélios.

vv. 39-40: Sobre o estilo, cf. v. 1.10.72.

vv. 47-49: Cérvio, segundo um escoliasta, teria sido um liberto de Ascônio e teria lançado uma acusação caluniosa contra Cneu Domício Calvino, cônsul em 53 a.C. Sobre Canídia, cf. nota a 1.8.23-25; segundo escoliastas, Albúcio seria um envenenador da própria mãe e da esposa, mas, como atenta Villeneuve, seria possível lê-lo como amante de Canídia (e até imaginar que ela o envenenaria); talvez se trate de Lúcio Túrio, pretor em 76 a.C., que em 74 a.C. teria sido corrompido no processo de Varrão.

vv. 53-56: Nada sabemos de Ceva ("*scaeua*" significa "canhoto"), e os comentadores antigos nada dizem sobre ele. Na irônica descrição horaciana, a mão direita do playboy matricida permanece pia (i.e., respeitosa aos pais e aos deuses), porque não derrama sangue, mas envenena com a esquerda.

vv. 65-68: Por um lado, Horácio cita duas figuras importantes do círculo de Lucílio, que não receberam críticas em suas sátiras: o primeiro é Caio Lélio Sapiente, cônsul em 140 a.C., amigo de Cipião e de Terêncio; e o segundo é Cipião Africano, que recebeu seu nome após a destruição de Cartago (aqui se trata de seu filho Cipião Africano Menor) (cf. nota ao v. 16). Por outro lado, temos duas vítimas da sátira luciliana: Quinto Cecílio Metelo Macedônico foi quem derrotou Pseudo-Felipe Andrisco, último rei da Macedônia (donde tirou seu nome "Macedônico"), cônsul em 143 a.C. e líder dos aristocratas adversários de Cipião Emiliano, embora o estimasse pelas outras virtudes; e Lúcio Cornélio Lêntulo Lupo, cônsul em 156 a.C., que foi condenado por exações, mas tornou-se censor em 147 a.C., o que lhe rendeu uma sátira de Lucílio (atual sátira do livro I, do concílio dos deuses).

v. 69: As tribos originárias de Roma depois organizavam a cidade como que por bairros.

v. 70: Provável alusão ao louvor da Virtude feito por Lucílio (frag. 1326-1338, Marx).

vv. 76-77: A rememoração de que Horácio vive entre os grandes aponta para as discussões das sátiras 1.4, 1.5, 1.6 e 1.9; em outras palavras, sem mencioná-lo, o poeta faz um discreto agradecimento a Mecenas como protetor.

v. 82: Plínio cita um trecho das *Leis das Doze Tábuas* muito similar à passagem horaciana: *"quis malum carmen incantassit"* ("quem tiver entoado um canto mau"). No caso, Horácio joga com os sentidos de "mau", que pode indicar tanto intenções malignas do encantamento quanto má qualidade; e também com a ambiguidade de *"carmen"*, que significa tanto um feitiço quanto um canto poético.

2.2

Esta sátira, um pouco similar às diatribes do primeiro livro (1.1-3), mantém a fusão entre o modelo do monólogo e do diálogo (já que é uma pregação a partir das falas do rústico Ofelo), que também pode remontar a construções literárias como a do *Banquete* de Platão, em que o saber é passado a partir de alguém que ouviu a conversa. Horácio então não é o sábio dotado do saber rural, mas apenas um ponto na passagem do saber, mais um momento de autoironia.

vv. 2-3: Nada sabemos sobre Ofelo; embora o nome, de origem osca, seja atestado em inscrições; porém o nome evoca *"ofella"*, "costeleta de porco", que poderia apontar para a rusticidade do personagem de modo cômico. Ele é descrito como *abnormis*, que pode indicar "inculto" ou "atípico" (o termo só aparece em Horácio com tais acepções); e especialista numa Minerva (deusa vinculada ao saber filosófico) crassa, tanto pela referência à tecelagem mais grosseira quanto à possível grosseria rústica de Ofelo. É no mínimo interessante notar que este verso ecoa a fala do médico Erixímaco no *Banquete* de Platão (177a): οὐ γὰρ ἐμὸς ὁ μῦθος ("pois a história não é minha").

vv. 11-12: Treinamento tradicional para o exército romano, com caça e equitação, que foi aos poucos sendo tomado pelos jogos gregos, aqui representados como a bola e o disco. Seja como for, para o imaginário romano tradicional, as práticas gregas não são muito bem-vistas, sobretudo se ocupam o espaço reservado à tradição militar.

vv. 15–16: Segundo Macróbio (*Saturnália*, 24.54 e ss.), o melhor hidromel seria feito de mel do Himeto com vinho de Falerno.

v. 18: A imagem de uma barriga que late ecoa certamente a *Odisseia*, 7.216: οὐ γάρ τι στυγερῇ ἐπὶ γαστέρι κύντερον ἄλλο: "nada é coisa mais cachorra que estômago odioso".

vv. 20–21: Lugar-comum da filosofia, cf. Cícero (*Tusculanas*, 5.90).

v. 22: "*Lagois*" é um termo aparece apenas neste verso de Horácio, por isso é difícil decidir sobre que animal poderia ser; talvez a ptármiga ou mesmo um tipo de lagosta.

v. 23: O pavão aparece em Cícero (*Aos familiares*, 9.20.2) como um prato essencial num banquete requintado.

vv. 30–31: O peixe-lobo é marinho, porém também pode ser encontrado em águas salobras e nas partes baixas de rios que deságuam no mar, como era o caso do Tibre.

vv. 32–33: O "ponto entre pontes" é a ilha Tiberina, que ficava no meio do Tibre, ligada por duas pontes às margens de cada lado; o peixe-lobo pescado nessa região era o mais valorizado pelos romanos (cf. Plínio, *História natural*, 9.168). O rio etrusco é o próprio Tibre, por nascer na Etrúria.

v. 34: O salmonete é um peixe pequeno, porém muito apreciado; Plínio (*História natural*, 9.64) afirma que era raro ver um com cerca de um quilo.

v. 38: Shackleton Bailey, seguindo a proposta de Bentley, considera o verso espúrio.

vv. 40–41: É possível ler também que a gula seria digna de Harpias tal como o banquete de Fineu (cf. Virgílio, *Eneida*, 3.212), que foi emporcalhado por essas mulheres-pássaros de rapina. O austro é o vento sul, mais quente e ameno.

vv. 46–48: Galônio foi vítima da sátira de Lucílio, por ter servido um imenso esturjão em seu banquete, citado por Cícero, *Dos fins*, 2.24. Aparentemente, o peixe era muito valorizado no período, e sabemos que ele pode chegar a até quatro metros de comprimento, o que seria impressionante num banquete.

vv. 49-50: Segundo Porfirião, trata-se de um certo Semprônio Rufo, que tentara ser pretor, mas não conseguira (daí o uso irônico do cargo).

v. 51: A carne dos mergulhões é muito coriácea, portanto improvável de se tornar uma iguaria.

vv. 55-56: Desconhecemos quem possa ser Aufidieno; alguns manuscritos dão a leitura *"Auidienus"*, "Avidieno", que também desconhecemos, porém pode apontar para avidez. Os dois nomes são atestados no período. A alcunha de *Canis* ("Cão") certamente remete ao à filosofia cínica, derivada de "cão" em grego.

v. 61: A veste branca era típica do feriado religioso, para cumprir os ritos.

v. 64: Expressão popular, que aparece desde Plauto (*Casinaria*, 971), para designar as ovelhas entre a ameaça dos lobos e a guia dos cães; além de fazer um trocadilho com a alcunha "Cão" de Aufidieno.

vv. 66-69: Desconhecemos Albúcio e Névio, porém o primeiro parece se destacar pela excessiva preocupação com seu banquete, o que o leva à violência com os escravos, portanto não se confundiria com o Albúcio de 2.1.48. Névio já havia aparecido em 1.1.102 (cf. nota).

vv. 76-77: A expressão *"cena dubia"* aparece em Terêncio, *Formião*, 342, para indicar um jantar tão variado que deixava as pessoas confusas; depois disso, parece ter se tornado proverbial.

vv. 77-79: Horácio aqui flerta com o vocabulário filosófico estoico, já que *"animus"* indica o espírito divino partilhado no humano (cp. Cícero, *Da velhice*, 78). A imagem do corpo que prega o espírito ao chão aparece em Platão, *Fédon*, 83d.

v. 96: O termo *"patruus"* designa o tio paterno, comumente representado como uma figura moral severa, que ajuda na criação dos sobrinhos.

vv. 98-99: Essa piada aparece já em Plauto, *Psêudolo*, 88; Fairclough crê que venha pelo menos desde a comédia ática. Tráusio é desconhecido, porém se trata de um nome atestado.

vv. 101-106: Horácio aqui parece entrar para a política de Otaviano após as guerras civis; com ênfase na reconstrução dos templos e no apoio às guerras externas.

v. 111: Trata-se da guerra metafórica contra os infortúnios do acaso, não do famoso adágio *"si uis pacem, para bellum"* ("se você quer paz, prepare guerra").

vv. 114-115: Ofelo, como muitos agricultores da Venúsia, teria sofrido o confisco de suas terras por parte de Otaviano e Marco Antônio, para serem oferecidas aos veteranos da Batalha de Filipos. Esse tema da terra confiscada aparece em Virgílio, *Bucólicas*, 1, e pode fazer referência à tomada real das terras de poetas importantes, como o próprio Virgílio, Horácio, Propércio, Tibulo, dentre outros, em 41 a.C.

v. 123: No banquete romano, era praxe eleger um *rec conuiui* ou *magister bibendi*, pessoa encarregada de definir o ritmo e a proporção do vinho em sua diluição com água.

v. 133: Umbreno é o novo dono da terra confiscada; pode ser aquele parceiro de Lêntulo mencionado por Suetônio (*Conjuração de Catilina*, 40.1), Públio Umbreno, descrito como um liberto por Cícero (*Catilinárias*, 3.6.14).

2.3

Esta sátira imensa, um verdadeiro portento no livro horaciano, tem o tamanho de, em média, três sátiras. Nela, começamos com uma fala abrupta de Damasipo, que parece conversar com o poeta; depois disso, do verso 38 ao 295, Damasipo toma a fala e relata o discurso que teria ouvido do sábio estoico Estertínio (uma fala que ocupa praticamente um quarto do livro inteiro!) e por fim ataca Horácio de loucura. Num movimento sutil de ambages e autoironia, esta sátira está repleta de citações, colagens, imitações e, ao seu modo, desafia uma leitura completa, até porque em grande parte ela é também uma paródia dos poemas diatríbicos que constituem 1.1-3. Para dar conta dos enquadramentos do diálogo, resolvi usar os seguintes sinais: aspas duplas ("") indicam a conversa principal entre Damasipo e o poeta; aspas simples (") indicam falas dentro de uma fala, tal como o longo discurso de Estertínio citado por Damasipo; por fim, *itálicos* marcam falas simuladas dentro do discurso de Estertínio, que, em caso de diálogo, virão com travessões (–).

vv. 2-3: O pergaminho era usado na forma final dos poemas, depois de receber as correções ainda na tabuinha. A imagem da trama textual pode remeter ao mito de Penélope. Assim, Damasipo parece entender mal o motivo por que Horácio escreve pouco; em vez de ver nisso uma alta exigência técnica, o filósofo enxerga apenas doença mental.

vv. 4-5: As Saturnais, ou Saturnália, eram um feriado religioso romano comemorado com uma festa pública no dia 17 de dezembro, marcada por imensa liberdade dada aos cidadãos e também aos escravos (cf. 2.7); é um retorno simbólico à Idade de Ouro regida por Saturno, em que a prática era beber e comer muito – por isso é reconhecida como um antepassado do Carnaval. Horácio, curiosamente, se resguarda num lugar não especificado (talvez a *uilla Sabina* dada por Mecenas?), de modo sóbrio, ou seja, numa clara renegação da prática popular. Se levarmos em consideração as inversões de papéis típicas da festa (por exemplo, entre senhores e escravos), podemos ler esta sátira também como reversão: o poeta se cala, ouve a fala alheia e a transmite como carnavalização.

vv. 7-8: Incapaz de produzir sua poesia, o poeta atacaria o estilete usado na escrita ou a parede em volta, talvez arremessando objetos.

vv. 11-12: Trata-se do filósofo Platão (mais provavelmente que do Platão Cômico da Comédia Média), pelo diálogo filosófico, e de Menandro, o expoente da Comédia Nova Grega, duas figuras que Horácio imitaria na sátira, se levarmos em consideração sua própria argumentação em 1.4 e 1.10; o que se reforça com a referência a Êupolis. Em seguida, alusão a Arquíloco, pai do iambo grego arcaico e dos epodos pode sugerir a escrita dos *Epodos* horacianos, contemporâneos do segundo livro de sátiras.

v. 16: Júnio Damasipo segundo Pseudo-Acrão; mas é mais provável que seja o Licínio Damasipo que aparece nas *Epístolas* de Cícero (*A Ático*, 12.29.33, e *Aos familiares*, 7.23) como, de fato, um negociante de obras de arte e de imóveis, o que é aqui retomado nos vv. 20-25. Aqui ele é representado como um convertido ao estoicismo. Difícil até afirmar se ele estaria vivo no tempo da composição do poema.

v. 17: Horácio faz piada com a aparência típica dos filósofos, ou seja, o uso da barba, atípica entre os romanos do período.

vv. 18-19: O templo de Jano ficava no norte do Foro, na rua Argileto, um centro bancário de Roma.

v. 25: Ele é Mercurial por associação a Mercúrio, um deus que presidia o comércio e o lucro (mas também o roubo).

v. 33: Estertínio, que também aparece em *Epístolas*, 1.12.20, foi um filósofo estoico que teria escrito 220 obras sobre o tema, segundo Pseudo-Acrão; talvez seja o mesmo rétor Estertínio Máximo que aparece em Sêneca, o Velho (*Controvérsias*, 2.1.36) e Quintiliano (*Instituição oratória*, 3.1.21); seja como for, nada mais sabemos sobre ele, e só podemos compreender que ele sirva como um argumento de que os filósofos também buscam audiência pelas ruas, talvez mais do que o poeta satírico. Por outro lado, talvez não menos importante, seu nome ecoa "*stertere*", "roncar", criando um efeito cômico.

v. 36: Ponte que liga uma margem do Campo de Marte à ilha do Tibre; feita por Lúcio Fabrício, em 62 a.C., ela ainda está de pé.

v. 38: Aqui começa o discurso de Estertínio para Damasipo, que vai durar até o verso 295; ou seja, só essa fala é maior que, em média, duas sátiras horacianas.

v. 44: A palavra "estoicismo" é derivado do termo grego στοά, que significa "pórtico". Sobre Crisipo, cf. nota a 1.3.127.

v. 52: Alusão a uma prática infantil de pregar rabos nos passantes; assim, quem nem percebe que está sendo zombado se presta a zombar de Damasipo, mas iguala-se em ignorância de si.

vv. 60-62: O ator Fúfio fazia o papel da heroína na tragédia *Ilíone*, de Pacúvio; Catieno é seu filho assassinado, que retorna como fantasma, um trecho similar nos resta graças a Cícero (*Tusculanas* 1.106, onde lemos *Mater, te appello*). Entende-se que, na apresentação, Fúfio estava tão bêbado que de fato dormiu, e não acordou ao som do chamado do personagem, que então foi ecoado por toda a plateia, fazendo "mil e duzentos Catienos".

vv. 69-70: Nério e Cicuta, embora desconhecidos, são certamente dois agiotas, em geral representados como avarentos. Os nomes evocam respectivamente "sabedoria" e "cicuta".

v. 72: A imagem de "rir com dentes alheios" ainda gera debate: muito certamente ecoa a *Odisseia*, 20.347, quando os pretendentes, por força de Atenas, caem num riso desenfreado. No entanto, aqui parece sugerir algo como "rir às custas dos outros". Entendo ainda que poderia simplesmente sugerir o riso de um corpo metamorfo como o de Proteu, portanto o riso é sempre o do próximo corpo, ou do corpo anterior (algo como o gato de Alice).

vv. 75-76: Perélio também seria um agiota; poderia ser o mesmo que Cicuta.

v. 77: A partir deste verso, a fala de Estertínio parece mudar do argumento direto a Damasipo, para uma aula formal diante de uma turma, como era prática entre os estoicos.

vv. 81-82: O heléboro era a planta mais usada no tratamento de doenças mentais, na Antiguidade; era muito comum em Antícira, cidade da Fócida.

vv. 83-86: Nada sabemos sobre Estabério; Quinto Árrio teria entretido milhares de pessoas num funeral em honra de seu pai, em torno de 59 a.C., por isso serve como exemplo de excesso (cf. Cícero, *Contra Vatínio*, 12).

vv. 99-101: A anedota de Aristipo foi tirada de uma das *Diatribes* de Bíon (cf. Diógenes Laércio 2.77, onde seria apenas um escravo com sobrepeso). Aristipo, um dos companheiros de Sócrates, foi fundador da escola cirenaica de filosofia.

v. 121: A comparação do vício com a doença era recorrente na pregação moral estoica.

vv. 122-123: Horácio retomará o tema em *Odes*, 2.14.25 e ss.

vv. 133-141: As alusões à tragédia de Orestes realizam uma perversão irônica da tragédia na sátira. O matricídio e a loucura do herói, causada pelas Fúrias, são tópicas recorrentes nas discussões sobre sanidade. Pílades foi o amigo constante de Orestes em quase todos os seus mitos; Electra é sua irmã mais nova, que ele de fato trata como Erínia no *Orestes* de Eurípides, v. 264. A bile brilhante é a melancolia (aqui entendida como termo medicinal antigo), muito descrita como um líquido brilhante.

vv. 142-144: Nada sabemos sobre Opímio, mas essa família era tradicional e rica, o que serve bem ao propósito do trecho. O vinho de Veios, ou Veientano, era considerado de menor qualidade, o que ganha efeito de riso de lembrarmos que havia um de altíssima qualidade chamado exatamente Opimiano, que era uma espécie de Falerno envelhecido. Sobre utensílios campanos, cf. nota a 1.6.118.

vv. 158-160: Os editores variam sobre como pontuar essa série de perguntas e respostas. Em vez de seguir Shackleton Bailey, que organiza os versos como um diálogo entre duas vozes, deixo toda a fala sem aspas, entendendo que se trata de uma série de perguntas e respostas retóricas, num suposto diálogo, como vemos nas *Dissertações* (2.20.22) de Epicteto organizadas por Arriano. Seja como for, o argumento de base é presente na teoria estoica: todo tolo é também louco, bem como doente (cf. v.121).

v. 161: Os termos καρδία e κραδίη, nos textos hipocráticos, costumam designar o estômago. Segundo Porfirião, Crátero seria um médico famoso da época; talvez seja o médico de Ático (cf. Cícero *Epístolas a Ático* 12.13.1 e 12.14.4).

vv. 164-165: Os Lares eram divindades romanas encarregadas de proteger a casa, os quais recebiam ritos regulares da família. Aqui se entende que é necessário um sacrifício aos deuses (era bem normal usar porcos para isso) em agradecimento por sua cura.

vv. 168-180: Desconhecemos quem seja Opídio, embora sua *persona* evoque Ofelo da sátira anterior. Canúsio é a atual Canosa, cidade muito próxima de Venúsia (pátria de Horácio), na Apúlia. Os ossinhos e nozes eram usados em brincadeiras infantis romanas (similar às nossas bolas de gude), e as dobras das vestes eram comumente usadas como bolsos. Os Penates eram os espíritos antepassados de uma família, que, representados em estátuas e máscaras, recebiam cultos regulares na vida privada. Nomentamo é o típico nome do pródigo (cf. nota a 1.1.101-102) e Cicuta apareceu nesta sátira como agiota, ou seja, dois opostos.

v. 181: O indivíduo considerado sacro (*sacer*) em Roma era condenado a poder morrer pela mão de qualquer um sem que constituísse crime, desde que não fosse morto em um ritual; ou seja, essa figura, ainda enigmática do direito romano, parece estar simultaneamente fora da jurisdição humana (perdeu todo o direito) e da divina (não pode conspurcar via rito).

vv. 182-186: Gravanço (grão-de-bico), fava e tremoço eram alimentos que pretores e edis lançavam ao povo, porém caros demais para serem bancados por uma pessoa comum. Marco Vipsânio Agripa foi grande general, braço direito e depois genro de Otaviano Augusto; tinha ocupado o cargo de edil em 33 a.C. (o que ajuda a datar a sátira). Alguns editores e estudiosos entendem que estes versos também fariam parte da fala de Opídio, o que me parece pouco convincente.

vv. 187-207: Diálogo absurdo entre Estertínio e o mítico Agamêmnon, logo depois dos incidentes que vemos no *Ájax* de Sófocles, onde o herói mata um bando de ovelhas, num delírio em que pensa matar seus adversários (a saber, Odisseu, que vencera a disputa pelas armas de Aquiles), e depois, ao perceber sua loucura, suicida-se. Em seguida, Menelau proíbe que Teucro, irmão de Ájax, enterre o herói. A história de Ájax, como a de Orestes, era recorrente nos debates sobre a loucura. Na conversa, Estertínio debate o sacrifício de Ifigênia, filha do próprio Agamêmnon, para que a grota pudesse seguir, um tema de outras tragédias.

vv. 190-191: Os versos ecoam a *Ilíada*, 1.18-19.

v. 210: Por cólera é o caso de Ájax; por tolice, Agamêmnon.

v. 216: Rufa e Posila eram dois nomes femininos comuns em Roma.

vv. 222-223: Em Publílio Siro, 189, vemos que a fama, como o vidro, brilha e também quebra facilmente. Belona é representada como irmã de Marte e deusa da guerra; seus sacerdotes costumavam ferir os próprios corpos com espadas enquanto dançavam nus.

v. 224: Sobre Nomentano, cf. nota 1.1.101-102.

v. 226: Ao lançar um edito, o jovem delirante porta-se como um pretor.

vv. 228-229: A rua Etrusca saía do Foro romano e seguia até Velabro, região famosa por seu mercado de alimentos, por isso traduzi por "feira".

v. 234: O javali mais caro da época vinha da Lucânia; a representação das dificuldades da caça é recorrente na literatura antiga; em Cícero (*Tusculanas*, 2.40) vemos o caçador dormindo na neve.

vv. 239-241: Uma história similar é contada sobre Cleópatra em Plínio, *História natural*, 9.119 e ss. O filho é de Marco Clódio Esopo (não se trata do fabulista), um ator admirado por Cícero. Cecília Metela era a filha de Quinto Metelo e Clódia e teria tido um caso com o filho de Esopo e também com Dolabela, genro de Cícero.

vv. 243-246: Nada sabemos dos filhos de Árrio (cf. nota a 2.3.83-86). O branco do giz era associado a bons augúrios, enquanto o negro do carvão se ligaria a momentos nefastos.

vv. 253-257: Pólemon foi um ateniense esbanjador até ser convertido por uma aula de Xenócrates acerca da sobriedade filosófica (cf. Valério Máximo, 6.9, e Diógenes Laércio, 4.16-17); assim, tornou-se seu discípulo e acabou sendo cabeça da Academia. As vestes que representam a doença amorosa são também sinais de que o amante é visto tipicamente em Roma como um afeminado, mesmo que, do nosso ponto de vista moderno, comporte-se como um heterossexual.

vv. 259-271: Aqui Horácio imita de perto uma passagem do *Eunuco*, 46-63, de Terêncio, em que vemos Fédria discutir com seu escravo Parmenão se ele deveria voltar à porta de Taís.

vv. 272-273: Alusão à superstição de que, se um alguém conseguisse acertar uma semente de maçã no teto, enquanto a pressionava entre os dedos, seu desejo seria realizado. Piceno era uma cidade no norte da Península Itálica, nas margens do Adriático.

vv. 276-280: Não sabemos nada sobre Mário (típico nome romano) e Hélade (nome grego que designa a própria Grécia), ou seja, um típico caso entre cidadão romano e liberta de nome grego, que termina numa espécie de crime passional. Para os estoicos, a loucura e o crime eram idênticos, assim como a tolice e a loucura.

vv. 281-284: O liberto parece estar realizando algum rito aos Lares Compitales, os deuses Lares das encruzilhadas, depois de fazer jejum e tomar os banhos purificadores rituais.

vv. 284-286: Ao vender um escravo, seu dono deveria garantir sanidade mental e física, além de indisposição a insurreições, furtos ou fugas (cf. Cícero, *Dos deveres*, 3.71).

v. 287: Crisipo, como líder estoico, considera os supersticiosos como um grupo dos loucos; mas nada sabemos sobre Menênio.

v. 291: O dia de jejum a Júpiter seria quinta-feira (daí as palavras "*jeudi*" em francês e "*giovedi*" em italiano); aparentemente, os judeus realizavam seus jejuns nesse dia; donde se poderia concluir que a mulher em questão seria judia, mais especificamente fariseia.

v. 296: Na Grécia Antiga costumava-se contar o número dos Sete Sábios, aqui Estertínio aparece – ridiculamente ao leitor – como o Oitavo, inesperado.

vv. 298-299: Referência à fábula das duas bolsas: a da frente, com as virtudes, que conhecemos; a de trás com nossos vícios, que nunca vemos.

vv. 303-304: Agave é a mãe de Penteu, nas *Bacantes* de Eurípides; na cena, tomada pela fúria dionisíaca, ela mata e destroça o filho, para depois chegar à cidade com a sua cabeça nas mãos, num cortejo de mênades.

vv. 307-311: A imagem pode sugerir a vila sabina de Horácio, um presente que o poeta recebeu de seu patrono, Mecenas. O próprio Horácio se descreve como baixinho nas *Epístolas*, 1.20.24. Turbão é provavelmente um gladiador, segundo Porfirião; seu nome, "*turbo*", significa "tornado".

vv. 314-320: Horácio reconta a famosa fábula do boi e da rã, presente desde Esopo, também presente em Bábrio 28 e Fedro 1.24.

2.4

Esta sátira, depois de atacar o estoicismo em 2.3, parece promover sua crítica a certo filão epicurista, excessivamente voltado para os prazeres da mesa. Como na sátira anterior, a técnica principal do poema é dar corda ao interlocutor e deixar que assim ele próprio se enforque no exagero ou em contradições. Por isso, se há uma crítica a certo epicurismo, certamente não é um ataque à filosofia como um todo, já que o poeta, em diversos pontos de sua obra, mostra-se debitário da corrente de Epicuro. Por outro lado, como argumenta Emily Gowers (1993), poderíamos ler nesta sátira um jogo velado de poesia programática, em que as receitas de Cácio apontam para a própria poética de Horácio, o qual então se torna o autor anônimo, que nos propõe um curioso *blend* de sátira, filosofia e culinária.

vv. 1-2: Não sabemos ao certo quem seria Cácio; em primeiro lugar, acho sugestivo que seu nome ecoe *"catus"* ("esperto", "inteligente", "ardiloso"); já o comentador Porfirião diz que seria um filósofo epicurista que também teria escrito quatro livros *Da natureza das coisas*; posteriormente, foi identificado com Tito Cácio, da Insúbria, que teria morrido em 46-5 a.C. e é mencionado por Cícero (*Aos familiares*, 15.16.1 e 15.19.1). Outra hipótese seria assumir que se trata de uma máscara; nesse caso poderia ser referência a Caio Mácio, um amigo de Júlio César e de Trebácio; a outro Caio Mácio amigo de Augusto, que teria escrito sobre culinária, conservas, etc.; dentre outros. Embora não seja possível ter certeza, penso ser Tito Cácio, mencionado por Cícero, melhor, tal como Trebácio e Damasipo, o que nos faria pensar se boa parte dos personagens não são escolhidos precisamente por fazerem parte das cartas do orador romano. Na abertura do poema, Cácio retorna de uma palestra e deseja logo anotar o que acabou de ouvir, talvez por escrito, mas seria possível também se tratar de mnemotécnica; porém, em momento algum saberemos o nome do filósofo que passava seus preceitos. Outra hipótese seria considerarmos, como sugere Gowers (1993, p. 139), que Cácio volta, na verdade, de um banquete bem regado, com discussão alimentar. Por fim, a abertura deste poema parece ecoar a abertura do *Fedro* de Platão, com uma fala de Sócrates: Τίς οὖν δὴ ἡ διατρίβη; ἢ δῆλον ὅτι τῶν λόγων ὑμᾶς Λθσίας εἱστία; ("Como foi a conversa? Ou então Lísias alimentou vocês com palavras?").

v. 3: Referência a três filósofos fundamentais do pensamento grego: Pitágoras de Samos (séc. VI a.C.), Sócrates (*c.* 469-399 a.C.) e Platão (428-347 a.C.). No caso de Sócrates, ele aparece ao pé da letra como "o réu de Ânito", por Ânito ter sido o provável mentor do processo jurídico que condenou o filósofo à morte. Essa comparação inicial sugere que teríamos grandes temas filosóficos, quando, na verdade, veremos apenas regras de gastronomia, ou, como sugere Muecke, "gastrosofia".

v. 11: O fato de que Cácio se propõe a cantar os preceitos sugere que estejamos diante de uma obra talvez oracular, ou ao menos um poema filosófico, tal como as obras de Parmênides na Grécia ou de Lucrécio em Roma. Ao não dar o nome do autor, Cácio ganha certa proeminência de saber e, ao mesmo tempo, pode ecoar o sábio inominado que aparece em alguns trechos de Platão (*e.g. Fedro*, 235.c-d).

vv. 12-87: Podemos dividir da seguinte maneira o discurso de Cácio: entradas e aperitivos (vv. 12-34), prato principal (vv. 35-69), sobremesa (vv. 70-75) e serviço (vv. 76-87).

v. 14: A crença de que o ovo oblongo geraria machos e o redondo fêmeas aparece também em Plínio (*História natural*, 10.145) e Columela (8.5.11); embora Aristóteles (*História dos animais*, 6.2.2) afirme exatamente o contrário.

vv. 15-16: Nas fazendas suburbanas, era comum a prática de irrigação artificial.

v. 19: O marinado seria feito com o suco não fermentado da uva falerna, a mesma usada para fazer o vinho famoso (cf. nota a 1.10.24).

vv. 21-23: Segundo Celso (*Da medicina* 2.29.11), amoras serviam de laxante; em Ateneu (2.51f), ela aparece como saudável e de fácil digestão.

v. 24: Certamente não é o Aufídio de 1.5.34; talvez seja Aufídio Lurcão, contemporâneo de Pompeu, enriquecido por fazer engorda de pavões, segundo Plínio (*História natural*, 10.45). Sobre mel e falerno, cf. nota a 2.2.15-16.

v. 26: Mulso pode ser hidromel, mas muito provavelmente seria o vinho suavizado com mel.

vv. 27-34: Aqui temos uma transição para alimentos de origem marinha, muito mais caros e raros. A primeira receita, contra constipação (vv. 27-29), parece ecoar o que lemos em Catão (*Da agricultura*, 158), que propõe mexilhões, moluscos e lentilhas cozidas em vinho de Cós. Esse vinho branco seria feito com água do mar, segundo Plínio (*História natural*, 14.78-79); ainda segundo Plínio (23.79 e 27.44), as vinhas irrigadas com água do mar teriam função digestiva e laxativa. A relação da lua com crustáceos aparece em Lucílio (frag. 1222 Warmington) e em Cícero (*Da adivinhação*, 2.33), dentre outros. Baias era um ponto turístico por suas praias, perto delas ficava o lago Lucrino, e ambos os lugares eram famosos pelas ostras, mas é bom lembrar que o múrex era usado sobretudo para tingir roupas com o púrpura. Circeios era um promontório no Lácio também famoso pelas ostras; Miseno era um porto na Campânia, mas nada sabemos sobre ouriços na região. Tarento, no calcanhar da Itália, tinha fama de cidade luxuosa; porém não temos tanta informação sobre as vieiras da região, enquanto Ênio nos falas da melhor produção em Mitilene (citado por Apuleio, *Apologia* 39).

v. 38-39: O conviva, deitado no leito da sala de jantar, se apoia nos braços certamente para buscar mais comida, sinal de que gosta do que está sendo servido.

vv. 40-42: Parece não ter sido unânime a eleição do javali da Úmbria como o melhor. O pântano Laurêncio ficava razoavelmente perto de Roma, na costa entre Óstia e Ardeia.

vv. 43-44: Em Virgílio (*Geórgicas* 2.374), vemos que o cabrito-montês tem gosto por brotos de vinha; porém não temos mais dados sobre como isso influenciaria sua carne. A fertilidade da lebre era proverbial.

vv. 45-46: Cácio, ou mais precisamente seu mestre (que ele emula cegamente a ponto de confundir os pronomes), reclama para si a invenção de um saber, uma tópica recorrente em palestras filosóficas e também poéticas.

vv. 51-54: O vinho Mássico era um tipo do vinho Falerno produzido junto ao monte Mássico, na Campânia. Plínio (*História natural*, 14.64) o compara com o Sorrentino. A exposição do vinho para clarificá-lo era típica (cf. Plínio 14.136), mas o ar noturno é novidade de Cácio; outro método de clarificação é a filtragem com linho, que, no entanto, poderia estragar o vinho, segundo Plutarco, *Moralia* 692b-f.

vv. 55-57: O *blend* de vinhos era prática comum; no caso, temos a borra do Falerno misturada com o Sorrentino, feito em Sorrento, na baía de Neápolis, um tipo muito mais leve, de menor qualidade. Na verdade, é a clara do ovo que deve ser usada para a decantação, não a gema; também a especificidade do ovo de pomba parece ser novidade.

vv. 58-62: Cácio parece tratar dos melhores acompanhamentos para o momento mais alcoólico de uma ceia, sobretudo para ajudar os estômagos fracos. Lagostim e escargô são iguarias caras; enquanto presunto e linguiça, obviamente, são mais simples, sobretudo se lembrarmos que os embutidos são parte central da culinária típica romana.

vv. 63-69: O molho composto é, portanto, feito de azeite (o molho simples) junto com ervas e outros ingredientes. Outra interpretação seria a de que o molho simples já consiste de azeite, vinho e salmoura; e que o composto a ele acrescentaria ervas açafrão e azeite de Venafro, cidade da Campânia que produzia azeite da melhor qualidade, segundo Catão (*Da agricultura*, 146.1). Bizâncio era famosa na Antiguidade pela pesca, e o peixe em conserva da região era muito famoso. O açafrão corício era colhido no monte Córico, na Cilícia, muito usado em tinturas. Se avaliarmos os ingredientes do ponto de vista metapoético, é possível ver neles a escolha do melhor material com uma combinação entre sabores ácidos e doces, numa mistura ("*satura*") que poderia criar a nova sátira ("*satira*").

vv. 70-72: Sobre Piceno, cf. nota a 2.3.272-273. Tíbur tinha grandes plantações nas margens do rio Aniene. Venúncula remete a uma variedade de uvas, mas é difícil definir com precisão. A uva albana fazia um vinho mais doce, segundo Plínio (*História natural*, 14.64). A pimenta-branca é descrita por Plínio (12.14) como mais suave que a preta, embora na prática seja o inverso; o sal negro era grosso e tinha essa cor por ser moído junto com carvão vegetal, também segundo Plínio (31.83); não podemos deixar de lembrar que o sal é um constituinte metafórico do gênero satírico e que o sal negro aparece como descrição da sátira pelo próprio Horácio em *Epístolas*, 2.2.60; assim, teríamos aqui uma espécie de receita satírica da própria sátira (cf. Gowers, 1993, p. 155-156).

vv. 73-75: A tópica da invenção reaparece (cf. vv. 45-46) com exemplos. No entanto, nenhum deles parece ser, de fato, inaudito; talvez apenas a combinação, ou sua disposição em pratos individuais. No v. 74, o termo "*allec*" designa um peixe decomposto em salmoura; por se tratar de um gosto forte, optei pelo "aliche", que ainda por cima guarda sonoridade próxima.

vv. 76-77: Aqui começa a crítica sobre o serviço da ceia: em primeiro lugar, embora um pouco truncado no original, seria pagar muito caro por um peixe excessivamente grande (símbolo de ostentação) que mal cabe na panela.

vv. 78-80: Duas imagens de desgosto pelos maus serviços na ceia: em primeiro lugar, um escravo traz um cálice engordurado por seus dedos, de tanto roubar petiscos e lamber as mãos; em segundo, uma cratera (taça larga para misturar vinho e água) arcaica é mal cuidada e apresenta limo, um contrassenso para quem se dá ao trabalho de ter objetos de antiquário.

vv. 81-82: Cácio mistura aspectos diversos da limpeza: vassouras para o chão, guardanapos para a mesa; porém serragem era tradicionalmente disposta no chão da ceia e varrida ao fim (cf. Petrônio, *Satyricon*, 68.1, e Juvenal, *Sátiras*, 14.60).

v. 83: O pavimento de mosaico era símbolo de riqueza e refinamento em Roma; Plínio (*História natural*, 36.184-189) nos oferece uma pequena história de seu desenvolvimento romano. As tapeçarias tírias eram permanentes, por isso podem ser eventualmente cobertas por sanefas, que então deveriam ser lavadas.

vv. 88-95: A resposta de Horácio nos põe um problema: seria uma ironia com Cácio e, portanto, um desprezo da hipervalorização culinária de certo mundo epicurista, ou uma autoironia em que o poeta se apresenta levado pela gula que ele próprio já tinha criticado? Seja como for, é preciso lembrar que, apesar de não ser ortodoxo em sua vinculação, o poeta muitas vezes remete ao pensamento epicurista ao longo de sua obra e que Crisipo havia feito uma crítica à gastronomia poética do epicurista Arquestrato, *Hedypatheia* (séc. IV a.C., citado por Ateneu, 8.335b-e), que teria sido imitada por Ênio, por exemplo, em sua *Hedyphagetica*. Aqui teríamos então uma leitura capaz da autocrítica, seja irônica ou autoirônica. Outro ponto interessante seria considerarmos que Cácio volta de uma conversa gastrosófica num banquete: nesse caso, Horácio desejaria simplesmente participar do próximo banquete, como uma espécie de alpinista social glutão que nos faria rir.

vv. 94-95: Estes versos ecoam Lucrécio, *Da natureza das coisas*, 1.927-928: *iuuat integros accedere fontes atque haurire* ("como é bom chegar às fontes puras, sorvê-las"). "*Beatus*" em latim significa tanto "feliz" quanto "rico"; o termo varia em seus sentidos ao longo das sátiras, mas preferi optar sempre pela noção de riqueza, que neste texto de interesse filosófico passa a ser lida metaforicamente como a riqueza da felicidade. Com isso, perco a clareza do jogo final do poema, que alude o conceito de *uita beata* ("vida feliz") proposta pelas escolas filosóficas de origem grega; por outro lado, reforço a interpretação de que Horácio quer participar de um grande banquete com o anfitrião anônimo de Cácio.

2.5

Esta sátira em forma de diálogo cria um espaço ficcional impressionante: ela se dá numa espécie de conversa expurgada entre Odisseu/Ulisses e Tirésias, após a cena narrada na *nekuya* da *Odisseia* 11.100-137. Assim, em vez de se preocupar apenas com o retorno ao lar, Ulisses aqui tem problemas monetários, no que será aconselhado a Tirésias a se tornar um típico caçador de heranças romano. Na organização do livro, esta sátira parece fazer um duplo complexo com 2.1, no seu modo de consulta ao mais velho experiente, porém com relações inusitadas: assim, Horácio torna-se Ulisses (aqui pervertido em mero enganador), enquanto Trebácio torna-se Tirésias (vidente e jurisconsulto viram mestre de ardis) e o mundo romano torna-se o espaço da *nekuya* homérica.

v. 3: "Doloso" (*doloso*), além de outras palavras que remetem a astúcia e ardil, traduz uma série de epítetos associados a Odisseu/Ulisses na poesia homérica, tais como πολύτροπος ("multímodo"), πολύμητις ("multiastuto"), πολυμήχανος ("multiversado"), ποικιλομήτις ("ampliastuto"). Além disso, é possível ligar o termo latino "*dolosus*" ao grego δέλεαρ ("isca").

v. 4: Sobre os Penates, cf. nota a 2.3.168-180.

vv. 12-14: Era tradição ofertar as primícias da colheita aos deuses Lares (cf. nota a 2.3.164-165).

vv. 18-19: "Dama" é nome típico para designar um escravo velho (cf. ainda 1.6.38-9). A frase de Ulisses ecoa a *Ilíada*, 21.486, κρεῖσσον μάχεσθαι ("combater o forte"). Em Roma, era praxe levar um homem que se queria honrar protegendo seus flancos, nas calçadas da cidade ou em passeios no campo.

vv. 20-21: Estes versos ecoam a *Odisseia*, 20.18: τέτλαθι δὴ καρδίη· καὶ κύντερον ἄλλο ποτ᾽ ἔτλης ("peito, suporte! Você suportou cachorrices piores").

vv. 39-41: Os trechos em itálico são citações satíricas de versos de Fúrio Bibáculo (cf. nota a 1.10.36-37). Segundo Quintiliano (*Instituição oratória*, 8.6.17), a segunda citação se abre com o nome de Júpiter.

v. 45: "Acolhe" traduz "*sublatus*", em referência à prática romana de o pai acolher no colo o filho recém-nascido, como gesto de que o aceita e reconhece como descendente.

vv. 48-49: O segundo herdeiro assume o patrimônio apenas caso o primeiro morra.

vv. 51-52: Em Roma, os testamentos ficavam inscritos em tábuas devidamente seladas. Na primeira cera, na primeira linha, estaria o nome do testante, na segunda o do herdeiro.

v. 55: Sigo "*plerumque*" da tradição manuscrita, em vez da conjetura de Shackleton Bailey, "*quandoque*".

vv. 55-57: Nada sabemos sobre Nasica e Corano, fora que o primeiro é um nome histórico, enquanto o segundo apenas aponta sua origem na cidade Cora; como veremos nos versos a seguir, Nasica teria dado a filha em casamento a Corano (o escriba), como pagamento de uma dívida, supondo que passaria a ser herdeiro de Corano; no entanto é difícil decidir se este seria um caso real retomado por Horácio, ou pura ficção. O quinquéviro era um baixo oficial romano, enquanto o escriba tinha um cargo melhor. A referência ao corvo remete à fabula em que a raposa, por louvar o canto da ave, faz com que esta abra o bico e perca a comida que trazia consigo.

v. 59: Seguindo a poética homérica, Tirésias chama Ulisses pelo patronímico Laertíade, "filho de Laertes".

vv. 62-64: Clara referência ao ainda jovem e já poderoso Otaviano César (63 a.C.-14 d.C.), futuro Augusto, que, como membro da *gens Iulia*, seria descendente de Iulo, filho de Eneias. Os partas são um povo oriental, no que hoje seria a parte norte do Irã. Optei por decalcar "*magnus*" como "magno" porque a palavra acaba por evocar os epítetos de Alexandre Magno e também de Pompeu Magno. Pela descrição destes versos, os comentadores costumam datar a sátira como uma das últimas, escrita depois da Batalha do Ácio em 31 a.C.

v. 83: O couro sebento ainda traz em si nacos de gordura, por isso a postura canina.

v. 84: O caso de quando Tirésias era velho nos lembra que quem fala é, no momento, já morto.

v. 91: Sobre Davo, cf. nota a 1.10.40-49.

v. 101: Sobre Dama, cf. nota aos vv. 18-19.

v. 110: Optei por traduzir "ao pé da letra" a última expressão de despedida, "*uiue ualeque*", por ver nela uma ironia ao ser dita pelo espírito de um morto para um vivo.

2.6

Diante da contemplação de sua *uilla Sabina*, dada por Mecenas em torno de 33 a.C., Horácio rememora seus votos e os sente realizados além da medida. Neste poema, o poeta se apresenta num momento rural em que relembra seus desconfortos em Roma, quando sonha com a vida... rural. Nisso, a reflexão sobre os limites do gênero poético e da pretensão humana se fundem no louvor

– nada idealizado – da vida campestre em contraste com as angústias da cidade. É bem o que se pode depreender da fábula dos ratos: não se trata de uma vida no campo sem trabalhos (pelo contrário, a labuta ali é mais intensa), mas de um contraste com o sofrimentos da vida urbana (apesar de seus luxos indiscutíveis). Esta sátira, considerada por vezes como a melhor de todas (*e.g.* Brink, 1965; Fraenkel, 1957) deve ser lida em contraste com 1.6, também dedicada a Mecenas; porém, em seu empenho de refinar a discussão do campo e de um epicurismo moderado, certamente retoma muito do que se apresentou em 2.2.

v. 5: O filho de Maia é Mercúrio, deus da sorte e do lucro, além do comércio e da linguagem. Ele também é muitas vezes lembrado como o criador da lira; não custa ainda lembrar a famosa passagem de 2.7.13-16, em que Mercúrio salva Horácio da batalha em Filipos (cf. K-H, *ad loc.*).

vv. 10-13: Talvez se trate de algum apólogo perdido. Era praxe sacrificar um décimo dos lucros para Hércules, o que pode indicar sua relação com as riquezas; fora isso, o herói não costuma estar ligado ao descobrimento de tesouros.

vv. 13-15: Os versos certamente ecoam um trecho de Calímaco em seu "Aos Telquines", frag. 1 Pfeiffer, onde Apolo dá um conselho:

> ἤ δέον α]ιέν, ἀοιδέ, τὸ μὲν θύος ὅττι πάχιστον
> θρέψαι, τὴ]ν Μοῦσαν δ' ὠγαθὲ λεπταλέην·

> Ah, meu aedo amado, engorde só o incenso,
>   mas à Musa mantenha sempre fina.

vv. 16-17: Estes versos assumem um caráter típico da poesia hínica, o que em parte será cumprido pelo que vemos nos vv. 20-28.

v. 17: "Musa pedestre" é uma cunhagem famosa de Horácio para designar a sátira como gênero menor, mais "chão". O termo *"pedestri"* aqui retoma o grego πεζός, que também indica "prosaico", como é possível ler em Quintiliano (*Instituição oratória*, 10.1.81).

vv. 18-19: Austro é o vento sul, mais ameno; porém mais agressivo no outono. Libitina era a deusa romana que presidia os funerais, por isso era associada a Prosérpina. Havia um bosque de Libitina (*lucus Libitinae*) próximo ao cemitério do Esquilino.

vv. 20-31: Jano presidia também as manhãs junto com *Mater Matuta* (Mãe Matuta), por isso a apelação de "pai matutino"; no entanto, a linguagem parece paródia épica. Em seguida, Horácio dá alguns exemplos dos deveres matutinos de um romano da elite: falar diante do pretor, em seguida passar na casa do patrono (no caso, Mecenas), como mandava a etiqueta romana. O Aquilão ou Áquilo é o vento nordeste, mais frio; e o "giro curto" parece fazer referência ao encurtamento dos dias no inverno.

v. 33: Sobre o sombrio Esquilino, cf. nota a 1.8.8-16. Mecenas tinha uma casa na região.

vv. 34-35: "Róscio" é um nome comum, mas evoca o orvalho matinal. O Poço em questão é o *Puteal Libonis*, um lugar no Foro arcaicamente atingido por um raio que criou um buraco, posteriormente cercado por um muro e considerado sagrado. Como vemos na sátira 1.6.121 e ss., o poeta preferia dormir até as dez.

vv. 36-37: Quinto é o próprio Horácio em seu primeiro nome; o tratamento íntimo se dá pelo fato de o poeta ter sido ele próprio também um escriba.

vv. 40-42: Estes versos retomam 1.6.54-62.

vv. 43-46: Aparentemente estamos diante de uma conversa sobre dois gladiadores, um chamado *Gallina*, "Galinha", que era da Trácia, e outro chamado *Sirus*, "Siro" ou "Sírio", um nome típico de escravo. A "orelha que vaza" sugere um amigo novo, ainda não confiável, por isso Mecenas conversa com o poeta apenas temas triviais.

vv. 47-48: "Nosso amigo" é o próprio Horácio tratando-se em terceira pessoa, ironicamente. O tema da inveja sobre o poeta também aparece em 1.6.45-52.

vv. 48-49: Trata-se dos espetáculos no Circo e no teatro e dos esportes realizados no Campo de Marte.

v. 50: Em Roma, o rostro podia ser uma tribuna formada de proas de navios conquistados.

v. 53: Os dácios eram um povo situado às margens do Danúbio e tinham tomado parte com Antônio; por isso, em 31-30 a.C. corria o rumor de que eles atacariam a Itália, como vingança pela derrota de Cleópatra e Antônio na Batalha do Ácio. Com isso, podemos datar bem esta sátira.

vv. 55-56: César aqui é Otaviano, que, depois da batalha do Ácio, concedeu como pagamento aos veteranos algumas terras na Itália e na Sicília (a "Ilha Triquetra", pelas suas três pontas). As perguntas dos últimos versos se dão porque Horácio, como membro do círculo de Mecenas, também fazia parte do grupo político de Otaviano, então vencedor e *princeps* em Roma.

v. 63: Segundo a filosofia pitagórica, as favas seriam um ser muito próximo do humano, por isso comê-las seria uma espécie de canibalismo; de modo similar, comer carne também seria um crime, por causa da transmigração das almas, que poderiam então habitar um animal. Horácio, como se pode perceber, zomba dessas crenças.

v. 66: A ceia libada é sinal de que as primeiras oferendas aos Lares já haviam sido feitas, podendo então o banquete seguir para a segunda mesa, quando os convivas bebiam mais.

vv. 67-70: Os moleques são vernas, escravos nascidos na casa do senhor. Sobre as leis insanas da bebida, cf. nota a 2.2.123.

v. 72: O nome "Lepos" indica "charme" e "sedução"; é um nome típico para escravos ou libertos encarregados de danças e mimos em Roma.

vv. 74-76: Estes temas são caros a toda filosofia helenística; porém são escolhidos por também se adequarem perfeitamente às preocupações desta sátira.

vv. 77-79: Cérvio é desconhecido; trata-se de um nome genuíno, porém capaz de evocar o animal cervo; de certo modo, ele retoma Ofelo de 2.2. A história é designada como "dessas das velhas" precisamente para dar um tom de banalidade. Arélio também é nome comum, e também desconhecemos a figura, porém podemos supor que fosse um fazendeiro rico da região.

vv. 79-117: Esta fábula é similar ao que temos em Esopo, 314; Bábrio, 108, e Fedro, 9.

v. 80: "*Mus rusticus*" designa especificamente o nosso "rato-do-campo"; como o nome em português também serve para se opor ao rato urbano (o rato preto, muito maior) e ao rato campestre, mantive sua relação zoológica mais precisa.

vv. 108-109: O rato urbano age como um *praegustator*, que, além de libar os alimentos, também os prova, para garantir sua qualidade, antes de oferecê-los aos convivas.

v. 115: Como observa Villeneuve, a ausência do gato (por nós mais esperado) nesta passagem se explica pelo fato de que esse animal ainda era raramente incorporado na vida doméstica da casa romana. O cão molosso era grande e mais agressivo, geralmente usado como cão de guarda.

v. 117: A ervilhaca é parente de ervilha, porém com um gosto mais amargo, em geral usada como forragem para animais.

2.7

Esta sátira emula as cenas típicas da Comédia Nova, quando o escravo, depois de ouvir seu senhor, decide falar e acaba por lhe dar uma lição, no caso, aplicando a técnica da diatribe filosófica contra o próprio Horácio, que a tinha usado desde 1.1, 1.2 e 1.3, mas também em alguns momentos do livro 2 – como resultado, temos a diatribe mais ampla em suas críticas (sexo, comida, amizade, autocontrole, etc.). Esta sátira retoma uma série de pontos de 1.3 (Horácio se iguala a Tigélio), com sua preocupação das relações sociais, e de 2.3, também situada nas Saturnais e também vinculada à filosofia estoica, que termina por zombar do próprio poeta num movimento de autoironia refinadíssimo. O argumento de Davo, servo do poeta, é tomado do estoicismo: μόνος ὁ σοφός ἐλεύθερος ("apenas o sábio é livre") e πᾶς ἄφρων δοῦλος ("todo tolo é escravo"), cf. Cícero, *Paradoxos dos estoicos*, 5. No entanto, neste embate entre escravo e senhor, Horácio mostra-se fraco e abusivo como senhor ao mesmo tempo que "dá corda" o suficiente para Davo, para também rirmos do pensamento do escravo, o que apenas reforça a ironia da peça.

v. 2: Sobre a figura de Davo, cf. nota a 1.10.40-49 e a 2.5.91.

vv. 3-4: A imagem, que nos parece estranha, na verdade remete ao ditado de que os bons levam os bons ainda jovens, por isso ele não precisaria mais da vida.

vv. 4-5: O livre dezembro indica o período das Saturnais (cf. nota a 2.3.4-5).

vv. 8-14: Prisco, que desconhecemos, parece ter sido um senador (laticlavo largo) e equestre (laticlavo fino), o que se reforça ainda pelo sentido do nome "*priscus*" ("arcaico", ou "antiquado"); a praxe era usar um anel na canhota, sendo três um claro exagero. A vida erótica em Roma remete à poesia elegíaca, talvez; enquanto a erudição ateniense aponta para a filosofia. Vertumno era o deus da virada do ano, mas também representado como uma figura inconstante e metamórfica, já que assume, como Proteu, as formas que bem quiser; este deus menos conhecido foi tema da elegia 4.2 de Propércio.

v. 15: Volanério parece ter sido um tipo de playboy, embora seja apresentado como bufão. O sobrenome é raro e pode ter origem etrusca; mas creio que ele também pode evocar o verbo "*uolo*" ("querer", "desejar"), que representaria sua desmedida na comida e na bebida, o que, para o imaginário antigo, causaria a doença da gota.

v. 20: A imagem evoca provavelmente um animal preso numa corda, que se debate por ela estar levemente frouxa. Ou então um cavalo que puxa uma barca, como vemos em 1.5.

vv. 32-35: Nesta cena, podemos imaginar Horácio numa janta solitária, mas que, ao receber um convite atrasado de Mecenas, provavelmente para ocupar um lugar que vagou, se apressa à noite para sair e pede o óleo aos escravos, com o intuito de iluminar as ruas do caminho.

vv. 36-42: Múlvio nos é desconhecido, parece ser um parasita que teria vindo jantar na casa de Horácio e voltou desapontado. A fala de Davo indica que o escravo encara seu senhor como um parasita na mesa de Mecenas.

vv. 42-43: Cinquenta dracmas seria um valor bastante baixo, na época, para comprar um escravo.

v. 45: Sobre Crispino, cf. nota a 1.1.121. Davo aparece aqui, segundo Fariclough, como um σπερμολόγος, alguém que pega migalhas de conhecimento de segunda mão, a partir do porteiro do estoico Crispino.

v. 52: Em latim temos o verbo "*meio*", "mijar", que era usado de modo rude para representar a ejaculação; por isso, optei por "esporre".

vv. 53-56: Por causa deste trecho, muita tinta já correu em discussões sobre se Horácio teria de fato dinheiro suficiente para ser parte da classe equestre, a mais elevada de Roma; porém, até hoje não temos consenso. Mais importante do que a determinação específica, parece-me fundamental perceber a passagem como pose: Davo sugere que Horácio faz questão de posar como elite, seja ele parte dela ou não, para ao fim se portar como um escravo Dama (cf. notas 1.6.38-39 e a 2.5.18-19).

v. 58-61: Mais precisamente, o trecho se refere ao *auctoratus*, homem que se vendia como gladiador, em lugar do escravo que se tornava gladiador sem qualquer escolha.

vv. 61-63: No período republicano, o marido que pegasse sua mulher em flagrante adultério poderia matá-la e também matar o amante; ou pelo menos, açoitá-lo. Vale a pena comparar este trecho com a sátira 1.2 e suas notas.

v. 74: A imagem sugere um cavalo solto das rédeas.

vv. 75-77: A *uindicta* era um bastão usado pelo pretor durante o ritual de alforria de um escravo romano.

vv. 78-80: O vigário (*uicarius*) era o escravo comprado por outro escravo, para ajudá-lo nos serviços.

vv. 83-88: Davo apresenta aqui a figura do sábio estoico em sua perfeição: autocontrole, desapego e enfrentamento do acaso com resultado no domínio de si. Sua comparação com a perfeição geométrica da esfera já aparecia em Platão, *Timeu*, 33b; em *Protágoras*, 339d, e em Aristóteles, *Retórica*, 3.11, ele é comparado ao quadrado.

vv. 89-91: Aqui Davo retoma uma série de lugares-comuns da poesia elegíaca romana: o amante excluído, as cobranças (monetárias) pelo amor, a sujeição do amante comparado a um escravo, etc.

vv. 95-101: Páusias foi um pintor grego de Sícion, no séc. IV a.C., contemporâneo de Apeles (cf. Plínio, *História natural*, 25.123 e ss.). Certamente havia em Roma algumas cópias de tais pinturas. Em contraponto, Davo admira as pinturas parietais de jogos gladiatoriais: os três nomes representam gladiadores, "Pacideiano" é um nome que já aparecia nas sátiras de Lucílio. "Rútuba" significa "bagunça" e é nome de liberto que talvez aponte para uma pele morena, em latim "*fuluus*".

v. 114: Este verso é ecoado em *Odes*, 3.1.40.

v. 115: A "negra parceira" parece ser a aflição da morte.

v. 116: O poeta finalmente retruca como quem procura uma pedra para espantar um cachorro. Depois, na procura por uma flecha, aponta para Apolo, que já o tinha salvado em 1.9. Do cômico, o trecho sugere agora paródia do trágico.

vv. 117-118: Horácio, diante das acusações de Davo (como diante das de Damasipo em 2.3), não é capaz de dar uma resposta objetiva e bem argumentada, mas apela para seu poder como senhor e aniquila as convenções das Saturnais. Referência mais clara à *uilla Sabina* de Horácio, presente dado por Mecenas, o que também amarra esta sátira e a 2.3.

2.8

A sátira que encerra o livro com temática gastronômica retoma 2.4 (inclusive o número de versos), mas com a figuração de Mecenas e com o embate entre personagens parasitários (Nomentano de Nasidieno Rufo e Vibídio de Mecenas), numa sutil disputa de gastos e consumo, que parece nos mostrar muito bem as minúcias da vida aristocrática romana. Ao modo da "*satura*" (etimologicamente, "mistura", ou mesmo "salsicha"), a peça fecha o livro como um resultado alimentar complexo, metapoético, que se arrisca a fazer um antibanquete platônico que reverte o momento da alimentação em cerne filosófico. De certo modo, Nasidieno se torna uma espécie de duplo distorcido do próprio Horácio, tal como Cácio em 2.4, por seu perfeccionismo e necessidade de autoexplicação (como em 1.4, 1.10 e 2.1), que parece enfastiar o leitor e os convivas, dessa vez também por seu pedantismo e afetação. O resultado é um banquete-livro abandonado pela metade, um fracasso que se transforma em sucesso.

v. 1: "Nasidieno", um nome que aparece em inscrições, pode evocar "nariz" (*nasus*) e, portanto, culinária e gosto literário (cf. a sátira 1.3.29-30). De resto, a figura permanece desconhecida e provavelmente se trata de uma ficção ou máscara.

v. 3: Um banquete poderia começar na nona hora (cerca de três da tarde), mas os mais luxuosos começavam antes, como é o caso aqui.

vv. 4-5: Estes versos ecoam Platão, *Timeu*, 17b: εἰ μή τί σοι χαλεπόν, ἐξ ἀρχῆς διὰ βραχέων πάλιν ἐπάνελθε αὐτά ("se não for complicado, nos conte resumidamente desde o começo"). Também estes versos podem ter um gosto épico, pela "pança raivosa".

v. 6-7: Ao contrário das prescrições de Cácio em 2.4.40-42, o javali é da Lucânia. Sabemos que o javali era por vezes usado como petisco de entrada nos banquetes. Sobre o Austro, cf. nota a 2.2.40-41.

v. 11: Plínio (*História natural*, 16.66) considera a zelha uma madeira de alta qualidade, porém inferior ao *citrus*.

vv. 13-15: Hidaspes age como uma portadora dos vasos nos ritos de Ceres/ Deméter em Atenas (daí que seja "ática virgem"). Seu nome evoca o rio homônimo, atual Jhelum, afluente do Indo. Era portanto um escravo de luxo, trazido do oriente distante. Álcon tem um nome grego (portanto, nome típico de escravo) e traz um outro vinho grego. O vinho de Cécubo era um dos melhores vinhos italianos, e o de Quios, um dos melhores gregos. O quio aqui aparece puro (*maris* *expers* ,"sem mistura de mar"), por ser muito bom e dispensar conservantes: cabe atentar que os romanos tinham costume de misturar água marinha no vinho. Outra possibilidade é que o vinho seja uma imitação romana do vinho de Quios, por isso não teria atravessado o mar; mas, como se trata de um banquete luxuoso, essa interpretação me pareceria pouco convincente (cf. nota aos versos 35-38).

vv. 16-17: O Falerno e o Albano são vinhos romanos, portanto mais acessíveis e baratos; Nasidieno os oferta caso Mecenas o queira, embora tenha antes oferecido os melhores da Grécia.

v. 19: Sobre Fundânio cf. 1.10-40-49. Como se trata de um comedió-grafo, a sátira retorna às suas raízes segundo 1.4; além disso, Fundânio torna tudo motivo de riso.

vv. 20-24: Sobre Visco de Túrio, cf. notas a 1.9.22-23 e 1.10.81-89. Vário, cf. nota a 1.5.40. Vibídio e Servílio Bufão são desconhecidos, mas parecem ser parasitas de Mecenas; o nome em latim é *Balatro*, "Balatrão", que parece ser tanto uma alcunha quanto um nome, por isso verti como "Bufão". "*Umbrae*" ("sombras") eram aqueles que vinham sem convite; por isso optei pelo colo-quial "penetras", convidados por Mecenas. Nomentano e Pórcio parecem ser parasitas de Nasidieno; sobre Nomentano, cf. nota a 1.101-102; Pórcio é um sobrenome comum, porém evoca "*porcus*" ("porco").

v. 34: Villeneuve diz que o verso invoca a fraseologia épica e cita como comparação Virgílio, *Eneida*, 2.670: "*Nunquam omnes hodie moriemur inulti*".

vv. 35-38: Villeneuve sugere que se trata de ironia de Fundânio, e que na verdade a palidez do anfitrião é gerada por sua avareza. Nesse caso, poderíamos suspeitar do "*maris expers*", do v. 15, como outra ironia. Nasidieno é descrito em latim como "*parochus*", cf. nota a 1.5.45-51.

v. 39: Alifas, cidade de Sâmnio, era famosa por produzir copos de argila maiores que a média.

v. 41: Ou seja, os três que estavam no leito de baixo: Nasidieno, Pórcio e Nomentano, seus dois parasitas, que não quiseram ofender o anfitrião bebendo em excesso.

vv. 42-43: A moreia era uma iguaria da moda no tempo de César.

vv. 45-53: Comparado ao molho de Cácio (2.4.63-69), o de Nasidieno pesa muito mais nos sabores ácidos e amargos, o que contribui para o desgosto dos convivas. Sobre Venafro, cf. nota a 2.4.63-69. Metimna era uma vila da ilha de Lesbos e designa o tipo de uva. O gastrônomo Curtilo é uma figura completamente desconhecida, talvez seja invenção de Horácio.

vv. 54-56: Os toldos eram tapeçarias penduradas, com imagens. Sobre o Aquilão, cf. nota a 2.6.20-23. O símile pode funcionar como paródia da épica.

vv. 58-59: Rufo é Nasidieno, que aqui exagera em sua preocupação e se torna motivo de riso; no entanto é curioso que ele tenha o mesmo *cognomen* de Vário.

vv. 76-77: As sandálias eram levadas quando os convidados chegavam. Pedir por elas era sinal de que se desejava sair do jantar.

vv. 80-82: As moringas teriam quebrado junto com as taças na queda dos toldos.

vv. 85-91: Villeneuve diz que o costume na época era comer cegonha, e não grua. A apresentação de apenas partes dos animais, sobretudo aves, era um costume romano; "alcatra" designa também a parte traseira dos pássaros.

vv. 92-93: Nasidieno decide discursar algo filosoficamente sobre os pratos, um pouco ao modo de Cácio em 2.4.

vv. 94-95: Sobre Canídia, cf. a sátira 1.8 e notas. Algumas cobras da África eram consideradas venenosas até no hálito (cf. Lucano, *Farsália* 9.607 e ss.). O final abrupto do poema, sem resposta de Horácio como interlocutor, é também o final abruptíssimo do livro, que deixa os leitores numa situação similar à de Nasidieno, sem conseguir compreender como o banquete-livro-poema se encerra antes da hora, sem preparação, ou melhor, em contraponto à preparação do banquete.

Notas aos *Epodos*

O livro de *Iambos* ou *Epodos*

Qualquer visada preliminar do livro, provavelmente publicado em torno de 30 a.C., já permite perceber uma estruturação métrica. Como sistematizou para sua interpretação Alexandre Hasegawa (2010), dos dez primeiros poemas seguem apenas um metro em forma de epodo iâmbico. Do poema 11 ao 16, temos quatro tipos de epodos: 11 é um Arquilóquio 3, 12 é um Alcmânio, 13 é o Arquilóquio 2, 14 e 15 são Pitiâmbico 1 e o 16 é um Pitiâmbico 2. Por fim, o poema 17 é o único catástico (com apenas um tipo de metro) em trímetros iâmbicos, que não se enquadram na forma do epodo (para mais detalhes, cf. a lista de metros). Temos então uma espécie de tripartição métrica:

> 1-10 – Epodos iâmbicos puros
> 11-16 – Variações entre dátilos e iambos
> 17 – Iambo puro catástico

E essa tripartição parece estar embasada numa dicotomia entre a virulência maior do iambo puro (1-10 e 17) e certa amenidade comparativa no caso dos epodos mistos (11-16), como bem notara Hasegawa (*op. cit.*) Mais precisamente, como já demonstrara Belling (*apud* Carrubba, 1969, p. 20), a série epódica que vai do poema 12 ao 16 forma um crescendo iâmbico em relação aos dátilos:

Epodo	Dátilos	Iambos
12	6 + 4	0
13	6 + 3	3
14-15	6	2
16	6	3

Estes culminam com o poema 17, que por sua vez retoma o puro iâmbico da série inicial de 1-10. No entanto, tal como argumentei também acerca das *Odes*, a organização do livro se mostra mais complexa se avaliarmos também os temas, as extensões, os personagens recorrentes, as recorrências frasais e lexicais, etc. Assim, podemos relacionar os poemas:

1, 3, 9 e 14 – Dedicados a Mecenas (1 e 9: Batalha do Ácio em 31 a.C. [9 está no centro do livro e cita três vezes o nome de César] 8 e 12: invectivas sexuais contra um velha [talvez relacionável a Canídia])
5 e 17 – Canídia (5 está no centro da série de 1-10)
2, 4, 6 e 10 – Invectivas contra homens (2 e 10 nomeados, 4 e 6 anônimos)
11, 14 e 15 – Sofrimento amoroso (15 tem tom mais invectivo)
7, 13 e 16 – Dilemas políticos.

No entanto, as ligações podem variar muito segundo o intérprete, e o próprio Carrubba (1969, p. 82) apresenta outra divisão quadripartida:

Político ou nacional – 1, 7, 9, 16
Vida no campo – 2, 3
Invectivo – 4, 5, 6, 8, 10, 12, 17
Erótico e simpótico – 11, 13, 14, 15

E depois argumenta que, por seus temas, o livro se divide em duas partes: 1-8 e 9-17. Porém, para além de qualquer sistematização imediata, as leituras simbólicas dos poemas podem fazer com que, por exemplo, os ataques a Canídia aludam às guerras civis, bem como a convulsão intestinal causada por Mecenas em 3, ou a referência à discórdia entre cidadãos em 4; seria possível também associar o poema 13 à Batalha do Ácio e ao tema das guerras civis; outra relação possível é a da vida rural nos poemas 2 e 3, já notada por inúmeros estudiosos; também é importante observarmos a presença de Canídia e a referência à magia em 3, que poderia então ser lido também por esse viés; outra hipótese, em termos de organização de cada peça, seria ver como os poemas 12 e 17 apresentam o mesmo modelo dialógico; em termos de cruzamento genérico, seria possível associar os poemas 11, 13, 14 e 15 por seu flerte com a lírica simpótica; como oposição subgenérica, o poema 1 e o 10 se organizarão como *propemptikon* com acompanhamento a Mecenas (1) e *antipropemptikon* com maldição a Mévio (algo similar vale para os poemas 6 e 14, promessa e *recusatio* da poética iâmbica) etc.: os cruzamentos são muitos nesses 17 poemas. Uma outra hipótese seria, por exemplo, notar retomadas temáticas em variação métrica, de modo a amarrar duas partes metricamente diversas numa organização que torne mais complexa, tais como:

5	e	17	Canídia
7	e	16	política
8	e	12	αισχρολογία

que ainda por cima se modelam num quiasmo. O resultado é, portanto, diverso do que propuseram inúmeros estudiosos em busca de univocidade (Carrubba elenca várias interpretações, 1969, p. 31-32), e temos uma abertura que convida o leitor a preencher suas relações rizomáticas, certamente de modo menos complexo do que nas *Odes*, mas não necessariamente menos inventivo e arriscado. O que apresento nas notas subsequentes é, então, não uma tentativa de organização estrutural unívoca, mas a potencialização das relações dadas pela disposição que forma o livro de poemas.

1

O poema parece um anúncio da Batalha Naval do Ácio, em 31 a.C., embora os dados permaneçam bastante vagos no poema e seja possível (ainda que pouco provável) sugerir que se trate dos acontecimentos de 38-6 a.C., nas campanhas contra Sexto Pompeu. Sabemos que em 32 a.C. Otaviano (o futuro Augusto) rompeu oficialmente sua aliança com Marco Antônio e declarou guerra ao Egito, para velar o conflito civil. Poderíamos nos perguntar se Mecenas foi, de fato, à batalha, já que tudo indica que ele ocupou os afazeres políticos de Augusto em Roma, no período da campanha bélica.

De qualquer modo, temos aqui uma espécie de *propemptikon* (poema de boa viagem), seguido do desejo de viajar junto. O riso, neste poema, aparece de modo um pouco sutil para a expectativa de um iambo; mas a comparação do próprio poeta com uma galinha aflita com seus filhotes e, em seguida, a crítica às ambições econômicas que movem as guerras são dois momentos centrais para entendermos o gênero.

Outra questão fundamental para a abertura do livro é a relação de amizade que marcará boa parte dos jogos entre ataques e louvores, que se desenvolverão nos próximos poemas. A relação de amizade é também um vínculo de valores e preza pelo desinteresse, como vemos também em Cícero (*Da amizade*, 26-32, 42 e ss.), mas que aqui se desenvolve num paralelismo entre a amizade de Horácio por Mecenas e a deste por Otaviano. Talvez essa grande ênfase à amizade, num ponto estratégico do livro, nos remeta a Arquíloco, frag. 15 West.

Γλαῦκ᾽, ἐπίκουρος ἀνὴρ τόσσον φίλος ἔσκε μάχηται.

Glauco, um mercenário é amigo enquanto combate.

Mas poderíamos, como Johnson (2012: , p. 77-100), ver nesta ênfase sobre a amizade uma preparação para os epodos 2, 3 e 4, de modo que o primeiro poema pouco a pouco passaria a ser visto como representação de uma figura hipócrita (então seria possível afirmar que a amizade de Horácio o força a seguir o patrono por interesse, assim como seu patrono é forçado a seguir César por interesse); nesse sentido, já haveria um riso autoirônico presente desde a abertura do livro.

– Metro: epodo iâmbico.

v. 1: O poema e o livro se iniciam com uma ida, *ibis*, que optei por manter em português, "irá". As liburnas são navios ligeiros pilotados pelos liburnianos; sabemos que a frota de Otaviano tinha diversas liburnas (cf. *Odes*, 1.37.30), enquanto os navios de Antônio eram imensos, o que explicaria as "fortificações" (*alta propugnacula*) que causam medo em Horácio.

Em latim, "*ibis*" poderia ainda ecoar o poema homônimo de Calímaco de Cirene, em que supostamente ele atacaria o poeta Apolônio de Rodes; com isso, o eco sonoro poderia sugerir um vínculo temático entre estes *Iambi* de Horácio e a poesia invectiva calimaquiana, para além dos *Iambi* do poeta de Cirene. No limite, poderíamos pensar que *Ibis* poderia funcionar como título para o livro de Horácio (cf. Mankin, p. 4, n. 44).

O próprio Horácio retomará essa passagem em *Odes*, 2.17.9-12.

v. 3: Caio Cílnio Mecenas (68-8 a.C.), membro riquíssimo da ordem equestre, foi braço direito de Augusto, sobretudo no campo cultural, onde ficou marcado como grande patrono de poetas como Virgílio, Horácio e Propércio, dentre outros. Em 40 a.C., foi uma figura-chave para realizar o tratado de Brindes, uma paz entre Antônio e Otaviano (futuro Augusto); em 36 a.C., ele assumiu cargos políticos de Otaviano, enquanto este seguia a campanha contra Sexto Pompeu (67-35 a.C.); e durante a batalha do Ácio, em 31 a.C., assumiu o cargo de vice-regente. Ao que tudo indica, Mecenas perdeu o favor de Augusto nos últimos anos de vida, mas, mesmo assim, sabemos que deixou toda sua herança para o *princeps*, ao morrer em 8 a.C. Por parte da mãe de Mecenas, os Cílnios foram antigos reis de Arrécio, uma das doze cidades etruscas; ele não fazia, portanto, parte da nobreza originária de Roma, sendo considerado um equestre pelo censo.

v. 4: Caio Júlio César Otaviano Augusto (63 a.C.-14 d.C.), nascido Caio Otávio, foi adotado por Júlio César em seu testamento, após o assassinato em 44 a.C.; juntou-se a Marco Antônio (83-30 a.C.) e Marco Emílio Lépido (90-12 a.C.) para formar o segundo triunvirato; depois de uma série de batalhas por vingança do padrasto, tais como a batalha de Filipos, em 42 a.C., acabou rompendo o segundo triunvirato, o que gerou nova guerra civil, que só terminaria em 31 a.C., na Batalha do Ácio, quando derrotou as forças de Antônio e Cleópatra; é a partir dessa data que costumamos marcar o fim da República e início do Principado, com a *Pax Augusta*. Foi intitulado *princeps Senatus* (o Principal do Senado, o homem mais importante do Senado) em 28 a.C., em seguida recebeu o título de

Imperator Caesar Divi Filius Augustus (Imperador César, Filho do Divino, Augusto), em referência à divinização de Júlio César após a morte. Por fim, ainda recebeu o título de *Pater Patriae* (Pai da Pátria) em 2 a.C. Oficialmente, Augusto nunca aceitou algum cargo que tivesse sentido monárquico, mas sua posição central e inconteste acabou preparando terreno para o Império a partir de sua morte. É importante, para entendermos este poema, lembrarmos que estamos ainda no ano 30 a.C. e que todo o desenvolvimento da *Pax Augusta* ainda está por vir, o que explica a adesão moderada de Horácio no momento.

A designação de "teu César", em português, pode ter dois efeitos: por um lado, reforça os laços entre Mecenas e Otaviano, demonstrando afetividade entre os dois, para além dos interesses políticos; por outro, marca o poeta como estranho a essa relação, o que se demonstra pelas justificativas em seguida (em momento algum Horácio sugere participar da batalha por achá-la necessária ou justa). Essa leitura é dada por Mankin a partir da afetividade de *amice* e *tuo*, com relação a Mecenas.

vv. 5-11: Nestes versos, temos a primeira pessoa plural, *nos*, que poderia indicar um plural majestático a respeito do próprio Horácio, ou incluir o poeta na lista de outros amigos de Mecenas, todos preocupados. Na impossibilidade de manter as duas ideias, preferi seguir o singular que reforça o papel da amizade do poeta.

vv. 9-10: Sigo a pontuação de Mankin *uiros? / Feremus*, em vez da de Shackleton Bailey, *uiros, / feremus*.

v. 10: Mecenas tinha fama por sua *"mollities"*, ou moleza, um atributo pouco viril no patriarcado romano; aqui Horácio pode sugerir ironicamente a fama de Mecenas (e de si mesmo como poeta, que logo se revela "infirme" no v. 16), para então mostrar que o patrono não seria mole ao seguir os interesses de Otaviano, assim como ele próprio segue a Mecenas.

vv. 11-14: Horácio indica três pontos limítrofes: os Alpes serviam como certo limite norte do império romano no período Republicano, rumo à Gália; o Cáucaso era, para os gregos, o limite oriental do mundo e poderia sugerir a região da Pártia, que já interessara a Antônio, em 35 a.C., e depois viria a interessar a Otaviano; e a derradeira praia ocidental indicaria o limite oposto, ainda desconhecido, talvez o *Sinus Aquitanicus*, atual golfo de Biscaia, ou Gades (atual Cádiz, na Espanha), ou mesmo o atual canal da Mancha. Vale lembrar que o ocidente também poderia indicar simbolicamente o limite da morte.

v. 14: Sigo a pontuação de Mankin, que retira a interrogação e a troca por um ponto final após *"pectore"*.

v. 16: Horácio se descreve numa espécie de tradução da *Ilíada*, 2.201, 9.35 e 9.41, ἀπτόλεμος καὶ ἄναλκις, que em Homero serve para criticar o guerreiro covarde.

vv. 15-22: Essa figuração da impotência física e mental do poeta será importante para todo o livro; a comparação autoirônica com uma galinha a cuidar de seus filhotes (que remonta à *Ilíada*, 2.308-316 e 9.323-324) reforça ainda mais o caráter imbele e frágil do poeta, ao mesmo tempo que piora a fragilidade do patrono ao compará-lo com um pintinho frágil e abandonado. Estamos certamente no mundo do riso, embora muito mais sutil do que costumamos ver em Arquíloco ou Hipônax.

v. 24: Horácio promete tudo em nome da *"gratia"* de seu patrono, o que indica uma relação romana de troca de graças e agrados, por isso optei por verter por "agradar".

vv. 27-28: Sabemos que, de fato, os grandes proprietários de gado costumavam praticar a transumância, ao enviar os animais para o pasto na Calábria durante o inverno, antes do verão representado pelo "astro férvido", que é Sírio e a constelação de Cão; já no período mais quente, o gado ficava na Lucânia, região mais fresca.

vv. 29-30: Horácio recebeu de Mecenas uma *"uilla"*, na região da Sabina, em 33 a.C.; Túsculo, a cerca de 20 quilômetros de Roma, era uma região famosa pelas vilas da elite romana. A *uilla Sabina* de Horácio ficava perto, mas vemos aqui que o poeta não pretende estender suas terras até Túsculo. O muro de Circeu faz referência a Telégono, filho mítico de Ulisses e Circe (donde Circeu) que teria fundado Túsculo. Também pode ter o nome de Circeu porque, segundo o mito, Telégono teria nascido em território itálico, perto do monte Circeu, o que, do ponto de vista romano cria um efeito contraditório com o nome em grego (τηλέγονος significa "o que nasceu longe").

No original, *"candens"* (brilhante) indicaria que a *uilla* tem muitos mármores, por isso verti diretamente por "cara".

vv. 31-34: "Cremes" é um nome típico para representar o velho avarento na Comédia Nova grega e latina; seu nome também evoca sonoramente χρήματα ("dinheiro", em grego), que enterra seu dinheiro, como Euclião na *Aulularia* de Plauto. Em contraste com essa figura avarenta, a comédia comumente apresentava a figura do jovem apaixonado e pródigo, que arriscava arruinar os bens do pai ou avô. Assim, as duas figuras nos oferecem novo momento de riso, que alivia a possível tensão que cresce no percurso do poema e ao mesmo tempo anuncia outras figuras típicas que aparecerão ao longo do livro. Verti *"nepos"*

NOTAS AOS *EPODOS* | 377

("neto") por "playboy" porque o termo tem acepção pejorativa para indicar o jovem herdeiro rico, que não cuida do que tem e desperdiça a todo instante; eu já havia traduzido o mesmo termo assim em duas elegias de Sexto Propércio.

2

As construção irônica deste poema cria dois ruídos no desenvolvimento linear do livro: em primeiro lugar, sugere continuar a fala que encerra o epodo inicial (convém sempre lembrar que a divisão entre poemas, no tempo de Horácio, não era clara, e que muitas vezes eram grafados num contínuo textual), o que nos levaria a crer que as palavras seriam do poeta Horácio, ainda no primeiro iambo; em segundo lugar, o próprio epodo anula ao final o elogio da vida rústica, quando revela ser a fala do agiota Álfio, interessado em continuar suas práticas de extorsão e juros; nesse aspecto, o poema segue a técnica epigramática do *aposdoketon* (figura inesperada que ressignifica o que foi apresentado antes). Essa possível confusão de vozes está no cerne das interpretações possíveis, já que instabilizam o tom da obra (Watson, p. 75); e qualquer interpretação se torna ainda mais complexa, se levarmos em conta que o poema certamente dialoga com o clima geral das *Bucólicas* de Virgílio e também responde ao final do segundo livro das *Geórgicas* (obra contemporânea), em que vemos também um louvor, dessa vez aparentemente inequívoco, da vida rural (Mankin, pp. 63-64, comenta como essa visão inequívoca de Virgílio pode ser simplista).

Como Watson (pp. 76-77), não creio ser possível decidir se o poema de Horácio seria ou não anterior às *Geórgicas*; no entanto, acho que poderíamos ver na sua contemporaneidade e no fato de que os dois poetas participavam do círculo de Mecenas, que os poetas deveriam ter conhecimento das obras, o que geraria uma espécie de diálogo pré-publicação em livro. Reconstituir as nuances desse diálogo seria de fato impossível, mas seria mais provável vermos na síntese horaciana um eco de Virgílio do que um Virgílio ecoando Horácio de modo espalhado pelas *Geórgicas*.

Seja como for, este poema retoma uma prática arquiloquiana que vemos no frag. 19 West:

οὔ μοι τὰ Γύγ<εω> τοῦ πολυχρύσου μέλει,
οὐδ᾽ εἷλέ πώ με ζῆλος, οὐδ᾽ ἀγαίομαι
θ<εῶ>ν ἔργα, μεγάλης δ᾽ οὐκ ἐρ<έω> τυραννίδος·
ἀπόπροθεν γάρ ἐστιν ὀφθαλμῶν ἐμῶν.

E não me importa Giges multiáureo,
e não me veio inveja, nem cobiçarei
os dons divinos, nem poder tirânico,
estão distantes, muito além do meu olhar.

Embora a voz pareça ser do poeta, sabemos por Aristóteles (*Retórica*, 3.17) que o poema seria dito por Caronte, um carpinteiro, e não pela *persona* do próprio Arquíloco. Porém a construção horaciana parece ser mais complexa: por um lado, o elogio ao campo parece ser sincero e é recorrente em toda a obra do poeta (cf. *Sátiras*, 2.6; *Odes*, 1.17, 1.31, 2.3, 2.11, 3.1, 3.29, 4.12, e *Epístolas*, 1.7 e 1.16, para ficarmos com poucos exemplos); por outro, a autoironia aqui se revela porque é a voz do outro (o hipócrita que louva o campo, mas vive no epicentro da vida econômica da cidade) que interfere no poema próprio. Nesse caso, não poderíamos reler o poema com ênfase em seu exagero laudatório, já que toda a crise do campo, nos anos 40 e 30 a.C. (cf. *Bucólicas*, 1, ou Tibulo, 1.1, fazem referência ao confisco de pequenas propriedades), desaparece da tópica e se o labor constante não aparece como contraponto aos prazeres do campo (as *Geórgicas* tratam constantemente do trabalho e de suas dificuldades)? Essa desmedida laudatória é já o indício da presença final de Álfio e deve ser fundida com a expectativa genérica de um iambo, que imediatamente destoaria do modelo laudatório, que é seu oposto. Assim, Horácio, que detinha uma *uilla Sabina* doada por Mecenas de porte no mínimo médio, de certo modo se aproximaria inusitadamente da voz hipócrita de Álfio, num louvor exagerado do ideal rústico que ele próprio não estaria disposto a cumprir; com isso, teríamos uma continuidade da voz ambígua e autoirônica do poema 1. Entretanto, essa aproximação não pode ser considerada uma simples fusão, e a instabilidade se torna ponto-chave, porque, ao se aproximar de Álfio, Horácio também aproxima o leitor que compra os elogios inanes do campo, o que põe o descontentamento como tema central (cf. Romano, 1991, p. 948), tal como em *Sátiras*, 1.1 ou 2.2.

– Metro: epodo iâmbico.

vv. 1-8: O poema se abre com referência a uma propriedade de porte pequeno, com fins de subsistência, tal como os romanos costumavam ver suas origens rurais; assim, o agricultor se contrapõe ao soldado, ao mercador e ao político. A sensação é de que Álfio louva um modelo quase extinto de produção rural, o que reforça sua idealização.

v. 1: "*Beatus*", em latim, originalmente indica o rico, para então conotar a pessoa feliz; aqui somos levados a crer que estamos diante do segundo sentido, para no fim percebermos que o primeiro também está em jogo. Por isso, optei por traduzir por "rico". Ambiguidade similar aparece em "*negotiis*".

v. 4: Este verso é crucial, pois é no verso 67 (o quarto, de cima para baixo, portanto simétrico) que veremos o aparecimento de Álfio, revelando-se agiota. A frase é ambígua: pode ser entendida tanto como alguém que não precisa pagar juros quanto como alguém que não precisa cobrá-los.

vv. 7-8: Nas relações romanas entre cliente e patrono, esperava-se que o cliente aparecesse diariamente em frente ao umbral do patrono para lhe dar bom-dia (cf. *Geórgicas*, 2.461-462).

v. 16: Segundo Mankin, o verbo latino *"tondere"* poderia ter a acepção de "tomar o dinheiro", assim "tosar" como em português.

vv. 9-36: Entendo que aqui vemos uma progressão das práticas rurais que começam na primavera e atravessam o verão (vv. 8-16), para depois vermos mais detidamente a vida no outono e no inverno (vv. 17-36).

vv. 19-22: A comparação de uvas com o caríssimo púrpura é inusitada para um rústico, mas casa perfeitamente com Álfio. Priapo (deus grego) regia os jardins e pomares, e Silvano (deus latino) o gado e as cercas; no entanto, os dois não aparecem como interligados me outro lugar, de modo que Mankin sugere que aqui poderíamos ler uma espécie de oferenda a dois pelo preço de um, que indicaria a avareza de Álfio.

vv. 27-28: *"Obstrepunt"* marca ruído incondizente com o sono (a não ser que a pessoa esteja já acostumada com os ruídos maiores da cidade, como Álfio), por isso optei por "retumbar". Sigo a tradição manuscrita *"fonts"*, em vez da conjetura de Markland, *"frondes"*, incorporada por Shackleton Bailey.

v. 29: Júpiter, como deus do raio e da chuva, está aqui por metonímia do céu invernal.

v. 34: Trata-se mais precisamente do tordo europeu, que verti por "sabiás", por serem dois pássaros da mesma família.

vv. 37-38: Sigo no verso 37 a leitura dos manuscritos (*amor*), em vez da conjetura de Scrinerius, *Roma*, adotada por Shackleton Bailey. Este dístico vem de forma imprevista, já que o amor não aparece nos versos iniciais como um mal urbano; no entanto, é possível associá-lo, sim, a Roma, tanto pelo anagrama das palavras como por sua importância na poesia urbana de Catulo e dos elegíacos.

vv. 39-48: Nestes versos, aparece o ideal arcaico da matrona pudica e fiel que cuidava do lar e de alguns trabalhos do campo que, no tempo de Horácio, eram costumeiramente realizados por homens. A imagem é um contraponto claro aos vv. 35-36. As sabinas eram o paradigma mítico das virtudes ideais das mulheres do passado romano. Os apúlios também eram conhecidos por seu empenho, tal como vemos também em *Odes* 3.6.37.

vv. 49-54: Mais uma traição da fala de Álfio, que aqui se revela bom conhecedor, e talvez consumidor, das coisas que um homem do campo certamente desconheceria (cf. Mankin). No entanto, Watson apresenta outra leitura interessante: aqui poderíamos ver como o agiota usa um verniz filosófico de epicurismo e comedimento alimentar para justificar sua avareza no gasto com alimentos. A ostra lucrina era colhida no lago Lucrino, próximo ao balneário de Baias. Sobre os peixes exóticos, não há consenso absoluto sobre quais seriam, por isso optei por animais razoavelmente reconhecíveis em português, mais prováveis do que os que aparecem no original latino.

v. 51: A referência oriental aqui é um modo de indicar o mar Egeu e o mar Carpátio. O "nosso mar" é o Tirreno ou o Jônico.

vv. 59-60: Referência às Terminais, em 23 de fevereiro, no início da primavera, com sacrifícios a Término, deus que presidia os limites das propriedades. Certamente temos aqui um indício forte da figura urbana, desejosa de posses, que já destoa do imaginário da Idade de Ouro sem propriedade privada e sem sacrifício animal. Outra anomalia da passagem é a oferta de uma fêmea em sacrifício a um deus masculino, já que a prática era de identificação: fêmeas para deusas, machos para deuses. Plutarco, *Simpósio*, 2.9, afirma que animais atacados por lobos teriam um sangue mais doce, o que parece estar por trás desta afirmação inesperada: o bode seria uma boa oferenda.

vv. 61-66: Aqui, onde um "eu" aparece de forma mais clara, vemos o interesse de Álfio por ovelhas que já pastaram, muitos bois que já araram e uma corte de escravos, o que é de todo incoerente com os versos iniciais.

vv. 63-64: Os bois puxam um arado "inverso ao chão", ou seja, com a lâmina voltada para cima, porque já retornam para o curral, ao fim do dia, e não devem cortar o solo já arado.

v. 65: O Lar era o deus que presidia a casa, e uma pequena estátua que o representava costumava ficar em cima das lareiras.

v. 67: O nome latino *"Alfius"* aparece como típico de um usurário em Columela, 1.7.2, o que sugere que talvez se trate mesmo de um contemporâneo famoso do tempo de Horácio; no entanto, também pode ecoar o grego αλφή, que significa "produção", "ganho", "lucro". Simultaneamente, poderíamos imaginar em Álfio um típico imitador das *Geórgicas* em Roma, na prática indisposto a mudar sua vida, tal como vemos vários exemplos em *Sátiras* 1.1.

3

Neste iambo simpótico, vemos uma cena inesperada de brincadeira gastronômica: Mecenas colocou excesso de alho na comida de Horácio, que sente uma ardência por dentro e realiza um pequeno delírio imaginativo. A invectiva ridícula do banquete – numa espécie de paródia de σχετλιασμός (lamento indignado) – pode então servir, como em parte dos iambos arcaicos, para reafirmar a amizade (cf. Arquíloco, frags. 96, 117, 124, ou Catulo 6, 10, 12, etc.; em nenhum desses casos temos exemplos míticos como em Horácio, mas neles percebemos que o iambo, assim como a sátira, apresenta constantemente interesse por temas alimentares). Como bem observa Watson (p. 126), Horácio aqui deixa de lado a descrição fisiológica, para desdobrar as associações em termos legais, mitológicos e climáticos, que hiperbolizam o sofrimento intestinal. Apesar de este poema ter sido considerado, com frequência, uma obra de menor, ainda assim é possível vermos neles uma indicação das indisposições da guerra civil, capaz de anular amizades (cf. Mankin, p. 88): o ponto está em jogo no epodo 1, e a figura de Canídia pode sugerir isso ao longo de todo o livro. Outro ponto interessante é como este poema realiza um caso raríssimo nas relações entre poeta e patrono; ele é, na verdade, único na poesia horaciana, e nos dá a ver um modelo de relação de amizade muito diverso do que apareceu no epodo 1.

– Metro: epodo iâmbico.

vv. 1-4: Em seu delírio inicial, o poeta sugere que o alho deveria ser usado no lugar da cicuta para a execução de parricidas; essa comparação inusitada poderia gerar a interpretação de que quem fala no poema é um parricida sendo condenado, portanto, um tema pesado de invectiva; porém, depois vemos que a voz do poema é a voz do poeta injustamente atacado por uma brincadeira de mau gosto – literalmente. Da seriedade do caso aventado, chegamos a uma cena baixa e ridícula.

v. 4: O alho, no tempo de Horácio, era considerado um tempero típico de pessoas do campo e não era muito utilizado na cidade; nesse aspecto temos aqui a continuação do epodo anterior. Numa passagem do *Pseudolus* de Plauto (vv. 810-820), vemos um cozinheiro fazer uma crítica aos amantes de vegetais (inclusive do alho), que acabam fazendo comidas perigosas, com resultados terríveis aos intestinos do convivas.

vv. 7-8: Sobre Canídia, cf. as notas ao epodo 5. Muito provavelmente, um leitor poderia conhecê-la de *Sátiras*, 1.8; porém, neste livro sua primeira aparição ainda é elusiva.

vv. 9–14: Associando os efeitos do alho à magia, Horácio nos dá o exemplo de Medeia, deturpando o mito para fazer com que seus feitiços tivessem sido concebidos por meio do alho: ao se apaixonar pelo estrangeiro Jasão, Medeia o ungiu com um feitiço para que ele conseguisse domar os touros com ventas de fogo (cf. Apolônio de Rodes, *Argonáuticas*, livro 3); muito tempo depois, quando Jasão iria trocá-la pela jovem Glauce/Creúsa, Medeia fez uma poção e a colocou num manto, que então queimou Creúsa inteira (cf. a *Medeia* de Eurípides ou a de Sêneca).

vv. 15–16: A Apúlia já teve referência no poema passado; aqui é lembrada pela secura e pelo calor da região.

vv. 17–18: Também, numa associação por presentes destrutivos, Horácio lembra o fim de Hércules, que queimou pelo manto que recebera da esposa Dejanira; esta, ao temer ser abandonada pelo herói, sem saber havia colocado o sangue do centauro Nesso misturado ao sangue da Hidra, formando um veneno incurável (cf. *Traquínias*, de Eurípides).

vv. 19–22: Somente aqui percebemos que se trata de uma brincadeira feita por Mecenas, patrono de Horácio. Curiosamente, o poeta, ao anunciar sua vingança e caso de nova brincadeira, revela-se fraco: apenas diz que vai "pedir" (*precor*) para que uma amante de Mecenas recuse uma noite de sexo, provavelmente porque Mecenas estará com bafo de alho. Diante disso, o riso volta-se para a própria *persona* horaciana em sua fragilidade iâmbica: nada aqui remete às histórias da violência verbal de Arquíloco em sua vingança contra Licambes.

O v. 19 pode ser interpretado como "se você fizer isso de novo" ou "se você quiser [comer] isso de novo", o que me levou a tentar um verso também ambíguo.

4

Este poema realiza a primeira invectiva explícita, contra um arrivista, um ex-escravo que atingiu o posto de equestre (ponto mais alto do censo de bens em Roma). O poema já foi diversas vezes comparado a Anacreonte frag. 388 Campbell:

> πρὶν μὲν ἔχων βερβέριον, καλύμματ᾿ ἐσφηκωμένα,
> καὶ ξυλίνους ἀστραγάλους ἐν ὠσὶ καὶ ψιλὸν περὶ
> πλευρῇσι <δέρμ᾿ ἤει> βοός,
>
> νήπλυτον εἴλυμα κακῆς ἀσπίδος, ἀρτοπώλισιν
> κἀθελοπόρνοισιν ὁμιλέων ὁ πονηρὸς Ἀρτέμων,
> κίβδηλον εὑρίσκων βίον,

πολλὰ μὲν ἐν δουρὶ τιθεὶς αὐχένα, πολλὰ δ' ἐν τροχῷ,
πολλὰ δὲ νῶτον σκυτίνῃ μάστιγι θωμιχθείς, κόμην
πώγωνά τ' ἐκτετιλμένος·

νῦν δ' ἐπιβαίνει σατινέων χρύσεα φορέων καθέρματα
† παῖς Κύκης † καὶ σκιαδίσκην ἐλεφαντίνην φορεῖ
γυναιξὶν αὔτως ‹ἐμφερής›.

Sempre vestiu trapos com seu gorro de tom decrépito,
dados de pau tinha na orelha e entre seu ventre usava só
    aquele couro cru de boi,

que ele jamais pôs pra lavar – capa do escudo péssimo:
putas, michês e outros então só vadiavam com Ártemon,
    revelando a vida vil;

sempre o pescoço ia pousar junto de roda e tronco atroz,
sempre sentiu lombos a arder pelo poder do látego,
    cabelo e barba sem raiz.

Hoje dispõe de carros e traz brinco e cordão, ouro e marfim,
o filho de Cice ergue nas mãos uma sombrinha quase igual
    mulher que leva um guarda-sol.

No caso do poema horaciano, ao menos desde Porfirião esse liberto é identificado com Pompeio Menas, ou Menodoro, antigo escravo de Pompeu Magno, que de fato chegou a equestre, foi general naval de Sexto Pompeio e por fim se voltou para o grupo de Otaviano a tempo de vencer a batalha de Náuloco, o que lhe garantiu uma boa posição na política subsequente até sua morte, certamente antes da batalha do Ácio. No entanto não sabemos se Menas chegou a ocupar o cargo de tribuno militar, de modo que hoje comentadores não se sentem obrigados a procurar um indivíduo específico por trás dessa figura, para lerem o poema como um ataque a uma figura típica em Roma. Outra hipótese menos considerada seria um certo Védio Rufo, talvez a figura descrita por Cícero (*A Ático*, 5.1.35).

Mais importante que determinar de quem seria o liberto em questão é notarmos que a *persona* do poema não se revela plenamente, de modo que o mais comum (não obrigatória) é a identificarmos com o próprio Horácio. Nesse caso, apesar de o tema do arrivista ser típico em vários gêneros (Comédia Velha, Comédia Nova, sátira, epigrama, etc., como bem nota Watson, p. 146), há aqui uma ironia biográfica em jogo: sabemos que o próprio Horácio sofreu preconceito por ser filho de um liberto, que ele próprio pôde se sentar nas cadeiras dos equestres e que também já havia ocupado precisamente o cargo de tribuno militar de Bruto; portanto, ao atacar um liberto agora, o poeta encena a crítica a seu próprio pai e a si mesmo; assim, ele revela um jogo de ódios internos da sociedade romana, comumente fechada sobre certos códigos de aristocracia familiar. Como nos poemas anteriores, o ponto crucial está no fato de que o poeta faz sua zombaria ao outro exatamente num ponto em que ele próprio se revela frágil ou suspeito de hipocrisia, o riso do outro e a sua derrisão são atravessados pelo riso de si mesmo e a sua derrisão. Aqui teríamos talvez uma estilização arquiloquiana em que a *persona* do poema se revela mais repreensível do que a vítima de seu ataque. Se levarmos ao limite a ideia de uma *persona* repreensível, torna-se mais importante observar que não sabemos nada de quem fala, nem mesmo o gênero: é possível que seja um homem ou uma mulher que irrompe no livro, tal como Álfio, e que sua vítima seria então o próprio Horácio, mas a tensão não se resolve entre a voz ser do poeta autoirônico ou de uma *persona* fictícia, e essa tensão entre mim e o outro parece ser constitutiva dos problemas políticos que aí aparecem.

– Metro: epodo iâmbico.

vv. 1-2: A contraposição natural entre lobos e cordeiros anunciaria uma figura absolutamente diversa de Horácio; no entanto, o poema pouco a pouco desmancha a promessa inicial.

vv. 3-4: Aqui temos a procedência do liberto: a Hispânia, que produzia o esparto (uma gramínea utilizada para fazer cordas). Considerando que vemos o lombo e as coxas do liberto, e logo saberemos que usa uma toga, poderíamos supor que ele não está vestindo a típica túnica que vinha por baixo; essa tática era usada por alguns oradores e ex-militares que queriam mostrar um corpo marcado pela atividade (sinal de antiga virtude rural romana) ou as marcas das velhas batalhas.

vv. 5-6: Este argumento é um ponto crucial na voz de Horácio: ele próprio é o exemplo dessa não raiz contraposta à boa fortuna e se contrapõe ao tema de *Sátiras*, 1.6.

vv. 7-10: Até hoje não sabemos ao certo o tamanho exato de uma toga, de modo que é difícil determinar o sentido da descrição horaciana, que não parece ser tão exagerada assim. A *"ulna"* teria provavelmente 0,45 cm, de modo que seis *ulnae* dariam 2,7 m, que arredondei para "três metros". De qualquer forma, um ponto central está em jogo: um ex-escravo agora usa toga, ou seja, assumiu a veste romana do cidadão, que seria negada aos libertos, mas autorizada apenas a seus filhos. Mais uma lembrança da biografia do poeta: como filho de liberto, Horácio pôde usar toga e atingir mesmo o estatuto de equestre.

O liberto anda pela Via Sacra, a principal rua de Roma, ponto de encontro de uma certa elite, mas é rejeitado por todos os cidadãos. Há certamente um chiste com *"libérrima"*, que indica a situação verdadeiramente livre (livre de nascimento) daqueles que rejeitam o liberto.

vv. 11-12: Os triúnviros (no caso, *tresuiri capitales*), neste caso, eram homens escolhidos para punirem criminosos e escravos renegados com marcas corporais, em geral com chicotes. É difícil determinar que tipo de pregão estaria em jogo na passagem, por isso resumo aqui quatro hipóteses indicadas por Mankin: a) venda de escravos, que com tantas marcas veriam o preço da peça cair; b) um pregoeiro a serviço dos triúnviros já entediado de tanto anunciar a punição do liberto; c) um arauto do teatro, que desprezaria o liberto que chega como equestre; d) um pregoeiro eleitoral, enfastiado em ver um liberto indicado para tribuno militar.

v. 13: Falerno era uma região da Campânia famosa pela produção de vinho.

vv. 14-16: Vemos aqui o estatuto atual do liberto: ele mostra cavalos na Via Ápia, ganha estatuto de equestre (que não seria permitido a um ex-escravo, já que ele não era considerado cidadão romano) e senta-se nas primeiras fileiras do teatro. A lei de Otão determinava os assentos específicos nos anfiteatros, segundo o censo, de modo que os equestres sentavam-se na frente, perto da orquestra, nas fileiras logo atrás daquelas reservadas aos senadores. O liberto pode desprezar a lei porque, embora não seja de fato cidadão romano (portanto, sem local cativo), ainda assim é considerado equestre.

vv. 17-20: A cena final nos faz voltar às guerras civis que abrem o livro. É possível interpretar os ladrões e piratas marítimos como as forças de Sexto Pompeu derrotadas na Batalha Naval de Náuloco. No caso do tribuno militar (cargo que fora ocupado no passado por Horácio ao lado de Bruto e contra Otaviano), sabemos que era um trabalho terrestre, o que então talvez indique que estamos chegando à Batalha do Ácio, que se deu em terra e mar, contra Marco Antônio (*contra* Romano, 1991, p. 956).

5

Este epodo sobre magia negra e filtros amorosos imediatamente remonta ao idílio 2 de Teócrito e à bucólica 8 de Virgílio (clara imitação do anterior). No entanto, mais do que uma fascinação literária, o imaginário sobre magia de fato marcava práticas culturais gregas e romanas, que são verificáveis nos *Papiros mágicos*. Para além disso, sabemos, por exemplo: que nas *Doze Tábuas* havia certa regulação à magia; que em 97 a.C., o Senado romano fez um decreto contra magos que proibia o sacrifício humano (cf. Plínio, *História natural*, 30.12); e que, em 81 a.C. foi promulgada a *Lex Cornelia de sicariis et ueneficiis*, que atacava a magia negra (Justiniano, *Instituições*, 4.18.5). Além disso, acusações de magia negra parecem ter sido parte da política de ataque cesariano aos seus inimigos do lado de Pompeu (cf. Plínio, *História natural*, 7, e Lucano, *Farsália*, 6); de modo que Augusto também parece ter usado o tema como censura a Marco Antônio, alegando que este seria enfeitiçado por Cleópatra (Plutarco, *Antônio*, 37.4 e 60.1). Há ainda um epitáfio (CIL VI 19749, v. 2, n.º 987) de um menino que afirma ter sido levado pela mão da bruxa ("*saga*"). Watson (pp. 174-191) faz uma longa discussão sobre o assunto, com inúmeras referências cruzadas. Diante disso, é possível apurar que havia, se não uma prática recorrente de sacrifício humano em rituais e filtros amorosos, ao menos um imaginário poderoso que levava os romanos a utilizarem o tema como fundamento para ataque político e para legislação.

Do ponto de vista de sua organização dialogada e encenada, apesar de termos exemplares em Arquíloco e Hipônax, o poema já foi diversas vezes comparado a mimo antigo, como as obras de Herodas, de modo que Romano o chama de "mimiambo" (p. 960); da mesma maneira, seria possível ver Canídia como uma "*archimima*", que representa e rege o grupo de "*mimae*", numa apresentação. Esse vínculo genérico reforçaria uma leitura menos séria da peça, além de dar um caráter mais cômico ao todo sinistro.

– Metro: epodo iâmbico.

vv. 1-10: O poema se abre abruptamente na fala do menino anônimo e, pelo seu desenvolvimento, pareceria, à primeira vista, dar continuidade ao epodo anterior. É só no verso 11 que podemos ter certeza de que a fala não pertence ao poeta, tal como no epodo 2, por isso aqui também deixei de lado o uso de aspas, por crer que essa fusão de vozes entre o poeta e um personagem novamente serve para lermos no menino uma voz possível do iambista vingativo e talvez um eco das possíveis vozes dos leitores.

vv. 5-6: O dia 1º de março, em Roma, era consagrado às mulheres casadas, então se celebravam com flores e incensos e fogos as *Matronalia* em homenagem a Juno Lucina (ligada ao parto) e às mulheres sabinas que deram fim à guerra entre seus pais e maridos (cf. Ovídio, *Fastos* 3.229 e ss.). No caso, todo o ritual de Canídia parece uma paródia da religião oficial romana.

v. 7: Pelo uso do púrpura reservado à toga dos cidadão livres, sabemos que o menino pertence à elite romana.

v. 14: A selvageria dos trácios era proverbial entre gregos e romanos.

v. 15: Canídia é uma figura recorrente na poesia de Horácio (explicitamente em *Sátiras*, 1.8, 2.1 e 28, *Epodos*, 3, 5 e 17; talvez também em *Epodos*, 8 e 12, e em *Odes*, 1.16), e aparece apenas em sua poesia, sem que possamos afirmar com qualquer certeza que possa se tratar de uma personagem histórica. No entanto, como afirmei na introdução a este poema, fica claro que se trata, sim, de uma tópica recorrente na poesia, na historiografia e mesmo na legislação romanas; o que indica sua importância cultural. Seu nome pode sugerir uma relação com Públio Canídio Crasso, cônsul em 40 a.C. e oponente firme de Otaviano, que foi por este condenado à morte depois da Batalha do Ácio, e sabemos que, em 36 a.C., Canídio conquistou a Hibéria (origem dos feitiços de Canídia) para o partido de Marco Antônio. Seu nome ainda pode indicar "canície" (*canities*) e "velhice". Também pode ter relação com "cães" (*canis*), já que para os antigos os cachorros podiam ser símbolo de descontrole sexual e falta de pudor (como atenta Watson, o fato de que "*canis*" tenha "a" breve e que "*Canidia*" tenha "a" longo não impede em nada a piada); com "gansos" (χήν ou χάν), aves por vezes vistas como de mau agouro e sexualidade intensa; ou até mesmo com a "canícula" (*canicula*), período em que os antigos criam que o calor tomava a virilidade e fertilidade dos homens.

Nada comprova a existência real de Canídia, nem mesmo a afirmação de Porfirião, de que se trataria de uma certa Gratídia de Neápolis; embora, como já comentei, figuras como ela pudessem apontar para um mundo cultural romano. Mais interessante é perceber, como Fraenkel, que nesta obra horaciana Canídia funciona de modo similar à Neobule de Arquíloco (inclusive no ataque à mulher velha, pelo que podemos supor do fragmento de Colônia); porém alterada para uma política romana das guerras civis, numa visão da República romana em colapso moral. Assim, simbolicamente, Canídia pode ser a própria Roma (no caso, o jovem sacrificado reencenaria o assassinato mítico de Remo por seu irmão Rômulo); ou uma musa ao avesso, própria à sátira e ao iambo, o que a faria ser, por vezes, um duplo do poeta (cf. Apêndice 3 de Mankin).

vv. 17-24: Canídia demanda uma série de coisas que seriam mais facilmente encontráveis nos cemitérios antigos: plantas como o cipreste e o figo, rãs, cães e corujas; além disso, ela pede ervas associadas à Hibéria (trata-se de uma região entre o Ponto Euxino e o mar Cáspio) e a Iolcos (cidade da Tessália, uma região famosa por feitiços, local em que Medeia rejuvenesceria Éson), além de se referir à Cólquida (pátria de Medeia).

vv. 25-26: Sagana, que desconhecemos, aparece também em *Sátiras* 1.8 como única parceira de Canídia; seu nome sugere claramente "*saga*", "bruxa".

As águas do Averno (um lago das regiões infernais) poderia ser encontrado numa Campânia em que os romanos criam haver uma entrada ao mundo dos mortos; aqui, porém, isso representaria uma inversão das águas puras usadas nas libações. Seu cabelo se arrepia como os espinhos de um pindá (ouriço-do-mar) ou como os pelos eriçados de um javali acuado.

v. 29: Veia parece ser uma escrava encarregada do trabalho pesado; trata-se de um nome comum para escravas e teria origem osca, com o sentido de "plaustro", um carro descoberto para levar peso.

vv. 31-40: O método de assassinato e uso dos órgãos do menino não tem paralelo na Antiguidade. A comida oferecida serve apenas como espetáculo (ele morrerá de fome diante da cena), ao mesmo tempo que sua própria morte é um espetáculo para as bruxas e os leitores de Horácio.

vv. 41-42: Como bem resume Mankin: "com seu nome possivelmente romano, sexualidade atípica, pátria específica e associação a Neápolis, Fólia parece mais real que as outras […] mas os detalhes podem ser apenas circunstanciais". Arímino é a atual Rimini, na costa do Adriático, enquanto Neápolis (atual Nápolis) fica no Tirreno: as duas poderiam indicar uma fama de costa a costa. Arimínio também era o nome de um deus persa da morte, o que poderia conter ecos na descrição.

O nome dela pode ecoar "*follis*", "saco de dinheiro" ou "estômago"; "*folia*", "folhas"; ou φύλλις, nome feminino grego que também sugere as folhas e a juventude.

v. 43: Neápolis é ociosa por se associar ao mundo grego, tal como outras cidades da região (Baias, Cápua, Cumas, etc.).

vv. 45-46: Fólia é a única que parece ter poderes de verdade, além de uma relação com as magias da Tessália. As alterações em astros eram tópicas na descrição das bruxas (cf. Propércio, 1.1.23-24)

v. 49: Aqui começa a nova fala de Canídia.

v. 51: Diana aqui representa a Lua (cf. Virgílio, *Eneida*, 2.255), junto da Noite divinizada, como testemunhas fundamentais dos rituais mágicos (cf. Ovídio, *Metamorfoses*, 7.192-193).

v. 53: Mais adiante entenderemos bem que o "lar hostil" aqui mencionado são as casas das amantes de Varo; portanto, das rivais de Canídia.

v. 58: Aqui sabemos onde se passa toda a cena: na Subura, região mal-afamada da cidade, repleta de prostíbulos e figuras do *bas-fond* romano.

vv. 61-66: O primeiro feitiço de Canídia já não funciona, o que a leva a evocar as forças de Medeia, numa passagem que dialoga com o epodo 3.9-14 (cf. nota). Mais adiante, seria possível afirmar que o ritual também não funcionará (cf. nota aos vv. 86-102).

v. 69: Sigo aqui a tradição manuscrita *"indormit"*, em vez da conjetura do próprio Shackleton Bailey, *"an dormit"*.

vv. 71-72: Canídia parece ver o mundo sob a lente da magia. Diante de seu fracasso, ela interpreta que a causa só pode ser outra bruxa mais poderosa. Essa passagem pode ser lida como indício da inépcia completa de Canídia, que fracassa duas vezes no poema e ainda interpreta errado o que se dá a seu redor.

v. 73: Tudo indica que Varo seria o marido de Canídia, e se trata, de fato, de um sobrenome romano comum, embora não tenhamos dados para reconhecer um possível candidato real a ocupar a figura da personagem. De qualquer modo, o nome latino, assim como "varo" em português, pode sugerir "pernas arqueadas", que seriam adequadas para atacar um velho. Este é um caso raro na métrica em português em que passo das 12 sílabas, mas nisso sigo a prática horaciana em outras passagens.

vv. 75-76: Os mársios representam uma espécie de magia mais vulgar, como encantamento de serpentes e cura de feridas (cf. Aulo Gélio, 15.11.1).

v. 77: "Filtro" aqui tem acepção de "filtro amoroso", ou feitiço amoroso para amansar a soberba de Varo.

vv. 81-82: Embora o símile de Canídia pareça à primeira vista inusitado, sabemos que o piche era usado para o fogo de alguns rituais mágicos (cp. Virgílio, *Bucólicas*, 8.82), pois, assim, o fogo fazia uma fumaça escura.

vv. 85-86: O silêncio era parte fundamental de boa parte dos rituais romanos; porém não se trata de silêncio absoluto, mas sim de evitar ruídos intrusivos ao rito, que poderiam anular seus efeitos. No caso, a interrupção do jovem pode ser fundamental para interpretarmos a abertura que encerra o poema: ele pode ter arruinado todo o feitiço das bruxas. E mais, ele fala como Tiestes, figura trágica típica: na história familiar, Atreu (filho de Pélops) dá ao irmão Tiestes a carne dos filhos, num banquete, sem que este o saiba; o outro, ao descobrir o crime, lança maldições sobre a família como um todo.

vv. 87-102: A resposta do menino revelam uma mudança radical: em vez da delicadeza inicial, temos uma força da natureza – ou mesmo uma força divina – que age na invectiva ameaçadora de um iambo. Além disso, ela tem dois pontos importantes: em primeiro lugar, como podemos ver em Cícero, *Da adivinhação*, 1.64-65, havia uma crença de que as pessoas à beira da morte teriam um dom premonitório que explicaria o poder da fala infantil; em segundo lugar, as pessoas que morriam de modo violento ou antes da hora eram tipicamente descritas como auxiliares das bruxas. No entanto, o menino, em sua última fala, recusa e inverte o possível papel, para deixar Canídia numa posição ainda mais ridícula de sua impotência.

vv. 87-88: Estes dois versos apresentam muitas variantes manuscritas e editoriais, além de uma variedade de interpretações; sigo aqui o texto e a interpretação de Watson, que tem o mesmo texto de Shackleton Bailey.

v. 89: Horácio faz aqui uma *figura etymologica* entre "*dirae*" ("maldições") e "*dirá*" ("terrível"), por isso também joguei com "maldição" e "maldito".

vv. 91-94: O menino se imagina assumindo o lugar de uma Fúria ("*furor*", em latim, é a própria loucura também) como deusa que vinga os crimes de impiedade (cf. Dido na *Eneida*, 4.384-386). Os Manes são as almas dos mortos na cultura romana, os quais poderiam ajudar ou atacar os vivos.

vv. 97-98: Aqui a sugestão de canície de Canídia fica mais explícita no ataque à sua velhice.

vv. 99-100: No tempo de Horácio, o Esquilino tinha covas coletivas abertas para os cadáveres dos indigentes (cf. *Sátiras* 1.8), o que fazia com que a região ficasse cheia de animais e pássaros de rapina.

vv. 101-102: Uma questão permanece aberta ao fim do poema: o menino foi de fato morto? Em sua própria imaginação, ele morrerá, mas sua vingança servirá como espetáculo (num eco ao verso 34, em que olhar a comida sem tocá-la é o espetáculo da própria morte) para os pais do menino.

6

Parte dos manuscritos dá um título a esta peça a partir do nome da possível vítima do poeta, que poderia ser um dos três escritores: Cássio Severo, Mévio (cf. o poema 10), Bibáculo (que já havia sido zombado em *Sátiras*, 2.5), ou Cássio Severo (caso improvável, já que devia ser ainda criança no período da escrita do poema). No entanto, nada no poema aponta para a necessidade de que o cão seja um escritor; mais importante que isso parece ser uma poética iâmbica da defesa, em contraponto ao ataque gratuito, ou ao ataque covarde; nesse caso, a poesia deste livro serviria como autodefesa verbal (o que o vincularia à história de Arquíloco contra Licambes e à de Hipônax contra Búpalo), que então também serve como defesa pra um público maior de inocentes que vêm sendo atacados, um tópico similar ao que vemos em *Sátiras* 1.4. É importante observar que, embora este poema lembre a sátira romana de Lucílio (frags. 87-93), a tópica da animalidade é muito cara ao iambo grego arcaico

– Metro: epodo iâmbico.

vv. 3-4: Sigo os manuscritos nos dois versos (e a imensa maioria dos editores), em vez das correções incorporadas por Shackleton Bailey.

v. 5: O molosso era um cão forte, similar ao buldogue, usado por pastores, enquanto o cão lacônio era mais ágil e amiúde usado para caça.

vv. 11-12: O poeta aqui se metamorfoseia rapidamente de cão de guarda/ cão de caça em touro.

vv. 13-14: Nestes versos, Horácio se compara a duas figuras fundamentais da poesia iâmbica grega. Em primeiro lugar, Arquíloco de Paros teria sido genro de um certo Licambes, que lhe teria prometido uma de suas filhas, Neobule, em casamento; no entanto, Licambes rompeu sua promessa; por isso, Arquíloco atacou o ex-sogro, a ex-noiva e a ex-cunhada de tal modo, que eles cometeram suicídio pela vergonha e pelo desespero causados pela poesia iâmbica. Em segundo lugar, Hipônax de Éfeso teria atacado o escultor Búpalo, depois que este fez uma imagem caricatural do poeta; novamente, o resultado foi o suicídio. Curiosamente, aqui vemos apenas os nomes das vítimas, e não os dos poetas, ao passo que, na construção do próprio poema, é o nome do adversário que não aparece, o que poderia ser lido como uma espécie de fracasso ou de impotência horaciana.

vv. 15-16: A imagem do rapaz inulto e chorando é um eco incontornável do poema anterior e, ao mesmo tempo, pode apontar para a morte de Remo no poema seguinte. O que fazer com a ironia aqui construída? Lá a voz de Horácio parece se mesclar à do menino; aqui ela se distancia e se afirma, ao mesmo tempo que só ameaça o ataque como promessa.

7

Boa parte dos comentadores, tais como Pseudo-Acrão, Romano, Villeneuve, Mankin, Watson e outros, insiste no empenho de datar este poema em relação a alguma batalha específica (a Batalha de Perúsia, em 41 a.C., ou a de Náuloco, em 36 a.C., ou a entre Otaviano e Marco Antônio, em 32 a.C., etc.); no entanto, mais importante, creio, é perceber sua força no desenvolvimento do livro de *Epodos*, publicado em 30 a.C., sobretudo pelo fato de que o poema parece de fato emular uma fala pública que poderia se dar numa assembleia de guerra ou mesmo no Senado (tal efeito será ainda mais forte no epodo 16). Trata-se, afinal, de uma retomada explícita do tema da guerra civil, anunciado desde o início do livro e revisitado de modo mais ou menos claro ao longo dos poemas. Ao vir logo depois de um poema programático como o 6, este nos remete imediatamente às implicações políticas da poética horaciana. Ao fim, como observa Romano, só podemos estar certos de que este epodo se insere "no mesmo clima de incerteza angustiante em que toma corpo um sentimento de culpa geracional, a consciência de uma maldição atávica que pesa sobre os romanos, que parecem condenados a consumar o eterno fratricídio com que teve início a sua história" (1991, p. 972). Assim, Horácio problematiza a própria fundação de um povo que sempre viu em suas origens morais o argumento para dominar os povos vizinhos (Watson, p. 268). Por isso, creio, o comentário de Johnson é preciso ao relacionar este poema com os anteriores: "Cada disrupção apresenta mais papéis no ciclo de frustração e ódio, até que no epodo 6 as distinções entre agressor, vítima e espectador passam a ser dificilmente traçáveis. No epodo 7, determinar essas categorias exclusivas se torna impossível, já que todos estão envolvidos numa guerra civil aberta. Todos são simultaneamente o violado e o violador" (2012, p. 111).

– Metro: epodo iâmbico.

vv. 1-2: A abertura do poema, com sua fala direta que parece uma proposta para a assembleia, costuma ser comparada a dois fragmentos de Arquíloco: o frag. 88 West:

> Ἐρξίη, πῆι δηῦτ' ἄνολβος ἀθροΐζεται στρατός;

> Érxias, como já se reuniu maldito exército

e o frag. 109 West:

> <ὤ> λιπερνῆτες πολῖται, τἀμὰ δὴ συνίετε
> ῥήματα.

> infelizes cidadãos, agora atentem ao que vou
> relatar

NOTAS AOS *EPODOS* | 393

Ou mesmo a Calino, 1.1, ou a Sólon, 4.1-2 e 11.1-2. No entanto, o desenvolvimento horaciano é certamente muito diverso do de poetas gregos, já que parte para a história romana.

vv. 3-4: Horácio indica a série de batalhas terrestres (como as de Filipos e da Perúsia) e navais (como as de Náuloco ou do Ácio), que marcaram as décadas de guerra civil do primeiro e do segundo triunvirato.

vv. 5-6: Uma tópica recorrente nos poemas sobre a guerra civil romana é o fato de que os latinos poderiam ter usado sua energia para continuar a guerra contra os outros povos, Cartago é o símbolo da pátria inimiga, embora já não existisse desde 146 a.C., mais de século antes deste poema de Horácio. Portanto, não se trata de pacifismo em momento algum, mas da ideia de que o fim da guerra externa, associado à decadência dos costumes tradicionais, levaria à guerra interna.

vv. 6-7: Horácio aqui remonta à campanha planejada por Júlio César contra os bretões, que foi interrompida pela guerra civil de 50 a 45 a.C.; sabemos que Augusto iria dar continuidade ao projeto com campanhas de 34, 27 e 26 a.C. A imagem do bretão acorrentado na Via Sacra remete à prática do triunfo romano, quando o general desfilava pela rua principal da cidade e expunha os líderes estrangeiros derrotados.

vv. 9-10: Os partas tomaram as insígnias romanas e derrotaram Crasso, em 53 a.C., problema que ainda não tinha sido resolvido até a publicação do livro. Além disso, os partas começaram a invadir partes extremas do Império, no fim dos anos 30 a.C.

vv. 17-20: Segundo o mito, Remo teria sido morto por seu irmão Rômulo, depois de uma guerra civil na fundação de Roma. Essa história foi muitas vezes retomada como mote do fratricídio fundador e como mito de retorno para as guerras civis, entendidas como um fratricídio generalizado; sua importância para os *Epodos* parece ser muito grande, cf. nota a 5.15. É bom notar que Remo aqui é inocente (*inmerentis*) assim como são inocentes (*inmerentis*) as vítimas do cão no poema anterior. O sangue de Remo é então sagrado para os pósteros no sentido complexo que o termo *"sacer"* assume na cultura latina: ele é aquilo que está fora do humano e, portanto, pode ser ao mesmo tempo sagrado como intocável e puro ou mesmo maldito. No caso, a repetição do crime é a figuração reencenada do *homo sacer*, estudado por Agamben. Os pósteros aqui amaldiçoados devem ser os descendentes de Rômulo; embora a tradição não indique que ele tenha tido filhos, os romanos viam esse herói como um *pater* e *genitor* da sua raça.

8

Este poema é uma αισχρολογία (ataque verbal) contra uma mulher velha e feia. Muito similar ao epodo 12, ambos seguem uma tópica muito recorrente em vários gêneros poéticos da poesia grega arcaica (Arquíloco, frags. 42, 45, 188, 196a.24-30, 205 W, etc.), helenística (uma série de epigramas da *Anthologia Palatina*, 11.66-74) e latina (Ovídio, *Amores*, 3.7, Marcial, 3.32, 6.23, 9.37, etc.), até mesmo das *Odes* (cf. 1.25, 3.15 e 4.13); porém, é aqui que Horácio se mostra mais violento no abuso verbal do que em qualquer outro trecho de sua obra. Aqui, a figura anônima pode muito bem ser aproximada ou igualada a Canídia e, com isso, representar medos outros, como o da própria Roma decadente, horrenda e sedutora, ou até o pavor de impotência sexual do poeta, que representa no sexo uma série de fracassos que vêm atravessando o livro; essa abertura interpretativa se dá, é claro, porque mais uma vez o ataque horaciano permanece sem dar nome à vítima. É interessante observar esta peça como um construção *mediis rebus*, abrupta, em que tentamos entender o contexto da fala: como observa Watson (p. 287), podemos depreender dos vv. 5-10 que o poeta vê a velha nua e dos vv. 15-16 que eles estão muito provavelmente no quarto dela; pelo argumento da resposta, ela reclama que o poeta se mostrou desinteressado neste momento, ou seja, que ele está impotente, o que daria início ao ataque do poema, que então produziria duas figuras ridículas: a velha safada e o poeta impotente e de mau gosto; mais uma vez, o riso não seria um triunfo horaciano. Para além dessas hipóteses, chegou-se a aventar que a velha aqui representaria um estilo literário antiquado, por um lado horrendo (vv. 1-10), por outro representante da riqueza com pretensa cultura (vv. 11-20), ou mesmo que ela poderia ser o leitor desavisado de Horácio, que acusa sua obra de ser pouco invectiva (Johnson, 2012, p. 122 e ss.).

Aqui estão alguns poemas fundamentais anteriores a Horácio Arquíloco, frag. 42 West:

> ὥσπερ αὐλῶι βρῦτον ἢ Θρέϊξ ἀνὴρ
> ἢ Φρὺξ ἔμυζε· κύβδα δ' ἦν πον<εο>μένη.

> Feito um trácio quando sorve o hidromel
> aquela fêmea fela e a testa abaixa mais

Arquíloco, frag.188 West:

> οὐκέθ' ὁμῶς θάλλεις ἀπαλὸν χρόα· κάρφεται γὰρ ἤδη
>   ὄγμοις, κακοῦ δὲ γήραος καθαιρεῖ
> .....]αφ' ἱμερτοῦ δὲ θορὼν γλυκὺς ἵμερος π[ροσώπου
> ......]κεν· ἦ γὰρ πολλὰ δή σ' ἐπῆιξεν
> πνεύμ]ατα χειμερίων ανέμων, μάλα πολλάκις δ' ἐ[

Tua pele perdeu a potência de flor, agora rugas
　　te escavam e a velhice vil te assoma
. . . . .]o doce desejo que salta desse lindo rosto
　　agora som]e e sobre si caíram
muitos ventos de inverno e por vezes sem conta[

Arquíloco 196a.16-27:

“[…]
κ]ήπους. τὸ δὴ νῦν γνῶθι· Νεοβούλη[ν μὲν ὦν
　　ἄ]λλος ἀνὴρ ἐχέτω· αἰαῖ πέπειρα δ[ὴ πέλει,
ἄν]θος δ’ ἀπερρύηκε παρθενήιον
　　κ]αὶ χάρις ἣ πρὶν ἐπῆν· κόρον γὰρ οὐ κ[ατέσχε πω,
ἥ]ης δὲ μέτρ’ ἔφηνε μαινόλις γυνή·
　　ἐς] κόρακας ἄπεχε· μὴ τοῦτ’ ἐφοῖτ’ ἄν[αξ θεῶν
ὅ]πως ἐγὼ γυναῖκα τ[ο]ιαύτην ἔχων
　　γεί]τοσι χάρμ’ ἔσομαι· πολλὸν σὲ βούλο[μαι πάρος·
σὺ] μὲν γὰρ οὔτ’ ἄπιστος οὔτε διπλόη,
　　ἡ δ]ὲ μάλ’ ὀξυτέρη, πολλοὺς δὲ ποιεῖτα[ι φίλους
δέ]δοιχ’ ὅπως μὴ τυφλὰ κἀλιτήμερα
　　σπ]ουδῆι ἐπειγόμενος τὼς ὥσπερ ἡ κ[ύων τέκω.”

“[…]
Mas saiba enfim que Neobule leve assim
　　outro marmanjo pra si, que agora madurou demais,
e agora feneceram flores virginais
　　junto do charme ancião, não tem limite o seu tesão!
A doida expôs o dom da juventude à luz.
　　Vá com as gralhas, vá! E peço pra que o régio deus
não me conceda ter uma mulher assim,
　　para piada geral! Eu quero muito mais você,
que não dispõe de duas caras, desleal.
　　Ela é mais sutil e tem amantes, tantos, mil!
Eu temo ter uns filhos cegos temporãos,
　　pela pressa e pressão, igual à cadelinha aí!”

Hipônax, frag. 17 West:

E em frente à vela Arete abaixa e me chupa

Posteriormente, no período helenístico, temos um epigrama de Nicarco,
na *Anthologia Palatina*, 5.38:

Εὐμεγέθης πείθει με καλὴ γυνή, ἄν τε καὶ ἀκμῆς
ἅπτητ᾽, ἄν τε καὶ ᾖ, Σιμύλε, πρεσβυτέρη.
ἡ μὲν γάρ με νέα περιλήψεται· ἢν δὲ παλαιή,
γραῖά με καὶ ῥυσή, Σιμύλε, λειχάσεται.

Uma imensa e bela mulher me seduz e tanto faz se
vive ainda o primor, Símilo, ou chega no fim.
Se for jovem logo me enlaça, mas se a descubro
velha e enrugada, então, Símilo, deve lamber.

O que certamente está diverso aqui é o uso do poema numa sequência do livro: o ataque à velha, depois de um epodo dedicado à guerra civil, ganha certamente muitos contornos, abre-se à possibilidade de leitura alegórica, etc.: essa abertura interpretativa deve absolutamente ser levada em conta; de qualquer modo, já sabemos ao longo do livro que não podemos confiar plenamente na *persona* dos poemas.

– Metro: epodo iâmbico.

vv. 5-6: Estes versos já ganharam muitas interpretações sobre o que seria a imagem de *crudae bouis*: a) uma vaca com indigestão séria e, portanto, esquálida (proposta preferida por Watson, que sigo aqui); b) uma vaca que se esforça para defecar e não consegue (seguido por Mankin); c) uma vaca com diarreia e talvez sangue fecal (seguido por Villeneuve, Rudd e Hasegawa em suas traduções); d) ou uma vaca com o ânus ulcerado.

vv. 11-16: Depois das ofensas sobre o corpo da velha, o poeta se volta para o que seriam seus atrativos (estirpe, riqueza e cultura), que não resolvem o problema. As imagens triunfais lembrariam um general vitorioso na família; porém Horácio nos lembra que essas imagens eram usadas em cortejos fúnebres, que então nos lembram da velhice da mulher. Na descrição da competição de ornatos com outras matronas, descobrimos que deve se tratar de uma mulher casada que desfila com suas joias pela cidade, ao mesmo tempo que parece sugerir a gordura da dona. Por fim, sua erudição filosófica é demonstrada pela presença de livros estoicos, porém em claro contraste com o luxo das almofadas importadas.

9

Este poema, que ocupa o centro do livro, é o primeiro poema político e simpótico de Horácio e cria o efeito de ser uma espécie de comemoração nos momentos finais da Batalha do Ácio, em 31 a.C.; no que dá continuidade ao primeiro poema do livro (também dedicado a Mecenas, também encenado entre barcas), ao mesmo tempo que depois servirá como um anúncio para a ode 1.37: aqui o poeta se pergunta quando será, de fato, o momento de beberem à vitória, enquanto na ode temos o convite imediato. No verso 35 podemos ver que o poeta está num barco, ou saindo de um, o que cria o efeito de retorno da viagem anunciada no primeiro epodo (cf. notas a poema). Novamente, temos a sensação de que a tópica iâmbica foi deixada de lado, mas é possível encontrar as invectivas às forças de Sexto Pompeu e de Marco Antônio (vv. 7-32), que aqui são representadas – de modo a talvez retomar a barbárie de Canídia no poema 5, – como estrangeirizantes, ou seja, como movimentos de perda da romanidade. Embora não tenhamos nenhum exemplo grego em que Horácio pudesse ter se embasado, a pletora de temas bélicos na poesia de Arquíloco nos faz imaginar que seja possível haver uma peça perdida com que o epodo horaciano traçaria maior intertextualidade. Seja como for, o clima do poema é complexo: por um lado celebra a vitória de Otaviano, por outro não consegue esconder que se trata de uma vitória sobre romanos, um tema que, no enquadramento do livro, sempre nos faz repensar numa série interminável de fratricídios simbólicos (cf. poema 7). Isso nos poderia levar a pensar em como realizar os triunfos aqui prometidos: seriam eles possíveis sem o risco de causarem uma nova série de guerras civis?

– Metro: epodo iâmbico.

v. 1: O cécubo era um vinho feito nas montanhas de Fórmias, muito valorizado na Antiguidade. Os vinhos guardados para grandes momentos ficavam no fundo das adegas, em geral com a anotação da data em que foram selados.

v. 4: É interessante notar que Mecenas recebe aqui o mesmo adjetivo que aquele que descreve todo o agricultor do segundo poema do livro: "*beatus*"/ "*beate*". Guardei o verbo para o fim deste verso, como no original, por acreditar que este hipérbato tem forte função de adiamento: tudo que justifica, o vinho a ser bebido, o local, o parceiro, enfim, tudo vem antes do ato em si.

vv. 5-6: A lira é descrita como dória em Píndaro (*Olímpicas* 1.17) e a tíbia como frígia, portanto, bárbara, em Catulo, 63.22 e 64.264. Sobre a mistura dos dois modos musicais, temos uma referência também em Píndaro (*Olímpicas* 3.8).

vv. 7-10: O Netúnio aqui é um epíteto dado a Sexto Pompeu (filho de Pompeu Magno) pela batalha naval de Náuloco, em 36 a.C., quando suas forças foram derrotadas por Agripa, braço direito de Otaviano. Pompeu se designava como descendente de Netuno e reuniu suas forças marítimas a partir de piratas e de escravos fugitivos.

vv. 11-16: Depois de tratar das forças de Sexto Pompeu, Horácio agora se volta para os soldados de Marco Antônio (note como o nome de Antônio nunca é mencionado), submissos a uma mulher (Cleópatra, também não nomeada) e hierarquicamente abaixo de eunucos egípcios. A imagem da estrangeirização das forças romanas se dá pela figuração de um mosquiteiro egípcio de Cleópatra no meio do exército.

vv. 17-18: Os dois mil gálatas da Ásia Menor que, sob o comando Dejótaro, o Jovem, ou de Amintas, traíram Marco Antônio e se voltaram para Otaviano César (cf. Plutarco, *Antônio* 63).

vv. 19-20: A imagem não é tão clara: poderia ser alusão à tentativa de Sósio de fugir, que terminou num fracasso e retorno ao golfo, pela esquerda. Mas poderiam ser também as barcas de Cleópatra que, depois da derrota no Ácio, fugiram de volta ao Egito, também pela esquerda.

vv. 21-26: Enquanto faz o grito ritual de *Io Triumphe*, o poeta se dirige ao próprio Triunfo divinizado, para perguntar quando será realizado o ritual de triunfo para Otaviano pela batalha do Ácio com seus carros dourados, com novilhos ainda indomados para os sacrifícios. Ao mesmo tempo, sugere que estamos diante do maior general romano, superior a Mário, que derrotou Jugurta (rei da Numídia) em 105 a.C., e a Cipião Emiliano Africano, que destruiu Cartago (cf. nota a 7.5-6). Embora a tumba de Cipião Africano ficasse na Itália, seu nome estava inscrito nos restos de Cartago, o que poderia ser considerado como uma segunda tumba. É importante notar que, nesses casos, estamos diante de figuras fundamentais das guerras externas romanas, o que serve politicamente para apagar a visão da Batalha do Ácio como uma guerra civil entre as forças de Otaviano e as de Marco Antônio.

vv. 27-32: Marco Antônio, depois da derrota, trocou o púrpura típico dos generais romanos pelo saio, cor fúnebre. Na fuga, ele teria buscado apoio em algumas cidades do caminho, tal como a ilha de Creta. As Sirtes eram golfos na região da Líbia (hoje os golfos de Sidra e de Kabs) considerados muito perigosos para os navegantes, por ali haver alguns bancos de areia. O Noto (ou Austro) é o vento sul, um inimigo para os marinheiros que tentam passar pelo mar Egeu rumo à África oriental.

v. 34: O vinho de Lesbos era famoso por ser leve e doce. O vinho de Quios era outra iguaria antiga.

v. 35: Entendo que a náusea aqui é mais provavelmente provocada pelo movimento dos barcos, mas seria possível também pensar que se trata de vômito provocado pelo excesso de vinho; na tradução, busquei manter a ambiguidade.

vv. 37-38: "Lieu" é um epíteto de Baco como "o libertador" das preocupações, mas aqui é também uma espécie de libertador dos riscos representados por Cleópatra no imaginário augustano. Note-se que Marco Antônio costumava se identificar publicamente como Dioniso, o que gera um chiste ao fim do poema: é a própria causa das aflições que poderá ser a causa de seu fim. É curioso notar ainda que o poeta não se diz *já aliviado* do medo e da aflição, mas apenas promete o momento de tranquilidade no simpósio que virá; nisso ele difere muito do que veremos nas *Odes*. Algo no poema não realiza o banquete com a tranquilidade do aqui e agora epicurista, mas apenas o sonha num futuro possível em meio às turbulências de uma guerra que pode estar chegando ao fim.

10

Este poema funciona como um *propemptikon* (canto de boa viagem) ao avesso: Horácio deseja que Mévio morra no mar e sirva de alimento para os animais marinhos. Em geral, os comentadores ressaltam sua relação com Hipônax, frag. 115 West (o fragmento também pode ser atribuído a Arquíloco).

> κύμ[ατι] πλα[ζόμ]ενος·
> κὰν Σαλμυδ[ησς]ῶι γυμνὸν εὐφρονέσι[ατα
>   Θρήϊκες ἀκρό[κ]ομοι
> λάβοιεν – ἔνθα πόλλ' ἀναπλήσαι κακὰ
>   δούλιον ἄρτον ἔδων –
> ῥίγει πεπηγότ' αὐτόν· ἐκ δὲ τοῦ χνόου
>   φυκία πόλλ' ἐπέχοι,
> κροτ<έοι> δ' ὀδόντας, ὡς [κ]ύων ἐπὶ στόμα
>   κείμενος ἀκρασίηι
> ἄκρον παρὰ ῥηγμῖνα κυμα . . . . δου·
>   ταῦτ' ἐθέλοιμ' ἂν ἰδεῖν,
> ὅς μ' ἠδίκησε, λ[ὰ]ξ δ' ἐπ' ὁρκίοις ἔβη,
>   τὸ πρὶν ἑταῖρος [ἐ]ών.

> solto nas ondas do mar;
> que a Salmidesso na nudez mais límpida
>   trácios de cachos em pé
> carreguem – para lá sofrer de muito mal
>   entre alimentos servis –
> travado pelo gelo e que ao sair do sal
>   algas vomite no chão

que bata os dentes lance o vil ladrar de um cão
  diante do clima cruel
na onda imensa que lhe quebra [...
  Isso eu queria mirar
pois já me injustiçou lançou perjúrios
  o ex-companheiro fiel.

Seja como for, os dois poemas revelam grande diferença: enquanto a peça grega não nomeia o adversário ao mesmo tempo que indica a causa do ataque (temos um perjuro em jogo), a obra de Horácio nos dá o nome de Mévio sem explicitar as causas de um possível ataque. Por isso, alguns comentadores tentam entender quem possa ser Mévio; a discussão é longa e pode ser conferida em Watson (pp. 338-343, 355-357), mas a resumo aqui. É possível supor que esse Mévio seja o mesmo atacado como mau poeta por Virgílio (*Bucólicas*, 3.90-91), como um parceiro de Bávio; essa hipótese é reforçada por um fragmento de Domício Marso (frag. 1 Courtney):

Omnia cum Bauio communia frater habebat
  unanimi fratres sicut habere solent,
rura domum nummos at<que> omnia; denique ut aiunt
  corporibus geminis spiritus unus erat.
Sed post alterius mulier quam concubitum uolt,
  nouit, deposuit alter amicitiam
[et] omnia tunc ira, tunc desoluta omnia
  <et> noua regna duos accipiunt <dominos>

Quando um irmão partilhava tudo que tinha com Bávio,
  como invencíveis irmãos, tudo era seus por igual:
campos, casa, grana, tudo; assim, como dizem,
  tinham uma alma só gêmea no corpo dos dois.
Mas depois que um ouviu que o amigo achara uma amada,
  logo deu um fim nessa amizade fiel.
Tudo fez-se fúria, tudo então dissolveu-se:
  novos reinos terão hoje um diverso senhor.

A leitura proposta por Courtney é a de que esse poema represente como *fratres*, ou seja, irmãos, um casal homoerótico de Bávio e supostamente Mévio, que teria terminado num triângulo amoroso com uma mulher. Por mais que seja interessante considerar um ataque à sexualidade a Mévio (o que explicaria o bode lascivo ao fim do poema), o movimento é forçado e não se revela pela materialidade do poema. Ao fim, creio que a melhor solução é notar a similaridade deste poema com as Ἀραί (maldições) de gosto helenístico; em boa parte delas, o crime original é pequeno em comparação com a resposta virulenta da imprecação do poeta (seja ela aqui poética, sexual ou mesmo o mau cheiro); em termos de economia do livro, mais importante é perceber que aqui uma voz repete a estrutura do menino que ataca Canídia e suas companheiras. Por fim, a figura de Mévio pode ser também compreendida como um φάρμακος, pessoa que os gregos exilavam como uma espécie de purificação para o resto da comunidade; nesse caso, é interessante comparar este poema com o 16, onde veremos que talvez a imprecação aqui não tenha tido bom resultado.

– Metro: epodo iâmbico.

vv. 1-2: Sobre Mévio, cf. nota introdutória; para além disso, sabemos que houve um centurião dos anos 30 a.C. chamado Mévio no grupo de Otaviano que supostamente teria matado o próprio irmão (por sua vez aliado a Antônio) e, por isso, teria se suicidado. Os romanos costumavam levar em consideração os sinais dos pássaros, que aqui aparecem agourentos para a viagem de Mévio, e logo veremos que o poeta deseja que seja ainda pior.

vv. 3-10: Austro é o vento frio do norte, Euro é o vento leste, formador de tempestades, e Aquilão é o vento nordeste. Em latim, no v. 4, a imagem do "*latus*" vergastado pode sugerir tanto a lateral do barco quanto o lombo de Mévio, por isso optei por "flanco" (processo similar acontece na *Odes* 1.14). O azinho era o material mais comum na feitura de mastros romanos, por isso a metonímia. Oríon costumava sumir da vista em novembro, período de início das tempestades mais perigosas do ano.

vv. 11-14: Mévio deve sofrer uma tempestade marinha pior do que a de Ájax, depois que os gregos destruíram Troia, e nessa tempestade o herói morreu. Ájax realizou um ato ímpio em Troia/Ílion (o que poderia sugerir as causas da ofensa de Mévio): ele conspurcou o templo de Atena ao arrastar Cassandra para fora ou estuprá-la, mas depois não foi punido pelos gregos por sua impiedade. Nesse caso, Ájax é uma boa comparação de φάρμακος.

vv. 17-18: Os gemidos nada másculos de Mévio poderiam servir para a interpretação sexual (cf. introdução ao poema), o que é reforçado pelo desinteresse de Júpiter, como pai dos deuses e também deus das tempestades.

vv. 19-20: O golfo Jônio poderia indicar quase qualquer parte do sul do mar Adriático, inclusive o Ácio. Sabemos que Leucas era uma região famosa por ritos de φάρμακος.

vv. 23-24: Não há nenhum indício histórico de sacrifícios de bodes a Tempestades/Temporais. Sua indicação como *"libidinosus"*, que traduzi por "safado", pode novamente apontar para uma falta sexual de Mévio. Ademais, os bodes eram famosos por seu mau cheiro. Por outro lado, eram consagrados a Minerva (Atena). Por sua vez, ovelhas de fato aparecem no culto aos ventos feito pelos romanos; é certo que havia um templo consagrado por Cornélio Cipião em 259 a.C., e sabemos que Otaviano fez um sacrifício em 36 a.C., antes de partir para a batalha contra Sexto Pompeu.

11

Neste epodo, Horácio pela primeira vez realiza uma variação métrica no livro e imita o metro que temos em Arquíloco, frag. 196a West (já citado na introdução ao poema 8), o que levou alguns comentadores a buscarem uma relação temática mais profunda entre as duas obras, tentativa essa que me parece frustrada. Mais clara parece ser a relação entre o poema e a elegia erótica romana (portanto, há uma certa mudança no tom do livro como um todo), ou, pelo menos, com a Comédia Nova e o epigrama helenístico amoroso (dois gêneros de base para a própria elegia), tanto por sua temática, como pela autoironia, o que faz com que a *persona* poética se revele ridícula tanto por seus amores quanto por sua prática poética que o expõe ao riso da comunidade. Ao mesmo tempo, a referência ao lombo e ao flanco lacerados contra o umbral servem – como um exemplo – para garantir certa presença do baixo neste poema, de um modo que não costuma aparecer na elegia. Enfim, neste poema é o próprio poeta quem mais uma vez serve como motivo de riso para outros personagens e para o leitor: enquanto foge da paixão antiga por Ináquia, acaba caindo noutra por Licisco e torna-se motivo de fofocas; sua saída seria parar de fazer poemas (a causa da difamação?). No entanto, ao mesmo tempo que afirma a despedida, realiza mais uma obra.

– Metro: arquilóquio 3.

v. 1: "Pétio" era um nome comum na Campânia, talvez de origem osca; porém não temos muitas figuras famosas com esse nome em Roma, de modo que não sabemos quem poderia ser. Seja como for, aqui ele se apresenta como um amigo confidente do poeta, e assim o poema, de certo modo, se configura como essa troca dialógica, talvez no momento de um banquete.

vv. 5-6: Dezembro é o início do inverno, a sugestão sazonal funciona bem como símbolo do fim do amor e ainda dá sequência temporal ao poema anterior, situado em novembro. O fato de "Ináquia" ser um nome grego neste poema romano indica que provavelmente se trataria de uma prostituta; mas cabe lembrar que, no mito, Ináquia é a filha de Ínaco, ou seja Io, uma das amadas de Júpiter.

vv. 11-12: Aqui temos uma tópica elegíaca: o poeta se apresenta como pobre e poeta, numa competição com rivais sem cultura, mas cheios de dinheiro.

vv. 13-14: Trata-se de Baco; bêbado, o poeta fala demais e "dá com a língua nos dentes", por isso "cai na boca" da cidade. Não seria precisamente isso que estaríamos presenciando no poema? Horácio, apaixonado mais uma vez, revela seu segredo para Pétio, que espalhará o caso.

vv. 15-17: O poeta deseja lançar suas queixas ao vento para que não sejam ouvidas por ninguém. A bile representa a paixão, já que o fígado é comumente representado como a sede afetiva entre os antigos.

vv. 19-22: Pétio manda o poeta retornar para casa, mas este segue para a porta de Ináquia e lá se machuca enquanto passa a noite do lado de fora, como um típico elegíaco. Talvez essa tópica já estivesse presente em Arquíloco, frag. 47 West.

v. 24: Licisco significa, em grego, "lobinho" (o que sugere um caráter predatório nesse novo amor), mas era um nome factual no tempo de Horácio.

12

Este poema dialoga claramente com o iambo 8, tanto pelo ataque à mulher velha (talvez a mesma, talvez Canídia) quanto pela aparição do membro flácido do poeta e sua sugestão de impotência (cf. introdução e notas ao poema em questão); novamente, rir da mulher é também rir da voz do poeta, que assume ter um caso com ela nos vv. 15-16. Aqui, no entanto, temos uma série de animalidades que tomam a fala breve dos dois personagens – elefantes, sibas, bodes, cães, suínos, touros, cabritas, leões, ovelhas e lobos (Watson descreve o poema como um bestiário) – e a descrição da velhice cede lugar à ênfase nos maus cheiros animalescos, que retomam os poemas 3 e 10. Na sua organização, o poema cria uma simetria de 13 versos para a primeira voz masculina, seguida de mais 13 versos para a voz feminina, na forma de um canto amebeu; ele assim usa o modo do diálogo também presente no frag. 196a de Arquíloco (citado na introdução ao 8 e ao 11) para criar um efeito de dupla acusação entre o poeta e a velha. O poema 69 de Catulo apresenta uma temática similar, mas atacando um homem por seu fedor:

> *Noli admirari quare tibi femina nulla,*
> *Rufe, uelit tenerum supposuisse femur,*
> *non si illam rarae labefactes munere uestis*
> *aut perluciduli deliciis lapidis.*
> *Laedit te quaedam mala fabula, qua tibi fertur*

ualle sub alarum trux habitare caper.
Hunc metuunt omnes; neque mirum: nam mala ualde est
bestia, nec quicum bella puella cubet.
Quare aut crudelem nasorum interfice pestem,
aut admirari desine cur fugiant.

Rufo não se espante mais se nenhuma garota
quer enlaçar com você pernas e dedos e pés
nem se nunca se abala por causa de um raro vestido
ou pela lúcida luz de um diamante maior.
O que te arrasa é a lenda terrível que contam do bode
que hoje tem seu lar nesse sovaco fatal.
Todos temem por certo a fera horrenda e ferina
nem uma bela qualquer quer se deitar por aí.
É melhor matar a peste que assola os narizes
sem querer se espantar sempre que alguém te fugir.

Porém, como já disse, a estrutura dialogada do poema horaciano cria um efeito de dupla acusação que põe em xeque a voz do poeta numa espécie de rito fescenino. Como observa Johnson (2012, p. 145), as duas vozes fracassam em seu intuito de silenciar o outro por meio do iambo e, ao mesmo tempo, ambos saem como vítimas do riso alheio, ambos frustrados.

– Metro: alcmânio.

v. 1: Ao dizer que a mulher merece um elefante negro, o poeta, para além do anúncio animalesco, sugere talvez três pontos de contato, embora nenhuma delas seja inequívoca: a) que ela tem a pele escura, b) que é gorda e c) que tem o desejo sexual digno de um elefante (havia a crença errônea de que os elefantes copulavam de costas um para o outro).

v. 2: Neste verso, temos a inversão dos papéis tradicionais que vemos na elegia: aqui é a mulher, e não o homem, quem envia presentes e cartas escritas em tabuletas de madeira com cera.

v. 3: A voz do poema – identificável com o poeta – aqui se apresenta como não mais jovem e firme; no entanto, Horácio ainda teria 34 anos em 31 a.C. e, portanto, ainda seria considerado um *iuuenis* segundo os critérios romanos.

vv. 10-11: Tomada de desejo, a mulher começa a suar e a dissolver sua maquiagem feita de cal (como um pó branco para o rosto) e esterco de crocodilo (para deixar as maçãs do rosto coradas).

vv. 14-15: Sobre Ináquia, cf. notas a 11.5-6.

v. 16: A lésbia em questão pode ser uma cafetina que acertou o encontro do poeta com a mulher ou então a própria Ináquia. Na Antiguidade, sabemos que as mulheres de Lesbos tinham fama de intensa vida sexual e de domínio na arte da felação, o que poderia sugerir aqui as habilidades específicas de Ináquia.

v. 18: Embora seja um nome comum e razoavelmente comum, é bom lembrar que há um Amintas em Teócrito, *Idílios*, 7.2, que se passa em Cós; além disso, o nome aparece dez vezes nas *Bucólicas* de Virgílio; por isso, é possível que haja no nome uma sugestão do mundo rural. Assim como a referência a Lesbos, a cidade de Cós sugeriria beleza física e potência sexual

vv. 19-20: É possível que este símile faça uma paródia com Homero, *Ilíada*, 12.131-134.

vv. 21-22: O múrice Tírio era usado para tingir a lã de púrpura.

vv. 25-26: Na inversão dos papéis, o homem sai de seu papel de cão de caça e touro para se tornar dois animais frágeis e femininos (cabrita e ovelha), ao passo que a mulher passa à força predatória (lobos e leões).

13

Este poema sem espaço e tempo determinados com clareza, por seu tom mediano e tema de convite simpótico, é comumente associado às *Odes* do poeta e, por vezes, considerado até como um não iambo. No entanto, podemos ver em seu desenvolvimento um ataque sutil aos amigos anônimos – porém comparados a Aquiles – por seu desespero diante do clima presente (a tempestade política de Filipos, em 42 a.C., ou mais provavelmente a do Ácio, em 31 a.C., cf. notas a *Odes*, 1.14), e essa característica do diálogo entre amigos também participa do iambo grego arcaico.

– Metro: arquilóquio 2.

v. 3: O Áquilo ou Aquilão é o vento nordeste, aqui representado com origem na Trácia, local mais associada a Bóreas.

v. 6: Os romanos não numeravam os anos normalmente, mas preferiam se referir a uma data pelo nome de um dos cônsules que regia Roma na época; o mesmo valia para anotar as datas dos vinhos. A indicação de Torquato remete a 65 a.C., e, como Horácio o define em latim como *meo Torquato* (meu

Torquato), a maioria dos estudiosos entende que seja uma referência ao ano de seu nascimento.

v. 9: O nardo aquemênio era importado da Pérsia, em referência ao fundador da dinastia, Aquêmenes; e a lira cilênia faz referência a Mercúrio, inventor da lira, nascido no monte Cilene, como podemos ver no "Hino Homérico a Hermes".

vv. 11-12: O centauro Quíron foi o instrutor de Aquiles, o filho de Tétis, antes de o jovem partir para Troia. Sua fala aqui anuncia a morte de Aquiles em batalha e ainda assim oferece consolo na poesia e no banquete, como um exemplo do próprio poema horaciano. Ao comparar seus amigos a Aquiles, podemos supor que Horácio nos aponte um contexto de guerra (certamente civil) também para seu poema; no entanto, se o poeta tenta animar seus amigos com promessa de melhora, a fala de Quíron a Aquiles é a profecia da morte certa: nessa tensão irresoluta é que o poema se arma.

vv. 13-14: O chão de Assáraco (avô de Anquises) é Troia, aqui representada também por seus dois principais rios conforme aparecem na *Ilíada*: Simoente e Escamandro, sendo este um rio que combaterá diretamente Aquiles em *Ilíada* 21.

v. 15: As Parcas são as deusas do destino, como as Moiras gregas, representadas como tecelãs do fio da vida.

v. 16: Por ser uma deusa marinha, Tétis é aqui representada como "cérula".

v. 18: Na *Ilíada*, 9.186 e ss., vemos Aquiles cantando acompanhado da lira em sua tenda e recebendo as visitas com vinho.

14

Este também já foi considerado mais lírico do que iâmbico graças ao tema amoroso, à menção a Anacreonte e ao conteúdo intimista com Mecenas; no entanto, há um jogo de risos em que o poeta mais uma vez aparece como impotente (*"mollis"*, "mole", pode indicar impotência emocional ou física, ou mesmo afeminamento) diante da jovem amante, uma escrava ninfomaníaca; ao mesmo tempo, as ameaças lúdicas de Mecenas retomam o poema 3, e o patrono também sai como figura quase ridícula; porém, se lá o riso é gerado pela comida, que é respondida com um iambo, aqui o riso é gerado pelo fracasso do próprio iambo horaciano, enquanto o patrono cobra o fim da obra, tal como teria cobrado as *Geórgicas* (3.40-41) de Virgílio. Seja como for, aqui temos o início explícito de uma virada no livro, com a tópica do abandono do gênero, que então começa a entrar em colapso/ampliação complexa; esse processo, em retrospectiva poderia ter se iniciado na mudança de metro de 11 e nos cruzamentos de gêneros poéticos, mas também se amarra ao poema 13, porque aqui o poeta parece sofrer de uma ressaca que pode ter sido anunciada no convite à bebida imediatamente anterior. Dois fragmentos de Arquíloco poderiam partilhar da mesma tópica do abandono da escrita por causa do amor:

191 West:

τοῖος γὰρ φιλότητος ἔρως ὑπὸ καρδίην ἐλυσθεὶς
    πολλὴν κατ᾽ ἀχλὺν ὀμμάτων ἔχευεν,
κλέψας ἐκ στηθ<έω>ν ἁπαλὰς φρένας.

pois esse amor desejoso me vem prender por sob o peito
    vertendo névoas sobre os olhos
e surrupia do meu peitoral a alma leve.

193 West:

δύστηνος ἔγκειμαι πόθωι,
ἄψυχος, χαλεπῆισι θεῶν ὀδύνηισιν ἕκητι
    πεπαρμένος δι᾽ ὀστέων.

    por tal desejo sucumbi
já sem vida por duras dores criadas por deuses
    atravessado no osso enfim.

Sobretudo se forem relacionados com, por exemplo, o frag. 215 West:

já não me importo mais com iambos ou festins.

Ou então com um fragmento de Safo 102 Voigt:

γλύκηα μᾶτερ, οὔτοι δύναμαι κρέκην τὸν ἴστον
πόθωι δάμεισα παῖδος βραδίναν δι᾽ Ἀφροδίταν

não posso ó doce mãe mais enredar a minha trama
domada de paixão por um garoto de Afrodite.

No entanto, em nenhuma dessas passagens vemos um desenvolvimento ágil e complexo como o do poema horaciano.

– Metro: pitiâmbico I.

vv. 3-4: É importante observar que o "esquecimento" do dístico anterior anuncia etimologicamente a figura do Letes como rio do esquecimento, já no seu sentido grego λήθη.

vv. 6-8: Ou seja, o deus Amor impede o poeta de continuar seu projeto de poesia iâmbica para publicar em livro. No original, lemos *ad umbilicum ducere* ("levar até o umbigo"), que parece ser uma expressão cunhada por Horácio a partir do *umbilicum*, haste de madeira em que se enrolava o papiro nos livros antigos.

vv. 9-12: Anacreonte de Teos é figura símbolo da poesia amorosa grega arcaica, com muitos poemas dedicados a meninos, como Batilo de Samos, segundo testemunhos antigos; é no mínimo curioso sabermos que Mecenas parece ter tido um caso com um escravo ator de pantomima também chamado Batilo. A poesia de Anacreonte é definida como "sem elaboração nos pés" porque, em geral, está composta de metros simples, como o glicônio e o jônico menor (com anáclase); mas é possível entender aqui que Horácio critica a qualidade dos poemas dedicados a Batilo por serem malfeitos em razão do ataque do amor ou por serem feitos sem premeditação. "Testude" aqui designa a lira feita com o casco de tartaruga como caixa de ressonância.

vv. 13-15: A comparação com o fogo destruidor sobre Ílion aponta para Helena, o que poderia sugerir a figura de uma mulher como amante de Mecenas, e não o Batilo, o que se confirmaria em Macróbio, *Saturnalia*, 2.4.12, onde vemos que Mecenas teria tido muitas amantes casadas, tal como Helena. De qualquer modo, seria possível pensar a sequência de versos 9-15 como sugestão dos gostos sexuais de Mecenas, entre mulheres e meninos, para então mostrar que o patrono, apesar de queimar de paixão, estaria em melhor situação que o poeta.

vv. 15-16: "Frine", a ex-escrava agora liberta, evoca o nome da famosa cortesã grega de Tebas, que teria ganhado tanto dinheiro que, depois de Alexandre arruinar sua cidade, foi capaz de bancar a reconstrução da muralha. Para além disso, "Frine" pode ecoar φρύνη, um tipo de sapo (com sugestão para o modelo do nariz) ou talvez φρῦνος, como a cor marrom (indicando uma pele trigueira).

15

Novamente um epodo que, tal como o anterior, desenvolve uma série de afinidades com a elegia: amor frustrado e recorrente, a amada inconstante e pérfida, o poeta pobre disputa sua amada contra um rival rico, porém sem cultura poética, etc. Daí que seja aproximado, pela tópica, também do *carmen* 8 de Catulo.

Miser Catulle, desinas ineptire,
et quod uides perisse perditum ducas.
Fulsere quondam candidi tibi soles,
cum uentitabas quo puella ducebat
amata nobis quantum amabitur nulla.
Ibi illa multa cum iocosa fiebant,
quae tu uolebas nec puella nolebat,
fulsere uere candidi tibi soles.
Nunc iam illa non uult: tu quoque impotens noli,
nec quae fugit sectare, nec miser vive,
sed obstinata mente perfer, obdura.
Vale puella, iam Catullus obdurat,
nec te requiret nec rogabit inuitam.
at tu dolebis, cum rogaberis nulla.
Scelesta, uae te, quae tibi manet vita?
Quis nunc te adibit? Cui uideberis bella?
Quem nunc amabis? Cuius esse diceris?
Quem basiabis? Cui labella mordebis?
At tu, Catulle, destinatus obdura.

Catulo, triste, larga dessa loucura,
e se perdeu aceita como perdido.
Os sóis brilhavam pra você no passado;
você corria aonde a moça queria
e então amava mais que amaram às outras.
E tantas brincadeiras juntos brincavam:
você queria e ela não desqueria.
Os sóis brilhavam pra você com certeza
mas se ela já não quer – molenga, não queira.
Não busque quem te foge – deixa a tristeza.
Mas fica firme e forte, vai, endurece.
Garota, adeus, Catulo agora endurece.
Não vai atrás e não quer mais forçar a barra.
Você que espere, pois ninguém te procura.
Bandida, mas que vida agora te resta?
Quem vai te visitar? Pra quem será bela?
Quem amará? De quem vai ser a querida?
Quem beijará? De quem morder os beicinhos?
Mas vai, Catulo, lapidar endurece!

Por outro lado, como bem observa Watson (p. 459), "o mais importante é que a *persona* do epodo 15 apresenta uma mistura entre agressão e fraqueza bem típica do iambo". O encerramento com o riso deixa clara essa mistura entre elegia e invectiva, e a sequência do tema amoroso parece dar continuidade ao desmanche genérico que marca o fim do livro.

– Metro: pitiâmbico I.

vv. 5-6: A imagem da hera enlaçada a uma árvore era comum nos epitalâmios, o que serve aqui para reforçar ainda mais a ironia do fracasso amoroso, numa promessa exigida e ditada pelo poeta enlouquecido de desejo.

v. 7: A estrela de Oríon brilhava mais em novembro, quando as tempestades se acirravam, gerando mais perigos para os marinheiros.

v. 9: A última imagem da promessa indica imortalidade: a brisa passará sempre pelos cabelos intonsos de Apolo, porque o deus permanecerá jovem, com os mesmos cabelos.

v. 10: O nome grego de Neera também indica sua situação como provavelmente uma prostituta, talvez liberta como Frine, uma figura sempre descrita como leviana pela literatura antiga. Exemplares estão espalhados por toda a Comédia Nova. Seu nome grego aponta para a deusa filha do Oceano, mas também pode evocar νείαιρα, "partes baixas", tal como o abdômen, ou νεαρός, "fresco", ou mesmo νεαίρετος, "recém-tomado"; seja como for, ficamos entre o corpo abdominal e os símbolos de juventude.

v. 12: Há um jogo de palavras com o nome de Horácio, pois "*flaccus*" também significa "caído", "molenga" ou mesmo "orelhudo".

v. 20: O Pactolo é um rio de Lídia que detinha grande depósitos aluviais de ouro. Está ligado à lenda do rei Midas. A tópica do rival mais rico abunda em toda elegia romana.

v. 21: Horácio indica que, para além da riqueza, o rival também tem conhecimentos filosóficos profundos e difíceis. Pitágoras foi um defensor da metempsicose e alegava ser reencarnação de Euforbo, um dos combatentes da guerra de Troia.

v. 22: Nireu, segundo Homero (*Ilíada* 2.671-675), seria o mais belos dos homens que foram a Troia.

16

Como bem nota Watson, este poema é "o mais contencioso de todos os *Epodos* de Horácio" (p. 479). Alguns comentadores, como Villeneuve, defendem que este epodo trataria da guerra da Perúsia e de seus horrores, em 41 a.C.; como argumento, é comum lembrar que um trecho do poema é muito próximo da Bucólica 4 de Virgílio, que celebra a paz de Brindes, em 40 a.C. Curiosamente, enquanto Virgílio anuncia a Idade de Ouro num futuro próximo, Horácio a marca como heterotopia inalcançável, marco da ironia amarga diante da guerra. No entanto, seria igualmente possível datar o poema nas batalhas de Filipos (42 a.C.), Náuloco (36 a.C.) ou mesmo Ácio (31 a.C.); além do mais, pela localização do poema no livro, somos levados a pensar no período subsequente à Batalha do Ácio. Tal como o poema 7, este também parece ser uma fala diante da assembleia no fórum, e a questão das guerras civis, que parecia esvaecer do livro, retorna com força total neste epodo, numa figuração iâmbica de fracasso e delírio mítico, que se aproxima das fantasias de Álfio no poema 2.

Seria possível então lermos este poema como um pessimismo às avessas, ou então como uma espécie de teste aos seus contemporâneos (talvez como a fala de Agamêmnon na *Ilíada*, 2.110-141, ao propor falsamente que os gregos abandonem Troia e voltem para casa), ou mesmo como uma promessa de escapismo literário diante do horror bélico do presente. Dessas três hipóteses, me sinto mais convencido pela primeira e a segunda combinadas, já que a poética horaciana pouco se apresenta como alívio certo aos desastres da história; em outras palavras, Aleppo não tem vista para o mar das Ilhas Bem-Aventuradas. Mas, seja como for, entre o pessimismo e a provocação a seus contemporâneos, Horácio nos oferece uma possibilidade de iambo que busca limite ao horror da guerra, e no poema se aponta a esperança pra fora desse horror, mesmo que fadada ao fracasso.

– Metro: pitiâmbico II.

v. 2: Horácio faz um jogo etimológico com o nome de Roma e a palavra grega ῥώμη, "força", que aparece em latim como *suis et ipsa Roma <u>uiribus</u> ruit* ("e Roma pelas próprias forças hoje rui"). Ironicamente, Roma se realiza na violência de sua própria força voltada contra si mesma, ou, como diria o adágio latino: *nomen est numen* ("o nome é nume").

vv. 3-8: Temos aqui uma série de exemplos históricos em que Roma correu grande risco de ser arruinada, porém conseguiu se proteger; eles estão foram da ordem cronológica. A Guerra Mársia, entre 90-88 a.C., foi liderada pelos mársios junto com outros antigos aliados de Roma, que tentaram invadir a cidade, por isso o conflito é visto por vezes como uma guerra civil. Em 509 a.C., Lars Porsena, de Clúsio na Etrúria, guiou um exército contra Roma, a fim de restaurar o reinado de Tarquínio Soberbo; o grande defensor da cidade foi um possível antepassado do poeta, Horácio Cocles (cf. Tito Lívio, 2.10). No século III a.C., Cápua se tornou uma cidade importante da Itália e, por competir com Roma, seus habitantes se aliaram às forças cartaginesas de Aníbal depois de sua vitória em Canas, em 216 a.C. Espártaco foi um gladiador trácio que liderou a maior revolta escrava de Roma, entre 73-72 a.C., chegando mesmo a derrotar três exércitos romanos antes de ser aniquilada por Crasso e Pompeu, em 71 a.C. Os alóbroges, uma tribo gaulesa, também apoiaram Aníbal na Guerra Púnica; mas aqui é mais provável que seja referência ao fato de que tomaram o lado de Caio Graco na revolução de 121 a.C.; alguns supõem que seja referência à conspiração de Catilina (cf. Salústio, *Conjuração de Catilina*, 31), porém os alóbroges, nesse caso, foram fiéis ao Senado. Os germanos aqui indicam as vitórias dos cimbros e dos teutões contra exércitos romanos e o risco de invasão até serem derrotados por Mário, em 102-101 a.C. Por fim, Aníbal, general cartaginês, foi quem chegou mais perto de destruir Roma, na Segunda Guerra Púnica, sobretudo depois da tomada de Canas.

vv. 13-14: Quirino é o nome de Rômulo depois de divinizado. Aqui, Horácio segue outra versão da história em que, em vez de ter sido alçado vivo aos céus, Rômulo teria morrido e seus ossos estariam enterrados no fórum.

vv. 15-16: Estes versos são de difícil interpretação, por isso tentei manter certa ambiguidade sintática também na minha tradução.

vv. 17-20: Em 584 a.C., os fócios, habitantes da Fócida, na Mísia, foram sitiados por Hárpago, um comandante de Ciro; com isso, optaram por abandonar a cidade e seguir de barco rumo à Córsega. Segundo Heródoto, 1.165, eles teriam lançado ferro em brasa no mar enquanto juravam que só voltariam para a pátria quando o ferro boiasse nas águas. É interessante ver que, tanto aqui no v. 18 como no v. 36 mais adiante, aparece a imagem de uma *exsecrata ciuitas* (uma cidade que lança maldições/promessas), ou seja, uma comunidade que se mantém coesa para além do local de origem, tal como propõe também o poeta com o abandono de Roma. Os Lares são deuses familiares cujas imagens ficavam junto às lareiras das casas romanas, os quais representam os antepassados e a tradição da casa. Ainda é no mínimo interessante lembrar que lobos e javalis são símbolos da ira iâmbica, que então pode tomar Roma abandonada de assalto.

vv. 21-22: O Noto é o vento sul, e o Áfrico o vento sudoeste.

vv. 25-34: Tal como os fócios, Horácio propõe uma promessa de impossibilidade, que se estende por dez versos. O verso 33 é muito similar a Virgílio, *Bucólicas*, 21-22. O rio Pó fica na região Nordeste da Itália; não sabemos ao certo o que era o Matino nem onde ficava, mas é provável que seja na região costeira da Calábria ou da Apúlia, portanto na região Sudeste; assim o Pó teria de inundar além de sua região natural, até atravessar boa parte da Península Itálica. Os Apeninos ficam bem no meio da península, portanto longe do mar.

v. 29: Neste verso, Horácio faz um final espondaico, que repito na tradução.

v. 42: As ilhas dos Bem-Aventurados (cf. *Odes*, 4.8.27 e notas) são um lugar mítico do mundo antigo, onde ficariam os grandes heróis piedosos; elas por vezes são descritas no extremo oeste, ou perto do que hoje são as ilhas Canárias. Segundo um escólio ao verso em questão, ficamos sabendo que Salústio, em suas *Histórias*, narrara que Quinto Sertório teria partido em busca dessas ilhas depois de ser derrotado; o mesmo aparece em Plutarco, *Sertório*, 9. A descrição horaciana dessas ilhas é a de uma continuidade da Era de Ouro.

v. 43: Ceres aqui é a deusa que representa a produção de grãos.

vv. 49-50: Estes versos também são muito próximos do que lemos em Virgílio, *Bucólicas*, 4.21-22, na descrição da era de ouro que seria restaurada com o nascimento do menino anunciado.

v. 53: O Euro é o vento leste, responsável pelos temporais.

vv. 57-60: Nem mesmo as grandes viagens marítimas atingiram as ilhas dos Bem-Aventurados: nem a expedição de Argos, a imensa primeira barca comandada por Jasão, que foi até a Cólquida, onde conheceram a jovem Medeia; nem a própria Medeia de Colcos, talvez depois de matar os próprios filhos e fugir no carro do Sol; nem os sidônios que teriam navegado com Dido para depois fundar Cartago na África; ou então os que teriam levado à fundação de Tebas por Cadmo; nem mesmo Ulisses em suas viagens da *Odisseia* — por necessidade métrica e efeito sonoro, optei por usar o nome grego, Odisseu, em vez do latino Ulisses/Ulixes (cf. 17.15).

vv. 61-62: O astro que arrasa o gado com seu calor é provavelmente Sírio, na constelação de Cão, que brilha mais no período da canícula e, por isso, era considerado como a causa do calor de verão.

vv. 65-66: Watson associa a fuga dos pios às tradições judaicas — e posteriormente cristãs — de redenção e permissão de vida; para além da salvação em jogo, há também as figurações paradisíacas da abundância da terra. Esse orientalismo, com influência dos Livros Sibilinos, também aparece na Bucólica 4 de Virgílio. Já Johnson (2012, p. 162) sugere que haja uma conexão com os mistérios de Elêusis num apontamento de esperança, que é reforçado pelo vocabulário ritual que domina o poema. Outro ponto importante é a autorrepresentação do poeta como *uates*, vate (um misto de poeta e profeta), num livro tão cercado de autoironias: a essa altura do livro, poderíamos nos perguntar seriamente: podemos confiar no poder do poeta? O último poema

COLEÇÃO CLÁSSICA

será uma resposta que une as esferas amorosa, poética e política. De qualquer modo, temos aqui o indício de uma poética iâmbica como cura à guerra civil.

17

Este último epodo – o único do livro que não tem construção epódica, mas é feito por apenas um tipo de verso – tem uma construção dialogada que cria um efeito complexo. Primeiro Horácio se assume derrotado, com certo indício de ardor amoroso por Canídia (as imagens de calor e queimadura são comuns na tópica amorosa, cf. *contra* Watson, p. 534, que lê a cena como uma doença severa causada por *defixio* – um tipo de magia), e para se salvar oferece uma palinódia em que simultaneamente reconhece os poderes mágicos e a anuncia como não feiticeira. Em seguida, a fala de Canídia recusa a expiação proposta pelo poeta e, em sua própria descrição, assume sua vida de feitiços. Ao fim e ao cabo, temos um duplo fracasso do poeta (este que fracassa em fracassar, operando uma falsa palinódia que, por fim, reataca Canídia) e uma vitória torta de Canídia que, enquanto supera o poeta, ao mesmo tempo se revela em todo o seu horror.

Na construção desta palinódia, Horácio dialoga diretamente com a *Palinódia* de Estesícoro de Himera, que teria sido composta para se retratar das ofensas feitas a Helena (já que Estesícoro teria sido punido com a cegueira), tal como vemos nos frags. 192 e 193 Campbell:

> 192
> οὐκ ἔστ' ἔτυμος λόγος οὗτος,
> οὐδ' ἔβας ἐν νηυσὶν ἐυσσέλμοις
> οὐδ' ἵκεο πέργαμα Τροίας,
>
> não vale de nada o relato
> não adentrou barcas de bons bancos
> não foi à cidade de Troia
>
> 193
> δεῦρ' αὖτε θεὰ φιλόμολπε,
> χρυσόπτερε παρθένε
>
> vem, deusa de cântico-dança
> ó vírgem ala-áurea.

No entanto, a comparação de Canídia com Helena só reforça o grotesco da situação, bem como o fato de que Horácio se retrata de coisas que não havia dito (acusação de falso parto, por exemplo), o que acaba por aumentar a lista de invectivas contra Canídia.

Como amarração final do livro, vemos agora o poeta assumir simultaneamente os papéis anteriores de Varo e do menino anônimo, no epodo 5, ao mesmo tempo que se torna mais humilde do que nos epodos 8 e 12 (se considerarmos os ecos eróticos), sendo que, com este último, partilha também a estrutura dialogada. Ao mesmo tempo, os ecos da guerra civil que permeiam os *Epodos* nos fazem pensar em Canídia triunfante como o fim da estrutura social da república romana, ao mesmo tempo que se revelam seus crimes que então poderiam ser combatidos. É afinal, um poema repleto de riso e contraditoriamente pessimista: de algum modo, podemos imaginar que a saída (*exitus*) que encerra o poema e o livro seria assim a duplicação do fracasso do poeta como jogo de desvelamento da crise social; o efeito maior disso está na ambiguidade da última frase, que pode ser lida como uma assunção de fracasso por parte de Canídia, também derrotada em sua arrogância. Ao fim, como observa Johnson (2012, p. 178), este epodo mostra a potência do iambo horaciano precisamente porque nos faz desejar uma resposta de Horácio, um prolongamento do diálogo, que nunca se realiza.

– Metro: trímetro iâmbico catástico.

v. 1: Esta primeira linha, pelo uso do termo *"scientiae"*, pode ecoar 5.72, *"scientioris carmine"*, por isso optei por repetir também aqui a palavra "profissional", que costuma evocar eficiência das ações, bem como o ato de professar um saber, como fará Canídia no fim do poema.

vv. 2–3: Prosérpina, como rainha dos mortos, já anuncia as forças nefastas de Canídia, que só será nomeada mais adiante. Sobre Diana e sua relação com forças ocultas, cf. nota a 5.51.

vv. 6–7: Muitas descrições de magia antiga apresentam a força de um rombo, uma espécie de fuso que produziria um ruído e um movimento hipnótico adequado para os rituais.

vv. 8–18: Horácio apresenta três casos míticos de estilo homérico em que vemos um herói ou uma deusa mudarem de ideia e voltarem atrás em suas ações.

vv. 8–10: Télefo, rei dos mísios, atacou Aquiles (neto de Nereu), porém foi ferido na coxa pela lança do grego com uma ferida que só poderia ser curada por um novo toque da mesma lança. Ao fim, Télefo conseguiu convencer Aquiles, que o curou com um pouco da ferrugem de sua arma. A história foi tema de uma tragédia de Eurípides.

vv. 11–14: No livro 24 da *Ilíada*, o rei Príamo sai na calada da noite até a tenda de Aquiles, para pedir de volta o corpo de Heitor, a fim de lhe dar um funeral digno; com seu pranto, ele conseguiu, por fim, convencer Aquiles.

vv. 15-18: Em *Odisseia*, 10, depois de serem transformados em porcos pela feiticeira Circe, os companheiros de Ulisses/Odisseu finalmente conseguiram retornar à sua forma humana, graças ao apelo do herói grego. Horácio omite um detalhe fundamental dessa narrativa: Circe só cede a Odisseu depois que este aceita ir para a cama com ela; o mesmo poderíamos esperar de Horácio? Seria então este poema um anúncio de volta sexual após as recusas dos epodos 8 e 12? Por necessidade métrica e efeito sonoro, optei por usar o nome grego, Odisseu, em vez do latino Ulisses/Ulixes (cf. 16.60).

v. 23: Em *Epístolas*, 1.20.24, Horácio nos diz que teve cabelos brancos muito cedo, o que parece ser usado aqui como mote para acusar Canídia por sua canície. Os cheiros em jogo indicariam os feitiços, porém também poderiam remontar aos odores já criticados na velha do epodo 12.

vv. 27-29: Horácio agora acredita na força da magia e dá dois exemplos: os sabélios, povo samnita associado à feitiçaria – uma velha sabélia aparece em *Sátiras* 1.9.29-30 – e os mársios, vizinhos dos sabélios e também associados a feitiços, que poderiam causar fortes dores de cabeça (aqui hiperbolicamente representados por um crânio que se rompe). O termo *"nenia"* é aqui pela primeira vez usado no sentido de "encanto", por isso optei por manter "nênia" em português, com sua associação ao lamento pelos mortos.

vv. 30-33: Hércules matou o centauro Nesso com uma de suas flechas, porém este dera o sangue da ferida para Dejanira, esposa de Hércules, dizendo que serviria para fazer um filtro amoroso; tempos depois, por ciúme, Dejanira ofereceu ao marido um manto encharcado com o sangue de Nesso. Na verdade, era um veneno fortíssimo, que queimou o herói até a morte. O Eta é o maior vulcão da Sicília (daí que seja sicano), mas é interessante notar a poética horaciana em designar a chama como "virente", ou seja, vigorosa, mas também verdejante, sempre viva e contraposta em sua cor vermelha e amarela, talvez numa indicação das evoluções sulfurosas da boca do vulcão, que dariam tal cor esverdeada às chamas.

v. 34: Canídia é aqui representada como a própria "oficina de venenos cólquidos", ou seja, como uma digna herdeira de Medeia, a mais famosa feiticeira mítica da Cólquida.

v. 41: Watson nota como em latim *"perambulabis"* sugere errância de Canídia entre os astros, num sinal da ironia horaciana, que poderia ecoar Catulo, 29.7, onde lemos como Mamurra erra sexualmente pelos quartos de todos. Diante do possível eco sexual, optei por "vai sobre os astros", talvez numa sugestão de sexo com diversas constelações.

vv. 42-44: Segundo Platão, *Fedro*, 243a-b, o poeta lírico grego Estesícoro teria feito o poema "Tomada de Ílion" com um tom invectivo contra Helena (irmã de Castor e Pólux) e, como punição, teria perdido a visão; por causa disso, teria feito um novo poema, a "Palinódia" em que renega tudo que cantara antes, e assim teria recebido de volta sua visão. Novamente o termo "vate" aparece aqui como no fim do epodo 16, porém aumenta sua ironia por representar um poeta que, por fracassar em sua poética e por ser punido, deve recorrer à palinódia.

vv. 46-52: Como Estesícoro, Horácio também se propõe a realizar uma palinódia para ser salvo da paixão amorosa por Canídia; porém aqui se apresenta uma falsa palinódia, em que lemos, pelos avessos, a descrição de Canídia: uma velha criminosa e maculada pela estirpe, que corrompe túmulos (ela rouba cinzas antes mesmo de terminarem os nove dias funerais, ou novendiais), cruel e devassa, além de ter fingido um parto, talvez para sugerir que Canídia, como fariam as bruxas, roubava bebês. Assim termina a fala de Horácio no livro dos *Epodos*.

v. 53: Como em todos os outros casos da tradução, optei por não marcar a transição de falas com aspas, já que é abrupta a passagem da voz de Horácio para a voz de Canídia, e só o leitor determinaria com clareza onde poderia ou não começar a fala da feiticeira.

vv. 50-52: Pactumeio é família pouco conhecida da Campânia (talvez ligada a Neápolis e às águas do Averno, no epodo 5); é provável também que aqui se indique uma relação familiar, ou de origem de Canídia, ou de casamento com um homem dos Pactumeios, com o nascimento de um filho. Seja como for, a indicação de uma parteira que lava o sangue "verdadeiro" de Canídia indica, nesta falsa palinódia, a acusação de falso parto por parte da feiticeira.

vv. 56-57: Cotito era uma divindade trácia da devassidão (cf. Juvenal, *Sátiras*, 2.92), posteriormente associada ao Eros grego e ao Amor romano. As Cotícias eram os rituais regulares oferecidos a Cotito. Este é mais um argumento para a leitura erótica do poema.

vv. 58-59: Estes versos remetem a *Sátiras*, 1.8, onde Canídia é ridicularizada numa tentativa de feitiço sobre o monte Esquilino. Canídia aqui também desvela as pretensões do poeta/vate: segundo ela, Horácio posaria de pontífice máximo em suas poesias de ataque contra bruxas.

vv. 60-61: Os pelignos eram um povo samnita próximo aos mársios, todos eles associados à prática de magia; as bruxas eram comumente representadas como velhas. No v. 60, sigo *"proderit"* em vez de *"proderat"* editado por Shackleton Bailey: as duas variantes aparecem nos manuscritos.

vv. 65-69: Em resposta aos três mitos de mudança de opinião apresentados pelo poeta nos vv. 8-18, Canídia cita três casos de punição eterna: Tântalo (pai de Pélops) ofendeu os deuses oferecendo um banquete de carne humana, por isso foi punido com fome e sede eternos; Prometeu, depois de roubar o fogo dos deuses, foi punido com um pássaro que comia todos os dias suas entranhas; e Sísifo, depois de tramar contra o próprio irmão, sofreu a punição de sempre levar uma pedra morro acima, apenas para vê-la descer e recomeçar eternamente seu trabalho.

v. 71: A espada é nórica pela origem de seu ferro na Nórica, atual Áustria.

vv. 76-77: Também em *Sátiras*, 1.8.30 e ss., vemos Canídia trabalhar com pequenas estátuas de cera e lã, para realizar sua magia. No texto original deste epodo, os bonecos são apenas de cera, mas, por conta do metro e da recorrência poética, inseri também a lã como material. Ao dizer "igual você já viu", Canídia demonstra que, apesar de não parecer consciente na sátira 1.8, ela estava a par de toda a poesia horaciana.

vv. 78-80: No epodo 5.45-46, vemos os efeitos da feitiçaria sobre a lua e, no mesmo poema, nos vv. 38 e ss., Canídia fazia um filtro amoroso.

vv. 80-81: O argumento de Canídia retoma os versos finais do epodo 6: se ela é capaz de tantos feitos, por acaso choraria um suposto fracasso de sua magia? No entanto a fala é ambígua e parece sugerir ao mesmo tempo que o fracasso ocorreu: é diante dessa ambiguidade entre realização e fracasso que o livro se encerra, ao mesmo tempo em que as últimas palavras do poeta enunciam uma espécie de falsa palinódias, Horácio e Canídia, num último diálogo invectivo, mostram-se duplos já duplicados – a feiticeira vence e perde ao mesmo tempo, e o poeta fracassa em seu fracasso, alguém ganha? A última palavra da fala de Canídia, do poema e do livro de *Epodos* é *"exitus"*, que significa tanto "resultados", "êxitos" quanto "saídas" (particípio do verbo *"exeo"*, "sair"), criando uma verdadeira saída efetiva que dialoga com *"Ibis"*, primeira palavra do primeiro poema; mantive "êxitos", então, pensando também em sua relação etimológica e na proximidade com a palavra inglesa *"exit"*, comum em nosso cotidiano.

Notas às *Epístolas*

Da conversa à carta

Em 20 a.C., com cerca de 45 anos, Quinto Horácio Flaco publica um novo gênero na literatura ocidental: a epístola, ou carta, em verso. E faz isso de um modo muito singular, praticamente anulando o modelo tradicional de imitação dos autores mais antigos: se nas *Sátiras* ele tinha imitado o romano Lucílio (que ele considerava o autor do gênero sistematizado, apesar de Ênio ter feito livros com sátira antes dele), nos *Epodos* imitara Arquíloco e nas *Odes* seguira os passos de vários líricos arcaicos gregos (sobretudo Alceu de Mitilene), agora ele, ao inventar um novo gênero, dispunha apenas de si mesmo como matéria. Aliás, aí está um ponto de continuidade: em suas quatro obras, Horácio sempre optou pelo caminho da expressão subjetiva que confunde o eu do poema com sua própria pessoa (coisa que só é completamente alheada em *Sátiras* 2.5, num diálogo fictício); aqui o poeta decide se expressar com interlocutores, como sempre, porém saindo do registro da fala ou do canto para emular o efeito de um diálogo escrito. Nesse sentido, bem como pelo fato de também usar aqui o hexâmetro datílico, as *Epístolas* são continuidade do experimento dialógico das *Sátiras*, como já na Antiguidade anotara Porfirião, e sendo assim devem ser lidas como uma invenção a mais dentro do gênero, com a produção de uma variante forte, ao mesmo tempo que guarda vários traços anteriores, a saber: a mistura de tons entre coloquial e elevado, a natureza algo improvisada do resultado final (efeito da arte, e não de qualquer tipo de escrita automática), a variedade impressionante de temas e interlocutores, a produção de uma suposta intimidade, etc.

Porém, tudo isso assume pelo menos dois aspectos diferentes: em primeiro lugar, se nas *Sátiras* havia um interesse na filosofia, sobretudo pelo viés popular da diatribe, aqui temos uma *persona* mais serena que, com toda a sua carga de ironia e autoironia, discursa sobre assuntos diversos que podem interessar aos seus interlocutores, em geral figuras jovens e promissoras do poder romano (exceto por Mecenas); em segundo lugar, o modelo carta em verso ganha uma série de detalhes singulares. Não podemos com isso pensar que Horácio tenha sido o primeiro a publicar cartas, muito menos o primeiro a escrever uma carta em verso. As cartas de Cícero *Aos familiares* e *Ao irmão Quinto* já vinham circulando com sucesso em Roma pelo menos desde o final da década de 40 a.C., com sua mistura de assuntos pessoais e políticos; também circulavam cartas filosóficas sob o nome de Epicuro, Platão e outros nomes de monta.

E mais, sabemos que Espúrio Múmio, um soldado romano em Corinto, tinha escrito cartas com versinhos charmosos (*uersiculis facetis*) aos seus amigos em 146 a.C., segundo nos conta Cícero, em suas *Epístolas a Ático*, 13.6.4., e podemos imaginar a presença de outros casos assim que não foram mencionados nem sobreviveram até o nosso tempo. Ainda mais importante é lembrar Lucílio compôs pelo menos uma sátira, no seu quinto livro, na forma de uma carta, acusando um amigo de não ir lhe prestar uma visita durante uma doença, se é que não faz várias peças assim entre 130 e 100 a.C.; já que para ele a *"epistula non magna"* ("carta não alongada") pode servir como expressão de *"poiema"* (trecho de obra maior) como distinto de uma *"poiesis"* (o poema mais longo e inteiro), o que daria margem para trechos epistolares dentro das *Sátiras*. Catulo, já no século seguinte, também fez poemas que imitavam o modelo epistolar nos *carmina* 13, 35, 65 e 68a. Nesses casos, Horácio já tinha alguma forma com que trabalhar, a começar, por exemplo, pela distância que esses poemas estabeleciam entre uma carta de fato (com suas saudações, datas, perguntas íntimas, despedida, etc.) e a carta-poema (construída de modo mais abrupto, a fim de realizar uma peça poética rigorosa). No entanto, se essas duas figuras tinham já pensado a possibilidade de fazer um poema que imitasse traços de uma carta, não temos nenhum registro de poeta anterior que tivesse cogitado a ideia de fazer um livro inteiro de cartas poéticas, muito menos que tivesse pensado que esse gênero se alocaria sob o vasto guarda-chuva da *satura* romana, sem precedentes no mundo grego. Por outro lado, Horácio, em sua guinada mais explicitamente filosófica, busca beber nas fontes da poesia didática, e com isso flerta já com o fundamental *epos* didático de Lucrécio, *Da natureza das coisas*, donde tira não só muito dos fundamentos epicuristas das *Epístolas* como também imagens e metáforas. A isso se ajunta, claro, o experimento mais recente de Virgílio com as *Geórgicas*, porém nos dois casos Horácio insere sua *persona* e sua subjetividade, com traços autobiográficos e um gosto que o aproxima sempre da lírica e da elegia.

Poderíamos pensar, do ponto de vista estilístico, que a divisão poética criada por Horácio para suas *saturae* (sátiras), entre os dois subgêneros de *sermones* (conversas) e *epistulae* (cartas), teria alguma base no que lemos no tratado aristotélico de Demétrio *Sobre o estilo*, 223-235. Seguindo as ideias de Artemão, Demétrio nos lembra que a carta seria um diálogo em que apenas uma das partes se expressa (223), porém uma carta, sendo imitação da escrita entregue como um presente, e não imitação da conversa improvisada, tende a ser mais formal (224); pois o estilo da conversa está próximo de um discurso; por outro lado, as inúmeras quebras abruptas típicas da fala tornariam a carta obscura (225). Demétrio ainda nos lembra como a carta precisa ter uma caracterização forte, porque ela é uma imagem da alma de quem escreve (227). Com isso, se a carta é demasiado longa e elevada, corre o risco de se tornar um tratado (228) – um risco que vemos se concretizar na organização da *Arte poética* –, logo ela precisa permanecer mais frouxa e próxima da amizade (229). Sua conclusão é, portanto, que a função da carta é explicitar a amizade e partir de um tema pontual (231), com sua beleza própria e mesmo o uso de expressões proverbiais quando busca expressar conteúdos sapienciais, em vez das fórmulas mais elevadas (232). Por fim, e fundamental para pensar sobretudo acerca das epístola 2.2, dedicada a Augusto, Demétrio nos conta como as cartas de Aristóteles a Alexandre, bem como a de Platão aos amigos de Dião, acabam similares a um tratado por serem excessivamente formais e elaboradas (234), para concluir que as cartas precisam misturar o estilo plano elegante/gracioso e do estilo margo/simples (τοῦ τε χαρίεντος καὶ τοῦ ἰσχνοῦ). É claro que, como bem atenta Niall Rudd (1989, p. 12), Horácio muito provavelmente não leu o tratado de Demétrio; no entanto, podemos pensar que essas ideias sobre adequação genérica da carta circulavam por outros meios, inclusive como um senso comum.

Eduard Fraenkel, em seu clássico livro *Horace*, onde considera o primeiro livro de *Epístolas* como o mais harmonioso do poeta, entendia que essas obras serviam, em sua forma epistolar, para realizar uma comunicação real entre Horácio e seus interlocutores, sendo verso apenas na medida em que Horácio as pretendia também como peças literárias *a posteriori*; por isso, sua escrita seria espontânea e verdadeira. Já Gordon Williams, em outro clássico, *Tradition and Originality in Roman Poetry*, argumentaria que o todo das cartas seria projetado como um jogo ficcional; essa segunda vertente recebeu muito mais atenção nos últimos anos, inclusive porque o modelo de um "poema com interlocutor", longe de ser uma especificidade das *Epístolas*, é o modelo mais recorrente não só da poesia horaciana em toda a sua trajetória como também da poesia antiga como um todo; mais que isso, se fossem expressão de uma espontaneidade conversacional, esses poemas nem seriam recebidos na Antiguidade romana sob a égide de poesia; pelo contrário, é especificamente sua artificialidade, seu jogo imitativo (ou retórica da imitação, para usarmos o certeiro conceito de Gian Biagio Conte), implícito e explícito, que constroem as cartas como poemas.

Isso, por outro lado, não deve nos levar a pensar que as *Epístolas* sejam meras cartas ficcionais sem qualquer lastro com a realidade romana que cercava Horácio. Creio que podemos afirmar sem hesitação que existe um consenso há longo tempo entre os estudiosos de que os nomes dos interlocutores são, por si só, fundamentais para a construção de cada peça: isso porque cada carta que aqui lemos aborda acontecimentos históricos ligados ao interlocutor, estabelecem assuntos por interesse pessoal e político desse interlocutor, formulam modos de amizade, intimidade, convivialidade segundo possibilidades reais de inte-ração com cada interlocutor; no entanto, com um detalhe fundamental: tudo isso é feito não segundo uma regra de amizade de matriz romântica, como a que vivemos, mas segundo uma lógica da amizade que está entrelaçada com a complexa rede de relações estabelecida nos convívios entre patrono e cliente na sociedade romana. Horácio, como figura de origem razoavelmente humilde (filho de um pai liberto, como ele mesmo insiste em afirmar em *Sátiras*, 1.6 e alhures), que ascendeu ao círculo de Mecenas por suas habilidades poéticas e assim ganhou renome, sustento e sua *uilla Sabina*, é também sempre um cliente dos homens do poder e com eles estabelece um laço de trocas nas quais os poemas são, sim, um modo de comunicação, mas também uma forma de presente, de dom poético e público, um "*munus*", tal como já eram seus poemas das fases anteriores. Com isso, nada nas *Epístolas* deve ser lido com ingenuidade, e isso pela sua própria ambiguidade constitutiva: são cartas, que são poemas, que são atestados públicos, etc., num movimento que parece um complicado xadrez em que estética, ética e política se cruzam.

Daí talvez a escolha da *satura* como modelo principal: por oposição à lírica das *Odes* e aos gêneros jâmbico e epódico que encontramos nos *Epodos*, Horácio faz questão de frisar que as *Sátiras* seriam uma poesia no limite do prosaico, o que é retomado nas *Epístolas* desde os versos de abertura. Horácio, com toda a sua ironia, tenta nos dizer que largou a poesia, mais especificamente a lírica, para fazer algo mais prosaico e voltado para as virtudes humanas segundo o pensamento conceitualmente rigoroso da filosofia. Nada mais enganoso: como já argumentei sobre a *Arte poética* (também um poema epistolar, de difícil datação), se o seu modelo emula um tratado na disposição, a linguagem emula várias possibilidades da sátira, com o apelo ao riso, ao grotesco, ao movimento abrupto, ao salto lógico, ao desvios inesperados, aos deslizes premeditados, etc. Esse mesmo procedimento ambíguo e sutil permeia absolutamente todas as *Epístolas*, conferindo a elas a devida instabilidade genérica de uma obra experimental que estava, no momento, inventando um novo mundo de possibilidades para a poesia, a começar pela ficção de base de que estes poemas não seriam verdadeiramente poemas (uma ficção que já Estácio, em suas *Silvas*, 4.4, deixará de imitar para explicitar seu caráter poético).

Essa ficção, com sua retomada do modelo satírico reformulado, depois de uma longa temporada de dedicação ao radicalíssimo experimento polimétrico das *Odes* com sua elocução tantas vezes elevada ao sublime, permite a Horácio tomar de assalto seus velhos temas com uma liberdade completamente nova, sem largar mão de sua preferência subjetiva já mencionada: tudo aqui continua a girar em torno de Horácio como *persona* e poeta; como tal, ele é exemplo de vícios e ao mesmo tempo de virtudes, um regulador esquivo dos modos de vida que parece mais interessado em provocar questionamentos do que em resolver de fato os dilemas éticos em jogo. Agora como figura muito mais visível na cultura romana, e depois de ver Augusto se estabelecer sozinho no poder desde 31 a.C., a prática da violenta ironia que encontramos nas *Sátiras* e *Epodos* precisava dar lugar a uma figura mais convicta de seu papel, e Horácio consegue construir essa nova figura, com sua idade madura, apostando cada vez mais na sutileza do trato: o mesmo esquivo agora engana muito mais, pois num só gesto aceita e renega a sua função de preceptor por experiência; nesse aspecto discordo bastante da leitura de Roland Mayer, por exemplo, que vê agora o poeta explicitando suas ideias com grande autoconfiança e aparentemente deixando de lado o efeito contínuo do riso na obra. Horácio ensina mesmo quando ri de si mesmo.

Essa abertura tensionada é o grande feito poético horaciano, bem como seu tom sério-jocoso que nos deixa em constante hesitação interpretativa ao mesmo tempo que nos vemos engolidos pelos problemas e desenvolvimentos apresentados. A minha tradução continua o jogo epistolar apresentado na *Arte poética*, publicado nesta coleção em 2020, buscando manter os mesmos jogos métricos, estilísticos, modulares, com suas transições abruptas, suas derivas ágeis num deslizar contínuo, que não redundarei em explicar aqui. Sigo, como lá, a edição de Shackleton Bailey pela Teubner, mas incorporo as divisões paragráficas de Brink para o livro 2, e informo em nota sempre que seguir outra solução editorial.

Por fim, teria muita gente amiga para agradecer, mas o medo de deixar algum nome de fora por esquecimento me convenceu a deixar aqui apenas meu agradecimento geral, com a lembrança fundamental de reconhecimento ao apoio do Conselho Nacional de Desenvolvimento Científico e Tecnológico (CNPq), que vem me concedendo uma bolsa de pesquisa PQ para desenvolver o presente trabalho de pesquisa, com seu desdobramento em tradução, introdução e notas. Sem o apoio à pesquisa e à ciência, um país se condena ao fracasso reiterado, bruto, cego; sem o reconhecimento dos apoios, os pesquisadores forjam a mentira do mérito puro. É no convívio, na aposta de um projeto de nação, por incompleto e precário que sempre seja, que algo pode medrar, no inesperado de uma ideia ou de uma beleza.

Notas a *Epístolas I*

Dito isso, cientes de que cada poema é uma obra literária que se constrói pela suposta forma prosaica, antipoética e epistolar, com um interlocutor explícito (detalhes que busco elucidar nas notas específicas), podemos agora ver como o livro se apresenta em sua totalidade, isto é, como ele próprio se desvela como uma forma poética, com uma construção e uma arquitetura (a metáfora me parece inescapável) singular ao longo dos seus vinte poemas. Em primeiro lugar, convém notar que, se estamos falando de interlocutores de poder, apenas três têm nomes da aristocracia mais arcaica: Mecenas (1.1, 1.7 e 1.19, principal destinatário), Torquato (1.5) e Tibério Cláudio Nero (1.9), enquanto os outros são em geral equestres, ou seja, parte da elite monetária, com nomes em construção. Alguns desses nomes são de verdadeiros ilustres desconhecidos, tais como Júlio Floro (1.3 e 2.2), Álbio (1.4, talvez Tibulo), Numício (1.6), Bulácio (1.11), Ício, (1.12), Vala (1.15) e Ceva (1.17), alguns deles absolutamente desconhecidos, como é o caso de Vínio (1.13) ou o caseiro anônimo (1.14); ao passo que Quíntio (1.16) muito provavelmente vinha de uma família com proeminência mais recente. Alguns são tão desconhecidos que se aventou até a hipótese do nome fictício, como é o caso de Numício e Bulácio. Outros estão em torno das elites principais, como é o caso de alguns mencionados em 1.3 e Setímio em 1.9. Lólio receberá uma atenção maior, com duas cartas (1.2 e 1.18), e é talvez o filho de Marco Lólio, cônsul em 21 a.C. Todos eles receberão cartas por estarem em torno da política de Augusto, que receberá a peça genial de 2.2. Assim podemos estabelecer uma estrutura para o primeiro livro, a partir do número redondo de 20 poemas que ecoam o gosto geral dos romanos por trabalhar com múltiplos de 10 (*Bucólicas*, *Sátiras* 2, *Elegias* 1 de Propércio [se desconsiderarmos os dois epigramas], *Elegias* 1 de Tibulo, *Odes* 2 e 3) ou de 5 (talvez *Odes* 1 [se considerarmos 35, em vez de 38], *Odes* 4):

1. Mecenas (antidedicatória em *recusatio*) – literatura

<u>2. Lólio – educação moral/Homero</u>

3. Floro – vida literária e poder

4. Álbio – convite e *carpe diem*

5. Torquato – convite e *carpe diem*

6. Numício – ecletismo/desapego

7. Mecenas – patronato/independência

8. Celso (via Tibério) – patronato/serenidade

9. Tibério (sobre Setímio) – patronato/influência

10. Fusco – vida no campo

11. Bulácio – o melhor lugar para viver

12. Ício (sobre Grosfo) – abraçar bens presentes

13. Vínio (sobre Augusto) – entrega de poemas

14. *Anônimo – contentamento com o que se tem*

15. Vala – vida simples, mas sem desprezar luxos

16. Quíntio – virtude/independência

17. Ceva – independência pessoal

<u>18. Lólio – modo de vida e independência</u>

19. Mecenas – literatura e imitação

<u>***20. Livro (antiencerramento em anticarta) – fama literária***</u>

Assim, longe de ter uma estrutura de pura simetria, o que temos é uma dupla formação quiástica: Mecenas cerca tudo com 1.1 e 1.19 em peças metapoéticas, sendo nos dois momentos auxiliado no enquadramento com Lólio em 1.2 e 1.18, em peças de reflexão moral; ao passo que 1.20 funciona como verdadeiro excurso poético voltado para o próprio livro (ecoando *Sátiras* 1.10 com o escravo) e anulando a ficção de uma carta, já que o escravo parece estar diante do poeta. Ao mesmo tempo, quase marcando respirações, temos o retorno de Mecenas em 1.7 e a aparição do único anônimo em 1.14, criando quase um livro tripartido, que em certos momentos se endereça ao centro do poder. Como contrabalanço, a peça central 1.10, que encerra a primeira metade do livro, se volta para um dos temas favoritos de Horácio, isto é, a vida no campo, o que cria um equilíbrio diverso da tripartição e da construção anelar antes comentada. Ao mesmo tempo, temos sequências que produzem continuidades, como 1.4 e 1.5, que são dois convites em torno do *carpe diem*, ou 1.8 e 1.9, que se colocam em torno do círculo de Tibério (que podemos ler como reflexões sobre o patronato, começada em 1.7), ou 1.16, 1.17 e 1.18, sobre a independência. O resultado disso tudo é uma estrutura fluida, duplicada em modos de leitura e até mesmo equívoca, porém é esse jogo que permite precisamente a variação satírica (sua mistura inerente) e os modos variados de interlocução e uso do tom na linguagem. Fechar a estrutura seria talvez perder a parte mais engajada de sua construção em relação ao conteúdo e à forma da linguagem.

Talvez essa construção tensionada e aberta, somada à invenção do gênero e das pretensões filosófico-irônicas, numa escrita de poesia antipoética e mimetização da carta sejam realmente os dados que faziam já Porfirião, nos séculos II-III d.C., julgar que Horácio, com este primeiro livro de *Epístolas*, estava fazendo seu testamento poético, com direito a um *envoi* atípico em 1.20; e que ele só teria retornado à lírica com o quarto livro de *Odes*, e à própria arte epistolar com o segundo livro de *Epístolas* e a *Arte poética*, porque assim foi pressionado com o tempo. Difícil responder, mas a peça que se forma com este primeiro livro é realmente impressionante: um poeta maduro e ainda assim sempre insubmisso ao lugar de mero mestre; um mestre menor, por assim dizer, e nisso mesmo enorme.

1.1

A primeira dessas quase cartas horacianas, retomando o espírito satírico e conversativo das *Sátiras*, também se volta ao patrono Mecenas numa espécie de *recusatio* do retorno à lírica que é também uma antidedicatória, já que, em vez de justificar o pedido do patrono, justifica a negativa do poeta. Esse subgênero poético da *recusatio* era recorrente para recusar em geral a poesia épica ou elevada em nome de uma poética menor (cf. Propércio, *Elegias* 1.7, por exemplo, ou Horácio, *Odes* 1.2), porém com outros contornos nesse momento. É importante lembrar que Horácio teria aqui já publicado os três primeiros livros das *Odes* e logo receberia o convite para a performance pública do *Canto secular*, e que talvez estivesse sendo pressionado a continuar seus panegíricos pela viagem de Augusto pelo Oriente, seguida da expedição vitoriosa de Tibério na Armênia em 21 a.C. (assunto de 1.3). Ao fim, sabemos que Horácio cedeu às pressões por um retorno à lírica, fazendo o genial quarto livro de *Odes*, que mistura um refinamento singular no trato das demandas por vezes mesquinhas dos poemas elogiosos.

Neste poema de abertura, o argumento de Horácio apresenta um problema bastante singular: ele parece sugerir que a lírica tem uma idade mais adequada, de modo que a idade avançando para além dos seus 40 anos agora o impeliria à busca da sabedoria (ideia que sempre deve ser lida em chave irônica, quando se trata de poesia horaciana) numa espécie de protréptico (προτρεπτικόν), uma exortação à filosofia. Assim, o argumento acaba servindo como metapoema programático para toda a coleção das *Epístolas*, como conversas em forma de carta em busca da sabedoria; porém, como já foi dito, ela está na tradição satírica e se permite com frequência o riso, como já podemos entrever nas primeiras autocomparações. Outro ponto fundamental da argumentação é sua aversão ao dogmatismo: apesar de indicar Aristipo como principal nome, Horácio sugere uma busca "com um pé" no pragmatismo, sem cair em meditações abstratizantes, ou seja, a filosofia aqui está como um modo de vida, tal como a poesia. Daí a abertura às inconstância e incoerências humanas como condição inescapável, até nos catarros dos sábios. Esse cruzamento de imagens se dá também na linguagem e vai atravessar toda a poética das *Epístolas*: Horácio, talvez até mais do que nas *Sátiras*, aqui passeia do coloquial ao épico, sem estancar o estilo numa voz unívoca.

v. 1: A primeira sátira, o primeiro epodo e a primeira ode foram dedicadas a Mecenas. A primeira Camena (a figura inspiradora das Musas no imaginário romano, como deusas da água e do canto, talvez de origem etrusca) foi portanto o livro de *Sátiras*, aqui retomado pela métrica (hexâmetro datílico) e pelo estilo misto. A estrutura do verso ecoa Homero, *Ilíada*, 9.97, e também Virgílio, *Bucólicas*, 8.11, dentre outros.

vv. 2-3: Horácio se compara a um gladiador que recebe um florete de madeira como sinal de sua aposentadoria; como a imagem acaba por ser autoderrisória, optei mesmo por falar de aposentadoria do poeta como lírico.

vv. 4-6: Vejânio foi um famoso gladiador dos tempos de Horácio, que, segundo o comentador Porfirião, retirou-se da arena depois de muitas vitórias para evitar a humilhação na velhice. Era costume dos gladiadores ofertar suas armas na aposentadoria a Hércules Fundiano, seu deus patrono. Era também à beira da arena que um gladiador derrotado poderia pedir clemência ao povo. A mudança de espírito ecoa Cícero em *Epístolas a Ático*, 9.10.3: "*Alia res nunc tota est, alia mens mea*" ("Agora a situação é totalmente diferente, minha mente está diferente").

vv. 7-9: A voz que sugere o que não fazer pode ecoar a descrição de Sócrates feita por Platão em *Apologia*, 31d. A imagem do cavalo velho vem pelo menos desde Íbico, frag. 2, passando por Calímaco, *Iambos*, frag. 195, e por Ênio, *Anais*, frag. 374.

v. 13: O Lar é o deus protetor das casas e das famílias no mundo romano.

v. 14: Era comum o gladiador, como escravo, fazer um juramento ao seu senhor pelo treinamento. Mas aqui o juramento também ecoa práticas recorrentes nas escolas de filosofia.

v. 16: Horácio traduz neste verso duas ideias importantes para o pensamento estoico: "ativo" verte *"agilis"*, que por sua vez aponta para o grego πρακτικός, ao passo que "civis" traduz *"ciuilibus"*, que aponta para πολιτικός; isso tudo reforça a teoria estoica de que o sábio deveria saber o momento de agir na vida pública. Isso ecoa o modo como Cícero parafraseia o que seriam palavras de Crisipo numa injunção à política, *Dos fins*, 3.68

vv. 18–19: Aristipo de Cirene (435–366 a.C.) foi o fundador da escola filosófica de Cirene. Sua filosofia pregava que o sábio deveria ter pleno domínio sobre a terra para usá-la livremente, apresentada no adágio ἔχω οὐκ ἔχομαι ("possuo, não sou possuído"), ao falar de sua relação com a cortesã Laís, segundo Diógenes Laércio, 2.75; o que diverge em muito da proposta estoica previamente apresentada.

vv. 28–32: Linceu foi um dos argonautas, famoso por sua visão. Glícon foi um renomado atleta do tempo de Horácio. A ideia de procurar melhorar, sem pretensão de perfeição, é uma carta a Epicteto, 1.2.37, no século seguinte.

vv. 34–35: Horácio compara a filosofia e suas lições com as fórmulas mágicas usadas medicinalmente.

vv. 33–37: A tolice (vício) é considerado filosoficamente como uma doença moral; por isso, Horácio indica tratamentos mais próprios para doenças corporais, como feitiços, invocações e sacrifícios.

vv. 45–46: Os indos aqui representam simplesmente os confins do mundo conhecido pelos romanos. A imagem do mercador lembra *Sátiras*, 1.1.30 e 1.4.29 e ss., dois pontos cruciais da metapoesia horaciana sobre o efeito satírico.

vv. 53–55: O arco de Jano representa o mundo monetário de Roma, e o deus aparecia em diversas moedas da época com suas duas faces como protetor dos inícios. Os jovens aparecem recitando o adágio porque era prática didática fazer verdadeiras cantilenas mnemônicas, coisa que ainda se costuma fazer em nosso ensino.

v. 56: O verso é idêntico ao de *Sátiras*, 1.6.74 e por isso considerado por alguns como espúrio.

v. 58: Quatrocentos mil sestércios era o valor necessário para receber o *status* oficial de equestre (*equites*) segundo o censo romano.

vv. 59-60: Porfirião alega que a cantiga infantil dizia: "*Rex erit qui recte faciet; qui non faciet no erit*" ("Será rei quem agir corretamente; quem não agir, não será"). No original, há um chiste entre "*rex*" e "*recte*", que recriei com "régio" e "régua".

v. 62: Lúcio Róscio propôs, em 67 a.C., uma lei que reservava os primeiros lugares no teatro para os homens que tivessem uma renda superior a 400 mil sestércios.

v. 64: Marco Cúrio Dentado derrotou os sanitos e Pirro (275 a.C.); e Marco Fúrio Camilo conquistou Veios (396 a.C.) e os gauleses (390 a.C.). São símbolos da virtude romana em termos de austeridade.

v. 68: Púpio é um tragediógrafo completamente desconhecido. O termo "*lacrimosa*" pode ter a acepção de "tristes", mas também de "dignos de gerar choro", por serem ruins. Daí que eu escolha "deploráveis".

v. 72: De fato os pórticos eram um lugar para passeios no *Forum* romano, então podem indicar os bens materiais em conjunção com os "juízos", os bens morais.

vv. 73-75: Referência à fábula 196 de Esopo.

v. 76: O "bicho de muitas cabeças" retoma um adágio de Aristão de Quios, filósofo estoico do séc. III-II a.C., quando descreve o estado; Platão usa imagem similar para descrever a alma humana (*República*, 9.588b-c).

v. 80: Os juros crescem ocultos tanto porque aumentam como plantas na natureza, sem percebermos, quanto pelo fato de que a usura era proibida à época de Horácio.

vv. 83-87: Baias era um famoso balneário, ponto turístico dos romanos. Teano Siticino era outro ponto turístico, mas no interior, por oposição a Baias. É interessante observar que quem faz o augúrio não são os pássaros (conforme a tradição), e sim o próprio desejo do homem rico.

vv. 87-89: Esse tálamo no átrio ("*Lectus genialis in aula*") é um leito consagrado ao Gênio, deus da fecundação a quem se dedica todo tálamo nupcial e uma espécie de anjo da guarda que acompanhava individualmente cada pessoa desde seu nascimento.

v. 90: Proteu é o deus marinho proverbial capaz de assumir inúmeras formas, simbolizando com frequência a inconstância humana.

v. 100: Mudar o círculo em quadrado é imagem típica da Antiguidade para designar o descontentamento constante.

vv. 106-108: Horácio faz chiste com a teoria estoica sobre o sábio, que para eles é uma figura perfeita, inferior apenas ao rei dos deuses. Isso se dá no jogo literário de "*sanus*", que quer dizer "sadio" e "mentalmente são".

1.2

Depois da abertura, em tom mais genérico, seguimos para uma pontuação específica que acaba sendo lida como um protréptico para a poesia. Esta carta dedicada a Máximo Lólio parece ser retomada pelo Lólio de 1.18, embora não possamos afirmar com certeza absoluta que se trate da mesma pessoa; no entanto, a repetição de nomes, sem maiores explicações, nos convida a ler desse modo; assim, o nosso jovem estudante de retórica em Roma já teria servido nas Guerras Cantábricas entre 25 e 24 a.C. Diante do interesse dessa figura importante para o livro, porém pouquíssimo conhecida, Horácio se volta para a força filosófica que se poderia depreender dos exemplos de personagens homéricos na *Ilíada* (como mostra dos afetos da aristocracia, em geral negativos) e na *Odisseia* (como mostra da virtude e da coragem de quem conhece o autocontrole nos momentos de adversidade), assim aproximando a prática retórica da estética poética e da ética filosófica, o que é ainda mais digno de nota se observamos que em nenhuma das cartas o nosso poeta sugere a leitura específica de alguma obra filosófica, então apenas a épica homérica ganha tal força de leitura obrigatória em seu ecletismo de filosofia. O uso moral de Homero nada tem de novo; na verdade, Horácio segue uma longa tradição de leituras alegóricas e morais da poesia arcaica e a aplica de modo bastante típico e sem inovações como uma espécie de tutor ao aspirante a rétor, usando a desculpa de que estaria relendo essas obras em Preneste. Com isso, Horácio acaba por fazer também um argumento sobre as *Epístolas*, que poderia ser assim depreendido: tal como Homero tem mais exemplos filosóficos que muita filosofia (sem menosprezarmos a filosofia), também estes poemas têm mais força pedagógica que a própria instituição retórica (sem menosprezarmos a retórica). Ironicamente, a poesia – sobretudo a épica – costumava ser de fato usada nas escolas como uma espécie de propedêutica à filosofia, e era um lugar-comum reservar o aprofundamento da filosofia a uma fase mais madura; no entanto, Horácio se vê novamente na base homérica, reforçando as primeiras lições como as lições máximas. A partir desse mote, Horácio faz as tradicionais digressões sobre a busca da virtude, por um lado, e a ambição monetária das maioria dos homens, por outro, que desemboca na série de máximas morais e se apresenta como um poeta de meia-idade em busca de sabedoria e tranquilidade.

vv. 1-2: A imagem de Lólio Máximo (a inversão do nome, que mantenho, é de efeito literário) a declamar em Roma sugere que ele estuda retórica, provavelmente com o interesse de se tornar um rétor, o professor que treina alunos mais avançados com práticas de discursos a partir de temas históricos e literários. Seja como for, estamos diante uma figura quase desconhecida: Pseudo-Acrão supunha que seria Marco Lólio, cônsul em 21 a.C., e que "*maxime*" indicaria um título de reverência; porém, no verso 68, Horácio se dirige ao interlocutor como um menino ("*puer*"), o que não faria sentido; com isso, se supôs que seria então o filho de Marco Lólio. Existe ainda a possibilidade de que "*maxime*" indique não um nome "*cognomen*", mas sim que Lólio seria o primogênito dos filhos da família, portanto o irmão mais velho do Lólio de 1.18. Já Fraenkel chegou a supor que não haveria qualquer relação entre este Lólio e o cônsul. Como Fedeli, me parece mais instigante identificar esta figura com a de 1.18 e aproximá-la da família do cônsul, sem maiores detalhes.

Preneste é a atual Palestrina (cidade que, segundo o mito, teria sido fundada por Telêgono, filho de Ulisses, ou então por seu neto Prenestes), que fica não muito longe de Roma, de modo que Horácio pode estar ali vivendo uma vida mais tranquila e rural, porém prática, para a troca de cartas. Nosso poeta está ali lendo Homero, o "escritor da guerra troiana".

v. 4: Crisipo de Solos (*c.* 280-207 a.C.) foi um notável filósofo estoico, ao lado de Zenão considerado um fundador da escola, célebre por usar exemplos poéticos para ilustrar sua doutrina, segundo Diógenes Laércio, *Vida dos filósofos ilustres*, 7.180. Já Crantor de Solos (*c.* 340-275 a.C.) foi um filósofo acadêmico que também fez poemas e demonstrava admiração por Homero e Eurípides, segundo Diógenes Laércio, 4.25-26.

vv. 6-16: Temos aqui algumas cenas da *Ilíada* de Homero, em geral por exemplos negativos, sendo a menos lembrada quando o troiano Antenor exige que os troianos devolvam Helena, em 7.350, sendo negado por Páris, cuja fala aqui é claramente irônica, já que este não pretende devolvê-la e é favorecido por Afrodite. Nestor é o mais velho dos gregos (aqueus) e tenta mediar o embate entre o Pelida Aquiles e o Atrida Agamêmnon em torno da escrava Briseida (daí que Aquiles seja marcado como queimando de amor), que se dá desde o primeiro canto.

v. 7: Horácio usa o termo "Barbária" a partir do grego, e portanto com certa ironia, para designar todas as regiões que não falavam grego; no caso, designa Troia, na Ásia Menor.

vv. 17-31: Na sequência, temos imagens da *Odisseia* em tomo positivo, sendo que os versos 19-22 ecoam a abertura do poema, numa livre tradução horaciana, coisa que ele fará novamente na *Arte poética*, 141-142. Alcínoo é o rei dos feácios, que recebe bem Odisseu/Ulisses, mas detém uma corte longa de convivas, que, em leitura pós-homérica, eram considerados excessivamente ociosos; já os pretendentes da Penélope são descritos sempre como devastadores de bens, consumindo tudo sem qualquer respeito.

v. 23: Tal como Horácio parodia alguns efeitos da linguagem épica elevada, optei por manter este verso, voltado para o próprio Ulisses, com um elevado tu literário. Ulisses conheceu a feiticeira Circe (mais adiante retomada com tom baixo em "puta por dona") e foi seu amante, além de ter se amarrado ao mastro do navio, enquanto o resto da tripulação entupira os ouvidos com cera, para assim não escutarem o canto mortal das sereias (seres híbridos numa mistura de pássaro e mulher, sem a forma moderna de peixe). Nos dois casos, que tinham leitura alegórica pelos estoicos e cínicos (Circe como paixão sensual e as sereias como encantamento hedônico), Ulisses escapa por ter claro o seu desejo de retorno.

vv. 32-43: Os exemplos poéticos tirados de Homero fazem o poeta realizar um salto abrupto para os perigos do presente e à injunção do estudo moral.

vv. 34-37: A imagem sugere a presença de um escravo que traz para o estudante seus livros e a lâmpada a óleo ainda na madrugada, para que possa ler um pouco antes de começar as atividades do dia.

vv. 44-54: Seguindo as proposições morais, temos aqui a decisão sobre prioridades: boa prole, boa moradia, cuidados de higiene, alimentação, etc., sem anseio por luxos.

v. 48: É um eco muito próximo de Lucrécio, *Da natureza das coisas*, 2.34: "*nec calidae citius decedunt corpore febres*" ("podem tirar as cálidas febres do corpo doente").

vv. 55-63: Esta sequência torna as injunções mais abstratas e parece realizar sua paródia da expressão grega ἡδονῆς κράτει, θυμοῦ κράτει ("domine os prazeres, domine o afeto"), inscrita em ginásios.

vv. 58-59: A referência é provavelmente ao cruel tirano Dionísio de Siracusa, ou então a Fálaris de Agrigento, que assava pessoas dentro de um touro de bronze.

vv. 64-71: Ao fim, o poema retoma o assunto inicial com seu convite à formação, comparando com o adestramento de animais desde o começo da vida.

1.3

Esta carta (a primeira das três cartas em torno de Tibério 1.3, 1.8 e 1.9) segue o assunto literário das duas primeiras, porém agora num tom que soa mais familiar, enquanto Horácio pergunta a Floro (orador e autor de sátiras, segundo Porfirião) como vão seus amigos e conhecidos no campo da poesia, para, por fim reavivar o incentivo ao estudo filosófico (a "sabedoria celeste") como complemento às outras práticas de oratória e literatura, além de fazer as pazes com um amigo, Munácio. No caso de Lólio, tínhamos um jovem se preparando para entrar na vida pública, ao passo que Júlio Floro (a quem se dedica 2.1) já era um dos muitos artistas que acompanhavam a comitiva de Tibério, enteado de Augusto e futuro imperador após a morte deste, em sua expedição oriental em 20 a.C., com o projeto de entronar Tigranes sobre a Armênia depois do assassinato de Artáxias; ou seja, Floro, apesar de iniciante, já tem um universo público se firmando, numa geografia muito mais ampla. É nesse ponto que a poesia interessa a Horácio: como ação pública e civil, e não apenas como jogo do sistema literário separado do mundo.

v. 2: Tibério Cláudio Nero (42 a.C.-16 d.C.), filho de Tibério Cláudio Nero e Lívia Drusa, tornou-se enteado de Augusto depois que este se casou com a sua mãe; viria a ser formalmente adotado em 4 d.C. e a se tornar imperador a partir de 14 d.C. No momento desta carta, é um jovem de vinte e poucos anos já encarregado de feitos amplos, como a política externa na Armênia.

vv. 3-6: Temos um percurso geográfico nas possibilidades de intervenção de Tibério: primeiro a Trácia, a noroeste da Grécia, chegando no oriente próximo, especificamente nas margens do rio Hebro (atual Maritsa); depois as torres vizinhas indicam as torres de Hero e Leandro que ficam cada um de um lado do Helesponto, respectivamente em Sesto, na Europa, e em Abido, na Ásia; por fim chegando propriamente à proverbialmente fértil Ásia e, portanto, à Armênia.

vv. 6-29: Aqui Horácio pergunta sobre a comitiva (*cohors*) que acompanhava Tibério, o que era uma prática romana que promovia tanto o deslocamento da cultura em geral quanto as possibilidades de ascensão e estabilidade pessoal para essas pessoas. Lembremos, por exemplo, que, décadas antes, os poetas Catulo e Cina faziam parte da comitiva de Mêmio na Bitínia.

vv. 7-8: Nas perguntas literárias, segue-se a regra do prestígio, começando pela poesia épica de tema histórico, que louvava os feitos de generais e políticos romanos. É importante notar que a política augustana sempre fez questão de promover a propaganda da guerra, mas também da paz, daí o efeito simbólico da *Pax Romana*.

vv. 9-14: Continuando os gêneros elevados, Tício representa a lírica coral e a tragédia, que parecem ter sido experimentadas para além da lírica majoritariamente monódica das *Odes* horacianas. Pseudo-Acrão afirma que essa figura desconhecida seria Tício Setímio, autor de poesia lírica e trágica, porém isso é o que depreendemos do próprio texto; poderia ser o filho de Marco Tício, cônsul em 31 a.C.; e há quem julgue que seria o mesmo Rufo que aparece em Ovídio (*Pônticas*, 4.16.28) como imitador de Píndaro de Tebas, sendo seu nome portanto Tício Rufo. Os tanques e rios públicos são as estruturas públicas para buscar água, em contraste com as fontes naturais no alto dos morros, que costumavam representar a inspiração poética. Esse contraste se dá entre a imitação fácil e a imitação dificílima de um autor como Píndaro, que é tema já de *Odes*, 4.2, o que nos convida a ler essas linhas com certa ironia horaciana sobre a aventura literária de Tício. A descrição ecoa claramente o epigrama 28 de Calímaco (*Antologia Palatina*, 12.43), uma pedra de toque da poética helenística que tanto interessa a Horácio e a seus contemporâneos:

> Ἐχθαίρω τὸ ποίημα τὸ κυκλικόν, οὐδὲ κελεύθῳ
> χαίρω, τίς πολλοὺς ὧδε καὶ ὧδε φέρει·
> μισέω καὶ περίφοιτον ἐρώμενον, οὐδ᾽ ἀπὸ κρήνης
> πίνω· σικχαίνω πάντα τὰ δημόσια.
> Λυσανίη, σὺ δὲ ναίχι καλὸς καλός – ἀλλὰ πρὶν εἰπεῖν
> τοῦτο σαφῶς, Ἠχώ φησί τις· ᾽ἄλλος ἔχει.᾽

> Eu odeio o poema cíclico, não gosto
>   de estradas que carregam todo o povo,
> tenho horror ao amante grudento e não bebo
>   em cisternas – desprezo o popular.
> Lisânias, sim, és belo, belo; porém antes
>   de Eco dizê-lo, um fala: "elo que peca".

vv. 15-20: O conselho a Celso, escriba de Tibério (destinatário de 1.8, cf. nota), escrito de modo enviesado, é o de simplesmente diminuir o excesso das imitações (aqui no limite do furto) dos livros no templo de Apolo Palatino (erigido e dedicado por Augusto em 28 a.C., que se tornou um verdadeiro centro literário grego e latino da época), para confiar mais em si mesmo (daí a "riqueza privada", cp. com *Arte poética*, 131). A ideia do roubo das cores é ilustrada pela fábula da gralha e do pavão, que aparece em Fedro, 1.3, por exemplo (e que parece ter sido tema do filósofo epicurista Filodemo de Gádara, contemporâneo de Horácio), com a gralha tentando se enfeitar com as penas coloridas do pavão, como símbolo da ornamentação frívola.

vv. 20-29: Por fim, chegamos aos interesses do próprio Floro. O tema da abelha entre plantas e flores ("cerca tomilhos num voo esperto") aparece em *Odes*, 4.2.27-9, e deriva de Calímaco, no fim do seu *Hino a Apolo*, 110-2, sugerindo tanto o trabalho sutil e refinado quanto a variedade de interesses.

v. 25: A hera servia de símbolo estritamente aos poetas (cf. *Odes*, 1.1.29), de modo que podemos ler aqui uma ironia horaciana: Floro pode se dedicar à oratória e ao direito, seguindo o papel esperado do patrono que defende seus clientes no tribunal, mas receberá a vitória poética sempre. Daí a importância dos "cantos amáveis", que parecem sugerir interesse pela elegia erótica ou então pela lírica mais leve.

vv. 26-27: Horácio faz uma comparação medicinal aludindo a uma prática de seu tempo: o uso de faixas com compressas frias (*curarum fomenta*), para tratar alguns males no corpo, realizadas pelo célebre Antônio Musa, aqui aparecem como faixas que prendem o talento de Floro, que pode ser desenvolvido se tiver o interesse ético na filosofia. É difícil decidir, por outro lado, se "*curarum*" indica do que são feitas as compressas (elas mesmas seriam os anseios de Floro) ou contra o que elas são feitas (elas serviriam para combater os anseios do jovem).

vv. 30-34: Agora o poeta quer saber sobre como anda a velha amizade entre Floro e Munácio, outra figura dúbia: talvez se trate do filho de Lúcio Munácio Planco, a quem Horácio dedicara a ode 1.7 O poeta, como símbolo de amizade, aqui busca reunir amigos distanciados por meio da carta e de um convite.

v. 33: Sigo "*rerum*", presente nos manuscritos, em vez de "*ueri*", conjetura de Bentley incorporada por Shackleton Bailey. Entendo que "*rerum inscitia*" indica uma falta de habilidade com as coisas, derivada de uma falta de saber, daí que, como se trata da lida entre amigos, usei o coloquial "falta de tato".

v. 36: Horácio quer com isto informar que guarda uma novilha para prestar um sacrifício para o momento de retorno de Tibério com sua comitiva, segundo rituais romanos de agradecimento da *cena aduenticia*, a ceia de

1.4

A quarta carta sai dos interesses públicos que dominaram as três primeiras e se volta para um amigo mais resguardado e solitário sem grandes ambições fora do universo poético; é dedicada a um certo Álbio, e gerou e gera muitos debates. Como no caso de *Odes*, 1.33, dedicada a um Álbio autor de elegias, a leitura mais comum é identificá-lo como Álbio Tibulo, um dos maiores poetas elegíacos de Roma, e que viria do morrer em 19 a.C. (mesmo ano de Virgílio). Tibulo poderia ter lido as *Sátiras* (aqui grafadas como *Conversas* segundo o título horaciano de *Sermones*) em 27 a.C., logo depois de retornar de uma campanha na Aquitânia acompanhando seu patrono Messala, o que faz com que alguns editores suponham que esta epístola tenha sido escrita antes de 23 a.C., quando saem publicadas as *Odes*, mas essa hipótese me parece demasiadamente cronológica em suas pretensões, desconsiderando que muito das obras circulavam oralmente antes da publicação em forma de livro. A identificação de Tibulo aqui também leva alguns comentadores a ver no elegíaco a figura mencionada em *Sátiras*, 1.4.109, quando ele teria apenas 16 anos; nesse caso, seu conhecimento das *Sátiras* viria desde a juventude. Infelizmente, toda essa identificação seguirá sendo hipotética, porque "Álbio" era um nome muito comum e "Tibulo" se refere a si mesmo apenas pelo *cognomen*, e a ausência de dados mais específicos nos deixa apenas com conjunturas, mais ou menos convincentes; penso que a hipótese de termos Tibulo como destinatário segue sendo, no mínimo, instigante.

O curto poema (imitado por Pérsio em suas *Sátiras*, 4.13-22) funciona como carta-convite para uma visita, e aqui vemos Horácio pela primeira vez se apresentar como um tipo de exemplo pedagógico, para demonstrar que poesia, apesar de fundamental na vida dos poetas, não resolve todos os problemas para garantir uma vida boa. Daí a tradicional injunção ao *carpe diem*, com seu viés epicurista, que Horácio, muito a seu modo, trata de encerrar em chave autoirônica.

v. 1: "*Candide*" parece ser uma piada interna com o sentido do nome "*Albius*", que ecoa "*albus*" ("claro", "branco"); assim, traduzi desse modo e ainda redobrei a piada com "justo juiz".

v. 2: Segundo Pseudo-Acrão, Pedo era uma região rural e montanhosa a leste de Roma, e não muito longe de Preneste, onde Horácio afirmava estar no poema anterior.

vv. 3-4: Caio Cássio de Parma, ou Parmense (74 a.C.-31 a.C.), foi um autor de tragédias (segundo Porfirião) e elegias, epigramas e sátiras (segundo Pseudo-Acrão). Por ter sido um dos conjurados no assassinato de Júlio César, em 44 a.C., foi morto por ordens de Augusto como vingança; na verdade, foi o último dos assassinos a morrer. Escoliastas o identificam com o Cássio Etrusco de *Sátiras*, 1.10.61. Se confiarmos na obra elegíaca, teríamos aqui mais um argumento para lermos Álbio como Tibulo, bem como o interesse por ambientes naturais e rurais que dominam sua própria obra elegíaca.

vv. 6-11: Horácio parece sugerir que Álbio cuida bem de sua vida, mas talvez exagere nas escolhas, de modo que é preciso equilibrar o ascetismo aqui apresentado com uma boa dose de epicurismo, como vemos no fim do poema.

v. 16: A descrição do epicurista como um porco se aproxima da animalização que outras escolas usavam para apontar essa prática, como vemos em Cícero, *Contra Pisão*, 37.

1.5

Na sequência de 1.4, temos aqui outro convite para um banquete, um tema derivado de Baquílides, frag. 21, e difundido por vários epigramas da *Antologia Palatina* (11.44, de Filodemo, é um bom exemplo), dessa vez a um Mânlio Torquato (família de nobres patrícios), muito provavelmente o mesmo da clássica ode 4.7, ainda inédita nesse período. Horácio faz uma série de barganhas, garantindo que terá um vinho envelhecido, guardado há anos, que eles podem beber sem problemas porque o dia seguinte é feriado, e ainda informa que seu convidado pode trazer mais pessoas. A linguagem lembra tangencialmente a ode 3.29, dedicada a Mecenas, porém o tema do convite a um homem de poder e muito trabalho abre a tópica filosófica sobre como desfrutar da vida, aproveitando os momentos segundo o *carpe diem* e, portanto, sabendo a hora de deixar de lado os compromissos em nome dos prazeres possíveis e até modestos (triclínios pequenos, comida frugal, apesar do vinho bom).

v. 1: Segundo Porfirião, Arquias era um marceneiro sem grandes pretensões, e seus leitos e triclínios eram pequenos. Isso é retomado no verso 29, quando o poeta anuncia sua preocupação com muitas pessoas num só lugar.

v. 3: Porfirião informa que "*supremo sole*" significaria "*hora sexta*", o equivalente ao nosso meio-dia; no entanto, seguindo outros comentadores, entendo que ele indica o derradeiro sol, ou seja, o pôr do sol, horário padrão para festins em Roma, já que beber durante o dia (como acontece no banquete de Nasidieno, em *Sátiras*, 2.8) era malvisto. Também compreendo que a carta chega no começo do dia, dando ao convidado Torquato o tempo necessário para se preparar, fugindo dos clientes (já que parece ser um advogado bastante ocupado) e tomando um banho.

v. 4: O segundo consulado de Tauro foi em 26 a.C., e essa seria a data da passagem de um recipiente maior para a ânfora. Os romanos contavam seus anos pelos nomes dos consulados, e a praxe era colocar esses nomes nas ânforas para avaliar depois o tempo de descanso. O vinho, segundo, Mayer, parece ser um Mássico da Campânia, região onde Tito Mânlio em 340 a.C. derrotara os latinos, o que serve então como enviesado louvor e memória ao antepassado de Torquato. Já Petrino é de difícil localização hoje: Porfirião informa que ficava junto à planície de Falerno.

v. 6: O uso de "*imperium*" e de "*imperor*" no v. 21 pode ser apenas um jogo com a ideia de "rei do banquete" ("*rex conuiui*"), ou seja, aquele que toma decisões sobre o vinho e outras coisas; no entanto, também pode ser um jogo laudatório e risonhamente autoirônico com o título de "*Imperiosus*" ("Imperioso") dado ao mesmo Tito Mânlio da nota anterior.

v. 9: Segundo os escoliastas, Volcáscio Mosco seria um rétor de Pérgamo, acusado de envenenamento e defendido por Torquato e por Asínio Polião; depois de condenado, teria fugido para Marsília (atual Marselha), onde se tornou cidadão e passou a dar aulas até 25 d.C., quando cedeu seus bens à cidade. O caso, de datação incerta, aparece aqui para louvar os trabalhos difíceis enfrentados por Torquato. O aniversário de Augusto César era em 3 de setembro, período com um clima mais quente.

vv. 16-20: O louvor ao vinho, tradicional na poesia lírica e simposial, aqui ganha um valor quase filosófico pelo contexto horaciano, porém sem perder seu riso leve. O termo "soltinho", que traduz "*solutum*", é uma piada com o epíteto grego de Dioniso, Lieu ("o libertador/soltador"), muitas vezes "*liber*" em latim.

vv. 26-27: Setício, Butra e Sabino são completamente desconhecidos; talvez fossem mesmo na época da publicação, o que criaria ainda mais o efeito de encontro entre amigos sem maiores pretensões que o convívio. Sabino chegou a ser por vezes identificado com Aulo Sabino, amigo de Ovídio (*Amores*, 2.18.27-34, e *Pônticas*, 4.16.16).

v. 29: O calor de setembro, somado a muitas pessoas num leito estreito, vai gerar o cheio de cabra na festa, estragando o prazer. Seria possível ler isso também sob a égide da poesia aristocrática horaciana, feita para poucos?

1.6

Esta, que é uma das cartas mais famosas de toda a coleção e a primeira da série a começar com uma frase de tom didascálico-filosófico, vai dedicada a um completo desconhecido, Numício, e tem pouca aparência de epístola, de modo que se chegou mesmo a aventar a possibilidade de que Numício fosse uma personagem fictícia para justificar o gênero do poema e garantir sua discussão mais geral. A ideia de não admiração vem pelo menos desde a frase atribuída a Pitágoras: τὸ μηδὲν θαυμάζειν ("nunca se espantar"); mas é parte da ataumastia (ἀθαυμαστία) típica dos filósofos, presente em Estrabão (1.3.21) e em Demócrito como ἀθαμβία, segundo Cícero (*Dos fins*, 5.29.87), ou mesmo a ataraxia dos epicuristas e a apatia dos estoicos, ou seja, uma busca por desapego, indiferença e tranquilidade da alma que se caracteriza pela ausência de grandes emoções ou arrebatamentos. O mote reflexivo acaba sendo a ideia antidogmática de que o indivíduo não pode se apegar demais a apenas um aspecto da vida, mas agir sempre de modo eclético, tanto que, mais uma vez, o principal exemplo de sabedoria citado vem de um poeta, o elegíaco Mimnermo. Dito isso, é preciso assumir que não é fácil acompanhar as transições abruptas que organizam o poema de modo a apagar a sensação de um desenvolvimento lógico linear.

v. 1: "Espantar" (*"mirari"*) aqui tem o sentido de "pasmar", "admirar" ou mesmo "temer". Começa com o anseio de compreender as coisas do mundo sem espanto, como vemos no epicurismo de Lucrécio, em *Da natureza das coisas*, porém depois se amplia para outras frentes, como o próprio desejo.

v. 7: "Quirite" é um termo formal para designar o cidadão romano como descendente de Quirino, o nome do fundador da cidade, Rômulo, depois de sua divinização.

v. 18: Tiro e Sídon, no atual Líbano, eram produtoras do melhor tipo de púrpura usado para tingir roupas de luxo.

vv. 20-23: Shackleton Bailey transfere estes versos para depois do v. 48, segundo sua própria interpretação; no entanto, sigo todos os outros editores e mantenho a posição dos versos.

v. 21: Como "Mudo" traduzo o nome transparente *"Mutus"*, que não indica nenhuma pessoa real, mas funciona genericamente como um mudo em oposição ao homem que discursa. Seus campos são dotais, porque ele os herda do dote da esposa.

vv. 25-27: O pórtico de Agripa, perto do Panteão, tinha sido inaugurado em 25 a.C. e, junto com a Via Ápia, era um dos lugares de passeio de certa moda romana. Numa Pompílio foi o segundo rei mítico de Roma, que teria fundado a maior parte das instituições religiosas da cidade (cf. Tito Lívio, 1.18-21). Anco Márcio foi o quarto rei mítico (Lívio, 1.32-34). Os dois são costumeiramente representados como bons reis que também morreram, ou seja, como marca da inexorabilidade da morte.

vv. 31-32: As duas imagens são expressões proverbiais reforçadas pelas aliterações que busquei recriar, sobretudo numa época em que os romanos estavam muito mais dispostos a desmatar bosques tradicionalmente considerados sagrados.

vv. 32-33: Descrição típica do mercador; Cibira (ou, melhor, Cíbira) era uma cidade frígia exportadora de minério de ferro e presunto; Bitínia era uma província da Ásia Menor, no mar Negro, também famosa pela importância comercial.

vv. 36-38: A personificação do dinheiro (*"pecúnia"*) já havia aparecido em Varrão, *Gramática*, 150; usei o termo "grana" para mantê-la no feminino como "rainha", em eco de Hesíodo, *Trabalhos e dias* (onde lemos sobre a senhora Sedução/Persuasão (Πειθώ), que logo abaixo aparecerá como *Suadela*, tradicionalmente alocada ao lado de Vênus/Afrodite).

vv. 39-44: O rei capadócio é Ariobarzanes, um rei sátrapa e comandante persa que lutou contra Alexandre, o Grande, em 330 a.C., aqui representado como um rei luxuoso, porém pobre (cf. Cícero, *Cartas a Ático*, 6.3, que o considera paupérrimo), em oposição a Lúcio Licínio Luculo (118-56 a.C.), político e cônsul romano que combateu Sula na guerra Civil e aqui representa o rico que não se preocupa com os bens e os doa sem pensar: essa história é contada por Plutarco, *Luculo*, 39.

vv. 50-52: Horácio se refere aqui a um tipo específico de escravo romano, o *"nomenclator"*, encarregado de guardar os nomes das pessoas importantes para seu senhor cumprimentar todos adequadamente. Fábia e Velina são duas tribos importantes de Roma, então conhecer as figuras de maior influência nesses grupos garantiria prestígio e votos.

v. 57-61: Gargílio é um total desconhecido, embora o sobrenome existisse em Roma. Os dados que nos oferece Pseudo-Acrão são basicamente os mesmos que nos oferece Horácio, redundando em paráfrase. Ele atravessa dois lugares de muito movimento e prestígio na cidade: o foro, como centro político, comercial e jurídico, e o Campo de Marte, como centro de lazer.

vv. 61-62: Tomar banho logo após comer era considerado uma espécie de luxo, com o intuito de reacender o apetite, o que indica, portanto, uma vida descomedida.

v. 63: Cere era uma pequena cidade da Toscana com cidadania, porém sem direito a sufrágio; a cera aqui indica aquela que cobria as tabuinhas de madeira onde se anotava a lista dos nomes dos cidadãos, os quais perdiam, assim, os seus direitos. Ela indica, portanto, aqueles que perdem os seus direitos pela metade, sem a completa independência.

vv. 63-64: Os companheiros de Ulisses se perdem pelo menos três vezes por sua própria culpa: primeiro aceitando as comidas e bebidas enfeitiçadas de Circe, depois comendo o lótus dos lotófagos e, por fim, comendo o gado do Sol, nos dois momentos priorizando o prazer imediato, em lugar do retorno à pátria.

vv. 65-66: A referência a Mimnermo de Cólofon (mais uma vez colocando a poesia como lugar do saber filosófico) diz respeito ao frag. 1, de Gerber:

> τίς δὲ βίος, τί δὲ τερπνὸν ἄτερ χρυσῆς Ἀφροδίτης;
>   τεθναίην, ὅτε μοι μηκέτι ταῦτα μέλοι,
> κρυπταδίη φιλότης καὶ μείλιχα δῶρα καὶ εὐνή,
>   οἷ᾽ ἥβης ἄνθεα γίνεται ἁρπαλέα
> ἀνδράσιν ἠδὲ γυναιξίν· ἐπεὶ δ᾽ ὀδυνηρὸν ἐπέλθηι
>   γῆρας, ὅ τ᾽ αἰσχρὸν ὁμῶς καὶ κακὸν ἄνδρα τιθεῖ,
> αἰεί μιν φρένας ἀμφὶ κακαὶ τείρουσι μέριμναι,
>   οὐδ᾽ αὐγὰς προσορῶν τέρπεται ἠελίου,
> ἀλλ᾽ ἐχθρὸς μὲν παισίν, ἀτίμαστος δὲ γυναιξίν·
>   οὕτως ἀργαλέον γῆρας ἔθηκε θεός.

> Qual é a vida, qual o prazer sem áurea Afrodite?
>   Muito melhor morrer logo que não me importar
> com amores secretos, doces deleites e leitos,
>   tudo que a flor do prazer jovem puder ofertar
> para mulheres e homens: depois que vier a velhice
>   detestável que faz do homem um péssimo horror,
> sempre oprimem-lhe péssimas preocupações na cabeça,
>   nem se apraz ao ver vívidos raios de sol,
> desprezível aos jovens, desonroso às mulheres:
>   sim, por certo um deus dura velhice nos deu.

NOTAS ÀS *EPÍSTOLAS* | 441

v. 67: Sigo a edição da maioria dos editores (*rectius istis,*), em vez da edição de Shackleton Bailey (*rectius, istis*).

1.7

Segunda carta a Mecenas e segunda recusa ao patrono; aqui Horácio responde como se tivesse sido criticado por ficar mais tempo na sua *uilla Sabina*, ou talvez em Preneste, sem retornar a Roma para cumprir com suas obrigações como cliente. A resposta à crítica do patrono é complexa (Pseudo-Acrão a considera áspera e severa) e defende o medo da doença que assola Roma, mas também a adequação de cada indivíduo a um espaço específico: Horácio, agora maduro e poeta epistolar da sabedoria, combina com a vida rural. O argumento por sua independência e autarcia (αὐτάρκεια) é tão forte, que o poeta, apesar de se mostrar eternamente grato a Mecenas por tudo que recebeu, usa a história de Telêmaco na corte de Menelau e a de Volteio Mena cliente de Felipe para indicar dois momentos em que os presentes podem ser imediatamente devolvidos.

vv. 1-2: "Cinco" ("*quinque*") não precisa ser lido como número exato, mas como algo que arredonda uma semana. "Sextil" é o nome do que viria a se tornar o mês de Agosto apenas em 8 a.C., precisamente em homenagem a Augusto. É um dos meses mais quentes do ano em Roma, quando a cidade era assolada por febres causadas por picadas de mosquitos, daí o medo de Horácio em sair da sua terra.

vv. 5-6: O calor e o nascimento dos figos apontam o verão, com as consequentes mortes por doenças, representadas aqui na sequência de coveiros com seus litores/assistentes, pais e mães preocupados e, por fim, os testamentos sendo abertos para os herdeiros.

vv. 10-13: Assim como no verão Horácio receia Roma pelas doenças, no inverno ele procura o mar para fugir ao frio excessivo do continente. O resultado é remarcar a visita para o começo da primavera.

vv. 14-28: Horácio faz uma reflexão sobre o lugar da gratidão ao mesmo tempo que busca mostrar que a idade mudou sua resistência e seu temperamento.

v. 14: O calabrês aqui é usado apenas para garantir concretude à imagem na prática de dar presentes aos visitantes, no caso as peras típicas da região.

v. 22: Bronze é o material típico para fazer moedas, enquanto tremoço era uma semente aparentemente usada como se fosse moeda nos palcos dos teatros.

v. 26: A testa curta era padrão de beleza entre os romanos (cp. 1.33.5, a respeito de Lícoris), e a de Horácio cresce cada vez mais à medida que vai ficando calvo e grisalho.

v. 28: Cínara aparece também em 1.14.33 e surgirá pouco depois, no quarto livro das *Odes*, em 4.1.4 e 4.13.21; mas seu nome já havia constado na poesia horaciana também na elegia 4.1.99 de Propércio. Como aparece sugestivamente morta na maioria dos casos, alguns estudiosos como Fraenkel (1957, p. 411) julgaram se tratar de uma pessoa real; porém, como argumenta Thomas (*ad loc.*), "se ela é/era real, por que ele não falou dela quando estava viva?". K-H chegam a supor, pela relação com o verso seguinte, que ela seria Glícera (pela sonoridade proparoxítona e pela invocação da ode 1.19). Mais importante, talvez, seja a sugestão de seu nome, derivado do grego κινάρα ("alcachofra"); porque temos um fragmento 347 Lobel-Page de Alceu em que ele convida ao banquete quando a alcachofra floresce (v. 4 ἄνθει δὲ σκόλυμος); Johnson (2004, p. 229, n. 88) ainda lembra que a alcachofra com vinho era considerada afrodisíaca.

Porém há outra possibilidade ainda mais sugestiva: John D. Morgan (*apud* Thomas) aponta uma inscrição do início do principado, na região da Venúsia (pátria de Horácio). Trata-se da tumba onde lemos: *Cinura | L. Salui (serua) h(ic) | sita est* ("Aqui está Cínura, escrava de Lúcio Sálvio"). Os manuscritos horacianos mostram uma grande variedade de ortografias para o nome, tais como *Cinar-*, *Cinayr-*, *Cinyr-*, *Cynar-*, *Cynir-*; o mesmo ocorre nos comentários de Porfirião. Com isso, é possível que se tratasse de uma figura real; porém o mais interessante são as duas novas etimologias possíveis. "Cíniras" (Κινύρας, *Cinyras*) é uma figura ligada a Apolo em Píndaro, *Píticas* 2.15.17. Já "Cínura" ou "Cínira" ("*cinura*" ou "*cinyra*") poderia apontar para uma palavra grega, κινύρα, de origem hebraica ("*kinnor*"), que é um instrumento musical de cordas, similar à lira. Nos dois casos, o nome indicaria uma relação com a poesia.

vv. 29-39: A fábula é similar à que lemos em Bábrio, 86.

v. 29: Sigo a leitura "*uulpecula*", presente nos manuscritos, em vez da conjetura "*cornicula*", de Giangrande, incorporada por Shackleton Bailey.

v. 38: "Rei" e "pai" eram expressões típicas para o cliente chamar seu patrono, ambas mostrando uma hierarquia política ou familiar.

vv. 40-43: A fala de Telêmaco, aqui parafraseada, é tirada da *Odisseia*, 4.601 e ss., quando ele se recusa a levar os cavalos e a carruagem ofertados por Menelau (filho de Atreu, portanto Atrida), uma vez que Ítaca não tem uma geografia adequada para isso. A partir desse momento, Horácio reflete sobre os limites de cada vida e sobre como esse conhecimento é necessário para se ter uma vida feliz.

v. 44: O adágio ecoa Calímaco, *Aetia*, 2: αἰεὶ τοῖς μίκκοις μίκκα διδοῦσι θεοί ("sempre os deuses dão coisas pequenas aos pequenos").

v. 45: Em contraposição ao estatuto régio de Roma sobre o mundo, Horácio prefere as regiões rurais e próximas, no caso Tíbur, onde ele teria comprado uma *uilla*, e Tarento, certeiramente caracterizada como imbele.

vv. 46-95: A história de Felipe e Volteio Mena ocupa mais de metade da carta, fazendo com que quase nos esqueçamos do sentido dela em relação ao contexto maior. Felipe é muito provavelmente Lúcio Márcio Felipe, cônsul em 91 a.C., data escolhida por Cícero para dramatizar seu diálogo *Do orador*. Ele precisa andar do Foro até as Carinas, um bairro residencial na ponta ocidental do Esquilino; é uma distância razoável, longa apenas porque ele está já velho. Volteio Mena é um completo desconhecido, porém podemos inferir que se tratasse de um liberto, pois Mena é uma abreviação do grego "Menodoro", enquanto "Volteio" seria o nome herdado de seu antigo dono, já que um liberto não tinha reconhecimento legal de paternidade; como pregoeiro, ele teria baixo *status*, porém provavelmente uma renda razoável, tal como o próprio pai de Horácio (*Sátiras*, 1.6.86).

v. 46: A contagem das horas em Roma se dava a partir do sol nascente, portanto oito horas seria mais ou menos o nosso equivalente de duas da tarde; nove horas, como vemos no v. 71, seria então em torno das três, um horário comum para começar o banquete, que adentrará a noite.

v. 59: Os jogos são aqueles que acontecem no Circo, enquanto o Campo é o Campo Márcio (ou Campo de Marte), onde se praticavam esportes e passeios.

v. 65: A túnica tosca é referência ao fato de que a toga não era usada no dia a dia pelos homens da plebe.

vv. 68-69: Ir à casa do patrono logo no começo da manhã para saudá-lo era uma das obrigações de qualquer cliente em Roma; também seria de se esperar que ele viesse cumprimentar Felipe primeiro, em vez de estar desatento.

v. 76: As festas latinas (*feriae Latinae*) eram feitas anualmente, em geral no fim de abril ou no começo de maio; como feriado, todos os trabalhos ficavam suspensos.

v. 94: Sobre o Gênio, cf. nota a 1.1.87-9. A mão direita era o símbolo da lealdade, usada nos juramentos. Por fim, os Penates são as divindades protetoras da família e do Estado romano, em geral espíritos antepassados.

v. 98: A imagem poética genial de Horácio tem fundamentos no pensamento estoico que encontramos em Cícero, *Dos deveres* 1.110, ao tratar do estoico Panécio; mas também tem base epicurista, a julgar por Plutarco, *Morais*, 465f, quando mostrar que o homem ambicioso deve seguir sua própria natureza e limitação.

1.8

Depois de explicitar como entende a boa relação entre patrono e cliente, que mantém a independência do subalterno, esta carta retoma o círculo de Tibério, sendo endereçada a Celso Albinovano, já mencionado na epístola 1.3. Desta vez, Horácio, em vez de se mostrar como exemplo do bem-viver, revela-se descontente, irritadiço e carente de ajuda, usando essa descrição para aconselhar Celso a não se deixar arrebatar pelos bons ventos da fortuna ou pela complacência fácil; com isso, Horácio, tal como já fazia nas *Sátiras* e nos *Epodos*, também pode usar a si mesmo ironicamente como antiexemplar na sequência dos medos apresentados em 1.7.

vv. 1-2: É de se entender que este Celso Albinovano seja o mesmo que aparece em 1.3.15-20, ali recebendo críticas quanto ao modo de praticar a imitação. Assim, aqui o pedido à Musa termina de explicitar suas pretensões poéticas, embora Horácio em momento algum nos informe sobre que gêneros ele procura. O *cognomen* "Albinovano" o aproxima também de Albinovano Pedão, poeta amigo de Ovídio (cf. *Pônticas*, 4.10). Nosso Celso parece já ter um cargo bastante estável como parceiro (isto é, parte da comitiva) e escriba (um tipo de secretário pessoal) de Tibério; daí que seja uma figura rica, dos equestres, mas sem maiores pretensões de ascensão no disputado mundo romano.

v. 6: Este verso faz referência à prática da transumância, muito comum na agropecuária romana, quando os rebanhos migram periodicamente, indo para as montanhas nas épocas quentes e para as planícies nas estações frias.

1.9

Terceira carta em torno de Tibério, dessa vez endereçada diretamente ao enteado de Augusto, como uma carta de apresentação do jovem Setímio, muito provavelmente o amigo que vemos em *Odes* 2.6; ela retoma a prática da *commendatio* que, sabemos, era muito importante (cf. o livro 13 de Cícero, *Aos familiares*, voltado para essa prática, mas também o próprio Horácio em *Sátiras*, 2.6, quando reclama desses pedidos, e em *Sátiras*, 1.9, quando descreve um desconhecido que o aborda em busca de indicações), embora Pseudo-Acrão sugira que seria o mesmo Tício de 1.3, sem maiores argumentos. Seja como for, pouco sabemos de Tito Setímio, senão que é um equestre romano (segundo Porfirião) e que aparece numa carta de Augusto a Horácio citada por Suetônio (*Vida de Horácio*, 7); nesses momentos, sempre parece se tratar de alguém mais jovem que o poeta. A carta acaba funcionando como uma microrreflexão sobre a circulação dos artistas em torno dos patronos, o jogo das influências e o impacto dessas apresentações (sempre é bom lembrar como o próprio Horácio reconhece a ajuda que teve de Virgílio e Vário, que o apresentaram a Mecenas, mudando assim o curso da sua vida). Se Cícero tinha poder político para usar em cartas de apresentação, Horácio faz questão de nos lembrar que é de origem baixa e que tem menos influência do que os outros imaginam. No entanto, a publicação da carta como poema é uma espécie de garantia de que Horácio conseguiu realizar seu pedido.

v. 9: A dissimulação (*dissimulatio*), como ação de não mostrar completamente as próprias capacidades – e, portanto, aproximada da ironia grega (εἰρωνεία) – é entendida como uma figura de linguagem importante e não necessariamente negativa, sobretudo no trato entre amigos.

1.10

Esta carta, posicionada estrategicamente no centro do livro e encerrando sua primeira metade (sendo este poema também perfeitamente dividido simetricamente em duas metades de 25 versos), é dedicada a Arístio Fusco, que, segundo os escoliastas, seria um comediógrafo e professor gramático. Seu nome já tinha aparecido na lista de amigos literários de Horácio, em *Sátiras*, 1.10.83 e também num papel rápido e divertido em *Sátiras*, 1.9.60-74; também é o destinatário da ode 1.22; isso tudo nos faz supor que, de fato, haveria um laço estreito entre o poeta e Fusco. Aqui Horácio louva a forte amizade dos dois, com apenas um ponto de diferença: se Fusco adora a cidade (leia-se, mais especificamente, Roma), Horácio prefere sua vida no campo como símbolo da liberdade e da independência, que ele já louvou em poemas anteriores. Com isso, temos um louvor à vida modesta e rural em contraponto aos luxos da cidade, um tema caro a Horácio, aqui desenvolvido num trabalho poético refinadíssimo de oposições distanciadas sem total explicitação. Ao fim, a única falta que nosso poeta sente seria das grandes amizades.

vv. 10-11: O escravo do sacerdote representa aqui aquele que está já farto de receber o refinamento dos libos (uma espécie de bolinho sacrificial), e agora prefere e procura apenas o simples pão.

vv. 16-17: A constelação de Cão subia no céu em 20 de julho, tornando-se plenamente visível a partir do dia 26, indicando o verão e seu calor destrutivo; já o Sol entra em Leão no dia 23 de julho, o que aqui é expresso com a engenhosa imagem de um leão sendo ferido por dardos solares.

v. 10: Os pavimentos das casas romanas eram caríssimos e muito prezados, com trabalhos sobre mosaicos, sobretudo quando feitos com pedras importadas.

v. 20: Os encanamentos em Roma eram feitos de chumbo, e por vezes estouravam com a força da água.

vv. 22-23: Aqui as colunas acabam parecendo troncos de árvores, fazendo uma floresta artificial; do mesmo modo é louvada a casa com torres, amiúde em cima dos montes da cidade, que permitem uma vista ao longe, que dá para as searas em torno da cidade de Roma.

vv. 26-27: Horácio opõe dois modos de tingir roupa: por um lado, a caríssima púrpura de Sídon, extraída do ostro que vive no mar; por outro, a extração do fuco, um líquen típico na região de Aquino, de cor similar à da púrpura, porém muito mais barato.

v. 37: Shackleton Bailey coloca *"uiolens"* entre cruzes, considerando o texto corrompido e sem melhor conjetura. A maioria dos editores não vê maior problema textual.

v. 45: Este verso pode estar fazendo uma piada com a profissão de Fusco como gramático e professor, se confiarmos no testemunho dos escoliastas; assim, Horácio, que ensina a sabedoria ao amigo, se apresenta também como um possível mau aluno.

v. 48: Este verso ecoa *Sátiras*, 2.7.20; nos dois casos, parece derivar de alguma imagem em que um animal deve ser guiado por uma corda contra a qual vez por outra se rebela.

v. 49: O poeta se descreve ditando a carta para algum escravo que trabalhava de secretário. Vacuna é uma deusa sabina (portanto rural para o imaginário romano) de função ainda um tanto obscura, mas identificada por vezes com várias outras deusas (tais como Vitória, Vênus, Ceres, entre outras), cujo santuário estaria talvez dentro das terras de Horácio e pode ter sido restaurado, muito depois, por Vespasiano. Vacuna também pode estar etimologicamente ligada a *"uacare"* (estar livre, de folga), o que faria todo o sentido com o espírito desse ócio filosófico das epístolas que se anunciaram até agora.

1.11

Depois de um louvor à vida quase estática do campo, temos uma nova carta para um amigo viajante: Bulácio passeia pela província da Ásia, passando pelas ilhas gregas mais orientais, tais como Quios, Lesbos, Samos, depois adentrando a Ásia Menor em Sárdis (onde reinou Creso, o último rei da Lídia, em meados do séc. VI a.C.), Colofão e Esmirna. Seria esta a mesma viagem da comitiva de Tibério que já vimos desde 1.3? Essa questão sobre as cidades (submetidas à beleza patriótica do Tibre e do Campo de Marte) leva o poeta a refletir sobre a felicidade humana não poder depender da geografia.

v. 5: As urbes atálicas são aqueles que ficaram sob a dinastia atálida após a morte de Alexandre: as mais notáveis eram Pérgamo, Apolônia e Tiatira.

v. 6: Lêbedos era uma cidadezinha junto ao mar, ao sul de Esrmina, na atual Turquia, sobre uma pequena península que Horácio pode ter conhecido pessoalmente quando servia ao exército de Bruto na guerra civil contra as forças de Otaviano e Marco Antônio.

vv. 7-10: Algumas edições editam estes versos como se fossem uma fala de Bulácio; no entanto, sigo Shackleton Bailey e a maioria dos editores mais atuais, que entendem aqui ainda a fala do nosso poeta.

vv. 7-8: Gábios era uma cidade próxima de Roma a leste, enquanto Fidenas era ainda mais próxima.

v. 10: Este verso ecoa Lucrécio, *Da natureza das coisas*, 2.1-2 com a descrição do mar violento junto à terra.

v. 11: Cápua era cidade florescente a norte de Neápolis (atual Nápolis), a menos de 200 quilômetros de Roma.

vv. 17-19: Horácio mostra aqui, de modo engenhoso, que nem os belos lugares têm grande valor para o homem sadio de mente e corpo. Eles são como coisas inúteis: casaco (*paenula*) no verão, roupa leve de atleta (*campestre*) no auge do inverno, o rio Tibre no inverno (pouco navegável) e uma lareira/um forno (*caminus*) durante o Sextil, um dos meses mais quentes do ano em Roma (nosso atual Agosto). Mitilene era a principal cidade da ilha de Lesbos, e a ilha de Rodes ficava ainda mais a sudeste, bem próxima à Ásia.

v. 30: Úlubras é uma cidade sem maior importância, chamada de vazia (*uacuae*) por Juvenal, em *Sátiras*, 10.101, e também marcada como repleta de sapos a coaxar, segundo Cícero, *Aos familiares*, 7.81.

1.12

Esta é a segunda carta de apresentação: dessa vez dedicada a Ício, para lhe apresentar o jovem Pompeio Grosfo. Em *Odes*, 1.29, Horácio já tinha dedicado

448 | COLEÇÃO CLÁSSICA

a Ício, que aparece como filósofo diletante, criticando seu abandono da filosofia para fazer uma expedição militar na Arábia. Agora ele parece ter se transformado numa espécie de cuidador das terras de Agripa na Sicília; nisso está ligado a um braço direito de Augusto na parte militar e administrativa. Seria possível imaginar que este poema responderia a uma hipotética carta de Ício reclamando que não era dono das terras de que cuidava; ao que Horácio responde que o contentamento deveria estar na fartura que ele já tem, mesmo sem ser dono das terras, até porque nessa vida ele pode se dedicar a estudar filosofia. Já Grosfo apareceu em *Odes*, 2.16, como um rico proprietário na Sicília, ou seja, um equestre.

vv. 1-3: A Sicília tinha uma produção farta que supria Roma, então já se sugere desde o começo a abundância de bens, que só viria mais adiante a ser suplantada pela província do Egito.

vv. 5-6: A ideia parece ecoar Sólon, frag. 24.1-4, também sobre a riqueza em termos mais concretos.

v. 8: A urtiga, se colhida bem jovem, é boa para saladas. Também existe uma tradição até hoje, em alguns países, de se fazer sopa de urtiga.

vv. 12-13: A negligência do filósofo Demócrito com suas posses era proverbial (Diógenes Laércio, 9.38-39; Cícero, *Dos fins*, 5.87) e aqui serve como exemplo para o próprio comportamento de Ício.

vv. 15-19: Os interesses por um saber físico estão presentes em vários poetas da época, partindo obviamente de Lucrécio, *Da natureza das coisas*, mas passando por Virgílio, *Geórgicas*, e Propércio, 3.5, talvez por grande influência do filósofo grego Posidônio. A imagem de uma concórdia discorde anuncia a filosofia de Empédocles, baseada no antagonismo da discórdia e do amor. Empédocles foi um filósofo-poeta do séc. V a.C., habitante da Sicília. Para Horácio, ele parece encarnar a ideia do filósofo maluco, por supostamente ter se jogado dentro do vulcão Etna para que o povo pensasse que ele foi arrebatado e imortalizado. Estertínio era um pregador contemporâneo, dedicado à escola estoica.

v. 21: Segundo os escoliastas, o peixe aqui estaria representando os alimentos caros, em contraponto com os vegetais, mais baratos. Porém o uso de "*trucidare*" dá um tom engraçado à fala e sugere que possa estar em jogo uma piada com os pitagóricos, que por sinal Empédocles seguia no que diz respeito às metempsicose, ou transmigração das almas, afirmando que ele teria sido antes um peixe e que, portanto, comer peixe poderia ser lido como assassinato ou canibalismo.

vv. 24-27: Voltando-se ao fim para os últimos feitos de Roma, Horácio se refere ao fato de que Agripa fez uma campanha na Hispânia contra os cântabros e saiu vitorioso em 19 a.C., pouco tempo depois Tibério conseguiu seu sucesso sobre a Armênia (cf. nota introdutória a 1.1); em consequência Fraates, o rei dos partas, devolveu as insígnias romanas que muitos anos antes, em 53 a.C., tinham sido tomadas do general Crasso na batalha de Carras, onde os romanos foram massacrados.

1.13

Esta carta é uma metaepístola bem-humorada em que Horácio se dirige a Vínio Ásina (em vez de se dirigir diretamente ao *princeps*), para que este leve seus livros até Augusto, talvez os primeiros livros de *Odes*, talvez o próprio livro das *Epístolas*. Não se sabe quem é esse Vínio, mas já se supôs que seria Vínio Valente, um centurião de renome a serviço de Augusto (embora não se saiba exatamente a data); se for verdade essa hipótese, teríamos uma boa explicação para o vocabulário militar do poema como um todo. Também poderia ser o Onísio mencionado numa carta de Augusto a Horácio citada por Suetônio (*Vida de Horácio*). O poema curto acaba se revelando uma peça engenhosa para cativar o próprio Augusto, em sua passagem curtíssima pelo primeiro livro das *Epístolas*; logo ele retornará na peça grandiosa do segundo livro. Por causa disso, a maioria dos comentadores tende a ler a peça como puramente ficcional.

v. 3: A preocupação com a saúde de Augusto ("se vai bem") tem fundamento histórico, pois, segundo Suetônio (*Augusto*, 81-82), ele teria tido uma recaída séria em 23 a.C., que serviu como um verdadeiro alarme.

vv. 7-8: É curioso que Horácio mencione o *cognomen* de Vínio como "Ásina", quando na verdade o nome mais comum era "Aselo"; seja como for, os dois nomes remetem, algo ironicamente, ao asno (*asinus*), que Vínio acaba se tornando ao carregar a encomendada dada por nosso poeta. Mayer sugere que "Ásina" talvez não fosse o *cognomen*, e sim o *agnomen* (epíteto) do pai de Vínio; de qualquer modo, indica origem rural.

v. 14: Essa imagem da mulher Pírria ébria com uma lã roubada, segundo os escoliastas, seria uma alusão a uma cena de teatro de Titínio. "Pírria", no entanto, é considerado um nome sem fundamento e tende a ser considerado como uma corrupção textual, tanto que Shackleton Bailey o edita *inter cruces*. O adjetivo "vinosa" pode ser um trocadilho com o nome de Vínio.

v. 15: A cena típica aqui descrita é um tanto complexa, apesar de se dar concisamente em apenas um verso: um homem modesto de uma das tribos de

Roma é chamado para um banquete na casa de outro homem da mesma tribo, porém rico, que está em campanha na representação. Como o homem pobre não tem escravo para levar sua capa e sandália e guardá-las durante o banquete, ele acaba ficando o tempo inteiro com elas. Tentei recriar o contexto do modo mais conciso possível.

v. 17: César é aqui o próprio Augusto.

1.14

Esta carta, que retoma muito do que vimos em 1.8, 1.10 e 1.11 (bem como em *Sátiras*, 1.1, a respeito do descontentamento humano), é destinada a um caseiro anônimo de Horácio (mais provavelmente um capataz ou feitor encarregado também de comandar outros trabalhadores da *uilla Sabina*), enquanto o poeta está em Roma para dar apoio ao luto de seu amigo Lâmia pela morte do irmão. Esse contexto de viagem dá ensejo ao tema do contraste entre desejo e realidade: Horácio, em Roma, considera a vida rural a melhor possível; ao passo que o caseiro, um escravo urbano promovido e levado ao campo, prefere a vida urbana. Apesar do abismo social que os distingue (Horácio um homem livre, o caseiro ainda escravo), o tom da conversa permite proximidades contínuas da ordem humana na série de oposições no gosto de cada um, porém um acontecimento completamente atípico no imaginário escravista romano, que poderia ser lido como um tipo de exemplar de convívio fora das convenções. Como o poema é dedicado a uma figura completamente desconhecida e parece funcionar muito bem para a arquitetura do livro, há quase um consenso entre estudiosos de que esta peça seria ficcional; no entanto, é bom lembrar que, mesmo ficcional, ela gira em torno de dados biográficos do poeta.

vv. 2–3: Horácio parece se referir a famílias de colonos que trabalhariam por arrendamento, ou algo do tipo, nas terras de Horácio. Eles seriam capazes de se deslocar até Vária, atual cidade Vicovaro, para negociar seus produtos e atuar civicamente nas eleições locais, daí que apenas os pais façam esse deslocamento.

v. 6: Lâmia é destinatário de três odes (1.26, 1.36 e 3.17), o que não garante que seja a mesma pessoa; o irmão permanece completamente desconhecido, e não podemos nem mesmo supor a idade de sua morte.

v. 13: Este verso ecoa bem a ideia presente em 1.11.27 e também em *Odes*, 2.16.19.

vv. 22–30: Aqui podemos supor que Horácio repete as próprias reclamações do caseiro sobre sua vida no campo. É importante notar como essa passagem evita o clichê do campo sempre agradável, sem trabalhos pesados.

v. 25: Traduzo livremente "tibicina", a tocadora de tíbia (instrumento de sopro com palheta, análogo ao aulo grego), como "flautista".

vv. 32-34: Horácio descreve seus gostos no período da lírica das *Odes*, em contraponto ao poeta mais sóbrio das *Epístolas*. Sobre Cínara, cf. nota a 1.7.28. O vinho Falerno era considerado um dos melhores romanos, porém, beber ao meio-dia, era uma prática malvista, como símbolo de descontrole.

vv. 40-42: O caseiro é certamente um escravo, porém com certas regalias no campo graças a seu cargo importante com comando sobre outros escravos da fazenda. No entanto, ele desejaria a ração ruim dos escravos baixos da cidade, de onde ele mesmo veio. Em contraponto, um escravo baixo da cidade o inveja porque vê as regalias que tem.

1.15

Esta carta, dedicada a Numônio Vala (que tinha uma *uilla* no sul da Itália) e com um ar muito plausível de correspondência corriqueira, cria todo um contexto subentendido: Horácio, depois de sua doença, recebe de seu médico a indicação de buscar banhos de água fria; assim, o poeta busca dicas do amigo a respeito de duas cidades, Vélia e Salerno, região da família Numônio Vala (um aspecto confirmado por inscrições e moedas antigas que marcam a importância da família), sobretudo no que diz respeito a clima, pessoas, água, caça e peixes. O interesse do poeta acaba explicitando seu gosto por luxo, contrariando os preceitos de Aristipo apresentados em 1.1.19, o que o leva a autoironicamente se comparar com Mênio, como homem que elogia a vida simples, mas assumo que, se tem a chance, comete as maiores indulgências nos seus prazeres. Como em 1.5, temos aqui, ao fim, uma espécie de elogio à quebra do ritmo regrado do cotidiano, ou seja, o ecletismo segundo uma visão pragmática de mundo.

vv. 1-25: Este primeiro parágrafo tem uma construção quase vertiginosa que só termina e ganha clareza no derradeiro verso da sequência, o que leva os editores a estabeleceram dois longos parênteses: um entre os vv. 2-13 e outro entre os vv. 16-21, que enxertam verdadeiras derivas à série central de perguntas, o que emula uma conversa da vida real.

v. 1: Vélia é a atual Castellamare di Veglia, e Salerno é a mesma contemporânea. Vala é, até segunda ordem, uma figura não identificada; os escoliastas acrescentam o nome de família Numônio, mas ficamos ainda assim sem o prenome. Sabemos apenas, e faz todo o sentido, que os Numônio Vala eram uma família da nobreza da região da Lucânia, onde ficam as duas cidades em questão.

vv. 2-9: Baias era um ponto turístico romano, famoso por seus bosques, suas águas quentes e banhos de enxofre, usados em tratamento para os nervos; porém, o célebre Antônio Musa (63-14 a.C., médico também de Augusto) indicou banhos frios, descartando qualquer passagem por ali; o modo como Horácio o menciona, quase *en passant*, revela como o poeta frequentava os círculos da elite em torno do *princeps* Augusto.

v. 9: As fontes clusinas, seriam de Clúsio, na Etrúria, atual Chiusi; no entanto, em nenhum outro lugar da literatura antiga aparece qualquer indício de fontes nesse local. Gábios fica no Lácio, e lá temos de fato fontes atestadas.

vv. 10-13: Saindo de Roma, Horácio pegaria à direita para Baias e Cumas (outro ponto turístico, perto de Neápolis, atual Nápoles); no entanto, deve seguir direto, rumo ao sul, para chegar às águas mais frias. Assim, fala para o cavalo seguir reto, quando a verdadeira comunicação com o animal se dá pela rédea que puxa à esquerda.

v. 21: Vélia fica na Lucânia, daí o interesse por um turismo sexual que aparece na carta, a partir de receita médica que nada tem a ver com isso.

v. 24: Sobre a fama dos feácios, cf. nota a 1.2.17-31.

vv. 26-41: Aqui começa de forma assindética e abrupta o caso de Mênio, uma figura já atacada nas *Sátiras* de Lucílio como esbanjador e que aqui serve claramente aos propósitos satíricos do poema epistolar. Ao mesmo tempo, convém notar que, em seu relativismo moral, ele contraditoriamente parece caber nos preceitos de adaptabilidade dados por Aristipo.

v. 37: Béstio é completamente desconhecido, mas o nome certamente ecoa *"bestia"* ("besta", "ferra"); porém, podemos supor que fosse um célebre pródigo anterior a Mênio.

v. 42: Inesperadamente Horácio se identifica com o exemplo negativo ali dado, criando uma leitura irônica que usa de si mesmo como antiexemplo, ou como exemplo da abertura das regras ao desregramento temporário.

v. 45: A ideia de um bom viver retoma 1.6.56 e 1.11.29.

1.16

Esta carta é destinada muito provavelmente a Quíntio Hirpino, a quem o poeta já tinha dedicado a ode 2.11; pelo verso 11, podemos julgar que se tratava de um homem de poder ("afortunado" traduz *"beatus"*, que designa tanto o homem rico quanto o feliz); pelos versos 33-34, estaria provavelmente num cargo público; porém, para além disso, nada sabemos sobre a figura. Apesar de começar pela descrição da sua própria fazenda que, algo esperadamente, abre para derivas, e podemos dizer que o tema central da carta, como bem apontava já Fairclough, é o segundo paradoxo estoico sobre a independência (ὅτι αὐτάρκης ἡ ἀρετὴ πρὸς εὐδαιμονίαν, citado por Cícero, *Paradoxos*, 2), que acaba na discussão sobre o que seria, de fato, um "homem bom". Nesse sentido, é outro protréptico a uma honestidade sincera e à independência.

v. 1: Também se tentou identificar Quíntio com Tito Quíntio Crispino, cônsul em 9 d.C. e um dos amantes de Júlia, ou então com Tito Quíntio Valeriano, cônsul em 2 d.C., porém sem sucesso. Daí a identificação prevalente com Quíntio Hirpino, já mencionado na ode 2.11, de quem nada mais sabemos.

vv. 1-4: Fairclough lembra que a agricultura antiga era baseada em cinco produtos, aqui mencionados: gado, azeitona (para azeite), frutos, grãos e vinha (para vinho). Era tradicional enlaçar as videias em árvores altas, como o olmo, para ali ela crescer.

vv. 5-7: Trata-se do vale do Digência (cf. nota a 1.18.104-105).

vv. 5-16: Há quem compare essa imagem com a descrição do Fauno num ambiente ameno em *Odes*, 1.17.

v. 11: Tarento é um dos lugares favoritos de Horácio, tal como Tíbur, como bem vemos em 1.7.45.

vv. 22-23: Era costume dos antigos comer com as mãos e apenas uma fava, daí as mãos engorduradas.

v. 29: Horácio aproveita para fazer um elogio enviesado a Augusto. Esse é o único ponto que ajuda a datar o poema, que precisa ser posterior a 27 a.C., data em que Otaviano recebeu o epíteto oficial de Augusto. A comparação com Júpiter já se deu em outras passagens deste livro.

v. 36: "*Impudicus*" aqui designa o homem sem força masculina, muito provavelmente o passivo sexualmente; portanto, não se trata de ser pudico ou casto, mas de cumprir os papéis de gênero; na falta de opção, optei pelo termo "vergonha", que na expressão "sem-vergonha" serve para ofensas sexuais.

v. 49: O sabino é o próprio Horácio, dono da *uilla Sabina*, que se identifica com os vizinhos como um representante da tradição moral arcaica. Ao mesmo tempo, como dono de escravos, nos versos acima desvela a violência brutal das sociedades escravistas e seu modo banal de lidar com o horror.

v. 50: Traduzo por "águia" o que seria, mais tecnicamente, um falcão, por causa do metro.

vv. 59-62: Sobre Jano e seu vínculo com o dinheiro, cf. nota a 1.1.53-55. Apolo era o deus pessoal de Augusto, bem como da poesia. Porém, logo vemos que a própria prece é uma fachada para outra prece interna a Laverna, a deusa etrusca do furto e dos ladrões. Assim vemos como o homem bom, muito parecido com o suposto "homem de bem" brasileiro, é na verdade um rei da fraude.

vv. 63-64: Um escoliasta de Pérsio (*Sátiras*, 5.111) ajuda a esclarecer esta passagem, ao contar que uma brincadeira infantil consistia em grudar uma moeda no chão, para ver as pessoas tentando arrancá-las; certamente, os mais avaros gastariam muito mais tempo e empenho por uma moeda da valor ínfimo, tornando-se assim um personagem ridículo para os meninos. O resultado para Horácio, aqui em pleno modo satírico, é que o avarento, mesmo rico e livre, é escravo tanto quanto o escravo *stricto sensu*.

vv. 73-79: Estes versos são uma paráfrase livre de Eurípides, *As Bacantes*, 492-8, uma peça que já tinha sido imitada em Roma por Ácio. Seguem os versos gregos:

{Δι.} εἴφ' ὅτι παθεῖν δεῖ· τί με τὸ δεινὸν ἐργάσηι;
{Πε.} πρῶτον μὲν ἁβρὸν βόστρυχον τεμῶ σέθεν.
{Δι.} ἱερὸς ὁ πλόκαμος· τῶι θεῶι δ' αὐτὸν τρέφω.
{Πε.} ἔπειτα θύρσον τόνδε παράδος ἐκ χεροῖν.
{Δι.} αὐτός μ' ἀφαιροῦ· τόνδε Διονύσωι φορῶ.
{Πε.} εἱρκταῖσί τ' ἔνδον σῶμα σὸν φυλάξομεν.
{Δι.} λύσει μ' ὁ δαίμων αὐτός, ὅταν ἐγὼ θέλω.

DIONISO: Me diz o que eu irei sofrer, que mal farás?
PENTEU: Primeiro vou cortar um lindo cacho teu.
DI: Sagrado é meu cabelo, o cresço para o deus.
PE: Me dá depois o tirso preso em tuas mãos.
DI: Tu mesmo vem tomar: a Dioniso o dou.
PE: Teu corpo nós vigiaremos na prisão.
DI: Um nume vai me libertar quando eu quiser.

v. 79: A imagem é realmente da corrida, porém em Roma a linha final era feita com um giz traçado no chão.

1.17

Esta carta retoma o tema da independência pessoal, que será continuado em 1.18, ilustrada em questões vinculadas ao patronato e à clientela estruturais da cultura romana; nesse aspecto, temos uma retomada de pontos apresentados em 1.7, dedicada a Mecenas, patrono de Horácio. Nada sabemos sobre o destinatário Ceva, embora (ou mesmo porque) seja um sobrenome tradicional a partir de uma narrativa histórica, e o nome sugestivamente significa "canhoto", "torto", "estranho" (um pouco como "*gauche*"). Horácio então se coloca como um homem experiente no assunto e começa sugerindo que Ceva, como ele próprio, saia de Roma para o campo, a fim de levar uma vida tranquila e sem fama, porém confortável e contente com os bens que tem. É isso que leva o poeta a retomar Aristipo, dessa vez em contraste com Diógenes, para mostrar dois modos de vida a partir da filosofia, e sugerir que o primeiro está correto, o que funciona como uma defesa do próprio poeta contra acusações de que seria um bufão servil e parasita dos homens de poder. Na parte final, Horácio acaba dando dicas – com sua típica irônica – de comportamento para o novato.

v. 2: Sigo "*tandem*", dos manuscritos e adotado pela maioria dos editores, em vez de "*tenuem*", conjetura de Horkel adotada por Shackleton Bailey.

v. 8: Ferentino era uma cidade pequena e rural do Lácio, na região albana.

v. 10: Neste verso, entrevemos a doutrina epicurista de "viver obscuro" (λάθε βιώσας).

vv. 13-32: Estes versos reproduzem uma disputa entre o filósofo cínico Diógenes e Aristipo de Cirene (cf. nota a 1.1.18-19), tal como é contada por Diógenes Laércio, em *Vida e doutrinas dos filósofos ilustres*, 2.8.68, a começar pela acusação de Diógenes, que limpava suas verduras para a janta, quando Aristipo teria passado por ali. Em contraponto à proposta de contentamento de Aristipo, Diógenes representa o desligamento das práticas culturais humanas (daí que seja apelidado de "Cão", em grego κύων, que dá origem a "cinismo"), recusando-se a usar roupas além de uns trapos, morando num barril e fazendo suas necessidades físicas em público.

v. 30: A clânide é uma roupa para homens e mulheres, mais delicada, podendo ser usada no verão. Funciona como contraste aos trapos típicos do filósofo cínico, que usava apenas o pano da roupa dobrado duas vezes, em vez de uma túnica por baixo.

vv. 33-34: Feitos típicos de Augusto, que é comparado a Jove/Júpiter em 1.19.43-5.

v. 36: Este verso é a tradução de um provérbio grego, Οὐ παντὸς ἀνδρὸς ἐς Κόρινθον ἔσθ' ὁ πλοῦς, que originalmente diz respeito aos gastos para tal viagem e ao custo alto de vida em Corinto. Horácio desloca radicalmente o uso proverbial para o campo da virtude.

v. 37: Este verso deve ser lido como uma metáfora das corridas.

v. 43: Traduzo *"rex"* por "patrono" porque é como os parasitas da comédia romana os designam no banquete, cf. Plauto, *Cativos*, 92, ou Terêncio, *Formião*, 338, provavelmente traduzindo βασιλεύς das comédias gregas.

vv. 50-51: Por gralhar na hora de comer, o corvo acaba atraindo outros corvos e pássaros, o que gera disputa, quando a comida não é bastante.

1.18

Esta é a segunda carta a Lólio Máximo, depois de 1.2, formando outra camada da composição em anel que organiza o livro como um enquadramento dentro das cartas principais a mecenas (1.1 e 1.19); também é o poema mais longo deste primeiro livro de *Epístolas*. Reconhecendo o amigo sincero e fiel que é Lólio, e sua preocupação para não parecer um bufão ou parasita à mesa dos patronos e homens poderosos (podemos supor uma cena de aproximação de amizade mais íntima com alguém no círculo central do poder romano), Horácio retoma o assunto de 1.17 e dá uma série de preceitos de comportamento, como uma espécie de professor de filosofia social (expressão irônica e certeira de Fairclough) para garantir sua independência sem, por outro lado, ofender um patrono; porém é preciso lembrar que, mesmo com a continuidade entre epístolas (que, segundo Porfirião, chegou ao limite de unir as duas epístolas), há uma mudança de ponto de vista, pois Lólio não vem de uma família mais pobre e baixa, como Ceva, e sim da elite política e econômica. Apesar do assunto realista e até bastante sério para os poetas, convém atentar ao tom satírico da peça como um todo, com momentos de franco riso e crítica moral.

v. 9: A ideia da virtude como mediania entre vícios (μεσότης δύο κακιῶν) tem base aristotélica, em *Ética a Nicômaco*, 2.6.

vv. 10-11: O leito mais baixo é um dos três triclínios (sofá para três pessoas) típicos no banquete romano, reservado para o anfitrião, em geral com os seus convidados ou parasitas.

v. 14: O papel secundário dos mimos consistia, no mais das vezes, em imitar os gestos do ator principal.

v. 15: A discussão sobre se o pelo de bodes e cabras poderia também ser designado como lã e velo era proverbialmente retomado como exemplo de discussão inútil.

v. 19: Castor e Dócile (alguns manuscritos apresentam a variante com o nome grego Dólico) são provavelmente dois gladiadores ou atores; Mayer aventa que poderiam também ser dois professores gramáticos.

v. 20: Sobre a Via Ápia, cf. nota a 1.6.26-27. Já a Via Minúcia passava por Sâmnio, embora seu trajeto ainda hoje seja desconhecido nos detalhes. Tudo indica que o caminho pela Minúcia seria mais curto, porém de menor qualidade, ou seja, mais uma vez se discutem variantes inúteis.

v. 30: O termo que aqui designa o mais baixo da dupla é "*comitem*", que seria o "acompanhante" ou mesmo o "convidado". Optei por explicitar o termo técnico "cliente", já que o poema trata exatamente do convívio com os patronos mais ricos.

vv. 31–36: Públio Volúmnio Eutrápelo era uma figura social bastante famosa no tempo de Cícero, e seu nome de família em grego significa "engenhoso", "esperto".

vv. 41–43: Zeto e Anfíon eram dois irmãos míticos, sendo Anfíon um poeta capaz de fazer melodias mágicas, com as quais fez com que as pedras se empilhassem sozinhas, montando a muralha de Tebas. Zeto é o mais severo, homem dedicado à caça, e ficou irritado com o som incessante da lira, que por fim Anfíon consentiu em calar. O tema desses irmãos foi desenvolvido por Eurípides, em sua *Antíope*, e depois retomado em Roma por Pacúvio.

v. 45: A Eólia aqui indica Cumas, onde se produzia um linho muito usado para confeccionar redes de caça de melhor qualidade.

v. 47: Designar a Camena como "inumana" é uma realização de *callida iuncutra* formidável: por um lado, é um paradoxo, já que a Camena, como equivalente da Musa grega, é uma patrona da *humanitas*; por outro, se desdobra em dois aspectos: a Camena é inumana no sentido de ser "pouco sociável", não afeita ao tratamento humano e social; por outro, como fora do humano e, portanto, divina.

vv. 49-52: De fato, na cultura romana, tão voltada a feitos bélicos, a caça era muito prezada como esporte e como formação ética viril.

vv. 53-54: O Campo de Marte era espaço para prática de esportes, alguns de luta e combate; assim, estamos falando de um duelo esportivo, sem risco de vida. O jovem romano podia entrar para o exército aos 17 anos.

vv. 55-57: O fim da Guerra Cantábrica foi celebrado em 25 a.C., com a conquista da Hispânia e o fechamento das portas do templo de Jano, que só acontecia quando Roma se considerava em plena paz (embora, na prática, Agripa ainda tivesse campanhas por fazer na região). Em 20 a.C., Augusto recuperou, por meio de um tratado com os partas, as insígnias romanas de Crasso, tomadas pelos mesmos partas décadas antes. Ao mencionar feitos a leste (Pártia) e oeste (Hispânia), Horácio acaba mostrando um círculo de feitos da política militar augustana.

v. 57: Sigo *"armis"*, dos manuscritos, em vez de *"aruis"*, conjetura de Nentley incorporada por Shackleton Bailey.

vv. 58-66: Tudo indica que Lólio e seus irmãos fizeram uma encenação (uma ciomaquia) da Batalha Naval do Ácio, de 31 a.C., quando Augusto derrotou as tropas e a frota de Marco Antônio e Cleópatra. No último verso temos a primeira aparição da prática de expressar aprovação ou desaprovação num espetáculo por meio dos polegares; isso também aparece em Plínio, *História natural*, 28.25, porém até hoje não temos certeza absoluta sobre como era esse gesto mais precisamente.

v. 71: Este verso tem eco na *Arte poética*, 370: *"nescit uox missa reuerti"*.

vv. 72-74: O fígado, para os antigos, era a sede dos afetos; nesse caso, Horácio sugere que Lólio nunca se apaixone por escravos do seu patrono, nem fique depois excessivamente alegre caso receba um de presente, ou aflito por não receber o presente almejado. Aqui temos muito explicitamente os efeitos de objetificação humana que a escravização pode produzir: o desejo sexual se desvela em mera troca de presentes intercambiáveis, como mimos entre amigos.

v. 82: A imagem do dente da calúnia, da inveja ou da malícia era típica, porém a origem da expressão com um dente teônio, ou teonino, é hoje desconhecida.

vv. 91-92: O texto transmitido nestes versos é bastante difícil, o que levou Potier a sugerir a excisão do que está entre colchetes. Essa proposta é seguida pela maioria dos editores modernos. Este trecho em dúvida parece ser um enxerto a partir de 1.14.34.

v. 100: Platão, no *Mênon* e no *Protágoras*, apresenta a discussão sobre se a virtude poderia ser ensinada.

v. 103: O tema ecoa 1.17.10.

vv. 104-105: O rio Digência, atual Licenza, passava perto da elevada cidade de Mandela, atual Bardella; o povo descia seu vale para buscar água. Esse vale é o que aparece em 1.16.5.

vv. 107-110: Como a maioria dos editores, marco estes versos entre aspas, ao passo que Shackleton Bailey atipicamente os deixa sem essa expressão de fala.

1.19

Nesta nova carta poética a Mecenas (aqui representado como uma espécie de crítico e leitor ideal), a última dedicada por Horácio, temos uma discussão sobre as práticas da *imitatio* em Roma. Ela forma um anel ao retomar o dedicatário de 1.1, e também por encerrar com a imagem gladiatorial que abria o livro; por isso, e por 1.20 não ser propriamente uma carta, podemos ler esta peça como a última epístola do livro 1 (algo similar acontecera em *Odes* 1.29, também dedicada a Mecenas, antes da peça de encerramento 3.30). O poema se abre com as imagens do vinho e da inspiração poética, defendidas por Horácio em seus poemas com grande recorrência, o que gerou uma série de imitadores bêbados que entenderam errado a proposta e a imitam apenas na superfície; assim, o poeta passa a refletir sobre como uma imitação demasiado servil não é capaz de render uma réplica nem de produzir algo novo: Horácio então se apresenta como um exemplar do poeta que, apesar de mal imitado por outros, não busca simplesmente seguir às cegas seus modelos (mais especificamente dos *Epodos* e das *Odes*), nem se preocupa em agradar ao público.

v. 1: Cratino é um autor da Comédia Velha ateniense, já mencionado em *Sátiras*, 1.4.1, como um dos autores gregos que tiveram influência na criação da sátira romana; a fala aqui referida deve ter vindo da comédia *A jarra de vinho* (Πυτίνη), apresentada em 423 a.C., frag. 199 Kock:

> οἶνός τοι χαρίεντι πέλει ταχὺς ἵππος ἀοιδῷ,
> ὕδωρ δὲ πίνων οὐδὲν ἂν τέκοι σοφόν.

> O vinho é um veloz corcel pro bom cantor;
> e se água bebe, nada sábio vai surgir.

Nesse aspecto, a epístola retoma explicitamente questões de metapoética das *Sátiras* horacianas, bem como o tom aberto ao riso.

vv. 3–5: Primeiro temos uma lista sagrada do espaço romano, com Líber (um dos nomes de Baco, aqui representando o próprio vinho) entre figuras silváticas dos faunos e sátiros, junto com as Camenas (divindades romanas associadas às Musas gregas).

vv. 6–8: Agora Horácio segue para a tradição poética humana, começando, como seria de esperar por Homero, que na *Ilíada*, 6.261, nos diz que "vinho acresce grande força aos homens exaustos" (ἀνδρὶ δὲ κεκμηῶτι μένος μέγα οἶνος ἀέξει), além de adjetivar o vinho como εὐήνορ (bom aos homens), ἡδύποτος (doce de beber), μελιηδής (melado), μελίφρων (mel para a mente). Em seguida, passa por Ênio, como representante arcaico da poesia romana, como o primeiro poeta a importar o hexâmetro datílico grego para escrever a épica romana dos *Anais*; Ênio é também o primeiro a escrever uma forma arcaica de sátira, com um livro de metros e temas misturados.

vv. 8–9: O Foro e o Puteal de Libão (ou Poço de Libão) aqui indicam a região central e mais comercial e política de Roma e, por conseguinte, a vida dos negócios, em oposição à poesia. Esse poço já tinha sido mencionado em *Sátiras*, 2.6.35. Trata-se de um lugar perto do foro, junto ao tribunal pretoriano, onde havia caído um raio: sendo considerado sacro, ele foi murado e consagrado.

vv. 13–14: A referência é a Catão, o Jovem, figura republicana e famosa como representante dos costumes estoicos e tradicionais dos romanos. Foi um ferrenho defensor da República nas guerras contra Júlio César e acabou se suicidando em 46 a.C. Apesar de estar num espectro oposto a Augusto, segue sendo admirado por Horácio. Aqui a repetição do nome mostra como não se trata apenas de imitar tiques, e sim de uma vida inteira, que tem substrato.

vv. 15–16: Timagenes (mais corretamente Timágenes) de Alexandria era um rétor de grande renome no período augustano, porém hoje sabemos pouco sobre seu estilo e suas práticas, para conseguirmos avaliar o verso horaciano. Seria possível imaginar que sua virulência textual (cf. Sêneca, o Velho, *Controvérsias*, 10.5.22) foi capaz de até mesmo zombar da família imperial, o que o levou à desgraça no fim da vida, segundo pensa Mayer; com isso, Jarbitas (hoje completamente desconhecido, classificado como africano da Mauritânia por Porfirião) poderia tê-lo imitado demais e cruzado a linha do aceitável. A história contada por Porfirião é que Jarbitas, ao imitar Timagenes num banquete, caiu morto na hora, talvez estourado como a rã que imita o boi na fábula de Esopo, retomada por Fedro, *Fábulas*, 1.24.

vv. 17-18: Depois do caso de Jarbitas, de quem imita um comportamento vicioso e perigoso de seu modelo, Horácio nos dá um segundo exemplo do mau imitador, que imita traços indesejados. Aqui ele conta que, se por acaso ficasse pálido, logo seus imitadores tentariam ficar também com a pele mais clara usando uma infusão de cominho, que, segundo Plínio, *História natural*, 20.160, daria palidez se consumido como bebida.

vv. 23-31: Horácio alude a seu livro de *Iambos* ou *Epodos*, onde imitara sobretudo a poesia de Arquíloco de Paros, porém evitando a virulência biográfica. Segundo as lendas sobre a vida do poeta grego, depois de perder a mão de sua noiva Neobule, ele teria atacado tão cruelmente a família inteira, que teria levado ela e sua irmã ao suicídio, bem como o sogro Licambes. Como contraponto a essa violência inerente de Arquíloco, e repetindo certa ideia recorrente na Antiguidade de que Arquíloco seria o pai da lírica graças à sua variedade métrica, Horácio estabelece dois "imitadores" arcaicos dessa poética: Safo (descrita como máscula porque rivaliza com homens, mas também, talvez ironicamente, por sua poesia homoerótica) e Alceu, dois poetas de Lesbos que o próprio Horácio viria a imitar nas suas *Odes*. Aqui os exemplos buscam mostrar que eles imitam seu modelo, porém inserem novidades e fogem aos vícios, no caso a poesia de ataque difamatório que arruína famílias.

vv. 32-34: Aqui Horácio explicita que imitou sobretudo a poesia de Alceu como lírico, nas *Odes*, e se descreve como um criador a partir de tradições imemoráveis, o que é apenas meia verdade: se, por um lado, os metros gregos estavam sendo pouco usados, Horácio está longe de ser o primeiro poeta romano a aplicar metros da lírica grega ao latim. Basta contrastar com os experimentos de Catulo com a estrofe sáfica, para ficarmos em apenas um exemplo.

vv. 37-38: Por contraste, o poeta se compara ao político que busca ganhar votos fazendo favores fáceis: ou convidando para um banquete, ou doando roupas velhas e puídas.

vv. 39-40: Este verso é de interpretação disputada. Fairclough, por exemplo, interpreta *"nobilium"* ("nobres") e *"ultor"* ("defensor") como uma ironia horaciana. Já a maioria dos editores, que mais me convencem, parece seguir a leitura séria de que os nobres escritores seriam os grandes poetas de seu tempo, *i.e.*, Virgílio, Polião, Vário, etc., e que, ao fazer isso, Horácio despreza os professores. Gramáticos são designados no original, ou seja, professores dos primeiros anos de estudos, que davam aulas em púlpitos; o termo *"tribus"* ("tribos") é certamente pejorativo e já sugere mais uma vez o campo eleitoral e político.

v. 41: "Eis as lágrimas" (*Hinc illae lacrimae*) retomam uma expressão proverbial que já aparece em Terêncio, *Andria*, 125, quando Pânfilo chora no funeral de Crísis, e podia ser usada mesmo sem pranto de verdade, como vemos em Cícero, *Em defesa de Célio*, 25.61.

vv. 43–45: Aqui a figura de Jove designa, por metáfora, Augusto, já que o rei dos deuses é análogo à divindade em vida do *princeps* romano e de sua superioridade sobre todos os outros. Horácio coloca na voz alheia, na forma de um ataque, o que é na verdade um elogio sobre si mesmo, quer dizer, o fato de que participa diretamente da corte de Augusto, onde é considerado um grande poeta, mesmo que tenha pouco renome nos estratos mais baixos. Se considerarmos que as *Odes* de fato tiveram uma recepção muito mais fria do que se poderia esperar, a descrição faz todo sentido.

vv. 45-49: Por fim, seguindo a lógica do espetáculo que poderíamos imaginar nas récitas literárias, o poeta se descreve numa espécie de jogo gladiatorial, quando um dos gladiadores, avaliando que está em desvantagem, poderia pedir um momento de trégua, como um tempo de pausa no combate para ajustar seu material. Essa tópica retoma, na forma de um anel, a primeira imagem da epístola 1.1, o que por sua vez encerra o primeiro livro e deixa 1.20 como epílogo ou *envoi*.

1.20

O poema todo se constrói como um *envoi* do livro, já não mais como uma carta, e sim como uma antiepístola (talvez mais corretamente chamada de pseudoepístola ou paraepístola) dentro e fora das Epístolas; esse fato foi objeto de censura já na Antiguidade, segundo nos informam os escoliastas, muito embora funcione como uma conversa (*sermo*); Porfirião mesmo assim defende o poema, justificando a típica liberdade dos poetas em abertura e encerramento de obras, e para tanto nos lembra de Lucrécio, com o início do livro 1 de seu *Da natureza das coisas* e também a quarta *Geórgica* de Virgílio. O presente poema se constrói a partir da ambiguidade no tratamento dado ao livro, que sempre evoca a de um jovem escravo (tal como em *Sátiras*, 1.10), ansioso para entregar-se ao povo, utilizando-se de vários chistes. Há simultaneamente uma defesa da poesia aristocrática, de espírito calimaquiano, na recusa de Horácio em aceitar que seu livro queira chegar até o povo, o que mostra as contradições do próprio Horácio como poeta de corte e, ao mesmo tempo, poeta publicado que anseia ir longe do próprio grupo. É curioso observar como o tom de avaliação da própria obra é aqui muito menos bombástico do que nas *Odes* 2.20 e 3.30, o que reforça o caráter humilde da epístola como subgênero da sátira. Ao fim e ao cabo, a posição, o tema e o tom dão ao poema um caráter de selo e assinatura (σφραγίς) da obra como um todo, porém paradoxalmente sem mencionar o próprio nome.

vv. 1-8: O livro nestes primeiros versos tem uma série de comparações que o deixam em papel similar ao de um jovem menino (talvez um escravo, ou talvez apenas um jovem deslumbrado) que é objeto dos desejos dos homens mais velhos, anseia por prostituir-se e pode logo ser descartado. Tratar o livro como um *"puer"* (menino e escravo) parece ser uma invenção horaciana.

v. 1: Referência à rua Tusco (*uicus Tuscus*), um grande centro comercial de Roma onde havia uma estátua do deus etrusco do comércio, Vertumno; Jano, como já apareceu na primeira epístola, era símbolo do dinheiro e estava impresso em moedas. Sabemos que nessa rua havia também livrarias.

v. 2: Era costume editorial dar acabamento aos livros polindo os papiros na abrasiva pedra-pomes para que ficassem menos ásperos; esta também era usada para lixar a pele das pessoas e deixá-la mais macia. Os Sósios eram famosos livreiros, também mencionados na *Arte poética*, v. 345.

v. 3: Referência ao *scrinium*, caixas onde ficavam guardados os livros à chave ou com selos, para melhor protegê-los, por oposição à exposição das lojas.

v. 12: As traças são tratadas como *inertes* no sentido etimológico de "sem arte" (*in-ertes*).

v. 13: O livro, depois de dispensado em Roma, acabará indo para as províncias, onde poderá ter nova vida. Útica fica perto de Cartago, na África Setentrional, e é o local onde se suicidou Catão, em 46 a.C., tornando-se então um símbolo da virtude romana e dos princípios republicanos. Ilerda (atualmente Lérida) fica na Hispânia.

vv. 15-16: Referência à fabula "O jumento e o almocreve" (197), de Esopo.

vv. 17-18: Horácio trata aqui dos ensinamentos baratos que se poderia comprar nas esquinas de Roma e que contrariam a ideia comum e bastante difundida de que apenas uma elite rica tinha acesso ao letramento. Vale lembrar que os livros de poesia eram utilizados nessa função pedagógica, servindo como texto de base para uma série de ensinamentos de ordem vária, como regras gramaticais, variantes ortográficas, conhecimentos de história, geografia, etc. É um fado ligado à educação, tal como apresentado na primeira epístola, porém muito abaixo de Homero e da grande poesia, como vemos na segunda epísto-la. O trecho ecoa um epigrama atribuído a Arato (*Antologia Palatina*, 11.437):

Αἰάζω Διότιμον, ὅς ἐν πέτραισι κάθηται
Γαργαρέων παισὶν βῆτα καὶ ἄλφα λέγων.

Sinto por Diotimo: sentado nas pedras gargárias
junto às crianças dali, fica a ensinar o ABC.

vv. 19-28: Assumindo que o escravo/livro realmente sairá pelo mundo, o poeta decide então dar recomendações sobre como dar informações sobre seu dono/autor, como disse, sem nunca dar o próprio nome como assinatura, como seria esperado.

v. 19: A imagem do sol ameno parece ser uma alusão ao outono e à idade da vida que ele simboliza. Aliás, esse é o período em que está o próprio Horácio, uma idade mais ligada ao aprofundamento de estudos morais e filosóficos, conforme a *persona* que ele constrói para este livro.

v. 20: "*Libertino patre natum*" ("nascido de um pai liberto") aparece como um quase refrão em *Sátiras*, 1.6.45-46, quando Horácio fala de si mesmo e do próprio pai.

v. 21: Alusão a *Odes*, 2.20, onde o poeta se transforma em cisne e sai a voar além da morte; bem como a 3.30, em que aparece a imagem do poeta que cresce na vida e chega a lugares distantes.

vv. 27-28: Marco Lólio foi cônsul em 21 a.C. Foi colega de Quinto Emílio Lépido, porém depois de um período solitário no consulado, pois o outro o cargo tinha sido primeiramente indicado para Augusto, que o recusou por estar em campanhas no Oriente. Assim é possível confirmar o nascimento de Horácio em 8 de dezembro de 65 a.C. e também determinar que este poema foi escrito pouco antes de 20 a.C., a data estipulada para a publicação do primeiro livro das *Epístolas*.

Notas a *Epístolas II*

É possível supor uma data para o segundo livro de *Epístolas* para algum momento em torno de 12 a.C. Ele costuma ser considerado uma obra com três poemas: a primeira epístola dedicada a ninguém menos que Augusto; a segunda dedicada a Floro (a quem Horácio já havia dedicado a 1.3); e a terceira aos Pisões. Esta terceira, mais conhecida como *Arte poética*, tem uma recepção separada desde a Antiguidade, de modo que muitos a consideram mesmo uma obra à parte, o que me levou a publicá-la separadamente. Seja como for, essas três últimas epístolas que encerram a obra horaciana são uma tríade metapoética de refinadíssima discussão teórica, sutil expressão prática e a contínua ironia do nosso poeta, que não poupa nem a si mesmo.

Diante dessa simplicidade de considerarmos o segundo livro como obra de apenas dois poemas longos, como faz a maioria do editores atuais, não há muito o que comentar sobre estrutura; basta lembrar que Augusto teria mesmo de ser o primeiro dedicatário, como *princeps* e metapatrono de Horácio, uma vez que Mecenas era um fiel companheiro na política e na cultura. Talvez o corolário mais singular disso tudo seja perceber que, nesse segundo livro, como no quarto livro das *Odes*, Mecenas sai do centro que até então ocupara nas obras horacianas. O desafio do poeta estava em ampliar o fôlego do primeiro livro, alçar-se a diálogos mais arriscados em que a filosofia se vê agora plenamente fundida à poesia, seja do ponto de vista teórico, seja do ponto de vista prático.

Dada a complexidade dessas duas epístolas longas, as notas introdutórias são um pouco mais longas que de média, mas muito do que aqui é debatido foi elaborado com um pouco mais de detalhe, sem pretensões de esgotamento, na edição da *Arte poética*.

2.1

Conseguimos supor o contexto de origem desta carta por um trecho da *Vida de Horácio*, de Suetônio, quando ele nos conta o seguinte:

> *Scripta quidem eius usque adeo probauit mansuraque perpetuo opinatus est, ut non modo Saeculare carmen componendum iniunxerit sed et Vindelicam uictoriam Tiberii Drusique, priuignorum suorum, eumque coegerit propter hoc tribus Carminum libris ex longo interuallo quartum addere; post sermones uero quosdam lectos nullam sui mentionem habitam ita sit questus: "Irasci me tibi scito, quod non in plerisque eius modi scriptis mecum potissimum loquaris; an uereris ne apud posteros infame tibi sit, quod uidearis familiaris nobis esse?" Expressitque eclogam ad se, cuius initium est: "Cum tot sustineas et tanta negotia solus [...]"*

[Augusto] admirava tanto os escritos dele e acreditava que iriam perdurar, a ponto de não só encomendar a composição do *Canto secular* como também a vitória vindélica de Tibério e Druso, seus enteados, e o mandou adicionar, depois de um longo intervalo, um quarto livro aos livros de *Odes*. Depois de ler algumas das suas *Conversas* [*Sátiras* e também *Epístolas*] e ver que ali não havia nenhuma menção ao seu nome, ele reclamou: "Saiba que estou chateado com você, porque, no meio de tantos textos desse gênero, você nunca conversou comigo como com os outros. Por acaso tem medo de que seja uma pecha no futuro se parecer ter alguma intimidade comigo?".

E arrancou uma seleção dedicada para si, cujo início é: "Quando você suporta tantos negócios sozinho [...]".

Como eu mesmo marco entre colchetes na tradução, entendo que as *Conversas* (os *Sermones*) não dizem respeito apenas às *Sátiras* horacianas, escritas cerca de quinze anos antes, mas mais provavelmente ao primeiro livro das *Epístolas*, já em processo de difusão oral (em *recitationes* formais, ou em leituras de banquetes e outros momentos similares) ou pela publicação escrita. Também está claro que não é a falta de menção que incomoda Augusto, já que este é mencionado inúmeras vezes na poesia do nosso poeta, mas sim a falta de um poema em que Horácio se dirigisse diretamente ao *princeps*, que então detinha poder concentrado sobre todo o Império Romano em formação, bem como um tratamento divinal crescente. Ora, Horácio tinha aqui um enorme problema, pior do que sua preocupação de perder prestígio no futuro, e que é a seguinte: como escrever diretamente a um homem tão poderoso no modelo de uma carta, sem ser puramente bajulatório, mas ao mesmo tempo sem ferir o caráter razoavelmente baixo e cômico organizado pela tradição dos *sermones*? Esta epístola que abre o segundo livro é o *tour de force* para fazer um longo metapoema endereçado a Augusto, colocando o *princeps* no centro da discussão literária de sua época, rebaixando-o ao ponto de uma conversa franca, porém sem em momento algum ferir o devido distanciamento público que se faz necessário entre um poeta e o patrono geral de Roma, muito acima de Mecenas. É assim que Horácio aborda alguns temas fundamentais: o teatro romano (tema que retorna com ainda mais força na *Arte poética*), o embate entre antigos e modernos (assunto que move Horácio desde sua estreia no primeiro livro das *Sátiras*), a defesa da poesia contemporânea e o papel de um *princeps* como crítico engajado de toda a produção artística, o que por sua vez implica o gosto nos poemas de louvor a Augusto.

Isso tudo ainda tem o fator *ad hominem* pelo fato de que, segundo Suetônio (*Augusto*, 89.1), Augusto admirava os espetáculos em geral e fez um grande esforço para divulgar e valorizar a comédia antiga romana, enquanto buscava restaurar o teatro latino. Horácio parte dessa aparente dicotomia entre sua condição de poeta moderno e o gosto arcaizante do *princeps*, para mostrar as sutilezas do debate e, assim, louvar Augusto por não cair na dicotomia fácil, já que ele próprio sempre favoreceu obras de risco como as *Odes*.

Esta epístola também pode ser considerada, por vezes, a última em data de escrita (considerando que a da *Arte poética* permanece em grande parte um mistério); e podemos supor que Augusto teria tido acesso tanto ao livro 1 quanto à epístola 2.2, dedicada a Floro, antes de fazer sua reclamação e exigência. O texto de Suetônio sugere ainda que a reclamação teria vindo depois do *Canto secular*, de 17 a.C. e do quarto livro de *Odes*, de 13 a.C. Assim, é possível supor uma datação aproximada deste poema para 12 a.C., o que levaria em consideração os altares para renovar os cultos aos deuses Lares e ao Gênio de Augusto.

Aqui é o momento para lembrarmos um pouco o histórico da relação de Augusto com Horácio. Nascido em 63 (dois anos mais novo que Horácio), Augusto foi responsável pelo segundo triunvirato organizado para vingar a morte de Júlio César, o que resultou no brutal assassinato de Cícero (com suas mãos pregadas na porta do Senado), na violenta guerra da Perúsia com sacrifícios humanos em agradecimento pela vitória, a pressão que levou Bruto e Catão ao suicídio, etc., tudo isso quando ainda se chamava Otaviano, antes de ganhar do Senado romano a alcunha de Augusto, em 17 a.C. Já Horácio, na guerra civil, tomou o partido de Bruto, lutou contra Otaviano em Filipos, em 42 a.C., saindo derrotado; depois disso, conseguiu aos poucos, com a anistia, um cargo confortável de secretário do tesouro e posteriormente, com ajuda de Virgílio e Varo, entrou para o círculo de Mecenas, o braço direito de Otaviano, ainda em 37 a.C. Estamos então falando de uma aproximação de mais de duas décadas que, se certamente vem de um ressentimento e hesitação, por outro lado já tinha um prazo longo para ver alguns feitos do *princeps*: ele se recusou a fazer um novo derramamento de sangue em Roma, ao retornar do Egito em 29 a.C., conseguiu ter por décadas a lealdade de Mecenas e Agripa para organizar uma política estável, renovou profundamente a religião, os costumes e as artes romanas com o empenho de muita verba para criar as melhores condições dessa elite cultural e, mais que tudo, conseguiu criar um ambiente de paz que não se via em Roma por quase um século, isto é, desde antes de Horácio nascer. Horácio estava diante de um imperador sem tal nome (o império propriamente costuma ser contado a partir da chegada de Tibério ao poder, já como filho adotivo de Augusto), que tinha acabado com a República romana, porém ao mesmo tempo um símbolo de proteção e estabilidade que tinha muito valor.

Isso fica ainda mais claro se considerarmos que, em algum momento em torno de 25 a.C., Otaviano teria escrito para Mecenas mais uma vez, segundo Suetônio, que cita a carta:

> *Ante ipse sufficiebam scribendis epistulis amicorum, nunc occupatissimus et infirmus Horatium nostrum a te cupio abducere. Veniet ergo ab ista parasitica mensa ad hanc regiam, et nos in epistulis scribendis iuvabit.*

> Antes eu dava conta de escrever cartas aos amigos, agora ando ocupadíssimo e apurado, quero tomar de você o nosso Horácio. Assim ele sairia da sua mesa parasítica para esta aqui, régia, para me ajudar na correspondência.

Ora, essa era uma tentativa de tomar Horácio como seu secretário pessoal; porém, sabemos que o poeta recusou a oportunidade sem precedentes de crescer em poder, argumentando sobre sua própria saúde um tanto frágil. Incrivelmente Augusto aceitou a negativa, talvez por perceber como Horácio estava engajado na política augustana como poeta; isso talvez explique por que ele até ofereceu a residência oficial ao poeta. Ainda segundo Suetônio, o *princeps* se referia a Horácio como *"purissimum pene"* ("puríssimo pau") e *"homuncionem lepidissimum"* ("divertidíssimo baixote"), o que, mesmo com o senso de humor típico dos romanos, indica uma proximidade. Considerando, claro, que Horácio nunca poderia retribuir epítetos do tipo sobre o *princeps*, afinal, havia ali uma distância social, econômica e política gigantesca, que o poeta respeitava no trato sempre em terceira pessoa.

Esse desenvolvimento da relação é claro nos poemas: em sua estreia com o primeiro livro de *Sátiras*, Augusto é uma figura ausente; já nos *Epodos*, ele aparece duas vezes (1 e 9) diante do drama da guerra civil renovada contra Marco Antônio (repare-se que Horácio nunca atacou Antônio e seus seguidores direta e explicitamente, e mesmo o poema para Cleópatra, em *Odes*, 1.37, é repleto de ambiguidades); já no segundo livro das *Sátiras*, de 30 a.C., depois da batalha do Ácio, Augusto aparece três vezes, em 2.1, 2.5 e 2.6; nas *Odes* esse vínculo se completa e Augusto se torna uma figura central, sendo mencionado em praticamente 1/5 dos poemas. É a essa contradição encarnada que Horácio se dirige neste poema, depois de anos de convívios como tantos outros, complexo, repleto de ironias, aberto ao riso satírico e à reflexão séria. O resultado consegue fugir de longe à bajulação que vemos no *Panegírico de Messala* ou no *Louvor de Pisão*, o que mostra seu feito poético incorporado como parte da discussão em jogo.

Por fim, gostaria apenas de apresentar a estrutura complexa do poema, tal como a entende Brink em seus comentários:

A) *vv. 1-17: Preâmbulo*
    a) 1-4: Augusto
    b) 5-17: Divinizações

B) *vv. 18-92: Disputa entre os poetas antigos e modernos*
    a) 18-27: Favor da antiguidade
    b) 28-33: Antigos e modernos em grego e latim
    c) 34-49: O que é antigo?
    d) 50-62: Críticos literários
    e) 63-75: Os poetas antigos segundo o público e Horácio
    f) 76-89: Os argumentos dos arcaístas
    g) 90-92: Transição, o novo dos gregos é o antigo dos romanos

C) *vv. 93-176: Sociedade e poesia*
    a) 93-102: Arte grega depois das Guerras Medas
    b) 103-117: Arte romana na história
    c) 118-138: Poeta e sociedade: os jovens e os deuses
    d) 139-156: Drama romano

D) vv. 177-213: Modos da poesia
    a) 177-213: Poesia para performance pública (em 6 subseções)
    b) 214-270: Poesia para leitura e encerramento (em 2 subseções)

Pode parecer um tanto esquemático à primeira vista, mas ajuda o leitor a perceber o complexo movimento entre variação e unidade. Assim, percebemos como o louvor presente de Augusto e a passagem para o debate entre antigos e modernos só à primeira vista parecem distantes, porque o tema central da carta é o patronato da boa poesia do presente, que precisa ser avaliada pela função do poeta, o modo da poesia e sua qualidade, como ação importante na sociedade. Augusto é precisamente o reformulador de pendor arcaísta que também tem olhos para os poetas vivos no presente; assim, o seu dilema constitutivo é relançado em chave sapiencial e satírica, sem criar um embate direto dos pontos de vista.

vv. 1-17: Este preâmbulo da carta tem, claramente, o papel de sustentar a distância incontornável entre poeta e *princeps*, que depois será dissolvida no linguajar leve que se faz nas epístolas.

vv. 1-4: Horácio abre sua carta descrevendo diretamente uma parte crucial da política augustana em sua simbologia: a proteção interna (a *Pax Augustana*), os costumes antigos renovados (o *mos maiorum*), a reforma dessa moral antiga por meio de leis e templos; tudo sem conectivos, tal como faz o próprio Augusto em suas *Res gestae*. Essa tópica estava presente em *Odes*, 3.24, 4.5 e 4.15, por exemplo.

v. 4: Horácio usa o termo que remonta às suas *Sátiras*, intituladas *Sermones*, ou seja, conversas. Como eu já disse na introdução, as *Epístolas* deslocam a conversa da imitação de oralidade para a imitação de carta, porém guardam uma continuidade que atravessa cada uma das cartas, mesmo esta voltada a Augusto, aqui designado César. Ao mesmo tempo, não podemos deixar de lado a ironia, já que esta é a mais longa das *Epístolas*, e de toda a poesia horaciana só é menor que a *Arte poética* (que talvez ainda nem tivesse sido escrita) e a sátira 2.3.

v. 5: Hércules (não nomeado, mas indicado), Castor e Pólux, Esculápio (aqui nem nomeado), Baco e Rômulo são listados por Cícero (*Da natureza dos deuses*, 2.62) como heróis divinizados; em Roma eram cultuados todos como deuses, já sem a tinta grega do herói. Aqui se aproximam de Augusto, divinizando-se em vida, e muitas vezes comparado a Rômulo, a partir também da mística monárquica que já vinha desde o período helenístico grego.

vv. 10-12: Referências aos feitos de Hércules, mais especificamente por matar a perigosa Hidra de Lerna em um dos seus doze trabalhos causados por Hera/Juno.

v. 13: O verbo "queima" (*urit*) poderia sugerir o fim do próprio Hércules, que teve sua pele abrasada por um veneno inoculado sem querer em sua roupa, pela própria esposa Dejanira. Tema do *Hércules no Eta*, de Sêneca.

vv. 15-17: Segundo Suetônio (*Cláudio*, 2), o primeiro altar dedicado a Augusto como uma divindade foi erguido em Lugduno (atual Lyon) em 12 a.C.; também sabemos que oficialmente ele só foi considerado um deus após sua morte em 14 d.C.; no entanto, a datação desta epístola costuma ficar em dois ou três anos antes do primeiro altar registrado, o que mostra o processo de divinização de Augusto em vida como um movimento complexo. Como escrevi na introdução a este poema, o trecho pode fazer alusão aos novos altares aos Lares e ao Gênio de Augusto, em 12 a.C.

vv. 18-27: Pode soar estranho ouvir de um poeta considerado clássico uma reclamação explícita do gosto literário de seus contemporâneos; porém, é fundamental lembrar que Horácio nunca representou o gosto estabelecido e, como um poeta moderno e experimental, causava mesmo estranhamento. As *Sátiras* tiveram admiradores tradicionalistas de Lucílio que o atacavam (a julgar pela sátira 1.10), e as *Odes* foram um grande fiasco, apesar do apoio de Mecenas e do próprio Augusto. Além disso, as *Sátiras* também nos sugerem como ele pode ter sofrido ataques como filho de um liberto (cf. *Sátiras*, 1.6, e também *Epístolas*, 1.20); temos um poeta realmente interessado em como abordar os jovens (*Odes*, 3.1.4 e 4.3.13-16) para renovar também a poesia, fazendo uma revisão crítica da tradição literária romana. Brink ainda vê na passagem um jogo bem-humorado a partir de uma falsa lógica.

v. 20: No caso dos líderes gregos, poderíamos listar uma série de generais; no entanto, o primeiro líder romano é exatamente Rômulo, divinizado na morte para se tornar o deus Quirino.

vv. 23-27: Horácio cita uma série de textos arcaicos de grande valor simbólico entre os romanos. As *Leis das Doze Tábuas* são o mais antigo monumento legislativo escrito do povo romano, promulgadas por duas levas de decênviros (dez homens) e finalizadas em torno de 449 a.C. Os gábios e sabinos eram povos que habitavam próximo de Roma num período arcaico e que, por meio de guerras e tratados, foram sendo assimilados ao império crescente (Dionísio de Halicarnasso, *Antiguidades romanas*, 4.58, fala que em seu tempo ainda existia o suposto tratado do rei Tarquínio Soberbo com os gábios, escrito num escudo de couro de boi). Os livros dos pontífices são os textos que organizavam a lei religiosa e seus rituais. Por fim, os volumes dos vates são, muito provavelmente, os *Livros sibilinos*, com uma série de profecias escritas em grego e atribuídas à Sibila. O monte Albano fica junto à arcaica cidade Alba Longa, no Lácio, a leste do lago Albano; nele se realizavam rituais a Júpiter Laciar e pela Liga Latina, confirmando sua importância histórica e religiosa; os romanos acreditavam que muito de suas leis teriam sido antigamente ditadas pelas próprias Musas (ou Camenas), assim garantindo sua veracidade e origem divina, fazendo dele um equivalente do Hélicon ou do Parnaso grego.

v. 28: Começa aqui a longa comparação entre gregos e romanos, que mediará boa parte da discussão geral.

vv. 32-33: Shackleton Bailey põe estes versos entre colchetes e argumenta não considerar que sejam necessariamente apócrifos, mas que acha estranha sua presença neste momento do poema. Sigo então a edição proposta por Brink e também por Rudd, que aceitam os versos sem grandes problemas.

v. 33: Horácio cita artes gregas que a cultura tradicional costumava rebaixar; nisso, aproveita e importa com *"psallimus"* o verbo grego ψάλλω (tocar instrumento de corda), que vai dar origem à palavra "salmo" em português; por isso, optei por verter como "salmeamos". Os aqueus são os gregos, tal como descritos na *Ilíada* a combater os troianos, dando um tom ridículo à cena; aqui aparecem besuntados por usarem óleo nos seus jogos ginásticos e nas lutas para exercícios, quando costumavam estar nus.

v. 41: Sigo a edição *"poetas"*, dos manuscritos, em vez da conjetura *"probosque"*, de Shackleton Bailey.

v. 47: O logro da pilha tombando (também conhecido como *"sorites"*, a partir do grego σωρός, uma "pilha") é o desafio de decidir quando um acúmulo de grãos de areia se torna uma pilha efetivamente, similar à ideia de quanto é o mínimo de uma gota d'água; no poema, a pergunta é quantos fios de cabelo formam um rabo de cavalo. Isto é, Horácio poderia ir tirando mais um ano e mais um ano, sempre com o mesmo argumento, até que já não pareça ser antigo o suficiente, já que não existe uma linha clara de idade e antiguidade.

vv. 48-49: Libitina é a deusa ligada aos funerais, que já tinha sido mencionada por Horácio em *Odes*, 3.30, como algo de que ele iria, em parte, escapar. Aqui representa a morte dos velhos poetas, que sempre fascina o tolo que valoriza apenas o que é antigo. Daí que ele retorne aos fastos do calendário.

vv. 50-62: Brink discute sobre quem seria o adversário crítico aqui apresentado, levantando três hipóteses: a) pensamento geral do senso comum; b) Varrão, morto em 27 a.C.; ou c) os seguidores ativos de Varrão. Ele conclui que o mais provável seria o próprio Varrão, com ecos de seus seguidores, sobretudo no que podemos supor que havia nas obras *De poematis* e *De poetis*. Horácio faz uma pequena história crítica (e até violenta) do que seria a poesia romana arcaica por gêneros, em parte pela épica, partindo de Lívio Andronico – que inaugura a poesia romana de gosto helenizante com sua versão da *Odisseia* em versos saturninos –, passando por Cneu Névio – que inseriu temas romanos das Guerras Púnicas – até chegar a Quinto Ênio – que introduziu o hexâmetro em Roma ("sábio" pelos poemas filosóficos, "forte" pela épica bélica dos *Anais*), imitando Homero (a indicação de um *alter Homerus* é cunhada por Lucílio em suas *Sátiras* para designar, e provavelmente ridicularizar, Ênio). Nessa lista também temos o teatro, com os tragediógrafos Marco Pacúvio e Lúcio Ácio, bem como os comediógrafos Lúcio Afrânio (aqui comparado ao grego Menandro, da Comédia Nova, e sua toga é mencionada pelas comédias togadas que ele escreveu, à moda romana), Tito Mácio Plauto (exemplar da comédia paliada, que é comparado ao grego Epicarmo, anterior a Aristófanes, e verdadeiro pai da Comédia Velha), Cecílio Estácio e Terêncio Afro, fazendo assim um percurso que vai de 240 a.C. (apresentação da *Odisseia*, de Lívio Andronico) até 86 a.C. (morte de Ácio), ou seja, poetas com mais de 50 anos de falecimento.

v. 52: O próprio Ênio, em fragmentos dos *Anais*, alega ser a reencarnação de Homero, segundo a teoria da metempsicose defendida por Pitágoras e seus seguidores:

> *somno leni placidoque reuinctus* (frag. 2)
> *uisus Homerus adesse poetai* (frag. 3)
> *O pietas animi!* (frag. 5)
> *memini me fierem pauom.* (frag. 9)

> atado a um sono suave e plácido
> pareceu que o poeta Homero estava presente
> Ó, pietas de minh'alma!
> Lembrei-me de me tornar pavão.
> (Tradução de Rodrigo Tadeu Gonçalves)

vv. 55-56: A disputa entre Pacúvio e Ácio pelos leitores contemporâneos de Horácio não deve ser entendida literalmente, como se ele próprio estivesse preocupado com o resultado. Como Rudd, compreendo que o que está em jogo aqui é a crítica aos contemporâneos, os quais, para garantirem superioridade aos poetas velhos em tudo, distribuem prêmios a todos, que passam a servir como exemplares em cada virtude.

v. 63: Lívio Andronico foi um escravo da *gens Livia*, de onde herdou o sobrenome; assim, Horácio o chama de *scriptor* para separá-lo da tradicional família romana.

vv. 70-71: Segundo Suetônio, *Gramáticos*, 9, Lúcio Orbílio Pupilo tinha sido um oficial e depois soldado, que posteriormente se tornou professor, em 63 a.C., e seguiu para Roma, onde obteve fama como docente e como figura violenta verbal e fisicamente. Sabemos que ele teve interesse crítico sobre a obra de Ênio, o que nos faria supor seu interesse também por Lívio Andronico, como atesta Horácio. Nosso poeta o chama de "*plagosus*", "aquele que bate muito", daí criei como se fosse um nome-epíteto o termo "Castigo", tão corrente entre professores tradicionais e severos. Poesia era costumeiramente ditada e recitada nas aulas romanas.

vv. 76-77: Os versos aqui mostram como Horácio partilha da poética calimaquiana da *Carta aos Telquines* com a defesa da musa magra (λεπταλέην) por oposição ao texto gordo ou grande (παχὺ γράμμα); bem como de Catulo nos carmes 1.1 e 22.14-15, para ficarmos em dois exemplos. Nesse aspecto, Horácio, apesar de já estar nos seus 50 anos de idade, mostra-se como um neotérico, ou um "*poeta nouus*".

vv. 79-82: Tito Quíntio Ata escreveu comédias togadas e morreu em 77 a.C., portanto mais de uma década antes do nascimento de Horácio, em 65 a.C. Era um autor famoso pelo uso de arcaísmos. Segundo Festo, "Ata" era um apelido para a pessoa manca, daí que o nosso poeta faça uma piada sobre o modo como a peça dele "caminha". A imagem de flor e açafrão diz respeito à prática de perfumar o palco com água de açafrão e (segundo Porfirião) ao fato de que a peça *Matertera* de Ata teria sido encenada com um trecho em que se numeravam várias flores. Cláudio Esopo e Quinto Róscio Galo foram atores célebres no século I a.C.; Esopo na primeira metade, Róscio em meados do século, tendo contatos amigáveis com Catulo e Cícero.

v. 89: Optei por traduzir "*liuidus*" por "roxo" porque essa é a acepção da cor em latim na época, diferente do atual "lívido" em português, que indica mais palidez. Perco talvez o trocadilho com o nome de Lívio, mas ganho o jogo com o "roxo" dos machucados e com o "roxo de raiva" que sugere inveja ou ofensa.

v. 86: Numa Pompílio é o segundo rei mítico de Roma, célebre como símbolo de piedade e religiosidade, que o teriam levado a fazer uma profunda reforma nas instituições, como, por exemplo, os sálios, sacerdotes de Marte. Esses cantos sálios, com o tempo, eram já de difícilima compreensão antes mesmo do tempo de Horácio, a ponto de Élio Estilão tentar explicá-los.

v. 93: Provável alusão às Guerras Médicas (499-449 a.C.) contra o império aquemênida. Ao fim da batalha de Plateia, em 479 a.C., houve o notável florescimento literário e artístico de Atenas, com o período mais celebrado do teatro ático. Em contraponto ao clichê romano de descrever os gregos como indulgentes, Horácio representa o costume tradicional de Roma como a vida do trabalhador disciplinado, mesmo em tempos de paz. Horácio também contrapõe gregos e romanos na *Arte poética*, 323-332.

v. 98: Tibicino refere-se ao tocador da tíbia, o equivalente romano do *"aulos"* grego, ou seja, um instrumento de sopro com palheta, em geral com dois tubos; era muito usado nas peças de teatro, seja tragédia, seja comédia, bem como em mimos.

v. 99: Até aqui, Horácio já vinha tratando a Grécia como uma figura feminina e frívola, bem típica do imaginário patriarcal romano, que simbolizaria as virtudes viris do comprometimento público. Aqui ele dá um passo a mais e sugere a Grécia não só como uma jovem mas como uma menininha sob os cuidados de uma ama. Algo aqui parece ecoar a fala do sacerdote egípcio para Sólon em Platão, *Timeu*, 22b:Ἕλληνες ἀει παῖδες ἐστε ("Vocês, gregos, são sempre crianças").

v. 101: Este verso parece ser problemático para todos os editores com sua entrada abrupta sobre a mutabilidade de tudo. Lachmann o transferiu para depois do verso 107 (onde parece fazer razoável sentido), Campbell para depois do 110 (também um local razoável); já a maioria dos editores modernos parece simplesmente preferir editá-lo entre colchetes, como espúrio. Eu assim edito e traduzo, para deixar a quem lê a escolha que julgar mais pertinente diante do *corpus* horaciano.

v. 102: Daqui em diante, Horácio vai representar os romanos como sérios, porém em grande parte filisteus nas artes, em clara oposição à frivolidade genial dos gregos. Mais uma vez, estamos diante de clichês.

vv. 103-104: Horácio faz referência à prática romana de os clientes irem todos os dias, pela manhã, até a casa de seu patrono, para fazerem votos e receberem incumbências.

v. 107: *"Libido"*, no mundo romano, inclui, além do sexo, também a indulgência com jogo, bebida e comida.

NOTAS ÀS *EPÍSTOLAS* | 475

v. 110: O "novo romano", aos olhos de Horácio, mantém-se literariamente afetado mesmo na hora de comer cotidianamente, usando a coroa de hera típica dos poetas. Essa figura mostra traços em comum, por exemplo, com o *nouveau riche* Trimalquião, no *Satyricon* de Petrônio.

v. 111: Como entender este verso? Estaria Horácio retomando a ideia geral de que os *sermones*, isto é, as *Sátiras* e *Epístolas*, seriam uma espécie de não poesia? Ou é uma referência história de que estaria longe dos *carmina* das *Odes*, que ele só viria a retomar em 17 a.C. para o *Canto secular* e depois para o Livro 4 das *Odes*, de 13 a.C.? Seja como for, estamos diante da clássica autoironia horaciana.

v. 112: Outro clichê etnocêntrico romano, que costuma representar os povos inimigos como pouco confiáveis; aqui Horácio usa os partas, mas poderia se referir aos cartagineses ou mesmo aos gregos.

v. 113: O cálamo era usado para escrever sobre a cera em tabuletas de madeira, mas também podia servir para usar tinta sobre a folha de papiro. O escrínio é a caixa onde ficam os instrumentos de escrita. Estaríamos diante de uma informação sobre o Livro 4 das *Odes*, em 13 a.C.?

vv. 114-115: Abrótano era usado no tratamento de asma e tosses em geral.

v. 119: Horácio faz um uso preciso de "*uatis*", o vate, como aquele que reúne em si os labores de poeta e de profeta, ou seja, uma figura quase sacerdotal. Nos tempos de Ênio, essa figura tradicional caiu em desuso, porém o mundo augustano retomou o valor do vate, que passou a ser associado aos poetas literários. Nosso poeta aqui ainda faz um *enjambement* sutil, que nos faz supor que o "vate é avaro", porém na sequência descobrimos que isso é coisa rara; busquei manter o efeito.

vv. 121-122: O sócio é qualquer tipo de parceiro ou igual nas empreitadas de trabalho ou convívio, ao passo que o pupilo é a criança ou órfão sob os cuidados legais de um adulto.

v. 126: Com isso, entendo que o poeta dá nova forma ao cicio infantil, ou seja, tem fundamental importância didática. É o que vemos nos próximos versos sobre a importância da poesia na formação moral.

vv. 134-138: Claramente estes versos, que ocupam lugar central no poema, resumem o projeto do *Canto Secular*, performando nos Jogos Seculares em 17 a.C., quando um coro de meninos e meninas, por meio do "*carmen*" ("canto") composto pelo vate Horácio, buscaram aplacar os deuses, pedir por boas colheitas e afastar doenças e perigos da guerra. É talvez o auge da vinculação entre poesia e cerimônia religiosa de que temos notícia e o exemplar textual no mundo romano.

v. 138: Os Manes são os espíritos dos mortos; aqui, por oposição aos "deuses excelsos" dos céus, representam as divindades subterrâneas.

vv. 139-155: Horácio faz um relato sobre a origem rural do drama que dialoga com muitos trechos de sua *Arte poética*, mas que especificamente também retoma parte do argumento de Virgílio, *Geórgicas*, 2.385 e ss.; também as duas obras poéticas dialogam com a descrição histórica dada por Tito Lívio, em sua *História de Roma*, 7.2.

vv. 143-144: Aqui temos a Terra como divindade da fertilização da natureza, Silvano como deus das matas e bosques sagrados (celebrado por fazendeiros, porque estes tinham de entrar vez ou outra em seu domínio) e o Gênio como deus tutelar individual, que nasce com cada pessoa (cf. 1.1.87-89 e 1.7.94); no entanto, não devemos supor que haja aqui representado algum festival religioso em específico.

vv. 145-153: Os versos fesceninos são uma das primeiras formas de poesia do Lácio, provavelmente realizados num modelo arcaico de drama com disputas cantadas de ofensas; assim, ele foi sobrevivendo com esse nome para designar a poesia de ataque pessoal que ainda acontecia tipicamente em momentos celebratórios, como casamentos (vilipendiando os noivos) e triunfos bélicos (rebaixando os generais vitoriosos). O nome vem da sua suposta origem na cidade de Fescênio, na Etrúria, ou por um vínculo com a magia fálica do "*fascinum*" ("falo" e "feitiço invejoso"), que estaria em sua potência apotropaica de afastar o mau-olhado ("*inuidia*"). No entanto, a proibição de difamar por meio da poesia como o poeta nos conta, e que acaba por dar fim à tradicional poesia fescenina, está na *Lei das Doze Tábuas*, do séc. V a.C., segundo Cícero, *Da república*, 4.10.12.

vv. 156-160: O primeiro verso desta série é um clássico para representar o imaginário romano sobre suas relações com os gregos: apesar do crescente domínio político e econômico sobre a Grécia, desde a Primeira Guerra Púnica em 264-241 a.C. até a tomada de Corinto em 146 a.C., Roma acaba sendo dominada pela filosofia e pelas artes helênicas. Como símbolo maior disso, o tradicional verso satúrnio foi sendo trocado por metros gregos, tais como o hexâmetro, o iambo e as vertentes da elegia e da lírica. Até hoje, o satúrnio não foi completamente decodificado, em grande parte porque sobreviveram pouquíssimos exemplares dessa poesia, sempre em fragmentos; no entanto, a maioria dos estudiosos tende a defender que se tratava de um verso acentual por ictos, e não por contagem de pés ou sílabas. É o verso usado por Lívio Andronico em sua *Odisseia* (conteúdo grego, forma romana) e por Névio em sua *Guerra Púnica* (conteúdo e forma romanas), já em imitação ao modelo épico grego; porém, foi suplantado pelo hexâmetro datílico desde que Ênio escreveu seus *Anais* (conteúdo romano e forma grega), estabelecendo assim o modelo de imitação das artes gregas na poesia.

v. 162: De fato, a produção de Lívio Andronico e de Névio começa logo depois da Primeira Guerra Púnica, em 241 a.C., o que leva Horácio a fazer uma analogia com o período de paz inaugurado em Atenas ao fim das Guerras Médicas. Mas é provável que a ênfase aqui recaia no bem-estar após a Segunda Guerra Púnica, em 201 a.C., período de atividade de Ênio, Pacúvio e Ácio.

v. 163: Sófocles e Ésquilo são tragediógrafos mais do que conhecidos; o hoje menos conhecido Téspis, no entanto, tem fama de ter sido o primeiro ator teatral, e também ganhou um prêmio como tragediógrafo em 534 a.C., embora seja renomado por seus ditirambos.

v. 164: "*Vertere*", que traduzi por "verter", é um termo quase técnico do latim para designar a tradução literária como um processo de transferência livre da cultura grega para a romana; um procedimento que permite fusões de duas ou mais obras, recortes, adaptações, etc., aceitando boa parte das diferenças daí decorrentes.

v. 173: "Dosseno", que tem o sentido livre de "corcunda", é o típico patife ardiloso da farsa atelana (*Atellana fabula*) ou dos Jogos Oscos (*ludi Osci*), um gênero teatral cômico razoavelmente improvisado; essa figura é herdada pela comédia posterior, como a de Plauto.

v. 174: O soco é o calçado um pouco mais baixo, quase uma sandália, usado pelos atores da comédia, em oposição ao elevado coturno das tragédias. Horácio, numa crítica severa a Plauto, sugere que o grande comediógrafo romano organiza seus metros (a partir da ideia de pé) de modo largado. A crítica vem claramente da mudança de gosto e do empenho romano, desde Catulo, para produzir uma arte com o maior rigor formal possível. Nessa releitura, quase todo o período arcaico romano é considerado imperfeito; nessa lista vão todos os poetas citados nos vv. 79-82, mas também Lucílio, o maior modelo para a sátira horaciana.

vv. 175–176: Em seguida à crítica formal, Horácio explica que a causa de tanta poesia ruim seria o desejo de agradar rapidamente ao público para pagar as próprias contas. Ele mesmo, ao contrário, estaria num ambiente aristocrático livre de tais preocupações.

v. 177: O carro da Glória é "de vento" (*"uentosus"*) porque não é volátil e leviano, ou seja, não dura muito.

vv. 179-180: Para manter a sustentação do jogo lexical e dos seus retornos, descrevo a alma como "avara em louvores" no sentido de uma alma "cobiçosa por louvores". O avaro, para os romanos, é não só quem não gasta como também quem cobiça ter sempre mais.

vv. 185-186: Terêncio, no segundo prólogo de sua *Hecyra*, 29 e ss., reclama que a primeira apresentação da peça foi um fiasco, porque se espalhou o boato de que haveria pugilistas no anfiteatro. Ursos eram comuns nos jogos gladiatoriais. O que aqui traduzo por "cantos" (*carmina*) muito provavelmente designa o poema dramático.

vv. 187-188: Para nosso poeta, mesmo os equestres revelam um gosto grosseiro para poesia. Quatrocentos mil sestércios era o valor necessário para receber o *status* oficial de equestre (*equites*) segundo o censo romano; essa elite tinha o direito a ocupar as catorze primeiras fileiras do anfiteatro romano, logo depois dos senadores, segundo a lei Róscia. Horácio aqui os critica por sempre estarem procurando novidades inócuas.

v. 188: Shackleton Bailey põe o termo *"mortalis" inter cruces*, considerando a passagem problemática. Sigo os outros editores, que não veem grandes problemas.

v. 189: No teatro as cortinas eram baixadas para o espetáculo, levantando-se no fim para cobrir os atores e encerrar a peça; ou seja, a peça se prolonga exaustivamente por quatro horas.

v. 193: Corinto era famosa por seu bronze, que aqui serve de butim depois do saque da cidade em 146 a.C.

v. 194: Demócrito de Abdera funciona como o típico filósofo que gargalha dos estranhos costumes humanos (cf. 1.12.12-13), talvez pelo tema de sua obra *Sobre a alegria*.

v. 195: O melhor candidato para essa mistura é a girafa, antes conhecida como camelopardo, como se fosse uma mistura de camelo e leopardo, animal que ficou conhecido em Roma nos jogos triunfais de Júlio César, em 46 a.C.

v. 202: Gargano era um promontório da Apúlia que se projetava sobre o mar Adriático, com montanhas e florestas. O mar Etrusco fica na costa oeste da Península Itálica.

v. 205: O público está mais interessado no modo como a roupa púrpura do ator imita a cor das violetas do que no texto da peça. Certamente, a imagem de um "veneno" tem conotações negativas que se misturam à técnica de tintura derivada de Tarento e dominada há séculos pelos espartanos que colonizaram a cidade.

v. 199: A construção frasal do verso é estranhíssima, e a maioria dos editores põe a passagem *inter cruces*. Rudd não segue esse caminho, mas mesmo ele é forçado a criar parênteses atípicos e fazer uma nota em que também revela seu desconforto.

vv. 199-200: A expressão "contar um caso pra surdo" ("*surdo fabellam narrare*") é razoavelmente proverbial e já aparece desde Terêncio, *Heautontimoroumenos*, 222; na certa, Horácio acrescenta o asno (*asello*) a partir de outro ditado grego com sentido análogo de trabalho desperdiçado: ὄνῳ ἔλεγε μῦθον· ὁ δὲ τὰ ὦτα ἐνίκει ("contou um caso pro asno, e este só balançou as orelhas").

v. 213: Em Tebas se passa, por exemplo, o *Édipo tirano* de Sófocles, e em Atenas se passa o *Hipólito* de Eurípides. O grande autor faz com que o público se sinta transportado pela ficção teatral.

vv. 214-270: Depois de quase 200 versos evitando se dirigir muito explicitamente a Augusto, Horácio aqui começa seu encerramento, de modo mais relaxado que a formalidade inicial, mas de volta aos olhos do *princeps*.

vv. 216-217: O templo de Apolo repleto de livros é o de Apolo Palatino, dedicado ao deus por Augusto em 28 a.C., famoso por seu pórtico, onde também estabeleceu em anexo uma importante biblioteca com duas partes, uma grega e uma latina (cf. 1.3.15-20).

vv. 217-218: É recorrente a imagem do poeta como um corcel ou cavalo de corrida; Rudd supõe que aqui Horácio pudesse ter em mente também a imagem mitológica de Pégaso, o cavalo alado de Perseu. O Hélicon, monte na Beócia, era considerado um lugar consagrado às Musas; no tempo de Horácio, esse clichê já estava mais do que óbvio, de modo que podemos ler a passagem com certa ironia.

v. 220: Segundo Pseudo-Acrão, cortar a própria videira é uma expressão proverbial para designar quem causa perdas a si mesmo; no entanto, não temos nenhuma outra aparição dela no *corpus* greco-romano, então mais prudente seria dizer que ela tem um sabor proverbial; porém, até segunda ordem, nada impede que tenha sido cunhada por Horácio mesmo.

480 | COLEÇÃO CLÁSSICA

v. 225: A poesia como um fio tênue certamente retoma da poética calimaquiana e helenística aclimatada em Roma, sobretudo pela geração de Catulo. Basta conferir a ideia de λέπτος presente em Calímaco (*Antologia Palatina*, 9.509, e também a "Epístola aos Telquines", 24); a imagem da fiação é explícita em Virgílio, *Bucólicas*, 6.5, onde ele fala de um "*deductum carmen*", donde vem o eco de "*deducta poemata*" neste verso.

vv. 229-230: Os edítuos eram típicos guardas dos templos romanos, em geral libertos ou escravos públicos, mas que também guiavam visitas contando os feitos dos deuses e explicando alguns rituais. Fairclough personifica a Virtude, pondo-a em maiúscula, sugestão que me parece interessante, como se estivéssemos no templo da própria Virtude divinizada em *Virtus Augusti*, cujos edítuos são os poetas.

vv. 232-241: Como contraponto grandioso na descrição do estadista e patrono de artes, Horácio lembra a história de Alexandre, o Grande, o maior conquistador grego da história, que tinha grandes cuidados sobre sua própria imagem escolhendo os maiores nomes da época na pintura (Apeles de Éfeso) e na escultura (Lisipo de Sicião), porém aceitando os trabalhos do poeta épico Quérilo de Iaso, que a geração de Horácio considerava péssimo. A piada em jogo estaria no fato de que ele só recebia moedas de ouro (filipo, em homenagem a Felipe II da Macedônia, pai de Alexandre) quando escrevia um verso bom, coisa raríssima. Aqui Horácio foge da tradição conhecida: enquanto nosso poeta sugere que Quérilo se enriqueceu assim, Porfirião nos conta (na passagem à *Arte poética*, 357, onde também é mencionado), que ele teria escrito apenas sete versos bons (no que concorda Pseudo-Acrão), ficando assim pobre, ao mesmo tempo em que Alexandre reclamava que, com essa poesia, ele antes seria o Tersites de Homero do que o Aquiles de Quérilo (Tersites é o guerreiro grego completamente disforme na *Ilíada*). Segundo a história de que a cada verso ruim Quérilo apanharia, dizem que ele teria sido espancado até a morte.

Assim, Alexandre se torna um exemplo contrário sobre a má avaliação na escolha de um poeta; fato que de certo modo se confirma, já que não nos chegou nenhuma obra épica de nota sobre seus feitos, ao passo que Augusto conseguiu ser celebrado pelos maiores nomes da poesia romana de seu tempo, que sobreviveu até os dias de hoje.

v. 244: As terras baixas da Beócia, para os romanos, tinham um ar pesado e úmido em contraste com a Ática; por isso, consideravam os beócios como um povo proverbialmente embotado (cf. Cícero, *Do destino*, 4.7).

vv. 245-259: Suetônio (*Augusto*, 89) nos conta como Augusto de fato se mostrava avesso a aparecer em louvores literários de baixa qualidade, demonstrando assim muita consciência sobre o papel da literatura (leia-se, da literatura forte) como máquina de propaganda do presente e para a posteridade.

Horácio então faz uma típica *recusatio*, alegando que não comporia *Conversas* (*Sermones*, o título de sua primeira obra e também um modo de encarar as *Epístolas*), aqui descritas como rastejantes (em *Sátiras*, 26.17, ela é uma "Musa pedestre"), mas abordaria temas como as grandes façanhas (literalmente "*res gestae*", título da autobiografia política de Augusto) e outros feitos, como o fechamento dos portões do deus Jano em 29, 25 e 24 a.C. – coisa que só podia acontecer quando Roma estivesse em plena paz –, a retomada das insígnias romanas contra os partas em 20 a.C. e as leis Júlias de 18 a.C. (cf. *Odes* 4.15.9 e 4.14.11, que abordam pontos próximos pelo viés da lírica).

vv. 246-247: O próprio Horácio nos conta, em *Sátiras*, 2.6, como foi graças aos poetas Lúcio Vário Rufo (trágico e épico) e Públio Virgílio Marão (então bucólico, mas posteriormente didático e épico-bélico, certamente já morto na época desta epístola), que ele conseguiu ser apresentado a Mecenas, que se tornou seu maior patrono e também amigo.

vv. 252-253: As combates em montanhas e negociações com povos bárbaros que garantem nova paz parecem indicar os feitos de Tibério e Druso sobre os Alpes, em 15 a.C.

v. 260: Sigo a pontuação "*Sedulitas autem stulte, quem diligit, urget*", de Brink e outros, em vez de "*Sedulitas autem, stulte quem diligit, urget*", proposta por Shackleton Bailey.

vv. 264-270: A imagem final junta uma série de objetos de artistas. Primeiro o retrato feito em cera e posto à venda. Em seguida, a fama sem qualidade, que termina como uma espécie de velório, com o homenageado e o poeta indo numa caixa fechada (onde se costumava guardar os volumes dos livros) até as lojas que vendem produtos genéricos, para que lá o papiro dos livros seja reutilizado para embalar variedades. Sabemos que esse destino, longe de ser imaginação de Horácio, era uma prática razoavelmente recorrente. Uma das ruas que vendia esse tipo de produto era o *Vicus Tuscus*, na saída do Foro (cf. *Sátiras*, 2.3.228).

2.2

Esta última epístola do livro 2 (se realmente considerarmos que a *Arte poética* não fazia parte do volume, um ponto para sempre em aberto, provavelmente) traça pontos em comum com a primeira de todas, 1.1, ao mesmo tempo que retoma Júlio Floro como destinatário, depois de o ter endereçado em 1.3 como parte da corte de Tibério Nero. Aqui temos um contexto que vai sendo dado aos poucos: Horácio não respondeu às cartas do amigo e também não enviou as "canções prometidas" ("*carmina expectata*", provavelmente, poesia lírica, embora "*carmen*" possa designar poemas em geral); diante disso, o poeta num só gesto produz um poema epistolar suprindo as duas demandas ao mesmo tempo que humoradamente justifica sua indolência nas correspondências e seu desinteresse em produzir poesia no presente.

Cabe aqui um pequeno parágrafo sobre o gênero em questão do poema pedido por Floro. Tudo indica mesmo que podemos compreender a demanda por novos *carmina* como um convite de retorno à lírica, que Horácio já tinha ensaiado recusar na primeiríssima epístola, 1.1, publicada em livro em torno de 20 a.C. Sabemos que aquela recusa foi em vão, pois logo o poeta viria a fazer não só o *Canto secular*, em 17 a.C., como também o livro 4 das *Odes*, em 13 a.C. Aqui, no entanto, há todo um argumento sobre o cenário da vida literária romana, que já parece enfastiar Horácio. Seja como for, realmente não temos mais notícias de poesia lírica nem de qualquer outra (fora os problemas de datação da *Arte poética*) de Horácio até a sua morte. Assim, mesmo que este não seja o último poema escrito pelo nosso poeta em sua vida, ele acaba ocupando uma espécie de último lugar em livro, reforçado pelo seu encerramento em chave metapoética e metabiográfica.

A datação da carta costuma ser estabelecida, paradoxalmente, em torno de 19 a.C. (mas sempre convém pensar que o texto final é o da publicação, e que Horácio tinha plena consciência do efeito do poema *num livro*, bem como *numa carreira de vários livros*). Sabemos que em 21-20 a.C. Augusto havia enviado Tibério através da Macedônia até a Armênia, a fim de colocar Tigranes II no poder, o que foi feito rapidamente, em maio de 20 a.C. Enquanto isso, o próprio *princeps* seguiu para a Pártia, para ali receber das mãos de Fraates as insígnias romanas tomadas do exército Crasso na batalha de Carras, mais de trinta anos antes, em 53 a.C. (além de outras insígnias tomadas de Marco Antônio em 40 e 36 a.C.). Ao voltar para Roma, em 19 a.C., Augusto concedeu a Tibério os ornamentos pretorianos (*ornamenta praetoria*), que são uma verdadeira glória para o jovem enteado e futuro imperador, então com apenas 23 anos. É nesse contexto que temos a ênfase em Tibério e, com isso, seria possível especular que a carta em forma de poema teria sido escrita pouquíssimo tempo depois da publicação do livro 1 das *Epístolas*, porém guardada na forma de poema-em-livro por um longo período, e assim reelaborada também como encerramento da carreira horaciana.

De certo modo, este poema chega a ser mais elusivo em sua estrutura do que a carta a Augusto (2.1), por apresentar transições e mudanças abruptas, adiamentos de pontos centrais, inversões lógicas, ironias, etc.; no entanto, como bem demonstra Brink, sua estrutura geral é até bastante simples, e assim ele a apresenta:

A) vv. 1-25 – Preâmbulo
  a) 1-24 – Horácio é mau correspondente
  b) 24-25 – Segunda promessa. Transição para a poesia

B) vv. 26-144 – Por que Horácio não quer mais escrever poesia
  a) 26-54 – Não falta mais dinheiro (comparação com soldado)
  b) 55-57 – Não é mais jovem
  c) 58-64 – Os patronos não concordam sobre o que querem
  d) 65-86 – Roma é estressante e os poetas precisam do campo
  e) 87-105 – Ele está cansado de récitas poéticas
  f) 106-125 – Maus poetas autoindulgentes. Boa poesia dá trabalho
  g) 126-140 – Ilusão criativa
  h) 141-144 – A busca do saber troca a poesia pela filosofia

C) vv. 145-216 – Solilóquio sobre a arte de bem viver
  a) 145-204 – Avareza
      (1) 146-157 – Avareza é doença da alma, insaciável
      (2) 158-179 – Toda posse é temporária
      (3) 180-204 – O satisfatório é meio-termo entre falta
      e excesso
  b) 205-216 – Outras doenças da alma. Epílogo simpótico da velhice.

Assim, vemos uma estrutura tripartida, com uma breve apresentação que cria um contexto (seja ele factual ou fictício) para a carta, enquanto abre um jogo de relações íntimas que permite a Horácio tratar-se como mau correspondente e faltoso no envio de cantos a Floro; em seguida, temos o cerne, longo, ocupando mais de metade do poema, sobre a recusa de escrever poesia no presente e terminado com uma crítica dos poetas, que aponta para o encerramento; por fim, o poeta reflete sobre como viver bem (tomando as ideias de avareza e de posse como base teórica), deixando de lado os afãs poéticos e se entregando à filosofia, porém sempre mantendo o humor satírico; é assim que chegamos à cena final do velho que, satisfeito no banquete, precisa compreender a hora certa de se retirar.

Tudo isso é feito com uma atenção à persuasão retórica, sempre jogando com práticas comuns do aprendizado de qualquer jovem romano nas letras, isto é, em exercícios persuasórios. Horácio, como seria de esperar, não inventou a roda, já que vemos coisas similares no epílio de Catulo (carme 64) durante o lamento de Ariadne, ou mesmo no lamento e na imprecação de Dido, no canto 4 da *Eneida*, para ficarmos em apenas dois exemplos. No entanto, vale a pena atentar que Horácio, nesta carta, parece explicitar o jogo forense ao mencionar uma série de problemas especificamente jurídicos, tais como compra de escravos, perda de bens, roubos, etc. Com isso, este poema, que seria "menos literário" em seu tema do que a *Arte poética* ou 2.2, dedicado a Augusto, acaba por se mostrar uma peça virtuosística de autorreflexão poética, colocando o poeta como humano, dotado de traços pessoais, idade, gosto, diante da sociedade romana e da instituição do patronato.

O golpe de jeito, claro vai ficando, é dramatizar com tanta engenhosidade o suposto abandono da poesia em busca da filosofia precisamente num longo "poema regrado" ("*legitimum poema*") endereçado a Floro. Em Horácio, a filosofia entra na poesia, e a poesia é um modo supremo de filosofar.

v. 1: Nero é aqui Tibério Cláudio Nero, enteado de Augusto e futuro imperador Tibério César, central também no primeiro livro de *Epístolas*. Sobre Floro, cf. nota introdutória a 1.3, já dedicada a ele. Convém lembrar que, ao chamá-lo de "amigo de Nero", Horácio não indica necessariamente uma relação calorosa entre iguais, pois a noção de *amicitia* em Roma implica mais uma troca cordial mesmo entre duas figuras desiguais de poder e estatuto, sem necessariamente garantir uma intimidade profunda.

v. 3: Tíbur ficava a pouco mais de 30 km de Roma, tal como Gábios ficava a cerca de 20 km. Ou seja, estamos falando de um escravo nascido e criado nas imediações.

v. 5: O preço de 8 mil sestércios parece caro, se compararmos com Davo a 2 mil sestércios em *Sátiras*, 2.7.43, ou com o preço de 2.700 sestércios que Plínio indica para um escravo (*História natural*, 9.67). Por outro lado, Marcial nos fala de escravos custando até 20 mil sestércios (*Epigramas*, 8.13 e 11.38) e de 1 a 100 mil sestércios (1.58, 3.62, 11.70), o que claramente parece ser exagero.

vv. 14-15: Rudd comenta que alguns juristas romanos interpretavam que o escravo, mesmo que não fugisse, se saísse do trabalho e se escondesse poderia ser considerado um fugitivo, porque tinha intenção da fuga. Ainda assim, a questão não parecia ser consenso entre os romanos. Mais importante é ver que o vendedor, ao dar essa informação, se protege de possíveis fugas futuras.

v. 18: A lei é clara aqui no sentido de que o vendedor tinha exposto as qualidades e também os defeitos do escravo, com seu pendor à fuga. Se depois ele foge, não é possível dizer que não estava ciente desde o momento da compra. Há algo análogo em *Sátiras*, 2.3.284-286. Horácio, claro, aqui se aproxima tanto do vendedor que avisou dos perigos quanto do escravo que foge ao trabalho.

vv. 26-40: Lúcio Licínio Luculo (118-56 a.C.) foi o principal general na guerra romana contra o rei Mitrídates IV, rei do Ponto e também contra Tigrane I, o Grande, da Armênia. Sua fama foi de grande general, porém pouco disciplinado e também medíocre na diplomacia. A história parece, à primeira vista, aleatória, mas logo veremos que o escravo sem dinheiro que age impetuosamente, mas depois foge ao combate, é uma imagem do próprio poeta, que agora numa vida confortável não se sente mais tão impelido a produzir versos de encomenda.

v. 32: Os enfeites militares para condecorar feitos eram variados em Roma: coroas, lanças especiais, colares, bandeiras, distintivos, caparazões de cavalo, etc.

vv. 41-54: Agora o poeta faz uma espécie de miniautobiografia em chave humorada e autodepreciativa que, como bem anota Rudd, funciona como tática retórica para persuadir Floro.

vv. 41-42: Portanto em Roma, na primeira fase de seus estudos, Horácio relata como estudava a *Ilíada* homérica, obviamente em grego, como era o costume na formação das elites romanas, de que ele pôde participar graças às rendas de seu pai, um escravo liberto.

vv. 43-45: Na sequência, trilhando um caminho comum entre a elite romana, Horácio diz que continuou seus estudos em Atenas, onde passeia pela Academia de Platão em busca de conhecimento filosófico (um dado deliberadamente amarrado com as pretensões filosóficas das *Epístolas* como um todo).

vv. 46-51: Na guerra civil subsequente ao assassinato de Júlio César, Horácio seguiu as forças republicanas de Catão e Bruto, por isso combateu na batalha de Filipos em outubro de 42 a.C., contra as forças do triunvirato, de que fazia parte Otaviano César (ainda longe de ser declarado Augusto, cf. nota introdutória a 2.2). Com a derrota geral dos republicanos e o suicídio de Bruto, Horácio ficou em péssima situação com o confisco de suas terras na Venúsia, que foi apenas um pouco amenizado com a anistia; aqui ele argumenta que, diante da falta de condições financeiras de outra ordem, é que começa a se dedicar realmente à poesia. Sabemos que ainda demorariam anos para ele entrar, de fato, no círculo de Mecenas; no entanto, é importante ler esta passagem autobiográfica com cautela, sem considerá-la como uma transparência dos fatos, isto é, interpretando a poesia na vida do nosso poeta como mero resultado de crise econômica decorrente da perda na guerra.

v. 53: Em casos de doença mental, os antigos costumavam tratar segundo a teoria dos quatro humores (sangue, bile, melancolia e fleuma); melancolia, ou bile negra, era a causa mais comum, e seu tratamento era feito sobretudo com heléboro (cf. o verso 137 deste poema), no entanto cicuta também poderia ser aplicada em doses pequenas.

v. 54: Em *Sátiras*, 2.1.7, temos a angústia de não conseguir dormir. Daria pra imaginar a insônia como um traço real do homem Horácio? Difícil decidir. Vemos que aqui o que está em jogo é se descrever autoironicamente como preguiçoso e indolente.

vv. 58-64: Horácio imagina uma cena num banquete, considerando gostos literários como pratos a serem oferecidos, criando assim discordância entre três supostos convivas num mesmo triclínio: o próprio Floro e mais dois anônimos. No entanto, e aqui já mais uma das muitas autoironias horacianas, os três gêneros literários em contraste são precisamente os gêneros que nosso poeta assumiu ao longo de sua carreira: iambos e epodos (segundo a verve de Arquíloco), cantos (nas *Odes* a partir de vários poetas, mas sobretudo de Alceu) e a sátira/epístola (aqui "*conversas*" a partir do conceito de "*sermones*", tomado da poética de Lucílio). O único autor aqui mencionado é Bíon de Borístenes (*c.* 325-*c.* 250 a.C.), um filósofo cínico famoso pelo aspecto satírico de suas diatribes, que podem ter tido influência nas *Sátiras* de Horácio; é essa poética agressiva que se representa pelo "sal negro".

vv. 67-68: Ouvir récitas anunciadas era, estritamente falando, um dever para algumas pessoas em Roma. Esse é o ponto de reclamação de Horácio, pois não se trata de mero lazer desinteressado, mas de um código de conduta, muito forte entre clientes e patrono, como as visitas por doença.

v. 68: Quirino aqui indica a colina Quirinal, em Roma.

vv. 77-78: Horácio usa uma descrição típica para a inspiração poética, vinculada aos espaços naturais e preservados, longe das cidades. Com isso termina se vinculando a Baco como divindade que preside a inspiração.

vv. 87-89: Seguindo seu modelo satírico, Horácio cria dois irmãos anônimos que se vangloriam e trocam elogios. Como bons romanos, eles se celebram como equivalentes de grandes nomes do passado. Os irmãos Tibério e Caio Graco (séc. II a.C.) eram ambos oradores, e Caio Graco pode ser visto como o maior orador de sua geração. Múcio também pode indicar mais de um grande advogado da história romana: Públio Múcio Cévola (cônsul em 133 a.C.), Quinto Múcio Cévola (cônsul em 117 a.C.) e o filho de Públio, também Quinto Múcio Cévola (cônsul em 95 a.C.).

v. 91: Há quem tenha visto aqui uma alusão ao poeta elegíaco Sexto Propércio, por este evocar constantemente Calímaco de Cirene (*Elegias*, 2.1, 3.1, 3.3 e 3.9), para poucos anos depois da escrita desta epístola designar a si mesmo como o Calímaco romano (cf. *Elegias*, 4.1.64, "Úmbria, a pátria do Calímaco romano", "*Umbria Romani patria Callimachi*"), enquanto Horácio imitava sobretudo Alceu em suas *Odes*. Propércio também era do círculo de Mecenas, porém as relações de Horácio com o gênero elegíaco (fora com Álbio Tibulo, talvez) não parecem ter sido das mais amigáveis, o que torna todo o trecho de complexa interpretação, embora nada indique inimizade pessoal entre Horácio e qualquer poeta elegíaco, muito menos Propércio em específico, como bem argumenta Brink. Um dado importante a ser lembrado é que nada no estilo da passagem parece emular ou parodiar qualquer poeta romano em específico.

v. 94: Certamente uma referência ao templo de Apolo Palatino com sua biblioteca (cf. nota a 1.3.15-20).

v. 96: A coroa é um símbolo da excelência poética, por equivalência às coroas dos triunfos militares.

vv. 97-98: Horácio descreve divertidamente como dois poetas trocando elogios e também trocando leituras de seus poemas, longe de realizar uma troca positiva, mais fazem mal um ao outro com a péssima poesia, assim parecendo dois samnitas, ou seja, dois gladiadores bem-armados com um tipo de escudo oblongo, espada ou lança, elmo e plumas, num duelo longuíssimo que vai até o fim do dia.

vv. 99-101: Alceu de Mitilene foi um poeta lírico grego ativo entre os séculos VII e VI a.C., contemporâneo de Safo. Como já disse, foi o principal modelo horaciano na composição das *Odes*. Calímaco de Cirene (*c*. 300-*c*. 240a.C.) é o principal expoente da poética helenística ou alexandrina e, como tal, também era uma influência importante para Horácio (mesmo que aqui possa haver um embate contra a poesia elegíaca de Propércio). Já Mimnermo foi um poeta elegíaco arcaico (séc. VII a.C.) considerado um verdadeiro fundador da elegia erótica que vai se desenvolver em Roma no séc. I a.C. Mais uma vez, pode haver eco com Propércio, *Elegias*, 1.9.11, quando afirma que "no Amor mais vale um verso de Mimnermo do que de Homero" ("*Plus in amore ualet Mimnermi uersus Homero*").

v. 104: A inspiração poética é vista como um tipo de loucura criativa; agora que Horácio passou pelo delírio e voltou a si, ele não se expressa mais nos metros líricos, mas na Musa pedestre das suas conversas, ou seja, numa epístola, que é a carta e o poema que ele deve a Floro.

v. 105: Ao fim e ao cabo, o argumento aqui é que Horácio está disposto a parar de escrever e recitar só para nunca mais ter de ouvir poesia ruim dos outros poetas. Nessa lógica absurda para nos fazer rir, se ele não recita, logo não precisa se obrigar a ouvir a récita dos outros.

vv. 109-125: Temos aqui quatro metáforas sobre o cuidado com a poesia. Ao fim de todas, podemos supor que, para Horácio, a poesia é uma espécie de força bruta natural que deve ser moldada minuciosamente pela arte como um labor, ou seja, pelo humano em sua historicidade e em seus juízos críticos. Isso talvez explique por que a natureza é tantas vezes mencionada nas *Epístolas*, porém o tratamento seja sempre voltado para a arte, como técnica capaz de ser ensinada, aprendida e alterada.

v. 110: Primeira metáfora do cuidado com a poesia. Os censores eram dois magistrados romanos indicados a cada cinco anos para avaliar e revisar a lista de senadores e equestres. Quem se mostrasse indigno do cargo e do estatuto seria tirado da lista. Com isso, o cargo de censor era considerado de grande importância, por ser símbolo de honestidade crítica.

vv. 111-119: Temos todo um trabalho teórico sobre a técnica poética por trás da metáfora do censor, que aborda o problema do uso das palavras comuns (vv. 111-114), das arcaicas (vv. 115-118) e das novas (v. 119).

vv. 113-114: Estes dois versos têm um sentido obscuro. A Vesta era uma divindade arcaica romana, de grande importância ritual ainda nos tempos de Horácio, guardada pelas sacerdotisas vestais. No entanto, como atenta Rudd, o texto não deixa completamente claro se o texto diz respeito às palavras (o templo é o poeta?) ou às pessoas (o templo da Vesta?). No primeiro caso, a imagem parece um tanto forçada e vaga; na segunda, mais concreta, nos faltam dados para saber se alguém poderia pedir asilo político no templo da Vesta ou pedir imunidade, pois até segunda ordem nada disso seria possível. Fairclough lembra que Keller supunha haver aqui algum intertexto com a poesia de Ênio, mas que teria se perdido o original.

vv. 115-119: Estes versos defendem a mesma liberdade de prática poética e incorporação de usos novos que vemos na *Arte poética*, 70-72.

v. 117: Os Cetegos fazem referência a Marco Cornélio Cetego (cf. Epístolas, 2.2.117), censor em 209 e cônsul em 204 a.C., responsável por expulsar de Roma Magão, irmão de Aníbal, em 203; veio a morrer em 196 a.C. Como Catão, Cetego representa o melhor da eloquência e é recordado como o mais antigo orador romano a sobreviver por escrito. Eles aparecem também na *Arte poética*, 50.

vv. 120-121: Segunda metáfora: a imagem do rio é recorrente para representar a poesia, e nem valeria a pena listar todas as fontes relevantes, mas fico com algumas. Horácio já havia comparado a sátira de Lucílio a um rio barrento em *Sátiras*, 1.4.11; e Píndaro aparecerá poucos anos depois como um rio devastador, em *Odes* 4.2, como um perigo para o imitador desavisado. Porém, muito antes, Calímaco (*Hino a Apolo*, 108-109) já tinha defendido a ideia da fonte cristalina como modelo para a poesia, em vez do rio forte e turbulento, cheio de barro. Horácio cuida para que seu rio aqui seja, a um só tempo, poderoso e cristalino, para assim ser capaz de fertilizar as terras do Lácio e a língua latina.

vv. 122-123: Agora temos a terceira metáfora do agricultor que domina a natureza com os cuidados da cultura.

vv. 124-125: Quarta metáfora na sequência, temos agora um dançarino que deve, sem perder a graça dos passos, imitar tanto os Sátiros, típicos dançarinos, quanto os Ciclopes, normalmente representados como brutos e sem modos. A teoria mimética aristotélica é que dá conta do desafio de imitar objetos grotescos ainda segundo as regras da arte, para atingir um resultado estético agradável; em Horácio, parece claro que a arte deve esconder a arte.

vv. 126-140: Brink atenta para um fato a meu ver fundamental: apesar de toda a ironia da passagem do homem de Argos que delira num teatro vazio, Horácio apresenta um pensamento psicológico profundo sem paralelo fácil na literatura antiga como um todo; algo da ideia retornará na *Arte poética*, 301-304. A história aqui narrada é parecida com outra que vemos em Pseudo-Aristóteles, *Mirabiles Auscultationes*, 31; porém, nesse caso, ela se passa em Ábido.

v. 134: Traduzo por "bilha" o termo "*lagoena*" (existe em português também "lagena"), que aqui designa um tipo de ânfora para guardar vinho, geralmente fechada com um selo de cera, para proteger o conteúdo de oxidação e também para garantir que o conteúdo não foi alterado. Encontrar uma bilha com selo quebrado seria sinal de que alguém (e o primeiro acusado seria um escravo) teria aberto a peça sem consentimento.

vv. 145-216: É impressionante que o poema, apesar de se mostrar uma carta, termina num longo solilóquio que, ao fim e ao cabo, borra os limites entre a fala completamente solitária do poeta que se torna "eu" e "você", sem nunca deixar de também se dirigir a Floro. A noção de que pensar é uma espécie de diálogo silencioso interior aparece já em Platão, *Teeteto*, 189e. Horácio parte da avareza, que, como φιλοπλουτία, era tema comum da filosofia popular helenística.

vv. 158-179: Horácio vai se voltar, um tanto abruptamente, para a ideia de posse e de uso, que era recorrente em certo pensamento filosófico grego, sob os respectivos conceitos de κτῆσις e χρῆσις.

v. 158: "A peso e bronze comprado" ("*libra mercatus et aere*") diz respeito a uma antiga prática de mancipação (*mancipatio*), isto é, transferência de bens. Segundo o jurista do séc. II a.C. Gaio, em suas *Institutas*, 1.119, era um ritual com seis pessoas, em que uma delas segurava uma balança (o "peso" da tradução) para que o comprador jogasse nela uma moeda de bronze enquanto pronunciava um texto sobre a compra.

v. 159: Horácio, em contraponto, nos fala do usucapião (*usucapio*), o direito de posse conferido a quem usa continuamente um bem durante um tempo preestabelecido por lei; portanto, sem compra nem venda. Fairclough sugere uma hipótese menos cabível, ainda que de ressonâncias interessantes; para ele, Horácio também poderia estar falando de matrimônio, pois em alguns casos a mão (*manus*) da esposa poderia também ser adquirida pelo encontro sexual entendido como uso (*usus*).

vv. 160-165: Órbio é aqui o dono do caseiro, que é um escravo. O que está em jogo aqui é a diferenciação entre o dono legal do terreno e dos escravos ("*dominus*", "*proprietarius*") e um possuidor na prática dos bens ali produzidos ("*possessor*"). Seguindo a lógica do usucapião antes apresentada, chegamos também à ideia de usufruto, e vemos aqui que Órbio pode até ser o dono das terras, porém o próprio caseiro vê quem detém os bens como o verdadeiro senhor (*dominus*).

v. 167: Arícia (ao sul, rumo aos volscos) e Veios (ao norte, rumo aos etruscos) estão aqui mencionadas como duas cidades de longa data, assim garantindo o tema de duração, que está em jogo em toda a passagem.

v. 173: A posse poderia ser transmitida para outra pessoa em casos de doação ("prece"), compra ("preço"), confisco ("força") ou herança ("morte suprema").

vv. 177-178: Sabemos hoje que as ovelhas que pastavam na Calábria durante o inverno eram transferidos até a Lucânia durante o verão; com isso, alguns latifundiários tinham terras contíguas entre as duas regiões.

v. 180: Os "bronzes etruscos" aqui traduzem *Tyhrrena sigilla*, ou seja, as pequenas imagens e estátuas moldadas pelos etruscos, junto ao mar Tirreno, em geral feitas de bronze.

v. 181: O múrice é um molusco típico da costa norte da África, onde ficava a Getúlia, e era usado para produzir a tintura na cor da púrpura, sendo por isso um produto caro.

vv. 183-186: A comparação de dois irmãos é lugar-comum no imaginário antigo, passando pelos pares de Castor e Pólux, Zeto e Anfíon, Helena e Clitemnestra, bem como nos *Adelfos* de Terêncio. Horácio aqui joga com o lugar-comum para extrair uma proposição.

v. 184: Herodes, o Grande (73-4 a.C.), rei da Judeia, um regente judeu e conhecedor da literatura grega e diplomaticamente ligado aos romanos, tinha um famoso jardim de tamareiras perto de Jericó. É a figura por trás da lenda do massacre de crianças, quando do nascimento de Jesus; embora as datas pareçam não bater, convém lembrar que o nascimento de Jesus costuma ser colocado seis anos depois da data anteriormente aceita, um feito realizado por Dionísio, o Exíguo a pedido da Igreja Católica, regularizou os calendários religiosos, fazendo algumas alterações como essa. Assim, considerando um Jesus nascido em 6 a.C., a lenda sobre Herodes teria ao menos cronologia cabível.

vv. 186-188: Sobre o Gênio como deus tutelar individual, que nasce com cada pessoa, cf. 1.1.87-89, 1.7.94 e 2.1.143-144. Como deus individual e mortal, podemos imaginar que ele também adquire aspectos diversos para cada caso, se bem que "claro e escuro" possa também indicar mais especificamente momentos alegres e tristes, segundo alguns comentadores, e não o tom da pele. Por fim, ao dizer que só o Gênio "sabe" por que dois irmãos têm gostos tão diferentes e diversos modos de vida, Horácio sugere que há diferenças inatas entre as pessoas.

vv. 190-204: Ao colocar opostos na lida com o dinheiro, Horácio mais uma vez chega à ideia de uma áurea mediania (*aurea mediocritas*, cunhagem de *Odes*, 2.10), certamente derivada da ideia geral de μηδὲν ἄγαν ("nada em excesso) e do conceito aristotélico de μεσότης ("mediania").

v. 197: As festas Quinquátrias eram festivais de primavera celebrados entre os dias 19 e 23 de março, originalmente em louvor ao deus Marte, porém depois associadas à deusa Minerva como patrona das artes. Funcionavam como um feriado escolar; daí a presença do menino que aproveita o momento, numa breve cena de *carpe diem*.

v. 199: O verso costuma ser colocado *inter cruces* ou entre parênteses pela maioria dos editores mais recentes, pela dificuldade textual com o corte abrupto ao fim da frase. Busquei traduzir mantendo a brusquidão, mas dando uma possibilidade razoável de leitura. Campbell sugere uma mudança radical no texto, porém muito plausível, que apresento e traduzo aqui como variante para o português: *dummodo pauperies immunda procul sit* ("Longe ficando a pobreza imunda de mim"); nesse caso, a relação da frase se daria com o que vem depois: se eu não sofrer uma pobreza terrível, pouco importa o barco em que navego.

vv. 208-209: O que traduzi por "fantasmas" aparece em latim como "*lemures*", que Porfirião em seus comentários descreve como as almas dos homens que morreram antes da hora. A magia da Tessália (ao norte da Grécia) é um lugar-comum no pensamento antigo grego e romano, e já tinha sido tocada por Horácio em *Epodos*, 5.45, e *Odes*, 1.27.21.

vv. 214-216: Estes versos finais, que representam o próprio Horácio (e também Floro) como um conviva satisfeito que deve saber a hora certa de sair do banquete, ecoam o que o nosso poeta já tinha escrito em *Sátiras*, 1.1.118 ("feito um conviva que parte satisfeito da festa", "*cedat, uti conuiua satur, reperire queamus*"); mas os dois trechos ecoam Lucrécio, *Da natureza das coisas*, 3.938: "*cur non ut plenus uitae conuiua recedis?*" ("por que sai, conviva já satisfeito da vida?").

Já o primeiro verso desta cena final parece também dialogar com o *Eclesiastes*, 8:15 ("nada há melhor debaixo do sol do que comer, beber e alegrar-se"), ou mesmo o que veremos depois em Lucas, 12:19, φάγε, πίε, εὐφαίνου ("come, bebe e folga"). Mas também a famosa frase do epitáfio de Sardanápalo, ἔσθιε, πῖνε, παῖζε: ὡς τἄλλα τούτου οὐκ ἄξια ("coma, beba, brinque: o resto nem se compara"), tal como é citada por Arriano, *Anábasis*, 2.5.3, Estrabão, *Geografia*, 14.5.9, e Ateneu, *Banquete dos sofistas*, 530a-b. Por fim, até mesmo o verso de Lívio Andronico: *Adfatim edi bibi lusi* ("suficiente comi, bebi, brinquei"). Em todos os últimos casos, o "brincar" da tradução tem sentido erótico implícito, como pode acontecer em português; mas nada impede que também inclua o prazer de escrever poesia, como vemos no mesmo verbo em Catulo, carme 50.

Notas à *Arte poética*

Ad Pisones Epistula, Epístola aos Pisões, mais famosa como *Ars poetica*, a *Arte poética*, é a obra de mais difícil datação no *corpus* horaciano, tanto para definir sua composição como para determinar minimamente sua primeira edição. Por ser claramente uma das *Epístolas* publicadas na última fase do poeta, nas edições modernas ela costuma vir no fim do segundo livro, sem que necessariamente fizesse parte dele no original. Essa tradição remonta pelo menos a Carísio (séc. IV d.C.), que a cita como *Horatius in epistularum* ("Horácio no livro de *Epístolas*"); porém, a designação alternativa como *Arte poética* já existia pelo menos desde Quintiliano (séc. I d.C.), que entende o poema também como um livro autônomo, ao designá-lo "*liber de arte poetica*" (*Instituição oratória*, 8.3.60), o que faria todo sentido, dado o tamanho dessa que é a mais longa obra horaciana, com 476 versos. Talvez por isso, nos manuscritos, ela costume aparecer em segundo lugar, logo depois das *Odes*, ou em quarto, depois das *Odes*, dos *Epodos* e do *Canto secular*. Enfim, como conclui Rudd (1989, p. 19), não podemos nem mesmo ter certeza de que Horácio publicou a obra em vida.

Ainda assim, a dedicatória do poema aos Pisões pode nos ajudar, bem como o comentário de Porfirião. Trata-se muito provavelmente do pontífice Lúcio Calpúrnio Pisão (48 a.C.-32 d.C., cônsul em 15 a.C., viria a ser *urbis custos* em 23 d.C.) e dos seus dois filhos, que permanecem absolutamente desconhecidos até o momento. Se é assim, uma data provável para a composição seria em torno de 10 a.C., quando Pisão pai retornou de sua campanha na Trácia; e há ainda outro ponto para justificar essa família, que estava ligada à poesia há desde pelo menos uma geração, pois Lúcio Calpúrnio Pisão Cesonino, pai do pontífice, havia sido patrono do poeta e filósofo epicurista Filodemo; seguindo esses passos, Pisão, além de ser poeta ele próprio, também foi patrono de Antípater de Tessalônica. No entanto, não podemos desconsiderar a possiblidade de que seja Cneu Calpúrnio Pisão (70?-?, cônsul em 23 a.C.), que teve dois filhos; nesse caso, a data mais provável seria em torno de 20 a.C. Porém nada nessa parte da família Pisão parece aproximá-los da poesia ou de Horácio especificamente; além disso, o filho mais velho já não seria mais adolescente, tal como é descrito no poema, pois se tornou questor em 19 ou 18 a.C. Como percebeu Villeneuve, estamos longe de dar a essa questão uma resposta precisa, o que pode ser ainda mais complexo pelo fato de que Horácio não nos fornece qualquer comentário, por exemplo, sobre a *Eneida* de Virgílio, que poderia nos ajudar um pouco.

Charles Brink (1963), no primeiro volume de seu trabalho monumental, apresenta uma série de dados inquestionáveis e insiste que é impossível datar a obra, mas que a afirmação de que o próprio Horácio não estaria escrevendo nada na época (v. 306, *nil scribens ipse*) indicaria um período em que o poeta não estava dedicado ao ápice de seu projeto, com as *Odes*. Se assim for, ela poderia ter sido escrita no intervalo entre os três primeiros livros de odes e o quarto, ou seja, entre 23 e 18 a.C., que caberia no período de Cneu Calpúrnio Pisão; ou então no período entre a publicação do quarto livro de *Odes* e a morte do poeta, ou seja, entre 14 e 8 a.C., que caberia no período de Lúcio Calpúrnio Pisão. Nenhuma informação textual do poema ou dos dados externos é capaz de resolver a questão, que permanecerá por muito tempo indecidível, até mesmo porque a expressão "*nil scribens ipse*" pode ser lida apenas como marca de que o poeta daria preceitos sobre drama e épica, sem que ele próprio escrevesse nesses gêneros. Sem pretensão a qualquer certeza, ficarei então com a primeira hipótese aventada, que me parece mais convincente como hipótese, e dato o poema em torno de 10 a.C., apenas dois anos antes da morte do poeta.

Falar sobre a organização da *Arte poética* permanece sendo um problema delicado e de difícil consenso, pois, se o poema apresenta algum tipo de estrutura, ela certamente não se dá de modo marcado como na tratadística antiga; ela difere e, sobretudo nas transições, é até mesmo mais instável que outros poemas didáticos, tais como as *Geórgicas* de Virgílio e as *Astronômicas* de Manílio. Pelo contrário, em Horácio o que mais encontramos são passagens ambíguas, que muitas vezes podem ser lidas em relação com o que vinha sendo dito pouco antes ou com o que será dito logo depois; isso acontece tanto em pequenas transições quanto em movimentos maiores do poema, de maneira que é possível ver na sua organização um deslizar constante, que faz da fluidez o modo do pensar poético sobre a poesia. Não é à toa, portanto, que Escalígero, em 1561, diria que se tratava de uma "arte transmitida sem arte" ("*ars sine arte tradita*"), numa espécie de exagero ou de ingenuidade sobre o fato de que, também para Horácio, "*ars est celare artem*", ou seja, faz parte da poética não deixar traços óbvios de sua estruturação, uma prática que vemos também muito bem-realizada nas *Elegias* de Tibulo e preceituada no famoso verso das *Metamorfoses* (10.252) de Ovídio: "*ars adeo latet arte sua*" ("assim a arte se esconde na própria arte"). Alexander Pope diria as seguintes palavras sobre a obra preceitual horaciana:

> *Horace still charms with graceful negligence,*
> *And without method, talks us into sense.*

> Num descuido charmoso Horácio nos seduz,
> Sem ter um método ele fala e traz a luz.

Esse "descuido charmoso" (*"graceful negligence"*) pode até parecer "sem método" (*"without method"*); no entanto, o suave paradoxo de *"graceful negligence"* é mais feliz que o comentário do verso seguinte. Talvez André Dacier tenha sido mais certeiro em falar da beleza da desordem (*"la beauté du désordre"*) que invade o poema, ao perceber, nessas palavras, que há um projeto que se mostra como da ordem da desordem. Talvez fosse isso que poderíamos depreender no paradoxo mais conciso de Lehrs, ao encontrar na *Arte poética* uma forma da amorfia (*Forme der Formlosigkeit*), na medida mesma em que a obra plasma o aparentemente implasmável e apresenta-se como carta (epístola, na tradição inventada por Horácio, em diálogo claro com suas conversas dos *Sermones*), ou seja, uma conversa escrita com alguém razoavelmente próximo, e como tratado de poética, apresentação sistemática de uma arte (τεχνή), ao mesmo tempo que não é puramente nenhuma das duas coisas.

É portanto nessa hesitação que pretendo pensar e traduzir a obra, considerando que, mais do que uma falha ou um deslize, as ambiguidades constitutivas da *Arte poética*, inclusive em sua determinação genérica, são o cerne do experimento horaciano, que já vinha sendo desenvolvido desde o primeiro livro das *Sátiras*. Nesse sentido, é sempre bom lembrar que o livro das *Epístolas* é, ao seu modo, uma continuação das *Sátiras*, na medida mesmo em que permanecem sendo *sermones*, ou seja, conversas. A diferença central está no fato de que, nas *Sátiras*, Horácio experimentava o jogo de criar ficcionalmente conversas em ambiente vocal, com várias peças imitando o modo de um diálogo, ou de um monólogo em tom de conversa, enquanto nas *Epístolas* o modo do diálogo se concentra no monólogo dramático escrito a um destinatário que permanece silente, embora compareça como interlocutor e como causa primeira dos temas poéticos abordados. Mesmo assim, Leon Golden (1995, p. 26-27), por exemplo, sugere que poderia haver uma sátira perdida de Lucílio que serviria como modelo para a *Arte poética* horaciana, embora nada possa ser comprovado de fato. Com isso em mente, não podemos esquecer que, embora não tenhamos certeza sobre quem são os Pisões em questão, ainda assim o modo pedagógico de escrita sobre poética certamente dialoga com os interesses deles (mais provavelmente do pai e sobretudo do filho mais velho, que permanece anônimo); igualmente é do interesse deles e de suas posições políticas que deriva o interesse maior pela épica e pelo drama na *Arte poética*, de modo que sempre que são invocados e interpelados, temos um momento importante do poema (Wickham, 1901) como carta *ad hominem*, ainda que, ao fim e ao cabo, o poema seja obra pública destinada a todos que tiverem acesso (cf. Kilpatrick, 1986).

Voltando à classificação da obra, julgo pertinente citar este claro resumo das interpretações mais importantes do século passado, feita por Rosado Fernandes (2012, p. 27-28):

> *Norden* atribui-lhe um carácter isagógico, isto é, considera-a uma introdução à poesia, com a divisão *ars + artifex*, *Rostagni* pretende ver nela um tratado de poesia à moda de Aristóteles, sem a profundidade da obra deste. *Immisch* diz tratar-se de uma selecção de problemas poéticos. *Steidle*, por sua vez, afirma ser um conjunto de preceitos, mas não um tratado. Cremos, por nossa parte, que na *A. P.* há um pouco de tudo o que se defende nestas opiniões, se, no entanto, admitirmos que seja um tratado. (Itálicos do autor.)

Porém, seja como for, o hibridismo da obra sempre terá de se resguardar dentro do espaço do *sermo*, o que explica uma série de recursos para borrar as transições, emulando assim o monólogo epistolar ou conversacional que garante sua verossimilhança. É por esse caminho que poderíamos, como Ross Kilpatrick (1990, p. 33), conjeturar quais são os sentidos possíveis de "*ars*" numa obra como essa. Em primeiro lugar, claro, "*ars*" traduz o termo grego τεχνή, com o sentido de tratado técnico ou manual sobre determinado assunto; no entanto, é possível entender a palavra também como "ofício" ou "profissão"; nesse sentido, uma *ars poetica* horaciana poderia ser um livro sobre a "profissão poética", sobre o "ofício da poesia", o que tiraria de si todo o peso tratadístico que tantos esperaram e ainda esperam da obra. E mais, como recorda Kilpatrick, este poema, ao modo de um anel, começa e termina em caricaturas satíricas, que fazem do riso uma força constante, que infelizmente tende a ser deixada de lado nas análises mais rígidas, junto com seu vínculo com a tradição da sátira romana. Aqui precisamos talvez levar um pouco menos a sério, ou menos planamente, o trabalho imenso de Brink, para concordar com Gordon Williams (1969), quando em sua longa resenha ao livro de Brink, nos provoca a ponto de pensarmos que é possível ler a *Arte poética* como uma espécie de paródia das *artes* tradicionais. Laird (2007, p. 142), por outro lado, afirma que o poema seria muito mais voltado para formar leitores e críticos do que para ensinar poetas. Eu diria que, como epístola, ligada aos *sermones* e à *satura*, a *Arte poética* horaciana é uma saturação de humores, uma curiosa composição metapoética organizada por um regulador esquivo, que quase o tempo todo evita dar preceitos inequívocos e é capaz de rir, mesmo que discretamente, de quase tudo o que toca.

Mais uma vez, a técnica de transição deslizante ou fluida (conceito derivado de Paul Cauer, em 1906) também pode ser ligada à prática da oratória romana, tal como vemos em *Do orador* (2.177), quando Marco Antônio comenta o seguinte:

> *tractatio autem uaria esse debet, ne aut cognoscat artem qui audiat aut defati-getur similitudinis satietate [...] interpuncta argumentorum plerumque occulas, ne quis ea numerare possit, ut re distinguantur, uerbis confusa esse uideantur.*

> O tratamento deve ser variado, para que o ouvinte não reconheça a arte nem se canse com a saturação da mesma [...], que você oculte, em larga medida, os intervalos dos argumentos, para que ninguém possa contabilizá-los, e para que se distingam no tema e pareçam estar misturados nas palavras.

Penso que poderíamos, sem medo, reconhecer o mesmo estratagema oratório na organização do *sermo* – epistolar ou não – da *Arte poética*. Daí a importância constante do riso, tanto como artifício do diálogo em possível chave satírica quanto como modo de persuasão (Golden, 1995, p. 32) chega a se perguntar se o poema não poderia ser lido como uma sátira contra os Pisões, que então encarnariam uma espécie de filisteus da arte). Daí também a possibilidade de que estruturas diversas funcionem simultaneamente na análise do poema, como em várias outras obras augustanas e como eu mesmo já analisei no que diz respeito às *Odes* (Flores, 2014). É assim que o poema se organiza como uma unidade complexa, repleta de variações e de vivacidade; num jogo ainda mais sutil pela arte da ironia horaciana.

Para além dessa ambiguidade de gênero e estrutura, capaz de produzir interpretações as mais diversas com aparente base textual, parece ainda fundamental desdobrar a obra em uma segunda ambiguidade constitutiva: sua hesitação entre obra escrita e performance vocal também nos convida a encontrar, para além da trama conceitual e do desenvolvimento estrutural, também uma escuta do poema, que na tradução pode se desdobrar em performance vocal do poema traduzido e do original. A força da escrita é determinante nas *Epístolas* como um todo, pois, como nas *Sátiras*, aqui imperam as referências ao labor poético como um ato de escrita, em contraponto com as menções ao canto e à música que imperam nos *Epodos* e nas *Odes*; mais até do que nas *Sátiras*, as *Epístolas* anunciam seu caráter escrito desde o título, já que são poemas conversacionais que se apresentam na forma de uma carta artificial. No entanto, como é de conhecimento geral, as práticas vocais estavam disseminadas por todo território romano e, mesmo numa cultura do livro (ou até, mais precisamente, numa poética do livro), sabemos que o principal modo de leitura se dava por meio da vocalização, seja do leitor solitário, seja de um escravo escolhido para essa função, seja numa roda de amigos em torno de apenas um *uolumen*, isso para nem tocarmos na questão das performances teatrais e musicais que eram feitas a partir dos poemas escritos, como é o caso das *Bucólicas*, de Virgílio, que atingiram seu maior sucesso nos palcos da época (cf. Suetônio, *Vita Vergilii*, 26 – o termo usado para os intérpretes é *"cantores"*). Enfim, se até a leitura solitária era feita em voz alta, e se toda literatura romana, por mais que fundada na letra escrita, circulava pela voz, por que não considerar uma epístola horaciana nesse limiar de vozes? Por que não forçar o poema de volta a uma voz? Por que não dá-lo a uma voz viva mais uma vez? Essa voz que assume o texto latino e sua possível tradução é também a voz que modula e toma decisões sobre uma poética de ambiguidades; não necessariamente ela precisa ou procura resolver todas as ambiguidades para dar um sentido unívoco, mas, ao enfrentar o poema, ela gera novas camadas ao que se dá puramente no papel. Nesse sentido, é possível pensar uma tradução que tente guardar o máximo da abertura textual, considerando a poética deslizante como a mais frutífera do poema, enquanto uma voz se expõe ao risco de tomar partido. Já dizia Horácio, *"nescit uox missa reuerti"* ("a voz lançada não volta", v. 390); e um adágio de Walter Benjamin (1995, p. 33), em "A técnica do crítico em treze teses", nos lembra que "quem não pode tomar partido tem que se calar" (*"wer nicht Partei ergreifen kann, der hat zu schweigen"*). A voz, essa que não sabe voltar, mesmo desatenta, já tomou partido, desde a partida.

De qualquer maneira, o problema mais geral da estrutura da *Arte poética* – problema que não pretendo de modo algum resolver, e sim ampliar, frutificando como poética tradutória –, é incontornável, hoje, tal como Porfirião já nos dizia, ao iniciar seus comentários ao poema com o seguinte:

> *in quem librum congessit praecepta Neoptolemi* τοῦ Παριανοῦ *de arte poetica, non quidem omnia sed eminentissima. Primum praeceptum est* περὶ τῆς ἀκολουθίας.

> nesse livro ele reuniu preceitos de Neoptólemo de Pário acerca da arte poética, claro que não todos, mas os mais notáveis. O primeiro preceito é *sobre a conformidade.*

Apesar de não podermos confiar plenamente em tudo que o comentador nos diz, apesar, ainda mais, de não termos praticamente nenhum conhecimento sobre a obra de Neoptólemo de Pário (*floruit* provável na virada dos sécs. III-II a.C.), fora os poucos preceitos encontrados em fragmentos *Dos poetas*, de Filodemo, na edição de Jensen em 1923; ainda assim, é possível seguir algumas hipóteses interessantes que também traçam um caminho entre a *Poética* de Aristóteles (que muito provavelmente Horácio nunca leu diretamente) e a *Arte poética*, passando pela obra de Neoptólemo. Por isso, sobre a estrutura de base, sigo a proposição formulada por C. O. Brink (1963), de que o poema seria constituído por uma apresentação (vv. 1-41), seguida de três partes:

1. arranjo e dicção (vv. 42-118)
2. tema e caráter, exemplificados por épica e drama (vv. 119-294)
3. o poeta, sua formação e a crítica literária (vv. 295-476).

Essa tripartição é seguida fielmente, por exemplo, pela tradução portuguesa de R. M. Rosado Fernandes e, exceto pela noção de uma apresentação, ela coincide em parte com a divisão um pouco mais recente de Nial Rudd (1989) em sua edição crítica comentada, que me parece um pouco menos sutil:

1. a composição do poema: preceitos gerais (vv. 1-152)
2. drama: preceitos e história (vv. 153-294)
3. o poeta: seus anseios e vocação (vv. 295-476).

A tripartição que adoto, ainda segundo Brink, poderia recriar o pensamento de Neoptólemo de Pário, na sequência de *poema, poesis, poeta*, sendo que *"poema"* designaria mais precisamente o estilo da produção do verso (σύνθεσις τῆς λέξεως, sua capacidade de criação poética enquanto forma), *"poesis"* designaria a composição de um todo maior e unitário que formaria uma obra (a ὑπόθεσις como tema que, portanto, demanda elaboração delongada dos conteúdos, o que se exemplifica pela épica e pelo drama), e por fim *"poeta"* designaria as práticas do indivíduo e sua inserção social; a tríade unida seria uma poética propriamente dita (cf. também Asmis, 1992). Assim, poderíamos comparar a organização triádica apresentada por Brink em relação com o que sabemos de Neoptólemo e com as obras de Aristóteles:

Neoptólemo, fragmentos	—	ποίημα	ποίησις	ποιητής
Aristóteles	Poética caps. 7 e 8	Retórica Livro 3	Poética e Retórica 2.12-14	De poetis ?
Horácio, Arte poética	vv. 1-41	vv. 42-118	vv. 119-294	vv. 295-476

Porém, ao escolher a tripartição de Brink com Neoptólemo em mente, gostaria de afirmar que não considero, de modo algum, a divisão absoluta ou incontestável: Horácio não faz absolutamente nada para evitar o equívoco ou explicitar uma dívida direta com qualquer autor anterior; da mesma maneira, em diversos momentos vemos como o poeta insere questões de uma parte em outra, por meio de repetições e retomadas, que produzem um senso de fluidez discursiva. É possível, por exemplo, seguir a organização de Donald Russell (*apud* Laird, 2007, p. 136) para sua tradução, sem uma macroestrutura subjacente, e ainda assim obter um bom resultado:

vv. 1-23	Unidade e consistência
vv. 24-58	Habilidade necessária para evitar erros
vv. 59-72	Palavras em voga
vv. 73-98	Metro e tema
vv. 99-118	Emoção e *ethos*
vv. 119-178	Escolha e tratamento do mito

vv. 179-201	Regras para dramaturgos
vv. 202-219	Desenvolvimento da tragédia
vv. 220-250	Dramas satíricos
vv. 251-268	Demanda por perfeição técnica no metro
vv. 269-274	Modelos gregos
vv. 275-284	Inventividade dos gregos no drama
vv. 285-294	Inventividade dos romanos
vv. 295-322	O poeta
vv. 323-390	Atitudes gregas e romanas
vv. 391-407	A poesia e seus usos e valores sociais
vv. 408-452	Arte e natureza
vv. 453-476	O poeta louco.

Também considero interessante a divisão proposta por Pierre Grimal (1968) a partir dos quatro tipos de causas no pensamento de Aristóteles já incorporadas ao pensamento romano, por exemplo em Sêneca (*Cartas a Lucílio*, 65.4): material (*materia*), eficiente (*opifex*), formal (*forma*) e final (*propositum*). Isso para nem falar das possibilidades numéricas levantadas por Grimal e também por K. Gantar (*apud* Moralejo, 2008), que levam até mesmo à relação com a série de Fibonacci, dividindo o poema em duas partes (vv. 1-182 e 183-476), que, por seu tamanho relacional de 182/294, estabelecem entre si uma proporção de 1,615, ao mesmo tempo que a relação do número de versos da segunda parte com o todo, de 294/476, faria uma proporção de 1,619. As variedades por vezes beiram o assombro, e não me interessa aqui comprová-las ou questioná-las. Sigo, portanto, a proposta de Brink porque ela me parece convincente para ler o texto horaciano e ainda é capaz de o pôr em diálogo com obras anteriores, ao mesmo tempo que confirma o que nos diz Porfirião, porém lembrando, com Karl Büchner (1979), que ainda não conseguimos capturar Proteu. Talvez fosse melhor, em vez de dizer que seja uma estrutura, afirmar que a tripartição forma um substrato para que o poema entre em movimento.

Talvez seja interessante levar ainda outros fatores em consideração quando falamos da obra como um todo. Creio que seja possível, por exemplo, sobrepor quatro estruturas importantes que funcionam concomitantemente. Em primeiro lugar, a tripartição de Neoptólemo, já comentada; em segundo, o crescendo dos destinatários (v. 5, *amici*; v. 6 *Pisones*; v. 24, *pater et iuuenes patre digni*; vv. 291-292 *Vos, o / Pompilius sanguis*; vv. 366-367, *O maior iuuenum, quamuis et uoce paterna / fingeris ad rectum*) tanto em força e tamanho quanto em especificidade; em terceiro lugar, o fato de que Horácio parece fazer um ônfalo poético ao dedicar a parte central da obra ao drama (vv. 152-294, quase um terço do todo), talvez para atender ao pedido dos Pisões; e, por fim, que a obra tem abertura e encerramento com maior força satírica, além de início e fim abrupto. Eis um esboço simplificado do efeito dessas sobreposições:

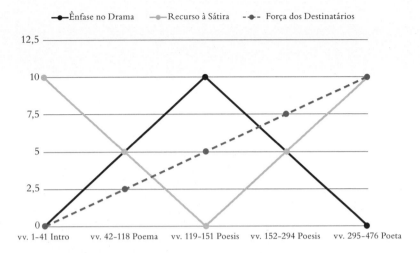

O que emerge então é uma noção de unidade muito complexa, permeada por efeitos de variedade e sobreposições de movimentos a partir de temas diversos.

Do mesmo modo, se há preceitos de Neoptólemo, tudo indica que temos também influências de Platão (*Fedro*, 246c trata da comparação entre obra e organismo), Aristóteles (*Poética* e *Retórica*, como já foi dito), Lucílio (vv. 1196-1208, sobre a virtude, quando também defende os elos com amigos e com a pátria), Cícero (*Do orador*, 2.188-197, trata do impacto afetivo; 1.113 e ss. aborda os dilemas entre *ars* e *ingenium*) e Varrão (*Das origens cênicas* apresentava uma origem única para o drama, com seu desenvolvimento), para ficarmos apenas nos exemplos mais gritantes. Isso não quer dizer que Horácio esteja colado a qualquer outro autor: seu projeto diverge muito do temperamento da tratadística aristotélica, tal como é possível talvez encontrar mais divergências do que similaridades com Cícero; é com essas diferenças em mente que anoto os pontos em comum (proposta derivada de Alberte, 1989), para rastrear os momentos em que Horácio acolhe algumas tradições. Seja como for, a *Arte poética* retoma uma série de argumentos e ideias horacianas que já apareciam em metapoemas mais longos, tais como *Sátiras*, 1.4, 1.10 e 2.1, ou em *Epístolas*, 2.1 e 2.2; no entanto, em nenhum outro momento de sua carreira, Horácio realizou uma obra poética e fluida e ao mesmo tempo tão sistemática e tão baseada em teorias correntes em sua época; é sem dúvida um *tour de force* e uma realização que não para de mover os leitores das mais diversas culturas, línguas e períodos da história.

A *Arte poética* teve uma forte recepção já na Antiguidade, mas ela se torna um centro de estudos poéticos a partir do Renascimento (cf. Rostagni, 1930) com um impacto prolongado por toda a Europa, que recebe boa análise de Moralejo (Horácio, 2007, p. 360-371), além de, é claro, os ecos pelo Novo Mundo. A tradição em língua portuguesa em torno da *Arte poética* é imensa, desde pelo menos 1553, quando Aquiles Estaço publica em latim o primeiro comentário conhecido, na Antuérpia, até a tradução de Pedro Braga Falcão, em 2017, publicada em Portugal. Seria exaustivo tentar listar tudo que se produziu entre os lusófonos, praticamente impossível anotar a pletora de estudos, comentários e traduções nas outras línguas europeias. Por isso, listarei apenas os tradutores que fizeram incursões poéticas de que tenho conhecimento:

1. Cândido Lusitano (1758; 2.ed. 1778)
2. Miguel do Couto Guerreiro (1772)
3. D. Rita Clara Freire de Andrade (1781), também atribuída a Bartolomeu Cordovil ou a Antônio Isidoro dos Santos
4. Jerônimo Soares Barbosa (1791; 2. ed. 1815)
5. Marquesa de Alorna (1812)
6. Antônio José de Lima Leitão (1827)
7. Antônio Luiz de Seabra (1846)
8. Bruno Francisco dos Santos Maciel (2017)
9. Frederico Lourenço (2023)
10. Brunno V. G. Vieira e Leandro Dorval Cardoso (inédita).

É muito curioso notar que, nos mais de cinco séculos de língua portuguesa, praticamente todas essas traduções poéticas se concentram num período de menos de noventa anos (1758-1846), o que acaba por marcar interesses de época que hoje já nos parecem demasiado distantes. Publicada, eu conheço apenas a tradução poética de Maciel ao longo dos séculos XX e XXI; para além dela, tenho conhecimento de três versões prosaicas: a tradução coletiva de Bruno Maciel, Darla Monteiro, Júlia Avelar e Sandra Bianchet (2013, Viva Voz), bem como a de Pedro Braga Falcão (2017) e de Frederico Lourenço (2023); muito embora estejam dispostas em versos para facilitar a consulta ao original, são trabalhos filológicos, cuidadosos, porém prosaicos. Mais digno de nota, quanto às soluções poéticas, é o trabalho de Brunno V. G. Vieira (2011) para os primeiros cem versos do poema, que acabou se desdobrando numa parceria com Leandro Dorval Cardoso que contempla todo o poema, porém ainda inédito.[1] Assim, fora a tradução dodecassilábica de Bruno Maciel (2017),[2] infelizmente

---

[1] Agradeço imensamente aos dois poetas, tradutores e amigos que me deram a chance de ver a tradução logo que foi terminada. Espero que ela saia em breve, visto que está no prelo.

[2] Agradeço também ao avaliador anônimo do artigo para a revista *Em tese* (onde publiquei uma versão anterior e diferente da presente tradução, sem notas), que me informou sobre o trabalho de Maciel, que eu até então desconhecia. Do pouco que já pude ver, compreendo que seja uma contribuição muito importante para os estudos e as traduções de Horácio no Brasil.

ainda inédita em livro, estamos há mais de 170 anos sem uma tradução poética integral e anotada desse poema. Se, depois de esta minha tradução, essas outras duas saírem publicadas em livro, estaremos diante de um marco de nova vida de interesse tradutório e poético por essa obra fundamental do pensamento crítico literário da Antiguidade.

Seguirei, portanto, a edição de Shackleton Bailey, como tenho feito no resto da obra; porém, neste caso acompanho de perto as proposições de Brink, com um olho em Rudd e em outros comentadores e editores. À diferença da maioria deles, recuso-me a inserir no corpo do poema qualquer tipo de título para cada passagem, por acreditar que essa organização pedagógica, se é muito útil ao estudo analítico do poema, é a forma mais rápida de aniquilar sua poética da hesitação constante. Diante disso, apenas faço paragrafações que auxiliem minimamente o leitor diante de um poema longo, para que possa respirar; também insiro quebras de linha para dividir as quatro partes que constituem a organização maior do poema. Qualquer tipo de análise será restrita às notas, que então poderão, quando julgar mais necessário, reintroduzir as quebras apenas como instrumento didático mais ágil.

O leitor também perceberá, pelas notas e traduções, que, sempre que possível, optei por guardar as ambiguidades constitutivas e os silêncios horacianos. Não vejo neles um problema textual que caberia ao crítico resolver, mas sim a maior parte da fertilidade da *Arte poética* como poema, por ler nela a ação de uma regulação esquiva. Para tanto, com o desafio tradutório de guardar por um lado a sugestão de tratado e, por outro, a fluidez de conversa improvisada em carta, tenho para mim que esta foi a obra mais trabalhosa, por regular inúmeras vezes o exercício da criação poética paralela. Aqui busquei ainda mais do que no resto da obra horaciana guardar uma paraconsistência textual na trama dos vocábulos e imagens, recusando quase sempre a paráfrase e ainda mais o ímpeto explicativo. Talvez eu pudesse dizer que meu guia tradutório foi a epígrafe de Paulo Leminski ao seu próprio *Catatau*: "Me recuso a ministrar clareiras para a inteligência deste catatau que, por oito anos, passou muito bem sem mapas. Virem-se". Assim abertamente me incluo: viremo-nos.

Por fim, é preciso agradecer à imensa gentileza de Brunno V. G. Vieira, que supervisionou o pós-doutorado que fiz sobre a *Arte poética*; além da amizade e do acolhimento, dele vieram parte da bibliografia, debates, a possibilidade de lecionar um curso sobre o assunto na Unesp de Araraquara, em abril de 2019, que gerou uma série de conversas com alunos e colegas que só puderam melhorar o que eu tinha até então. Agradeço também a Joana Junqueira, pois com ela tive acesso a metade das traduções poéticas lusófonas, e a uma série de pessoas amigas que me ajudaram entre leituras, audições, apoios e críticas pontuais, que seria demais nomear aqui.

Notas

vv. 1-5: Horácio começa o poema de modo absolutamente abrupto, seguindo a própria ideia que ele virá a apresentar mais tarde de começar pelo "meio das coisas" (*in medias res*, v. 148). Mais singular ainda é a obra se iniciar construindo uma imagem verso a verso, cada vez mais estranha (por exemplo, só nos damos conta de que a cabeça do primeiro verso é feminina no v. 4), que retoma os centauros e sereias (cp. Cila e Tritão na *Eneida*, 3.426-428 e 10-210-211), para então convocar ao riso os leitores – identificados apenas no verso seguinte. O riso não vem do simples fato de se descrever um monstro, até porque a poesia homérica já apresentava diversos exemplos tradicionais e por isso aceitos, o mesmo vale para as artes plásticas. Horácio na verdade cria um ser ainda mais absurdo e sem precedente; temos então um problema não apenas do híbrido, mas de sua relação com a cultura, ou seja, sua verossimilhança (τò εἰκός) para determinado contexto poético. Ao mesmo tempo, o poeta pode fazer um experimento sobre variabilidade, lançando ao leitor uma vertigem que vai se estender ao longo dos primeiros 41 versos, enquanto discute unidade. Paradoxalmente, a metalinguagem cômica dessa abertura permite ao poeta fazer aquilo que ele mesmo critica. Quintiliano (*Instituição oratória* 8.3.59-60) comenta a mesma passagem como exemplo de sardismo (Σαρδισμός), o discurso com inúmeras misturas. De qualquer modo, a comparação da pintura com a poesia, que retornará algumas vezes ao longo da obra, era tradicional, e aparece também com frequência na *Poética* de Aristóteles (1 1447a, 2 1448a, 15 1454a e 25 1460b, ἔστι μιμητὴς ὁ ποιητής, ὥσπερ ἂν εἰ ζωγράφος ἤ τις ἄλλος εἰκονοποιος, "o poeta é imitador, como o pintor ou qualquer artista plástico").

A ideia de ser chamado para ver a mostra (*"spectatum admissi"*), como bem observa Cândido Lusitano, "alude ao costume dos pintores e escultores de seu tempo, que, tanto que acabavam alguma pintura ou estátua, publicavam o dia em que a haviam posto em público, para que os convidados lhes apontassem os defeitos; é similar à prática da *recitatio* para poesia" (cf. nota ao v. 438).

vv. 6-7: Sobre os Pisões, cf. texto introdutório ao poema. Horácio dá início à primeira comparação entre pintura e poesia, aproximando os modos de composição; a partir daí, a composição desastrada (ou demasiado ousada) se aproxima também do sonho delirante, assunto que retornará ao longo da obra que finalizará o poema com a imagem do poeta louco. O termo latino *"species"* (que traduzi por "formas"), segundo Brink, designaria – como o grego εἶδος, em Aristóteles – as elementos constitutivos de uma obra escrita, como a tragédia, assim como as partes da pintura.

vv. 7-8: Horácio usará nove vezes ao longo da *Arte poética* a metáfora do verbo *"fingo"* e de seus particípios perfeitos (*fictus, -a, -um*). Essa metáfora é derivada da arte de moldar o barro para jarras e copos, ou mesmo para a escultura, e dialoga com πλάσμα em grego. É dela que vem nosso termo moderno "ficção"; no entanto, eu não quis fazer uma aproximação direta, por julgar que haja aí diferenças importantes; por isso, na falta de um termo comum para o molde do barro, e por julgar que o termo "moldar" não daria conta dos usos horacianos, recorri ao verbo "forjar", ligado à prática similar, porém no ferro.

v. 8: A expressão "sem pé nem cabeça" deriva já de Plauto (*Asinaria*, 729), onde lemos "*nec caput nec pes sermoni apparet*". O resultado é a busca para ter "*uni formae*" ("uma só figura"), que retoma a ideia aristotélica de unidade e da imagem da obra como ser orgânico, que encontramos já em Platão (*Fedro*, 364c): "não sem cabeça nem pé, mas com meio e bordas notavelmente escritas nas partes com o todo" (ὥστε μήτε ἀκέφαλον εἶναι μήτε ἄπουν, ἀλλὰ μέσα τε ἔχειν καὶ ἄκρα, πρέποντα ἀλλήλοις καὶ τῷ ὅλῳ γεγραμμένα). Essa comparação tradicional ainda aparecerá, muito depois, em Evâncio (*Sobre o teatro*, 4.5), ao sugerir que "pareça composto como um único corpo" ("*uno corpore uideatur esse compositum*").

vv. 9-13: Na forma de contra-argumento, Horácio nos lembra da liberdade poética ("*poetica licentia*" ou ποιητικὴ ἐξουσία) também concedida aos pintores, afinal a mimese não é mera representação hiperrealista da vida; Luciano posteriormente dirá que se trata de um adágio (*Em defesa das imagens*, 18). Esse tipo de intervenção de outras vozes supostas é muito típica da poesia satírica romana e das *Sátiras* de Horácio. Diante da questão, temos a típica ironia horaciana, que termina com os limites da mistura em exemplos da natureza, com animais que não apenas não se misturam no espaço como também não podem ter descendentes em comum, usando imagens tradicionais de "*adynata*" ("impossibilidades"). A ambiguidade de dar e pedir a licença mostra como o poeta aqui ocupará ao mesmo tempo o papel de poeta (pedir) e crítico (dar), além de talvez estabelecer um modelo de reciprocidade no mundo dos poetas-críticos.

vv. 14-23: O primeiro exemplo mais concreto no nosso poema mostra o descompasso entre a abertura de uma obra e seu conteúdo ou desenvolvimento. Para tentar dar grandiosidade, Horácio afirma que muitos poetas fazem remendos de púrpura para cenas de lugar-comum e descrições que demandariam um tom mais sóbrio, já que, por exemplo, a cena é campestre para fazer jus a Diana, deusa virgem caçadora. É importante lembrar que esse tipo de exercício retórico (écfrases) era comum na época, como podemos ver na fala de Papírio Fabiano em Sêneca, o Velho (*Controvérsias*, 2.1.13). O modelo de empolação aqui criticado costuma ser comparado ao que conhecemos da *Tebaida*, do poeta grego Antímaco de Colofão (séc. III a.C.). Segundo Rostagni, a cena do bosque de Diana poderia ser uma piada com a obra de Cornélio Severo, e a descrição do Reno com os *Anais da guerra da Gália*, de Fúrio Bibáculo, já zombado em

Sátiras, 1.10 e 2.5; os dois eram contemporâneos de Horácio, porém conhecemos muito pouco das obras para ter certeza dessa relação direta.

O segundo exemplo de descompasso retoma a história narrada pelos escoliastas antigos: um dia, um marujo pediu a um pintor que só sabia pintar ciprestes (árvore funerária) que pintasse o naufrágio a que sobrevivera, para ofertar como ex-voto por sua salvação; e o pintor teria lhe perguntado se não queria também algum cipreste no quadro; daí se originaria um provérbio grego: μή τὶ καὶ κυπάρισσον θέλεις; ("mas não quer um cipreste?"). Assim, temos o disparate entre a habilidade específica e a construção de uma obra unitária.

O último exemplo trata do oleiro incapaz de terminar a peça planejada (no original, seria projetada uma ânfora, mas ele termina no *"urceus"*, um vaso curto sem pescoço; por isso optei pela oposição vaso e pote). Ao fim da série, chegamos à dupla regra inicial: *"simplex dumtaxat et unum"*, ou seja, a obra deve ter simplicidade (ou seja, sem misturas) e unidade na totalidade; uma vez que essas regras estejam cumpridas, começa a licença poética e pictórica; ideia similar aparece em Aristóteles (*Poética*, 6 e 7 1450b e ss.: ἓν καὶ ὅλον, τέλειον καὶ ὅλον) e no que conhecemos de Neoptólemo de Pário.

vv. 24-31: Horácio aqui alista os erros possíveis de cada projeto artístico: o breve se torna obscuro, o leve se torna fraco, o grandioso fica empolado, o baixo termina rastejando, o variado acaba inconsistente. O grande desafio parece ser conseguir a força da variedade sem perder unidade. "A forma mais certa" traduz *"specie recti"*, que indica algo como a "aparência do que seria correto"; nesse sentido, podemos entender que a aparência das virtudes artísticas não explicitam a dificuldade de como conseguir alcançá-las na prática; essas aparências finais são portanto enganadoras, e apenas a arte (ou seja, a habilidade técnica) pode evitar esses vícios. É o que vemos como *"cacozelon"* em Quintiliano (*Instituição oratória*, 8.3.56). O resultado possível é procurar a justa medida no meio-termo (μεσότης aristotélica, *Ética a Nicômaco*, 1106b; mas também a *"aurea mediocritas"* que já lemos nas *Odes*, 2.10.5), como vemos já nas *Sátiras*, 1.1.160-167: *"est modus in rebus, sunt certi denique fines / quos ultra citraque nequit consistere rectum"* ("há medida pra tudo e há um limite preciso, / certo é não passar aquém e além da divisa"). É de se notar como o último verso dessa sequência mostra a agilidade de Horácio: se ele começa com a busca pelo que parece certo, termina com a imagem da fuga do que poderia levar a críticas.

v. 24: À primeira vista, não há por que ver no vocativo mais do que uma apóstrofe aos Pisões. No entanto, nas notas de Cândido Lusitano, leio que Du-Hamel teria proposto ler o *"pater"* como Ênio, no papel de pai dos poetas latinos, e os *"iuuenes patre digni"* como os poetas descendentes dessa linhagem, portanto os contemporâneos de Horácio. O próprio Cândido Lusitano recusa essa leitura; porém, considero a ambiguidade extremamente feliz neste momento em que Horácio também se inclui na lista, instabilizando o vocativo, que poderia simultaneamente ser lido como um aposto do *"nos"* ("nós").

vv. 32-37: A escola Emília, segundo os escoliastas, seria voltada para a formação de gladiadores e administrada por um certo Emílio Lépido. Talvez ficasse próxima do Circo Máximo, se acreditarmos no que dizia Cruquius, professor em Bruges, quando teve acesso a manuscritos que se perderam em 1566. *"Exprimere"* ("expressa") e *"imitari"* ("imita") são verbos técnicos da criação artística: *"exprimere"* guarda a ideia de espremer pra fora o conteúdo de uma obra, como na escultura. Com esse escultor anônimo e incapaz de fazer um todo, Horácio retorna à própria escrita, em movimento constante. Para compreender bem a imagem do último verso, é preciso levar em consideração que olhos e cabelos negros eram o padrão de beleza em Roma nesse período (1.32.9, descrevendo Lico, e também Catulo, 41), por oposição à deformidade do nariz; assim, Horácio descreve que não adianta, numa obra, beleza apenas em algumas partes, mas sim no todo.

v. 32: Sigo a leitura *"imus"* da maioria dos códices e dos editores, em vez de *"unus"* presente em ς οχ e incorporada por Shackleton Bailey.

vv. 38-41: A proposta que encerra a abertura do poema é procurar em primeiro lugar adequar a obra às próprias capacidades. Nisso parece retomar o adágio de Catão: *"rem tene, uerba sequuntur"* ("detenha o assunto, que as palavras se seguem"). Se isso acontecer, é possível conseguir a *"facundia"* (fluência/eloquência, a λέξις grega) e *"ordo"* (τάξις) com uma justa grandeza (μέγεθος). Sobre a possível leitura para *"lucidus ordo"* ("lúcida ordem"), cf. minha tese de doutorado (Flores, 2014), mas é possível compreender que ela está ligada à noção de *"dispositio"* (διάθεσις) na oratória, porém também com a organização da frase e mesmo dos trechos.

Traduzo *"potenter"* por "controlado" por entender que o termo dá conta da ideia de alguém que detém autocontrole (por oposição ao descontrolado *"impotenter"*) e moderação na própria escolha.

v. 38: É fundamental observar a preponderância da escrita na *Arte poética*, bem como nas *Sátiras* e nas *Epístolas*, por oposição ao domínio da voz e da música em *Odes* e *Epodos*.

vv. 42-45: Aqui começaria a discussão sobre o poema (ποίημα na terminologia de Neoptólemo de Pário), ou seja, mais voltado para a composição do verso e das partes. Horácio, agora firme na obra escrita, propõe que é a ordenação da obra, o que se deve dizer no momento certo, que garante sua lucidez; há portanto uma arte em macro e em microescala para manter o leitor atento, que se contrapõe ao modelo chapado dos poetas cíclicos (cf. nota a 136-152). É interessante tentar ler toda a obra horaciana sob esse argumento, como tentei fazer nas *Odes*; mas também vale a pena analisar a *Arte poética* sob a lógica dos adiamentos e omissões. "Vênus" em caixa-baixa é tradução de "*uenus*", o poder de sedução da obra; representa a potência feminina por oposição a "*uirtus*", que, por ser a virtude/virilidade do homem, verti como "vigor".

vv. 46-48: Analisei longamente o problema aqui exposto em minha tese de doutorado. Em resumo, embora muitos estudiosos, pelo menos desde Dacier, entendam que aqui Horácio trataria da criação de neologismos, eu diria que o entrelace de palavras ("*uerbis serendis*") indicaria a escolha ("*delectus uerborum*", ἐκλογὴ ὀνομάτων) e disposição dos termos na frase ("*uerba continuata*" ou "*coniuncta*", σύνθεσις ὀνομάτων), independentemente de sua relação sintática; ao passo que a costura sagaz ("*callida iunctura*") seria a invocação feita pela conexão sintática entre duas palavras aparentemente díspares, de modo similar à noção de logopeia em Ezra Pound, o que se faz na própria construção do trecho, que entrelaça as palavras e ainda produz um conceito novo de costura sagaz. Para além disso, é fundamental notar que Horácio passa abruptamente da análise da organização da obra como um todo para a discussão frasal, dando a entender que tudo se dá como que num fractal.

Minha tradução da "*callida iunctura*" passou por diversas fases ao longo dos anos; penso que a noção de "costura sagaz" é a mais feliz para recriar a inovação conectiva dos termos comuns, algo ainda sem nomenclatura técnica na retórica; é sua costura feita por Horácio que possibilita a expansão como conceito da poética. Por um lado, "*callidus*" indica astúcia, malandragem, sagacidade de um indivíduo, o que me fez optar por "sagaz" tanto pela sonoridade quanto pela imagem positiva. Por outro, "*iunctura*" é qualquer tipo de junção, desde membros do corpo até peças e panos, então escolho "costura" (ideia sugerida por Ana Lemes) porque o termo, além das junções de panos, também serve para descrever encaixes de navios e construções, além de guardar o som em -ura. Tal como na transferência de "*fingere*" para o campo da forja (cf. nota aos vv. 7-8), penso que a troca da "*iunctura*" e dos derivados do verbo "*iungere*" para a costura, apesar do caminho inesperado, é capaz de produzir mais frutos para pensar e recriar procedimentos horacianos.

"*Tenuis*" ("tênue") traduz o grego λεπτός, que se vincula à poética helenística de matriz calimaquiana, que primava pelo detalhe bem-trabalhado.

vv. 48-53: Aqui, sim, Horácio discute o uso de neologismos, seja por criação do poeta, seja por empréstimo. Elas servem para demonstrar temas mais difíceis ("o segredo das coisas", *abdita rerum*), em geral de origem grega. Rudd, ao comentar a passagem, nos lembra que em Roma havia três modos de criar novas palavras: a) usar um termo romano antigo em novo sentido técnico, como é o caso de "*indicia*", que aqui designa signos verbais por analogia ao grego σημεῖα; b) criar nova palavra a partir de uma raiz já existente, como é o caso de "*cinctutis*" a partir de "*cinctus*"; e c) era possível importar uma palavra grega, tal como "*amystis*", em *Odes* 1.36.14.

v. 50: Os Cetegos fazem referência a Marco Cornélio Cetego (cf. *Epístolas*, 2.2.117), censor em 209 e cônsul em 204 a.C., responsável por expulsar de Roma Magão, irmão de Aníbal, em 203; veio a morrer em 196 a.C. Como Catão, Cetego representa o melhor da eloquência e é recordado como o mais antigo orador romano a sobreviver por escrito. São descritos como cintudos porque o cinto (*cinctus*) era um modo antiquado de usar a toga romana presa logo abaixo do peito até o joelho; segundo Porfirião, por aqui representam os conservadores do presente ou os romanos do passado que nunca viram as novas palavras nos últimos 150 anos (cf. Lucano, *Farsália*, 2.543 e 6.794); há então, de modo sutil, a noção de uma historicidade da língua e dos modos.

vv. 54-59: Como argumento para autorizar o uso de neologismos, Horácio usa a própria tradição. Se Plauto e Cecílio, além de Ênio e Catão, do período arcaico e celebrado no presente, podiam usar palavras novas, porque Vário e Virgílio, contemporâneos de Horácio, não poderiam? O próprio Horácio também entra na lista de modo discreto, talvez em referência aos experimentos mais radicais presentes nas *Odes*, usando aqui um vocabulário monetário ("*acquirere*" e "*ditauerit*"). Na construção do argumento é interessante notar o duplo quiasmo que insere os dois contemporâneos no meio dos dois pares de autores antigos.

Tito Mácio Plauto (*c.* 230 a.C.-*c.* 180 a.C.) foi comediógrafo romano autor de "*palliatae*" nascido na Úmbria. Em geral, os romanos confiavam numa lista de Varrão com as 21 comédias que seriam autênticas, onde vemos uma verdadeira pirotecnia verbal entre invenções e importações linguísticas.

Cecílio Estácio (*c.* 220 a.C.-*c.* 168 a.C.) foi também comediógrafo, autor de *togatae*, das quais conhecemos cerca de 40 títulos. Por seu estilo, Cícero, em *Cartas a Ático*, 7.3.10, o atacava como "*malus auctor Latinitatis*" ("mau autor da latinidade").

Virgílio (70-19 a.C.) dispensa apresentações, mas é bom lembrar que, apesar de sua fama de poeta clássico, representante do bom gosto e da tradição, em sua própria época ele tinha gosto pelo experimentalismo, seja em arcaísmos, neologismos, importações do grego ou combinações ousadas de palavras gerando uma imagem nova.

Lúcio Vário Rufo (*c.* 74-14 a.C.) foi poeta épico e trágico; como Virgílio e Horácio, participava do círculo de Mecenas, sendo mencionado em *Sátiras*, 1.5 e 1.10, por exemplo. Após a morte de Virgílio, foi ele e Plócio Tuca quem prepararam a edição da *Eneida*. Temos poucos fragmentos para avaliar sua obra, mas tudo indica que partilhava das ideias horacianas e de parte da estética virgiliana.

Marco Pórcio Catão, o Censor (234-149 a.C.), apesar da origem baixa, veio a ser cônsul em 195 a.C.; quando se tornou censor em 184 a.C. ganhou a fama de austeridade moral que passou a acompanhar seu nome ao longo dos séculos, também como homem que tinha muitas reservas quanto a incorporar palavras gregas.

Quinto Ênio (*c.* 239-*c.* 169 a.C.) foi um dos poetas mais importantes do período arcaico, introdutor do hexâmetro datílico grego na épica romana, tragediógrafo, escritor de sátiras, etc. Sua poética, pelos fragmentos conhecidos, é bastante experimental, trazendo muitas inovações linguísticas. Curiosamente, apesar de nascido na Calábria, quem o levou a Roma foi o próprio Catão.

vv. 58-59: A comparação com a cunhagem de moedas se dá porque a cada ano os *"triumuiri monetales"* ("triúnviros monetais") mudavam as moedas de Roma; a comparação entre linguagem e moedas aparece também em Quintiliano (*Instituição oratória*, 1.6.3): deve-se usar de uma fala plana, como da moeda, que tem forma pública (*"utendumque plane sermone, ut nummo, cui publica forma est"*).

vv. 60-72: Temos aqui uma dupla comparação: em primeiro lugar, entre as folhas e as palavras; depois, entre estas e a própria vida humana (e as obras humanas), algo que é retomado de Homero (*Ilíada*, 6.146-149), quando Glauco fala a Diomedes:

> οἵη περ φύλλων γενεὴ τοίη δὲ καὶ ἀνδρῶν.
> φύλλα τὰ μέν τ' ἄνεμος χαμάδις χέει, ἄλλα δέ θ' ὕλη
> τηλεθόωσα φύει, ἔαρος δ' ἐπιγίγνεται ὥρη·
> ὣς ἀνδρῶν γενεὴ ἣ μὲν φύει ἣ δ' ἀπολήγει.

> Como a linhagem das folhas é também a dos homens.
> Folhas o vento espalha ao chão, no entanto a floresta
> brota em pleno viço se a primavera retorna,
> É assim a linhagem dos homens: brota e fenece.

E de Mimnermo (frag. 2 West), que já aludia ao trecho homérico:

> ἡμεῖς δ', οἷά τε φύλλα φύει πολυάνθεμος ὥρη
>   <ἔα>ρος, ὅτ' αἶψ' αὐγῆις αὔξεται ἠελίου,
> τοῖς ἴκελοι πήχυιον ἐπὶ χρόνον ἄνθεσιν ἥβης
>   τερπόμεθα, πρὸς θ<εῶ>ν εἰδότες οὔτε κακὸν
> οὔτ' ἀγαθόν· Κῆρες δὲ παρεστήκασι μέλαιναι,
>   ἡ μὲν ἔχουσα τέλος γήραος ἀργαλέου,
> ἡ δ' ἑτέρη θανάτοιο· μίνυνθα δὲ γίνεται ἥβης
>   καρπός, ὅσον τ' ἐπὶ γῆν κίδναται ἠέλιος.

αὐτὰρ ἐπὴν δὴ τοῦτο τέλος παραμείψεται ὥρης,
αὐτίκα δὴ τεθνάναι βέλτιον ἢ βίοτος·
πολλὰ γὰρ ἐν θυμῶι κακὰ γίνεται· ἄλλοτε οἶκος
τρυχοῦται, πενίης δ᾽ ἔργ᾽ ὀδυνηρὰ πέλει·
ἄλλος δ᾽ αὖ παίδων ἐπιδεύεται, ὧν τε μάλιστα
ἱμείρων κατὰ γῆς ἔρχεται εἰς Ἀΐδην·
ἄλλος νοῦσον ἔχει θυμοφθόρον· οὐδέ τίς ἐστιν
ἀνθρώπων ὧι Ζεὺς μὴ κακὰ πολλὰ διδοῖ.

Nós, iguais às folhas que brotam no flórido tempo
    primaveril e depois súbito secam ao sol,
nós também gozamos um ínfimo instante das flores
    da juventude e jamais vamos saber sobre o bem
ou o mal dos deuses. Queres negras nos regem,
    uma rege assim dura velhice por nós,
outra rege a morte; pois é brevíssimo o fruto
    da juventude e vem como nas terras o sol.
Mas depois que por fim se finda e se passa esse tempo,
    vemos que a morte será muito melhor que viver:
pois no peito aparecem males; vemos que uns lares
    já soçobram e vêm vis a miséria, o labor;
outro ainda carece dos filhos que tanto deseja e
    rumo ao Hades se vai para debaixo do chão:
e outro sofre pesares mórbidos: nunca nascera
    o homem feliz a quem Zeus males milhares não deu.

    Para compreendê-la melhor, é preciso saber que as folhas de várias árvores dos bosques italianos vivem cerca de três anos, por isso apenas as mais velhas caem a cada ano, enquanto as mais novas vicejam. A imagem de que nós e as nossas coisas são devidas à morte vem de Simônides (*Antologia Palatina*, 10.105.2): θανάτῳ πάντες ὀφειλόμεθα. Porém, na língua temos ciclos, e mesmo palavras arcaicas podem ser retomadas, quase como se fossem neologismos. Nessa passagem, também vemos como Horácio pensa o movimento irregular das línguas, obviamente na fala cotidiana, que assim passa a influenciar a produção poética; assim a imagem pode ser tirada de Píndaro (νόμος ὁ πάντων βασιλεύς, "o costume é o rei de tudo") para aplicação linguística.
    Netuno representa o mar, que, cercado num tipo de dique ou baía, pode regular os ventos frios e violentos (Aquilões), talvez em referência a alguns portos artificiais feitos por Júlio César e Augusto, como o porto Júlio, feito no espaço de terra entre os lagos Lucrino e Averno (37 a.C.); o charco pode ser alterado para gerar agricultura, em possível alusão à intervenção no charco de Pontina por ordens de César; os rios podem ser deslocados ou transpostos, em

alusão ao desvio do Tibre feito por Agripa e Augusto; mas mesmo esses feitos perecem. Fedeli acredita que seria mau gosto se Horácio estivesse se referindo diretamente a feitos de César ou Augusto, mas Horácio, em outros momentos, não deixa de marcar a mortalidade de tudo que é humano, nem deixa de ter seu senso de ironia. Por outro lado, é claro que o poeta não se dá ao trabalho de especificar os feitos, por isso também acho desnecessário tentar ligá-los a um caso específico, já que o leitor romano poderia pensar em várias obras.

v. 61: Muitos editores consideram a passagem corrompida (caso de Brink e Shackleton Bailey), e alguns até inserem uma conjetura como o verso 61a, como é o caso de Rudd, que acrescenta um suplemento de Lehrs apenas como exemplo: "*ut noua succrescunt nouus et decor enitet in illis*" ("quando as novas crescem novo adorno refulge"). Optei por traduzir o texto transmitido, sem intervenções maiores, seguindo Fairclough e Fedeli.

v. 65: Sigo a conjetura de Bentley "*palus prius*", adotada por Rudd, em vez "*diu palus*", que consta em Prisciano e é seguida por Shackleton Bailey, Brink, Villeneuve, Rostagni e Fedeli, apesar de estes (exceto Villeneuve) colocarem o trecho *inter cruces*.

vv. 73-88: Em transição abrupta, Horácio trata agora das relações entre forma e conteúdo nos gêneros (εἴδη) da poesia grega arcaica associados tradicionalmente ao seu suposto inventor (εὑρετής), seguindo a ordem pindárica (*Olímpicas*, 2.2) de deus, herói, homem; é de se notar que Horácio não menciona aqui nomes romanos, mas os quatro modelos sugeridos foram praticados por ele próprio e por figuras razoavelmente próximas.

Homero apresenta o hexâmetro datílico para cantar os feitos de reis e generais em guerra (*Ilíada* e *Odisseia*); ele não é apresentado como inventor do metro, porque este costuma ser atribuído a Apolo, ou Orfeu; é o metro usado por Virgílio em toda a sua obra conhecida, *Bucólicas*, *Geórgicas* e *Eneida*, e também por Horácio nas *Sátiras* e *Epístolas*. Assim Terenciano Mauro explica sua relação com a poesia heroica (*Das letras, sílabas, metros*, 1644-1649):

> *hexametron dicunt sed non heroicon omnem:*
> *nam sex pedes inesse non erit satis;*
> *leges quippe datas heroica carmina poscunt,*
> *quas, acta Homerus heroum cum scriberet*
> *uersibus, ostendit, quas aeque sermo latinus*
> *custodit omnes*

> Chamam esse de hexâmetro mas não sempre de heroico:
> porque não basta apenas ter os pés em seis;
> cantos heroicos demandam sempre leis limitadas,

> leis que Homero, escrevendo sobre feitos heroicos,
> mostra nos próprios versos, também a língua latina
> guarda por regra.

Os versos diversos, sem autoria certa (na época de Horácio, os nomes mais cotados eram Calino ou Mimnermo), indicam a construção do dístico elegíaco (um hexâmetro datílico seguido de um pentâmetro também datílico), que os antigos criam ter sido inventado como canto de lamento para as elegias (a partir da etimologia εὖ εὖ λέγειν, "dizer ai ai"), e depois também para o epigrama, que usava o mesmo metro e, tradicionalmente, na visão dos romanos, servia para a consagração de ex-votos. Terenciano Mauro também discute a autoria (vv. 1721-1722):

> *Pentametrum dubitant quis primus finxerit auctor:*
> *quidam non dubitant dicere Callinoum.*

> Sobre o pentâmetro muitos hesitam quem o criara;
> muitos não vão hesitar; dizem: Calino o criou.

Em Roma, os nomes mais conhecidos do epigrama e da elegia na época eram Catulo, Propércio, Tibulo e Ovídio (talvez em começo de carreira).

Arquíloco apresenta o iambo como poesia de invectiva e ataque, em discordância do que lemos em Aristóteles, que atribui a invenção do metro a Homero no *Margites*; seja como for, o mesmo metro, na forma do trímetro iâmbico, é usado também no drama com coturnos altos (tragédia) e tamancos baixos (comédia) nos momentos falados dos diálogos; sua descrição como metro ideal da fala retoma Aristóteles (*Poética*, 24.1459b); é o metro usado em boa parte dos *Epodos*, de Horácio, que nessa obra imita Arquíloco. Sobre o metro iâmbico e sua relação com o teatro, Horácio tratará com mais detalhes nos vv. 251-262.

Por fim, também sem autoria certa e única, a lírica ou mélica aparece como o gênero com maior variedade de metros e temas, por isso é dada pela própria musa às cordas; a série de subgêneros parece dialogar com a enumeração de Dídimo Calcentero de Alexandria: temos a lírica elevada dórica dos hinos, epinícios e encômios de Píndaro ("deuses e filhos de deuses, / de vencedores na luta"), a lírica eólica média dos poemas eróticos e simpóticos de Alceu e Safo ("aflições dos jovens) e talvez até mesmo de Anacreonte ("versos de vinhos libertos"), por sua métrica mais simples; nas *Odes*, Horácio imita vários desses autores e subgêneros da lírica arcaica.

O dever do poeta é dominar os modos de cada gênero, pois sem esse conhecimento ele nem sequer pode se alçar ao nome de poeta. O resultado é que Horácio aqui desenvolve a ideia da composição de palavras e metros (σύνθεσις τῶν ὀνομάτων ἐν τοῖς μέτροις) como já vemos em Aristóteles (*Poética* 6.1449b), para iniciar a discussão sobre a adequação e a conveniência ("*decens*", "*decorum*" e derivados são termos-chaves no latim, tais como τὸ πρέπον e κατὰ τὸ εὸκός em grego).

Os versos do vinho aparecem como libertos porque Dioniso era representado como *Liber* em Roma e Λυαῖος na Grécia, nos dois casos com o sentido de "libertador".

vv. 89-98: Depois de apresentar a relação estreita entre gênero, metro e tema (em tom algo essencialista que parece atribuir um *ethos* natural a cada metro), Horácio chega a um problema mais delicado: no drama, o trímetro iâmbico serve tanto à comédia quanto à tragédia, que apresenta dois tons diferentes (tema já tratado por Aristóteles, *Retórica*, 3.7. 1408 a 1413, e retomado por Cícero, *Melhor gênero de oradores*, 1, e Quintiliano, 10.2.22). Assim, é necessário avaliar um novo modo de conveniência entre o tom do subgênero e dos personagens e a linguagem a ser utilizada. Isso não quer dizer que a comédia seja apenas baixa e a tragédia apenas elevada, porque há gradações da fala a depender dos contextos; daí vêm os exemplos de Cremes, Peleu e Télefo.

A história terrível de Tiestes era tema grego bastante retomado pelos romanos: sabemos que Ênio e Vário fizeram uma tragédia com esse nome, e nos chegou uma também atribuída a Sêneca. Tiestes seduzira a esposa do irmão Atreu, rei de Micenas, e roubara um carneiro dourado que garantia a soberania; por vingança então Atreu matou os filhos de Tiestes e, num logro, fez com que o pai comesse a carne deles sem saber. A cena representa tamanho horror, que, em algumas versões do mito, até o sol foge do acontecimento.

"Cremes" é o nome típico do velho pai nas comédias, avarento e irascível, talvez mais especificamente o velho que encontramos no *Heautontimorumenos*, vv. 1035-1037, de Terêncio:

> *non si ex capite sis meo*
> *natus, item ut aiunt Minervam esse ex Iove, ea causa magis*
> *patiar, Clitipho, flagitiis tuis me infamem fieri*

> nem mesmo se você
> nasceu da minha testa igual Minerva em Jove, agora irei
> suportar a infâmia em teus flagelos, Clítifon!

Quando ele se ira com motivo, sua linguagem se aproxima discretamente do modelo trágico.

Télefo foi assunto dos principais tragediógrafos; Eurípides foi até parodiado por Aristófanes, pelo uso de um estilo mais baixo em sua tragédia; em Roma, o assunto passou pelas mãos de Ênio e Ácio. Rei da Mísia, ele foi ferido pela lança de Aquiles; como a ferida não se curava, ele descobriu que apenas a mesma arma que o acertara poderia resolver o problema. Assim, foi atrás dos gregos vestido de mendicante e conseguiu que Aquiles concedesse uma raspa da ponta da lança, que então curou a ferida. Ele então é o "pobre" da dupla.

Peleu é assunto recorrente de tragédias perdidas de Sófocles e Eurípides; o mito conta que ele teria sofrido dois exílios, um de Efina e outro de Ftia, antes de se casar com Tétis e se tornar pai de Aquiles.

v. 95: Horácio caracteriza a fala rebaixada da tragédia como *"sermone pedestri"* ("conversa pedestre"), o que a aproxima de sua própria definição da sátiras em *Sátiras*, 2.6.17, como *"musa pedestri"* ("musa pedestre"). Por outro lado, em *Sátiras*, 1.4.47-48, ele distinguia a comédia da conversa apenas pelo uso do metro.

vv. 99-113: Determinada a adequação de gênero, Horácio argumenta que não se trata apenas de produzir um poema belo (*"pulcher"*, formalmente bem-acabado), mas de seduzir e manter o auditório atento (devem ser *dulcia*, doces, capazes de afetar o outro), produzindo assim um tipo de afecção das almas, ou ψυχαγογία, tal como encontramos em Platão (*Fedro*, 271d), ou Aristóteles (*Poética*, 5 1450a33) ou mesmo Neoptólemo. Para tanto, é preciso estar certo a cada contexto e sentimento dos personagens criando uma relação entre afeto (πάθος) e estilo adequado aos caracteres (ἤθη) e *personas* (πρόσωπα). O exemplo fica apenas na tragédia, pois um deslize pode gerar o riso indesejado e pôr tudo a perder, seja vindo dos equestres (a classe econômica mais alta de Roma, determinada pelo censo) ou dos pedestres (classe baixa, ligada aos plebeus). Horácio argumenta, segundo a teoria peripatética da συμπάθεια, que o ator e o orador devem viver o sentimento análogo ao da personagem para produzi-lo em quem vê tanto pela voz como pelo vulto (cf. Aristóteles, *Poética*, 17 1455a30 e ss., e Cícero, *Do orador*, 2.188-197), portanto longe da teoria estoica do distanciamento (cf. Cícero, *Tusculanas*, 4.55, e Sêneca, *Da ira*, 2.17). Para confirmar sua proposta, Horácio argumenta, provavelmente via estoicismo (cf. Cícero, *Do orador*, 3.57), que é a própria natureza quem forma os homens primeiro numa espécie de linguagem (λόγος ἐνδιάθετος), para que depois exponham os sentimentos pela linguagem externa da língua (λόγος προφορικός); mas a liga com a ideia epicurista de que haveria algum tipo de correspondência entre as palavras e a impressões naturais (Lucrécio, *Da natureza das coisas*, 5.1028 e ss. e 6.1147 e ss.).

vv. 99-100: Em latim, os versos rimam (*sunto / agunto*), por isso optei por criar a rima requinte / ouvinte.

vv. 114-118: Feita a adequação ao contexto e ao afeto, é preciso também criar coerência com o tipo de personagem: deus (sereno), herói (agitado) ou humano em primeiro lugar; depois se é jovem (florente e ativo) ou velho (maduro e meditativo), homem ou mulher, casada (senhoril e elevada) ou nutriz (singela e cuidadosa), qual sua profissão e origem; sem isso a verossimilhança não se faz. Essa preocupação certamente está mais voltada para o gosto mais realista da poética helenística e dialoga plenamente com o pensamento que encontramos nos *Caracteres* de Teofrasto ou com Pseudo-Dionísio de Halicarnasso (*Arte retórica*, 9.3-6); Horácio parece mais interessado no assunto do que Aristóteles na *Poética*. Os colcos representam, por sua distância da Grécia, a barbárie cruel e inóspita; os assírios, na Ásia, representariam a excessiva delicadeza e afetação. Os tebanos eram tradicionalmente considerados brutos e pouco espertos; por contraposição, poderíamos supor que os argivos (menos marcados nesse aspecto e sem oposição tradicional aos tebanos) seriam mais civilizados e espertos.

vv. 119-130: Aqui começa a parte sobre a poesia (ποίησις na terminologia de Neoptólemo de Pário), com a discussão sobre a construção da obra como um todo. Há dois modos de fazer personagens, segundo Horácio; e nessa primazia dos personagens ele parece se afastar do que vemos na *Poética* de Aristóteles. Em primeiro lugar, o escritor pode seguir a tradição, usando personagens já conhecidos a partir de seus traços mais marcantes; assim vem Aquiles (exemplar do valor militar e da ira), Medeia (filicida e bárbara, por isso feroz, e invencível, por origem divina e força mágica), Ino (enlouquecida por Juno depois de criar o bastardo Baco, filho de Júpiter, veio ainda a perder o filho destroçado pelo próprio marido), Ixíon (matou o próprio pai mediante traição e, depois de purificado por Júpiter, tentou seduzir Hera, por isso é condenado aos piores sofrimentos no mundo dos mortos, numa roda em chamas), Io (transformada em vaca por ciúmes de Hera contra Zeus, ela vagou até chegar ao Egito) e Orestes (vingando a morte do pai Agamêmnon, matou a mãe Clitemnestra e depois foi atacado pelas Erínias/Fúrias, que o enlouqueceram). A outra opção é criar um personagem novo, mas nesse caso é preciso moldar uma coerência interna que se sustente ao longo de toda a obra para garantir unidade. A conclusão de Horácio é que a primeira proposta é mais simples, daí a sugestão do canto ilíaco (a guerra de Troia) adaptado ao teatro, o que não pode ser lido sem um grão de sal e ironia, afinal, fazer caber o conteúdo da *Ilíada* numa tragédia, mantendo qualquer tipo de unidade de tempo e espaço, é por si só um desafio quase insolúvel.

Por fim, entendo que a frase "difícil é dizer como próprio o comum" ("*difficile est proprie communa dicere*") põe em questão o desafio de mostrar num personagem singular caraterísticas (ἴδιον/καθ᾽ ἕκαστον) que incluem problemas mais gerais (κοινόν/καθόλου), de modo similar ao que vemos em Aristóteles (*Poética*, cap. 9); entendo que é nesse desafio que está a relação social da poesia. Alguns estudiosos, não obstante, já entenderam que se trataria de como apresentar assuntos comuns ("*publica materies*" do verso 131), com o sentido de públicos, tradicionais, o que me parece simplista ao contexto. Contudo, se aqui tomo partido, não pretendo assim resolver o problema, até porque, como nos lembra

Brink, este é considerado um dos versos mais difíceis da literatura latina e um dos mais discutidos da *Arte poética*. Por isso deixei a ambiguidade na tradução.

vv. 119-120: Sigo a pontuação de Brink, Villeneuve, Rostagni, Fedeli e Rudd, considerando "*scriptor*" como vocativo, em vez de colocar um ponto final no v. 119. "*Honoratum*" é considerado um problema pelos estudiosos, e a maioria dos editores deixa *inter cruces*: poderia ser lido como "honrado" ativamente (o homem que presta honras e cumpre palavras, o que gera problemas com o caráter tradicional de Aquiles, descrito como ἄτιμος na *Ilíada*, 1.171 e 224) ou passivamente (o homem que recebe honras dos outros, que é famoso, o que me parece mais razoável); como a ambiguidade também se dá em português com a palavra "honrado", essa foi a minha solução

v. 128: Shackleton Bailey põe *inter cruces* `a expressão "*difficile est*", o que me parece desnecessário; nisso acompanho Brink, Fedeli, Fairclough e Rudd.

v. 129: Sigo a variante "*deducis*", incorporada por Brink e Rudd, entre outros, em vez de "*diducis*", incorporada por Shackleton Bailey. Compreendo que aqui o verbo "*deducere*" está ligado à metáfora da fiação como poesia, tal como em Virgílio (*Bucólicas*, 6.5); a imagem do canto em forma de fio, por sua vez, retoma a ideia de concisão e fineza da Μοῦσα λεπταλέη ("Musa magra") de Calímaco, frag. 1 Pfeiffer.

vv. 131-135: Horácio aqui explica como é possível ter originalidade a partir da tradição; assim, o assunto público (temas gerais e tradicionais) pode ser tratado segundo o júri privado (a criação autônoma de nova obra). A primeira questão ("não tardar em via larga e batida") é de clara origem calimaquiana (Epigrama 38, *Antologia Palatina*, 12.43):

> Ἐχθαίρω τὸ ποίημα τὸ κυκλικόν, οὐδὲ κελεύθῳ
> χαίρω, τίς πολλοὺς ὧδε καὶ ὧδε φέρει·
> μισέω καὶ περίφοιτον ἐρώμενον, οὐδ᾽ ἀπὸ κρήνης
> πίνω·ἵνω πείνω πάντα τὰ δημόσια.
> Λυσανίη, σὺ δὲ ναίχι καλὸς καλός – ἀλλὰ πρὶν εἰπεῖν
> τοῦτο σαφῶς, Ἠχώ φησί τις· ᾽ἄλλος ἔχει᾽.

> Eu odeio o poema cíclico, não gosto
> de estradas que carregam todo o povo,
> tenho horror ao amante grudento e não bebo
> em cisternas – desprezo o popular.
> Lisânias, sim, és belo, belo; porém antes
> de Eco dizê-lo, um fala: "elo que peca".

Imagem similar aparece no frag. 1.25-28 Pfeiffer, pertencente aos *Aetia* de Calímaco, quando o deus Apolo aconselha ao poeta:

πρὸς δέ σσε καὶ τόδ' ἄνωγα, τὰ μὴ πατέουσιν ἄμαξαι
τὰ στείβειν, ἑτέρων δ' ἴχνια μὴ καθ' ὁμά
δίφρον ἐλ]ᾶν μηδ' οἷμον ἀνὰ πλατύν, ἀλλὰ κελεύθος
ἀτρίπτο]υς, εἰ καὶ στεινοτέρην ἐλάσεις.

E por isso lhe ordeno: onde não passa carro,
por lá prossiga, não conduza nunca
em rastro alheio e estrada larga, por caminhos
intactos siga a senda mais estreita.

É assim que chegamos à passagem bastante comentada do "fiel intérprete". Entendo que não se trata de mera contraposição entre autor e tradutor, mas de um tipo específico de tradução em Roma, tal como é analisada por Maurizio Bettini: o *"interpres"* ("intérprete") é o tradutor nas transações monetárias, precisa trocar uma medida por outra, como quem pesa palavra a palavra; é a esse trabalho que o imitador servil se compara, lembrando como o poeta já os tinha chamado de "gado servil" (*"imitatores, seruum pecus"*, em *Epístolas*, 1.1919). Horácio então propõe uma relação que até pode ser tradutória, mas é de outra ordem, contrariando a própria organização da nova obra; é nesse sentido que existe uma retórica da imitação, nos termos de Gian Biagio Conte (1986). É de ordem similar o trecho famoso de Cícero (*O melhor gênero de oradores*, 14): *"nec conuerti ut interpres, sed ut orator"* ("nem verti como intérprete, mas como orador").

vv. 136-152: O segundo ponto importante da passagem é evitar o modelo dos escritores cíclicos, poetas pós-homéricos que buscavam narrar todos os acontecimentos de um mito em sua ordem cronológica (como na *Cypria* de Estásino ou na *Aethiopis* de Arctino, na *Tebaida* de Antímaco, etc.); por exemplo, contar toda a história de Príamo, rei de Troia – em vez dos acontecimentos restritos à ira de Aquiles, como vemos na *Ilíada*, independentemente do fato de que Horácio possa estar zombando (até hoje sem melhor resposta) –, pode resultar numa promessa inexequível ou entediante; além disso a escrita soa pomposa e afetada. Como resultado, temos a comparação com o monte que dá à luz um rato, tirada de um provérbio grego (ὤδινεν ὄρος, [...] μῦν ἀπέτεκεν, em Ateneu, *Banquete dos sofistas*, 16.6, também presente em Fedro, *Fábulas* 4.24). Melhor então é a segunda proposta, que aparece como tradução da abertura da *Odisseia*:

Ἄνδρα μοι ἔννεπε, Μοῦσα, πολύτροπον, ὃς μάλα πολλὰ
πλάγχθη, ἐπεὶ Τροίης ἱερὸν πτολίεθρον ἔπερσε·
πολλῶν δ' ἀνθρώπων ἴδεν ἄστεα καὶ νόον ἔγνω,

πολλὰ δ᾽ ὅ γ᾽ ἐν πόντῳ πάθεν ἄλγεα ὃν κατὰ θυμόν,
ἀρνύμενος ἥν τε ψυχὴν καὶ νόστον ἑταίρων.
ἀλλ᾽ οὐδ᾽ ὣς ἑτάρους ἐρρύσατο, ἱέμενός περ·
αὐτῶν γὰρ σφετέρῃσιν ἀτασθαλίῃσιν ὄλοντο,
νήπιοι, οἳ κατὰ βοῦς Ὑπερίονος Ἠελίοιο
ἤσθιον· αὐτὰρ ὁ τοῖσιν ἀφείλετο νόστιμον ἦμαρ.
τῶν ἁμόθεν γε, θεά, θύγατερ Διός, εἰπὲ καὶ ἡμῖν.

O homem conta-me, Musa, o multimodal que por muitos
males passou, arrasando a santa muralha de Troia,
vendo e sabendo de muitas cidades e mentes humanas,
muitas dores sofrendo no mar e dentro do peito,
ao proteger seu alento e o retorno de seus companheiros,
sem conseguir salvá-los, por mais que assim desejasse:
pois se perderam pela própria perversidade,
tão pueris que comeram o gado do Sol Hiperônio,
e este por isso então lhes tomou o dia da volta.
Deusa filha de Zeus, começa por um desses pontos.

Horácio traduz apenas os primeiros três versos de forma concisa, deixando de lado o complexo adjetivo πολύτροπον e focando nos eventos da narrativa: sofrimentos, queda de Troia, viagens de Odisseu/Ulisses, criando novas aliterações em *p* e *t* no primeiro verso e em *m* no segundo; além disso, como bom romano, ele troca o aspecto mental de νόον (ideias e mentes dos povos) pelo mundo prático de *mores* (costumes dos povos). Na verdade, Horácio nem pretende aqui dar qualquer tipo de versão definitiva, já que ele próprio havia vertido o mesmo trecho em *Epístolas* 1.2.19-22, de modo que a cada momento vemos como ele se adapta aos interesses do contexto. Mais importante é observar como, num só movimento, o poeta argumenta em favor da poética *"in medias res"* ("no meio das coisas", v. 148, ou seja, começando a narrativa em plena ação, para depois recapitular o que já teria acontecido de acordo com a necessidade da trama) e da unidade narrativa, ao mesmo tempo que nos dá um esboço do que considera ser uma tradução poética por oposição ao trabalho do intérprete. Os outros feitos de Odisseu aparecem agora em nomes Antífates (rei dos lestrigônios do canto X), Cila (monstro de seis cabeças do canto XII), Ciclope (o monstro Polifemo do canto IX), Caríbdis (outra monstruosidade marinha próxima a Cila também no canto XII). Seja como for, o mais curioso é ver como Horácio escolhe a *Odisseia* como um bom exemplo de unidade e variação, logo a obra menos claramente unitária da épica antiga que nos chegou; isso é claro indício de que a noção de unidade da *Arte poética* é muito mais complexa do que poderíamos supor à primeira vista.

Em seguida vêm os exemplos negativos: começar com a morte de Meleagro parece de fato não ter absolutamente nada a ver com o retorno de Diomedes da guerra de Troia ou do cerco de Tebas, pois ele é apenas tio de Diomedes e nada sabemos além disso, e talvez esse absurdo é que seja o sentido do trecho; o ovo gêmeo é a prole de Leda com Zeus disfarçado de cisne, assim nasceu de um dos ovos Helena e Clitemnestra, do outro Castor e Pólux; Helena então é a causa da guerra de Troia. É daqui que vem a imagem de narrar algo *ab ovo*, ou seja, narrar a vida de alguém ou a relação dessa vida com uma dada narrativa desde a fecundação do óvulo.

v. 151: Este verso horaciano ecoa a descrição do que diz Odisseu a Penélope, disfarçado de mendigo, na *Odisseia*, 19.203:

ἴσκε ψεύδεα πολλὰ λέγων ἐτύμοισιν ὁμοῖα

nisso contava muitas mentiras iguais ao correto.

E também a autodescrição das musas em Hesíodo, quando elas se revelam ao poeta, *Teogonia*, 27-28:

ἴδμεν ψεύδεα, πολλὰ λέγειν ἐτύμοισιν ὁμοῖα,
ἴδμεν δ᾽, εὖτ᾽ ἐθέλωμεν, ἀληθέα γερύσασθαι

nós sabemos muitas mentiras iguais ao correto,
nós sabemos, quando queremos, contar a verdade.

Essa característica, na leitura horaciana, passa a ser a definidora da poesia, e não mais um problema da verdade; nesse sentido, ele parece dialogar com Aristóteles, quando este afirma que "Homero ensinou os outros a falar mentiras do jeito certo" (δεδίδαχεν δὲ μάλιστα Ὅμηρος καὶ τοὺς ἄλλους ψευδῆ λέγειν ὡς δεῖ, *Poética*, 24 1460a).

vv. 153-178: A partir daqui, Horácio se concentra no drama, gênero central no pensamento de Aristóteles, e por sua vez parece ser retomado por Evâncio (*Sobre o teatro*, 3.4), quando elogia Terêncio. Retomando o que tinha sido esboçado em 114-118, temos aqui as regras de representação típica do homem segundo as quatro idades (καθ᾽ ἡλικίαν): infância (*puer*, até os 15 anos, quando usava a toga pretexta), juventude (*iuuenis*, a partir dos 16 anos, quando usava a toga viril), maturidade (*uir*, a partir dos 30 anos) e velhice (*senex*, sem idade determinada), uma ideia provavelmente derivada de Pitágoras (segundo Diógenes Laércio, 8.10) e presente na *Retórica*, 2.12 1388b-1390b, sem a infância, que não caberia num tribunal); na poesia romana, ela também aparece em Ovídio (*Metamorfoses*, 15.199 e ss.). Diferentemente do que tinha sido discutido antes, acerca da dicção dos tipos de personagens, o que agora se aborda são os costumes, o que se encaixa melhor na teoria da *poesis* como obra inteira.

É curioso notar a descrição da plateia como um grupo sentado e calado até que o pano seja levantado (na prática antiga, em vez de fechar cortinas) e ela seja convidada aos aplausos (o pedido de aplausos, "*plaudite*", tradicional encerra as comédias latinas nos textos que nos chegaram) pelo cantor que acompanhava os músicos. Os últimos versos do trecho indicam que os atores deveriam ser indicados de acordo com suas idades; é curioso esse tipo de critério realista num mundo em que homens sempre faziam os papéis de mulheres.

O Campo de Marte, ou Campo Márcio, ficava entre o Quirinal, o Capitólio e o Tibre; ali eram feitos jogos e exercícios militares na época de Horácio, daí sua relação com os jovens.

v. 155: Horácio faz um uso singular de "*cantor*", que não aparece em nenhuma indicação do *Oxford Latin Dictionary* com a acepção de "*histrio*", ator ou coisa do tipo. Seria o caso de considerar plenamente o sentido de "cantor", que é como traduzo, ou seja, o cantor que ficava com os músicos, e não um ator que canta.

v. 172: A expressão "*spe longus*" incomoda os editores, que na maioria a deixam *inter cruces*, inclusive por sua ambiguidade: podemos interpretar que o velho seja "longo na esperança", ou seja, que ainda esperar muito, em diálogo com "*spem longam*" em *Odes*, 1.11.7; ou, pelo contrário, é possível entender que ele esteja "distante da esperança", já próximo da morte, como tradução do termo grego δύσελπις. Tentei manter a ambiguidade com "alongado da espera".

vv. 179–188: Voltando ao desenvolvimento da peça, Horácio lança dois modelos: atuar diretamente ou narrar um acontecimento fora de cena (cf. Aristóteles, *Poética,* 14 1453b), em geral por meio de um mensageiro. Seguindo o adágio grego de que os olhos são mais confiáveis que os ouvidos (ὤτων πιστότεροι ὀφταλμοί), ele desloca da fiabilidade para a capacidade de comoção. Para além disso, as cenas de violência extrema (Medeia matando os filhos e Atreu comendo os filhos) ou antinaturais (metamorfoses) não devem ser encenadas diretamente, por isso ficam reservadas aos relatos; segundo o modelo aristotélico, elas entram na categoria de irracionais, absurdas e impossíveis (ἄλογα, ἄτοπα, ἀδύνατα). Em grande parte, podemos entender que a recusa desse tipo de cena se dá não apenas por causa do gosto estético, mas também por dificuldades de encenação convincente. Um exemplo claro de teatro que não segue as regras horacianas é o que vemos em Sêneca, no caso de *Édipo* e de *Tiestes*, para ficarmos em apenas dois exemplos.

Procne, como vingança por seu marido Tereu ter estuprado a irmã Filomela, matou o próprio filho Ítis e o serviu de comida ao pai. Ao descobrir, Tereu perseguiu a esposa e a irmã, até que os três se transformaram em animais. Procne vira uma andorinha ou rouxinol, a depender da variante do mito.

Cadmo é o mítico fundador de Tebas; no fim de sua história, ele teria se mudado com a esposa Harmonia para a Ilíria, onde teriam sido transformados em serpentes inofensivas.

vv. 189-190: Temos aqui a apresentação da lei dos cinco atos ("*actus*" em latim, μέρος em grego) como a que aparece também em Evâncio (*Sobre o teatro*, 2.2); no entanto, nada nos indica que isso fosse de fato uma lei na Atenas clássica, seja para as tragédias, seja para a comédia (certamente não se aplica bem à Comédia Velha); mas parece já indicada no cap. 12 da *Poética* de Aristóteles como três partes (prólogo/πρόλογος, episódio/ἐπεισόδιον, êxodo/ἔξοδος) talvez com origem na escola de Teofrasto, introduzida em Roma por Varrão, e é o que encontramos na imensa maioria das tragédias de Sêneca e no que podemos depreender de Menandro. Ou seja, se a lei não se aplica de fato ao mundo grego clássico, é possível ver seu desenvolvimento nas leituras e na crítica, de modo que, no tempo de Horácio, ela já fosse vista como lei.

Segunda regra: evitar a todo custo o recurso do "*deus ex machina*" (quando um maquinário, μηχανή, como uma grua, fazia com que um deus entrasse por cima do palco, em geral para resolver magicamente os problemas e aporias da peça) por ser considerado simplista; já criticado por Platão (*Crátilo*, 425d) e Aristóteles (*Poética*, 15 1454a). É atrelada a isso a exigência de que a "trama demande / quem a libere" ("*dignus uindice nodus*"), imagem clara se considerarmos que "*uindex*" é o termo dado a um homem que libertava seu escravo.

Por fim, Horácio também sugere manter a regra de no máximo três personagens em cena, além do coro, ou seja, no máximo três personagens falando, desde que um permaneça em silêncio; vemos, no entanto, que a comédia romana várias vezes rompe com essa sugestão, possibilidade já existente na Comédia Velha e que parece ser também o caso em tragédias atenienses, como *Édipo em Colono* e *Reso*. Segundo a história do drama, a tragédia começaria quando o primeiro ator emergiu do coro do ditirambo, Ésquilo teria acrescentado o segundo ator, e Sófocles o terceiro.

vv. 193-201: Aqui temos a função do coro na poética horaciana. Em primeiro lugar, ele é um personagem, portanto participa das cenas também com exigência de verossimilhança (cf. Aristóteles, *Poética*, 18 1456a). Em segundo, não deve cantar coisas aleatórias, mas sempre vinculadas ao desenvolvimento da trama; o poeta parece criticar a preferência por cantar apenas entre os atos (*medio actus*, ἐμβόλιμα no repertório aristotélico, como interlúdios), o que se ligaria à lei dos cinco atos, mas sem a unidade esperada. Por fim, Horácio trata de como se estabelecem as relações do coro com os outros personagens e apresenta um papel moral, que passa a servir como exemplo à plateia. Fedeli ainda dá a entender que o desenvolvimento dos versos sugere justiça, leis e paz, a mesma ordem das Horas de Hesíodo (*Teogonia*, 902), Δίκη, Εὐνομία, Εἰρήνη. É importante contrastar o trecho com a história do coro no teatro antigo, porque sabemos que ele foi perdendo cada vez mais seu papel tradicional e se vinculando apenas à música, em geral nos entreatos (cf. Evâncio, *Sobre o teatro*, 3.1, que atribui o enfraquecimento do coro à plateia); Horácio advoga então por um retorno à sua função no período clássico.

Fortuna é a deusa do acaso, ou do destino, na medida em que é incompreensível ao homem; é a equivalente da Τύχη grega.

v. 197: Os editores aqui divergem um pouco quanto ao texto transmitido *"pacare tumentes"* ("aplacar os inflados"); sigo *"peccare timentes"*, da edição de Fairclough, Brink, Rostagni, Villeneuve, Rudd e Shackleton Bailey. Apesar da solução, Brink e Rudd ainda deixam *inter cruces* o trecho *"peccare timentis"*, o que me parece por ora desnecessário.

vv. 202-219: Para explicar o desenvolvimento do teatro, para além do uso do coro e dos personagens, vemos agora as práticas musicais (μελοποιία), um tema não tratado por Aristóteles. As práticas são exemplificadas pelo uso da tíbia (*tibia*, αὐλός grego, um instrumento de sopro com palheta, em geral com dois tubos, um fazendo pedal e outro modulando; não deve ser confundido com uma flauta), tipicamente usado no drama. Segundo Horácio, no início o instrumento servia apenas para afinar o coro, provavelmente fazendo uníssono; a isso ele relaciona a vida simples e rural do mundo arcaico. Com o crescimento econômico e aumento dos luxos (em Atenas, depois das Guerras Médicas; em Roma, depois das Guerras Púnicas), também a estética cênica se altera, em tudo torna-se mais lasciva e complexa (a mudança por roupas do tibicino, que se arrastam no chão reforça a imagem de exagero, e pelo seu espaço, antes confinado junto com o coro e posteriormente andando no meio do palco), com gestos e melodias variadas, e mesmo o refinamento da cobertura de oricalco no instrumento tradicionalmente feito de caniços (por isso ela passa a competir com a trombeta); do mesmo modo, cresce também o número de furos na tíbia e de cordas na lira, fato confirmado, já que sabemos como Melanípides, Filóxeno e Timóteo foram acusados de ampliar a lira, este último de 7 para 12 cordas, por fim chegando a 18 (que aparecem como "severas", em contraste com a tíbia, lembrando que a lira era o único instrumento aceito por Platão em sua *República*). Depois, os experimentos verbais ficam cada vez mais obscuros, como vemos já na diferença entre Eurípides e seus predecessores; por fim, Horácio, partindo das tradicionais falas previdentes do coro, termina por criticar que parte da poesia já parecia o oráculo de Delfos, consagrado a Apolo, de tão incompreensível. A imagem de um mundo romano decaído de sua moral antiga é, na verdade, lugar-comum na literatura latina desde século II a.C., e a política augustana busca propor uma retomada desses *mores maiorum* na religião, na arte, no urbanismo, por isso não devemos tomar as afirmações de Horácio como precisas em sua avaliação.

v. 210: O Gênio é uma divindade que nascia com cada pessoa e estava encarregado de protegê-la, ao modo de um anjo da guarda. Os romanos, em seus banquetes, faziam libações para apaziguar os gênios, mas essa era uma prática noturna; Horácio nota como a prática, antes proibida e sacrílega de beber vinho durante o dia, acabava interferindo na religião.

vv. 220-233: Depois de comentar os modelos mais tradicionais do drama, a saber, a tragédia e a comédia, Horácio se volta para o drama satírico (não confundir com a sátira, gênero exclusivamente romano), que teria sido criado por Prátinas de Fliunte, contemporâneo de Ésquilo a partir da figura dos sátiros, uma mistura de humano e bode, geralmente representados nus e escrachados. Esse gênero era caracterizado por uma liberdade de fundir aspectos da tragédia e da comédia, ficando assim num ponto mediano e, provavelmente, mais experimental; por isso, caracterizado por Demétrio (*Da interpretação*, 169) como "tragédia lúdica" (τραγῳδία παίζουσα); ele parece servir plenamente ao interesse de Horácio e de vários de seus contemporâneos como exemplar de um estilo mediano. Uma de suas características era ser apresentado depois da série de três tragédias, em geral retomando os heróis antes apresentados (daí o "há pouco", v. 228) em tom diverso da gravidade trágica; por isso o todo da apresentação era considerado uma tetralogia, formada pela trilogia das tragédias e por um drama satírico.

A expressão "trágico canto" ("*carmine tragico*") traduz o termo grego τραγῳδία, que em sua origem pode ser traduzido como "o canto do bode" (cf. Evâncio, *Sobre o teatro*, 1.1-2), porque esse era um prêmio do vencedor, segundo a visão de Horácio, que é referendada pelo Mármore de Paros (236 a.C., onde lemos ἆθλον ἐθέτη |ο τράγος) e por um epigrama de Dioscórides (*Antologia Palatina*, 7.4); no entanto, Aristóteles nada nos diz sobre tal prêmio.

v. 229: É possível ler este verso como referência às comédias taberneiras (*comoediae tabernariae*), como as que escreveram Titínio, Afrânio e Ata, marcadas por realismo e *bas-fond* das tavernas.

vv. 232-233: Nada sugere que as matronas romanas tivessem pudor de danças em celebrações privadas; mas é bem provável que esse pudor se apresentasse tradicionalmente em festas públicas.

vv. 234-249: O trecho "*Satyrorum scriptor*" ("como escritor de satíricos") já foi por vezes tomado como evidência de que Horácio teria se aventurado no teatro escrevendo dramas satíricos. Como Rudd e outros, no entanto, compreendo que aqui o poeta se põe em condição hipotética, ou seja, ele afirma o que faria "como escritor de satíricos", e não o que faz, uma vez que é escritor de dramas satíricos. Nessa hipótese, Horácio afirma que não tomaria as palavras apenas em sentido direto (o nome próprio aqui, "*dominantia uerba*", indica o uso denotativo mais esperado), porque pretende dar cores variadas ao modelo; do mesmo modo, buscaria um estilo mediano entre o baixo da comédia e o grave da tragédia.

Davo (escravo), Pítias (escrava) e Símon (ou Simão, o Velho, pai do jovem apaixonado) são típicas figuras cômicas, e a imagem do logro, segundo o *Comentator Cruquianus*, seria tirada de uma comédia de Cecílio. Sileno, filho terreno do deus Pã, era o líder dos sátiros no mito grego e teria sido o preceptor do deus Baco.

vv. 240-250: Esta passagem, que também comentei em minha tese, retoma claramente os vv. 46-48, para dar preceitos sobre como produzir uma obra original a partir de um repertório tradicional; novamente, o segredo está no uso das palavras, seja em sua posição, seja na invenção de relações sintáticas inesperadas. A ideia aparece em Aristóteles (*Retórica*, 3.2 1404b), onde lemos: "esconda bem, que é quando alguém escolhe palavras da língua cotidiana e as combina; foi o que Eurípides fez, o primeiro a mostrar o caminho" (κλέπτεται δ' εὖ, ἐάν τις ἐκ τῆς εἰωθυίας διαλέκτου ἐκλέγων συντιθῇ· ὅπερ Εὐριπίδης ποιεῖ καὶ ὑπέδειξε πρῶτος). O resultado é que a nova obra parece simples e facilmente imitável, o que é uma ilusão aos leitores e ouvintes, ideia similar à da descrição do estilo humilde por Cícero (*Orador*, 76). Diante disso, Horácio, ainda se mantendo hipoteticamente na escrita de dramas satíricos, sugere que os faunos (aqui o mesmo que os sátiros, porém latinos, porque Fauno é o equivalente romano do grego Pã) devem evitar a linguagem formal dos tribunais, mas também a poesia urbana leve (talvez a elegia erótica que fazia enorme sucesso na mesma época com os nomes de Tibulo, Propércio e Ovídio, se considerarmos que o termo "*iuuenentur*" é provável invenção horaciana, como aponta Rostagni), ou completamente baixa, como a invectiva, pois isso ofenderia o público de elite ("ter cavalo" é modo de dizer que é um equestre, ou cavaleiro, a classe mais rica no censo romano), ainda que possa agradar os grupos mais baixos, representados como compradores de grão-de-bico e nozes. É difícil decidir se o prêmio da coroa, típico dos festivais atenienses, era efetivamente dado pelos equestres e senadores ao teatro romano, ou se o poeta apenas faz uma metáfora. Seja como for, em passagens como essas, vemos claramente o ponto de vista aristocrático da arte horaciana, mesmo que o verso 248 pareça ter algum traço de ironia.

vv. 251-262: Horácio explica o principal metro dramático da Antiguidade, o trímetro iâmbico a partir do iambo, seu pé de base. A complicação está no fato de que o iambo é um pé formado por uma sílaba breve seguida de uma longa (u —), mas o metro de base na construção de versos é constituído por dois pés iâmbicos (u — u —), porque um só pé seria muito rápido, segundo o poeta. Como resultado, o trímetro é uma sequência de seis iambos contados em duplas (u — u — | u — u — | u — u —), por isso, na comédia latina, ele aparece com o nome de senário iâmbico. Horácio ainda analisa as variantes do metro, que aceitam, em lugar da dupla pura (u — u —) outros modos (— — u —, u u — u —, etc.), dando maior variedade e naturalidade conversacional ao verso, já que a sequência de sílabas longas (duas longas — — seriam o espondeu) retardaria o passo e aumentaria a gravidade da fala; o poeta sugere que essa prática seria posterior ao iambo puro, porém temos vários exemplos em Arquíloco (séc. VII a.C.) mostrando que as variantes já estavam em uso desde a Grécia arcaica. Depois disso, comenta, muito brevemente, a arte métrica das tragédias de Ácio e de Ênio, dois poetas do período arcaico romano (séc. II a.C.), ambos criticados pelo abuso de espondeus nos trímetros (leiam-se os "nobres trímetros" de Ácio como ironia), sem respeitar a regra grega de que os pés ímpares não aceitariam qualquer alteração; assim, o excesso de espondeus nessas obras produziria uma fala lenta, mais grandiloquente e empolada. Como marca irônica do que é dito, o v. 260 no texto latino de Horácio é plenamente espondaico, fora o quinto pé obrigatoriamente datílico; fato que emulei na tradução.

Terenciano Mauro é um bom ponto de comparação, como atenta Cândido Lusitano. Eis alguns trechos da série maior que compreende o iambo (vv. 2181-2496). Sobre a velocidade do verso, temos os vv. 2182-2183:

> *adesto iambe praepes, et tui tenax*
> *uigoris adde concitum celer pedem,*

> iambo, precipite-se e tenaz ao teu
> vigor nos traga logo o agito em pé veloz,

Sobre a entrada do espondeu para dar maior gravidade, temos os vv. 2205-2210:

> *at qui cothurnis regios actus leuant,*
> *ut sermo pompae regiae capax foret,*
> *magis magisque latioribus sonis*
> *pedes frequentant, lege seruata tamen,*
> *dum pes secundus quartus et nouissimus*
> *semper dicatus uno iambo seruiat:*

> Mas quando usar coturnos para ações de reis,
> pra dar a própria e mais devida pompa régia
> a mais capaz, passaram a mudar os pés
> com largos e mais amplos sons, seguindo a lei
> de dar o pé segundo, quarto e último
> sem falta para iambo, sempre a lhe servir:

E para a prática do espondeu na comédia, temos os vv. 2232-2237:

> *sed qui pedestres fabulas socco premunt,*
> *ut quae loquuntur sumpta de uita putes,*
> *uitiant iambum tractibus spondiacis*
> *et in secundo et ceteris aeque locis,*
> *fidemque fictis dum procurant fabulis,*
> *in metra peccant arte, non inscitia.*

> quem com tamanco faz pedestres fábulas,
> pra parecer que a fala vem da vida em si,
> viciam todo o iambo em tratos de espondeu,
> até que seja no segundo ou outros pés,
> buscando dar fiança a falsas fábulas
> com arte vão pecar no metro e com saber.

v. 254: "*Non ita pridem*" gera uma série de discussões entre os editores; alguns, como H. Weil, acham que deveria caber na oração anterior; a maioria (que sigo) o liga ao verso seguinte, mas o entendimento fica estranho como "não muito tempo atrás"; para tentar manter alguma ambiguidade, optei por verter por "sem demora". Rostagni, sem ver maiores problemas, sugere traduzir por "*in seguito*" ("em seguida").

vv. 263-274: Aproveitando a questão métrica e a crítica sobre as práticas de Ácio e Ênio, Horácio advoga em favor da perfeição poética, com o mínimo uso de liberdade facilitadora; nesse sentido, ele é aproximável dos postulados parnasianos sobre a métrica. O argumento pode ser simplificado do seguinte modo: só porque certas liberdades são aceitas (portanto, não configuram erro propriamente, daí a *data venia*), o poeta não necessariamente deve segui-las, pois apenas foge das críticas, sem angariar de fato louvor, porque a poesia permanecerá imodulável ("*immodulata*", provável invenção horaciana com base no grego ἄρυθμος), incantável; a solução é compulsar os modelos gregos para com eles aprender os limites das regras. Em contraponto, Horácio agora critica a extrema liberdade métrica das comédias de Plauto (séc. II a.C.) e o fato de que ele passou a ser canonizado por parte da crítica contemporânea do nosso poeta. Diferentemente desse grupo de falsos conhecedores, Horácio se põe ao lado dos Pisões como aqueles que discernem o joio do trigo. A batida corporal como base aparece também em Terenciano Mauro (vv. 2254-2255):

> *quam pollicis sonore uel plausu pedis*
> *discriminare, qui docent artem, solent.*

usando o som dos dedos ou batendo os pés
quem passa a arte assim costuma distinguir.

Um detalhe parece importante no trecho: Horácio não especifica as regras em questão, mas é fácil supor que já não se restrigem aqui ao excessivo uso de longas por Ácio e Ênio; pelo contrário, a vagueza do comentário sugere que se trate de um amplo repertório de regras e exceções, tal como ele já critica as sátiras de Lucílio em suas próprias *Sátiras*, 1.4 e 1.10.

vv. 275-284: Pequena história do drama grego, desde sua suposta invenção feita por Téspis de Icária (*fl. c.* 610-550 a.C., na Ática) ao separar um ator do resto do coro e encenar em cima de uma carroça, como artista itinerante (Horácio é o único a nos dizer isso na Antiguidade, mas "*dicitur*" sugere que ele tirou a informação de uma tradição hoje perdida); as caras com borra de vinho marcam sua vinculação com Baco ao mesmo tempo que funcionam como máscaras numa τρυγῳδία ("canto da borra"). O trecho tem muitos pontos em comum com o resumo de Evâncio (*Sobre o teatro*, 1.2). Pulando tragediógrafos anteriores como Quérilo e Frínico, Horácio segue a tradição mais difundida e diz que Ésquilo teria inventado o uso da máscara (que é na verdade de origem imemorial) e determinado a veste como o pálio (σύρμα grego) e o calçado do coturno (que nunca foi usado na tragédia ateniense e tem origem posterior), além de estabelecer a tragédia num palco estável propriamente dito e de passar a usar uma linguagem mais elevada. Para Horácio, tal como para Evâncio, 1.4, a comédia viria pouco depois, antes dos outros tragediógrafos; no entanto, ele não chega a comentar a etimologia ligada a κώμη (aldeia), κῶμος (*como*, um ritual orgiástico após o banquete) ou κωμάζειν (fazer um *komos*), tal como vemos em Evâncio, 1.3: primeiro a Comédia Velha (com Aristófanes como maior expoente) que, por atacar diretamente os cidadãos atenienses, acabou sendo regulada (a presença de leis formais em Atenas ainda é discutida por especialistas) e transformada na Comédia Média (não mencionada por Horácio), até chegarmos à Comédia Nova (com Menandro sendo o mais notável), inteiramente ficcional, para evitar os ataques pessoais; cf. Evâncio (*Sobre o teatro*, 2.4-6) e Cícero (*República*, 4.11.5).

"Camena" é o nome romano para divindades similares às Musas gregas, também vinculadas a fontes e nascentes em geral. Em sua *Odysia*, Lívio Andronico parece ter sido o primeiro a traduzir "Musas" por "Camenas", criando assim a tradição literária que se repete.

v. 275: O verbo "*inuenisse*" ("inventou") está ligado a "*inuenio*" ("inventar") e também a "*inuentio*" ("invenção"). Ele designa em parte a "invenção" em sentido moderno, mas também a procura de algo preexistente em determinado local. É na segunda acepção, por exemplo, que "*inuentio*" figura na oratória, como ponto em que o orador procura e acha o que deve falar e como falar.

NOTAS À *ARTE POÉTICA* | 529

O importante, ao fim e ao cabo, é guardar que o poeta que inventa algo o faz porque acha esse algo já dado e ainda não visto; essa é a metáfora da invenção, similar ao "trovar" dos trovadores. É com o mesmo sentido que aparece "*inuentum*" ("inventado") no v. 377.

vv. 285-294: Pequena história do drama romano, com menos detalhes e nomes. O fundamental para Horácio é que alguns autores ousaram sair dos modelos gregos para tratar também de temas latinos, sobretudo históricos; dessa tradição, a única peça sobrevivente é a *Octavia*, tradicionalmente atribuída a Sêneca, mas hoje considerada anônima, embora saibamos da existência de *Clastídio* de Névio, *Ambrácia* de Ênio, *Paulo* de Pacúvio e *Bruto* de Ácio, dentre outras. É nessa categoria de peças em cenário romano que estão as pretextas (*praetextae*, roupa dos magistrados romanos) e as togadas (*togatae*, toga do cidadão) – nomes derivados do uso da toga pelos personagens, por oposição ao pálio grego das paliatas (*palliatae*). Por outro lado, o grande defeito romano é a falta de dedicação ao trabalho da lima, ou seja, à reescrita minuciosa, que é comparada à escultura, pois, quando se fala de "corrigir ao corte das unhas", o que está em jogo é o teste do tato (com unhas cortadas) na finalização da peça; a mesma suavidade e sensação de continuidade e unidade deve aparecer na poesia, cp. *Sátiras*, 1.5.32. A tópica da penúria da língua latina consta em vários autores: Lucrécio (*Da natureza das coisas*, 1.133 e 832), Cícero (*Tusculanas*, 2.35) e posteriormente também em Quintiliano (*Instituiçõa oratória*, 10.1.10 e 12.10.27), para citar apenas alguns exemplos.

Horácio chama seus interlocutores de sangue Pompílio (*Pompilius sanguis*) porque, segundo a tradição (Plutarco, *Numa*, 21), Numa Pompílio, o segundo rei mítico de Roma, teria tido quatro filhos, um deles chamado Calpo, e este seria a origem da *gens* Calpúrnia, da qual faziam parte os Pisões.

v. 294: Sigo a imensa maioria dos editores, com a variante "*praesectum*" (B C K V), enquanto Shackleton Bailey opta por outra variante também dos manuscritos (a R Ψ σχ): "*perfectum*".

vv. 295-304: Começa aqui a última parte, com a discussão mais voltada ao poeta (ποιητής, na divisão de Neoptólemo de Pário), que em muito pode ser vista como a divisão do "orador" (*orator*) nos tratados de oratória (*ars oratoria*); uma boa comparação está no *Orador* de Cícero, que tem muitos pontos em comum com o que vemos na *Arte poética*. Chegamos a uma discussão central da obra, a falsa oposição entre talento inato (*ingenium*, φύσις em grego) e domínio da arte (*ars*, τεχνή em grego). Horácio parece participar de uma discussão de seu tempo da qual praticamente nada nos resta; em resumo, ele refuta os que julgavam que bastaria nascer poeta (e que assim assumiam a loucura aparente dos talentosos como modo de vida), para afirmar que, se talento é fundamental, nada se faz sem a prática e a técnica poética. A imagem do poeta louco ainda retornará para encerrar o poema.

É de se notar ainda que, como não há o que transmitir sobre o talento, a tratadística geral e esta epístola em particular se voltam muito mais para os problemas da arte.

Segundo Cícero (*Da adivinhação*, 1.80), Demócrito de Abdera (séc. V-IV a.C.), em seu *Da poesia*, afirmava que ninguém poderia ser poeta sem ser louco, ou ao menos tomado de inspiração/possessão divina/entusiasmo e um espírito divino, que é bem o que encontramos em um fragmento (μετ᾽ ἐνθουσιασμοῦ καὶ ἱεροῦ πνεύματος, frag. b.18 em Diels–Kranz); no entanto, Rudd nos lembra que outros fragmentos comentam o trabalho artístico da poesia. Outra peça importante a favorecer o talento é a fala de Sócrates em Platão (*Fedro*, 245a), quando trata de possessão e loucura (κατοκωχή τε καὶ μανία) vindas das Musas.

Hélicon é um monte da Beócia consagrado a Apolo e às Musas, que aparece tradicionalmente na poesia grega desde os *Trabalhos e dias* de Hesíodo. Antícira (aqui ironicamente multiplicada por três porque havia três cidades com o mesmo nome) era o lugar no golfo de Corinto em que se produzia heléboro, planta usada para tratar problemas mentais e, mais especificamente, melancolia, daí a referência à teoria dos quatro humores (sangue, bile amarela, bile negra, fleuma) vinculada à loucura (cf. *Sátiras*, 2.3.83); Horácio, inclusive, se mostra como bilioso e irascível em outros momentos de sua obra. Segundo Celso, 2.13.3, o melhor período para o tratamento da melancolia seria na primavera. Lícino, conforme os escoliastas, era um cabeleireiro famoso na época de Horácio; era no cabeleireiro que se faziam, além de barba e cabelo, também as unhas; com isso, o poeta sugere que muitos tentavam dar ares de genialidade poética basicamente criando uma aparência que sugerisse loucura.

v. 303: Ao escrever "*facere poemata*" ("faria poemas"), Horácio brinca com a etimologia grega de "*poema*", vinda do verbo ποιεῖν ("fazer").

vv. 304-306: O poeta aqui se apresenta apenas como o crítico, usando uma imagem derivada do orador ateniense Isócrates (séc. V-IV a.C.), segundo Plutarco (*Vida dos dez oradores*, 838e). Ao lhe perguntarem como ele, que não era muito eloquente, poderia dar eloquência aos outros, respondeu, tal como uma pedra de afiar não corta mas ainda assim afia o ferro (καὶ πρὸς τὸν ἐρόμενον διὰ τί οὐκ ὢν αὐτὸς ἱκανὸς ἄλλους ποιεῖ, εἶπεν ὅτι καὶ αἱ ἀκόναι αὐταὶ μὲν τεμεῖν οὐ δύνανται τὸν δὲ σίδηρον τμητικὸν ποιοῦσιν). A situação de não estar escrevendo (*nil scribens ipse*) costuma ser levada em consideração como dado biográfico e capaz de auxiliar na datação da obra (cf. introdução); no entanto, esse uso da passagem me convence pouco, ainda mais com o diálogo claro com a história de Isócrates. Mais razoável é ler que Horácio não escreve ele próprio poesia dramática, ou entender a passagem inteira como autoderrisão horaciana, que em brincadeira não considera a sátira e a epístola como poesia *stricto sensu*.

vv. 309-322: A fundamentação da prática num saber mais amplo aparece, por exemplo, em Cícero (*Orador*, 70), quando afirma que "a sapiência é o fundamento tanto da eloquência como das outras coisas" (*"est eloquentiae sicut requarum rerum fundamento sapientia"*). Nesse sentido, os "textos socráticos" não são uma referência específica a Platão, Xenofonte e Panécio, mas indicam em tom amplo as obras filosóficas, como Propércio (*Elegias*, 2.34.27-28); muito embora a divisão seja similar à das *Memoráveis* de Xenofonte (amizade, amor aos pais, amor aos irmãos, dever do general, dever do senador). De qualquer maneira, o resultado é que o saber da vida que se configura como virtude é também uma virtude da escrita, sobretudo para criar personagens verossímeis, partindo da ideia de que cada trabalho, idade, posição e origem produz um caráter diverso, e que a poesia, no pensamento peripatético, é imitação da vida (μίμησις βίου). Assim como na língua os sentimentos vêm primeiro (vv. 99-113), também o tema vem antes das palavras; nisso estamos mais uma vez diante do adágio de Catão: *"rem tene, uerba sequuntur"* ("detenha o assunto, que as palavras se seguem"), que dialogava com os vv. 38-41.

vv. 319-320: Compreendo que *"speciosa locis"* tem o sentido de "trabalhada com relação às sentenças", no que diz respeito aos topos poéticos e filosóficos.

v. 320: Sigo a leitura dos manuscritos e da imensa maioria dos editores, *"sine pondere et arte"*, em vez da conjetura proposta pelo próprio Shackleton Bailey, *"sed pondere inerti"*. Entenda-se que Vênus (*Venere*, "atratividade"), peso (*pondere*, "impacto") e arte (*arte*, "técnica") são três atributos da escrita.

vv. 323-332: Mais uma vez Horácio contrapõe as práticas dos gregos e dos romanos; aqueles teriam um pendor natural para as artes e a retórica, marcada por talento e boca redonda (*ore rotundo* não como performance vocal, mas como qualidade de perfeição do estilo); enquanto estes seriam mais voltados às minúcias da vida prática, exemplificada pelas contas com dinheiro (cf. Cícero, *Tusculanas*, 1.3-5, que é menos crítico aos romanos). Para entender a conta, basta saber que um asse valia doze onças. Pseudo-Acrão nos diz que Albino seria um agiota, mas nada sabemos sobre a figura. O romano com essa mentalidade nunca produzirá poesia digna de permanência, seja pela técnica de untar papiros com óleo de cedro, seja por guardá-los em caixas de cipreste, para espantar traças (cf. Vitrúvio, *Da arquitetura*, 2.9.13, e Pérsio, *Sátiras*, 1.42).

v. 330: A cláusula hexamétrica em *"cura peculi"* certamente ecoa Virgílio (*Bucólicas*, 1.32): *"nec spes libertatis erat, nec cura peculi"* ("nem sonhar liberdade, nem o amor ao pecúlio"), quando Títiro descreve sua vida junto a Galateia. Opto pelo termo "pecúlio" em eco à solução partilhada no mesmo verso das traduções virgilianas de José Bonifácio, Odorico Mendes e Raimundo Carvalho.

vv. 333-346: Outra falsa oposição entre "proveito" (*"prodesse"* / *"utile"*) e "deleite" (*"delectare"* / *"dulce"*), que se resolve, como no caso de talento e arte, também pela união, num movimento que parece debitário a Neoptólemo de Pário, que os conceitua respectivamente como χρησιμολογεῖν e ψυχαγωγία. Ao mesmo tempo, dialoga com o pensamento de Cícero (*Tusculanas*, 2.7), quando afirma recusar toda lição sem deleite (*"lectionem sine ulla delectatione neglego"*). Ao dizer "seja qual for o preceito" (*"quidquid praecipies"*), Horácio parece sugerir que a passagem também poderia ser lida a respeito da poesia didática, embora nada mais confirme a hipótese. Nesse momento, o louvor à brevidade mais uma vez dialoga com a poética helenística de Calímaco, como vemos no epigrama 8 (*Antologia Palatina*, 9.566):

> Μικρή τις, Διόνυσε, καλὰ πρήσσοντι ποιητῇ
> ῥῆσις·ἠὸ μὲν 'νικῶ' φησὶ τὸ μακρότατον,
> ᾧ δὲ σὺ μὴ πνεύσῃς ἐνδέξιος, ἤν τις ἔρηται
> 'πῶς ἔβαλες;' φησί, 'σκληρὰ τὰ γιγνόμενα'.
> τῷ μερμηρίξαντι τὰ μὴ ἔνδικα τοῦτο γένοιτο
> τοῦτος·οὲμοὶ δ', ὦναξ, ἡ βραχυσυλλαβίη.

> Breve é o discurso, ó Dioniso, do poeta
> eloquente: se diz "Venci!", foi longo;
> porém se alguém pergunta a quem não inspiraste,
> "Como é que foi?", responde "Foi bem mal."
> Mas que essa seja a frase só dos mais injustos,
> e a mim, senhor, o microssilabar!

Para mesclar o útil ao doce (ou mesmo temperar o útil com o doce, se lermos *"miscuit"* como o verbo típico de diluir vinho em água) e ainda ser breve, é preciso fazer com que a peça circule bem entre os três regimes de discurso pós-aristotélico: as coisas de verdade (*"ueris"*, por vezes *"fama"*, como no v. 119, ἱστορία em grego), as verossímeis/ficcionais/forjadas (*ficta*, πλάσμα em grego) e o fabuloso extraordinário (*fabula*, μῦθος em grego num período tardio). É uma tripartição presente na *Retórica a Herênio*, 1.13, e em Cícero (*Da invenção*, 1.27) como: *historia* (factual), *argumentum* (ficção plausível) e *fabula* (ficção implausível). Diante da demanda por uma ficção plausível, é preciso fugir de relatos absurdos como os de Lâmia (originalmente uma rainha que teve seus filhos mortos por Juno, tornando-se uma espécie de bicho-papão do imaginário antigo), ainda mais com finais delirantes, como uma criança saindo inteira e viva de dentro de sua barriga.

A divisão entre proveito e deleite se dá também na cultura a partir de dois grupos bem demarcados. A centúria dos velhos nesse momento designa os homens com mais de 45 anos, a partir da divisão primitiva do povo romano feita por Sérvio Túlio, aqui representando os equestres com interesse apenas no proveito e no lucro. Já os ramnenses aqui representam os equestres jovens com menos de 30 anos, a partir do nome de uma das três tribos originais de Roma organizadas por Rômulo; com seu orgulho e ímpeto, eles buscam apenas o deleite. Como se fosse uma eleição, o poeta que agradar aos dois grupos levará todos os votos. Como resultado, os Sósias ganharam dinheiro com o livro (segundo Porfirião, eram dois irmãos, conhecidos livreiros da época), e o autor ganhara fama espalhada por tempo e espaço.

vv. 347-360: Aqui Horácio modula sua exigência: erros são incontornáveis (até Homero cochila) e, se poucos, serão perdoáveis. Segundo Quintiliano (*Instituição oratória*, 10.1.29), a imagem horaciana da crítica do cochilo já estaria em Cícero ao falar de Demóstenes, então estaríamos diante de uma reelaboração criativa da parte de Horácio. O poeta já tinha pedido algo do tipo para si mesmo em *Sátiras*, 1.3.70, ao falar do amigo que "pesa e repesa meus vícios e acertos" (*"cum mea compenset uitiis bona"*). Mas isso não quer dizer que se possa aceitar negligência, o que retoma o adágio latino: "*bis perperam facere non uiri est sapientis*" ("cometer duas vezes o mesmo erro não é coisa de sábio"). Por isso, ele começa com dois exemplos apolíneos do perdoável – o arco e a lira que Apolo traz consigo –, e depois passa a dois exemplos de fora da literatura: o copista que erra a mesma coisa sempre, mesmo avisado, e o citaredo que erra sempre a mesma corda da lira. Em comparação com a poesia, esses dois exemplos seriam similares ao poeta grego Quérilo de Iaso (séc. III a.C.), um pífio escritor de épica em louvor de Alexandre, o Grande; Quérilo também é criticado em *Epístolas*, 2.232 e ss., onde seus versos são descritos como "*incultis*" e "*male natis*", ou seja, com contínuos erros de *elocutio* e de *inuentio*. Nessa série, Homero é perdoado apenas porque a obra longa permite mais erros que a peça concisa da poética horaciana. Marca disso é que, em *Epístolas*, 2.1.235-237, as pequenas máculas não são perdoadas.

v. 349: É praticamente consenso editorial considerar este verso espúrio, em parte pela sintaxe que parece ligar diretamente 348 e 350, mas também por ele funcionar como mera glosa do v. 348. Embora eu não partilhe da desconfiança de Shackleton Bailey e prefira editar sem colchetes, como Garrod ou Fairclough, mantenho a edição daquele.

v. 360: "Deuses concedem" traduz o difícil conceito de "*fas*", que é aquilo que pode ser dito e feito por autorização divina, por oposição ao "*nefas*", aquilo que por lei divina não deve nem mesmo ser dito.

vv. 361-365: Um dos trechos mais conhecidos da *Arte poética*, por sua comparação entre a pintura e a poesia, retomando os vv. 6-7, talvez em diálogo com a comparação tradicionalmente atribuída a Simônides de Ceos (Plutarco,

Moralia, 346f), que "chama a pintura de poesia silente, e a poesia de pintura falante" (τὴν μὲν ζωγραφίαν ποίησιν σιωπῶσαν προσαγορεύει, τὴν δὲ ποίησιν ζωγραφίαν λαλοῦσαν), comparando os modos das artes, ideia que é traduzida na *Retórica a Herênio*, 4.39. A comparação horaciana, contudo, é sobre os artefatos aproximados por determinado aspecto, e não sobre leis de composição; mais que isso, ela está incrustada na discussão sobre quais defeitos são perdoáveis na poesia; além disso, é um tanto enganosa, pois contrasta, na verdade, os modos como obras diversas da pintura podem agradar na diferença a partir de três critérios: proximidade × distância, sombra × luzes e curto × longo prazo; apenas no terceiro caso podemos dizer que é a segunda obra é superior; ao passo que no segundo caso é possível supor que também a segunda obra saia na frente, pelos critérios horacianos; quanto ao primeiro caso, nada parece decidir.

vv. 366-378: Retornando ao cerne do tema que vem sendo desenvolvido, Horácio postula que a poesia, diferentemente de outros trabalhos puramente utilitários, não pode ser mediana na qualidade (ideia similar à de Cícero, *Do orador*, 1.118 e 259, e também *Bruto*, 195); o que nada tem a ver com a visão positiva *aurea mediocritas* horaciana ou com a μέσοτες aristotélica. A cena do banquete esclarece bem a relação: mel com semente de papoula era uma iguaria nos banquetes romanos (Plínio, *História natural*, 19.168), porém o mel sardo era amargo e de baixa qualidade; na visão de Horácio, esses acessórios de um banquete se assemelham à poesia e, tal como o perfume e a música, se não forem ótimos, é melhor nem tê-los. É singular que o poeta nesta passagem eleve o tom e se dirija aos mais velhos dos Pisões, o que de fato teria interesse em escrever dramas.

Marco Valério Messala Corvino foi orador e advogado de fama, bem como patrono de Tibulo (cf. *Sátiras*, 1.10.95, e *Odes*, 3.21), e Aulo Cascélio foi renomado jurista romano (cf. Valério Máximo, 6.2.12 e 8.12.1), ambos contemporâneos de Horácio, embora Cascélio, nascido em torno de 104 a.C., já devesse estar morto na época da composição do poema.

vv. 379-384: A comparação agora vai aos jogos e exercícios no Campo de Marte. O "troco" ("*trochus*") era um círculo de metal girado com uma barra de ferro, de origem e gosto grego, tal como a bola e o disco. Assim como quem não sabe jogar não participa, também quem não sabe escrever deveria se calar. Porém, escreve porque é um equestre rico, com mais de 400 mil sestércios, quando um trabalhador baixo ganharia cerca de mil sestércios por ano; como quem pode tudo, ele assume que também pode escrever poesia. Ele está enganado.

vv. 385-390: No caso da poesia, não basta poder e querer escrever; é preciso ter o dom de Minerva, deusa de várias artes, ou seja, o talento. A imagem de *inuita Minerua* aparece também em Cícero (*Dos deveres*, 1.110), onde é explicada:

"contra Minerva, como se diz, quer dizer contra ou repugnando a natureza" (*"inuita, ut aiunt, idest aduersante et repugnante natura"*); por isso, optei por verter como "sem aval de Minerva". No entanto, Horácio mais uma vez não se demora no talento e volta aos conselhos da arte: é preciso guardar a obra e retocá-la até atingir a perfeição, porque, uma vez publicada, ela está solta e tem vida própria, independentemente dos desejos do autor. É claro que não devemos tomar ao pé da letra a duração dos nove anos; o número é apenas simbólico para designar um prazo longo, até porque o próprio Horácio nunca demorou tanto tempo com suas próprias obras. A famosa conclusão da passagem, de que "a voz lançada não volta" (*"nescit uox missa reuerti"*), ecoa dois trechos das *Epístolas*, 1.18.71 e 1.20.6

Espúrio Mécio Tarpa era um grande crítico literário e teatral contemporâneo, elogiado por Cícero (*Epístolas familiares*, 7.1.1); não sabemos se ele ainda estava vivo na época da composição do poema. Caio Hélvio Cina, um dos poetas novos (*poeta noui*, νεότεροι), segundo o testemunho de Catulo, 95.1-2, teria publicado seu epílio *Esmirna* apenas depois de guardá-lo e burilá-lo por nove anos. Ao eminente crítico, Horácio junta Pisão pai, num modo delicado de elogio, e a si mesmo.

vv. 391–407: Horácio relata as origens míticas da poesia. Primeiro Orfeu, ligado aos deuses, filho do humano Eagro com a musa Calíope, foi capaz de tirar os homens do estado de selvageria, além de domar as feras e atrair bosques com sua lira; ele também teria dado fim à antropofagia imemorial e até ensinado o vegetarianismo, daí o fim da dieta e da carnificina (cf. *Sátiras*, 1.3.95, e *Epístolas*, 2.1.126). Depois Anfíon, filho da humana Antíope com Júpiter, construiu as muralhas de Tebas usando a lira (a testude, lira feita com casco de tartaruga) para encantar as pedras, que iam sozinhas até seu novo lugar; enquanto Zeto, seu irmão, usava a força dos próprios braços (cf. *Odes*, 3.11.2 e *Epístolas*, 1.18.41). O poeta então conclui que a poesia foi uma espécie de legisladora e propagadora da virtude humana; a poesia estava, então, como parte do costume dos antepassados (*mos maiorum*), próxima da filosofia, como vemos também em Cícero (*Tusculanas*, 5.2.5). A ideia de vates divinos remonta à poesia homérica, onde lemos θεῖοι ἀοιδοί. É apenas depois do ciclo mítico que começa o mundo mais humano de Homero na épica; cuja *Ilíada* Alexandre levava sempre consigo (Plutarco, *Alexandre*, 8). Depois vem Tirteu na elegia bélica, com Homero fazendo os dois exemplares de poesia que educa para a vida na guerra. É precisamente o que vemos no tom moralizante e bélico do frag. 10 West de Tirteu:

> τεθνάμεναι γὰρ καλὸν ἐνὶ προμάχοισι πεσόντα
> ἄνδρ᾽ ἀγαθὸν περὶ ἧι πατρίδι μαρνάμενον·
> τὴν δ᾽ αὐτοῦ προλιπόντα πόλιν καὶ πίονας ἀγροὺς
> πτωχεύειν πάντων ἔστ᾽ ἀνιηρότατον,
> πλαζόμενον σὺν μητρὶ φίληι καὶ πατρὶ γέροντι
> παισί τε σὺν μικροῖς κουριδίηι τ᾽ ἀλόχωι.

ἐχθρὸς μὲν γὰρ τοῖσι μετέσσεται οὕς κεν ἵκηται,
    χρησμοσύνηι τ' εἴκων καὶ στυγερῆι πενίηι,
αἰσχύνει τε γένος, κατὰ δ' ἀγλαὸν εἶδος ἐλέγχει,
    πᾶσα δ' ἀτιμίη καὶ κακότης ἔπεται.

†εῖθ' οὕτως ἀνδρός τοι ἀλωμένου οὐδεμί' ὥρη
    γίνεται οὔτ' αἰδὼς οὔτ' ὀπίσω γένεος.
θυμῶι γῆς πέρι τῆσδε μαχώμεθα καὶ περὶ παίδων
    θνήσκωμεν ψυχ<έω>ν μηκέτι φειδόμενοι.
ὦ νέοι, ἀλλὰ μάχεσθε παρ' ἀλλήλοισι μένοντες,
    μηδὲ φυγῆς αἰσχρῆς ἄρχετε μηδὲ φόβου,
ἀλλὰ μέγαν ποιεῖτε καὶ ἄλκιμον ἐν φρεσὶ θυμόν,
    μηδὲ φιλοψυχεῖτ' ἀνδράσι μαρνάμενοι·
τοὺς δὲ παλαιοτέρους, ὧν οὐκέτι γούνατ' ἐλαφρά,
    μὴ καταλείποντες φεύγετε, τοὺς γεραιούς.

αἰσχρὸν γὰρ δὴ τοῦτο, μετὰ προμάχοισι πεσόντα
    κεῖσθαι πρόσθε νέων ἄνδρα παλαιότερον,
ἤδη λευκὸν ἔχοντα κάρη πολιόν τε γένειον,
    θυμὸν ἀποπνείοντ' ἄλκιμον ἐν κονίηι,
αἱματόεντ' αἰδοῖα φίλαις ἐν χερσὶν ἔχοντα –
    αἰσχρὰ τά γ' ὀφθαλμοῖς καὶ νεμεσητὸν ἰδεῖν,
καὶ χρόα γυμνωθέντα· νέοισι δὲ πάντ' ἐπέοικεν,
    ὄφρ' ἐρατῆς ἥβης ἀγλαὸν ἄνθος ἔχηι,
ἀνδράσι μὲν θητὸς ἰδεῖν, ἐρατὸς δὲ γυναιξὶ
    ζωὸς ἐών, καλὸς δ' ἐν προμάχοισι πεσών.

ἀλλά τις εὖ διαβὰς μενέτω ποσὶν ἀμφοτέροισι
    στηριχθεὶς ἐπὶ γῆς, χεῖλος ὀδοῦσι δακών.

Pois morrer é belo, sim, ao cair na vanguarda
    o homem bom que assim vem pela pátria lutar;
se por acaso escapa da pólis e práticos campos
    pra mendigar sem pudor, seu sofrimento é maior,
e erra sem rumo seguido da mãe e do pai combalido,
    junto à prole menor, junto à esposa fiel;
Pois é figura odiosa a todos que chega e suplica,
    já que à miséria cedeu, ou à pobreza cruel;
sua raça se vexa, peja-se a forma fulgente,
    toda desonra virá, vários dos vícios virão.

É assim que um homem errante não ganha cuidado
    nem respeito pra si, nem para estirpe depois.

Vamos, coragem, lutemos então pela terra e a prole,
    deixem a alma pra lá, todos busquemos morrer!
Jovens, lutem firmes lado a lado em batalha,
    nunca fujam do fim nem por impuro pavor,
mas reforcem nas mentes o grande peito valente,
    larguem a alma, sim: com homens devemos lutar!
Nunca deixem os velhos de frágeis joelhos inágeis
    para fugirem por fim, nunca desertem o ancião.

Pois vergonhoso, sim, é ver cair na vanguarda
    o homem mais velho que assim tomba perante guris,
se ele revela grisalha a cabeça, branco na barba,
    quando expira seu peito valente no pó
e segura nas mãos o sexo coberto de sangue,
    vergonhoso de ver, cena obscena ao olhar,
todo o corpo desnudo; e tudo convém para o jovem
    quando ainda detém viços e forças em flor,
ganha a grande glória dos homens, o amor das mulheres
    quando ainda viver – belo em vanguarda se cai.

Mas agora vamos pisar estes pés vigorosos,
    mordam o lábio feroz, firmes fincados no chão!

Na sequência, Horácio lista os versos hexamétricos dos oráculos (em latim, "*sortes*", que decalquei), como o de Delfos. Depois parte para a poesia gnômica, que poderia incorporar os nomes de Hesíodo, na épica, e Sólon, Focílides e Teógnis, na elegia; nessa visão, Sólon chegou a legislar em verso. Passa pelos louvores de reis e tiranos como Hierão, Hiparco e Polícrates. Em seguida, os modos piérios fazem referência à poesia lírica coral de Píndaro, Baquílides, Simônides, e à lírica monódica de Anacreonte. Por fim, chega ao drama ateniense. A conclusão da longa passagem é que a poesia não gera vergonha, mas participou sempre da construção da vida humana.

vv. 408–415: Retomando a falsa oposição entre talento e arte iniciada em v. 295, Horácio formula mais claramente a necessidade das duas coisas a partir de uma mediania positiva herdada de Aristóteles e de Neoptólemo de Pário. O talento natural precisa sempre ser aperfeiçoado pela prática e pelo domínio da arte; portanto, a questão está em fazer da poética um saber (cf. vv. 88 e ss.). Essa escolha mediana é a mesma que vemos em Cícero (*Em defesa de Árquias*, 15), e em Quintiliano (*Instituição oratória*, 2.19). E também é ela que subjaz às críticas de Ovídio à poesia de Ênio, com talento e sem arte (*Tristes*, 2.424), e à de Calímaco, sem talento e com arte (*Amores*, 1.15.14) Para confirmar o argumento, mais uma vez Horácio fala do aprendizado infantil com o esforço representando na vida abstêmia de álcool e sexo, no caso dos esportes (cf. *1 Coríntios* 9:24-25), e apela para o tibicino, que precisa ter domínio pleno derivado de estudos e exercícios para participar de grandes jogos, como os Jogos Pítios, ou Píticos, celebrados a cada quatro anos em Delfos, para comemorar o mito de que Apolo matou a serpente Píton.

vv. 414-415: Shackleton Bailey incorpora uma sugestão de Brink (que este mesmo não põe em sua edição) de *"certat"* em lugar de *"cantat"*, que aparece em todos os manuscritos, com o argumento de que o tibicino, já que toca seu instrumento de sopro, não pode cantar. A correção e a leitura, contudo, me parecem apenas simplificação dos possíveis usos conotativos do verbo "cantar"; por isso, sigo os manuscritos e traduzo *"cantat"* por "canta", em vez de um pedestre "toca".

vv. 416-418: Shackleton Bailey é o único editor a pontuar a fala entre aspas com uma interrogação, trocando no v. 416 o *"nunc"* ("hoje", mantido por Villeneuve e Rostagni) pela partícula interrogativa *"an"*. A solução me parece forçada, por isso fico com o resto dos editores e aponho um ponto final; além disso, como Brink, Fedeli, Rudd e outros, sigo a variante *"nec"*.

"Quero que a sarna assanhe o último" (*"occupet extremum scabies"*), segundo Porfirião, é alusão à brincadeira de corrida das crianças; nela, o primeiro a chegar dizia *"quisquis ad me nouissimus uenerit, habeat scabies"* ("que tenha sarna o último que chegar em mim"). A frase cria um abismo com o autolouvor do verso acima, e finda em riso. No contexto, Horácio critica o modelo de escrita apressada e meramente competitiva como uma corrida; mas, ao mesmo tempo, com típica ironia, incorpora a fala a si mesmo, já que ela pressupõe o corte brusco entre o poeta e o não poeta.

vv. 419-437: Na busca por bons leitores e críticos, iniciada em vv. 385-390, o poeta que tem dinheiro deve estar atento, porque os bajuladores aparecem e elogiam tudo para se dar bem; daí vem a comparação com os pregoeiros romanos, fazendo propaganda para melhor vender. Horácio então compara o bajulador, um tipo tratado por Teofrasto (*Caracteres*, 2) e recorrente na Comédia Nova, com os carpideiros, profissionais contratados para chorar nos funerais (a prática era mais feminina, mas Porfirião diz que havia homens carpideiros, θρηνῳδοί em Alexandria, além de uma possível prática derivada dos etruscos). O desafio, portanto, é descobrir quando o louvor é sincero e não marcado por segundas intenções. Uma tática é embebedar, como fariam os reis, para descobrir os súditos realmente fiéis (cf. Diodoro Sículo, *Biblioteca Histórica*, 20.63.1, e Plínio, *História natural*, 14.22.145).

José Feliciano de Castilho traduziu com uma leveza impressionante apenas os vv. 419-452, que aqui transcrevo atualizando ortografia:

> Poeta que tem quintas, que agiota,
> junta em redor de si aduladores

ao cheiro do interesse arrebanhados,
como nesses leilões, todos os dias,
do pregoeiro à voz se agrega o povo.
Pois se tem boa mesa! alma bizarra
para pagar as dívidas de um pobre!
poder que salve um mísero do foro!
Para mim será mais que maravilha,
se eu vir que é tão sagaz (ou tão ditoso),
que entre esses falsos um leal distingue.

Se hás dado ou prometido algum presente,
não chames para ouvir tua poesia
esse homem co'o teu mimo alvoroçado.
O que ele te diria está sabido:
"Lindo! bem! muito bem! maravilhoso!".
A cada frase um pasmo; até lhe enxergo
nos ternos olhos lágrimas de gosto;
salta, bate co'os pés. Da mesma sorte
que em funerais os pagos carpidores
gritam e choram mais que os anojados,
o escarneador trajado em lisonjeiro
desbanca em fúria ao louvador sincero.

Tenho ouvido que os reis, quando procuram
reconhecer se um homem lhes merece
a confiança ou não, à mesa o provam;
a mesa é cavalete, e o vinho tratos.
Poeta meu, cuidado com raposas.

Quintílio, se um poema te escutasse,
dizia-te: – "Emendar isto, mais isto".
Respondias-lhe tu: – "Já o hei tentado
duas vezes ou três; não foi possível".
– "Então, é riscar tudo e, novamente,
pôr na bigorna os deslimados versos".

Pobre de ti, se, em vez de corrigires,
quisesses defender a tua inópia!
não lhe ouvias mais pio; era inimigo
de perder o seu tempo e o seu trabalho;
que te amasses a ti mais aos teus versos,
sem rival muito em paz.

Varão sisudo,
honrado, entendedor, dá sem piedade
no verso inerte; ao duro não perdoa;
nos desornados, linha negra ao longo;
nos de ornato excessivo, é foice e poda;
manda aclarar o escuro, argui o ambíguo;
a quanto não vai bem carrega nota.
Faz-se novo Aristarco; e não é desses
que dizem: – "Castigar um pobre amigo,
por amor de tão pífias bagatelas!!…"
Bagatelas assim dão sérios males.
Ai de quem uma vez foi alvo a risos
e encontrou desasado acolhimento!

Lisboa – Fevereiro de 1859.

v. 421: Este verso é idêntico ao que lemos em *Sátiras*, 1.2.13, ao descrever Fufídio. Certamente, o deslocamento produz riso, já que o poeta rico é igualado a uma figura antes zombada por Horácio.

vv. 424-425: Horácio quebra no meio a palavra *inter-noscere* entre os dois versos, criando assim um efeito de divisão que emula o que está sendo dito. Efeito similar ocorre em *Epístolas*, 2.2.93-94, também com efeito poético, e em dois momentos das *Sátiras*, 1.2.62-63 e 2.3.117-118.

v. 437: Brink, em seus comentários e variantes, coloca *inter cruces* a expressão *"animi sub uulpe"*, mas não incorpora a dúvida ao texto; Shackleton Bailey é o único a questionar a passagem de fato em sua edição. O argumento é de que não aparece em lugar algum a "pele" da raposa, para expressar melhor a imagem, Apesar de a questão fazer sentido, sigo o resto dos editores, que confiam na passagem, e traduzo o estranhamento da imagem como "ocultos sob a raposa". Para compreender a imagem concisa, basta lembrar que, pelo menos desde as *Fábulas* de Esopo, a raposa é representada como o símbolo da hipocrisia; cf. também Fedro (*Fábulas* 1.13), onde a raposa engana o corvo, pedindo para que cante, porque admira sua voz, e este, crédulo, ao cantar deixa cair o queijo, que é roubado pela raposa.

vv. 438-452: Por contraposição ao bajulador, temos o exemplo do crítico amigo, que aponta os defeitos e até sugere jogar o poema fora, para assim ser um "homem bom" ("*uir bonus*") segundo a ideia estoica de integridade; ideia similar aparece na definição do bom poeta segundo Estrabão como o homem bom (ἀγαθός ἀνήρ) e do bom orador segundo Catão, tal como nos relata Quintiliano (*Instituição oratória*, 12.1): "*uir bonus, dicendi peritus*" ("homem bom, perito em falar"). Com isso em mente, Horácio nos dá dois exemplos. O primeiro é Quintílio Varo, poeta de Cremona e amigo de Horácio e Virgílio; Horácio mesmo lamenta sua morte em *Odes*, 1.24., que se deu em 24 a.C.; portanto ele já estava morto bem antes da composição do poema. O segundo é Aristarco de Samotrácia (séc. II a.C.), bibliotecário de Alexandria; por ter eliminado interpolações e corrigido a transmissão do texto homérico, é aqui um exemplo da boa crítica, já que seria possível fazer algo análogo com o poema em construção e revisão de um poeta vivo (cf. Cícero, *Epístolas*, 10.10). A imagem do "cálamo transverso" ("*transuerso calamo*") provavelmente remete ao ὀβέλος, marca diacrítica usada pelos filólogos gregos para indicar os versos espúrios, aqui indicando os versos ineficientes. É possível que a linha negra também faça referência ao símbolo da letra grega θ, que designava os condenados à pena capital, por derivar da palavra θάνατος ("morte", cf. Pérsio, *Sátiras*, 4.13).

O que "sem rival ama só a si próprio" é imagem proverbial para o narcisista, que aparece também em Cícero (*Epístolas a Quinto*, 3.8.4).

v. 438: Horácio faz menção à prática da *recitatio* (recitação ou récita) institucionalizada em Roma como uma espécie de pré-publicação. Nela, o poeta, ou um ator contratado, lia trechos de uma obra em curso para um público seleto, que então faria suas críticas; era, portanto, um momento crucial para trabalhar uma nova obra. No entanto, num mundo de grande força oral, a *recitatio* já podia fazer com que a obra começasse a circular para além do controle do poeta (cf. sobre prática similar nas artes plásticas em nota aos vv. 1-5).

v. 449: Horácio é um mestre da ambiguidade; claramente, o que se critica aqui é o texto ambíguo inadvertidamente, ou simplesmente confuso.

vv. 453-476: O poema se encerra com o retrato do mau poeta, retomando em chave cômica as discussões da abertura e dos vv. 296 e ss. e 408 e ss., mas também a piada com a moda dos poetas ébrios, presente em *Epístolas*, 1.19. É interessante contrastar essa construção com a oposição feita por Cícero (*Do orador*, 3.55) entre o bom orador e o mau orador. Aqui ele é comparado com doentes e loucos ("*uesanum poetam*", v. 455), para depois termos a história risível do passarinheiro que, na verdade, ecoa o trecho de Platão (*Teeteto*, 174a), em que se narra como o filósofo Tales de Mileto teria caído num poço enquanto olhava os astros; a mesma narrativa também aparece na fábula 65 de Esopo, e a ideia se desdobrara no próprio Horácio (*Sátiras*, 2.3.56-60 e *Epístolas*, 2.2.135) como sinal de loucura. A segunda comparação cômica está com Empédocles de Agrigento, filósofo e poeta sículo (siciliano) do século V a.C., que por vezes se descrevia como figura divina entre os mortais (ἐγὼ δ'ὑμῖν θεὸς ἄμβροτος, frag. 112 Diels-Kranz); os seguidores de Empédocles diziam que ele tinha desaparecido subitamente, como num arrebatamento divino, enquanto os adversários diziam que ele teria fingido a divinização se jogando na lava do Etna, mas que o truque foi descoberto porque o vulcão devolvera suas sandálias (cf. Diógenes Laércio, 8.69). Nada impede que Empédocles, como Plínio, o Velho, tenha morrido de fato no vulcão enquanto o estudava. É importante notar que, embora Horácio sempre se vincule à filosofia, seu tratamento dos filósofos, sobretudo nos *sermones*, é constantemente irreverente; por isso o termo "frio" pode retomar ironicamente a própria filosofia de Empédocles (frag. A 77 Diels-Kranz), que afirmava que o sangue frio junto ao coração era sinal de embotamento e tolice.

"Sarna" ("*scabies*") incluía uma série de doenças na pele, sendo a pior delas a lepra. A "régia doença" é a icterícia, que tinha esse nome porque seu tratamento era muito caro. "Fanático" ("*fanaticus*") era o indivíduo devotado a um templo religioso ("*fanum*"), principalmente de divindades orientais como Cibele e Belona; somado ao erro, ele pode designar os loucos ou religiosos que vagam pelas ruas, por vezes como pedintes. Diana é representada como a Lua, daí que ser afetado por ela é um modo de designar o "lunático" ("*lunaticus*", σεληνιακός).

Diante dessa figura louca e suicida, Horácio faz o papel de causídico e aponta três argumentos para não salvar o mau poeta. Em primeiro lugar, seria ilegal, porque equivale ao assassinato, já que vai contra o desejo da vítima; em segundo, é inútil, porque ele já se jogou no poço outras vezes e, portanto, vai se jogar de novo no futuro; em terceiro e último, é inoportuno, já que assim ele voltará a ler seus poemas em público, para sofrimento geral.

Ao fim do argumento, Horácio comenta o delírio do mau poeta e brinca sobre possíveis causas da doença/escrita: pode ter sido algum tipo de sacrilégio: urinar em tumbas era profano, pior ainda do próprio pai; o bidental era um lugar duas vezes atingido por raio e considerado sagrado, por isso não era possível pisar ali antes de rituais purificatórios que envolvia o sacrifício de ovelhas bidentes (com apenas dois dentes); quem lá pisasse corria o risco de ser afligido por uma loucura divina. Ao fim, ele é descrito como um urso (*ursus*) furioso tentando quebrar a jaula e, num movimento rápido e inesperado, termina como um sanguessuga (*hirudo*), imagem já presente em Teócrito (*Idílios*, 2.55-56) e Plauto (*Epídico*, 188); apesar de estranho à primeira vista, um procedimento similar já havia aparecido em *Epodos*, 12, onde o cão se desdobra em touro; mas aqui isso se soma ao fim brusco do poema.

v. 467: Este é o único verso de todos os *sermones* horacianos a terminar em espondeu, por isso emulei o ritmo. Rudd não consegue compreender o motivo dessa anomalia, mas creio que ela pode ser lida como metáfora da morte do próprio verso, deslocado de sua regra.

Apêndice – Os Metros

Metro das *Sátiras* e *Epístolas*

Hexâmetro (o único metro usado nas duas obras)

Latim: Um hexâmetro datílico

$$— \underline{v}\,\underline{v} — \underline{v}\,\underline{v} — \; || \; \underline{v}\,\underline{v} — \underline{v}\,\underline{v} — v\,v — \underline{v}$$

Português: Hexâmetro datílico (verso de seis batidas com o quinto pé obrigato-
riamente datílico)

> *Como **pode**, Me**ce**nas, nin**guém** aceitar sua **sorte**,*
> *seja **ganha** na **for**ça, **seja** no acaso, mas **nun**ca*
> ***vive** con**ten**te e só **lou**va quem **vi**da **le**va di**ver**sa?*

Metros dos *Epodos*[3]

1 – Epodo iâmbico (*Ep.* 1-10)

Latim: Trímetro iâmbico seguido de um dímetro iâmbico[4]

$$x\,\underline{v}\,\underline{v}\,v\,\underline{v}\,x \mid \underline{v}\,\underline{v}\,v \mid — x — v —$$
$$x\,\underline{v}\,\underline{v}\,v — x — v —$$

Português: Dodecassílabo iâmbico seguido de octossílabo iâmbico

---

[3] Para dar conta das variedades rítmicas em fim de verso, usarei a nomenclatura clássica dos versos (anterior ao método de Castilho), que contabiliza até a última sílaba. Como exemplo, um decassílabo tradicional será aqui tratado como hendecassílabo (considerando que seja terminado em paroxítona).

[4] A primeira sílaba breve pode ser substituída por duas breves. É o que acontece em 2.35 e 2.65, que assim têm uma abertura anapéstica.

> *Irá você querido às **tais liburnas ver***
> *as **fortificações** navais*
> *Mecenas, **preparado pra** passar **qualquer***
> *perigo **que** teu **César traz**.*

2 – Arquilóquio 2 (*Ep.* 13)

Latim: Um hexâmetro datílico catalético seguido de um iambelegíaco

$$— \underline{v\,v} — \underline{v\,v} — \; || \; \underline{v\,v} — \underline{v\,v} — v\,v — \underline{v}$$
$$x — v — x — v — \; | \; — v\,v — v\,v —$$

Português: Hexâmetro datílico (verso de seis batidas com o quinto pé obrigatoriamente datílico) e iambelegíaco (verso de quinze sílabas, com tônicas na segunda, quarta, sexta, oitava, nova, décima segunda e décima quinta sílaba)

> ***Uma** horrenda borrasca **cerra** o **céu** e nevascas*
> *e **chuvas descem Júpiter** | **hoje** florestas e **mar***
> *rugem no **rasgo** do **trácio** Aquilão. **Amigos agarrem***
> *a **chance deste dia aqui** | **quando** convém e o **vigor***

3 – Arquilóquio 3 (*Ep.* 11)

Latim: Um trímetro iâmbico seguido por um elegiambo

$$x \, \underline{v\,v} \, v — x \; | \; — v \; | \; — x — v —$$
$$— v\,v — v\,v — \; || \; x — v — x — v —$$

Português: Um dodecassílabo iâmbico seguido de um verso de quinze sílabas com tônicas na primeira, quarta, sétima, nona, décima primeira e décima terceira sílabas

> *Ah **Pétio já** não **sinto mais** prazer **algum***
> *para versinhos compor | se acaso **sofro** um **duro amor***
> *amor que **mais** que a **todos vem** me **perseguir***
> *para fazer-me queimar | por **moço** ou **moça sedutor**.*

4 – Alcmânio (*Ep.* 12; aparece nas *Odes* 1.7 e 1.28)

Latim: Um hexâmetro datílico catalético e um tetâmetro datílico catalético

$$— \underline{v\,v} — \underline{v\,v} — \; || \; \underline{v\,v} — \underline{v\,v} — v\,v — \underline{v}$$
$$— \underline{v\,v} — \underline{v\,v} — v\,v — \underline{v}$$

Português: Hexâmetro datílico (verso de seis batidas com o quinto pé obrigatoriamente datílico), um tetrâmetro datílico (quatro batidas, sendo
que a terceira realiza um dátilo obrigatório)[5]

> *Fale o que **quer** ó **mulher** que merece um **negro** elefante!*
> ***Quer** me **mandar** cartinha e pre**sen**te?*
> ***Não** sou **jovem** nem **firme** nem **tenho** um na**riz** insensível*
> ***pois** consigo cheirar com fineza*

5 – Pitiambo 1 (*Ep.* 14 e 15)

Latim: Um hexâmetro datílico seguido de um dímetro iâmbico (*Ep.* 13)

$$— \underline{v\ v} — \underline{v\ v} — \ ||\ \underline{v\ v} — \underline{v\ v} — v\ v — \underline{v}$$
$$x\ \underline{v\ v}\ v\ \underline{v\ v}\ x\ \underline{v\ v}\ v —$$

Português: Hexâmetro datílico (verso de seis batidas com o quinto pé obrigatoriamente datílico) e um octossílabo iâmbico

> ***Al**ta **noite** e no **céu** sereno a **lua** luzia*
> *cercada **de** astros **sem** valor*
> *quando **tu** ofen**dias** o **nume** dos **deuses** sagrados*
> *jurando **tudo** que **eu** ditei*

6 – Pitiambo 2 (*Ep.* 16)

Latim: Um hexâmetro datílico seguido de um trímetro iâmbico puro

$$— \underline{v\ v} — \underline{v\ v} — \ ||\ \underline{v\ v} — \underline{v\ v} — v\ v — \underline{v}$$
$$v — v — v\ |\ — v\ |\ — v — v —$$

Português: Hexâmetro datílico (verso de seis batidas com o quinto pé obrigatoriamente datílico) e um dodecassílabo iâmbico

> ***Outra** geração nas **guerras** civis se ani**quila***
> *e **Roma** pelas **próprias** forças **hoje** rui*
> *ela que **nunca** ce**deu** às **mãos** do **mársio** vizinho*
> *nem **mesmo** à **tropa** etrusca **de** Porsena atroz*

---

[5] Faço uso eventual de anacruses e de elisões entre versos, neste último caso seguindo
a prática do próprio Horácio (que não faz anacruses) e as possibilidades da cadência
do verso em português.

7 – Trímetro iâmbico

Latim: Trímetro iâmbico catástico (*kata stikhon*) ou arquilóquio

$$x \underline{v} \underline{v} v \underline{v} \underline{v} x \mid \underline{v} \underline{v} v \mid \underline{v} \underline{v} x - v -$$

Português: Dodecassílabo iâmbico

> *Sim **sim** eu **cedo** ao **teu** saber profissional*
> *imploro pelos **reinos** de Prosérpina*
> *e o **nume** inominável de Diana **atroz***
> *e pelos **livros** de cantares **mágicos***

Referências

Esta é a lista completa de obras que venho consultando desde 2010 para o estudo e tradução das obras completas de Quinto Horácio Flaco. Como toda empreitada sobre um autor clássico da Antiguidade, permanecerá inacabada, por mais extensa que seja.

1. Edições críticas, traduções, comentários e escólios de Horácio e gramáticos e metricistas antigos

ALMEIDA FERRAZ, Bento Prado de. *Odes e Epodos*. Tradução e notas de Bento Prado de Almeida Ferraz. Antonio Medina Rodrigues (intr.). Anna Lia Amaral de Almeida Prado (Org.). São Paulo: Martins Fontes, 2003.

BEKES, Alejandro. *Horacio: Odas, edición bilingüe*. Intro., trad. y notas de Alejandro Bekes. Buenos Aires: Losada, 2005.

BORGES, Joana Junqueira. *Marquesa de Alorna, tradutora de Horácio: estudo e comentário da Arte poética*. 2018. Tese (Doutorado em Estudos Literários) – Unesp, Araraquara, 2018.

BRINK, C. O. *Horace on Poetry II: The Ars Poetica*. Cambridge: Cambridge University, 1971.

BRINK, C. O. *Horace on Poetry III: Epistles Book II, the Letters to Augustus and Florus*. Cambridge: Cambridge University, 1982.

BRINK, C. O. *Horace on Poetry: Prolegomena to the Literary* Epistles. Cambridge: Cambridge University, 1963.

BROWN, P. Michael. *Horace. Satires I*. With an introduction, translation and commentary by P. Michael Brown. Eastbourne: Oxbow Books, 1993.

CABRAL DE MELLO, José Augusto. *Odes de Q. Horacio Flacco traduzidas em verso na lingua portugueza*. Angra do Heroismo: Typ. do Angrense, do Visconde de Bruges, 1853.

CAMARA COUTINHO, D. Gastão Fausto da. *Paraphrase da epistola aos Pisões, commumente denominada Arte poetica, de Quinto Horacio Flacco: com annotações sobre muitos lugares*. Lisboa: Typographia de José Baptista Morando, 1853.

CETRANGOLO, Enzio. *Quinto Orazio Flacco, Tutte le Opere*. Verzione, introduzione e note di Enzio Cetrangolo, con un saggio di Antonio La Penna. 3. ed. Firenze: Sansoni, 1989.

CLANCY, Joseph P. *The Odes and Epodes of Horace: a New Translation by Joseph P. Clancy*. Chicago: The University of Chicago, 1960.

COSTA E SÁ, Joaquim José. *Arte poética, ou epístola de Q. Horacio Flacco aos Pisões, vertida, e ornada no idioma vulgar com illustrações, e notas para uso e instrucção da mocidade portugueza por Joaquim José da Costa e Sá.* Lisboa: Officina de Simão Thaddeo Ferreira, 1794.

CURRIE, Joseph. *Quinti Horati Flacci Carmina: The Works of Horace with English notes – Part I. Carmina.* London: [s.d.].

DOTTI, Ugo. *Orazio, Epistole e* Ars poetica. Trad. e cura di Ugo Dotti. Milano: Feltrinelli, 2008.

DURIENSE, Elpino (Antonio Ribeiro dos Santos). *A lyrica de Q. Horacio Flacco, poeta romano. Trasladada literalmente em verso portuguez. Tomo I.* Lisboa: Imprensa Regia, 1807.

FAIRCLOUGH, H. R. *Horace: Satires, Epistles, and Ars Poetica.* Cambridge: Harvard University Press, 1955.

FALCÃO, Pedro Braga. *Epístolas.* Lisboa: Cotovia, 2017.

FALCÃO, Pedro Braga. HORÁCIO. *Odes.* Lisboa: Cotovia, 2008.

FEDELI, Paolo; CARENA, Carlo. *Q. Orazio Flacco: Le opere II: Le Satire, L'Epistole e L'Arte Poetica.* Testo critico di Paolo Fedeli. Trad. de Carlo Carena, 4 v. Roma: Libreria dello Stato, 1997.

GOWERS, Emily. *Horace, Satires, Book I.* Ed. by Emily Gowers. Cambridge: Cambridge University, 2012.

HORÁCIO. *Arte poética: Sátira I, 4; Epístolas II, 1 a Augusto; II, 2, a Floro; Epístola aos Pisões, ou* Arte Poética. Introdução, tradução e comentário de R. M. Rosado Fernandes. 4. ed. revista e aumentada. Lisboa: Calouste Gulbenkian, 2012.

HORÁCIO. *Obras completas.* Tradução de Elpino Duriense, José Agostinho de Macedo, Antônio Luiz Seabra e Francisco Antônio Picot. São Paulo: Cultura, 1941.

HORACIO. *Odas, Canto secular, Epodos.* Introducción general, traducción y notas de José Luis Moralejo. Madrid: Gredos, 2007.

HORACIO. *Sátiras, Epístolas, Arte poética.* Introducciones, traducción y notas de José Luis Moralejo. Madrid: Gredos, 2008.

HORATIUS OPERA. 4. ed. D. R. Shackleton Bailey. Leipzig: Teubner, 2001.

KEIL, Heinrich. *Grammatici Latini ex Recensione Henrici Keilii.* Lepizig: Teubner, 1864.

KIESSLING, Adolf; HEINZE, Richard. *Q. Horatius Flaccus, Oden und Epoden.* 13. ed. Zürich: Weidmann, 1968.

KILPATRICK, Ross S. *Q. Horatius Flaccus. Briefe.* 9. ed. Zürich: Weidmann, 1970.

KILPATRICK, Ross S. *The Poetry of Criticism: Horace,* Epistles *II and* Ars poetica. Edmonton: The University of Alberta, 1990.

KILPATRICK, Ross S. *The Poetry of Friendship: Horace,* Epistles *I.* Edmonton: The University of Alberta, 1986.

LUSITANO, Cândido. *Arte poetica de Q. Horacio Flacco, traduzida, e illustrada em Portuguez por Cândido Lusitano.* 2. ed. Lisboa: Officina Rollandiana, 1778.

MACEDO, José Agostinho de. *Obras de Horacio traduzidas em verso portuguez por José Agostinho de Macedo*. Tomo I. Os quatro livros das Odes, e Epodos. Lisboa: Imprensa Regia, 1806.

MACIEL, Bruno Francisco dos Santos. *O poeta ensina a ousar: ironia e didatismo nas* Epístolas *de Horácio*. 2017. Dissertação (Mestrado em Literaturas Clássicas e Medievais) – UFMG, Belo Horizonte, 2017.

MACIEL, Bruno; MONTEIRO, Darla; AVELAR, Júlia; BIANCHET, Sandra (Orgs.). *Epistula ad Pisones*. Ed. bilíngue. Belo Horizonte: FALE/UFMG, 2013.

MANDRUZZATO, Enzo. *Orazio: Odi e Epodi*. Introduzione di Alfonso Traina, traduzione e note di Enzo Madruzzato 2. ed. Milano: Rizzoli, 1988.

MANKIN, David (Ed.). *Horace. Epodes*. Cambridge: Cambridge University Press, 1995.

MAYER, Roland (Ed.). *Horace. Epistles, Book I*. Cambridge: Cambridge University Press, 1994.

MAYER, Roland. *Odes, Book I*. Edited by Roland Mayer. Cambridge: Cambridge University, 2012.

MICHIE, James. *The Odes of Horace*. Translated with an introduction by James Michie. New York: Penguin, 1967.

MUECKE, Frances. *Horace. Satires, Book II*. Edited with an introduction, translation and commentary by Frances Muecke. Havertown: Oxbow Books, 1997.

NISBET, R. G. M.; HUBBARD. *A Commentary on Horace,* Odes, Book I. Oxford: Oxford University, 1970.

NISBET, R. G. M.; HUBBARD. *A Commentary on Horace,* Odes, Book II. Oxford: Oxford University Press, 1978.

NISBET, R. G. M.; RUDD, Niall. *A Commentary on Horace,* Odes, Book III. Oxford: Oxford University, 2004.

NÓBREGA, Vandick Londres da. *A "Arte poética" de Horácio*. São Paulo: s/e, 1942.

NÓBREGA, Vandick Londres da. *A Commentary on Horace, Odes, Book 2*. Oxford: Oxford University, 1991.

NOVAK, Maria da Gloria; NERI, Maria Luiza (Orgs.). *Poesia lírica latina*. Introdução de Zelia Almeida Cardoso. 3. ed. São Paulo: Martins Fontes, 2003.

ORAZIO FLACCO, Quinto. *Le Opere*, a cura di Mario Ramous. Milano: Garzanti, 1988.

ORAZIO FLACCO, Quinto. *Odi Scelte e Il Carme Secolare*. Intr., cenni di metrica e commento di Alfredo Bartoli. Milano: Carlo Signorelli, s.d.

PLESSIS, F.; LEJAY, F. Horace: *Oeuvres*. Texte latin. Publiés par F. Plessis et F. Lejay. 5. éd. révue. Paris: Hachette, 1912.

Q. HORATI FLACCI OPERA. F. Klingner (Ed.). Leipzig: Teubner, 1959.

Q. HORATI FLACCI OPERA. H. W. Garrod (Ed.). Oxford: Clarendon, 1901.

ROMANO, Elisa. *Q. Orazio Flacco – Le opere I*: Le Odi, Il Carme Secolare, Gli Epodi. Tomo secondo, commento di Elisa Romano. Roma: Libreria dello Stato, 1991.

ROQUE, Maria Luiza. *Horácio: O Carme Secular e os Jogos Seculares em Roma*. Edição bilíngue. Brasília: Thesaurus, 2002.

ROSTAGNI, Alberto. *Arte poetica*. Introduzione e commento di A. Rostagni. Turim: s/e, 1930.

RUDD, Niall. *Horace, Epistles, Book II and Epistle to the Pisones ('Ars poetica')*. Edited by Niall Rudd. Cambridge: Cambridge University, 1989.

RUDD, Niall. *Odes and Epodes*. Edited and translated by Niall Rudd. London: Harvard University, 2004. (LCL 33).

SCHRÖDER, Rudolf Alexander. *Die Gedichte des Horaz*. Deutsch von Rudolf Alexander Schröder. Wien: Phaidon, 1935.

SMITH, C. L. *The Odes and Epodes*. Ed. C. L. Smith. Boston: Ginn & Company, 1903.

SYNDIKUS, Hans Peter. *Die Lyrik des Horaz: Eine Interpretation der Odes*. Band I – Erstes und zweites Buch. Darmstadt: Wissenschaftliche Buchgesellschaft, 1972.

SYNDIKUS, Hans Peter. *Die Lyrik des Horaz: Eine Interpretation der Odes*. Band II – Drittes und viertes Buch. Darmstadt: Wissenschaftliche Buchgesellschaft, 1973.

THOMAS, Richard F. *Horace, Odes. Book IV and* Carmen saeculare. Cambridge: Cambridge University, 2011.

TRINGALI, Dante. *A* Arte poética *de Horácio*. São Paulo: Musa, 1993.

TRINGALI, Dante. *Horácio, poeta da festa. Navegar não é preciso: 28 odes latim/português*. São Paulo: Musa, 1995.

VELLOSO, Antonio Augusto. *Traducção litteral das Odes de Horacio por Antonio Augusto Velloso*. Revista por Augusto Versiani Velloso. 2. ed. Belo Horizonte: Graphica Queiroz Breyner, 1935.

VILLENEUVE, F. *Satires*. Texte établi et traduit par F. Villeneuve. Paris: Les Belles Lettres, 1932.

VILLENEUVE, P. *Épitres*. Texte établi et traduit par F. Villeneuve. Paris: Les Belles Lettres, 1955.

VILLENEUVE, P. *Horace, tome 1: Odes et Épodes*. Texte établi et traduit par F. Villeneuve. Paris: Les Belles Lettres, 1946.

VOSS, Johann Heinrich. *Des Horazes Werke von Johann Heinrich Voss*. 2 v. 3. ed. Braunschweig, Friedrich Vieweg, 1822.

WATSON, Lindsay C. *A Commentary on Horace's Epodes*. Oxford: Oxford University Press, 2003.

REFERÊNCIAS | 551

WEST, David. *Horace, Odes I: Carpe diem*. Text, translation and commentary by David West. Oxford: Clarendon, 1995.

WEST, David. *Horace, Odes II: Vatis amici*. Text, translation and commentary by David West. Oxford: Clarendon, 1998.

WEST, David. *Horace, Odes III: Dulce periculum*. Text, translation and commentary by David West. Oxford: Clarendon, 2002.

WICKHAM, E. C. *The Works of Horace with a Commentary*. 2 v. Oxford: Oxford University, 1891.

WICKHAM, Edward C.; GARROD, H. W. Q. Horati Flacci Opera *recognovit brevique adnotatione critica intruxit Eduardus C. Wickham*. Editio altera curante H. G. Garrod. Oxford: Oxford University, 1901.

WILKINS, A. S. *The Epistles of Horace*. Edited with notes by Augustus S. Wilkins. London: Macmillan & Co. Ltd., 1955 [1885].

WILLIAMS, Gordon. *The Third Book of Horace's* Odes. Edited with translation and running commentary by Gordon Williams. Oxford: Oxford University, 1969.

2. Estudos e outras obras literárias

ACHCAR, Francisco. *Lírica e lugar comum: alguns temas de Horácio e sua presença em português*. São Paulo: Edusp, 1994.

ADAMS, J. N. *The Latin Sexual Vocabulary*. Baltimore: The John Hopkins University, 1982.

AGAMBEN, Giorgio. *Ideia da prosa*. Tradução de João Barrento. Belo Horizonte: Autêntica, 2012.

AGNOLON, Alexandre. *O catálogo das mulheres: os epigramas misóginos de Marcial*. São Paulo: Humanitas, 2010.

ALBERTE, Antonio. Coincidencias estético-literarias en la obra de Cicerón y Horacio. *Emerita*, v. 57, n. 1, 1989. pp. 37-88.

ALI, Said. *Versificação portuguesa*. Prefácio de Manuel Bandeira. São Paulo: Edusp, 2006.

ALIGHIERI, Dante. *A divina comédia*. Tradução brasileira de José Pedro Xavier Pinheiro. Ilustrada com 136 gravuras de Gustavo Doré. Rio de Janeiro: Calçadense, 1956.

ALIGHIERI, Dante. *A divina comédia*. Tradução de Vasco Graça Moura. São Paulo: Landmark, 2005.

ALIGHIERI, Dante. *Divina comédia*. Desenhos de Sandro Botticelli. Tradução de José Trentino Ziller, apresentação de João Adolfo Hansen. Cotia: Ateliê, 2010.

ALIGHIERI, Dante. *Obras completas: Contendo o texto original italiano e a tradução em prosa portuguêsa*. 10 v. São Paulo: Editora das Américas, 1958.

AMBROSE, J. W. The Ironic Meaning of the Lollius Ode. *Transactions of the American Philological Association*, 96, 1965, pp. 1-10.

AMÉRICO ELÍSIO (José Bonifácio). *Poesias*. Rio de Janeiro: Imprensa Nacional, 1946.

ANTUNES, C. Leonardo B. *Metro e rítmica nas* Odes Píticas *de Píndaro*. 2013. Tese (Doutorado em Letras Clássicas) – São Paulo: USP, 2013.

ANTUNES, C. Leonardo B. *Ritmo e sonoridade na poesia grega antiga: uma tradução comentada de 23 poemas*. São Paulo: Humanitas; Fapesp, 2011.

ARMSTRONG *et alii* (eds.). *Vergil, Philodemus, and the Augustans*. Austin: University of Texas, 2004.

ARMSTRONG, David. Horace's *Epistles* 1 and Philodemus. In: ARMSTRONG *et alii* (eds.). *Vergil, Philodemus, and the Augustans*. Austin: University of Texas Press, 2004. pp. 267-298.

ARMSTRONG, David. The Impossibility of Metathesis: Philodemus and Lucretius on Form and Content in Poetry. In: OBBINK, Dirk (Ed.) *Philodemus and Poetry: Poetic Theory and Practice in Lucretius, Philodemus and Horace*. Oxford: Oxford University, 1995. pp. 210-232.

ASMIS, Elizabeth. Neoptolemus and the Classification of Poetry. *Classical Philology*, v. 87, n. 3, 1992, pp. 206-231.

ASPER, Markus. Mathematics and Poetry in Hellenistic Alexandria. In: *The Classical Review*, n. 63, 2013. pp. 75-77.

BAKHTIN, Mikhail. *Estética da criação verbal*. Tradução de Paulo Bezerra. 4. ed. São Paulo: Martins Fontes, 2003.

BARCHIESI, Alessandro. *Odes* and *Carmen Saeculare*. In: HARRISON, Stephen (ed.). *The Cambridge Companion to Horace*. Cambridge: Cambridge University, 2007. pp. 144-161.

BARTH, Pudentiana; RITSCHER, M. Immaculata; SCHMIDT-GÖRG, Joseph. (Orgs.) *Hildegard von Bingen: Lieder*. Salzburg: Otto Müller, 1969.

BARTHES, Roland. *O prazer do texto*. Tradução de J. Guinsburg. 3. ed. São Paulo: Perspectiva, 2002.

BARTHES, Roland. *O rumor da língua*. Tradução de Mario Laranjeira. Prefácio de Leyla Perrone-Moisés. São Paulo: Brasiliense, 1988.

BEARD, Mary; NORTH, John; PRICE, Simon. *Religions of Rome: Volume 1: A History*. Cambridge: Cambridge University, 1998.

BEARD, Mary; NORTH, John; PRICE, Simon. *Religions of Rome: Volume 2: A Sourcebook*. Cambridge: Cambridge University, 1998.

BENEDIKTSON, D. Thomas. *Propertius, Modernist poet of Antiquity*. Edwardsville: Southern Illinois University, 1989.

BENJAMIN, Walter. *Obras escolhidas II: Rua de rão única*. Tradução de Rubens Rodrigues Torres Filho e José Carlos Martins Barbosa. 5. ed. São Paulo: Brasiliense, 1995.

BENVENISTE, Émile. *Problemas de lingüística geral I*. Tradução de Maria da Glória Novak e Maria Luiza Neri. 2. ed. Campinas: Pontes; Unicamp, 1988.

BERMAN, Antoine. *A tradução e a letra: ou o albergue do longínquo*. Tradução de Marie-Helène Catherine Torres, Mauri Furlan, Andréia Guerini. Rio de Janeiro: 7Letras, 2007.

BETTINI, Maurizio. *Vertere: una antropologia della traduzione nella cultura antica*. Torino: Einaudi, 2012.

BLANCHOT, Maurice. *O livro por vir*. Tradução de Leyla Perrone-Moisés. São Paulo: Martins Fontes, 2005.

BLONDELL, Ruby. Letting Plato Speak for Himself: Character and Method in the *Republic*. In: PRESS, Gerald A. *Who Speaks for Plato: Studies in Platonic Anonymity*. Lanham: Rowman and Littlefield, 2000. pp. 127-146.

BLOOM, Harold. *The Anxiety of Influence: a Theory of Poetry*. London: Oxford University, 1973.

BONFANTE, Giuliano. *La lingua parlata in Orazio*. Prefazione di Nicholas Horsfall. Trad. dallo spagnolo di Manuel Vaquero Piñeiro. Venosa: Osanna Venosa, 1994 [1937].

BORGES, Jorge Luis. Las versiones homéricas. In: *Ilha do desterro: translation / tradução*, n. 17, 1°. semestre. Florianópolis: UFSC, 1987. pp. 93-99.

BORGES, Jorge Luis. Pierre Menard, autor del *Quijote*. In: *Ficcionario: una antología de sus textos*. Ed. intro. y notas de Emir Rodríguez Monegal. México: Fondo de Cultura Económica, 1992.

BRAUND, Susanna Morton. *Latin literature*. London: Routledge, 2002.

BRIGHT, David F. *Haec mihi fingebam: Tibullus in his world*. Leiden: E. J. Brill, 1978.

BROSE, Robert. *Epikomios Hymnos: investigação sobre a performance dos epinícios pindáricos*. 2014. Tese (Doutorado em Letras Clássicas) – USP, São Paulo, 2014.

BRUNET, Philippe (Éd.). *L'égal des dieux. Cent versions d'un poème recueillies par Philippe Brunet*. Paris: Allia, 1998.

BRUNET, Philippe (Éd). Tradition du patrimoine antique: Homère en hexamètres: rencontre internationale de traducteurs, Paris, 26 mars. 2012. *Anabases*. Paris, 2014. pp. 69-290.

BRUNET, Philippe. *La naissance de la littérature dans la Grèce ancienne*. Le livre de poche: Paris, 1997.

BRUNET, Philippe. Mètre et danse: pour une interprétation choréographique des mètre grecs. In: CASTALDO, D.; GIANNACHI, F. G.; MANIERI, A. *Poesia, musica e agoni nella Grecia antica: Atti del IV convegno internazionale de ΜΟΙΣΑ*. Lecce: Congedo, 2011. II tomo. pp. 555-571.

BRUNET, Philippe. Principes de scansion de l'hexamètre en français. *Anabases*. Paris, 2014. pp. 121-136.

BÜCHNER, Karl. Das poetische in der Ars poeta des Horaz. *Studien zur römischen Literatur*, v. 10. Wiesbaden, 1979. pp. 131-147.

BUENO, Alexei. *Uma história da poesia brasileira*. Rio de Janeiro: Ermakoff, 2007.

CAIRNS, Francis. *Generic composition in Greek and Roman poetry*. Edinburgh: Edinbugh University, 1972.

CAIRNS, Francis. *Sextus Propertius: The Augustan Elegist*. Cambridge: Cambridge University, 2006.

CAMPION, Thomas. *Observations in the Art of English Poesie*. Oregon: Renaissansse, 1998.

CAMPOS, Augusto de. *Invenção: de Arnaut e Raimbaut a Dante e Cavalcanti*. São Paulo: Arx, 2003.

CAMPOS, Augusto de. *Música de invenção*. São Paulo: Perspectiva, 1998.

CAMPOS, Augusto de. *Quase Borges: 20 transpoemas e uma entrevista*. São Paulo: Terracota, 2013.

CAMPOS, Haroldo de. *A arte no horizonte do provável*. São Paulo: Perspectiva, 1972.

CAMPOS, Haroldo de. A obra de arte aberta. In: CAMPOS, Augusto de; CAMPOS, Haroldo de; PIGNATARI, Décio. *Teoria da poesia concreta: textos críticos e manifestos, 1950-1960*. São Paulo: Brasiliense, 1987.

CAMPOS, Haroldo de. A transcriação do Fausto In: *Suplemento de Cultura de O Estado de São Paulo*, ano II, n. 62, 16-08-1981b. pp. 13-15.

CAMPOS, Haroldo de. *Bere'shith: a cena da origem (e outros estudos e poética bíblica)*. São Paulo: Perspectiva, 1993.

CAMPOS, Haroldo de. Da tradução à transficcionalidade. In: *34 Letras*. n. 3; março de 1989. pp. 82-101.

CAMPOS, Haroldo de. Da tradução como criação e como crítica. In: *Metalinguagem e outras metas: ensaios de teoria e crítica literária*. São Paulo: Perspectiva, 2004.

CAMPOS, Haroldo de. *Deus e o diabo no* Fausto *de Goethe*. São Paulo: Perspectiva, 1981a.

CAMPOS, Haroldo de. *Éden: um tríptico bíblico*. São Paulo: Perspectiva, 2004b.

CAMPOS, Haroldo de. *Hagoromo de Zeami: o charme sutil*. São Paulo: Liberdade, 1994a.

CAMPOS, Haroldo de. *Haroldo de Campos: Transcriação*. Marcelo Tápia; Thelma Médici Nóbrega (Orgs.). São Paulo: Perspectiva, 2013.

CAMPOS, Haroldo de. Luz: a escrita paradisíaca. In: ALIGHIERI, Dante. *Seis cantos do Paraíso*. Recife: Gastão de Holanda, 1976.

CAMPOS, Haroldo de. *Mênis: A ira de Aquiles* (Canto I da *Ilíada* de Homero). São Paulo: Nova Alexandria, 1994b.

CAMPOS, Haroldo de. *Os nomes e os navios, Homero* (Canto II da *Ilíada*, acompanhada da tradução de Odorico Mendes). Rio de Janeiro: Sette Letras, 1999.

CAMPOS, Haroldo de. *Qohélet/O-que-sabe: Eclesiastes: poema sapiencial* (com uma colaboração especial de J. Guinsburg). São Paulo: Perspectiva, 2004a [1990].

CAMPOS, Haroldo de. Semiótica como prática e não como escolástica (entrevista). In: *Depoimentos de oficina*. São Paulo: Unimarco, 2002.

CARDOSO, Leandro Dorval. *A vez do verso: estudo e tradução do* Amphitruo *de Plauto.* 2012. Dissertação (Mestrado em Letras) – UFPR, Curitiba, 2012.

CARDOZO, Mauricio Mendonça. Tradução e o trabalho de relação: notas para uma poiética da tradução. In: PIETROLUNGO, Márcia Atálla (Org.). *O trabalho da tradução*. Rio de Janeiro: Contra Capa, 2009. pp. 181-188.

CARDOZO, Mauricio Mendonça. Tradução, apropriação e o desafio ético da relação. In: OLIVEIRA, Maria Clara Castellões de; LAGE, Verônica Lucy Coutinho (orgs.). *Literatura, crítica, cultura I*. Juiz de Fora: Ed. UFJF, 2008. pp. 179-190.

CARRUBBA, R. W. The Technique of Double Structure in Horace. *Mnemosyne*, 20. 1967, pp. 68-75.

CARRUBBA, Robert W. *The* Epodes *of Horace: a Study in Poetic Arrangement*. Paris: Mouton, 1969.

CARVALHO, Amorim de. *Tratado de versificação portuguesa*. Lisboa: Edições 70, s/d.

CARVALHO, Raimundo. *Virgílio: Bucólicas* – edição bilíngüe. Belo Horizonte: Tessitura; Crisálida, 2005.

CASSIN, Barbara. *O efeito sofístico: sofística, filosofia, retórica, literatura*. Tradução de Ana Lúcia de Oliveira, Maria Cristina Franco Ferras e Paulo Pinheiro. São Paulo: 34, 2005.

CAUER, Paul. "Zur Abgrenzung und Verbindung der Theile in Horazens Ars Poetica". *Rheinisches Museum*, LXI, 1906, pp. 232-43.

CAVALLO, Guglielmo, FEDELI, Paolo; GIARDINA, Andrea (Orgs.). *Espaço literário da Roma Antiga*. v. 1. Tradução de Daniel Peluci Carrara e Fernanda Messeder Moura. Belo Horizonte: Tessitura, 2010.

CESILA, Robson Tadeu. Intertextualidade e estudos clássicos. In: SILVA, Gilvan Ventura da; LEITE, Leni Ribeiro. *As múltiplas faces do discurso em Roma: textos, inscrições, imagens*. Vitória: Edufes, 2013. pp. 11-23.

CHOCYAI, Rogério. *Teoria do verso*. São Paulo: McGraw-Hill do Brasil, 1974.

CLAYMAN, Dee L. *Callimachus' Iambi*. Leiden: E. J. Brill, 1980.

CLIFFORD, James. *A experiência etnográfica: antropologia e literatura no século XX*. José Reginaldo Santos Gonçalves (Org.). Tradução de Patrícia Farias. 4. ed. Rio de Janeiro: UFRJ, 2014.

COHN, Sergio (Org.). *Roberto Piva*. São Paulo: Azougue, 2010.

COLLINGE, N. E. *The Structure of Horace's Odes*. London: Oxford, 1961.

COMMAGER, Steele. *The Odes of Horace: a Critical Study*. Norman; London: University of Oklahoma, 1962.

COMOTTI, Giovanni. *Music in Greek and Roman Culture.* Transl. by Rosaria V. Munson. Baltimore: The John Hopkins University, 1991.

COMPAGNON, Antoine. *O demônio da teoria: literatura e senso comum.* Tradução de Cleonice Paes Barreto Mourão e Consuelo Fortes Santiago. 2. ed. Belo Horizonte: UFMG, 2010.

CONTE, Gian Biagio; BARCHIESI, Alessandro. Imitação e arte alusiva. Modos e funções da intertextualidade. In: CAVALLO, Guglielmo; FEDELI, Paolo; GIARDINA, Andrea (Orgs.). *Espaço literário da Roma Antiga.* v. 1. Tradução de Daniel Peluci Carrara e Fernanda Messeder Moura. Belo Horizonte: Tessitura, 2010. pp. 87-121.

CONTE, Gian Biagio. *Generi e lettori: Lucrezio, l'elegia d'amore, l'enciclopedia di Plinio.* Milano: Mondadori, 1991.

CONTE, Gian Biagio. *The Rhetoric of Imitation: Genre and Poetic Memory in Virgil and Other Latin Poets.* Transl. by Charles Segal. Ithaca; London: Cornell University, 1986.

CORRÊA *et alii. Hyperboreans: Essays in Greek and Latin Poetry, Philosophy, Rhetoric and Linguistics.* São Paulo: Humanitas; CAPES, 2012.

CORREIA GARÇÃO, Pedro Antônio. *Obras poeticas de Pedro Antonio Correa Garção, dedicadas ao illustrissimo, e excelentíssimo senhor D. Thomaz de Lima e Vasconcellos Brito Nogueira Telles da Silva, Visconde de Villa Nova da Cerveira, Ministro e Secretario de Estado dos Negocios do Reino, etc., etc. etc.* Lisboa: Regia Officina Typografia, 1778.

COSTA LIMA, Luiz. (Org.). *Teorias da literatura em suas fontes.* 2 v. Rio de Janeiro: Francisco Alves, 1983.

COSTA LIMA, Luiz. *A ficção e o poema: Antonio Machado, W. H. Auden, P. Celan, Sebastião Uchoa Leite.* São Paulo: Cia. das Letras, 2012.

COSTA, C. D. N. (Ed.). *Horace.* London; Boston: Routledge & Kegan Paul, 1973.

DACIER, André. *Oeuvres d'Horace en latin et en françois.* Amsterdam: Frères Wetstein, 1727.

DAVIS, Gregson. *Polyhymnia: the Rhetoric of Horatian Lyric Discourse.* Berkeley: University of California, 1991.

DE GUBERNATIS, M. Lenchantin. *Manual de prosodia y métrica griega.* Tradução de Pedro C. Tapia Zúñiga. México: Universidad Nacional Autónoma de México, 2001.

DELEUZE, Gilles; GUATTARI, Félix. *Mil platôs: Capitalismo e esquizofrenia.* v. 1. Tradução de Ana Lúcia de Oliveira. São Paulo: 34, 1995.

DELEUZE, Gilles. *Logique du sens.* Paris: Minuit, 1969.

DERRIDA, Jacques. *A escritura e a diferença.* Tradução de Maria Beatriz da Silva. São Paulo: Perspectiva, 1971.

DERRIDA, Jacques. *Limited inc.* Tradução de Constança Marcondes Cesar. Campinas: Papirus, 1991.

DESBORDES, Françoise. *Concepções sobre a escrita na Roma Antiga.* Tradução de Fulvia M. L. Moretto e Guacira Marcondes Machado. São Paulo: Ática, 1995.

DETTMER, Helena. *Horace: a Study in Structure*. Hildesheim; New York: Olm; Weidemann, 1983.

DEVINE, A. M.; STEPHENS, Laurence D. *Latin Word Order: Structured Meaning and Information*. Oxford: Oxford University, 2006.

DRAHEIM, Joachin; WILLE, Günther. *Horaz-Vertonungen von Mittelalter bis zur Gegenwart: eine Anthologie*. Amsterdam: Grüner, 1985.

DUCKWORTH, George. *Animae dimidium meae*: two poets. In: *Transactions of the American Philological Association*, n. 87, 1956. pp. 281-316.

DUNBABIN, Katherine M. D. *Mosaics of the Greek and Roman World*. Cambridge: Cambridge University, 1999.

DUPONT, Florence. *Aristote ou le vampire du théâtre occidental*. Paris: Aubier, 2007.

ECO, Umberto. *A estrutura ausente: introdução à pesquisa semiológica*. Tradução de Pérola de Carvalho. São Paulo: Perspectiva, 2012b.

ECO, Umberto. *As formas do conteúdo*. Tradução de Pérola de Carvalho. 3. ed. São Paulo: Perspectiva, 2010b.

ECO, Umberto. *Interpretação e superinterpretação*. Tradução de MF. 2. ed. São Paulo: Martins Fontes, 2005.

ECO, Umberto. *Lector in fabula: a cooperação interpretativa nos textos narrativos*. Tradução de Attílio Cancian. 2. ed. São Paulo: Perspectiva, 2011.

ECO, Umberto. *Obra aberta: forma e indeterminação nas poéticas contemporâneas*. Tradução de Giovanni Cutolo. São Paulo: Perspectiva, 2010a.

ECO, Umberto. *Os limites da interpretação*. Tradução de Pérola de Carvalho. 7. ed. São Paulo: Perspectiva, 2012a.

ECO, Umberto. *Quase a mesma coisa: experiências de tradução*. Tradução de Eliana Aguiar. Rio de Janeiro; São Paulo: Record, 2007.

ECO, Umberto. *Tratado geral de semiótica*. Tradução de Antônio de Pádua Danesi e Gilson Cesar Cardoso de Souza. 5. ed. São Paulo: Perspectiva, 2014.

EINSTEIN, Carl. *Negerplastik [Escultura negra]*. Org. Liliane Meffre. Tradução de Fernando Scheibe e Inês de Araújo. Florianópolis: UFSC, 2001.

EISENBERGER, Friedrich. Bilden die horazischen Oden 2, 1-12 eiden Zyklus? In: *Gymnasium*, n. 87, 1980. pp. 262-274.

FAIRCLOUGH, H. Rushton. *Horace: Satires, Epistles and Ars Poetica*. With an English translation by H. Rushton Fairclough. Cambridge: Harvard University Press, 1929.

FANTHAM, Elaine. *Roman Literary Culture: From Cicero to Apuleius*. Baltimore: The Johns Hopkins University, 1996.

FEDELI, Paolo (Ed.). *Properzio, elegie libro II*. Introduzione, testo e commento di Paolo Fedeli. Cambridge: Francis Cairns Publications, 2005.

FEDELI, Paolo. As interseções dos gêneros e dos modelos. In: CAVALLO, Guglielmo; FEDELI, Paolo; GIARDINA, Andrea (Orgs.). *Espaço literário da Roma Antiga*. v. 1. Tradução de Daniel Peluci Carrara e Fernanda Messeder Moura. Belo Horizonte: Tessitura, 2010. pp. 393-416.

FINNEGAN, Ruth H (Ed.). *The Penguin Book of Oral Poetry*. London: Penguin, 1982.

FINNEGAN, Ruth H. *Oral Poetry: its Nature, Significance and Social Context*. Cambridge: Cambridge University, 1977.

FISKE, George Converse. Lucilius, the Ars Poetica of Horace, and Persius. In: *Harvard Studies in Classical Philology*, v. 24. Harvard: Harvard University, 1913. pp. 1-36.

FLORES, Enrico. *Livi Andronici Odusia. Introduzione, edizione critica e versione italiana*. Napoli: Liguori, 2011.

FLORES, Guilherme Gontijo. *A diversão tradutória: uma tradução das* Elegias *de Sexto Propércio*. 2008. Dissertação (Mestrado em Estudos Literários) – UFMG, Belo Horizonte, 2008.

FLORES, Guilherme Gontijo. Baquílides, *Ode 18*. Teseu chega a Atenas. In: *Letras Clássicas*, v. 10, 2006. pp. 169-174.

FLORES, Guilherme Gontijo. Bertran de Born e o amor à guerra. In: IPIRANGA JÚNIOR, Pedro; GARRAFFONI, Renata Senna; BURMESTER, Ana Maria (Orgs.). *Do amor e da guerra: um itinerário de narrativas*. Prefácio de Anamaria Filizola. São Paulo: Annablume, 2014. pp. 199-225.

FLORES, Guilherme Gontijo. Épica, lirica e tragédia nas *Argonáuticas* de Apolônio de Rodes. In: *Organon*, n. 49, v. 24. Porto Alegre: UFRGS, 2010.

FLORES, Guilherme Gontijo. Tradutibilidades em Tibulo. In: *Scientia traductionis*, n. 10, 2011. Disponível em: http://www.periodicos.ufsc.br/index.php/scientia/article/view/1980-4237.2011n10p141/19994. Acesso em: 1 maio 2013.

FLORES, Guilherme Gontijo. *Uma poesia de mosaicos nas* Odes *de Horácio*. Belo Horizonte: Autêntica, 2024. Disponível em: https://issuu.com/grupoautentica/docs/uma_poesia_de_mosaicos_nas_odes_de_hor_cio. Acesso em: nov. 2024.

FOUCAULT, Michel. *L'Ordre du Discours*. Paris: Gallimard, 1970.

FOUCAULT, Michel. Qu'est-ce qu'un auteur? In: *Philosophie: anthologie*. Paris: Gallimard, 2004. pp. 290-318.

FOWLER, Barbara Hughes. *The Hellenistic Aesthetic*. Madison: University of Wisconsin Press, 1989.

FRAENKEL, Eduard. *Horace*. Oxford: Oxford University, 1957.

FURLAN, Mauri. *Ars traductoris: questões de leitura-tradução da* Ars poetica *de Horácio*. 1998. Dissertação (Mestrado em Literatura) – UFSC, Florianópolis, 1998.

FURLAN, Mauri. Tradução romana: suplantação do modelo. In: *Nuntius Antiquus*, n. 6, 2010. pp. 83-92.

REFERÊNCIAS | 559

GANTAR, Kajetan. Die Archytas-Ode und ihre Stelung im dichterinschen Werk des Horaz. In: *Grazer Beiträge*, n. 11, 1984. pp. 121-139.

GATTI, Ícaro Francesconi. *A* Crestomatia *de Proclo: tradução integral, notas e estudo da composição do códice 239 da Biblioteca de Fócio.* 2012. Dissertação (Mestrado em Letras Clássicas) – USP, São Paulo, 2012.

GEDEA ARTE: Enciclopedia Universale dell'Arte. 18 v. Novara: Istituto Geografico de Agostini, 1999.

GOLDBERG, Simon M. *Constructing Literature in the Roman Republic.* Cambridge: Cambridge University, 2005.

GOLDEN, Leon. Commentary to the *Ars poetica.* In: HARDISON, O. B.; GOLDEN, L. (Eds.). *Horace for Students of Literature: the "Ars poetica" and its Tradition.* Gainesville: University of Florida, 1995. pp. 23-41.

GOLDHILL, Simon. Who's Afraid of Literary Theory. In: BRAUND, Susanna Morton. *Latin Literature.* London: Routledge, 2002. pp. 277-287.

GOMES, João Alexandre Straub. *A representação da melancolia nas* Ayres *de John Dowland.* 2015. Dissertação (Mestrado em Música) – UFPR, Curitiba, 2015.

GONÇALVES, José Miguel Tomé. *Callida iunctura.* In: *Ágora: Estudos Clássicos em debate,* n. 9. Aveiro: Universidade de Aveiro, 2007. pp. 75-97.

GONÇALVES, Rodrigo Tadeu. Comédia Latina: a tradução como reescrita do gênero. In: *Phaos: Revista de Estudos Clássicos,* n. 9, 2009, pp. 117-142. Disponível em: http://www.iel.unicamp.br/revista/index.php/phaos/article/view/1404/980. Acesso em: 1 set. 2013.

GONÇALVES, Rodrigo Tadeu. L'hexametre en portugais. In: *Anabases.* Paris, 2014. pp. 151-164.

GONÇALVES, Rodrigo Tadeu. Traduções polimétricas de Plauto: em busca da polimetria plautina em português. In: *Scientia traductionis,* n. 10, 2001. pp. 214-229. Disponível em: https://periodicos.ufsc.br/index.php/scientia/article/view/1980-4237.2011n10p214/20016. Acesso em: 1 set. 2013.

GOW, A. S. F.; PAGE, D. L. *The Greek Anthology: Hellenistic Epigrams.* 2 v. Cambridge: Cambridge University Press, 1965.

GRIFFITHS, Alan. The Odes: Just Where you Draw the Line? In: WOODMAN, T.; FEENEY, D. (Eds.). *Traditions and Contexts in the Poetry of Horace.* Cambridge: Cambridge University, 2002.

GRIMAL, Pierre. *Essai sur l'Art Poétique d'Horace.* Paris: PUF, 1968.

GUITE, Harold. Cicero's attitude to the Greeks. In: *Greece & Rome,* v. 9, n. 2. Cambridge: Cambridge University, 1962.

GULLAR, Ferreira. *Toda poesia.* 5. ed. revista e aumentada. Rio de Janeiro: José Olympio, 1991.

GÜNTHER, Hans-Christian (Ed.). *Brill's Companion to Horace*. Leiden; Boston: Brill, 2013.

HALL, Edith; WYLES, Rosie (Eds.). *New Directions in Ancient Pantomime*. Oxford: Oxford University, 2008.

HARDISON, O. B.; GOLDEN, Leon (Eds.) *Horace for Students of Literature: the "Ars poetica" and its Tradition*. Gainesville: University of Florida, 1995.

HARDWICK, Lorna. *Translating Words, Translating Cultures*. London: Duckworth, 2000.

HARRISON, Stephen (Ed.). *The Cambridge Companion to Horace*. Cambridge: Cambridge University, 2007a.

HARRISON, Stephen. A Tragic Europa? Horace *Odes* 3. 27. In: *Hermes*, n. 116, 1988. pp. 427-434.

HARRISON, Stephen. Style and Poetic Texture. In: HARRISON, Stephen (Ed.). *The Cambridge Companion to Horace*. Cambridge: Cambridge University, 2007b.

HARRISON, Stephen. The Reception of Horace in the Nineteenth and Twentieth Centuries. In: HARRISON, Stephen (Ed.). *The Cambridge Companion to Horace*. Cambridge: Cambridge University, 2007c.

HASEGAWA, Alexandre. Biografia e história na lírica horaciana. In: SILVA, Gilvan Ventura da; LEITE, Leni Ribeiro. *As múltiplas faces do discurso em Roma*: textos inscrições, imagens. Vitória: Edufes, 2013. pp. 57-68.

HASEGAWA, Alexandre. Deuses e *ordo* no livro IV das *Odes*. In: LEITE, Leni Ribeiro *et alii* (Orgs.). *Gênero, religião e poder na Antiguidade: contribuições interdisciplinares*. Vitória: GM, 2012b. pp. 89-110.

HASEGAWA, Alexandre. Dispositio *e distinção de gêneros nos* Epodos *de Horácio: estudo acompanhado de tradução em verso*. 2010. Tese (Doutorado em Letras Clássicas) – USP, São Paulo, 2010.

HASEGAWA, Alexandre. Duas traduções portuguesas do livro dos *Epodos* de Horácio no século XVIII. In: CORRÊA *et alii. Hyperboreans: Essays in Greek and Latin Poetry, Philosophy, Rhetoric and Linguistics*. São Paulo: Humanitas; Capes, 2012a.

HEGEL, G. W. F. *Estética*. Tradução de Álvaro Ribeiro e Orlando Vitorino. Lisboa: Guimarães, 1993.

HEINZE, Richard. Die horazische Ode. In: *Jahrbb. klass. Altertum*. n. 51, 1923. pp. 153-170.

HEYWORTH, S. J. *Cynthia: a Companion to the Text of Propertius*. Oxford: Oxford University, 2009.

HOUAISS, Antônio; VILLAR, Mauro de Salles. *Dicionário Houaiss da língua portuguesa*. Elaborado no Instituto Antônio Houaiss de Lexicografia e Banco de Dados da Língua Portuguesa S/C Ltda. Rio de Janeiro: Objetiva, 2001.

HUBBARD, Margaret. The *Odes*. In: COSTA, C. D. N. (Ed.) *Horace*. London; Boston: Routledge & Kegan Paul, 1973. pp. 1-28.

HUTCHINSON, G. O. The Publication and Individuality of Horace's *Odes* Books 1-3. In: *Classical Quartely*, 52.2, 2002. pp. 517-537.

INGLEHEART, Jennifer. *Et mea sunt populo saltata poemata saepe* (*Tristia* 2.519): Ovid and the pantomime. In: HALL, Edith; WYLES, Rosie (Eds.). *New directions in Ancient pantomime*. Oxford: Oxford University, 2008. pp. 198-217.

JAKOBSON, Roman. *A geração que esbanjou seus poetas*. Tradução e posfácio de Sonia Regina Martins Gonçalves. São Paulo: Cosac Naify, 2006.

JAKOBSON, Roman. *Lingüística e comunicação*. 8. ed. Prefácio de Izidoro Blikstein e tradução de Izidoro Blikstein e José Paulo Paes. São Paulo: Cultrix, 1975.

JAKOBSON, Roman. On Linguistic Aspects of Translation. In: BROWER, Reuben A. (Org.). *On Translation*. New York: Oxford, 1966.

JANAN, Micaela. *The Politics of Desire: Propertius IV*. Los Angeles: University of California, 2001.

JANKO, Richard. Philodemus *on Poems: Book One*. Oxford: Oxford University, 2000.

JAUSS, Hans Robert. O texto poético na mudança de horizonte de leitura. Tradução de Marion S. Hirschmann e Rosane V. Lopes. In: COSTA LIMA, Luiz. *Teorias da literatura em suas fontes*. v. 2. Rio de Janeiro: Francisco Alves, 1983. pp. 305-358.

JENSEN, C. *Philodemos über di Gedichte, Fünftes Buch*. Berlin: Weidmann, 1923.

JOHNSON, Timothy S. *Horace's iambic criticism: casting blame (Iambikē Poiēsis)*. Leiden: Brill, 2012.

JOHNSON, Timothy. *A Symposion of Praise: Horace returns to Lyric in Odes IV*. Madison: University of Wisconsin, 2004.

JONES, Elizabeth. Horace: Early Master of Montage. In: *Arion*, third series, v. 16, n. 3. Boston: Boston University, 2009. pp. 51-62.

JOYCE, James. *Finnegans Wake / Finnícius Revém*. Tradução de Donaldo Schüler. v. 3. Cotia: Ateliê, 2001.

KENNEDY, Duncan F. *Five Studies in the Discourse of Roman Love Elegy*. Cambridge: Cambridge University, 1993.

KING, Sonia. *Mosaic, Techniques & Traditions: Projects and Designs From Around the World*. New York: Sterling, 2002.

KLINGNER, Friedrich. Horazens Römeroden. In: *Varia variorum: Festgabe für Karl Reinhardt*. Münster: Böhlau, 1952. pp. 118-136.

KNORR, Ortwin. Horace's Ship Ode (1.14) in Context: a Metaphorical Love-Triangle. In: *Transactions of the American Philological Association*, n. 136. 2006. pp. 149-169.

KNOX, Peter E. Language, Style, and Meter in Horace. In: GÜNTHER, Hans-Christien (Ed.). *Brill's Companion to Horace*. Leiden; Boston: Brill, 2013. pp. 527-546.

LA COMBE, Pierre Judet de; WISMANN, Heinz. *L'avenir des langues: repenser les Humanités*. Paris: Cerf, 2004.

LA PENNA, Antonio. Orazio e la morale mondana europea. In: CETRANGOLO, Enzio. *Orazio: tutte le opere*. Firenze: Sansoni, 1989. pp. ix-clxxxviii.

LAGES, Susana Kampff. *Walter Benjamin: tradução e melancolia*. São Paulo: Edusp, 2002.

LAIRD, Andrew. The *Ars Poetica*. In: HARRISON, Stephen (Ed.). *The Cambridge Companion to Horace*. Cambridge: Cambridge University Press, 2007. pp. 132-143.

LANDELS, John G. *Music in Ancient Greece and Rome*. London: Routledge, 1999.

LASCOUX, Emmanuel. Rêves et réalités de l'hexamètre, *Anabases*. Paris, 2014. pp. 165-172.

LEFEVERE, André. *Tradução, reescrita e manipulação da fama literária*. Tradução de Claudia Matos Seligmann. Bauru: Edusc, 2007.

LEITE, Leni Ribeiro; SILVA, Gilvan Ventura da; CARVALHO, Raimundo Nonato Barbosa de (Orgs.). *Gênero, religião e poder na Antiguidade: contribuições interdisciplinares*. Vitória: GM, 2012.

LEMINSKI, Paulo. *Catatau*. Curitiba: Grafipar, 1975.

LEROY, Maurice. Encore la *Callida iuntura*. In: *Latomus* T. 7, fasc. ¾. Bruxelles: Societé d'Études latines de Bruxelles, 1948. pp. 193-195.

LEVETT, Brad. Platonic Parody in the *Gorgias*. In: *Phoenix*. v. 59, n. ¾, 2005. pp. 210-227.

LÉVI-STRAUSS, Claude. *O cru e o cozido. Mitológicas 1*. Tradução de Beatriz Perrone-Moisés. São Paulo: Cosac Naify, 2004.

LIMA, Edilson de. *As modinhas do Brasil*. São Paulo: Edusp, 2001.

LOWRIE, Michele. A Parade of Lyric Predecessors: Horace *C*. 1.12-1.18. In: *Phoenix*, n. 49. 1995. pp. 33-48.

LYNE, R. O. A. M. *Words and the Poet: Characteristic Techniques of Style in Vergil's* Aeneid. Oxford: Oxford University, 1989.

LYONS, Stuart. *Music in the* Odes *of Horace*. Oxford: Aris & Phillips, 2010.

MACKAY, E. Anne (Ed.). *Orality, Literacy, Memory in the Ancient Greek and Roman World*. Leiden; Boston: Brill, 2008.

MAGALHÃES DE AZEREDO, Carlos. *Odes e elegias*. Roma: Tipographia Centenari, 1904.

MALLARMÉ, Stéphane. *Mallarmé*. Traduções de Augusto de Campos, Haroldo de Campos e Décio Pignatari. São Paulo: Perspectiva, 2002.

MARIOTTI, Scevola. *Livio Andronico e la traduzione artistica: saggio critico ed edizione dei frammenti dell'*Odyssea. Urbino: Università degli studi di Urbino, 1986.

MARKOWICZ, André. La malédiction de l'oreille. Pour Philippe Brunet. *Anabases*. n. 20, 2014. pp. 79-84.

MARKOWICZ, André. *Le livre de Catulle*. L'âge d'homme: [s.l.], 1985.

MARQUES, Juliana Bastos; CAVICCHIOLI, Marina Regis. Uma releitura dos frisos de Odisseu no Esquilino. In: *Revista de História da Arte e Arqueologia*, n. 11, 2009.

Disponível em: http://www.unicamp.br/chaa/rhaa/downloads/Revista%2011%20-%20artigo%201.pdf. Acesso em: 1 out. 2013.

MARTINDALE, Charles. *Redeeming the Text: Latin Poetry and the Hermeneutics of Reception*. Cambridge: Cambridge University, 1993.

MARTINS, Cláudia Santana. *Vilém Flusser: a tradução na sociedade pós-histórica*. São Paulo: Humanitas; Fapesp, 2011.

MARTINS, Paulo. *Imagem e poder: considerações sobre a representação de Otávio Augusto*. São Paulo: Edusp, 2011.

MATTOSO, Glauco. *Tratado de versificação*. Prefácio e intro. de Manuel Cavalcanti Proença. São Paulo: Annablume, 2010.

MAURY, Paul. *Horace et le secret de Virgile*. Paris: [s.e.], 1945.

McDERMOTT, E. Greek and Roman Elements in Horace's Lyric Program. In: *Aufstieg und Niedergang der Römischen Welt*. II, 31.3. Walter de Gruyter: New York, 1981.

McELDUFF, Siobhán. *Roman Theories of Translation: Surpassing the Source*. New York; London: Routledge, 2013.

McLUHAN, Marshall; FIORE, Quentin. *O meio são as massagens: um inventário de efeitos*. São Paulo: Record, 1969.

McLUHAN, Marshall. *A galáxia de Gutenberg: a formação do homem tipográfico*. Tradução de Leônidas Gontijo de Carvalho e Anísio Teixeira. 2. ed. São Paulo: Nacional, 1977.

MELLO NÓBREGA, Lúcia de. *O soneto de Arvers*. 3. ed. revista e aumentada. Rio de Janeiro: Civilização Brasileira, 1980.

MENDES, João Pedro. *Construção e arte das* Bucólicas *de Virgílio*. Brasília: UnB, 1985.

MESCHONNIC, Henri. *Critique du rythme: anthropologie historique du langage*. Lagrasse: Verdier, 1982.

MESCHONNIC, Henri. *Ethics and Politics of Translating*. Translated and edited by Pier-Pascale Boulanger. Amsterdam: John Benjamins Publishing Company, 2011.

MESCHONNIC, Henri. *Éthique et politique du traduire*. Lagrasse: Verdier, 2007.

MESCHONNIC, Henri. *Gloires: traduction des psaumes*. Paris: Desclée de Brouwer, 2001.

MESCHONNIC, Henri. *Jona et le signifiant errant*. Paris: Gallimard, 1981.

MESCHONNIC, Henri. *Les cinq rouleaux*. Paris: Gallimard, 1970.

MESCHONNIC, Henri. *Poética do traduzir*. Tradução de Jerusa Pires Ferreira e Suely Fenerich. São Paulo: Perspectiva, 2010.

MESCHONNIC, Henri. *Politique du rythme: Politique du sujet*. Lagrasse: Verdier, 1995.

MESCHONNIC, Henri. *Pour la poétique II: Épistémologie de l'écriture; poétique de la traduction*. Paris: Gallimard, 1973.

MILTON, John. *Tradução: teoria e prática*. São Paulo: Martins Fontes, 1998.

MINARELLI, Enzo. *Polipoesia: entre as poéticas da voz no século XX*. Tradução, comentários e posfácio de Frederico Fernandes. Londrina: Eduel, 2010.

MINARINI, Alessandra. *Lucidus ordo. L'architectura della lirica oraziana (libri I-III)*. Bologna: Pàtron, 1989.

MOLES, Abraham. *Teoria da informação e percepção estética*. Tradução de Helena Parente Cunha. Rio de Janeiro: Tempo Brasileiro, 1969.

MOORE, Timothy J. *Music in Roman Comedy*. Oxford: Oxford University, 2012.

MOTTA, Leda Tenório da (Org.). *Céu acima: para um "tombeau" de Haroldo de Campos*. São Paulo: Perspectiva, 2005.

MOUNIN, Georges. *Les problèmes théoriques de la traduction*. Préface de Dominique Aury. Paris: Gallimard, 1986.

MUTSCHLER, Fritz-Heiner. Beobachtungen zur Gedichtanordnung in den ersten Odensammlung des Horaz. In: *Rheinisches Museum*, n. 17, 1974. pp. 109-133.

NAGY, Gregory. *Poetry as Performance: Homer and Beyond*. Cambridge: Cambridge University, 1996.

NAVA, Mariano. *Callida iunctura: tradición e innovación semántica en Horacio* (*ad Pisones* vv. 46-53). In: *Actual*, n. 35, 1997, pp. 62-81.

NEGREIROS, Eliete Eça. *Ensaiando a canção: Paulinho da Viola e outros escritos*. São Paulo: Ateliê, 2001.

NETZ, Reviel. *Ludic Proof: Greek Mathematics and the Alexandrian Aesthetics*. Cambridge: Cambridge University, 2009.

NIETZSCHE, Friedrich. *Crepúsculo dos ídolos, ou Como se filosofa com o martelo*. Tradução, posfácio e notas de Paulo César de Souza. São Paulo: Companhia das Letras, 2006 [1888].

NÓBREGA, Thelma Médici. Entrevista com Haroldo de Campos. In: MOTTA, Leda Tenório da (Org.). *Céu acima: para um "tombeau" de Haroldo de Campos*. São Paulo: Perspectiva, 2005.

NOGUEIRA, Érico. Sob a batuta de Horácio: metros horacianos em português, alemão e inglês. Apresentado no Simpósio de Poesia Augustana. São Paulo, 2015. Inédito.

NOGUEIRA, Érico. *Verdade, contenda e poesia nos* Idílios *de Teócrito*. São Paulo: Humanitas, 2012.

NUMBERGER, Karl. *Inhalt und Metrum in der Lyrik des Horaz*. Dissertação. München, 1959.

O'HARA, James J. *Inconsistency in Roman Epic: Studies in Catullus, Lucretius, Vergil, Ovid and Lucan*. Cambridge: Cambridge University, 2007.

OBBINK, Dirk (Ed.) *Philodemus and Poetry: Poetic Theory and Practice in Lucretius, Philodemus and Horace*. Oxford: Oxford University, 1995.

OBBINK, Dirk. Provenance, Authenticity, and Text of the New Sappho Papiry. Paper read at the Society for Classical Studies. Panel "New Fragments of Sappho", New Orleans, 9 de janeiro de 2015. Available on: www.papyrology.ox.ac.uk/Fragments/SCS.Sappho.2015.Obbink.paper.pdf. Access in: mar. 2025.

OBBINK, Dirk. Two New Poems by Sappho. *Zeitschrift für Papyrologie und Epigraphik*, n. 189, 2014. pp. 32-49. Available on: https://newsappho.files.wordpress.com/2015/01/zpe-189-obbink.pdf. Access in: mar. 2025.

OBERHELMAN, Steven; ARMSTRONG, David. Satire as Poetry and the Impossibility of Metathesis in Horace's *Satires*. In: OBBINK, Dirk (Ed.). *Philodemus and Poetry: Poetic Theory and Practice in Lucretius, Philodemus and Horace*. Oxford: Oxford University, 1995. pp. 233-254.

OLIVA NETO, João Angelo; NOGUEIRA, Érico. O hexâmetro dactílico vernáculo antes de Carlos Alberto Nunes. In: *Scientia traductionis*, n. 13, 2013. pp. 295-311. Disponível em: https://periodicos.ufsc.br/index.php/scientia/article/view/30277/25173. Acesso em: 1 set. 2013.

OLIVA NETO, João Angelo. *Dos gêneros da poesia antiga e sua tradução em português.* 2013. Tese (Livre-Docência) – USP, São Paulo, 2013.

OLIVA NETO, João Angelo. *Falo no jardim: Priapéia grega, Priapéia latina.* Cotia; Campinas: Ateliê; Unicamp, 2006.

OLIVA NETO, João Angelo. *O livro de Catulo.* 2. ed. São Paulo: Edusp, 2024.

OLIVA NETO, João Angelo. *O livro de Catulo.* São Paulo: Edusp, 1996.

ONIANS, John. *Art and Thought in the Hellenistic Age: The Greek World View 350-50 B.C.* London, 1979.

OPPERMANN, Heinrich. Zum Aufbau der Römeroden. In: *Gymnasium.* n. 66, 1959. pp. 204-217.

OSEKI-DÉPRÉ, Inês. Make it New. In: MOTTA, Leda Tenório da (Org.). *Céu acima: para um "tombeau" de Haroldo de Campos.* São Paulo: Perspectiva, 2005. pp. 213-220.

OVÍDIO. *Os amores de P. Ovídio Nasão.* Paráfrase por Antonio Feliciano de Castilho, seguida pela Grinalda Ovidiana, por José Feliciano de Castilho. Rio de Janeiro: Bernardo Xavier Pinto de Sousa, 1858.

PADEN JR., William D.; SANKOVITCH, Tilde; STÄBLEIN, Patricia H. *The Poems of the Troubadour Bertran de Born.* Los Angeles: University of California, 1986.

PAES, José Paulo. *Tradução, a ponte necessária: aspectos e problemas da arte de traduzir.* São Paulo: Ática, 1990.

PANAYOTAKIS, Costas. Virgil on the Popular Stage. In: HALL, Edith; WYLES, Rosie (Eds.). *New Directions in Ancient Pantomime.* Oxford: Oxford University, 2008. pp. 185-197.

PAPPALARDO, Umberto; CIARDIELLO, Rosaria. *Greek and Roman Mosaics.* Translated from the Italian by Ceil Friedman. New York; London: Abeville, 2012.

PASCOLI, Giovanni. *Tutte le opera di Giovanni Pascoli*, v. 1.: Poesie.Verona: Mondadori, 1948.

PENNA, Heloísa Maria Moraes Moreira. *Implicações da métrica nas* Odes *de Horácio*. 2007. Tese (Doutorado em Letras) – USP, São Paulo, 2007.

PEREIRA, Maria Helena da Rocha. *Estudos de história da cultura clássica*. II volume – Cultura Romana. 3. ed. Lisboa: Calouste Gulbenkian, 2002.

PERRET, Jaques. *Horace*. Paris: Hatier, 1959.

PETRÔNIO. *Satyricon*. Ed. bilíngue. Tradução de Sandra Maria Gualberto Braga Bianchet. Belo Horizonte: Crisálida, 2004.

PIGHI, Giovanni Battista. *I ritmi e i metri della poesia latina: con particolare riguardo all'uso di Catullo e D'Orazio*. Brescia: La Scuola, 1958.

PIVA, Luiz. *Literatura e música*. Brasília: MusiMed, 1990.

PORT, Wilhelm. Die Anordnung in Gedichtbüchern augusteischer Zeit. In: *Philologus*, n. 81, 1926. pp. 279-308.

PORTER, David H. *Horace's Poetic Journey: A Reading of* Odes *1-3*. Princeton: Princeton University, 1987.

PÖSCHL, Viktor. Bemerkungen zu den Horazoden III 7-12. In: *Letterature Comparate*: Studi Paratore II. Bologna: [s.e.], 1981. pp. 505-509.

POUND, Ezra. *ABC of Reading*. London: Faber and Faber, 1961.

POUND, Ezra. *Poems and Translations*. New York: Library of America, 2003.

PRADO, João Batista Toledo. *Canto e encanto, o charme da poesia latina: Contribuição para uma poética da expressividade em língua latina*. 1997. Tese (Doutorado em Letras) – USP, São Paulo, 1997.

PROPP, Vladimir I. *Morfologia do conto maravilhoso*. Tradução de Jasna Paravich Sarhan. Organização e prefácio de Boris Schnaiderman. Rio de Janeiro: Forense, 1984.

QUINTILIANO, Marco Fábio. *Instituições oratórias*. Seleção e tradução de Jerônimo Soares Barbosa. São Paulo: Cultura, 1944. 2 v.

RAHN, Helmut. Zufall oder Absicht? Eine Vermutung zum Sinn der Gedichtzahl des ersten horazischen Odenbuches. In: *Gymnasium*, n. 77, 1970. pp. 478-479.

REINACH, Théodore. *A música grega*. Tradução de Newton Cunha. São Paulo: Perspectiva, 2011.

RENNÓ, Carlos. *Cole Porter: Canções e versões*. São Paulo: Paulicéia, 1991.

RENNÓ, Carlos. Poesia literária e poesia de música: convergências. In: OLIVEIRA, Solange Ribeiro de *et alii*. *Literatura e música*. São Paulo: Senac; Itaú Cultural, 2003.

REZENDE, Antônio Martinez de. *Rompendo o silêncio: a construção do discurso oratório em Quintiliano*. Belo Horizonte: Crisálida, 2010.

RIBEIRO, Larissa Pinho Alves (Org.). *Carlos Drummond de Andrade*. São Paulo: Azougue, 2011.

REFERÊNCIAS | 567

RIESE, Horatiana. In: *Jahrbb. für klassische Philologie*, n. 12, 1866. pp. 474-476.

ROBERT, Michael. *The Jeweled Style: Poetry and Poetics in Late Antiquity*. Ithaca; London: Cornell University, 1989.

RÓNAI, Paulo. *Escola de tradutores*. Os cadernos de cultura. Ministério da Educação e Saúde, 1952.

ROSSI, L. E. I generi letterari e le loro leggi scritte e non scritte nelle letterature classiche. In: *Bulletin of the Institute of Classical Studies*, n. 18, 1971. pp. 69-94.

ROSSI, L. E. La letteratura alessandrina e il rinnovamento dei generi letterari della tradizione. In: PRETAGOSTINI, Roberto (Org.). *La letteratura ellenistica: problemi e prospettive di ricerca*. [s.l.]: 2000. pp. 149-159.

RUDD, Nial. *The Satires of Horace*. London: Bristol, 2010.

SALAT, Paul. Remarques sur la structure des Odes Romaines. In: *Annales Latini Montium Avernorum*, n. 3, 1976. pp. 51-57.

SALOMÃO, Waly. *O mel do melhor*. Rio de Janeiro: Rocco, 2001.

SANTAELLA, Lucia. Transcriar, transluzir, transluciferar: a teoria da tradução de Haroldo de Campos. In: MOTTA, Leda Tenório da (Org.). *Céu acima: para um "tombeau" de Haroldo de Campos*. São Paulo: Perspectiva, 2005. pp. 221-232.

SANTIROCCO, Matthew S. *Unity and Design in Horace's Odes*. Chapel Hill; London: The University of North Carolina Pressm, 1986.

SARGENT, Jeanette L. *The Novelty of Ovid's* Heroides: *libretti for pantomime*. PhD Dissertation, Bryn Mawr, 1996.

SCATOLIN, Adriano. *A invenção no* De oratore *de Cícero: um estudo à luz de* Ad Familiares *I, 9, 23*. Tese (Doutorado em Letras Clássicas) – USP, São Paulo, 2009.

SCHMIDT, Magdalena. Die Anordnung der Oden des Horaz. In: *Wissenschaftliche Zeitschrift der Karl Marx Universität Leipzig*, n. 4, 1955. pp. 207-216.

SCHULZE, K. P. Besass Horaz eine Villa in Tibur? In: *Neue Jahrbb. für das klassische Altertum Geschichte und Deutsche Literatur*, n. 19, 1916.

SCOTT, Gary Alan; WELTON, William A. Eros as Messenger in Diotima's Teaching. In: PRESS, Gerald A. *Who Speaks for Plato: Studies in Platonic Anonimity*. Lanham: Rowman and Littlefield, 2000. pp. 147-159.

SÊNECA, Lúcio Aneu. *Cartas a Lucílio*. Tradução de J. A. Segurado e Campos. Lisboa: Calouste Gulbenkian, 1991.

SILVA, Gilvan Ventura da; LEITE, Leni Ribeiro (Orgs.). *As múltiplas faces do discurso em Roma: textos, inscrições, imagens*. Vitória: Edufes, 2013.

SILVA, Gilvan Ventura da. Imagens "bordadas" na pedra: os mosaicos como fonte para o estudo da sociedade romana. In: SILVA, Gilvan Ventura da; LEITE, Leni Ribeiro (Orgs.). *As múltiplas faces do discurso em Roma: textos inscrições, imagens*. Vitória: Edufes, 2013. pp. 153-177.

SILVA, Luiz Carlos Mangia. *O masculino e o feminino no epigrama grego: estudo dos livros 5 e 12 da* Antologia Palatina. São Paulo: Unesp, 2011.

SKINNER, Marilyn B. Authorial arrangement of the collection: Debate past and Present. In: SKINNER, Marilyn B. (Ed.). *A Companion to Catullus*. Oxford: Blackwell Publishing, 2007. pp. 36-53.

SKINNER, Marilyn B. *Catullus in Verona: A Reading of the Elegiac Libellus, Poems 65-116*. Columbus: The Ohio State University, 2003.

SMALL, Jocelyn Penny. Visual copies and memory. In: MACKAY, E. Anne (Ed.). *Orality, Literacy, Memory in the Ancient Greek and Roman World*. Leiden; Boston: Brill, 2008. pp. 227-252.

SOUZA, Luiza dos Santos. *Uma visão estrutural do livro primeiro dos* Amores *de Ovídio*: estudo, tradução, comentários e notas. Monografia de fim de curso. Curitiba, UFPR, 2012.

SOUZA, Ricardo Pinto de. Um abismo do mesmo: sobre a autotradução de Samuel Beckett. In: *Alea: Estudos Neolatinos*, v. 14, n. 1, 2012. Disponível em: http://www.scielo.br/scielo.php?pid=S1517-106X2012000100006&script=sci_arttext. Acesso em: 11 set. 2013.

STAMPINI, Ettore. *La metrica di Orazio comparata con la greca e illustrata su liriche scelte del poeta*. Con una appendice di Carmi de Catullo studiata nei loro diversi metri. Torino: Giovanni Chiantore, 1933.

STEINER, George. *After Babel: Aspects of Language and Translation*. Oxford: Oxford University, 1975.

STORM, Theodor. *A assombrosa história do homem do cavalo branco / O Centauro Bronco*. Tradução de Mauricio Mendonça Cardozo. 2 v. Curitiba: Ed. UFPR, 2006.

SULLIVAN, J. P. *Propertius: a Critical Introduction*. Cambridge: Cambridge University, 1976.

TÁPIA, Marcelo. Apresentação. In: CAMPOS, Haroldo de. *Haroldo de Campos: Transcriação*. Marcelo Tápia; Thelma Médici Nóbrega (Orgs.). São Paulo: Perspectiva, 2013.

TÁPIA, Marcelo. *Diferentes percursos de tradução da épica homérica como paradigmas metodológicos de recriação poética: um estudo propositivo sobre linguagem, poesia e tradução*. 2012. Tese (Doutorado em Teoria Literária) – USP, São Paulo, 2012.

TARRANT, Harold. Where Plato Speaks: Reflections on an Ancient Debate. In: PRESS, Gerald A. *Who Speaks for Plato: Studies in Platonic Anonimity*. Lanham: Rowman and Littlefield, 2000. pp. 67-80.

TARRANT, Richard. Ancient Receptions of Horace. In: HARRISON, Stephen (Ed.). *The Cambridge Companion to Horace*. Cambridge: Cambridge University, 2007.

TATIT, Luiz. *Musicando a semiótica: ensaios*. São Paulo: Annablume; Fapesp, 1997.

TATIT, Luiz. *O cancionista. Composição de canções no Brasil*. São Paulo: Edusp, 1996.

TATIT, Luiz. *Semiótica da canção*. 3. ed. São Paulo: Escuta, 2007.

REFERÊNCIAS | 569

TEIXEIRA, Francisco Diniz. *Na senda tradutória da ode: Horácio e Filinto Elísio*. 2018. Dissertação (Mestrado em Estudos Literários) – Unesp, Araraquara, 2018.

THOMAS, Richard. Horace and Hellenistic Poetry. In: HARRISON, Stephen (Ed.). *The Cambridge Companion to Horace*. Cambridge: Cambridge University, 2007.

THOMAS, Rosalind. *Literacy and Orality in Ancient Greece*. Cambridge: Cambridge University, 1992.

VALÉRY, Paul. Œuvres. v. 1. Édition établie et annotée par Jean Hytier. Paris: Gallimard, 1957. (v. 127 de la Bibliothèque de la Pléiade).

VALETTE-CAGNAC, Emmanuelle. *La lecture à Rome: rites et pratiques*. Courtry: Belin, 1997.

VERRUSIO, Maria. *Livio Andronico e la sua traduzione dell'Odissea omerica*. Edizione anastatica. Roma: Giorgio Schneider, 1977.

VIDAL-NAQUET, Pierre. *Os gregos, os historiadores, a democracia: o grande desvio*. Tradução de Jônatas Batista Neto. São Paulo: Cia. das Letras, 2002.

VIEIRA, Brunno V. G. Horácio, *Arte poética* 1-100. In: *Letras Clássicas*, n. 15. São Paulo: Edusp, 2015. pp. 88-90. Disponível em http://www.revistas.usp.br/letrasclassicas/article/view/104952/103741. Acesso em: mar. 2025.

VIEIRA, Brunno V. G. Um tradutor de latim sob D. Pedro II: perspectivas para a História da Tradução da literatura greco-romana. In: *Revista Letras*, n. 80 Curitiba: UFPR, 2010. pp. 71-87.

VIVEIROS DE CASTRO, Eduardo. *A inconstância da alma selvagem e outros ensaios de antropologia*. São Paulo: Cosac Naify, 2002.

VIVEIROS DE CASTRO, Eduardo. *Métaphysiques cannibales. Lignes d'anthropologie post-structurale*. Paris: PUF, 2009.

VIVEIROS DE CASTRO, Eduardo. Perspectival Anthropology and the Method of Controlled Equivocation. In: *Tipití: Journal of the Society for the Anthropology of Lowland Southamerica*, n. 1, v. 2, 2004. pp. 3-22. Disponível em: http://digitalcommons.trinity.edu/cgi/viewcontent.cgi?article=1010&context=tipiti. Acesso em: mar. 2025.

WEIL, Henri. Remarques sur des textes d'Horace et de Cicéron. *Revue de Philologie*, XIX, 1895.

WEISSBORT, Daniel; EYSTEINSSON, Astradur. *Translation: Theory and Practice: a Historical Reader*. Oxford: Oxford University Press, 2006.

WEST, David. Horace's Poetic Technique in the *Odes*. In: COSTA, C. D. N. (Ed.) *Horace*. London; Boston: Routledge & Kegan Paul, 1973. pp. 29-58.

WEST, David. *Reading Horace*. Edinburgh: Edinburgh University Press, 1967.

WILI, Walter. *Horaz und die augusteische Kultur*. Basel: Benno Schwabe & Co., 1948.

WILKINSON, L. P. *Horace and His Lyric Poetry*. Cambridge: Cambridge University, 1968.

WILLIAMS, Gordon. *Figures of Thought in Roman Poetry*. Hanover: Yale University, 1980.

WIMSATT, W. K.; BEARDSLEY, M. C. A falácia intencional. Tradução de Luiza Lobo. In: COSTA LIMA, Luiz. *Teorias da literatura em suas fontes.* v. 2. Rio de Janeiro: Francisco Alves, 1983. pp. 86-102.

WISEMAN, Peter. *Catullus and His World: A Reappraisal.* Cambridge: Cambridge University, 1985.

WITTGENSTEIN, Ludwig. *Tractatus logico-philosophicus/Philosophische Untersuchungen.* Werkausgabe Band 1. Frankfurt: Suhrkamp,1990.

WOODMAN, Tony; FEENEY, Denis (Eds.). *Traditions and Contexts in the Poetry of Horace.* Cambridge: Cambridge University, 2002.

WRAY, David. *Catullus and the Poetics of Roman Manhood.* Cambridge: Cambridge University, 2001.

ZANKER, Graham. *Modes of Viewing in Hellenistic Poetry and Art.* Madison: University of Wisconsin, 2004.

ZANKER, Paul. *The Power of Images in the Age of Augustus.* Translated by Alan Shapiro. Ann Harbor: Michigan University, 1990.

ZIMMERMANN, Philippe. *Rythme métrique et rythme rhétorique dans la poésie lyrique d'Horace: recherches sur une poétique du sens.* 2009. Thèse (Doctorat en Littérature Ancienne) – Université Lille III, Lille, 2009.

ZIZEK, Slavoj. *A visão em paralaxe.* Tradução de Maria Beatriz de Medina. São Paulo: Boitempo, 2008.

ZIZEK, Slavoj. Órgão sem corpos: Deleuze e consequências. Tradução de Manuella Assad Gómez. Rio de Janeiro: Cia de Freud, 2008.

ZUMTHOR, Paul. *A letra e a voz: a literatura medieval.* Tradução de Amálio Pinheiro e Jerusa Pires Ferreira. São Paulo: Cia. das Letras, 1993.

ZUMTHOR, Paul. *Escritura e nomadismo: entrevistas e ensaios.* Tradução de Jerusa Pires Ferreira e Sonia Queiroz. São Paulo: Ateliê, 2005.

ZUMTHOR, Paul. *Essai de poétique médiévale.* Paris: Seuil, 1972.

ZUMTHOR, Paul. *Introdução à poesia oral.* Tradução de Jerusa Pires Ferreira, Maria Lúcia Diniz Pochat e Maria Inês de Almeida. Belo Horizonte: UFMG, 2010.

ZUMTHOR, Paul. *Performance, recepção, leitura.* Tradução de Jerusa Pires Ferreira e Suely Fenerich. São Paulo: Cosac Naify, 2014.

3. Gravações de áudio

ANTEQUERA; ZOMER, Johanette. *Cantigas de Santa Maria:* Eno nome de Maria. Paris: Alpha, 2003 (1 CD).

THE DAVE BRUBECK QUARTET. *Take Five.* Estados Unidos: The Fat Cat, 2011 [1959] (1 CD).

BUARQUE, Chico. *Construção.* Brasil: Phonogram; Philips, 1971 (1 LP).

BUARQUE, Chico. *Não vai passar – vol. 4*. Brasil: RGE, 1993 (1 LP).

CARLOS, Roberto. *Roberto Carlos*. Brasil: CBS,1974 (1 LP).

CAMERATA MEDITERRANA; COHEN, Joel. *Bernatz de Ventador: Le fou sur le pont* – Chansons de Troubadours/Troubadour Songs. [s.l]: Erato, 1994 (1 CD).

CLEMENCI CONSORT; CLEMENCIC, René. *Carmina Burana*. França: Harmonia Mundi, 1990 (3 CDS).

DJAVAN. *Djavan*. Brasil: EMI, 1978 (1 LP).

ENSEMBLE UNICORN; POSCH, Michael. *The Black Madonna: Pilgrim Songs From the Monastery of Montserrat* (1400-1420). Alemanha: Naxos, 1998 (1 CD).

JAMES, Skip. *Today!* Estados Unidos: Vanguard, 1967 (1 LP).

LENO; LILIAN. *Leno e Lilian*. Brasil: CBS, 1969.

LOBO, Edu. *Camaleão*. Brasil: Philips, 1978 (1 LP).

NEWBERRY CONSORT, The. *Wanderer's Voices*: Medieval cantigas & Minnesang. EEUU: Harmonia Mundi, 1991 (1 CD).

PERCORSO ENSEMBLE; IMBERT, Céline. *Berio +*: Eduardo Guimarães Álvares, Arrigo Barnabé. São Paulo: Sesc-SP, s/d (1 CD).

PURCELL, Henry. *Music for a While & Other Songs*. By Alfred Deller, Wieland Kuijken & William Christie. Itália: Harmonia Mundi, 2008 (1 CD).

RADIOHEAD. *In Rainbows*. Inglaterra: Beggars, 2007 (1 CD).

RIBEIRO, Pery. *Pery é todo bossa*. Brasil: Odeon, 1963 (1 LP).

THEATRE OF VOICES; HILLIER, Paul. *Cantigas From the Court of Dom Dinis*. França: Harmonia Mundi, 1995 (1 CD).

VELOSO, Caetano. *Caetano Veloso*. Brasil: Philips, 1969 (1 LP).

Esta edição das *Sátiras, Epodos e Epístolas* foi impressa para a Autêntica
pela Formato Artes Gráficas em março de 2025, no ano em que se celebram

2127 anos de Júlio César (102-44 a.C.);
2109 anos de Catulo (84-54 a.C.);
2095 anos de Virgílio (70-19 a.C.);
2090 anos de Horácio (65-8 a.C.);
2075 anos de Propércio (c. 50 a.C.-16 a.C.);
2068 anos de Ovídio (43 a.C.-18 d.C.);
1969 anos de Tácito (56-114 d.C.);
1960 anos do *Satyricon*, de Petrônio (65 d.C.);
1626 anos das *Confissões*, de Agostinho (399 d.C.)
e
28 anos da fundação da Autêntica (1997).

O papel do miolo é Off-White 70g/m² e o da capa é Supremo 250g/m².
A tipologia é Bembo Std.